SIWONSCHOOL TOEFL

Intermediate

R + L + S + W

Reading + Listening + Speaking + Writing

시원스쿨 LAB

SIWONSCHOOL
TOEFL Intermediate

개정 1쇄 발행 2023년 8월 1일
개정 2쇄 발행 2023년 10월 31일

지은이 류형진, 레이첼, 박주영, 제니, 시원스쿨어학연구소
펴낸곳 (주)에스제이더블유인터내셔널
펴낸이 양홍걸, 이시원

홈페이지 www.siwonschool.com
주소 서울시 영등포구 국회대로74길 12 시원스쿨
교재 구입 문의 02)2014-8151
고객센터 02)6409-0878

ISBN 979-11-6150-719-4 13740
Number 1-110505-18180407-09

머리말

시원스쿨 TOEFL Intermediate
한 권으로 공부하는 TOEFL 기본서!

2020년 8월 시원스쿨어학연구소가 토플 왕초보를 위한 「시원스쿨 처음토플(TOEFL Basic으로 개정)」을 발간하고 나서, 수많은 독자들로부터 그 다음 단계 학습을 어떻게 해야 하는지에 대해 많은 문의가 쇄도했습니다.

이에 시원스쿨어학연구소와 시원스쿨 토플 전문 강사진은, 토플을 막 시작하는 수험생들이 가장 많이 목표로 하는 80점을 단 한 권의 교재만으로 달성할 수 있는 방법을 불철주야 연구하였습니다. 그리고 드디어 본 교재를 여러분께 선보일 수 있게 되었습니다.

「시원스쿨 TOEFL Intermediate」은

① 딱 한 권으로 가장 빠른 토플 80점 달성을 목표로 합니다.

Reading, Listening, Speaking, Writing 교재를 따로 구매할 필요가 없습니다. 이 책 한 권에 모든 영역의 다양한 문제와 전략을 다 담았습니다.

② 시원스쿨 토플 전문 강사진이 모두 참여하였습니다.

영역별 전문성을 높이기 위해 시원스쿨 토플 스타 강사진(류형진, 레이첼, 박주영, 제니)이 각각 한 영역씩 맡아 직접 집필하고 강의를 준비하였습니다.

③ 2023년 7월 개정된 최신 토플 출제 경향을 완벽하게 반영하였습니다.

2023년 7월 변경된 토플 시험은 시원스쿨어학연구소와 시원스쿨 토플 강사진이 완벽하게 분석하였기에, 현재 출간된 모든 토플 교재 중 개정 토플을 가장 완벽하게 반영한 교재라고 자신합니다.

④ 토플 기출 빅데이터로 만든 적중률 높은 문제만 공부합니다.

본 교재에서 나오는 문제들은 실제 시험에서 가장 많이 출제된 기출 문제 분석을 통해 제작되었습니다. 이 문제들은 수험생들이 꼭 알아야 하는 주제와 문제 유형을 충실하게 반영하고 있습니다.

⑤ 가장 친절한 토플 학습서입니다.

토플 자체가 매우 어려운 시험인데, 대부분의 교재들은 문제에 대한 풀이나 설명은 없고 영문 해석만 제공합니다. 본 교재는 문제풀이와 오답해설까지 제공하는 것은 물론, 교재 곳곳의 QR 특강을 통해 수험생들이 보다 쉽고 재밌게 공부할 수 있도록 돕고 있습니다.

아무쪼록 이 책으로 토플 80점 이상의 목표 점수를 달성하고, 성공적인 유학을 위해 한 걸음 더 나아갈 수 있기를 진심으로 바랍니다.

류형진 · 레이첼 · 박주영 · 제니 · 시원스쿨어학연구소 드림

목차

Chapter 1 TOEFL Reading

Chapter 2 TOEFL Listening

Chapter 3 TOEFL Speaking

목차

Chapter 4 TOEFL Writing

MP3 다운로드

toefl.siwonschool.com > 교재/MP3 > 교재 · MP3 · 자료 과목명 탭에서
『토플』 클릭 후 『TOEFL Intermediate』 클릭

▪ QR 특강

한 권으로 끝내는 토플 기본서, 『TOEFL Intermediate』

❶ 한 권으로 80+ 달성하기 프로젝트!

- 국내 토플 교재 중 한 권으로 된 토플 기본서가 없고 대부분 Reading, Listening, Speaking, Writing의 네 권이 각각 출간되어 있습니다. 이렇게 네 권으로 분리되면, 토플 시험을 아직 정확하게 파악하지 못한 입문, 초급, 초중급 수험생들이 토플이라는 하나의 시험을 한눈에 제대로 파악하기 어렵습니다. 『TOEFL Intermediate』은 토플을 처음 시작하는 수험생들이 가장 많이 목표로 하는 80+ 달성을 위해 반드시 알아야 할 핵심만을 엄선하여 한 권에 담았습니다.

- 『TOEFL Intermediate』은 수험생들이 소중한 비용과 시간을 최소로 하여 목표를 달성할 수 있도록 고도로 연구된 교재입니다. 시원스쿨어학연구소의 토플 전문 연구원들과 원어민 연구원들, 그리고 대한민국 토플 1등을 자부하는 시원스쿨 토플 스타 강사진이 함께 심혈을 기울여 본 교재를 집필하였습니다.

❷ 한 권으로 시원스쿨 토플 스타 강사진의 과목별 노하우 습득!

- 영역별 전문성을 높이기 위해, Reading은 박주영 선생님, Listening은 제니 선생님, Speaking은 레이첼 선생님, 그리고 Writing은 류형진 선생님이 오프라인 대형 학원에서만 공개했던 현장 강의 노하우를 전수합니다.

- 수년 동안 토플만 전문적으로 강의한 선생님들이 80+ 목표 달성을 위해 선별한 반드시 알아야 될 전략과 엄선된 문제들이 본 교재 한 권에 전부 담겨 있습니다.

❸ 친절하고 상세한 문제풀이 및 설명!

- 토플은 난이도가 꽤 높은 시험이어서 Reading과 Listening 과목의 점수 상승을 위해서는 정답과 오답의 근거에 대한 이해가 필요합니다. 하지만 시중에 나온 대부분의 교재들은 문제에 대한 풀이나 설명은 없고 영문 해석 및 단어 정리만 제공하여 별 도움이 되지 못합니다. 본 교재는 영문 해석 및 단어 정리는 물론 상세한 문제풀이와 오답해설까지 제공하여, 수험생들이 실질적으로 성적을 올릴 수 있도록 합니다.

- Speaking과 Writing에서는 고득점 모범답안과 함께, 80+ 수험생들에게 현실적으로 필요한 easy version의 80+ 모범답안도 제공하여, 수험생들이 현재 수준에서 소화할 수 있는 선에서 하나씩 쌓아갈 수 있도록, 자신의 레벨에 맞게 선택적 학습이 가능하도록 구성하였습니다.

❹ 2023년 최신 NEW TOEFL 완벽 대비!

- 『시원스쿨 토플』 시리즈는 2023년 7월 토플 개정 이후 새롭게 출간된 토플 시리즈입니다.
- 『TOEFL Intermediate』은 입문반 코스인 『TOEFL Basic』 보다 실제 시험에 대한 분석 파트가 강화되어 기출 트렌드 분석 내용이 추가되어 있습니다. 특히 『TOEFL Intermediate』은 현재 출간된 모든 토플 교재 중 개정 토플을 가장 완벽하게 반영한 교재라고 자신합니다.

❺ QR 코드로 소환하는 나만의 선생님!

- 자칫 혼자 공부하다가 지루해질 수 있는 토플 공부를 네 명의 선생님들과 함께 할 수 있습니다. 교재 곳곳에 배치된 QR 코드를 스캔하여, 선생님들의 특강을 언제 어디서든 손쉽게 볼 수 있습니다.
- QR 특강 이외에 인강을 통해 교재 전체에 대한 강의를 만날 수도 있습니다. 그동안 오프라인 대형 어학원에서만 만날 수 있었던 토플 전문 선생님들의 프리미엄 강의를 1/3도 안 되는 가격으로 수강할 수 있습니다.

❻ 토플 최종 점검 필수 어휘집!

- 토플 시험장에 두꺼운 토플 교재를 갖고 가서 읽어도 짧은 시간에 머리에 다 들어오지도 않습니다. 본 교재 뒤에는 시험장에 부담없이 갖고 갈 수 있는 포켓형 사이즈의 토플 기출 필수 어휘집이 있습니다.
- 필수 어휘집은 토플 기출 빅데이터에서 엄선된 최빈출 동사, 형용사, 명사, 그리고 스피킹 시험에서 활용 빈도가 높은 collocation(연어)을 정리하였습니다. 필수 어휘집을 통해 시험장에서 자투리 시간 공부로 +1점을 노려보세요.

이 책의 구성과 특징

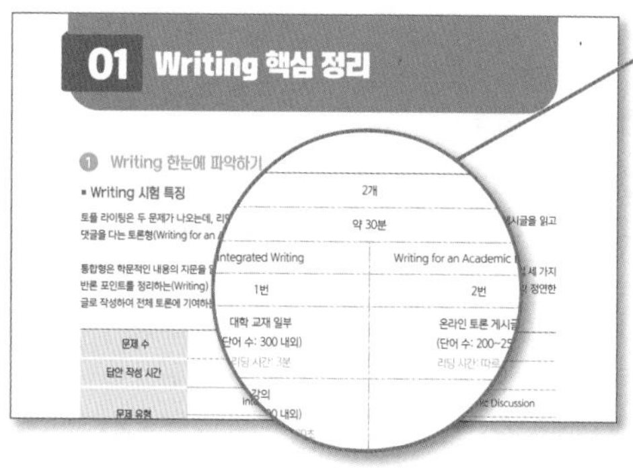

한눈에 핵심 파악

각 과목의 핵심 정보를 일목요연하게 정리하여 최대한 빠르게 학습 과목을 이해할 수 있도록 합니다.

기출 트렌드 분석

토플 개정 이후 기출 트렌드를 문제 유형과 주제에 따라 설명함으로써, 수험생들이 시험에 출제되는 부분을 미리 파악하고 본격적으로 공부할 수 있도록 하였습니다.

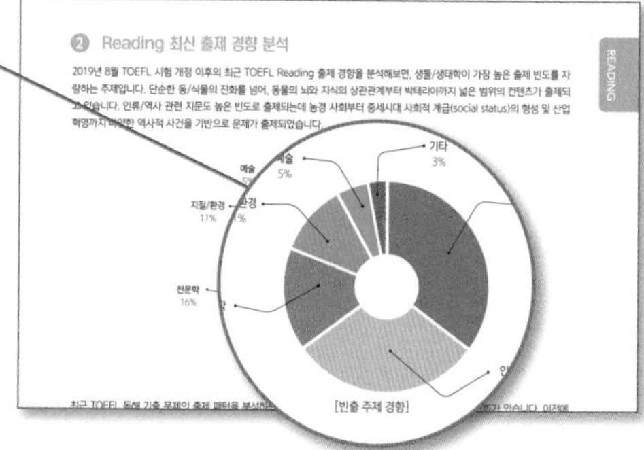

실력 업그레이드

각 과목별로 문제 유형을 구분하고 그에 맞게 문제 풀이 스킬을 제공합니다. 여기에 제시된 과정들을 차근차근 공부하다 보면 금세 올바른 문제 접근법이 몸에 밸 것입니다.

문제 유형 공략

토플 수험생들이 가장 궁금해하는 내용들을 친절하게 설명해 주는 코너로, 토플 학습 방법 및 전략부터 토플 공부를 하며 발생하는 다양한 궁금증들을 명쾌하게 설명해 줍니다.

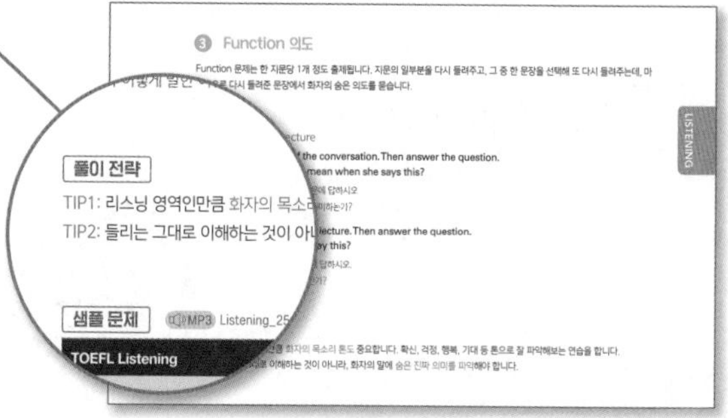

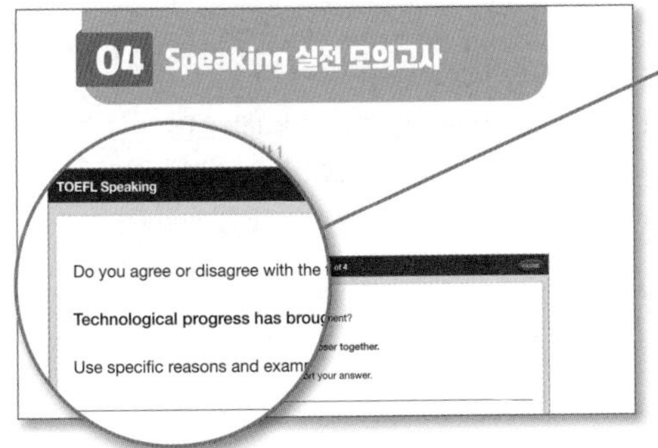

최신 개정 출제 경향이 반영된 실전 모의고사

최근 개정 이후 실제 시험에 나왔던 가장 대표적인 문제들을 제공함으로써, 토플 80+ 달성을 위해 반드시 알아야할 문제들을 공부할 수 있도록 합니다.

iBT 시험 화면을 지면에 구현

실제 시험 화면을 최대한 지면에 구현함으로써, 수험생들이 컴퓨터 화면에 익숙해져 실제 시험에서 당황하지 않도록 합니다.

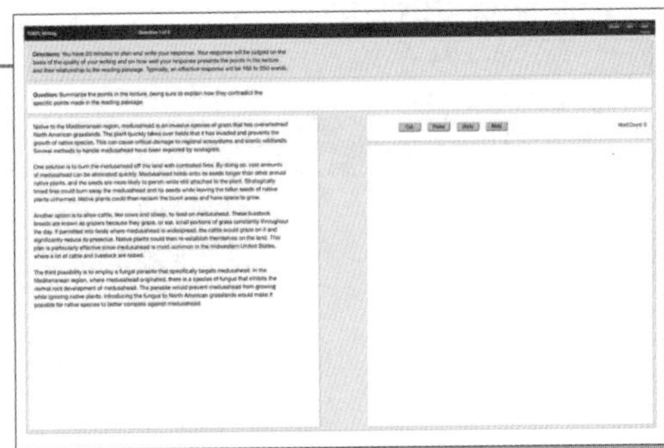

Reading 문제 유형 공략

[정답 A]

(정답 A) 지문 속에서 설명하는 ... 어준다는 내용과 일치 ... the act of hibernat... winter)'라는 표현이 ...

(오답 B) 추운 기온의 영향...

상세하고 친절한 해설집

별책으로 된 해설집에는 정답과 오답의 근거 설명, 영문 해석과 풍성한 어휘 정리가 되어 있어서, 수험생들의 독학을 최대한 돕고 있습니다. 특히 Speaking/Writing 모범답안은 이상적인 고득점용 모범답안과 함께, 80+ 점수를 목표로 하는 수험생들의 현실을 반영한, 조금 더 쉬운 버전의 모범답안을 수록하였습니다.

미니북: 토플 최종 점검 필수 어휘

부록인 필수 어휘집은 손쉽게 분리하여 가볍게 시험장에 갖고 갈 수 있게 디자인되어 있습니다. 무의미하게 시간을 흘려보낼 수 있는 시험장에서, 어휘집을 읽어보며 +1점을 노려보세요.

01 | 토플 최종 점검 Collocation 50

1. **raise awareness about:** ~에 대한 인식을 높이다
   단어 분석 raise 높이다 / awareness 인식
   Raising awareness about the harmful consequences of using plastic materials is important.
   플라스틱 자재를 무분별하게 사용하는 것의 폐해에 대한 인식을 높이는 것은 중요하다.

2. **have the willpower to do:** ~할 의지를 갖다
   단어 분석 willpower 의지
   Students tend to have the willpower to continue their studies when they receive a distinction.
   학생들은 우수한 성적을 받으면 학업을 지속할 의지를 갖는 경향이 있다.

토플 시험 소개

토플은 어떤 시험인가요?

TOEFL(Test of English as a Foreign Language)은 미국 대학에서 수학할 비영어권 학생을 선별하기 위해 미국 ETS (Educational Testing Service)가 개발한 영어 능력 평가 시험입니다. 즉, 미국을 비롯한 영어권 국가 대학에서 수학할 능력의 영어 수준이 되는지를 측정하는 시험입니다. 보통 토플 시험이라고 하면 인터넷에 연결된 컴퓨터로 시험을 보는 iBT(internet-based test) TOEFL을 말합니다.

시험은 어떻게 구성되나요?

영역	지문 및 문제 수	시간	배점
Reading	총 2개 지문 (한 지문에 10문제씩 출제)	약 35분	0~30점
Listening	총 2개 대화 + 강의 3개 (대화 하나에 5문제, 강의 하나에 6문제씩 출제)	약 36분	0~30점
Speaking	총 4문제 (독립형 1번, 통합형 2, 3, 4번)	약 16분	0~30점
Writing	총 2문제 (통합형 1번, 토론형 2번)	약 29분	0~30점

시험 접수는 어떻게 하나요?

접수 방법	▹ 시험일로부터 최소 7일 전 ETS 토플 홈페이지에서 접수
접수 비용	▹ 시험 접수 비용: US $220 ▹ 추가 접수 비용: US $260 └ 시험일로부터 7일~2일 사이에 접수 시 연체료(late fee) 40불 추가 ▹ 날짜 변경 비용: US $60 ▹ 재채점 비용: US $80 (Speaking/Writing 각각, Reading/Listening 불가) ▹ 추가 리포팅 비용: US $20 (건당) └ 시험 접수 시, 무료로 4개까지 성적 리포팅 받을 기관 선택 가능 ▹ 취소 성적 복원 비용: US $20
등록 취소	▹ ETS 토플 홈페이지에서 취소 가능 ▹ 응시료 환불은 시험 접수 후 7일 이내 100%, 응시 4일 전까지는 50%, 응시일로부터 3일 이내는 환불 불가
시험일	▹ 1년에 50회 정도 주말에 실시되며, 국가마다 차이가 있음
시험 장소	▹ 다수의 컴퓨터를 비치하고 있는 전 세계 교육기관 또는 ETS Test Center에서 시행 ▹ 집에서 Home Edition으로도 응시 가능

시험 당일 준비물이 있나요?

공인된 신분증(여권, 주민등록증, 운전면허증, 군인신분증 중 하나)의 원본을 반드시 지참합니다. 또한 접수번호(Registration Number)도 챙겨둡니다.

성적 확인은 어떻게 하나요?

시험 응시일로부터 약 6일 후에 온라인으로 성적을 확인할 수 있습니다. PDF로 된 성적표는 시험 응시일로부터 8일 이후에 다운로드 가능합니다. 성적표 유효기간은 시험 응시일로부터 2년입니다.

토플 80+ 달성 학습 플랜

- 자신의 레벨에 맞게 다음의 학습 진도를 참조하여 매일 학습합니다.
- 실전 모의고사를 풀 때에는 시간 제한을 두고 실제 시험처럼 풀어 봅니다. 문제를 푼 뒤에는 문제를 풀면서 궁금했던 사항들을 해설지를 보면서 반드시 확인하세요.
- 교재를 끝까지 한 번 보고 나면 2회독에 도전합니다. 두 번째 볼 때는 훨씬 빠르게 끝낼 수 있어요. 같은 교재를 여러 번 읽을수록 훨씬 효과가 좋으니 다독을 권합니다.
- 혼자서 학습하기 어렵다면, 시원스쿨 토플 홈페이지(toefl.siwonschool.com)에서 토플 스타 강사진의 강의를 들으며 보다 쉽고 재미있게 공부할 수 있습니다.

초고속 15일 완성 학습 플랜

- 영어 실력이 어느 정도 있고 토플을 전에 접해본 적이 있는 수험생 대상
- 토플 시험이 얼마 남지 않은 상태에서 짧은 시간에 최종 정리를 원하는 수험생 대상

1일	2일	3일	4일	5일
TOEFL Reading • 핵심 정리 • 실력 업그레이드 • 문제 유형 공략	TOEFL Reading • 실전 모의고사 1	TOEFL Reading • 실전 모의고사 2	TOEFL Listening • 핵심 정리 • 실력 업그레이드	TOEFL Listening • 문제 유형 공략
6일	**7일**	**8일**	**9일**	**10일**
TOEFL Listening • 실전 모의고사 1	TOEFL Listening • 실전 모의고사 2	TOEFL Speaking • 핵심 정리 • 실력 업그레이드	TOEFL Speaking • 문제 유형 공략	TOEFL Speaking • 실전 모의고사 1
11일	**12일**	**13일**	**14일**	**15일**
TOEFL Speaking • 실전 모의고사 2	TOEFL Writing • 핵심 정리 • 실력 업그레이드	TOEFL Writing • 문제 유형 공략	TOEFL Writing • 실전 모의고사 1	TOEFL Writing • 실전 모의고사 2

기본반 35일 완성 학습 플랜

▪ 토플 초급 또는 초중급자 수험생 대상 기본 커리큘럼

1일	2일	3일	4일	5일
TOEFL Reading • 핵심 정리 • 실력 업그레이드	TOEFL Reading • 문제 유형 공략 (Factual Information ~ Inference)	TOEFL Reading • 문제 유형 공략 (Sentence Simplification ~ Fill in a Table)	TOEFL Reading • 실전 모의고사 1 (Question 1-10)	TOEFL Reading • 실전 모의고사 1 (Question 11-20)
6일	**7일**	**8일**	**9일**	**10일**
TOEFL Reading • 실전 모의고사 1 (Question 21-30)	TOEFL Reading • 실전 모의고사 2 (Question 1-10)	TOEFL Reading • 실전 모의고사 2 (Question 11-20)	TOEFL Reading • 실전 모의고사 2 (Question 21-30)	TOEFL Listening • 핵심 정리 • 실력 업그레이드
11일	**12일**	**13일**	**14일**	**15일**
TOEFL Listening • 문제 유형 공략 (Topic & Purpose ~ Function)	TOEFL Listening • 문제 유형 공략 (Attitude ~ Inference)	TOEFL Listening • 실전 모의고사 1 (Part 1)	TOEFL Listening • 실전 모의고사 1 (Part 2)	TOEFL Listening • 실전 모의고사 2 (Part 1)
16일	**17일**	**18일**	**19일**	**20일**
TOEFL Listening • 실전 모의고사 2 (Part 2)	TOEFL Speaking • 핵심 정리 • 실력 업그레이드	TOEFL Speaking • 문제 유형 공략 (Question 1)	TOEFL Speaking • 문제 유형 공략 (Question 2)	TOEFL Speaking • 문제 유형 공략 (Question 3)
21일	**22일**	**23일**	**24일**	**25일**
TOEFL Speaking • 문제 유형 공략 (Question 4)	TOEFL Speaking • 실전 모의고사 1 (Q1, 2)	TOEFL Speaking • 실전 모의고사 1 (Q3, 4)	TOEFL Speaking • 실전 모의고사 2 (Q1, 2)	TOEFL Speaking • 실전 모의고사 2 (Q3, 4)
26일	**27일**	**28일**	**29일**	**30일**
TOEFL Writing • 핵심 정리 • 실력 업그레이드	TOEFL Writing • 문제 유형 공략 (Question 1: 문제 연습 이전)	TOEFL Writing • 문제 유형 공략 (Question 1: 문제 연습)	TOEFL Writing • 문제 유형 공략 (Question 2: 문제 연습 이전)	TOEFL Writing • 문제 유형 공략 (Question 2: 문제 연습)
31일	**32일**	**33일**	**34일**	**35일**
TOEFL Writing • 실전 모의고사 1 (Question 1)	TOEFL Writing • 실전 모의고사 1 (Question 2)	TOEFL Writing • 실전 모의고사 2 (Question 1)	TOEFL Writing • 실전 모의고사 2 (Question 2)	부록: 필수 어휘

TOEFL Intermediate

Reading

Reading

미리보기

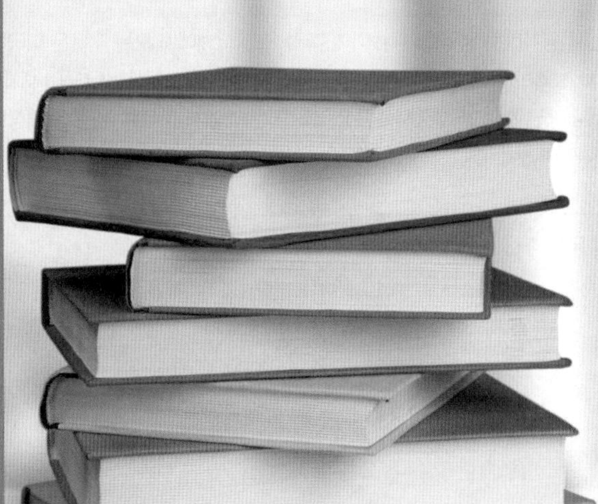

01 Reading 핵심 정리

- Reading 한눈에 파악하기
- Reading 최신 출제 경향 분석

02 Reading 실력 업그레이드

- 관계대명사
- it – that 구문

03 Reading 문제 유형 공략

- Factual Information
- Negative Factual Information
- Vocabulary
- Rhetorical Purpose
- Inference
- Sentence Simplification
- Reference
- Insert Text
- Prose Summary
- Fill in a Table

04 Reading 실전 모의고사

- 실전 모의고사 1
- 실전 모의고사 2

01 Reading 핵심 정리

❶ Reading 한눈에 파악하기

Reading은 대학 수준의 학문적 글을 이해할 수 있는지 평가하는 영역입니다. 이에 따라 Reading에 나오는 지문은 미국 대학 교재 수준의 학문적(academic) 글의 일부 발췌문(passage)으로, 어떠한 개념이나 주제 및 이론을 소개하는 글들이 출제됩니다. 등장하는 지문의 수준이 높고 전문적이지만, 주제나 개념에 대한 배경지식이 없어도 지문 내에서 문제를 푸는 데 지장이 없도록, 즉, 순수하게 독해 능력을 측정할 수 있도록 문제가 나옵니다.

지문 길이	지문 및 문제 수	시간
600~700자	· 총 2개 지문 출제 · 지문 하나 당 10문제 · 지문 길이는 약 700단어 이내로 평균 6개 문단으로 구성	· 약 35분 · 한 지문당 약 18분

TOEFL 시험을 개발한 ETS에 따르면 TOEFL Reading 문제 유형은 다음과 같이 총 10가지로 구분됩니다. 대부분 4지 선다형의 객관식 형태로 하나의 정답을 고르면 되지만, 요약 문제(Prose Summary)와 표 문제(Fill in a Table) 유형에서는 세 개 이상의 정답을 골라야 합니다.

문제 유형
1. Factual Information 옳은 정보 찾기
2. Negative Factual Information 틀린 정보 찾기
3. Vocabulary 어휘
4. Rhetorical Purpose 수사적 의도 파악
5. Inference 추론
6. Sentence Simplification 문장 간략화
7. Reference 지시 대상 찾기
8. Insert Text 문장 삽입
9. Prose Summary 지문 요약
10. Fill in a Table 표 채우기

리딩 특강 01
토플 리딩
시험장 꿀팁

② Reading 최신 출제 경향 분석

최근 TOEFL Reading 출제 경향을 분석해보면, 생물/생태학이 가장 높은 출제 빈도를 자랑하는 주제입니다. 단순한 동/식물의 진화를 넘어, 동물의 뇌와 지식의 상관관계부터 박테리아까지 넓은 범위의 컨텐츠가 출제되고 있습니다. 인류/역사 관련 지문도 높은 빈도로 출제되는데 농경 사회부터 중세시대 사회적 계급(social status)의 형성 및 산업혁명까지 다양한 역사적 사건을 기반으로 문제가 출제되었습니다.

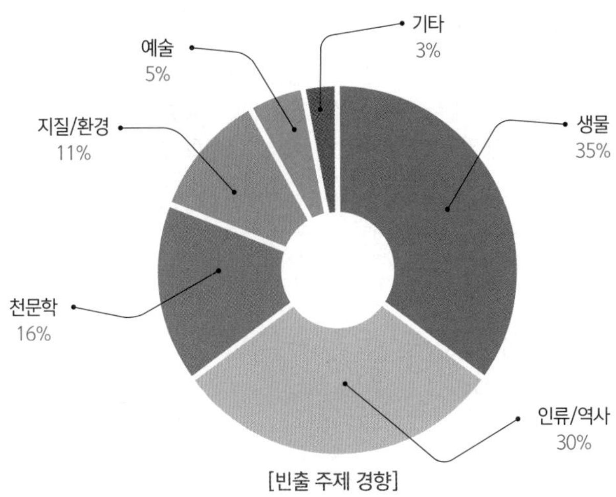

[빈출 주제 경향]

최근 TOEFL 독해 문제 유형 출제 패턴을 분석하면, 정보 찾기 문제(Factual Information/Negative Factual Information)를 미묘하게 변형하여 추론(Inference)의 성향을 띈 보기를 제시하는 문제가 등장하고 있으며, 문장 간략화(Sentence Simplification) 유형 역시 난이도가 높아졌습니다.

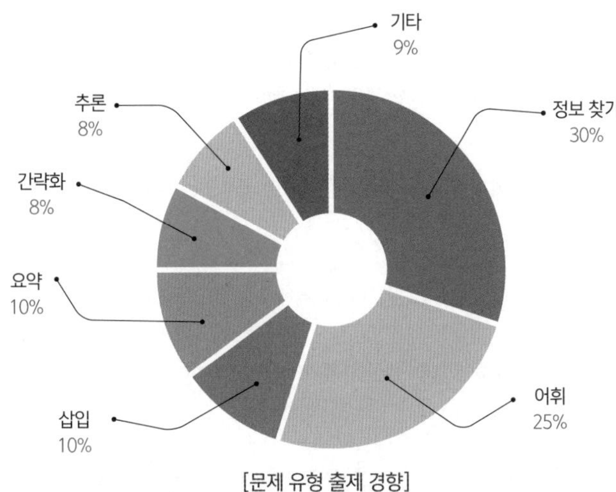

[문제 유형 출제 경향]

02 Reading 실력 업그레이드

❶ 관계대명사

관계대명사는 어떠한 명사에 대해 추가 설명을 하기 위해 사용하는 대명사입니다. 그 추가 설명이 문장처럼 긴 경우에 사용을 하게 되는데, 이 때문에 서로 관계가 있는 문장 2개가 필수 조건입니다. 여기서 관계란 같은 명사가 문장 속에 있다는 것을 의미합니다. 이런 관계대명사에는 2가지 쓰임이 있습니다. 바로 한정적 용법과 계속적 용법인데, 먼저 가장 많이 쓰이는 한정적 용법부터 살펴보겠습니다.

리딩 특강 02
관계대명사 vs 관계부사

▪ 한정적 용법

관계대명사의 한정적 용법은 우리가 가장 흔히 알고 있는 명사를 수식하여 한정을 시키는 방법입니다. 풀어서 설명하면, 수식하는 말을 통해 명사를 특정해준다는 의미입니다.

관계대명사의 종류는 아래와 같습니다.

관계있는 명사가 사물인 경우	관계있는 명사가 생물인 경우
which, that	who, that

예문 The company promotes a new product. The new product is more efficient.
그 회사는 새로운 제품을 홍보한다. 그 새로운 제품은 더 효율적이다.

new product 가 예문의 두 문장 속에 모두 있습니다. 뒷 문장으로 앞에 있는 new product를 수식하기 위해서는 관계대명사가 필요합니다.

이때 주의할 점은 관계대명사가 동일한 명사, 즉 선행사 바로 뒤에 위치해야 합니다.

The company promotes a new product which/that is more efficient.
선행사(앞에 있는 명사) + 관계대명사

해석은 "which is more efficient(더 효율적인)"이 선행사 "new product(새로운 상품)"을 수식하는 방식으로 합니다. 이렇게 관계대명사를 통해 세상에 많은 새로운 상품이 있을 수 있지만, 더 효율적인 신규 상품으로 한정시켜 설명하게 됩니다.

The company promotes a new product which is more efficient.
그 회사는 더 효율적인 새로운 상품을 홍보한다.

그러면 관계대명사에 유의하여, 실제 토플 시험에 나온 난이도 높은 문장들을 해석해 보세요.

1. The artifacts recovered from the site include earthenware which has been glazed.
2. In portraits, eyes which contain blue pigments always appear as if they are looking straight at the observer.
3. As the ground sinks, lower regions which make contact with the water table will become saturated and form a wetland.

해석 1. 현장에서 되찾은 유물들은 유약칠이 된 토기를 포함한다.
2. 초상화에서, 파란 염료를 포함하는 눈은 항상 마치 그것들이 관찰자를 바로 쳐다보고 있는 것처럼 보인다.
3. 땅이 가라앉으면서, 지하수면에 닿는 저지대들은 물에 적셔져서 습지대를 형성할 것이다.

▪ 계속적 용법

관계대명사의 계속적 용법은 토플 리딩에서 자주 나오는 관계대명사의 쓰임으로, 추가 설명을 해야 할 때 사용합니다. 한정적 용법과 다른 점은 수식을 받는 명사를 한정시키는 것이 아니라 추가 설명을 덧붙이는 형식이라는 점과 수식을 받는 명사(선행사)의 바로 뒤에 위치하지 않고 쉼표(,)를 활용해 문장 맨 뒷 부분이나 문장 삽입구로 들어온다는 점입니다.

계속적 용법에서 사용되는 관계대명사 역시 한정적 용법과 동일하지만, that은 사용할 수 없습니다.

계속적 용법의 해석 방법은 다음과 같습니다.

This opening holds a lens, which makes the image brighter and sharper.
이 구멍(조리개)은 렌즈를 잡고 있고, 그리고 그것은 그 이미지를 더 밝고 선명하게 만든다.

"which makes the image brighter and sharper" 란 정보를 추가하는 것이기 때문에 마치 새로운 문장이 시작되듯 해석합니다.

그러면 관계대명사에 유의하여, 실제 토플 시험에 나온 난이도 높은 문장들을 해석해 보세요.

1. As the ground sinks, it encroaches on the water table, which soaks the peat soil again.
2. Much of the land has been recovered by constructing earthen walls around a given area, which is then drained at optimal times of the year.
3. Most evidence suggests that the invention of the alphabet occurred in the city of Byblos, which was located on the Mediterranean coast about 26 miles north of Beirut in present-day Lebanon.

해석 1. 땅이 가라앉으면서, 그 땅은 지하수면에 잠식하고, 그리고 그것은 다시 이탄토를 적신다.
2. 그 땅의 많은 부분이 특정 지역에 토벽을 건설하여 복구된 다음, 연중 최적기에 배수된다.
3. 대부분의 증거는 비블로스의 그 도시에서 알파벳의 발명이 일어났음을 암시하고 있는데, 그곳은 현 레바논의 북 베이루트에서 26마일 정도의 지중해 연안지역에 위치해 있었다.

2 it - that 구문

it - that 구문은 우리가 영어공부를 하며 많이 접하게 되는 문장 형식입니다. 가장 익숙한 구문으로 'it - that 가주어 진주어' 구문이 있고, 생소하지만 토플 Reading에서 자주 만날 수 있는 'it - that 강조' 구문이 있습니다. it - that 2가지 구문은 해석 차이가 분명하기 때문에, 토플 지문의 정확한 독해를 위해서는 명확하게 이 두 구문의 차이를 이해하고 있는 것이 중요합니다. 먼저 익숙한 'it - that 가주어 진주어' 구문부터 살펴보겠습니다.

■ it - that 가주어 진주어

'it - that 가주어 진주어' 구문은 주어 자리에 긴 절이 와야 할 때 가주어 it을 사용하여 주어를 간결하게 표현하는 방식입니다. 가주어 진주어 사용은, 주어가 너무 길면 서술어인 동사가 너무 뒤에 나오게 되고, 결과적으로 해석이 어려워지는 것을 막기 위함입니다. 주어 자리에 가주어 it을 세워 두고 진주어가 되는 [주어+동사]의 절은 that 뒤로 보내는 형태입니다. 아래 예문을 통해 좀 더 자세히 살펴보겠습니다.

예문 That a new generation of innovators is eager to learn and lead is true.
진주어 절 / 서술어

→ **It** is true that a new generation of innovators is eager to learn and lead.
가주어 서술어 / 진주어 절

이 때, It은 따로 해석하지 않고 진짜 주어인 진주어부터 해석합니다. 즉, '혁신자들의 새로운 세대가 배우고 선도하고 싶어하는 것은 사실이다'입니다.

그러면 가주어 진주어에 유의하여, 다음 문장들을 해석해 보세요.

1. It is troublesome that the committee did not explain why only a few officials supported the proposal.
2. It is possible that experts invented new building materials to suit the type of desired structure.
3. It is widely accepted that the final book would have explained the object's mysterious disappearance.

해석 1. 위원회가 왜 소수의 공무원만이 그 제안을 지지했는지를 설명하지 않는 것은 문제가 있다.
2. 원하던 구조 타입에 맞는 새로운 건축 재료를 전문가들이 만든 것은 가능하다.
3. 마지막 책이 그 물건의 비밀스러운 사라짐을 설명하였으리라고 널리 믿어진다.

▪ it – that 강조 구문

'it – that 강조' 구문은 it과 that 사이에 강조하고 싶은 단어 또는 구를 넣어주는 표현 방식입니다. 이 때, 동사를 뺀 어떠한 단어 또는 구가 모두 자리할 수 있고, 강조 받을 수 있습니다.

'it – that 가주어 진주어'와 비슷해 보이지만, 강조하고 싶은 구가 문장에서 필수성분인 주어나 목적어일 때는 that 뒤에 이어져오는 절이 불완전해서 'it – that 가주어 진주어'와 구별할 수 있습니다. 아래 예문을 통해 더 자세히 살펴보겠습니다.

예문 1 It is a mask that performers wear to represent supernatural forces in the rituals.

예문 2 It is in the rituals that performers wear a mask to represent supernatural forces.

이 두 예문은 모두 강조 구문인데, 첫 번째 예문은 목적어(a mask)를 강조하기 위해 that절에 있던 a mask가 앞으로 위치하면서 목적어가 없는 불완전한 절(performers wear ~~a mask~~ to represent supernatural forces in the rituals)이 되었습니다.

두 번째 예문은 전치사구(in the rituals)를 강조하기 위해 전치사구가 앞으로 위치한 형태로 뒤에 that절은 주어(performers)–동사(wear)–목적어(a mask)를 모두 갖춘 완전한 절(performers wear a mask to represent supernatural forces)입니다. 해석은 모두 'that절은 바로 (목적어 또는 전치사구)이다'로 해석하면 됩니다.

예문 1 공연자들이 그 의식들에서 초자연적인 힘을 보여주기 위해 쓰는 것은 바로 마스크이다.

예문 2 공연자들이 초자연적인 힘을 보여주기 위해 마스크를 쓰는 것은 바로 그 의식들에서이다.

that 뒤에 이어진 문장이 불완전한 문장이든 완전한 문장이든 관계없이 it – that 사이에 들어온 구를 강조하는 것이 'it – that 강조' 구문의 핵심입니다. 아래의 예문을 가지고 연습해 보겠습니다.

1. It was a Polynesian ship that might have sailed to the west coast of South America.
2. It is for the goal of progress that a culture maintains and supports education systems.
3. It was not until 1987 that additional geologic studies were conducted throughout the coastal areas.

해석 1. 남미의 서쪽 해안으로 항해했을 수도 있었던 것은 바로 폴리네시안 배이다.
2. 문화가 교육 제도를 유지하고 지원하는 것은 바로 진전이라는 목표를 위함이다.
3. 추가적인 지질학 연구들이 해안 지역에 걸쳐 행해졌는데 바로 1987년까지는 아니었다.
(=1987년이 되어서야 추가적인 지질학 연구들이 해안지역에 걸쳐 행해졌다.)

03 Reading 문제 유형 공략

❶ Factual Information (옳은 정보 찾기)

Factual Information 문제 유형은 Vocabulary 유형과 함께 가장 많이 출제되는 유형으로 1지문 속 2~3문제가 출제됩니다. 문제의 정답은 지문에 언급된 내용과 일치하는 정보를 찾는 것입니다. 문제 출제 포인트는 Major ideas, Supporting details, Definitions 3가지로 주장과 그에 따른 근거, 정의를 묻고 있습니다.

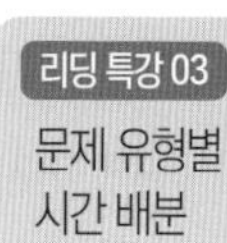

문제 패턴

According to paragraph X, which of the following is true?

X 번째 단락에 따르면, 다음 중 무엇이 사실인가?

Paragraph X answers which of the following ~?

X 번째 단락은 ~을 나타낸다.

문제 풀이 Tip 질문 및 보기의 핵심어(keywords)를 찾아 해당 지문에서 내용 확인하기!

샘플 문제

TOEFL Reading   VIEW TEXT REVIEW HELP BACK NEXT

When plant material is covered by soil and sediment, it is well preserved and protected from decay and animals, and it will eventually be fossilized as petrified wood. Groundwater rich in minerals and nutrients flows through the soil, replacing the original plant material with inorganic materials such as calcite, silica, and opal. The resulting fossil typically still exhibits the characteristics of the original organic plant material, with distinguishable features including cellular structures and wood grain. Petrified wood specimens often so closely resemble the original plant material that people are unaware that they are fossils until picking them up and noticing a marked difference in weight. Completely identical specimens are rare, but specimens that present near-identical bark patterns are found in abundance.

According to the passage, which of the following is true about petrified wood specimens?

Ⓐ Most specimens retain a large proportion of the original organic plant material.

Ⓑ It is uncommon to find specimens that look exactly the same as the original plant material.

Ⓒ Bark patterns are rarely ever visible following the fossilization process.

Ⓓ Cellular structures indicate the approximate time period of fossilization.

[정답 B]

(오답 A) 4번째 문장에서 규화목 표본이 본래 지니고 있던 식물 재료의 모습과 아주 흡사하게 닮는다(Petrified wood specimens often so closely resemble the original plant material)는 내용은 있지만, 식물 재료를 유지하고 있다는 점은 확인할 수 없으므로 오답입니다.

(정답 B) 5번째 문장에서 완전하게 동일한 표본은 흔치 않다(Completely identical specimens are rare)고 언급한 내용과 일치하므로 정답입니다.

(오답 C) 5번째 문장에서 거의 똑같은 껍질 문양을 나타내는 표본이 많다(specimens that present near-identical bark patterns are found in abundance)는 내용은 있지만, 화석화 과정 후에 눈으로 볼 수 없다는 내용은 나타나 있지 않으므로 오답입니다.

(오답 D) 세포 구조와 대략적인 화석화 시기 사이의 관계에 관한 내용은 지문에 언급되지 않으므로 오답입니다.

[해석]

식물 재료가 토양 및 침전물에 의해 덮여 있을 때, 잘 보존되고 부패 및 동물로부터 보호되며, 결국 규화목으로 화석화된다. 무기질과 영양분이 풍부한 지하수가 토양 속에서 흐르면서, 기존의 식물 재료를 방해석과 규석, 그리고 단백석 같은 무기질 재료가 대체하게 된다. 그 결과로 나타나는 화석은 세포 구조 및 나뭇결을 포함해 구별 가능한 특징들을 지닌 채, 일반적으로 기존의 유기질 식물 재료가 지닌 특징들을 여전히 드러내 보인다. 규화목 표본은 흔히 기존의 식물 재료와 아주 흡사하게 닮기 때문에 사람들은 그것을 집어 들어 뚜렷한 무게 차이를 알아차린 후에야 화석임을 인식하게 된다. 완전히 동일한 표본은 흔치 않지만, 거의 동일한 나무껍질 문양을 나타내는 표본은 많이 발견되고 있다.

Q. 지문 내용에 따르면, 다음 중 어느 것이 규화목 표본에 관해 사실인가?

Ⓐ 대부분의 표본은 기존의 유기질 식물 재료가 지닌 많은 부분을 유지한다.

Ⓑ 기존의 식물 재료와 정확히 동일해 보이는 표본을 찾는 것은 흔치 않다.

Ⓒ 나무껍질 문양은 화석화 과정 후에는 좀처럼 눈으로 볼 수 없다.

Ⓓ 세포 구조는 대략적인 화석화 시기를 나타낸다.

[어휘]

plant material 식물 재료 **soil** 토양, 흙 **sediment** 침전물 **well preserved** 잘 보존된 **protected from** ~로부터 보호된 **eventually** 결국 **be fossilized as** ~로 화석화되다 **petrified wood** 규화목(나무 화석의 한 종류) **rich in** ~가 풍부한 **mineral** 무기질 **nutrient** 영양분 **flow** 흐르다 **replace A with B** A를 B로 대체하다 **inorganic** 무기질의 **calcite** 방해석 **silica** 규석 **opal** 단백석 **resulting** 결과로 나타나는 **fossil** 화석 **exhibit** ~을 드러내 보이다 **characteristic** 특징 **distinguishable** 구별 가능한 **feature** 특징 **cellular structure** 세포 구조 **wood grain** 나뭇결 **specimens** 표본 **closely resemble** ~을 흡사하게 닮다 **be unaware that** ~임을 인식하지 못하다, 알지 못하다 **pick up** ~을 집어 들다 **notice** ~을 알아차리다 **marked** 뚜렷한 **difference** 차이 **completely** 완전히, 전적으로 **identical** 동일한 **rare** 흔치 않은, 드문 **present** ~을 나타내다, 보이다 **bark pattern** 나무껍질 문양 **in abundance** 많이, 풍부하게 **retain** ~을 유지하다 **a large proportion of** 대부분의 **look exactly the same** 정확히 동일하게 보이다 **rarely ever** 좀처럼 ~ 않다 **visible** 눈으로 보이는 **following** ~ 후에 **process** 과정 **indicate** ~을 나타내다, 가리키다 **approximate** 대략의, 근사치의

■ 연습 문제

각각의 문제와 해당되는 지문을 읽고 문제를 푸세요.

❶ Practice 1

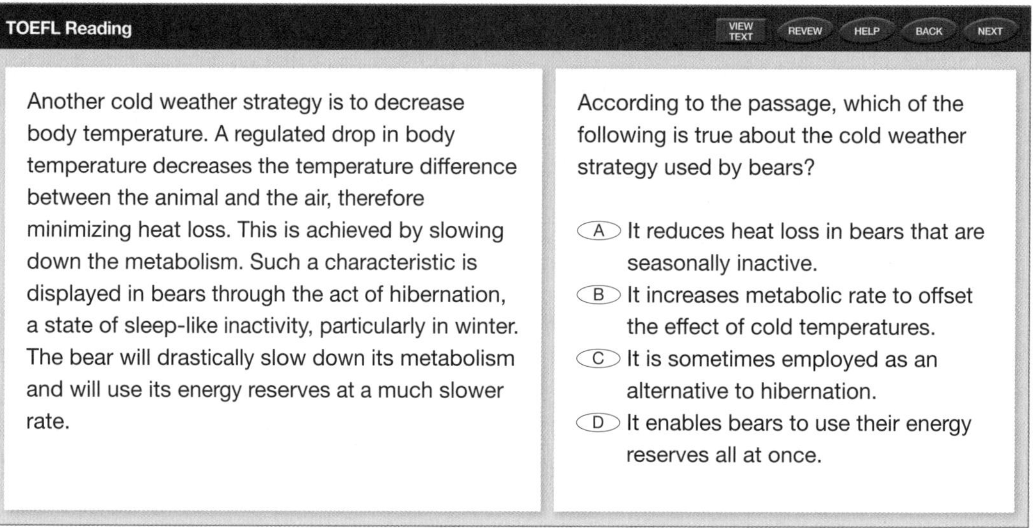

TOEFL Reading

VIEW TEXT | REVIEW | HELP | BACK | NEXT

Another cold weather strategy is to decrease body temperature. A regulated drop in body temperature decreases the temperature difference between the animal and the air, therefore minimizing heat loss. This is achieved by slowing down the metabolism. Such a characteristic is displayed in bears through the act of hibernation, a state of sleep-like inactivity, particularly in winter. The bear will drastically slow down its metabolism and will use its energy reserves at a much slower rate.

According to the passage, which of the following is true about the cold weather strategy used by bears?

(A) It reduces heat loss in bears that are seasonally inactive.
(B) It increases metabolic rate to offset the effect of cold temperatures.
(C) It is sometimes employed as an alternative to hibernation.
(D) It enables bears to use their energy reserves all at once.

❷ Practice 2

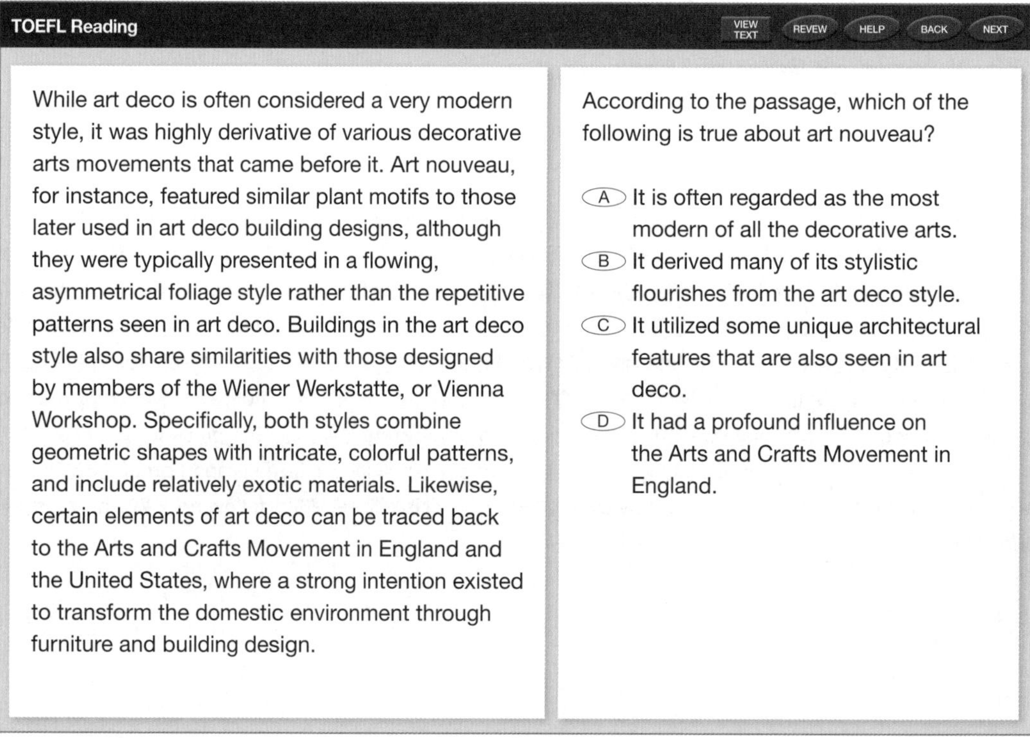

TOEFL Reading

VIEW TEXT | REVIEW | HELP | BACK | NEXT

While art deco is often considered a very modern style, it was highly derivative of various decorative arts movements that came before it. Art nouveau, for instance, featured similar plant motifs to those later used in art deco building designs, although they were typically presented in a flowing, asymmetrical foliage style rather than the repetitive patterns seen in art deco. Buildings in the art deco style also share similarities with those designed by members of the Wiener Werkstatte, or Vienna Workshop. Specifically, both styles combine geometric shapes with intricate, colorful patterns, and include relatively exotic materials. Likewise, certain elements of art deco can be traced back to the Arts and Crafts Movement in England and the United States, where a strong intention existed to transform the domestic environment through furniture and building design.

According to the passage, which of the following is true about art nouveau?

(A) It is often regarded as the most modern of all the decorative arts.
(B) It derived many of its stylistic flourishes from the art deco style.
(C) It utilized some unique architectural features that are also seen in art deco.
(D) It had a profound influence on the Arts and Crafts Movement in England.

❸ Practice 3

TOEFL Reading VIEW TEXT REVIEW HELP BACK NEXT

The majority of lightning discharges do not strike the ground, or objects on the ground, but occur between two adjacent clouds or within one cloud. While cloud-to-cloud or inter-cloud lightning is a common occurrence, we are even more likely to witness lightning occurring between areas of differing electric potential within a single cloud, and this is known as intra-cloud lightning. This type of lightning typically occurs between the upper portion of a thunderstorm, known as the anvilcloud, and the lower reaches, causing the entire cloud to light up. It can be observed at great distances at night and it is not necessarily accompanied by the sound of thunder. Cloud-to-cloud lightning, on the other hand, usually originates beneath or within the anvil cloud and moves through the upper portions of adjacent clouds, often resulting in a dramatic visual display and thunderclaps.

According to the passage, which of the following is true about intra-cloud lightning?

Ⓐ It typically spreads across the upper portions of adjacent clouds.
Ⓑ It results in louder thunderclaps than those caused by inter-cloud lightning.
Ⓒ It occurs as a result of differences in electrical potential between regions of a cloud.
Ⓓ It causes the anvil of a thunderstorm to shift downward into the lower region of clouds.

❹ Practice 4

TOEFL Reading VIEW TEXT REVIEW HELP BACK NEXT

Pottery defined in its simplest form is the process of mixing clay with water, forming a shape, and allowing it to dry. Pottery as an expression of art, or use as a storage vessel, has been around since the beginning of the Neolithic period. This period took place in approximately 6000 BC, making pottery one of the most ancient arts. The oldest clay artifacts have been found in Japan. However, primitive examples dating back to approximately 5500 BC have also been found in Iran. The concept of using pottery ware for drinking or eating originated with the discovery of glazing. This process allowed the mugs, bowls, and other vessels to become watertight. Clay-fired pottery developed into a well-established art form, mixing technique, talent and tradition. Over the years, pottery designs and techniques have grown more complex.

According to the passage, which of the following is true about pottery?

Ⓐ It was primarily utilized as an expression of art in Japan.
Ⓑ Its manufacturing process has been simplified over several centuries.
Ⓒ Its earliest production and use are believed to have taken place in Iran.
Ⓓ It became useful for retaining water after undergoing a glazing process.

❷ Negative Factual Information (틀린 정보 찾기)

Negative Factual Information 문제 유형은 Factual Information 문제를 포함해 1지문 속 2~3문제가 출제됩니다. 문제의 정답은 지문에 언급된 내용과 일치하지 않는 정보를 찾는 것입니다. 이 때 주의할 점은 지문과 다른 내용도 정답이 되지만, 지문에서 확인할 수 없는 내용도 정답이 된다는 점입니다. 정답의 근거를 지문에서 찾을 수 없을 수도 있다는 점을 기억하셔야 합니다.

문제 패턴

According to the passage, which of the following is NOT true of X?

이 단락에 따르면, X에 대해 사실이 아닌 것은 무엇인가?

The author's description of X mentions all of the following EXCEPT :

X에 대한 저자의 설명은 ~을 제외하고 다음 모두를 모두 언급한다:

문제 풀이 Tip 지문과 다른 것도, 지문에 없는 것도 정답!

샘플 문제

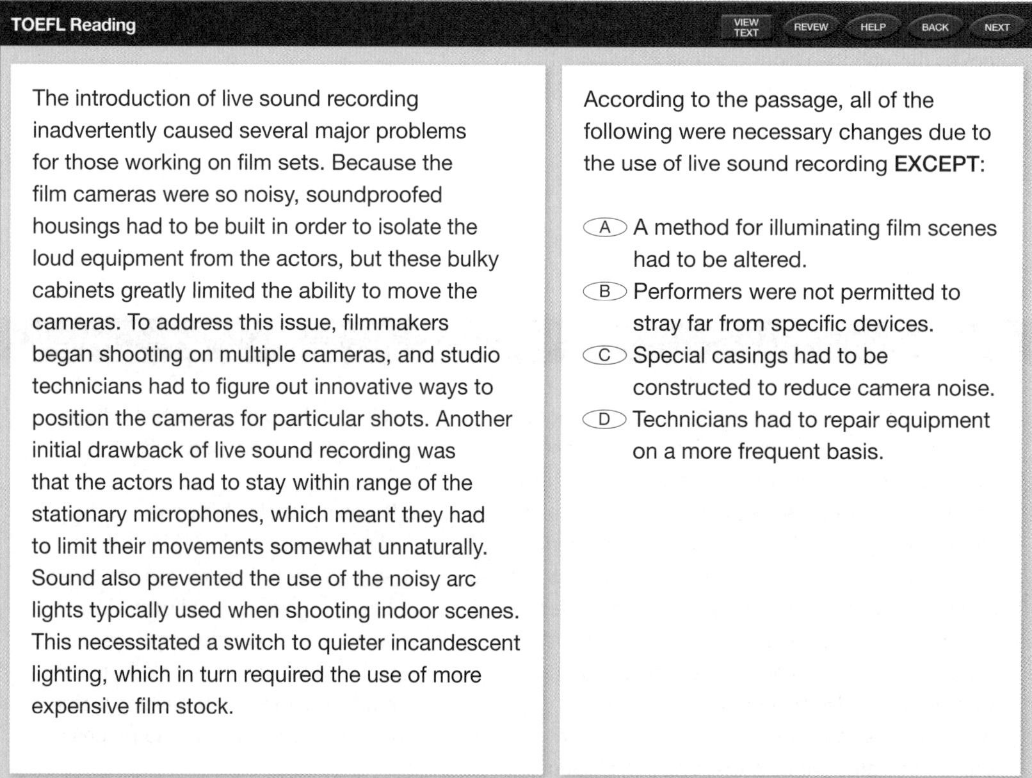

TOEFL Reading
VIEW TEXT
REVEW
HELP
BACK
NEXT
The introduction of live sound recording inadvertently caused several major problems for those working on film sets. Because the film cameras were so noisy, soundproofed housings had to be built in order to isolate the loud equipment from the actors, but these bulky cabinets greatly limited the ability to move the cameras. To address this issue, filmmakers began shooting on multiple cameras, and studio technicians had to figure out innovative ways to position the cameras for particular shots. Another initial drawback of live sound recording was that the actors had to stay within range of the stationary microphones, which meant they had to limit their movements somewhat unnaturally. Sound also prevented the use of the noisy arc lights typically used when shooting indoor scenes. This necessitated a switch to quieter incandescent lighting, which in turn required the use of more expensive film stock.
According to the passage, all of the following were necessary changes due to the use of live sound recording EXCEPT:
(A) A method for illuminating film scenes had to be altered.
(B) Performers were not permitted to stray far from specific devices.
(C) Special casings had to be constructed to reduce camera noise.
(D) Technicians had to repair equipment on a more frequent basis.

[정답 D]

(오답 A) 조명을 비추는 방식이 변경되어야만 했다는 내용을 5번째와 6번째 문장(Sound also prevented the use of the noisy arc lights typically used when shooting indoor scenes. This necessitated a switch to quieter incandescent lighting, which in turn required the use of more expensive film stock)에서 확인할 수 있으므로 오답입니다.

(오답 B) 연기자들이 특정한 장치들로부터 멀리 벗어나도록 허용되지 않는다는 내용을 4번째 문장(Another initial drawback of live sound recording was that the actors had to stay within range of the stationary microphones, which meant they had to limit their movements somewhat unnaturally)에서 확인할 수 있으므로 오답입니다.

(오답 C) 카메라 소음을 줄이기 위해 특별 케이스가 만들어질 필요가 있었다는 내용을 2번째 문장(Because the film cameras were so noisy, soundproofed housings had to be built)에서 확인할 수 있으므로 오답입니다.

(정답 D) 기술자들이 더 빈번하게 장비를 수리해야 했다는 내용을 지문에서 찾을 수 없으므로 정답입니다.

[해석]

현장 음향 녹음 방식의 도입은 의도치 않게 영화 세트 작업을 하는 사람들에게 여러 가지 큰 문제점을 초래했다. 촬영용 카메라가 매우 시끄러웠기 때문에, 이 시끄러운 장비를 배우들과 분리시키기 위해 방음 처리가 된 하우징이 만들어져야 했지만, 부피가 큰 이 수납장 같은 장치들은 카메라 이동 가능성을 크게 제한했다. 이 문제를 처리하기 위해, 영화감독들은 여러 대의 카메라로 촬영하기 시작했으며, 스튜디오 기술자들은 특정 장면에 대해 카메라들을 위치시킬 혁신적인 방법을 알아내야 했다. 초기 현장 음향 녹음의 또 다른 문제점은 배우들이 마이크들이 정지되어 놓여 있는 범위 내에 머물러 있어야 했다는 점이며, 이는 배우들이 다소 부자연스럽게 움직임을 제한해야 했다는 점을 의미했다. 소리는 또한 일반적으로 실내 장면을 촬영할 때 쓰였던 시끄러운 아크 전등의 사용도 막았다. 이로 인해 더 조용한 백열등 조명으로의 변화가 필요했는데, 그 결과 더 비싼 필름 재고의 사용이 필요해졌다.

지문 내용에 따르면, 다음 중 현장 음향 녹음 방식의 활용으로 인해 필요치 않았던 변화는 무엇인가?

Ⓐ 영화 장면에 조명을 비추는 방식이 변경되어야 했다.

Ⓑ 연기자들이 특정 장치로부터 멀리 벗어나도록 허용되지 않았다.

Ⓒ 카메라 소음을 줄이기 위해 특별 케이스가 만들어져야 했다.

Ⓓ 기술자들이 더 빈번하게 장비를 수리해야 했다.

[어휘]

introduction 도입, 소개 **inadvertently** 의도치 않게, 무심코 **cause** ~을 초래하다, 야기하다 **soundproofed** 방음 처리가 된 **housing** 하우징(기계 장치를 감싸는 일종의 케이스) **in order to do** ~하기 위해 **isolate A from B** A를 B와 분리시키다 **equipment** 장비 **bulky** 부피가 큰 **limit** ~을 제한하다 **address** v. ~을 처리하다, 다루다 **shoot** 촬영하다 **figure out** ~을 알아내다 **innovative** 혁신적인 **position** v. ~을 위치시키다 **particular** 특정한 **shot** 장면 **initial** 초기의, 처음의 **drawback** 문제점, 결점 **range** 범위 **stationary** 정지된 **somewhat** 다소, 어느 정도 **prevent** ~을 막다 **arc light** 아크 전등 **typically** 일반적으로 **necessitate** ~을 필요하게 만들다 **switch to** ~로의 변화 **incandescent lighting** 백열등 조명 **in turn** 그 결과 **stock** 재고(품) **method** 방법 **illuminate** ~에 조명을 비추다 **alter** ~을 바꾸다 **be permitted to do** ~하도록 허용되다 **stray from** ~에서 벗어나다 **specific** 특정한, 구체적인 **device** 장치, 기구 **casing** 케이스, 포장 **reduce** ~을 줄이다, 감소시키다 **on a more frequent basis** 더 빈번하게

■ 연습 문제

각각의 문제와 해당되는 지문을 읽고 문제를 푸세요.

❶ Practice 1

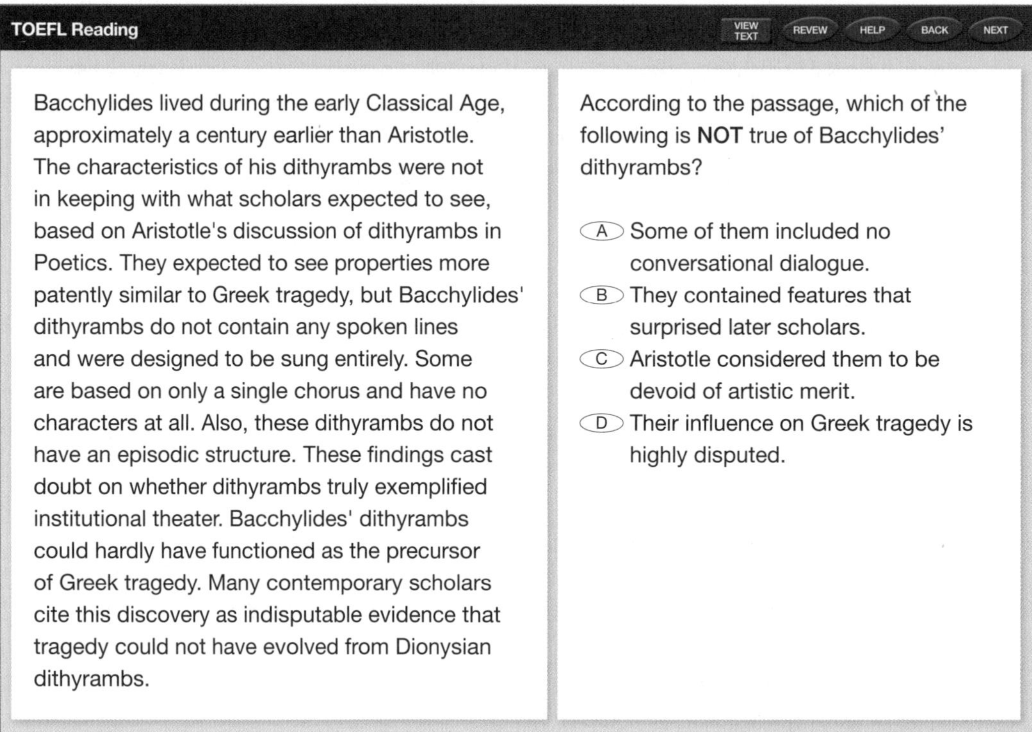

TOEFL Reading — VIEW TEXT | REVIEW | HELP | BACK | NEXT

Bacchylides lived during the early Classical Age, approximately a century earlier than Aristotle. The characteristics of his dithyrambs were not in keeping with what scholars expected to see, based on Aristotle's discussion of dithyrambs in Poetics. They expected to see properties more patently similar to Greek tragedy, but Bacchylides' dithyrambs do not contain any spoken lines and were designed to be sung entirely. Some are based on only a single chorus and have no characters at all. Also, these dithyrambs do not have an episodic structure. These findings cast doubt on whether dithyrambs truly exemplified institutional theater. Bacchylides' dithyrambs could hardly have functioned as the precursor of Greek tragedy. Many contemporary scholars cite this discovery as indisputable evidence that tragedy could not have evolved from Dionysian dithyrambs.

According to the passage, which of the following is **NOT** true of Bacchylides' dithyrambs?

Ⓐ Some of them included no conversational dialogue.
Ⓑ They contained features that surprised later scholars.
Ⓒ Aristotle considered them to be devoid of artistic merit.
Ⓓ Their influence on Greek tragedy is highly disputed.

❷ Practice 2

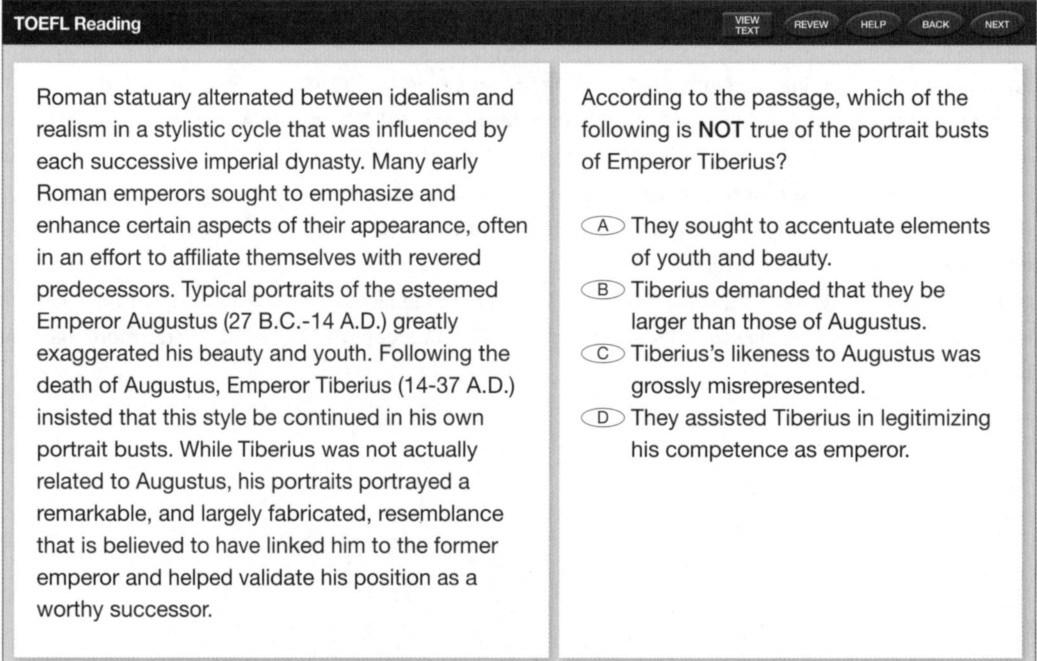

TOEFL Reading — VIEW TEXT | REVIEW | HELP | BACK | NEXT

Roman statuary alternated between idealism and realism in a stylistic cycle that was influenced by each successive imperial dynasty. Many early Roman emperors sought to emphasize and enhance certain aspects of their appearance, often in an effort to affiliate themselves with revered predecessors. Typical portraits of the esteemed Emperor Augustus (27 B.C.-14 A.D.) greatly exaggerated his beauty and youth. Following the death of Augustus, Emperor Tiberius (14-37 A.D.) insisted that this style be continued in his own portrait busts. While Tiberius was not actually related to Augustus, his portraits portrayed a remarkable, and largely fabricated, resemblance that is believed to have linked him to the former emperor and helped validate his position as a worthy successor.

According to the passage, which of the following is **NOT** true of the portrait busts of Emperor Tiberius?

Ⓐ They sought to accentuate elements of youth and beauty.
Ⓑ Tiberius demanded that they be larger than those of Augustus.
Ⓒ Tiberius's likeness to Augustus was grossly misrepresented.
Ⓓ They assisted Tiberius in legitimizing his competence as emperor.

❸ Practice 3

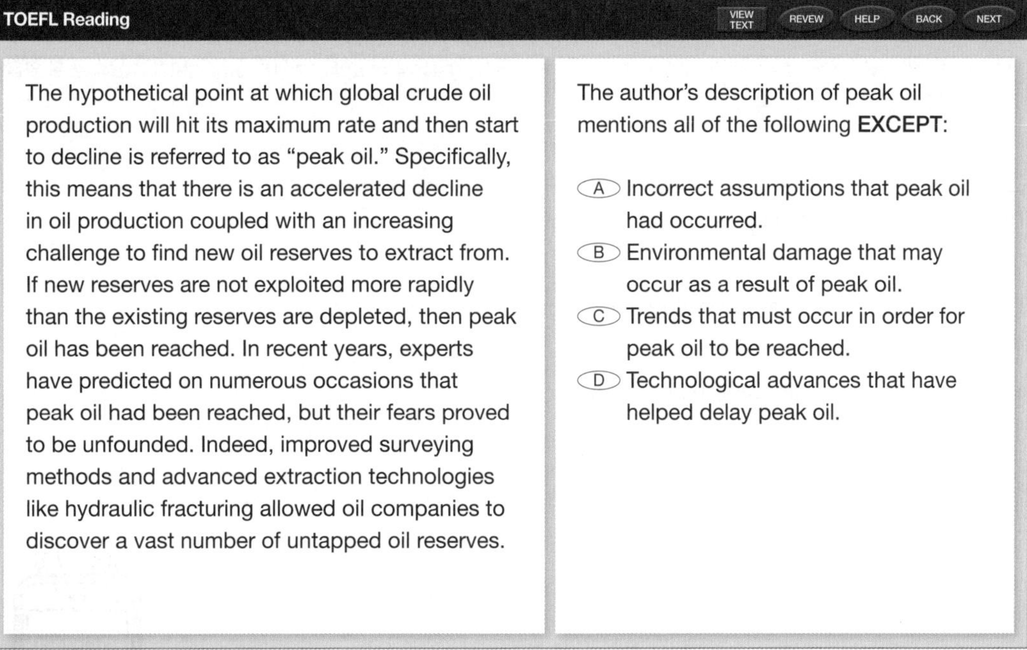

TOEFL Reading VIEW TEXT | REVIEW | HELP | BACK | NEXT

The hypothetical point at which global crude oil production will hit its maximum rate and then start to decline is referred to as "peak oil." Specifically, this means that there is an accelerated decline in oil production coupled with an increasing challenge to find new oil reserves to extract from. If new reserves are not exploited more rapidly than the existing reserves are depleted, then peak oil has been reached. In recent years, experts have predicted on numerous occasions that peak oil had been reached, but their fears proved to be unfounded. Indeed, improved surveying methods and advanced extraction technologies like hydraulic fracturing allowed oil companies to discover a vast number of untapped oil reserves.

The author's description of peak oil mentions all of the following **EXCEPT**:

Ⓐ Incorrect assumptions that peak oil had occurred.
Ⓑ Environmental damage that may occur as a result of peak oil.
Ⓒ Trends that must occur in order for peak oil to be reached.
Ⓓ Technological advances that have helped delay peak oil.

❹ Practice 4

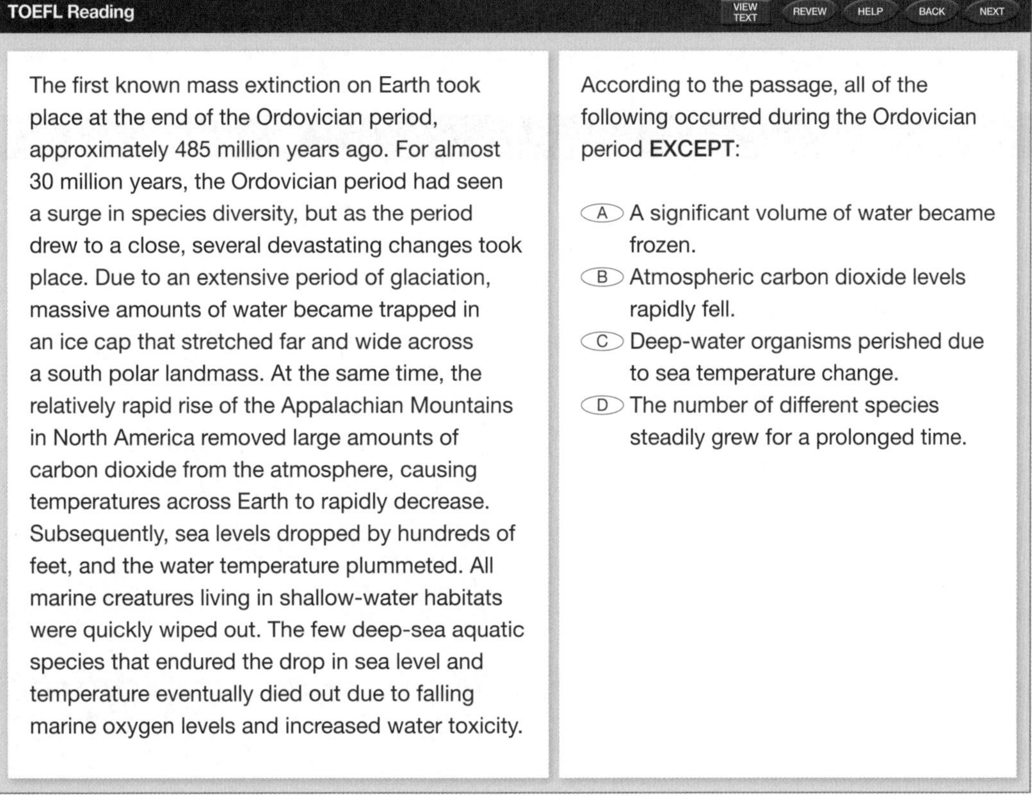

TOEFL Reading VIEW TEXT | REVIEW | HELP | BACK | NEXT

The first known mass extinction on Earth took place at the end of the Ordovician period, approximately 485 million years ago. For almost 30 million years, the Ordovician period had seen a surge in species diversity, but as the period drew to a close, several devastating changes took place. Due to an extensive period of glaciation, massive amounts of water became trapped in an ice cap that stretched far and wide across a south polar landmass. At the same time, the relatively rapid rise of the Appalachian Mountains in North America removed large amounts of carbon dioxide from the atmosphere, causing temperatures across Earth to rapidly decrease. Subsequently, sea levels dropped by hundreds of feet, and the water temperature plummeted. All marine creatures living in shallow-water habitats were quickly wiped out. The few deep-sea aquatic species that endured the drop in sea level and temperature eventually died out due to falling marine oxygen levels and increased water toxicity.

According to the passage, all of the following occurred during the Ordovician period **EXCEPT**:

Ⓐ A significant volume of water became frozen.
Ⓑ Atmospheric carbon dioxide levels rapidly fell.
Ⓒ Deep-water organisms perished due to sea temperature change.
Ⓓ The number of different species steadily grew for a prolonged time.

③ Vocabulary (어휘)

Vocabulary 문제 유형은 가장 많이 출제되는 빈출 유형으로 1지문 속 2~3문제가 출제됩니다. 문제의 정답은 출제된 단어의 동의어 및 유의어입니다. 정확한 동의어만이 정답이 아니라 유의어까지도 정답으로 포함하고 있다는 점을 기억하고 평소 어휘 학습에 있어서 폭 넓은 암기가 필요합니다.

문제 패턴

The word "X" in the passage is closest in meaning to

지문 속 단어 "X"와 의미가 가장 가까운 것은

The phrase "X" in the passage is closest in meaning to

지문 속 구 "X"와 의미가 가장 가까운 것은

In stating "X," the author means that ~

"X"를 언급하며, 작가가 의미하는 것은

문제 풀이 Tip 문맥에서 그 의미를 찾기 어려운 단어가 출제됨을 기억하기!

샘플 문제

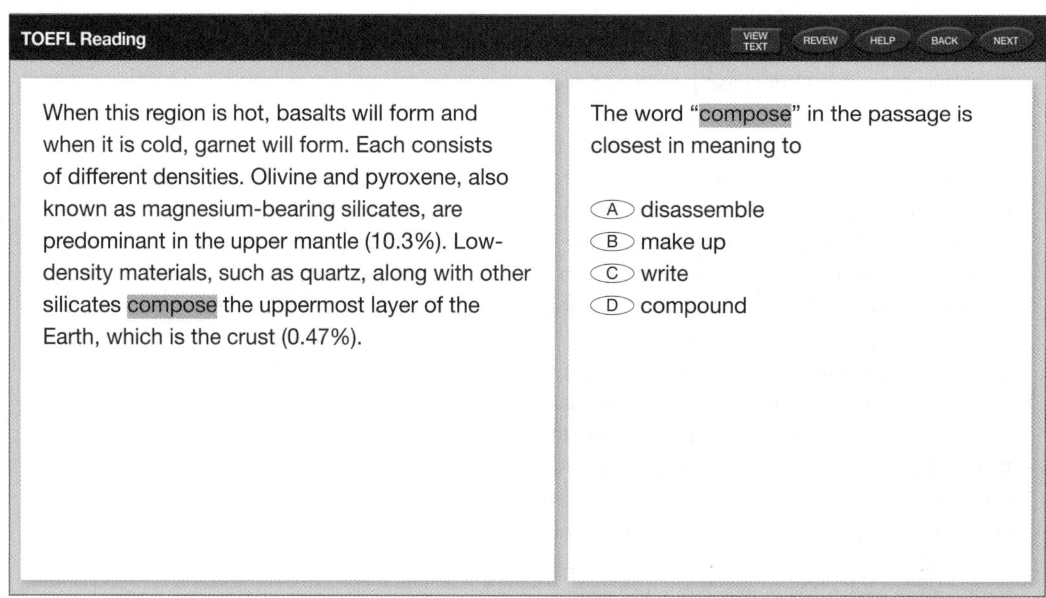

TOEFL Reading
VIEW TEXT
REVIEW
HELP
BACK
NEXT
When this region is hot, basalts will form and when it is cold, garnet will form. Each consists of different densities. Olivine and pyroxene, also known as magnesium-bearing silicates, are predominant in the upper mantle (10.3%). Low-density materials, such as quartz, along with other silicates compose the uppermost layer of the Earth, which is the crust (0.47%).
The word "compose" in the passage is closest in meaning to
A disassemble
B make up
C write
D compound

[정답 B]

(오답 A) '분해하다'를 의미하는 단어이므로 compose와 반의어 관계에 있는 오답입니다.
(정답 B) '구성하다'를 뜻하는 숙어로서 compose와 동일한 의미를 지니므로 정답입니다.
(오답 C) compose가 '작성하다, 작곡하다'를 의미할 때 동의어에 해당되므로 오답입니다.
(오답 D) '혼합하다, 합성하다'를 의미하므로 오답입니다.

[해석]

이 지역이 뜨거울 경우 현무암이 형성되며 차가우면, 석류석이 형성된다. 각각은 서로 다른 밀도로 구성된다. 마그네슘을 함유하고 있는 규산염으로도 알려져 있는 감람석과 휘석은 맨틀 상층부에서 두드러지게 나타난다(10.3%). 다른 규산염들과 함께 석영 같은 저밀도 물체들이 최상층, 즉 지구의 지각을 구성한다.

지문 속 단어 "compose"와 의미가 가장 가까운 것은 무엇인가?

Ⓐ 분해하다
Ⓑ 구성하다
Ⓒ 작성하다, 작곡하다
Ⓓ 혼합하다, 합성하다

[어휘]

region 지역 **basalt** 현무암 **form** 형성되다 **garnet** 석류석 **consist of** ~으로 구성되다 **density** 밀도 **olivine** 감람석 **pyroxene** 휘석 **known as** ~라고 알려진 **magnesium-bearing** 마그네슘을 함유하고 있는 **silicate** 규산염 **predominant** 두드러진, 지배적인 **upper** 상층의, 위의 **material** 물체, 물질 **quartz** 석영 **along with** ~와 함께 **uppermost layer** 최상층 **crust** 지각

■ 연습 문제

각각의 문제와 해당되는 지문을 읽고 문제를 푸세요.

❶ Practice 1

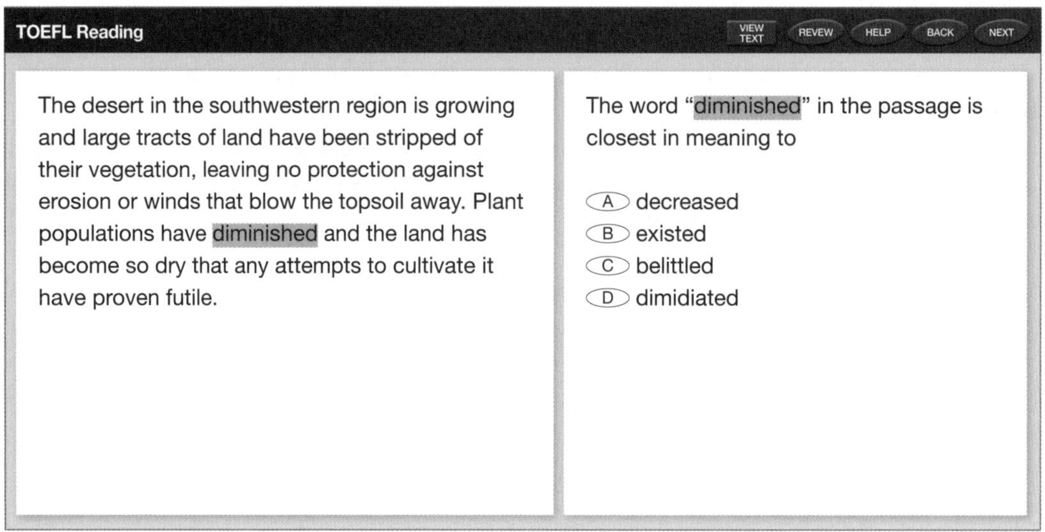

TOEFL Reading

VIEW TEXT | REVEW | HELP | BACK | NEXT

The desert in the southwestern region is growing and large tracts of land have been stripped of their vegetation, leaving no protection against erosion or winds that blow the topsoil away. Plant populations have diminished and the land has become so dry that any attempts to cultivate it have proven futile.

The word "diminished" in the passage is closest in meaning to

Ⓐ decreased
Ⓑ existed
Ⓒ belittled
Ⓓ dimidiated

❷ Practice 2

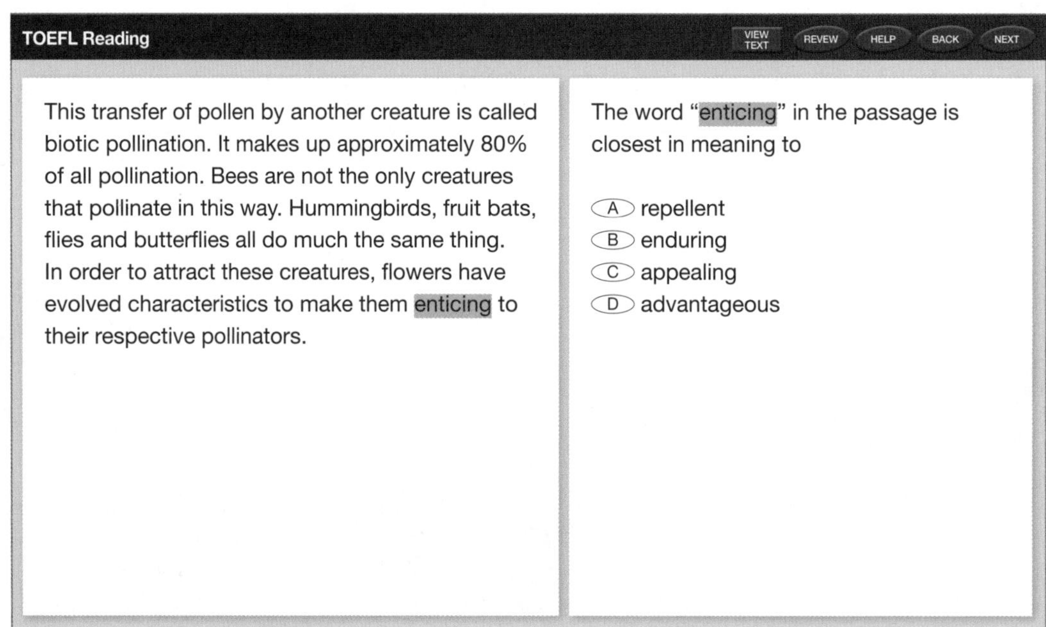

TOEFL Reading

VIEW TEXT | REVEW | HELP | BACK | NEXT

This transfer of pollen by another creature is called biotic pollination. It makes up approximately 80% of all pollination. Bees are not the only creatures that pollinate in this way. Hummingbirds, fruit bats, flies and butterflies all do much the same thing. In order to attract these creatures, flowers have evolved characteristics to make them enticing to their respective pollinators.

The word "enticing" in the passage is closest in meaning to

Ⓐ repellent
Ⓑ enduring
Ⓒ appealing
Ⓓ advantageous

❸ Practice 3

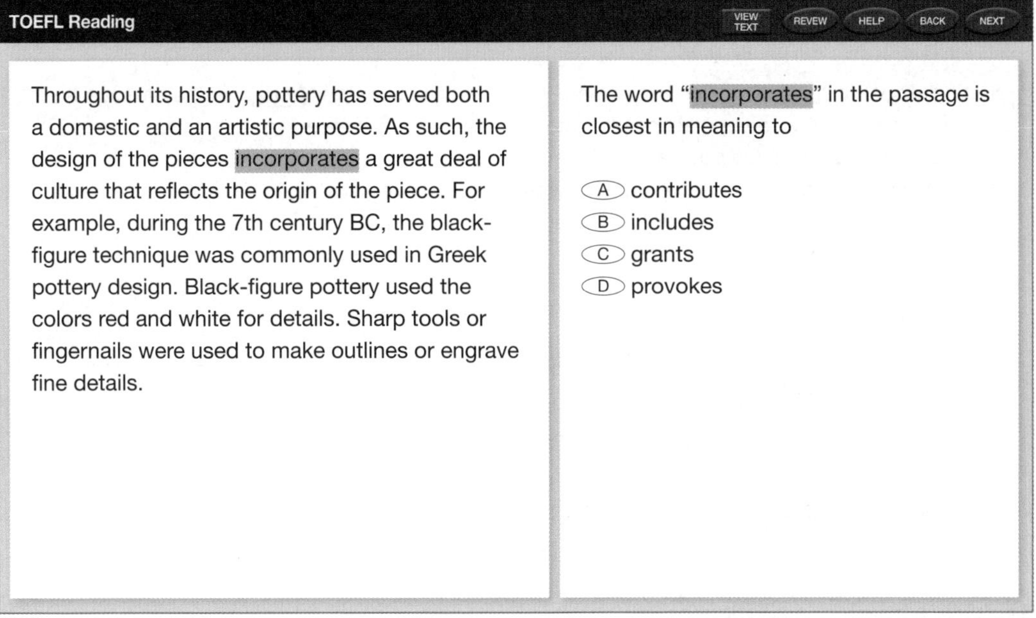

Throughout its history, pottery has served both a domestic and an artistic purpose. As such, the design of the pieces incorporates a great deal of culture that reflects the origin of the piece. For example, during the 7th century BC, the black-figure technique was commonly used in Greek pottery design. Black-figure pottery used the colors red and white for details. Sharp tools or fingernails were used to make outlines or engrave fine details.

The word "incorporates" in the passage is closest in meaning to

- (A) contributes
- (B) includes
- (C) grants
- (D) provokes

❹ Practice 4

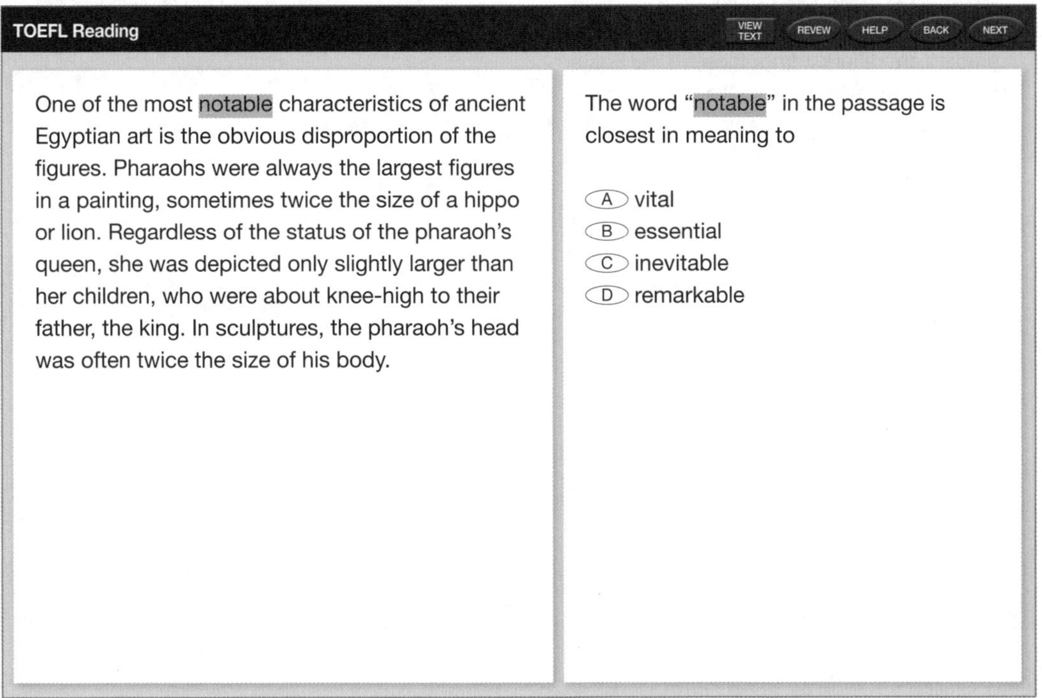

One of the most notable characteristics of ancient Egyptian art is the obvious disproportion of the figures. Pharaohs were always the largest figures in a painting, sometimes twice the size of a hippo or lion. Regardless of the status of the pharaoh's queen, she was depicted only slightly larger than her children, who were about knee-high to their father, the king. In sculptures, the pharaoh's head was often twice the size of his body.

The word "notable" in the passage is closest in meaning to

- (A) vital
- (B) essential
- (C) inevitable
- (D) remarkable

❺ Practice 5

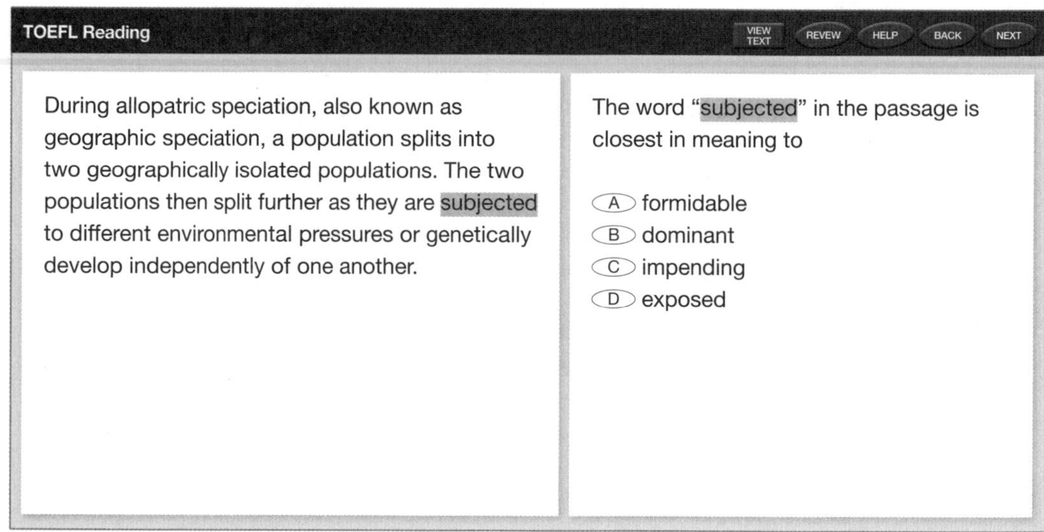

TOEFL Reading

VIEW TEXT | REVIEW | HELP | BACK | NEXT

During allopatric speciation, also known as geographic speciation, a population splits into two geographically isolated populations. The two populations then split further as they are subjected to different environmental pressures or genetically develop independently of one another.

The word "subjected" in the passage is closest in meaning to

Ⓐ formidable
Ⓑ dominant
Ⓒ impending
Ⓓ exposed

❻ Practice 6

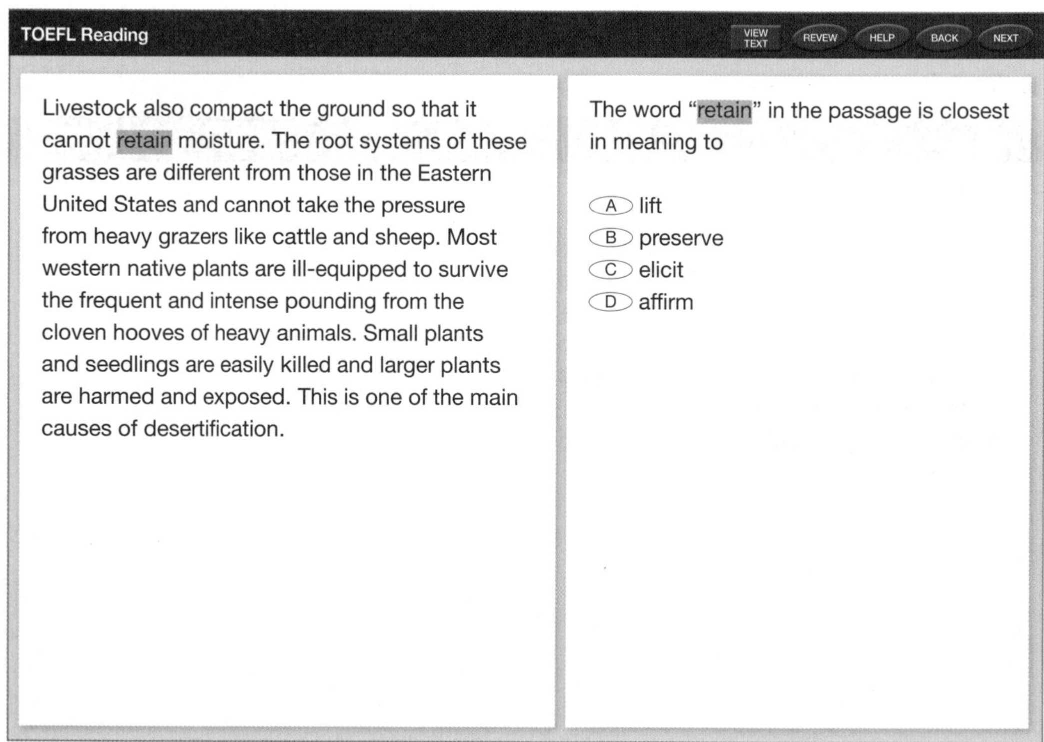

TOEFL Reading

VIEW TEXT | REVIEW | HELP | BACK | NEXT

Livestock also compact the ground so that it cannot retain moisture. The root systems of these grasses are different from those in the Eastern United States and cannot take the pressure from heavy grazers like cattle and sheep. Most western native plants are ill-equipped to survive the frequent and intense pounding from the cloven hooves of heavy animals. Small plants and seedlings are easily killed and larger plants are harmed and exposed. This is one of the main causes of desertification.

The word "retain" in the passage is closest in meaning to

Ⓐ lift
Ⓑ preserve
Ⓒ elicit
Ⓓ affirm

❼ Practice 7

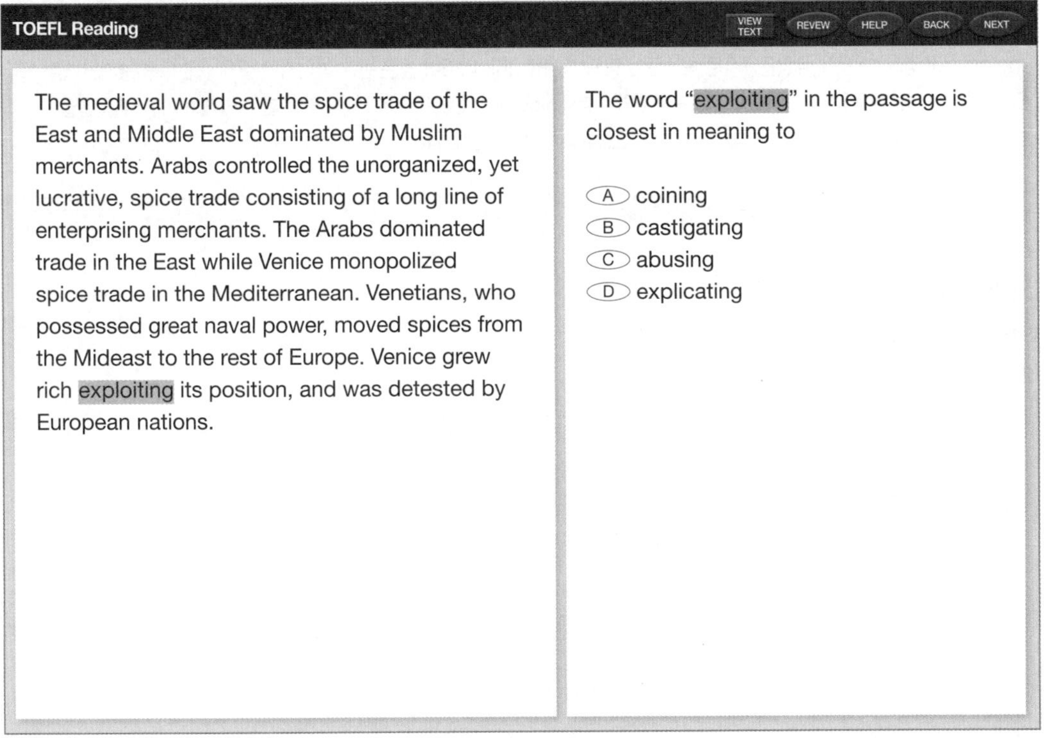

TOEFL Reading

VIEW TEXT | REVEW | HELP | BACK | NEXT

The medieval world saw the spice trade of the East and Middle East dominated by Muslim merchants. Arabs controlled the unorganized, yet lucrative, spice trade consisting of a long line of enterprising merchants. The Arabs dominated trade in the East while Venice monopolized spice trade in the Mediterranean. Venetians, who possessed great naval power, moved spices from the Mideast to the rest of Europe. Venice grew rich exploiting its position, and was detested by European nations.

The word "exploiting" in the passage is closest in meaning to

Ⓐ coining
Ⓑ castigating
Ⓒ abusing
Ⓓ explicating

❽ Practice 8

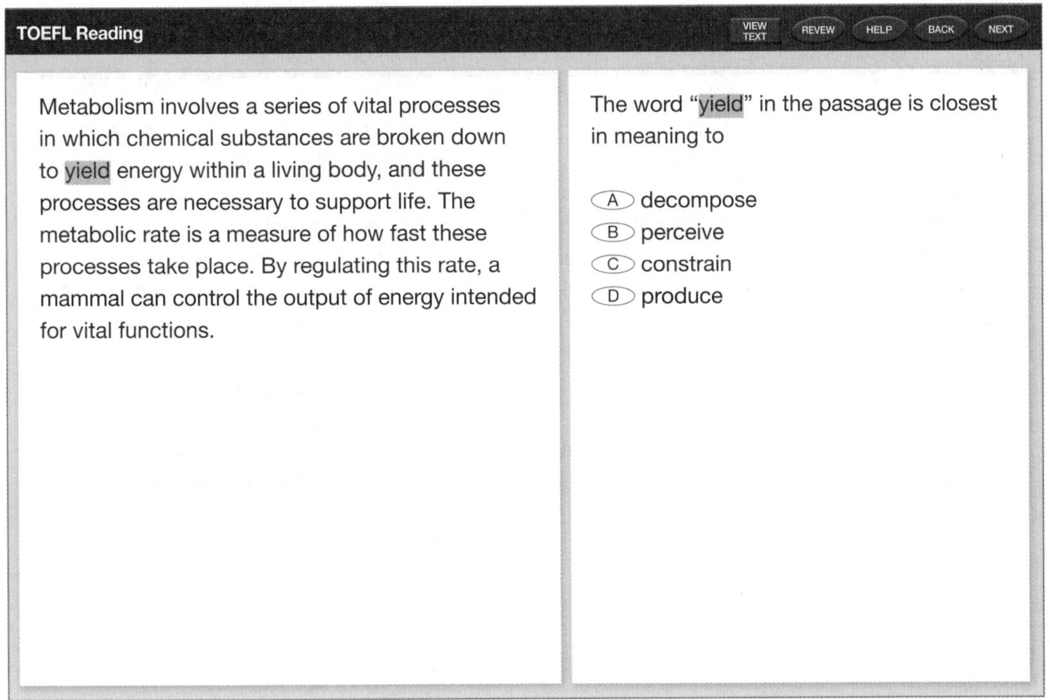

TOEFL Reading

VIEW TEXT | REVEW | HELP | BACK | NEXT

Metabolism involves a series of vital processes in which chemical substances are broken down to yield energy within a living body, and these processes are necessary to support life. The metabolic rate is a measure of how fast these processes take place. By regulating this rate, a mammal can control the output of energy intended for vital functions.

The word "yield" in the passage is closest in meaning to

Ⓐ decompose
Ⓑ perceive
Ⓒ constrain
Ⓓ produce

❹ Rhetorical Purpose (수사학적 의도 파악)

Rhetorical Purpose 문제 유형은 1지문 속 1문제 정도 출제됩니다. 비중이 높은 편은 아니지만 출제 포인트를 놓치면 쉽게 오답을 선택할 수 있는 문제입니다. 출제 포인트는 문제의 이름에서도 알 수 있듯이 "수사학적 의도"를 파악하는 것입니다. 글을 수사하는 사람은 작가이기 때문에 "작가의 의도"를 파악하는 것이 이 문제의 핵심입니다.

수사: 말이나 글을 다듬고 꾸며서 보다 아름답고 정연하게 만드는 것

문제 패턴

Why does the author mention X?

왜 저자는 X를 언급하는가?

* 보기에 자주 등장하는 표현

설명하다	반박하다
To illustrate To explain To note To support	To contradict To refute

문제 풀이 Tip 글의 흐름과 주제를 확인하기!

샘플 문제

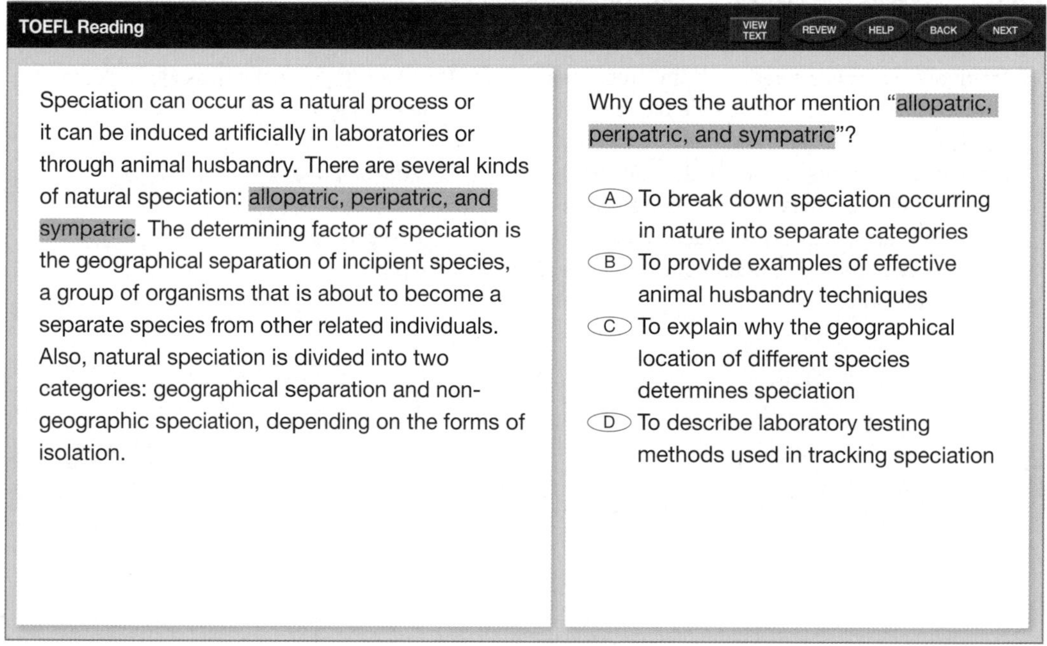

TOEFL Reading
VIEW TEXT
REVEW
HELP
BACK
NEXT
Speciation can occur as a natural process or it can be induced artificially in laboratories or through animal husbandry. There are several kinds of natural speciation: allopatric, peripatric, and sympatric. The determining factor of speciation is the geographical separation of incipient species, a group of organisms that is about to become a separate species from other related individuals. Also, natural speciation is divided into two categories: geographical separation and non-geographic speciation, depending on the forms of isolation.
Why does the author mention "allopatric, peripatric, and sympatric"?
A To break down speciation occurring in nature into separate categories
B To provide examples of effective animal husbandry techniques
C To explain why the geographical location of different species determines speciation
D To describe laboratory testing methods used in tracking speciation

[정답 A]

(정답 A) 지문의 주제에 해당되는 자연적 종분화의 세 가지 종류에 대한 범주 구분을 언급하고 있으므로 정답입니다.
(오답 B) 주제와 관련 없는 내용인 효과적인 축산 기술의 예시를 제공한다는 의미이므로 오답입니다.
(오답 C) 왜 서로 다른 종의 지리적 위치가 종분화를 결정하는지 설명한다는 의미인데, 지문에서 확인할 수 없는 내용이므로 오답입니다.
(오답 D) 종분화를 추적하는 데 활용되는 실험실 시험 방법을 설명한다는 의미인데, 지문에서 확인할 수 없는 내용이므로 오답입니다.

[해석]

종분화는 하나의 자연적 과정으로서 발생될 수도 있고, 실험실 내에서 또는 축산업을 통해 인공적으로 유발될 수도 있다. 자연적 종분화에는 여러 종류가 존재하는데, 이소적 종분화와 근소적 종분화, 그리고 동소적 종분화가 있다. 종분화의 결정적인 요인은 발단종, 즉 다른 관련된 개체들로부터 막 분리된 종이 되려 하는 유기체 그룹의 지리적 분리이다. 또한, 자연적 종분화는 두 가지 범주로 나뉘는데, 격리 방식에 따라 지리적 종분화와 비지리적 종분화이다.

글쓴이는 왜 "이소적 종분화와 근소적 종분화, 그리고 동소적 종분화"를 언급하는가?

Ⓐ **자연에서 발생되는 종분화를 분리된 범주로 구분하기 위해**
Ⓑ 효과적인 축산업 기술의 예시를 제공하기 위해
Ⓒ 왜 서로 다른 종의 지리적 위치가 종분화를 결정하는지 설명하기 위해
Ⓓ 종분화를 추적하는 데 활용되는 실험실 시험 방법을 설명하기 위해

[어휘]

speciation 종분화 **occur** 발생되다, 나타나다 **process** 과정 **induce** ~을 유발하다 **artificially** 인공적으로 **animal husbandry** 축산업 **allopatric speciation** 이소적 종분화(지리적 격리의 결과로 상이한 종들이 새롭게 생기는 것) **peripatric speciation** 근소적 종분화(개체군이 서로 인접해 있거나 직면해 있을 때 일어나는 분화) **sympatric speciation** 동소적 종분화(지리적으로 격리되지 않은 상태에서 동일 분포 지역 내에서 일어남) **determining factor** 결정적인 요인 **geographical** 지리적인 **separation** 분리 **incipient species** 발단종(신종으로 이행하기 전 단계의 특징을 뚜렷이 가진 영속적인 변종) **organism** 유기체 **be about to do** 막 ~하려 하다 **related** 관련된 **individual** n. 개체 **be divided into** ~로 나뉘다 **depending on** ~에 따라, ~에 달려 있는 **form** 방식, 종류, 유형 **isolation** 격리 **break down A into B**: A를 B로 구분하다, 나누다 **effective** 효과적인

■ 연습 문제

각각의 문제와 해당되는 지문을 읽고 문제를 푸세요.

❶ Practice 1

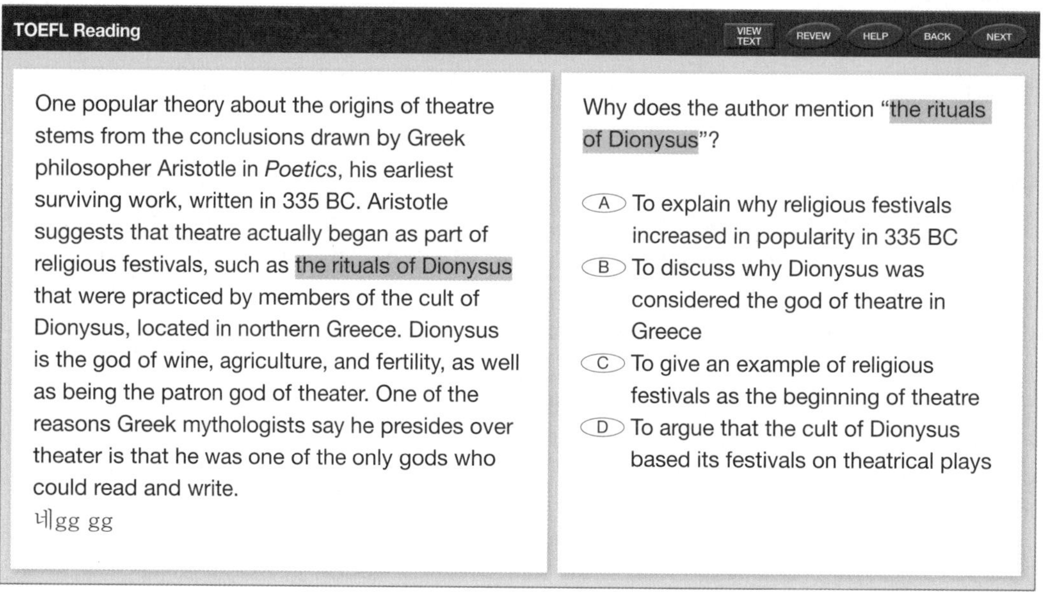

One popular theory about the origins of theatre stems from the conclusions drawn by Greek philosopher Aristotle in *Poetics*, his earliest surviving work, written in 335 BC. Aristotle suggests that theatre actually began as part of religious festivals, such as the rituals of Dionysus that were practiced by members of the cult of Dionysus, located in northern Greece. Dionysus is the god of wine, agriculture, and fertility, as well as being the patron god of theater. One of the reasons Greek mythologists say he presides over theater is that he was one of the only gods who could read and write.

네gg gg

Why does the author mention "the rituals of Dionysus"?

Ⓐ To explain why religious festivals increased in popularity in 335 BC

Ⓑ To discuss why Dionysus was considered the god of theatre in Greece

Ⓒ To give an example of religious festivals as the beginning of theatre

Ⓓ To argue that the cult of Dionysus based its festivals on theatrical plays

❷ Practice 2

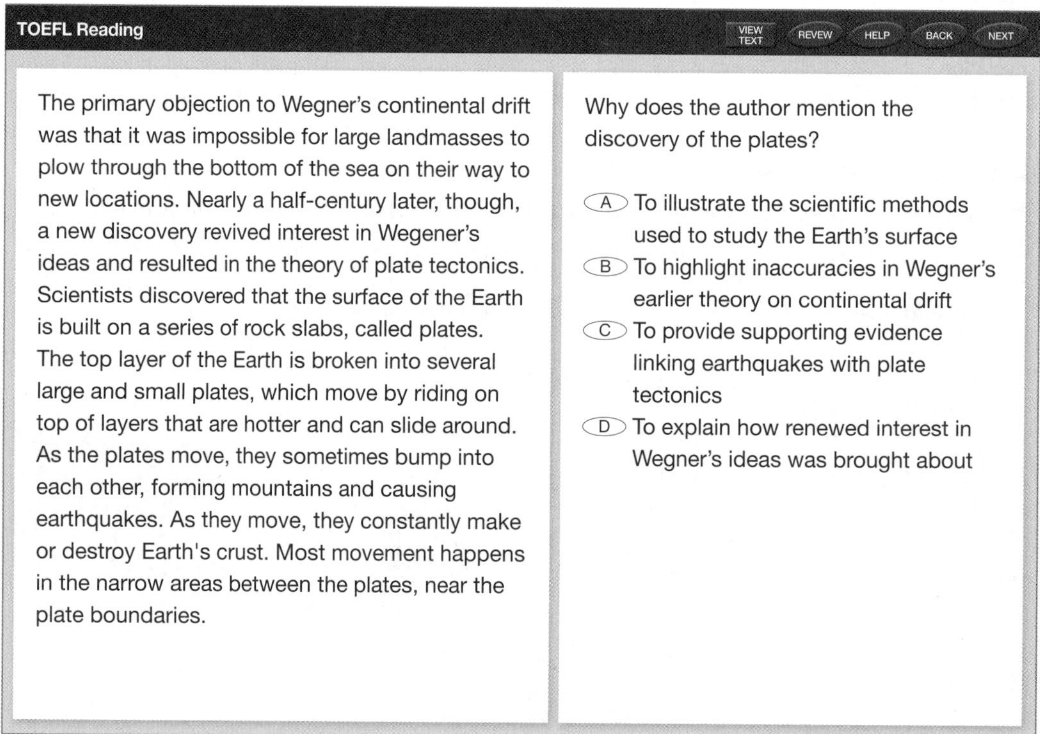

The primary objection to Wegner's continental drift was that it was impossible for large landmasses to plow through the bottom of the sea on their way to new locations. Nearly a half-century later, though, a new discovery revived interest in Wegener's ideas and resulted in the theory of plate tectonics. Scientists discovered that the surface of the Earth is built on a series of rock slabs, called plates. The top layer of the Earth is broken into several large and small plates, which move by riding on top of layers that are hotter and can slide around. As the plates move, they sometimes bump into each other, forming mountains and causing earthquakes. As they move, they constantly make or destroy Earth's crust. Most movement happens in the narrow areas between the plates, near the plate boundaries.

Why does the author mention the discovery of the plates?

Ⓐ To illustrate the scientific methods used to study the Earth's surface

Ⓑ To highlight inaccuracies in Wegner's earlier theory on continental drift

Ⓒ To provide supporting evidence linking earthquakes with plate tectonics

Ⓓ To explain how renewed interest in Wegner's ideas was brought about

❸ Practice 3

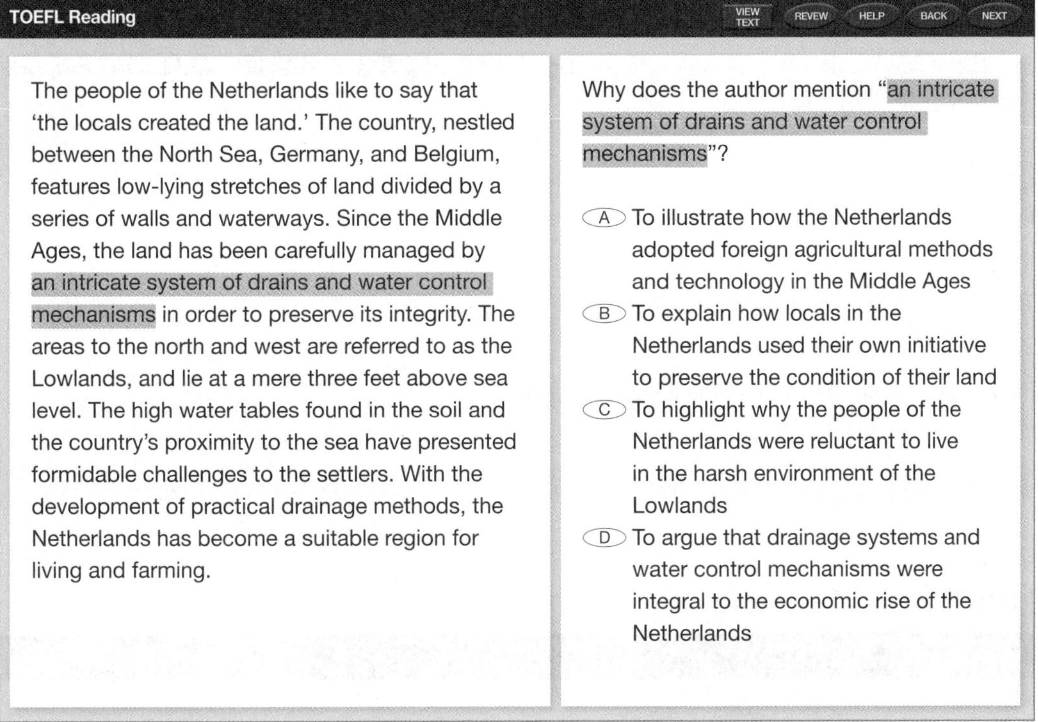

TOEFL Reading

VIEW TEXT | REVIEW | HELP | BACK | NEXT

The people of the Netherlands like to say that 'the locals created the land.' The country, nestled between the North Sea, Germany, and Belgium, features low-lying stretches of land divided by a series of walls and waterways. Since the Middle Ages, the land has been carefully managed by an intricate system of drains and water control mechanisms in order to preserve its integrity. The areas to the north and west are referred to as the Lowlands, and lie at a mere three feet above sea level. The high water tables found in the soil and the country's proximity to the sea have presented formidable challenges to the settlers. With the development of practical drainage methods, the Netherlands has become a suitable region for living and farming.

Why does the author mention "an intricate system of drains and water control mechanisms"?

Ⓐ To illustrate how the Netherlands adopted foreign agricultural methods and technology in the Middle Ages

Ⓑ To explain how locals in the Netherlands used their own initiative to preserve the condition of their land

Ⓒ To highlight why the people of the Netherlands were reluctant to live in the harsh environment of the Lowlands

Ⓓ To argue that drainage systems and water control mechanisms were integral to the economic rise of the Netherlands

❹ Practice 4

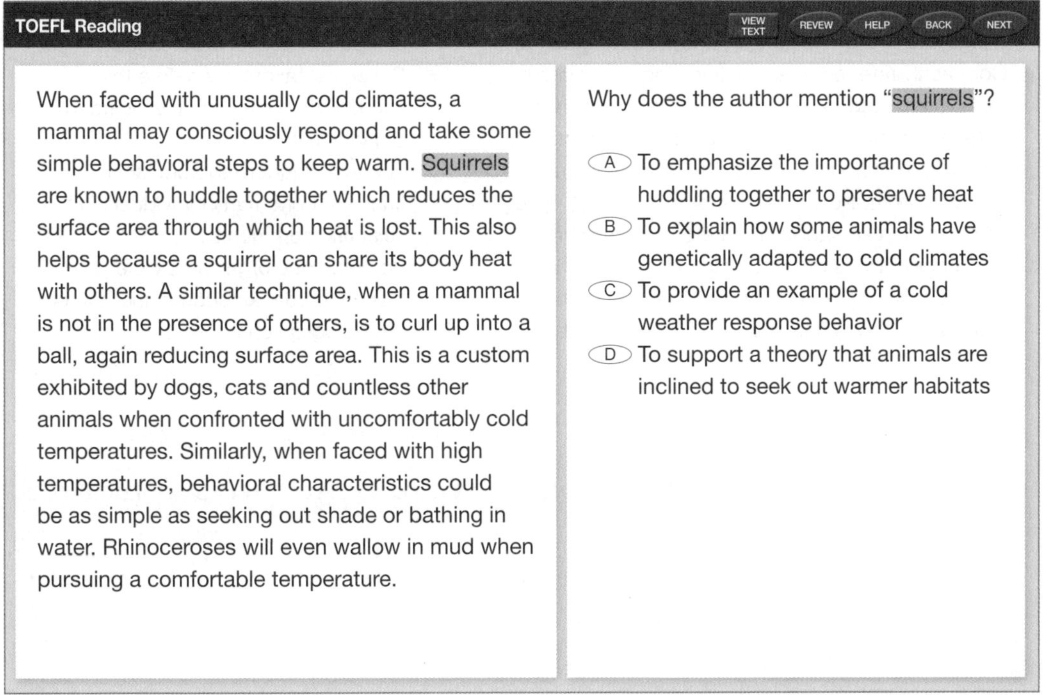

TOEFL Reading

VIEW TEXT | REVIEW | HELP | BACK | NEXT

When faced with unusually cold climates, a mammal may consciously respond and take some simple behavioral steps to keep warm. Squirrels are known to huddle together which reduces the surface area through which heat is lost. This also helps because a squirrel can share its body heat with others. A similar technique, when a mammal is not in the presence of others, is to curl up into a ball, again reducing surface area. This is a custom exhibited by dogs, cats and countless other animals when confronted with uncomfortably cold temperatures. Similarly, when faced with high temperatures, behavioral characteristics could be as simple as seeking out shade or bathing in water. Rhinoceroses will even wallow in mud when pursuing a comfortable temperature.

Why does the author mention "squirrels"?

Ⓐ To emphasize the importance of huddling together to preserve heat

Ⓑ To explain how some animals have genetically adapted to cold climates

Ⓒ To provide an example of a cold weather response behavior

Ⓓ To support a theory that animals are inclined to seek out warmer habitats

5 Inference (추론)

Inference 문제는 1지문에 1문제 정도 출제되고 있습니다. 이 문제의 특징은 지문에 직접적인 언급은 없지만 관련 정보를 지문 속에서 찾을 수 있고 그 내용을 포함하고 있어야 정답입니다. 추론 문제를 상상으로 풀려는 수험생들이 있는데, 정답의 근거는 지문 속에 있다는 점을 기억할 필요가 있습니다.

문제 패턴

Which of the following can be inferred from paragraph X about ~?

X 단락의 ~에 대해 다음 중 무엇이 추론 될 수 있는가?

The author of the paragraph implies that ~

이 단락의 저자는 ~을 암시한다.

Paragraph X suggests which of the following about ~

X 단락은 ~에 대해 다음 중 어떤 것을 시사한다.

문제 풀이 Tip 정답의 근거는 항상 지문 속에 있음을 기억하자!

샘플 문제

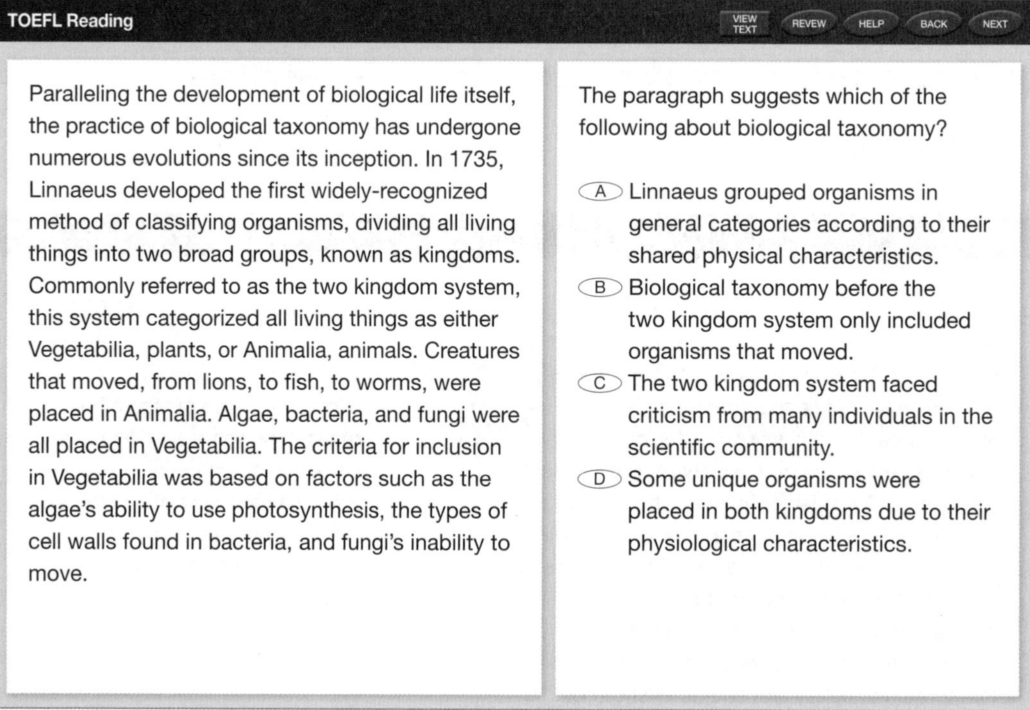

Paralleling the development of biological life itself, the practice of biological taxonomy has undergone numerous evolutions since its inception. In 1735, Linnaeus developed the first widely-recognized method of classifying organisms, dividing all living things into two broad groups, known as kingdoms. Commonly referred to as the two kingdom system, this system categorized all living things as either Vegetabilia, plants, or Animalia, animals. Creatures that moved, from lions, to fish, to worms, were placed in Animalia. Algae, bacteria, and fungi were all placed in Vegetabilia. The criteria for inclusion in Vegetabilia was based on factors such as the algae's ability to use photosynthesis, the types of cell walls found in bacteria, and fungi's inability to move.

The paragraph suggests which of the following about biological taxonomy?

Ⓐ Linnaeus grouped organisms in general categories according to their shared physical characteristics.
Ⓑ Biological taxonomy before the two kingdom system only included organisms that moved.
Ⓒ The two kingdom system faced criticism from many individuals in the scientific community.
Ⓓ Some unique organisms were placed in both kingdoms due to their physiological characteristics.

[정답 A]

(정답 A) 린네는 4번째와 6번째 문장에서 공통된 신체적 특징으로 생물 분류 단위인 계(kingdom)를 구분하였음을 추론할 수 있습니다.

(오답 B) 2계 분류 이전에는 움직이는 생명체만 생물학적 분류에 포함되었는지에 대한 내용은 추론할 수 없습니다.

(오답 C) 지문에서 2계 분류가 비판(criticism)에 직면했다는 내용은 확인할 수 없습니다.

(오답 D) 일부 독특한 생물체가 생리학적 특징으로 인해 두 가지 계에 모두 속했다는 뜻인데, 지문에서 확인할 수 없는 내용이므로 오답입니다.

[해석]

생물학적 생명체 자체의 발전과 나란히 진행되어온, 생물학적 분류법의 실행은 그 시작 이후로 수많은 진화 과정을 거쳐왔다. 1735년에, 린네는 모든 생명체를 '계'라고 알려진 두 가지 큰 그룹으로 나누면서 생물체를 분류하는 데 있어 처음으로 널리 인정받은 방법을 개발했다. 2계 분류로 흔히 일컬어지는, 이 체계는 모든 생명체를 식물을 포함하는 식물계 또는 동물을 포함하는 동물계 둘 중의 하나로 분류했다. 사자에서 물고기, 그리고 벌레에 이르기까지 움직이는 생물체는 동물계에 속했다. 조류와 박테리아, 그리고 균류는 모두 식물계에 속했다. 식물계에 포함되는 기준은 광합성을 활용하는 조류의 능력, 박테리아 내에서 발견되는 세포벽의 종류, 그리고 균류의 운동 능력 부재 같은 요소들을 바탕으로 했다.

지문이 생물학적 분류법에 관해 암시하는 것은 다음 중 무엇인가?

(A) **린네는 공통된 신체적 특징에 따라 생물체를 일반 범주들로 분류하기로 결정했다.**

(B) 2계 분류 이전 생물학적 분류법은 움직이는 생물체만 포함하였다.

(C) 2계 분류는 과학계에 속한 많은 사람들의 비판에 직면했다.

(D) 일부 독특한 생물체는 생리학적 특징으로 인해 두 가지 계에 모두 속했다.

[어휘]

parallel ~과 나란히 가다, ~에 평행하다 **biological** 생물학적 **practice** 실행 , 실천 **biological taxonomy** 생물학적 분류법 **undergo** ~을 거치다, 겪다 **evolution** 진화, 발전 **inception** 시작 **widely-recognized** 널리 인정 받은 **method** 방법 **classify** ~을 분류하다 **organism** 생물체 **divide A into B** A를 B로 나누다 **kingdom** 계(생물 분류 단위) **referred to as** ~라고 일컬어지는 **categorize** ~을 분류하다 **either A or B** A 또는 B 둘 중의 하나 **Vegetabilia** 식물계 **Animalia** 동물계 **algae** 조류(물 속에서 광합성에 의해 독립 영향 생활을 하는 체제가 간단한 식물) **fungi** 균류 **criteria** 기준 **inclusion** 포함 **be based on** ~을 바탕으로 하다, 기반으로 하다 **factor** 요소 **photosynthesis** 광합성 **ability to do** ~할 수 있는 능력(↔ inability to do)

■ 연습 문제

각각의 문제와 해당되는 지문을 읽고 문제를 푸세요.

❶ Practice 1

TOEFL Reading — VIEW TEXT | REVIEW | HELP | BACK | NEXT

In order to make pottery, two techniques are commonly used. Handwork is the oldest method of creating pottery and involves taking pieces of clay and creating hand-rolled coils, slabs, ropes, and balls. These are then combined with slip, which is a mixture of clay and water. Tools that are used by the potter may come in the form of paddles, shaping tools, slab rollers, and cutting tools. The common term for this technique is hand-building. The second technique uses the potter's wheel. This involves placing a ball of clay on a turntable or wheel head. The head rotates either by an electric motor or by the kick of a wheel with one's feet. Potters generally refer to the crafting of pottery by use of the wheel as throwing.

Which of the following can be inferred about pottery techniques from the passage?

Ⓐ There was no method of constructing pottery prior to handwork.
Ⓑ Handwork was derived from a popular technique known as hand-building.
Ⓒ A potter's wheel is regarded as an easier way to create pottery than handwork.
Ⓓ Handwork allows potters to create more intricate work compared with a potter's wheel.

❷ Practice 2

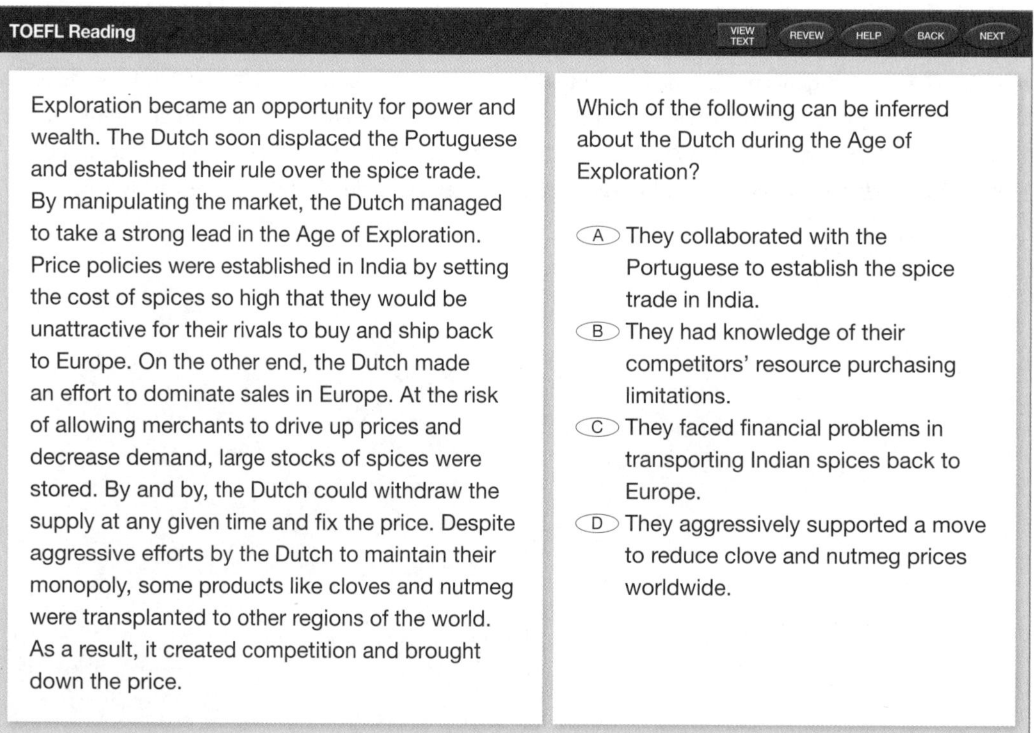

TOEFL Reading — VIEW TEXT | REVIEW | HELP | BACK | NEXT

Exploration became an opportunity for power and wealth. The Dutch soon displaced the Portuguese and established their rule over the spice trade. By manipulating the market, the Dutch managed to take a strong lead in the Age of Exploration. Price policies were established in India by setting the cost of spices so high that they would be unattractive for their rivals to buy and ship back to Europe. On the other end, the Dutch made an effort to dominate sales in Europe. At the risk of allowing merchants to drive up prices and decrease demand, large stocks of spices were stored. By and by, the Dutch could withdraw the supply at any given time and fix the price. Despite aggressive efforts by the Dutch to maintain their monopoly, some products like cloves and nutmeg were transplanted to other regions of the world. As a result, it created competition and brought down the price.

Which of the following can be inferred about the Dutch during the Age of Exploration?

Ⓐ They collaborated with the Portuguese to establish the spice trade in India.
Ⓑ They had knowledge of their competitors' resource purchasing limitations.
Ⓒ They faced financial problems in transporting Indian spices back to Europe.
Ⓓ They aggressively supported a move to reduce clove and nutmeg prices worldwide.

❸ Practice 3

TOEFL Reading

VIEW TEXT | REVIEW | HELP | BACK | NEXT

One of the drivers of desertification is overgrazing. An excessive number of livestock are overgrazing and destroying the vegetation that protects the topsoil from erosion. Goats, sheep and cattle consume almost all types of vegetation and wipe out newly germinated plants. The animals usually remove more than half of the non-wooded plants in their grazing areas, and often graze during the weeks most critical to plant growth and development. However, they do tend to stay away from thorny plants, like yucca and cacti.

Which of the following is suggested from the paragraph?

Ⓐ The grazing of livestock is regarded as the most harmful contributor to desertification.
Ⓑ Livestock have a tendency to graze on newly germinated plants rather than older plants.
Ⓒ Grazing animals typically leave at least half of the vegetation in their grazing areas undisturbed.
Ⓓ Overgrazing increases the vulnerability of the top layer of soil.

❹ Practice 4

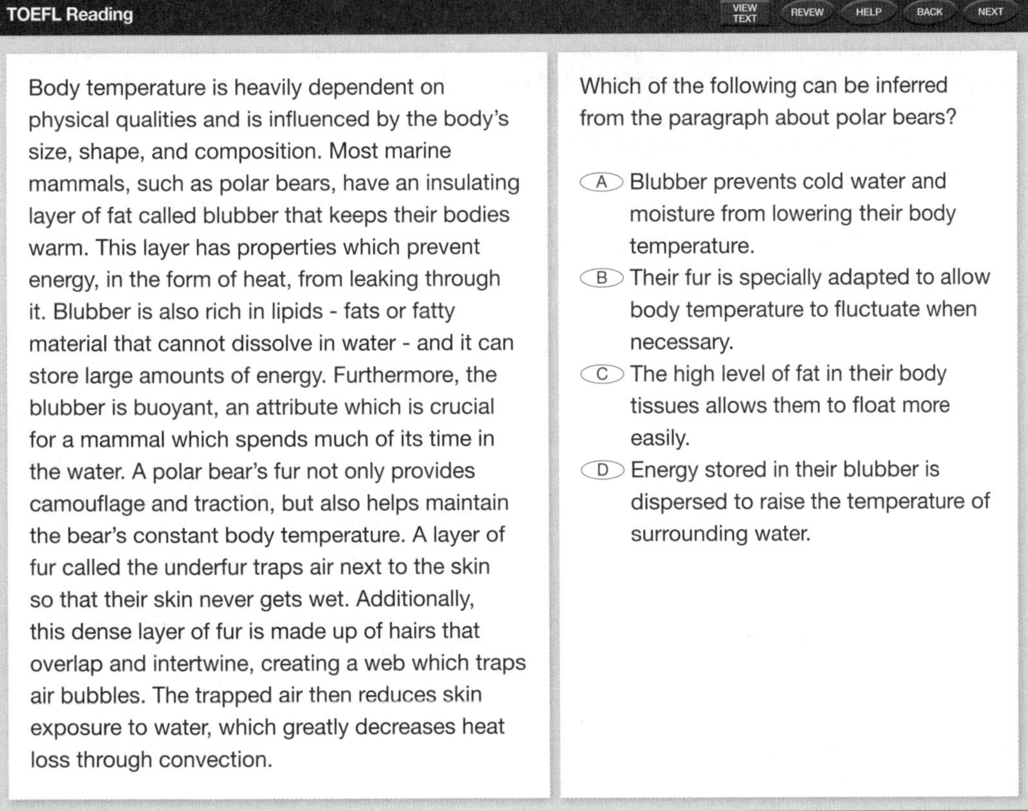

TOEFL Reading

VIEW TEXT | REVIEW | HELP | BACK | NEXT

Body temperature is heavily dependent on physical qualities and is influenced by the body's size, shape, and composition. Most marine mammals, such as polar bears, have an insulating layer of fat called blubber that keeps their bodies warm. This layer has properties which prevent energy, in the form of heat, from leaking through it. Blubber is also rich in lipids - fats or fatty material that cannot dissolve in water - and it can store large amounts of energy. Furthermore, the blubber is buoyant, an attribute which is crucial for a mammal which spends much of its time in the water. A polar bear's fur not only provides camouflage and traction, but also helps maintain the bear's constant body temperature. A layer of fur called the underfur traps air next to the skin so that their skin never gets wet. Additionally, this dense layer of fur is made up of hairs that overlap and intertwine, creating a web which traps air bubbles. The trapped air then reduces skin exposure to water, which greatly decreases heat loss through convection.

Which of the following can be inferred from the paragraph about polar bears?

Ⓐ Blubber prevents cold water and moisture from lowering their body temperature.
Ⓑ Their fur is specially adapted to allow body temperature to fluctuate when necessary.
Ⓒ The high level of fat in their body tissues allows them to float more easily.
Ⓓ Energy stored in their blubber is dispersed to raise the temperature of surrounding water.

❻ Sentence Simplification (문장 간략화)

Sentence Simplification 문제는 1지문 속 1문제가 출제되거나 1문제도 출제되지 않기도 합니다. 문제의 정답은 제시된 문장 속에서 가장 중요한 정보들을 가장 잘 나타낸 보기가 정답입니다. 이러한 지시사항의 모호한 표현은 정답을 선택하는 데 어려움이 될 수 있기 때문에 문제에서는 오답의 힌트도 제공하고 있습니다. 오답의 힌트는 어떠한 중요한 방식으로 의미 변화를 주거나 중요한 정보를 누락시키는 것입니다.

문제 패턴

Which of the sentences below best expresses the essential information in the highlighted sentence in the passage? Incorrect choices change the meaning in important ways or leave out essential information.

다음 중 어느 문장이 지문의 하이라이트 표기된 문장에 담긴 필수 정보를 가장 잘 표현하는가? 틀린 선택지는 중요한 방식으로 의미를 변화시키거나 필수 정보를 배제한다.

문제 풀이 Tip 문장 속 필수 정보 찾기와 서술방식 체크하기

샘플 문제

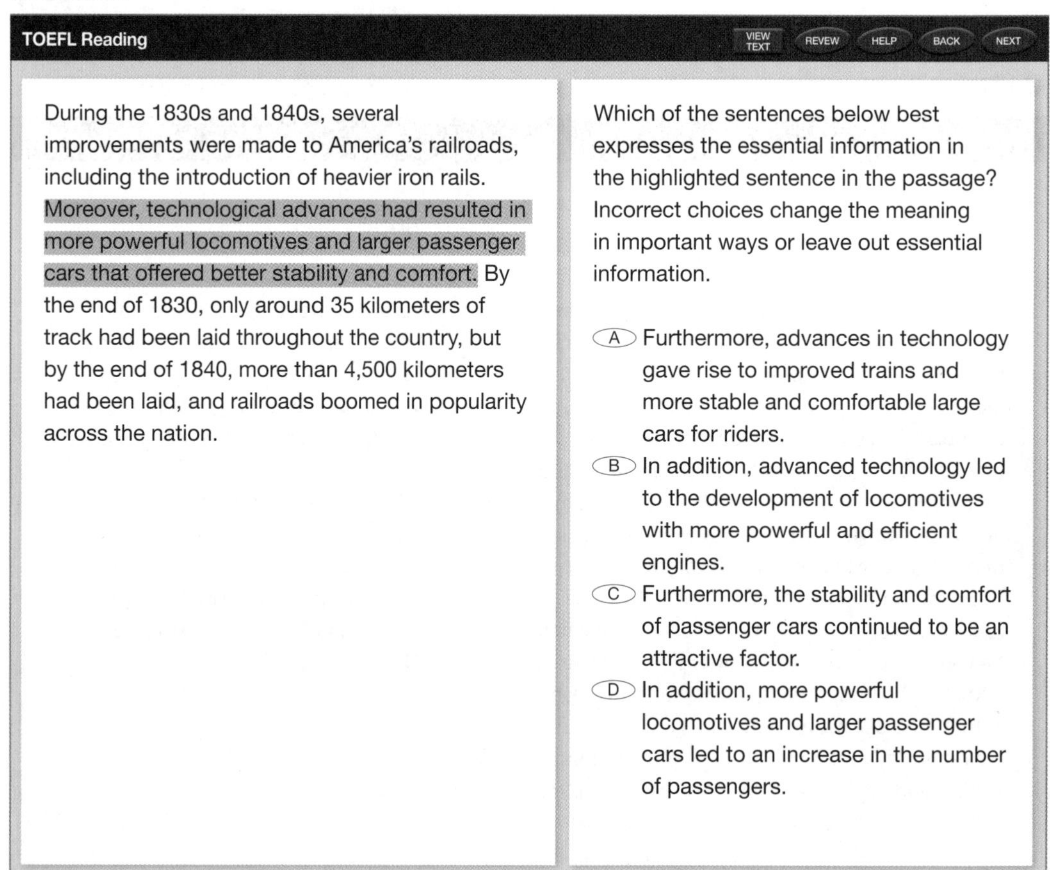
TOEFL Reading

VIEW TEXT | REVIEW | HELP | BACK | NEXT

During the 1830s and 1840s, several improvements were made to America's railroads, including the introduction of heavier iron rails. Moreover, technological advances had resulted in more powerful locomotives and larger passenger cars that offered better stability and comfort. By the end of 1830, only around 35 kilometers of track had been laid throughout the country, but by the end of 1840, more than 4,500 kilometers had been laid, and railroads boomed in popularity across the nation.

Which of the sentences below best expresses the essential information in the highlighted sentence in the passage? Incorrect choices change the meaning in important ways or leave out essential information.

(A) Furthermore, advances in technology gave rise to improved trains and more stable and comfortable large cars for riders.

(B) In addition, advanced technology led to the development of locomotives with more powerful and efficient engines.

(C) Furthermore, the stability and comfort of passenger cars continued to be an attractive factor.

(D) In addition, more powerful locomotives and larger passenger cars led to an increase in the number of passengers.

[정답 A]

(정답 A) 기술의 발전이 승객들을 위한 개선된 기차 및 더욱 안정적이고 편안한 대형 객차를 만들어냈다는 의미로, 하이라이트 표기된 문장의 중요 정보를 모두 포함하고 있으므로 정답입니다.

(오답 B) 발전된 기술이 더욱 강력하고 효율적인 엔진을 지닌 기관차의 개발로 이어졌다는 의미로, 해당 문장에 제시되어 있지 않은 정보를 담고 있으므로 오답입니다.

(오답 C) 객차의 안정성과 편안함은 지속적으로 매력적인 요소가 되었다는 뜻인데, 해당 문장의 내용과 일치하지 않으므로 오답입니다.

(오답 D) 더욱 강력한 기관차와 더 넓은 객차가 승객 숫자의 증가로 이어졌다는 의미인데, 해당 문장의 핵심 내용을 담고 있지 않은 오답입니다.

[해석]

1830년대와 1840년대에, 더 무거운 철로 만든 철로의 도입을 포함해 미국의 철도에 여러 개선 작업이 이뤄졌다. 더욱이, 기술적인 발전으로 인해 더 강력한 기관차 및 더 넓은 객차가 만들어지면서 더 나은 안정성과 편의성을 제공하게 되었다. 1830년 말쯤, 전국에 걸쳐 겨우 약 35킬로미터의 철로만 놓였지만, 1840년 말쯤에는, 4,500킬로미터가 넘는 철로가 놓였으며, 철도 시스템은 전국에서 인기를 얻어 붐을 일으켰다.

다음 중 어느 문장이 지문의 하이라이트 표기된 문장에 담긴 필수 정보를 가장 잘 표현하는가? 틀린 선택지는 중요한 방식으로 의미를 변화시키거나 필수 정보를 배제한다.

Ⓐ 더욱이, 기술의 발전은 승객들을 위한 개선된 기차 및 더욱 안정적이고 편안한 대형 객차를 만들어냈다.

Ⓑ 추가로, 발전된 기술은 더욱 강력하고 효율적인 엔진을 지닌 기관차의 개발로 이어졌다.

Ⓒ 더욱이, 객차의 안정성과 편안함은 지속적으로 매력적인 요소가 되었다.

Ⓓ 추가로, 더욱 강력한 기관차와 더 넓은 객차는 승객 숫자의 증가로 이어졌다.

[어휘]

make an improvement 개선하다, 향상시키다 **including** ~을 포함해 **introduction** 도입, 소개 **advance** 발전, 진보 **result in** ~을 초래하다, ~라는 결과를 낳다 **locomotive** 기관차 **stability** 안정성 **comfort** 편안함 **boom** 붐을 일으키다, 호황을 누리다 **popularity** 인기 **give rise to** ~을 야기하다, ~로 이어지다 **improve** 개선된, 향상된 **stable** 안정적인 **comfortable** 편안한 **lead to** ~로 이어지다 **efficient** 효율적인 **continue to do** 지속적으로 ~하다 **attractive** 매력적인 **factor** 요소 **increase in** ~의 증가

■ 연습 문제

각각의 문제와 해당되는 지문을 읽고 문제를 푸세요.

❶ Practice 1

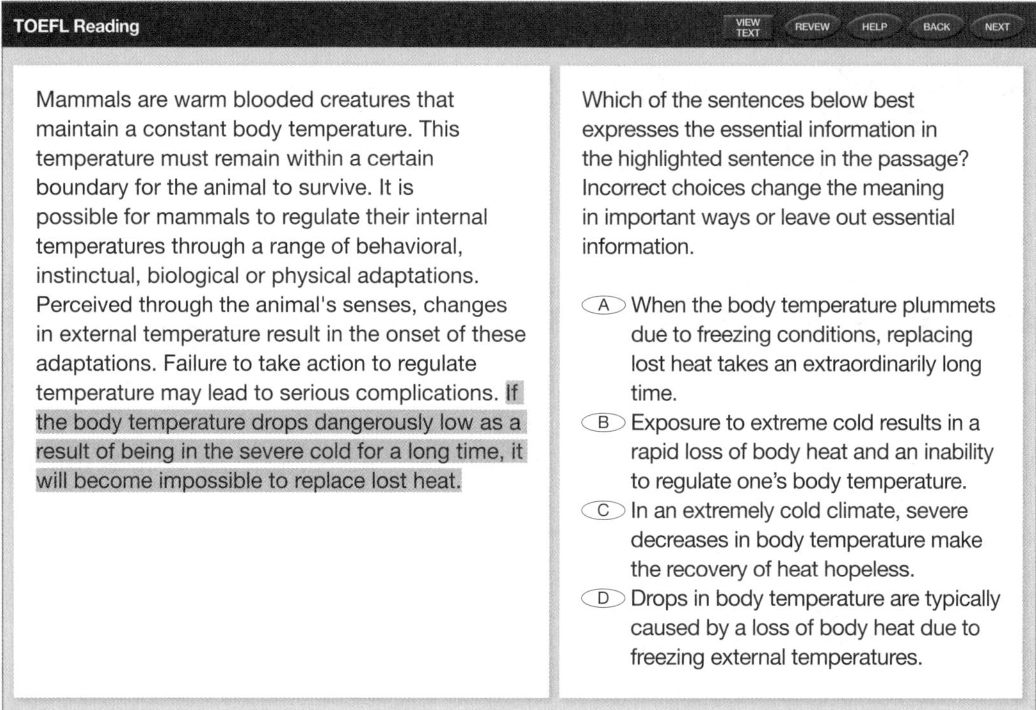

TOEFL Reading

VIEW TEXT | REVIEW | HELP | BACK | NEXT

Mammals are warm blooded creatures that maintain a constant body temperature. This temperature must remain within a certain boundary for the animal to survive. It is possible for mammals to regulate their internal temperatures through a range of behavioral, instinctual, biological or physical adaptations. Perceived through the animal's senses, changes in external temperature result in the onset of these adaptations. Failure to take action to regulate temperature may lead to serious complications. If the body temperature drops dangerously low as a result of being in the severe cold for a long time, it will become impossible to replace lost heat.

Which of the sentences below best expresses the essential information in the highlighted sentence in the passage? Incorrect choices change the meaning in important ways or leave out essential information.

- (A) When the body temperature plummets due to freezing conditions, replacing lost heat takes an extraordinarily long time.
- (B) Exposure to extreme cold results in a rapid loss of body heat and an inability to regulate one's body temperature.
- (C) In an extremely cold climate, severe decreases in body temperature make the recovery of heat hopeless.
- (D) Drops in body temperature are typically caused by a loss of body heat due to freezing external temperatures.

❷ Practice 2

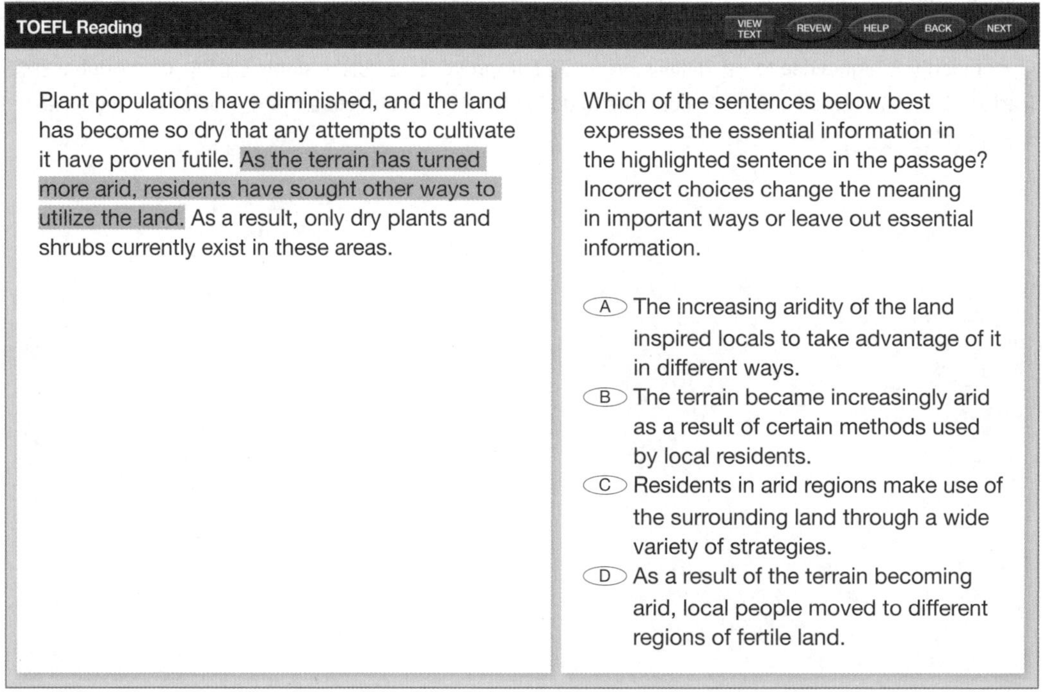

TOEFL Reading

VIEW TEXT | REVIEW | HELP | BACK | NEXT

Plant populations have diminished, and the land has become so dry that any attempts to cultivate it have proven futile. As the terrain has turned more arid, residents have sought other ways to utilize the land. As a result, only dry plants and shrubs currently exist in these areas.

Which of the sentences below best expresses the essential information in the highlighted sentence in the passage? Incorrect choices change the meaning in important ways or leave out essential information.

- (A) The increasing aridity of the land inspired locals to take advantage of it in different ways.
- (B) The terrain became increasingly arid as a result of certain methods used by local residents.
- (C) Residents in arid regions make use of the surrounding land through a wide variety of strategies.
- (D) As a result of the terrain becoming arid, local people moved to different regions of fertile land.

❸ Practice 3

TOEFL Reading   VIEW TEXT REVEW HELP BACK NEXT

Nowadays, the once-powerful monopolies have been broken and the spices that once made nations into empires no longer have such significance in world trade. Nonetheless, the legacy born in the era of spice colonialism lives on in the form of globalization, political instability, and underdevelopment. Today, spices still abound, permeating our lives more subtly as recipe ingredients and essential luxuries. In the United States, spices have become more significant as formerly simple American diets, originally based on cornmeal and salt pork, are becoming enhanced and more sophisticated with the culinary culture of immigrant populations.

Which of the sentences below best expresses the essential information in the highlighted sentence in the passage? Incorrect choices change the meaning in important ways or leave out essential information.

Ⓐ Spices have been embraced by Americans who have grown tired of their historically unhealthy diets and long for more nutritious food.
Ⓑ In the United States, spices are used to create several dishes that are especially popular with immigrant populations.
Ⓒ Spices have become more significant in the United States, as the typical American person's diet has evolved to include a wider range of food.
Ⓓ As American diets have become increasingly complex due to the culinary influence of immigrants, spices have taken on a more prominent role.

❹ Practice 4

TOEFL Reading   VIEW TEXT REVEW HELP BACK NEXT

Greek sculpture was used to express idealism, a philosophical theory based on the representation of things in an ideal form rather than a realistic portrayal. This is best exemplified in the flawless facial features and perfect physique of the Doryphoros. The Doryphoros, a sculpture by Polyclitus, is a beautifully carved sculpture of an ideal man, who is shown in heroic nudity with a young, athletic body that is naturalistic in musculature and pose. In accordance with the theory of idealism, his body parts are perfect in proportion and symmetry while his face is generic with no emotion or individualized features.

Which of the sentences below best expresses the essential information in the highlighted sentence in the passage? Incorrect choices change the meaning in important ways or leave out essential information.

Ⓐ Idealism was a philosophical theory employed by Greek sculptors who preferred to portray subjects in a realistic manner.
Ⓑ Greek sculpture perfectly embodies the opposing philosophical theories of idealism and realism in art.
Ⓒ Idealism refers to the preferential depiction of perfection over realism and this philosophy was expressed through Greek sculpture.
Ⓓ By expressing idealism through their sculptures, Greek artisans created a philosophical movement that opposed realistic portrayals.

⑦ Reference (지시 대상 찾기)

Reference 문제 유형은 시험에서 아예 출제되지 않기도 하고 3지문 중 1문제 정도만 출제되기도 합니다. 문제의 정답은 음영처리된 명사나 구가 지칭하는 것을 지문 속에서 찾는 것입니다. 문제는 인칭대명사, 지시대명사, 관계대명사 등 대명사 종류를 활용한 문제가 출제됩니다.

문제 패턴

The word "X" in the passage refers to

지문 속 단어 "X"가 가리키는 것은 무엇인가?

The phrase "X" in the passage refers to

지문 속 구 "X"가 가리키는 것은 무엇인가?

문제 풀이 Tip 앞 문장에서 후보자 찾아 해석하기!

리딩 특강 05

인칭대명사와 지시대명사

샘플 문제

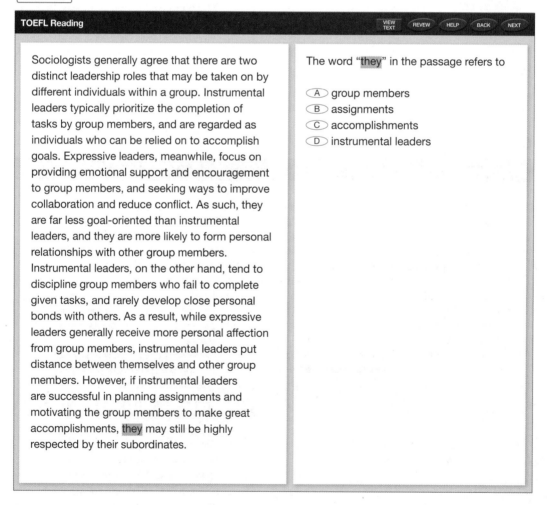

TOEFL Reading | VIEW TEXT | REVIEW | HELP | BACK | NEXT

Sociologists generally agree that there are two distinct leadership roles that may be taken on by different individuals within a group. Instrumental leaders typically prioritize the completion of tasks by group members, and are regarded as individuals who can be relied on to accomplish goals. Expressive leaders, meanwhile, focus on providing emotional support and encouragement to group members, and seeking ways to improve collaboration and reduce conflict. As such, they are far less goal-oriented than instrumental leaders, and they are more likely to form personal relationships with other group members. Instrumental leaders, on the other hand, tend to discipline group members who fail to complete given tasks, and rarely develop close personal bonds with others. As a result, while expressive leaders generally receive more personal affection from group members, instrumental leaders put distance between themselves and other group members. However, if instrumental leaders are successful in planning assignments and motivating the group members to make great accomplishments, **they** may still be highly respected by their subordinates.

The word "**they**" in the passage refers to

(A) group members
(B) assignments
(C) accomplishments
(D) instrumental leaders

[정답 D]

해당 문장에서, they가 속한 주절을 읽어보면, 아랫사람들로부터 크게 존경받을 수 있다는 의미를 나타냅니다. 이는 바로 앞에 위치한 if절에서 언급한 것과 같이 도구적 리더가 뛰어난 업적을 내도록 구성원들에게 동기를 부여하는 데 성공적일 경우에 발생될 수 있는 일입니다. 따라서 존경받는 사람을 나타내는 they는 도구적 리더(instrumental leaders)를 가리켜야 알맞으므로 D가 정답입니다.

[해석]

사회학자들은 한 그룹 내에서 서로 다른 사람들이 맡을 수 있는 두 가지 뚜렷이 구분되는 리더십 역할이 존재한다는 데 일반적으로 동의한다. 도구적 리더는 일반적으로 구성원들에 의한 과제 완수를 우선시하며, 목표를 성취하는 데 있어 의존할 수 있는 사람으로 여겨진다. 반면에, 표현적 리더는 구성원들에게 정신적인 도움과 격려를 제공하고 협업을 향상시켜 갈등을 줄일 방법을 찾는 데 초점을 맞춘다. 따라서, 이들은 도구적 리더보다 훨씬 덜 목표 지향적이며, 다른 구성원들과 개인적인 관계를 형성할 가능성이 더 크다. 반면에, 도구적 리더는 주어진 과제를 완수하지 못하는 구성원에게 벌을 내리는 경향이 있으며 좀처럼 다른 이들과 가까운 유대 관계를 구축하지 못한다. 결과적으로, 표현적 리더가 일반적으로 구성원들로부터 더 많은 개인적인 애정을 얻는 반면, 도구적 리더는 자신과 다른 구성원들 사이에 거리를 유지한다. 하지만, 도구적 리더가 일의 배정을 계획하고 뛰어난 업적을 내도록 구성원들에게 동기를 부여하는 데 성공적이라면, 그들은 여전히 아랫사람들로부터 크게 존경받을 수 있다.

지문 속 단어 "they"가 가리키는 것은 무엇인가?

Ⓐ 구성원들
Ⓑ 배정된 일
Ⓒ 업적
Ⓓ **도구적 리더들**

[어휘]

sociologist 사회학자 **distinct** 뚜렷이 구분되는 **take on** (역할 등) ~을 맡다, 차지하다 **individual** n. 사람, 개인 **instrumental** 도구적인 **prioritize** ~을 우선시하다 **completion** 완수, 완료 **be regarded as** ~로 여겨지다 **rely on** ~에 의존하다 **accomplish** ~을 성취하다, 이루다 **expressive** 표현적인 **focus on** ~에 초점을 맞추다 **emotional support** 정신적인 도움 **encouragement** 격려, 장려 **way to do** ~하는 방법 **improve** ~을 개선하다, 향상시키다 **collaboration** 협업, 공동 작업 **conflict** 갈등 **as such** 따라서, 그러므로 **goal-oriented** 목표 지향적인 **be more likely to do** ~할 가능성이 더 크다 **form** ~을 형성하다 **relationship** 관계 **tend to do** ~하는 경향이 있다 **discipline** ~에게 벌을 내리다, ~을 훈육하다 **fail to do** ~하지 못하다 **rarely** 좀처럼 ~ 않는 **bond** 유대 (관계) **affection** 애정 **put distance** 거리를 두다 **assignment** 배정(된 일) **motivate A to do** A에게 ~하도록 동기를 부여하다 **highly respected** 크게 존경 받는 **subordinate** 아랫사람, 부하직원

■ 연습 문제

각각의 문제와 해당되는 지문을 읽고 문제를 푸세요.

❶ Practice 1

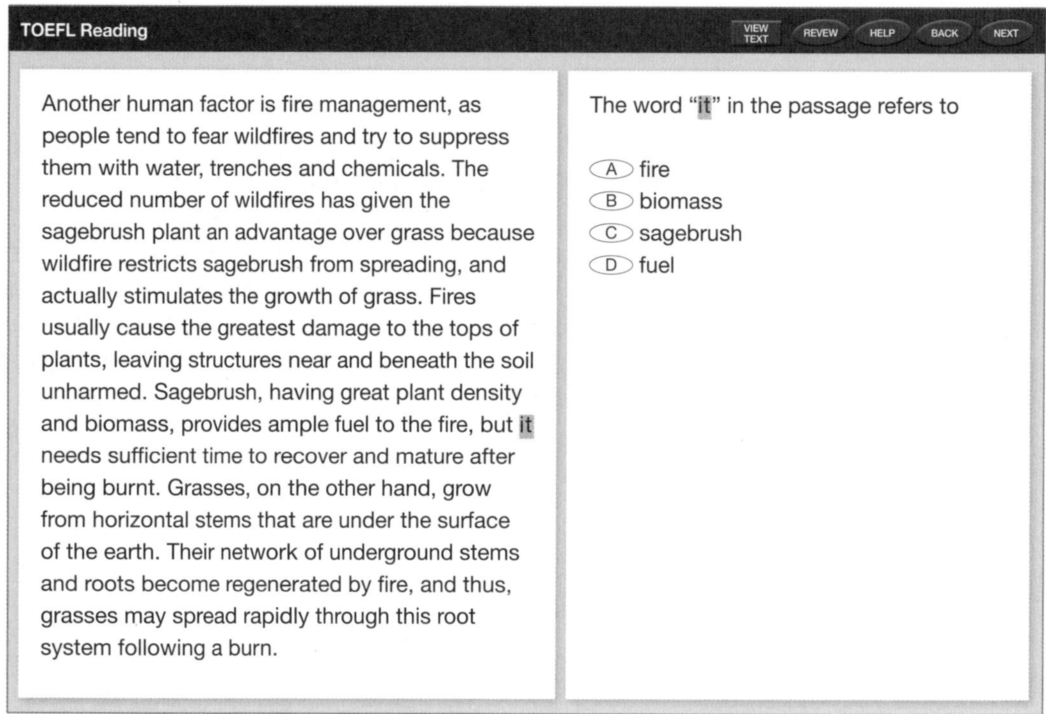

TOEFL Reading

Another human factor is fire management, as people tend to fear wildfires and try to suppress them with water, trenches and chemicals. The reduced number of wildfires has given the sagebrush plant an advantage over grass because wildfire restricts sagebrush from spreading, and actually stimulates the growth of grass. Fires usually cause the greatest damage to the tops of plants, leaving structures near and beneath the soil unharmed. Sagebrush, having great plant density and biomass, provides ample fuel to the fire, but it needs sufficient time to recover and mature after being burnt. Grasses, on the other hand, grow from horizontal stems that are under the surface of the earth. Their network of underground stems and roots become regenerated by fire, and thus, grasses may spread rapidly through this root system following a burn.

The word "it" in the passage refers to

Ⓐ fire
Ⓑ biomass
Ⓒ sagebrush
Ⓓ fuel

❷ Practice 2

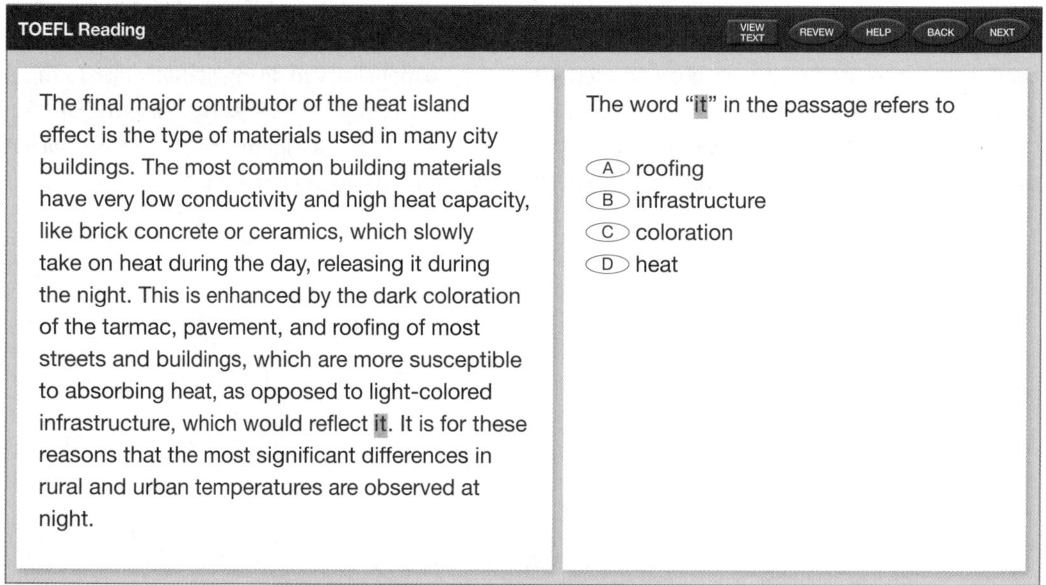

TOEFL Reading

The final major contributor of the heat island effect is the type of materials used in many city buildings. The most common building materials have very low conductivity and high heat capacity, like brick concrete or ceramics, which slowly take on heat during the day, releasing it during the night. This is enhanced by the dark coloration of the tarmac, pavement, and roofing of most streets and buildings, which are more susceptible to absorbing heat, as opposed to light-colored infrastructure, which would reflect it. It is for these reasons that the most significant differences in rural and urban temperatures are observed at night.

The word "it" in the passage refers to

Ⓐ roofing
Ⓑ infrastructure
Ⓒ coloration
Ⓓ heat

❸ Practice 3

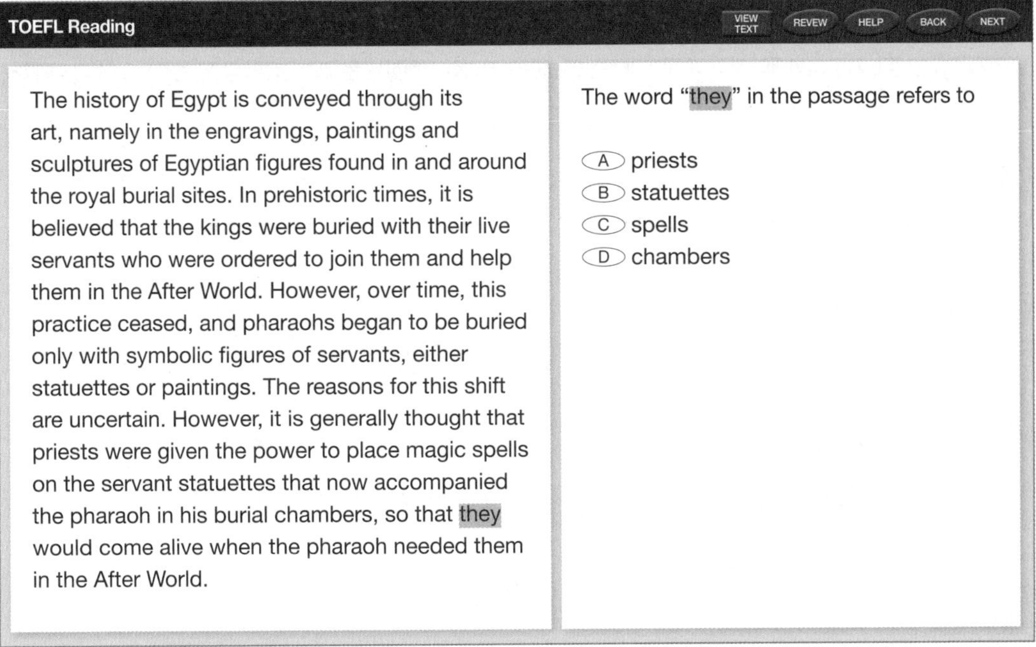

TOEFL Reading

VIEW TEXT | REVIEW | HELP | BACK | NEXT

The history of Egypt is conveyed through its art, namely in the engravings, paintings and sculptures of Egyptian figures found in and around the royal burial sites. In prehistoric times, it is believed that the kings were buried with their live servants who were ordered to join them and help them in the After World. However, over time, this practice ceased, and pharaohs began to be buried only with symbolic figures of servants, either statuettes or paintings. The reasons for this shift are uncertain. However, it is generally thought that priests were given the power to place magic spells on the servant statuettes that now accompanied the pharaoh in his burial chambers, so that they would come alive when the pharaoh needed them in the After World.

The word "they" in the passage refers to

Ⓐ priests
Ⓑ statuettes
Ⓒ spells
Ⓓ chambers

❹ Practice 4

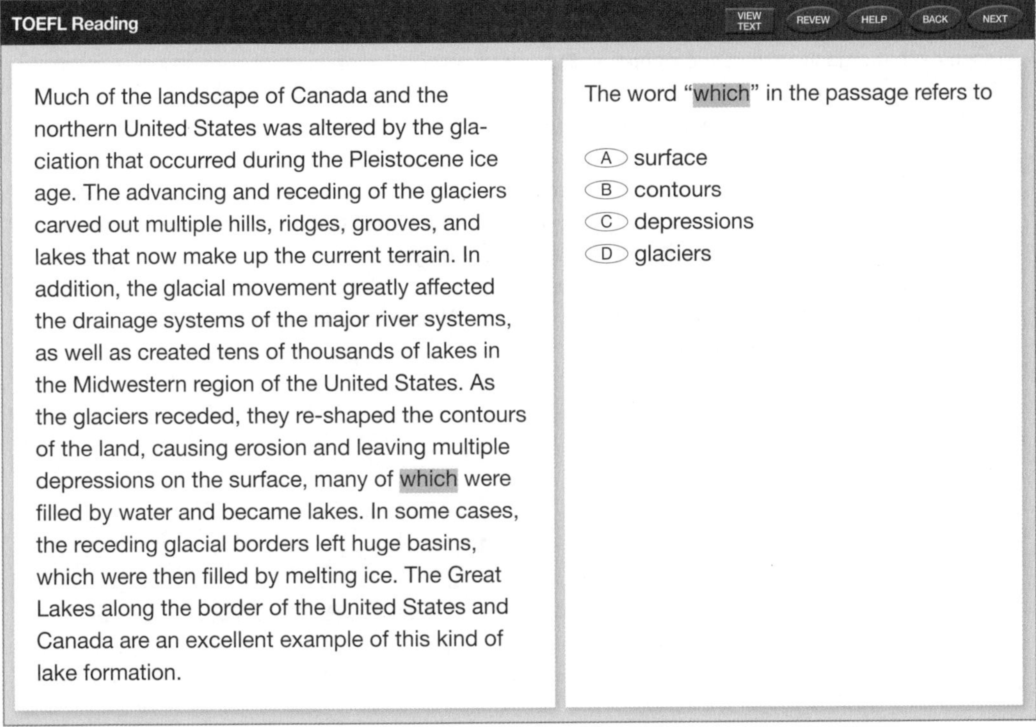

TOEFL Reading

VIEW TEXT | REVIEW | HELP | BACK | NEXT

Much of the landscape of Canada and the northern United States was altered by the glaciation that occurred during the Pleistocene ice age. The advancing and receding of the glaciers carved out multiple hills, ridges, grooves, and lakes that now make up the current terrain. In addition, the glacial movement greatly affected the drainage systems of the major river systems, as well as created tens of thousands of lakes in the Midwestern region of the United States. As the glaciers receded, they re-shaped the contours of the land, causing erosion and leaving multiple depressions on the surface, many of which were filled by water and became lakes. In some cases, the receding glacial borders left huge basins, which were then filled by melting ice. The Great Lakes along the border of the United States and Canada are an excellent example of this kind of lake formation.

The word "which" in the passage refers to

Ⓐ surface
Ⓑ contours
Ⓒ depressions
Ⓓ glaciers

8 Insert Text (문장 삽입)

Insert text 문제는 보통 1지문 속 1문제가 출제됩니다. 이 문제 유형은 지문 내용을 논리적으로 연결할 수 있는지를 확인하는 목적을 가지고 있습니다. 지문 속 4개의 자리 중 문제의 문장이 들어갈 자리를 선택하는 문제로 문장의 앞 뒤 연결성을 잘 파악해야 가장 적절한 자리를 찾을 수 있습니다.

문제 패턴

Look at the four squares [■] that indicate where the following sentence can be added to the passage.

[문제의 문장]

Where would the sentence best fit?

다음 문장이 지문 어느 곳에 추가될 수 있는지를 나타내는 네 개의 사각형[■] 표기를 확인하시오.

[문제의 문장]

위 문장은 어디에 가장 적합한가?

문제 풀이 Tip 주변 문장에서 힌트를 찾자!

샘플 문제

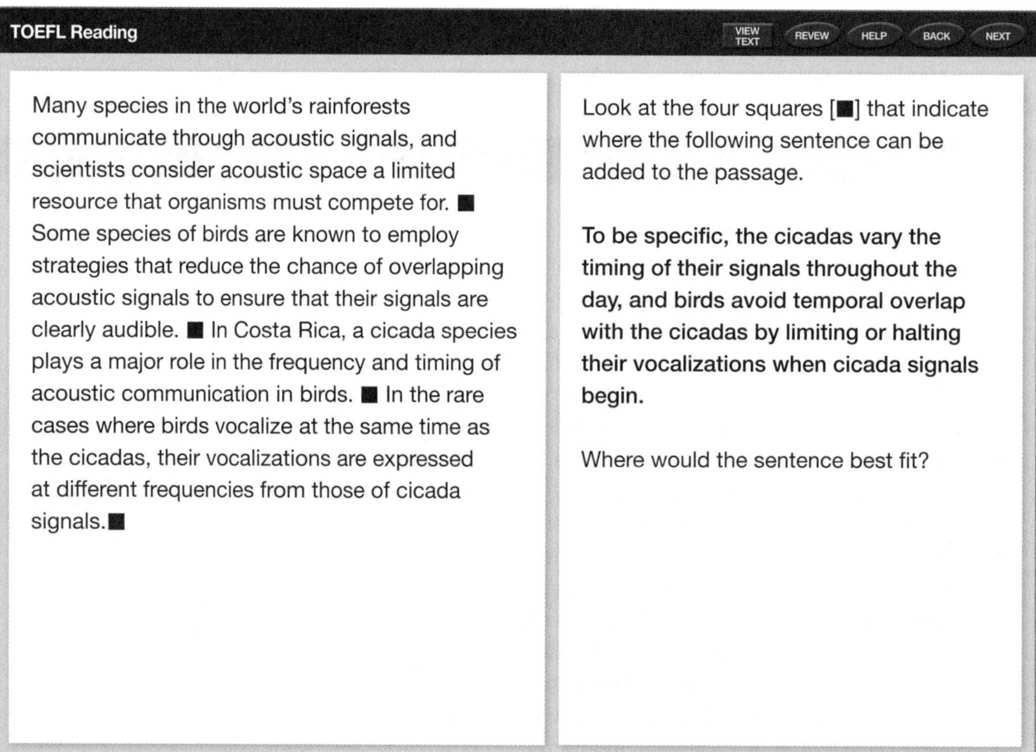

TOEFL Reading
VIEW TEXT
REVEW
HELP
BACK
NEXT
Many species in the world's rainforests communicate through acoustic signals, and scientists consider acoustic space a limited resource that organisms must compete for. ■ Some species of birds are known to employ strategies that reduce the chance of overlapping acoustic signals to ensure that their signals are clearly audible. ■ In Costa Rica, a cicada species plays a major role in the frequency and timing of acoustic communication in birds. ■ In the rare cases where birds vocalize at the same time as the cicadas, their vocalizations are expressed at different frequencies from those of cicada signals.■
Look at the four squares [■] that indicate where the following sentence can be added to the passage.
To be specific, the cicadas vary the timing of their signals throughout the day, and birds avoid temporal overlap with the cicadas by limiting or halting their vocalizations when cicada signals begin.
Where would the sentence best fit?

[정답 3번째]

문제의 문장은 '구체적으로'라는 의미로 더 자세한 설명을 덧붙일 때 사용하는 To be specific과 함께 시작하고, 특정 대상을 지칭할 때 사용하는 정관사 the를 통해 특정 매미를 가리키는 the cicadas를 표현했습니다. 따라서 '한 매미 종(a cicada species)'이 처음 언급되는 3번째 문장 뒤에 위치해 그 매미의 특성과 그 특성에 따른 새들의 행동을 구체적으로 설명하는 흐름이 되어야 알맞으므로 3번째 사각형이 정답입니다. 그리고 문제의 문장이 이곳에 위치해야 그 뒤에 이어지는 '흔치 않은 경우(In the rare cases)'를 설명하는 문장과도 흐름상 어울리게 됩니다.

[해석]

전 세계의 여러 우림 지역에 사는 많은 종은 음향 신호를 통해 의사 소통하며, 과학자들은 음향 공간을 생물체들이 반드시 경쟁해야 하는 제한된 자원으로 여기고 있다. ■ 일부 조류 종은 자신들의 신호가 반드시 분명하게 잘 들리도록 하기 위해 음향 신호가 겹칠 가능성을 줄이는 전략을 활용하는 것으로 알려져 있다. ■ 코스타리카에서는, 한 매미 종이 새들 사이의 음향 의사 소통 주파수와 타이밍에 있어 중요한 역할을 한다. ■ 새들이 매미와 동시에 소리를 내는 흔치 않은 경우에는, 이들의 울음소리가 매미의 것과 다른 주파수로 표현된다. ■

다음 문장이 지문 어느 곳에 추가될 수 있는지를 나타내는 네 개의 사각형[■] 표기를 확인하시오.

구체적으로, 매미는 하루 동안에 걸쳐 신호의 타이밍에 변화를 주며, 새들은 매미의 신호가 시작될 때 자신들의 울음소리를 제한하거나 중단함으로써 매미와 일시적으로 겹치는 것을 피한다.

위 문장은 어디에 가장 적합한가?

[어휘]

species (동물) 종 **rainforest** 우림 **acoustic signal** 음향 신호 **consider A B** A를 B로 여기다 **limited** 제한된 **resource** 자원 **organism** 생물체 **compete for** ~을 두고 경쟁하다 **be known to do** ~하는 것으로 알려지다 **employ** ~을 활용하다 **strategy** 전략 **reduce** ~을 줄이다, 감소시키다 **chance** 가능성 **overlapping** 겹치는 **ensure that** 반드시 ~하도록 하다 **audible** 잘 들리는 **cicada** 매미 **play a major role in** ~에 있어 중요한 역할을 하다 **frequency** 주파수 **rare** 흔치 않은, 드문 **vocalize** 소리를 내다, 발성하다 **express** ~을 표현하다 **to be specific** 구체적으로 **vary** ~에 변화를 주다, ~을 다르게 하다 **avoid** ~을 피하다 **temporal** 일시적인 **halt** ~을 중단하다

■ 연습 문제

각각의 문제와 해당되는 지문을 읽고 문제를 푸세요.

❶ Practice 1

TOEFL Reading VIEW TEXT | REVIEW | HELP | BACK | NEXT

Electron microscopes are used to view the ultrastructure of a vast array of organic and inorganic specimens, such as microorganisms, cells, metals, and crystals. Common industrial applications of electron microscopes include quality control and failure analysis. The wavelength of an electron is significantly shorter than that of visible light photons, so electron microscopes offer a much higher resolution than that of traditional light microscopes. The first type of electron microscope to see widespread use was the transmission electron microscope (TEM). ■ In a TEM, a high voltage electron beam is produced by an electron gun, which is typically equipped with a tungsten filament cathode that serves as the source of electrons. ■ The beam is accelerated by an anode, intensified by electrostatic and electromagnetic lenses, and then directed through the specimen. ■ The resulting image is then viewed on a fluorescent viewing screen, which is often coated with zinc sulfide. ■

Look at the four squares [■] that indicate where the following sentence can be added to the passage.

When it emerges from the specimen, the beam carries information about the structure of the specimen that is magnified by the objective lens system of the microscope.

Where would the sentence best fit?

❷ Practice 2

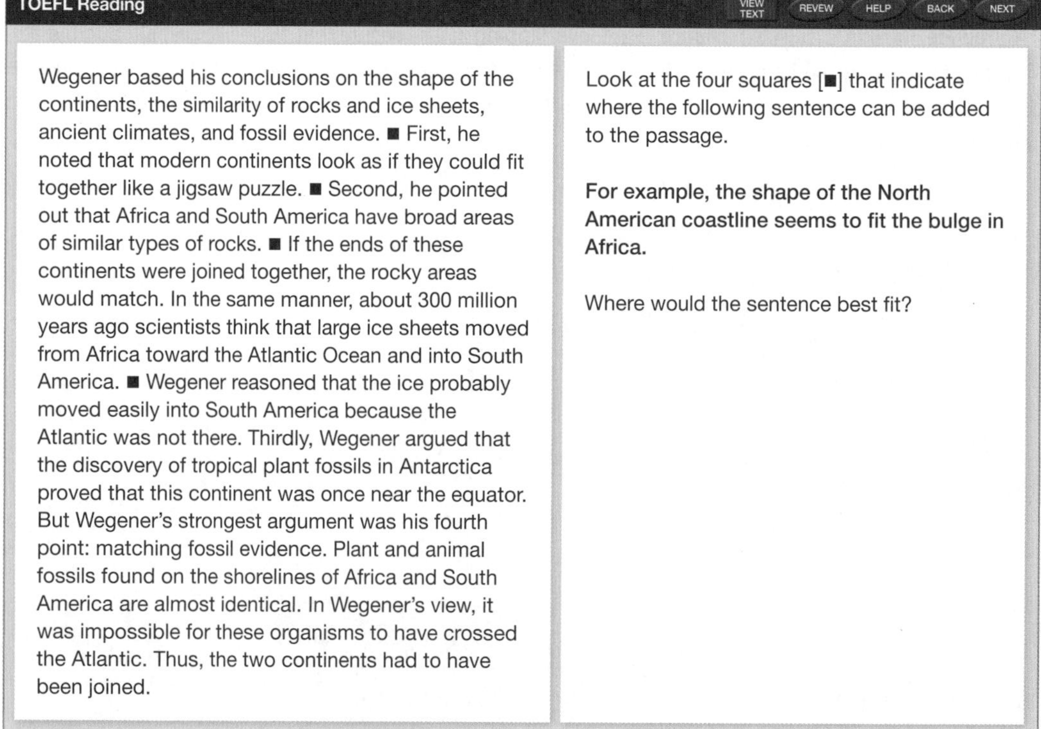

TOEFL Reading VIEW TEXT | REVIEW | HELP | BACK | NEXT

Wegener based his conclusions on the shape of the continents, the similarity of rocks and ice sheets, ancient climates, and fossil evidence. ■ First, he noted that modern continents look as if they could fit together like a jigsaw puzzle. ■ Second, he pointed out that Africa and South America have broad areas of similar types of rocks. ■ If the ends of these continents were joined together, the rocky areas would match. In the same manner, about 300 million years ago scientists think that large ice sheets moved from Africa toward the Atlantic Ocean and into South America. ■ Wegener reasoned that the ice probably moved easily into South America because the Atlantic was not there. Thirdly, Wegener argued that the discovery of tropical plant fossils in Antarctica proved that this continent was once near the equator. But Wegener's strongest argument was his fourth point: matching fossil evidence. Plant and animal fossils found on the shorelines of Africa and South America are almost identical. In Wegener's view, it was impossible for these organisms to have crossed the Atlantic. Thus, the two continents had to have been joined.

Look at the four squares [■] that indicate where the following sentence can be added to the passage.

For example, the shape of the North American coastline seems to fit the bulge in Africa.

Where would the sentence best fit?

❸ Practice 3

TOEFL Reading VIEW TEXT | REVIEW | HELP | BACK | NEXT

Differentiation of a planet involves impacts to the planet's surface. These impacts greatly heat the surface, in turn, heating the available rocks and alloys and partially melting them. ■ Once melting begins, different chemical elements separate from each other, which initiates the sinking and rising of heavy and light elements, causing layers to form. ■ Lighter or less dense materials, such as lithophiles which bond to silicates, rise above the heavier, denser layers. ■ The difference between a differentiated planet and an undifferentiated planet pertains to the existence of these layers. ■

Look at the four squares [■] that indicate where the following sentence can be added to the passage.

During the formation, heavy or dense materials, such as siderophiles which bond to iron, sink to the center of the planet.

Where would the sentence best fit?

❹ Practice 4

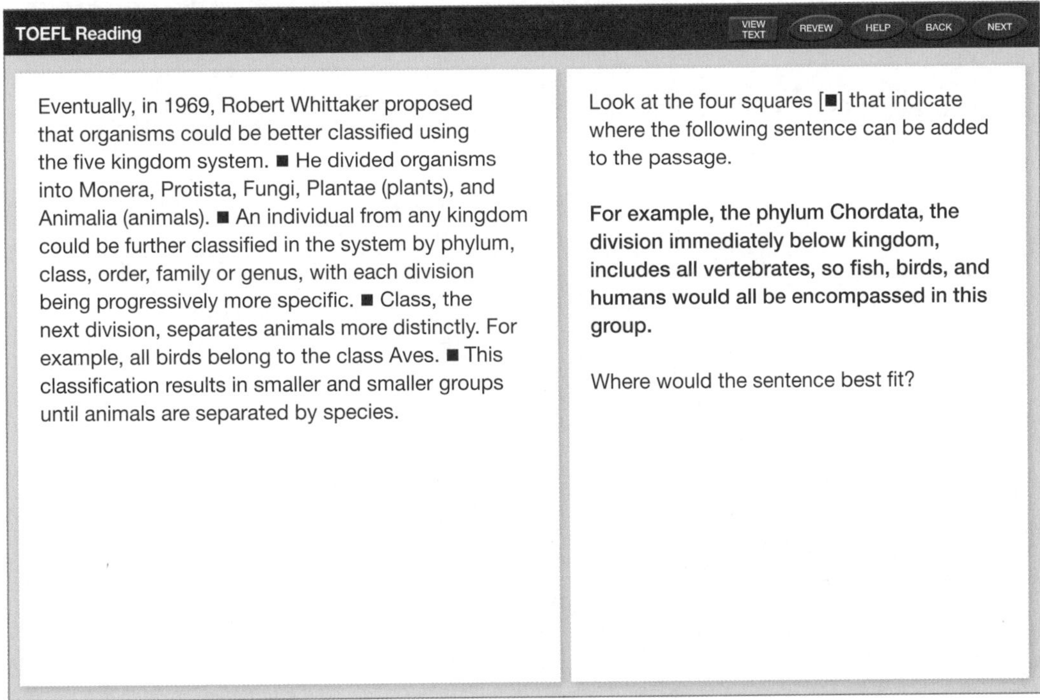

TOEFL Reading VIEW TEXT | REVIEW | HELP | BACK | NEXT

Eventually, in 1969, Robert Whittaker proposed that organisms could be better classified using the five kingdom system. ■ He divided organisms into Monera, Protista, Fungi, Plantae (plants), and Animalia (animals). ■ An individual from any kingdom could be further classified in the system by phylum, class, order, family or genus, with each division being progressively more specific. ■ Class, the next division, separates animals more distinctly. For example, all birds belong to the class Aves. ■ This classification results in smaller and smaller groups until animals are separated by species.

Look at the four squares [■] that indicate where the following sentence can be added to the passage.

For example, the phylum Chordata, the division immediately below kingdom, includes all vertebrates, so fish, birds, and humans would all be encompassed in this group.

Where would the sentence best fit?

⑨ Prose Summary (지문 요약)

Prose Summary 문제 유형은 1지문에 1문제씩 꼭 출제가 되는 유형이며, 마지막 번호(10, 20, 30)에 배치되어 있습니다. 이 유형은 수험생이 지문의 주요 내용(주제)을 잘 파악하고 있는지를 확인하고자 하는 문제입니다. 6개의 보기 중 3개의 정답 보기를 고르면 됩니다. 정답은 지문의 요약을 위해 도입 문장과 관련된 정보가 담긴 보기입니다. 3개 모두 맞추었을 경우, 문제 배점 2점을 모두 받을 수 있고, 2개를 맞추었을 경우, 1점을 받을 수 있습니다. 1개 이하의 개수를 맞추었을 때는 0점 처리 됩니다.

맞춘 문제 개수	획득 점수
3	2
2	1
1 or 0	0

이 문제는 특이하게도 오답의 힌트를 안내하고 있습니다. 오답은 지문에서 확인할 수 없는 내용이나 지문에서 확인할 수 있으나 주요 내용이 아닌 경우가 이에 해당합니다. 이 점을 적절히 활용한 소거법을 활용한다면, 더 정확하고 빠른 정답을 찾을 수 있습니다.

문제 패턴

An introductory sentence for a brief summary of the passage is provided below. Complete the summary by selecting the THREE answer choices that express the most important ideas in the passage. Some sentences do not belong in the summary because they express ideas that are not presented in the passage or are minor ideas in the passage. This question is worth 2 points.

지문의 간략한 요약에 필요한 도입 문장이 아래에 제공된다. 지문에서 가장 중요한 사항들을 나타내는 선택지 세 개를 골라 요약 내용을 완료하시오. 일부 문장은 지문에 제시되지 않는 사항들을 나타내거나 지문에서 중요하지 않은 사항들이므로 요약 내용에 속하지 않는다. 이 질문은 2점에 해당된다.

문제 풀이 Tip 지문에서 말하고자 하는 핵심, 주제문을 찾자!

샘플 문제

TOEFL Reading

The Lascaux Cave Paintings

The Paleolithic Period, also known as the Old Stone Age, is the earliest period of human development and the longest phase of mankind's history. Lower, Middle and Upper Paleolithic Periods make up this period of prehistory. It was during the Upper Paleolithic period, however, that humankind evolved into the modern Homo sapiens. It is also during this particular era that the fascinating art of cave painting emerged.

One of the most magnificent examples of prehistoric art exists in the deep recesses of a cave in Lascaux, France. It is estimated that the Lascaux cave contains more than 1500 images, all painted using different techniques and styles. The discovery of the artwork allowed paleontologists and historians to greatly expand their knowledge about the creation of art in the Upper Paleolithic Period. A few of the techniques used in the cave paintings included painting with fingers, sticks, using pads of fur or moss, dotting, sketching and spray painting through hollow bone or by mouth. The materials they used to create the paintings included charcoal as well as iron oxide and other pigments used to create color. Colors represented in the Lascaux cave, for example, include red, yellow, black, brown and violet.

The artwork suggests that the deeper caverns in the cave system were used as sacred or ceremonial meeting places, since the chambers are located quite a distance from the main entrance and are not easily accessible. There does not appear to be any evidence of the caverns being used as a permanent residence. The original cavern includes several sections named as follows: The Painted Gallery, The Great Hall of Bulls, The Chamber of Felines, The Chamber of Engravings, The Main Gallery and The Shaft of the Dead Man. This last section shows the only portrayal of a human, although the human is being gored by a bison.

Once the existence of Lascaux became known worldwide, the inevitable tourist flow drew 1,200 to 2,000 visitors per day through its remarkable caverns. For this to happen, the government widened the narrow opening of the cave to provide an easy entrance for the vast numbers of visitors who wished to witness the cave paintings. While the Lascaux cave was open to the public until 1963, it had already become apparent as early as 1955 that the cave paintings were sustaining damage. The sheer number of people going through the cave brought numerous consequences. Carbon dioxide accumulated from the breath of tourists; condensation from the rise in temperature ran down the paintings; and tourists brought in algae on their shoes, which spread to the cave walls. Calcite crystals formed as a result of the high humidity, temperature, and carbon dioxide levels, and soon began to cover some of the paintings.

In 1963, the cave was closed to the public out of respect for the preservation of the magnificent cave paintings. Scientists were able to treat the paintings with various antibiotics to get rid of the algae and mold; however, the calcite crystals required a much more extensive treatment process. While the environment in the cave remains fragile, special processes have been put into place, which have protected the paintings from further large-scale damage. In order to compensate the public for its closing, a life–size replica, Lascaux II, was constructed, and opened to the public in 1983. The replica has been created at Montignac, 200 meters from the original cave and was created using similar materials that would have been used in the prehistoric days. Two of the original galleries have been reproduced – The Great Hall of Bulls and the Painted Gallery.

TOEFL Reading

Directions: An introductory sentence for a brief summary of the passage is provided below. Complete the summary by selecting the THREE answer choices that express the most important ideas in the passage. Some sentences do not belong in the summary because they express ideas that are not presented in the passage or are minor ideas in the passage. **This question is worth 2 points.**

Drag your answer choices to the spaces where they belong. To remove an answer choice, click on it. To review the passage, click on **View Text.**

This passage discusses the historical and contemporary significance of the cave paintings found in Lascaux.

-
-
-

Answer Choices

Ⓐ Cave painting techniques grew in complexity between the Lower, Middle, and Upper Paleolithic Periods.

Ⓑ The Lascaux site offers valuable insights into the implements and methods employed by prehistoric artists.

Ⓒ Iron oxide and charcoal were commonly used by prehistoric artists to create painting pigments.

Ⓓ An artificial duplicate of the caves was constructed in order to protect the original art and accommodate a surge in tourism.

Ⓔ The portrayal of humans in Lascaux's prehistoric art was far less common than depictions of wildlife.

Ⓕ The paintings provided clues as to the purpose and function of the caves at Lascaux.

[정답 B, D, F]

라스코에서 발견된 동굴 벽화가 지니는 역사적 중요성과 현대에서의 중요성과 관련된 요약 내용으로 알맞은 것을 고르는 문제입니다. 1번째 정답인 B는 2번째 단락의 2~3번째 문장에서 확인할 수 있습니다. 이 부분은 고생물학자와 역사학자들이 상부 구석기 시대(Upper Paleolithic Period)의 예술 작품에 활용된 다양한 기법과 양식을 볼 수 있다는 내용으로서 B와 일치합니다. 2번째 정답인 D는 5번째 단락에서 그 근거를 찾을 수 있습니다. 5번째 단락에서 많은 관광객이 찾아와 생기는 손상 문제를 설명하고 이를 해결하기 위한 방법들 중 동굴 복제품을 몽티냑에 만들었다고 언급하고 있어 D와 일치하므로 정답입니다. 3번째 정답 F는 3번째 단락 1번째 문장에서 그 근거를 찾을 수 있습니다. 이 문장에서 동굴 속 예술 작품들을 통해 이 동굴이 종교적이거나 의식을 치르기 위한 장소로 사용되었다는 내용을 통해 확인할 수 있습니다. A는 구석기 시대의 시간 흐름에 따라 동굴 벽화의 기술이 점차 복잡해졌다는 의미인데, 지문에서 확인할 수 있는 내용이 아닙니다. C는 2번째 단락 5번째 문장에서 벽화에 사용된 재료들을 설명하고 있는데, 산화철과 숯을 사용했다는 점만으로는 동굴 벽화가 지니는 중요성과 연관성이 부족하기 때문에 오답입니다. E는 3번째 단락 4번째 문장에 관련 정보가 제시되기는 하지만, 동굴 벽화가 지니는 중요성과 관계가 없기 때문에 오답입니다.

[해석]

라스코 동굴 벽화

초기의 석기 시대라고도 알려져 있는 구석기 시대는, 인류 발전의 가장 초기이자 인류 역사에서 가장 긴 단계이다. 하부 구석기 시대와 중기 구석기 시대, 그리고 상부 구석기 시대가 이 선사 시대의 기간을 구성한다. 하지만 인류가 현대적인 호모 사피엔스로 진화한 것은 상부 구석기 시대 중의 일이었다. 또한 이 특정 시대에 매력적인 동굴 벽화 예술이 탄생했다.

선사 시대 예술에서 가장 훌륭한 예시들 중의 하나가 프랑스, 라스코의 한 동굴의 아주 깊숙한 곳에 존재한다. 라스코 동굴에 1,500개가 넘는 이미지들이 있는 것으로 추정되는데, 모두 서로 다른 기법과 양식으로 그려져 있다. 이 예술품들의 발견은 고생물학자와 역사가들이 상부 구석기 시대의 예술 창조에 관한 지식을 크게 넓힐 수 있게 해주었다. 동굴 벽화에 사용된 몇몇 기법에는 손가락이나 막대로 그리기, 털 또는 이끼 뭉치 활용하기, 점 찍기, 밑그림 그리기, 그리고 비어 있는 뼈 또는 입으로 색소 뿌리기가 포함되어 있었다. 당시 사람들이 그림을 만들어내기 위해 활용한 재료에는 숯뿐만 아니라 산화철, 그리고 색을 만드는 데 쓰였던 다른 색소들도 포함되었다. 예를 들어, 라스코 동굴에 표현되어 있는 색에는 빨간색, 노란색, 검정색, 갈색, 그리고 보라색이 포함되어 있다.

이 예술품은 그 동굴 체계 내의 더 깊은 여러 동굴들이 종교적이거나 의식을 위한 회합 장소로 활용되었음을 암시하는데, 그 공간들이 주요 출입구에서 꽤 멀리 떨어진 곳에 위치해 있거나 쉽게 접근할 수 없기 때문이다. 그 동굴들이 영구적인 거주 공간으로 쓰였다는 어떠한 증거도 존재하지 않는 것으로 보인다. 실제 동굴은 여러 구역을 포함하고 있으며, 그 명칭은 다음과 같다: 그림 갤러리, 황소의 전당, 고양이 천국, 조각의 방, 메인 갤러리, 그리고 죽은 남자의 통로. 이 마지막 구역은 오직 한 사람에 대한 묘사만 보여주고 있지만, 그 사람은 들소 뿔에 받히고 있다.

라스코의 존재가 세계적으로 알려지자마자, 놀라운 이 동굴들을 통한 불가피한 관광객의 유입으로 하루에 1,200명에서 2,000명의 방문객들이 찾았다. 이러한 상황이 발생되면서, 정부에서 동굴 벽화를 보고 싶어하는 아주 많은 방문객들에게 편리한 출입을 제공하기 위해 동굴의 좁은 입구를 넓혔다. 라스코 동굴이 1963년까지 일반인에게 공개되기는 했지만, 일찍이 1955년에 이미 동굴 벽화가 손상을 입고 있었다는 사실이 명백히 드러났다. 순전히 동굴을 거쳐간 사람들의 숫자만으로도 많은 결과를 초래했다. 관광객들의 호흡에서 나온 이산화탄소가 축적되었고, 온도 상승으로 인한 물방울이 벽화를 따라 흘러내렸으며, 관광객들이 신발에 조류를 묻히고 들어가면서 동굴 벽에 퍼지게 되었다. 높은 습도와 온도, 그리고 이산화탄소 수준에 따른 결과로 석회암 결정이 형성되었고, 곧 일부 벽화를 덮기 시작했다.

1963년에, 이 장엄한 동굴 벽화의 보존을 위한 존중의 차원에서 동굴이 일반인에게 공개되지 않았다. 과학자들은 조류와 곰팡이를 제거하기 위해 다양한 항생 물질로 벽화를 처리할 수 있었지만, 석회암 결정은 훨씬 더 광범위한 처리 과정을 필요로 했다. 이 동굴 내의 환경이 여전히 취약한 상태이기는 하지만, 특별 처리 과정이 시행되었는데, 이것이 벽화에 추가적인 대규모 손상이 발생되는 것을 막아주고 있다. 폐쇄 조치에 대해 일반인에게 보상해주기 위해, 실제 크기의 복제 동굴인 라스코 II가 만들어져 1983년에 일반인에게 공개되었다. 이 복제 동굴은 실제 동굴에서 200미터 떨어진 몽티냑에 만들어졌으며, 선사 시대에 쓰였을 법한 것과 유사한 재료를 사용해 만들었다. 두 곳의 실제 갤러리인 황소의 전당과 그림 갤러리가 복제되었다.

지문의 간략한 요약에 필요한 도입 문장이 아래에 제공된다. 지문에서 가장 중요한 사항들을 나타내는 선택지 세 개를 골라 요약 내용을 완료하시오. 일부 문장은 지문에 제시되지 않는 사항들을 나타내거나 지문에서 중요하지 않은 사항들이므로 요약 내용에 속하지 않는다. 이 질문은 2점에 해당된다.

이 지문은 라스코에서 발견된 동굴 벽화의 역사적 중요성과 현대에서 지니는 중요성을 이야기하고 있다.

(A) 동굴 벽화 기법은 하부 구석기 시대와 중기 구석기 시대, 그리고 상부 구석기 시대 사이에서 더 복잡해졌다.
(B) 라스코 동굴 부지는 선사 시대 예술가들이 활용한 도구 및 방법에 대한 소중한 이해를 제공한다.
(C) 산화철과 숯은 그림 색소를 만들기 위해 선사 시대 예술가들에 의해 흔히 이용되었다.
(D) 인공 복제 동굴이 실제 예술품을 보호하고 급증하는 관광객을 수용하기 위해 만들어졌다.
(E) 라스코의 선사 시대 예술품 속에 나타난 인간에 대한 묘사는 야생 동물에 대한 묘사보다 훨씬 덜 흔했다.
(F) 벽화는 라스코에 위치한 동굴의 목적 및 기능과 관련된 단서를 제공했다.

[어휘]

Paleolithic Period 구석기 시대(= Old Stone Age) **phase** 단계 **make up** ~을 구성하다 **evolve into** ~로 진화하다 **particular** 특정한 **era** 시대 **fascinating** 매력적인 **cave painting** 동굴 벽화 **emerge** 나타나다, 출현하다 **magnificent** 훌륭한, 장엄한 **prehistoric** 선사 시대의 **recess** 깊숙한 곳 **contain** ~을 포함하다 **discovery** 발견 **allow A to do** A에게 ~할 수 있게 해주다 **paleontologist** 고생물학자 **expand** ~을 넓히다, 확장하다 **moss** 이끼 **dot** 점을 찍다 **hollow** 속이 빈 **material** 재료, 물품 **charcoal** 숯 **iron oxide** 산화철 **pigment** 색소 **represent** ~을 표현하다 **cavern** 동굴 **sacred** 종교적인, 신성한 **ceremonial** 의식의 **chamber** 방 **accessible** 접근할 수 있는 **permanent** 영구적인 **residence** 거주지 **portrayal** 묘사 **gore** ~을 뿔로 들이받다 **bison** 들소 **existence** 존재 **inevitable** 불가피한 **remarkable** 놀라운, 주목할 만한 **witness** ~을 보다, 목격하다 **the public** 일반인들 **sustain damage** 손상을 입다 **sheer** 순전한 **consequence** 결과 **carbon dioxide** 이산화탄소 **accumulate** 축적되다 **condensation** (응결된) 물방울 **algae** 조류(물 속에서 광합성으로 생육하는 체제가 간단한 식물) **calcite** 석회암 **form** 형성되다 **as a result of** ~에 따른 결과로 **humidity** 습도 **out of respect for** ~에 대한 존중으로 **preservation** 보존 **treat** ~을 처리하다, 다루다 **antibiotic** 항생 물질 **get rid of** ~을 제거하다 **mold** 곰팡이 **extensive** 광범위한 **treatment process** 처리 과정 **fragile** 취약한 **put A into place** A를 시행하다 **large-scale** 대규모의 **compensate A for B** B에 대해 A에게 보상해주다 **life-size** 실물 크기의 **replica** 복제물 **similar** 유사한 **reproduce** ~을 복제하다 **contemporary** 현대의, 동시대의 **significance** 중요성 **grow in complexity** 더 복잡해지다 **valuable** 소중한 **insight** 이해, 통찰력 **implement** n. 도구 **method** 방법 **employ** ~을 활용하다 **artificial** 인공적인 **duplicate** 복제물 **accommodate** ~을 수용하다 **surge in** ~의 급증 **tourism** 관광객들, 관광 산업 **far less** 훨씬 덜 **depiction** 묘사 **clue** 단서 **as to** ~와 관련된 **function** 기능

▪ 연습 문제

각각의 문제와 해당되는 지문을 읽고 문제를 푸세요.

TOEFL Reading　　VIEW TEXT　REVIEW　HELP　BACK　NEXT

Planetary Differentiation

The ignition of our Sun started the early formation of the planets of our Solar System around 4.5 billion years ago. This event caused extremely volatile gases such as helium and hydrogen to evaporate into the surrounding area, trapping rocks and matter and creating "protoplanets." Through accretion, a process in which matter sticks together to form a whole, these protoplanets grew in size and differentiation began.

Differentiation of a planet involves impacts to the planet's surface. These impacts greatly heat the surface and, in turn, heat the available rocks and alloys, partially melting them. Once melting begins, different chemical elements separate from each other, which initiates the sinking and rising of heavy and light elements, causing layers to form. During formation, heavy or dense materials, such as siderophiles which bond to iron, sink to the center of the planet. Lighter or less dense materials, such as lithophiles which bond to silicates, rise above the heavier, denser layers. The difference between a differentiated planet and an undifferentiated planet pertains to the existence of these layers.

Undifferentiated planets are uniform in nature, and do not consist of layers. The Earth, on the other hand, is a differentiated planet composed of a core, mantle, and crust. Each of these layers can be broken down further due to the existence of minerals and elements specific to that layer. For example, the core is separated into the inner core, which is made up primarily of iron and nickel and is solid due to the extremely high pressure it is under, and the outer core. Iron and nickel make up the outer core; however, it also includes larger amounts of oxygen and sulfur. Lighter elements such as silicon make up the lower mantle, while olivine and pyroxene, also known as magnesium-bearing silicates, make up the upper mantle. Low-density materials, such as quartz, along with other silicates compose the uppermost layer of the Earth, which is the crust.

Although the Earth is not the only differentiated planet, studies suggest it is the most extensively differentiated, due in part to the temperature of its inner core. The melting of rock produces magma, which is basaltic in composition, containing more silicon than mantle rocks; therefore, it will rise to the surface and form the crust. Evidence shows that if the planet is hot enough, the basaltic crust can melt and recycle back into the mantle. The re-melting of the crust may produce more silicon than basalt, making it lighter, and therefore enabling it to rise towards the surface. This continual recycling of the crust back into the mantle allows new layers of the earth to continue forming. Other factors that influence differentiation include gravitational pressure as well as radioactivity of the elements.

Different environmental conditions within the solar nebula explain the varying minerals and elements found on or in the vicinity of each planet. Location in relation to the sun will also affect the degree of differentiation found in each of the planets. This explains Earth's degree of differentiation in relation to the other planets, as it is among the planets located nearest to the sun. The three other terrestrial planets, Mercury, Venus and Mars, have similar compact, rocky surfaces.

The Jovian planets, consisting of Jupiter, Saturn, Uranus and Neptune, are all relatively large compared to Earth and have a gaseous nature as well. Collectively, the Jovian planets are known as the "gas giants." Planetary scientists do not fully understand the differentiation of these gas giants. However, they may include small, solid cores. Continued space exploration and improved technology will one day lead to a better understanding of the nature of our neighboring planets.

TOEFL Reading

Directions: An introductory sentence for a brief summary of the passage is provided below. Complete the summary by selecting the THREE answer choices that express the most important ideas in the passage. Some sentences do not belong in the summary because they express ideas that are not presented in the passage or are minor ideas in the passage. **This question is worth 2 points.**

Drag your answer choices to the spaces where they belong. To remove an answer choice, click on it. To review the passage, click on **View Text.**

This passage discusses the process of planetary differentiation and fundamental characteristics of differentiated planets.

-
-
-

Answer Choices

(A) Planets are categorized as differentiated based on the presence of distinct layers of minerals and elements arranged according to density.

(B) When the birth of the Sun caused specific gases to evaporate, the gradual accretion of rocks and matter created protoplanets.

(C) The differentiation of the Jovian gas giant planets will be better understood with advances in space technology.

(D) Differentiation occurs when planets are struck with great force, causing rocks to melt and materials to separate.

(E) The level of differentiation a planet undergoes is influenced by its proximity to the Sun and the elements involved.

(F) Earth's outer core contains higher concentrations of gases such as oxygen than its inner core.

⑩ Fill in a Table (표 채우기)

Fill in a table 문제 유형은 1년에 1회 정도 출제되는 유형으로, 1지문에 1문제가 출제가 되며, Summary의 대체 문제 유형입니다. 이 유형은 배점이 3점으로 크기 때문에 문제 개수가 줄어 출제되기도 합니다. 예를 들어 Table 유형 출제 시에는 해당 지문은 9문제가 출제됩니다. 2개의 카테고리에 각각 3개 또는 2개의 보기 정답을 요구하고 있습니다.

문제 패턴

Select the appropriate phrases from the answer choices and match them to "X" to which they relate. Some of the answer choices will NOT be used. This question is worth 3 points.

선택지에서 적절한 구문을 골라 관련된 "X"와 일치시키시오. 일부 선택지는 사용되지 않는다. 이 질문은 3점에 해당된다.

문제 풀이 Tip 틀린 보기 2개 고르기를 기억하자!

샘플 문제

TOEFL Reading VIEW TEXT REVEW HELP BACK NEXT

American Railroads

The first American railroads cannot be considered a true railroad system. These early railroads, built in the late-1820s, covered fairly short distances, and most of them had been constructed only to link busy water transportation routes. It was rare for two separate railroads to connect with one another, and even when they did, the tracks were often different sizes, meaning that train cars could not move from one track to the other. During the 1830s, several improvements were made to America's railroads, including the introduction of heavier iron rails. Moreover, technological advances resulted in more powerful locomotives and larger passenger cars that offered better stability and comfort. By the end of 1829, only around 35 kilometers of track had been laid throughout the country, but by the end of 1839, more than 4,500 kilometers had been laid, and railroads boomed in popularity across the nation. In 1863, work began on the First Transcontinental Railroad, which would eventually link the east coast with the Pacific coast by one continuous route.

Directions: Select the appropriate phrases from the answer choices and match them to the railroad time period to which they relate. Some of the answer choices will NOT be used.

US Railroads in the 1820s	US Railroads in the 1830s

Ⓐ Predominantly connected to aquatic transport routes
Ⓑ Continuous route between east and west coasts established
Ⓒ Thirty-five kilometers of track in use nationwide
Ⓓ Stability of passenger cars improved
Ⓔ Train tracks were heavier and made of iron
Ⓕ Railroads widened to accommodate new car types

[정답 A, C / D, E]

미국의 철도와 관련해 두 시기(1820 년대와 1830년대)로 나누어 각각의 특징을 고르는 문제입니다. 1820년대 미국 철도의 특징에 해당되는 것은 A와 C인데, A는 2번째 문장에서 1820년 후반에 철도의 대부분이 오직 수상 운송 경로와 연결되어 있다고 말한 부분에서 알 수 있고, C는 6번째 문장에서 1829년 말에 전국에 겨우 약 35km 정도의 철로가 깔렸다는 내용을 확인할 수 있습니다. 1830년대 미국 철도의 특징에 해당되는 것은 D와 E입니다. D는 4번째 문장에서 1830년대의 일이라는 것을 알 수 있고, 5번째 문장에서 안정성과 편안함을 제공하는 객차에 대한 내용을 확인할 수 있습니다. E는 4번째 문장에서 1830년대에 더 무거운 철로 만들어진 철로의 도입을 포함해 몇몇의 개선 작업이 이뤄졌다는 내용을 통해 확인할 수 있습니다. 해당 사항이 없는 선택지 중에서 B는 두 카테고리가 관계 없으며, F는 지문에서 찾을 수 없는 내용이므로 오답입니다.

[해석]

미국의 철도

미국의 첫 번째 철도는 진정한 철도 시스템으로 여겨질 수 없다. 1820년대 말에 만들어진 이 초기 철도는 아주 짧은 거리만 포함했으며, 대부분은 분주한 수상 운송 경로에만 연결되도록 지어졌다. 별도의 철로 두 개가 서로 연결되는 것은 드물었으며, 심지어 그렇다 하더라도, 그 철로들은 흔히 크기가 달랐는데, 이는 열차들이 한 철로에서 다른 곳으로 이동할 수 없었음을 의미한다. 1830년대에, 더 무거운 철로 만든 철로의 도입을 포함해 미국의 철도에 여러 개선 작업이 이뤄졌다. 더욱이, 기술적인 발전으로 인해 더 강력한 기관차 및 더 넓은 객차가 만들어지면서 더 나은 안정성과 편의성을 제공하게 되었다. 1829년 말쯤, 전국에 걸쳐 겨우 약 35킬로미터의 철로만 놓였지만, 1839년 말쯤에는, 4,500킬로미터가 넘는 철로가 놓였으며, 철도 시스템은 전국에서 인기를 얻어 붐을 일으켰다. 1863년에, 첫 번째 대륙 횡단 철도 작업이 시작되었는데, 이것이 결국 동부 해안과 태평양 해안을 하나로 이어지는 노선으로 연결하게 된다.

문제 설명: 선택지에서 적절한 구문을 골라 관련된 철도 시대와 일치시키시오. 일부 선택지는 사용되지 않는다.

1820년대 미국 철도	1830년대 미국 철도
A, C	D, E

Ⓐ **대부분 수상 운송 경로와 연결됨**
Ⓑ 동부와 서부 해안 사이에 이어지는 경로가 설립됨
Ⓒ **전국적으로 35킬로미터의 철로가 이용됨**
Ⓓ **객차의 안정성이 개선됨**
Ⓔ **철로가 더 무거워지고 철로 만들어짐**
Ⓕ 철로가 새로운 유형의 열차를 수용하기 위해 넓어짐

[어휘]

be considered A A로 여겨지다 **cover** ~을 포함하다, (범위 등) ~에 걸치다 **link** ~을 연결하다 **transportation** 운송, 수송 **rare** 드문, 흔치 않은 **separate** 별도의, 분리된 **connect with** ~와 연결되다 **train car** 열차 **make an improvement** 개선하다, 향상시키다 **including** ~을 포함해 **introduction** 도입, 소개 **advance** 발전, 진보 **result in** ~을 초래하다, ~라는 결과를 낳다 **locomotive** 기관차 **stability** 안정성 **comfort** 편안함 **boom** 붐을 일으키다, 호황을 누리다 **popularity** 인기 **Transcontinental Railroad** 대륙 횡단 철도 **eventually** 결국, 마침내 **continuous** 계속 이어지는 **predominantly** 대부분 **connected to** ~와 연결된 **establish** ~을 설립하다, 확립하다 **nationwide** 전국적으로 **widen** ~을 넓히다 **accommodate** ~을 수용하다

▪ 연습 문제

각각의 문제와 해당되는 지문을 읽고 문제를 푸세요.

TOEFL Reading VIEW TEXT REVIEW HELP BACK NEXT

The World's Lakes: Freshwater Lakes and Saltwater Lakes

The vast majority of the world's lakes are freshwater, and most of them are situated in the Northern Hemisphere. Most freshwater lakes have at least one natural outflow in the form of a river or stream, which will eventually carry water to a sea or ocean. Natural outflows ensure that a lake's average water level is maintained by facilitating the drainage of excess water. Some freshwater lakes located at higher latitudes are formed when a block of ice from a glacier is buried and melts. The melting of this ice may take hundreds of years, but eventually a depression is formed which fills with water. Similarly, freshwater lakes may be formed in mountainous regions when a glacier carves out a small depression and this fills with water. Due to their high altitude, these lakes are frozen much of the time, but are filled with melt water in spring. Many freshwater lakes are formed when a river meanders. The soil is eroded faster on the outside of the bend than the inside. The water then cuts across the neck of the bend, separating it from the rest of the water flow. Deposits of sediment build up, and completely separate this curved section from the rest of the river, creating a horseshoe-shaped lake.

Not all lakes are freshwater lakes. Saltwater lakes occur when there is no natural outlet for the water and a high rate of evaporation due to dry heat. Unlike freshwater lakes and rivers, which normally drain into the ocean, saltwater lakes serve as the endpoint to river flow. These lakes usually form because they are situated in geographical basins at the lowest point in the landscape. They are most common in arid environments, where evaporation concentrates salts and other chemicals in the water over time. Although some saltwater lakes are too salty to support any life but algae, lakes such as the Great Salt Lake in Utah are habitats for various species of crustaceans. Also, the shores of these lakes often function as invaluable breeding grounds for birds such as waterfowl. However, these lakes are vulnerable to slight climate fluctuations. Due to their reliance on steady rates of evaporation, the lakes can significantly shrink as a result of even minor decreases in precipitation. This in turn causes salinity concentrations to rise, which can lead to reduced biodiversity.

Directions: Select the appropriate phrases from the answer choices and match them to the specific type of lake to which they relate. Some of the answer choices will NOT be used.

Freshwater Lakes	Saltwater Lakes

(A) Typically located in very dry ecosystems
(B) May be formed by soil erosion in a river
(C) Size can fluctuate greatly as a result of changes in rainfall
(D) Can have a detrimental impact on local bird populations
(E) Usually flow into a large natural body of water
(F) Reach their greatest depth in winter

04 Reading 실전 모의고사

❶ 실전 모의고사 1

Question 1-10

Groundwater

The vast majority of our drinking water is derived from groundwater, which is water stored in underground cavities and fissures of rocks. In fact, the amount of freshwater stored underground is roughly 50 times greater than the amount contained in surface lakes and rivers. Approximately half of all groundwater is found no more than 1,000 meters below the Earth's surface. Beyond that depth, extreme pressure results in the closing of gaps and crevices between rocks, leaving less space for water to accumulate. At a depth of 10 kilometers, there is virtually no space available for the storage of groundwater.

A wide variety of rock types are capable of storing groundwater, and they often form a natural underground reservoir called an aquifer. The permeability and porosity of an aquifer determine the ease and means by which its stored water can be extracted. Permeability describes how easily water can flow through the pores of rocks. The water is required to flow around and between grains in a circuitous manner, and the more complicated the route, the greater the flow resistance. The overall permeability of rock takes into account the rate at which water is able to overcome this resistance. Porosity, on the other hand, refers to the potential water storage space between sediment grains in rock, and it is normally expressed as a percentage of the total rock volume.

Both permeability and porosity are influenced by compaction and sediment arrangement. Rocks comprised of tightly compacted or poorly arranged sediment have much lower porosity and permeability, and those that are impermeable are known as aquicludes. The most common type of rock near the Earth's surface is sedimentary rock, and it is ideally suited for water storage due to the ample space contained within. In particular, sandstone serves as a highly effective aquifer, but mudstone, which is made up of finer sediment grains, is typically impermeable. Relatively compact igneous and metamorphic rocks contain barely any space between sediment grains, but may in rare instances store groundwater when the rocks have been sufficiently fractured.

The underground boundary that marks the depth below which most rock pores and cracks store groundwater is called the water table. It is important to note that the water table typically rises and falls in accordance with the contours of land on the surface, so it rarely manifests as a straight boundary line. Rainwater gradually seeps into the vadose zone, which is located above the water table, and eventually drips down to the water table, coating mineral grains with water as it descends. Plant roots near the surface rely on the water and minerals contained within the vadose zone for growth.

Due to the fact that the water table follows the surface topography, gravity influences the movement of groundwater just as it does for surface water. An intersection between the water table and land surface causes water to emerge above ground in the form of springs or rivers. However, in extremely arid regions, groundwater rarely breaks through to the surface and tends to remain entirely beneath the surface of dry riverbeds. When heavy, prolonged rainfall occurs, the water table rises to intersect the land surface, and this can result in sections of typically dry riverbeds being temporarily refilled with flowing water.

TOEFL Reading Question 1 of 20 VIEW TEXT REVEW HELP BACK NEXT

The vast majority of our drinking water is derived from groundwater, which is water stored in underground cavities and fissures of rocks. In fact, the amount of freshwater stored underground is roughly 50 times greater than the amount contained in surface lakes and rivers. Approximately half of all groundwater is found no more than 1,000 meters below the Earth's surface. Beyond that depth, extreme pressure results in the closing of gaps and crevices between rocks, leaving less space for water to accumulate. At a depth of 10 kilometers, there is virtually no space available for the storage of groundwater.

The word "virtually" in the passage is closest in meaning to

(A) practically
(B) significantly
(C) specifically
(D) precisely

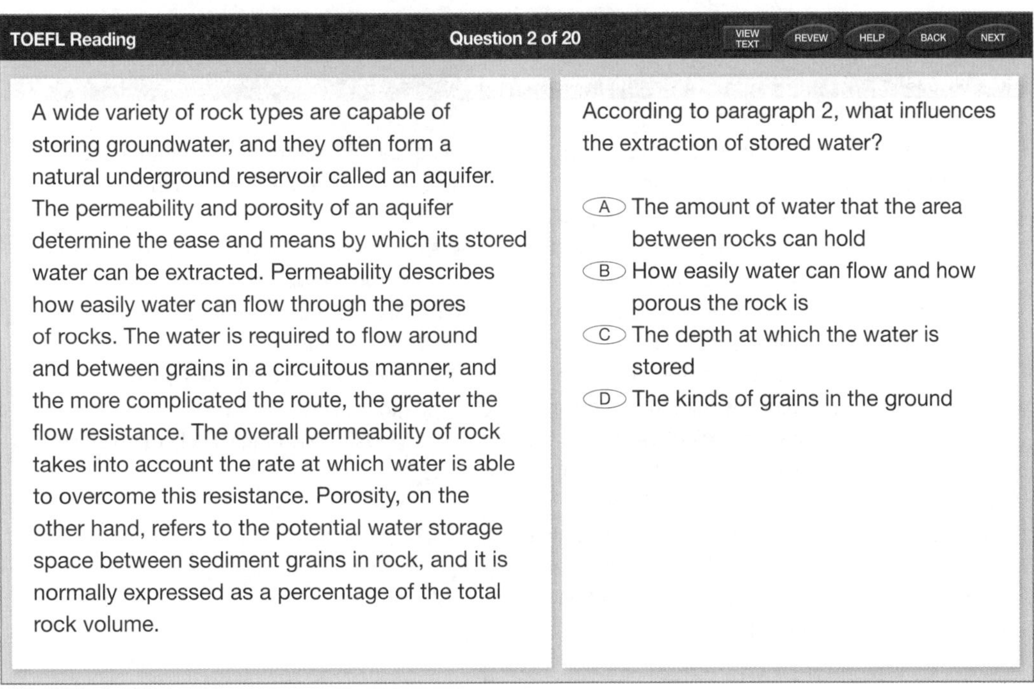

TOEFL Reading Question 2 of 20 VIEW TEXT REVEW HELP BACK NEXT

A wide variety of rock types are capable of storing groundwater, and they often form a natural underground reservoir called an aquifer. The permeability and porosity of an aquifer determine the ease and means by which its stored water can be extracted. Permeability describes how easily water can flow through the pores of rocks. The water is required to flow around and between grains in a circuitous manner, and the more complicated the route, the greater the flow resistance. The overall permeability of rock takes into account the rate at which water is able to overcome this resistance. Porosity, on the other hand, refers to the potential water storage space between sediment grains in rock, and it is normally expressed as a percentage of the total rock volume.

According to paragraph 2, what influences the extraction of stored water?

(A) The amount of water that the area between rocks can hold
(B) How easily water can flow and how porous the rock is
(C) The depth at which the water is stored
(D) The kinds of grains in the ground

TOEFL Reading Question 3 of 20

Both permeability and porosity are influenced by compaction and sediment arrangement. Rocks comprised of tightly compacted or poorly arranged sediment have much lower porosity and permeability, and those that are impermeable are known as aquicludes. The most common type of rock near the Earth's surface is sedimentary rock, and it is ideally suited for water storage due to the ample space contained within. In particular, sandstone serves as a highly effective aquifer, but mudstone, which is made up of finer sediment grains, is typically impermeable. Relatively compact igneous and metamorphic rocks contain barely any space between sediment grains, but may in rare instances store groundwater when the rocks have been sufficiently fractured.

The word "ample" in the passage is closest in meaning to

(A) rudimentary
(B) rare
(C) plentiful
(D) accessible

TOEFL Reading Question 4 of 20

Both permeability and porosity are influenced by compaction and sediment arrangement. Rocks comprised of tightly compacted or poorly arranged sediment have much lower porosity and permeability, and those that are impermeable are known as aquicludes. The most common type of rock near the Earth's surface is sedimentary rock, and it is ideally suited for water storage due to the ample space contained within. In particular, sandstone serves as a highly effective aquifer, but mudstone, which is made up of finer sediment grains, is typically impermeable. Relatively compact igneous and metamorphic rocks contain barely any space between sediment grains, but may in rare instances store groundwater when the rocks have been sufficiently fractured.

What can be inferred from paragraph 3 about rock near the Earth's surface?

(A) Areas with sandstone have the most groundwater.
(B) Sedimentary rock is not suitable for storing water.
(C) Sandstone blocks the flow of groundwater.
(D) Mudstone is highly likely to be sticky.

TOEFL Reading Question 5 of 20 VIEW TEXT REVIEW HELP BACK NEXT

A wide variety of rock types are capable of storing groundwater, and they often form a natural underground reservoir called an aquifer. The permeability and porosity of an aquifer determine the ease and means by which its stored water can be extracted. Permeability describes how easily water can flow through the pores of rocks. The water is required to flow around and between grains in a circuitous manner, and the more complicated the route, the greater the flow resistance. The overall permeability of rock takes into account the rate at which water is able to overcome this resistance. Porosity, on the other hand, refers to the potential water storage space between sediment grains in rock, and it is normally expressed as a percentage of the total rock volume.

Why does the author mention "the more complicated the route, the greater the flow resistance"?

Ⓐ To describe how groundwater flow rates are affected by soil nutrients
Ⓑ To show how the overall permeability of rock can increase over time
Ⓒ To emphasize the importance of rainfall in the consistent flow of groundwater
Ⓓ To explain that the movement of groundwater is influenced by the positioning of grains

TOEFL Reading Question 6 of 20 VIEW TEXT REVIEW HELP BACK NEXT

The underground boundary that marks the depth below which most rock pores and cracks store groundwater is called the water table. It is important to note that the water table typically rises and falls in accordance with the contours of land on the surface, so it rarely manifests as a straight boundary line. Rainwater gradually seeps into the vadose zone, which is located above the water table, and eventually drips down to the water table, coating mineral grains with water as it descends. Plant roots near the surface rely on the water and minerals contained within the vadose zone for growth.

Which of the sentences below best expresses the essential information in the highlighted sentence in the passage? Incorrect choices change the meaning in important ways or leave out essential information.

Ⓐ After the water table rises and falls, the contours of the land surface change.
Ⓑ The water table notably follows the surface geography rather than appearing as a straight line.
Ⓒ It is crucial for the water table to fluctuate in order to maximize the flow of groundwater.
Ⓓ The water table manifests as a straight boundary line in regions where the land rises and falls.

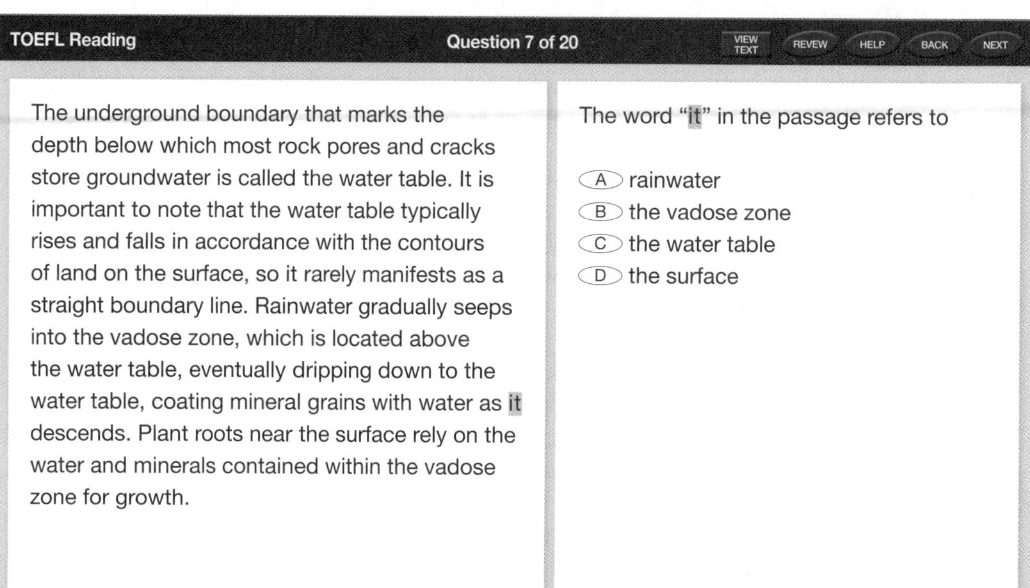

TOEFL Reading | Question 7 of 20 | VIEW TEXT | REVIEW | HELP | BACK | NEXT

The underground boundary that marks the depth below which most rock pores and cracks store groundwater is called the water table. It is important to note that the water table typically rises and falls in accordance with the contours of land on the surface, so it rarely manifests as a straight boundary line. Rainwater gradually seeps into the vadose zone, which is located above the water table, eventually dripping down to the water table, coating mineral grains with water as it descends. Plant roots near the surface rely on the water and minerals contained within the vadose zone for growth.

The word "it" in the passage refers to

(A) rainwater
(B) the vadose zone
(C) the water table
(D) the surface

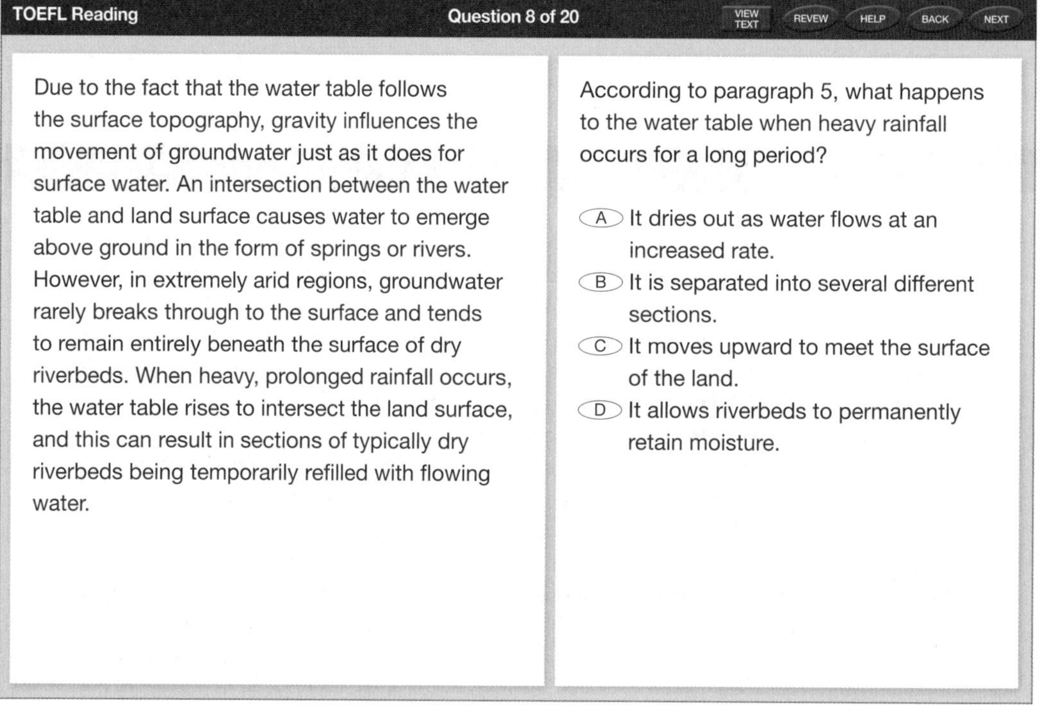

TOEFL Reading | Question 8 of 20 | VIEW TEXT | REVIEW | HELP | BACK | NEXT

Due to the fact that the water table follows the surface topography, gravity influences the movement of groundwater just as it does for surface water. An intersection between the water table and land surface causes water to emerge above ground in the form of springs or rivers. However, in extremely arid regions, groundwater rarely breaks through to the surface and tends to remain entirely beneath the surface of dry riverbeds. When heavy, prolonged rainfall occurs, the water table rises to intersect the land surface, and this can result in sections of typically dry riverbeds being temporarily refilled with flowing water.

According to paragraph 5, what happens to the water table when heavy rainfall occurs for a long period?

(A) It dries out as water flows at an increased rate.
(B) It is separated into several different sections.
(C) It moves upward to meet the surface of the land.
(D) It allows riverbeds to permanently retain moisture.

TOEFL Reading | Question 9 of 20 | VIEW TEXT | REVIEW | HELP | BACK | NEXT

■ Due to the fact that the water table follows the surface topography, gravity influences the movement of groundwater just as it does for surface water. ■ An intersection between the water table and land surface causes water to emerge above ground in the form of springs or rivers. ■ However, in extremely arid regions, groundwater rarely breaks through to the surface and tends to remain entirely beneath the surface of dry riverbeds. ■ When heavy, prolonged rainfall occurs, the water table rises to intersect the land surface, and this can result in sections of typically dry riverbeds being temporarily refilled with flowing water.

Look at the four squares [■] that indicate where the following sentence could be added to the passage.

As such, the force causes groundwater to flow downhill.

Where would the sentence best fit? Click on a square [■] to add the sentence to the passage.

TOEFL Reading | Question 10 of 20 | VIEW TEXT | REVIEW | HELP | BACK | NEXT

Directions: An introductory sentence for a brief summary of the passage is provided below. Complete the summary by selecting the THREE answer choices that express the most important ideas in the passage. Some sentences do not belong in the summary because they express ideas that are not presented in the passage or are minor ideas in the passage. **This question is worth 2 points.**

Drag your answer choices to the spaces where they belong. To remove an answer choice, click on it. To review the passage, click on **View Text**.

The storage and flow of groundwater are influenced by certain factors.

-
-
-

Answer Choices

(A) The kinds of rock present below the surface dictate a region's water storage potential.
(B) Porosity refers to an aquifer's potential for storing water in rock.
(C) Densely compacted sediment allows rocks to be more porous.
(D) The arrangement and compaction of sediment affect rock porosity and permeability.
(E) Gravitational force directs the movement of groundwater.
(F) Rainfall lowers the water table and thus the water storage potential of rock.

Question 11-20

The Development of Teotihuacán

Around 200 B.C., the city of Teotihuacán, which was situated fairly close to the site of modern-day Mexico City, began its rise to power and prosperity. During its most successful period, estimated to be between A.D. 150 and 700, the city was spread across more than 20 square kilometers and was home to at least 125,000 people. Records indicate that it was highly organized in a grid pattern of streets and buildings, so it is clear that extensive planning was involved in the development and operation of this great metropolis. Teotihuacán boasted a large number of industrial workshops, several grand religious monuments, thousands of residential buildings, a bustling market, and impressive administration and education complexes. As a center of trade and learning, the city was able to establish strong economic and religious connections with several other civilizations throughout Mesoamerica.

One of the primary reasons for Teotihuacán's prosperity was its convenient location on a busy trade route that ran through the Teotihuacán Valley. Furthermore, the Teotihuacán Valley was revered for its abundance of obsidian and its suitability for extensive irrigation. Several other factors have been suggested by historians, though they are more difficult to confirm. Some scholars point to Teotihuacán's religious significance as a shrine as a reason for its rise to prominence. It has also been suggested that the city prospered largely due to the intelligence and practicality of its government officials, and the city's standing was further enhanced when, unlike some other cities of the time, it did not succumb to natural disasters such as the volcanic eruptions of the late first millennium B.C.

Before 200 B.C., several medium-sized cities had been established in and near the Valley of Mexico. Around this time, a series of volcanic eruptions devastated Cuicuilco, the largest of these cities, reducing its agricultural land to a morass of volcanic mud and ash. This essentially halted Cuicuilco's expected rise as central Mexico's leading economic and political power, triggering a power struggle between the other cities in the valley. Archaeological findings indicate that, by the first century A.D., it was Teotihuacán that had emerged as the predominant force in the region.

Teotihuacán's leaders were quick to recognize the potential of the local natural resources, and this allowed them to rise above their competitors. One of the most valuable and sought-after resources of the era was obsidian, a volcanic stone that was found in large deposits in the vicinity of Teotihuacán. Demand for obsidian had risen steadily ever since it was popularized by the Olmecs, a civilization that flourished between 1200 and 400 B.C. Nobles and upper-class residents of Teotihuacán likely enjoyed a wide variety of exotic goods as a result of the long-distance trade of obsidian. Moreover, Teotihuacán's merchants may have attempted to attract new inhabitants to the city in order to expand their workforces and gain access to potential new customers. Similarly, farmers brought new workers to the city as the number and size of irrigated fields rapidly increased. Teotihuacán's growing significance as a religious center and shrine may have also functioned as an additional population magnet.

All archaeological evidence suggests that Teotihuacán prospered and rose to its dominant regional position due to several factors: intensive mining and trading of precious obsidian, a rapidly growing population, the implementation of advanced irrigation systems, and powerful leadership. These factors formed a positive feedback loop in that the successful obsidian operation created a need for more miners, more craftspeople who could make obsidian tools, and more merchants who could transport obsidian products to new markets, and the city was able to easily attract such workers due in large part to the prosperous image it had cultivated through obsidian trade. Subsequently, a larger workforce and population necessitated the construction of additional irrigation facilities, which indirectly afforded greater power and influence to the city's ruling elite.

TOEFL Reading Question 11 of 20 VIEW TEXT REVIEW HELP BACK NEXT

Around 200-100 B.C., the city of Teotihuacán, which was situated fairly close to modern-day Mexico City, began its rise to power and prosperity. During its most successful period, estimated to be between A.D. 150 and 700, the city was spread across more than 20 square kilometers and was home to at least 125,000 people. Records indicate that it was highly organized in a grid pattern of streets and buildings, so it is clear that extensive planning was involved in the development and operation of this great metropolis. Teotihuacán boasted a large number of industrial workshops, several grand religious monuments, thousands of residential buildings, a bustling market, and impressive administration and education complexes. As a center of trade and learning, the city was able to establish strong economic and religious connections with several other civilizations throughout Mesoamerica.

The word "bustling" in the passage is closest in meaning to

(A) busy
(B) rustic
(C) modern
(D) remodeled

TOEFL Reading Question 12 of 20 VIEW TEXT REVIEW HELP BACK NEXT

One of the primary reasons for Teotihuacán's prosperity was its convenient location on a busy trade route that ran through the Teotihuacán Valley. Furthermore, the Teotihuacán Valley was revered for its abundance of obsidian and its suitability for extensive irrigation. Several other factors have been suggested by historians, though they are more difficult to confirm. Some scholars point to Teotihuacán's religious significance as a shrine as a reason for its rise to prominence. It has also been suggested that the city prospered largely due to the intelligence and practicality of its government officials, and the city's standing was further enhanced when, unlike some other cities of the time, it did not succumb to natural disasters such as the volcanic eruptions of the late first millennium B.C.

What can be inferred to be a reason for Teotihuacán's prosperity?

(A) Teotihuacán Valley was heavily fortified to defend against invasion.
(B) Religious leaders educated the people of Teotihuacán.
(C) The city was situated in close proximity to a desirable natural resource.
(D) The valley was periodically exposed to disasters.

TOEFL Reading | Question 13 of 20 | VIEW TEXT | REVIEW | HELP | BACK | NEXT

Before 200 B.C., several medium-sized cities had been established in and near the Valley of Mexico. Around this time, a series of volcanic eruptions devastated Cuicuilco, the largest of these cities, reducing its agricultural land to a morass of volcanic mud and ash. This essentially halted Cuicuilco's expected rise as central Mexico's leading economic and political power, triggering a power struggle between the other cities in the valley. Archaeological findings indicate that, by the first century A.D., it was Teotihuacán that had emerged as the predominant force in the region.

According to paragraph 3, what was the effect of volcanic eruptions on Cuicuilco?

Ⓐ Its farmlands benefited from the nutrient-rich volcanic ash and mud.
Ⓑ Its population was decimated by toxic volcanic emissions.
Ⓒ It failed to assume its anticipated role as central Mexico's leading city.
Ⓓ It was able to establish alliances with neighboring cities.

TOEFL Reading | Question 14 of 20 | VIEW TEXT | REVIEW | HELP | BACK | NEXT

Before 200 B.C., several medium-sized cities had been established in and near the Valley of Mexico. Around this time, a series of volcanic eruptions devastated Cuicuilco, the largest of these cities, reducing its agricultural land to a morass of volcanic mud and ash. This essentially halted Cuicuilco's expected rise as central Mexico's leading economic and political power, triggering a power struggle between the other cities in the valley. Archaeological findings indicate that, by the first century A.D., it was Teotihuacán that had emerged as the predominant force in the region.

The word "predominant" in the passage is closest in meaning to

Ⓐ minor
Ⓑ successive
Ⓒ preliminary
Ⓓ prevailing

TOEFL Reading   Question 15 of 20   VIEW TEXT REVIEW HELP BACK NEXT

Teotihuacán's leaders were quick to recognize the potential of the local natural resources, and this allowed them to rise above their competitors. One of the most valuable and sought-after resources of the era was obsidian, a volcanic stone that was found in large deposits in the vicinity of Teotihuacán. Demand for obsidian had risen steadily ever since it was popularized by the Olmecs, a civilization that flourished between 1200 and 400 B.C. Nobles and upper-class residents of Teotihuacán likely enjoyed a wide variety of exotic goods as a result of the long-distance trade of obsidian. Moreover, Teotihuacán's merchants may have attempted to attract new inhabitants to the city in order to expand their workforces and gain access to potential new customers. Similarly, farmers brought new workers to the city as the number and size of irrigated fields rapidly increased. Teotihuacán's growing significance as a religious center and shrine may have also functioned as an additional population magnet.

Why does the author mention "obsidian" in paragraph 4?

Ⓐ To give an example of how Teotihuacan was able to stay ahead of its rivals
Ⓑ To illustrate the difficulty in extracting natural resources in the area
Ⓒ To describe a local resource that only existed in that particular era
Ⓓ To highlight the Olmec people's desire for exotic goods

TOEFL Reading   Question 16 of 20   VIEW TEXT REVIEW HELP BACK NEXT

Teotihuacán's leaders were quick to recognize the potential of the local natural resources, and this allowed them to rise above their competitors. One of the most valuable and sought-after resources of the era was obsidian, a volcanic stone that was found in large deposits in the vicinity of Teotihuacán. Demand for obsidian had risen steadily ever since it was popularized by the Olmecs, a civilization that flourished between 1200 and 400 B.C. Nobles and upper-class residents of Teotihuacán likely enjoyed a wide variety of exotic goods as a result of the long-distance trade of obsidian. Moreover, Teotihuacán's merchants may have attempted to attract new inhabitants to the city in order to expand their workforces and gain access to potential new customers. Similarly, farmers brought new workers to the city as the number and size of irrigated fields rapidly increased. Teotihuacán's growing significance as a religious center and shrine may have also functioned as an additional population magnet.

According to paragraph 4, the word "it" in the passage refers to

Ⓐ Teotihuacán
Ⓑ civilization
Ⓒ obsidian
Ⓓ demand

TOEFL Reading | Question 17 of 20 | VIEW TEXT | REVIEW | HELP | BACK | NEXT

Teotihuacán's leaders were quick to recognize the potential of the local natural resources, and this allowed them to rise above their competitors. One of the most valuable and sought-after resources of the era was obsidian, a volcanic stone that was found in large deposits in the vicinity of Teotihuacán. Demand for obsidian had risen steadily ever since it was popularized by the Olmecs, a civilization that flourished between 1200 and 400 B.C. Nobles and upper-class residents of Teotihuacán likely enjoyed a wide variety of exotic goods as a result of the long-distance trade of obsidian. Moreover, Teotihuacán's merchants may have attempted to attract new inhabitants to the city in order to expand their workforces and gain access to potential new customers. Similarly, farmers brought new workers to the city as the number and size of irrigated fields rapidly increased. Teotihuacán's growing significance as a religious center and shrine may have also functioned as an additional population magnet.

Which of the sentences below best expresses the essential information in the highlighted sentence in the passage? Incorrect choices change the meaning in important ways or leave out essential information.

(A) Likewise, farmers were able to increase the number and size of irrigated fields thanks to an influx of new workers.

(B) At the same time, the expansion of irrigated fields provided numerous jobs for the inhabitants of the city.

(C) Likewise, as irrigated fields were enlarged and became more abundant, farmers enticed additional laborers to the city.

(D) At the same time, farmers hired new workers to create a large number of irrigated fields outside the city.

TOEFL Reading | Question 18 of 20 | VIEW TEXT | REVIEW | HELP | BACK | NEXT

All archaeological evidence suggests that Teotihuacán prospered and rose to its dominant regional position due to several factors: intensive mining and trading of precious obsidian, a rapidly growing population, the implementation of advanced irrigation systems, and powerful leadership. These factors formed a positive feedback loop in that the successful obsidian operation created a need for more miners, more craftspeople who could make obsidian tools, and more merchants who could transport obsidian products to new markets, and the city was able to easily attract such workers due in large part to the prosperous image it had cultivated through obsidian trade. Subsequently, a larger workforce and population necessitated the construction of additional irrigation facilities, which indirectly afforded greater power and influence to the city's ruling elite.

According to paragraph 5, what change was made in Teotihuacán to accommodate the city's rising number of citizens?

(A) An expansion of the city's irrigation systems

(B) The implementation of an improved transportation network

(C) An enlargement of the city's merchant district

(D) The provision of new affordable housing

TOEFL Reading **Question 19 of 20** VIEW TEXT REVIEW HELP BACK NEXT

Teotihuacán's leaders were quick to recognize the potential of the local natural resources, and this allowed them to rise above their competitors. One of the most valuable and sought-after resources of the era was obsidian, a volcanic stone that was found in large deposits in the vicinity of Teotihuacán. ■ Demand for obsidian had risen steadily ever since it was popularized by the Olmecs, a civilization that flourished between 1200 and 400 B.C. ■ Nobles and upper-class residents of Teotihuacán likely enjoyed a wide variety of exotic goods as a result of the long-distance trade of obsidian. ■ Moreover, Teotihuacán's merchants may have attempted to attract new inhabitants to the city in order to expand their workforces and gain access to potential new customers. ■ Similarly, farmers brought new workers to the city as the number and size of irrigated fields rapidly increased. Teotihuacán's growing significance as a religious center and shrine may have also functioned as an additional population magnet.

Look at the four squares [■] that indicate where the following sentence could be added to the passage.

The wealth and prosperous lives of such residents may have attracted immigrants to Teotihuacán, significantly boosting its population.

Where would the sentence best fit? Click on a square [■] to add the sentence to the passage.

TOEFL Reading **Question 20 of 20**

Directions: An introductory sentence for a brief summary of the passage is provided below. Complete the summary by selecting the THREE answer choices that express the most important ideas in the passage. Some sentences do not belong in the summary because they express ideas that are not presented in the passage or are minor ideas in the passage. **This question is worth 2 points.**

Drag your answer choices to the spaces where they belong. To remove an answer choice, click on it. To review the passage, click on **View Text.**

Several factors contributed to the success and prosperity of Teotihuacan, the center of an ancient civilization.

•
•
•

Answer Choices

(A) Teotihuacán was situated in the middle of a popular trade route.
(B) Smart leaders understood that obsidian could provide them with an economical advantage.
(C) The Teotihuacán people had access to advanced irrigation technology.
(D) Active volcanism drove many skilled craftspeople to relocate from Cuicuilco to Teotihuacán.
(E) The upper class of Teotihuacán enjoyed luxurious and exotic goods purchased from nearby cities.
(F) Obsidian was popularized by the Olmecs, drastically raising its market price in the region.

Question 1-10

Origins of the Industrial Revolution

As far back as the 16th century, Europe's overseas expansion spurred a commercial revolution that sowed the seeds for the later Industrial Revolution. During this time, European nations such as England and France enjoyed tremendous growth in both their importing and exporting of goods, and a large factor driving this increased commercial activity was newly-established trade relationships with overseas colonies. Demand for imported beverages, spices, and fabrics skyrocketed, providing several lucrative opportunities for Europe's merchants. European countries, particularly England, saw their economies boom, which brought them new wealth for further investment. All that they needed was a technological breakthrough that could help them take their money-making potential to new heights.

At that time, Great Britain had several economic advantages that made it the perfect country for the development of new technology. For instance, it was conveniently situated in the middle of most international trade routes, and its natural waterways were easy to navigate. These two factors helped Great Britain to trade and communicate with the world and gain access to a wide variety of new advances in technology. In the late 18th century, Great Britain constructed extensive domestic canal routes, which facilitated trade between cities located throughout the country. The canals proved to be the cheapest routes for transporting goods to markets, and this meant that the price of goods could be lowered, and in turn, consumer demand soared. The surge in demand necessitated the construction of new manufacturing plants, and Great Britain, with its rich natural deposits of coal, was well-equipped to keep such facilities running.

Britain's large population of agricultural workers was also advantageous, as these individuals were more flexible and mobile than the typical rural wage earners of some other countries. They gradually migrated toward the cities or mining communities and joined the rapidly growing workforce that would eventually serve as the backbone of the Industrial Revolution. Britain was also fortunate to have a better political climate than many other European nations, where unstable governments had long hindered technological and industrial progress. The lack of internal tariffs, such as those imposed in France and Italy, made Britain the largest free-trade zone in Europe, and as a result, created a nation of consumers.

Two more key factors that contributed to the acceleration of industrial progress in Britain were the country's advanced banking and credit system, and the relatively large number of entrepreneurs and inventors residing there. Many of these innovators were defiantly nonconformist in their views, valuing industriousness and frugality over lavish materialistic lifestyles. As such, they preferred to funnel their earnings back into their enterprises and endeavors, thus continually expanding their business and increasing profitability.

An agricultural revolution that took place largely in Holland is also credited with helping to usher in the Industrial Revolution. Around the mid-17th century, Dutch peasant farmers began implementing advanced agricultural concepts such as crop rotation and diversification, and word of their innovations quickly spread throughout Europe. As British markets and demand for products grew, English farmers reached out to their counterparts in Holland, seeking their agricultural expertise. By the end of the 17th century, the Dutch were using their advanced strategies to help the English drain marshes and cultivate crops in higher yields. By the mid-1700s, English farmers were employing ever more advanced agricultural methods such as the selective breeding of livestock.

Great Britain's own rapidly expanding population consumed the lion's share of the produce and goods produced during this period of increased commercial and industrial activity. At the same time, there was a massive influx of people moving to major cities, largely due to the enclosure movement. More than 6 million acres of English land were enclosed between the 1710s and 1820s, and independent farmers were unable to compete with the wealthy owners of such enclosures. As a result, they, along with their numerous workers, began to flock to the cities to seek work in the manufacturing industry, further driving the movement that would later be known as the Industrial Revolution.

TOEFL Reading Question 1 of 20 VIEW TEXT REVIEW HELP BACK NEXT

As far back as the 16th century, Europe's overseas expansion spurred a commercial revolution that sowed the seeds for the later Industrial Revolution. During this time, European nations such as England and France enjoyed tremendous growth in both their importing and exporting of goods, and a large factor driving this increased commercial activity was newly-established trade relationships with overseas colonies. Demand for imported beverages, spices, and fabrics skyrocketed, providing several lucrative opportunities for Europe's merchants. European countries, particularly England, saw their economies boom, which brought them new wealth for further investment. All that they needed was a technological breakthrough that could help them take their money-making potential to new heights.

Which of the sentences below best expresses the essential information in the highlighted sentence in the passage? Incorrect choices change the meaning in important ways or leave out essential information.

Ⓐ Demand for specific products rose sharply as a result of lower merchant prices throughout Europe.
Ⓑ The number of opportunities to import beverages, spices, and fabrics skyrocketed due to higher demand from merchants in Europe.
Ⓒ European merchants earned a lot of money by demanding imported beverages, spices, and fabrics.
Ⓓ A sudden increase in demand for imported goods gave Europe's merchants more chances to make a profit.

TOEFL Reading Question 2 of 20 VIEW TEXT REVIEW HELP BACK NEXT

As far back as the 16th century, Europe's overseas expansion spurred a commercial revolution that sowed the seeds for the later Industrial Revolution. During this time, European nations such as England and France enjoyed tremendous growth in both their importing and exporting of goods, and a large factor driving this increased commercial activity was newly-established trade relationships with overseas colonies. Demand for imported beverages, spices, and fabrics skyrocketed, providing several lucrative opportunities for Europe's merchants. European countries, particularly England, saw their economies boom, which brought them new wealth for further investment. All that they needed was a technological breakthrough that could help them take their money-making potential to new heights.

The word "breakthrough" in the passage is closest in meaning to

Ⓐ advance
Ⓑ proliferation
Ⓒ regression
Ⓓ conclusion

TOEFL Reading Question 3 of 20

VIEW TEXT | REVIEW | HELP | BACK | NEXT

At that time, Great Britain had several economic advantages that made it the perfect country for the development of new technology. For instance, it was conveniently situated in the middle of most international trade routes, and its natural waterways were easy to navigate. These two factors helped Great Britain to trade and communicate with the world and gain access to a wide variety of new advances in technology. In the late 18th century, Great Britain constructed extensive domestic canal routes, which facilitated trade between cities located throughout the country. The canals proved to be the cheapest routes for transporting goods to markets, and this meant that the price of goods could be lowered, and in turn, consumer demand soared. The surge in demand necessitated the construction of new manufacturing plants, and Great Britain, with its rich natural deposits of coal, was well-equipped to keep such facilities running.

Select two answer choices that are mentioned in paragraph 2. What are the two main factors that allowed Great Britain to create new technology and connect with other countries? To receive credit, you must select TWO answers.

Ⓐ Its significant position at the center of several critical routes for traders
Ⓑ Its resolution of conflicts with neighboring countries
Ⓒ Its ability to transport goods cheaply via canal networks
Ⓓ Its high rate of investment in imported foreign technology

TOEFL Reading Question 4 of 20

VIEW TEXT | REVIEW | HELP | BACK | NEXT

At that time, Great Britain had several economic advantages that made it the perfect country for the development of new technology. For instance, it was conveniently situated in the middle of most international trade routes, and its natural waterways were easy to navigate. These two factors helped Great Britain to trade and communicate with the world and gain access to a wide variety of new advances in technology. In the late 18th century, Great Britain constructed extensive domestic canal routes, which facilitated trade between cities located throughout the country. The canals proved to be the cheapest routes for transporting goods to markets, and this meant that the price of goods could be lowered, and in turn, consumer demand soared. The surge in demand necessitated the construction of new manufacturing plants, and Great Britain, with its rich natural deposits of coal, was well-equipped to keep such facilities running.

According to paragraph 2, how was Great Britain able to keep new factories running?

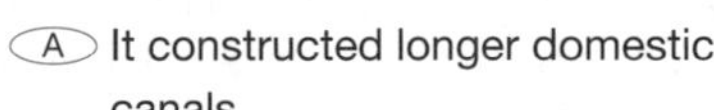

Ⓐ It constructed longer domestic canals.
Ⓑ It lowered the prices of imported goods.
Ⓒ It attempted to limit rises in demand for products.
Ⓓ It took advantage of its naturally occurring fuel reserves.

TOEFL Reading | Question 5 of 20 | VIEW TEXT | REVIEW | HELP | BACK | NEXT

Britain's large population of agricultural workers was also advantageous, as these individuals were more flexible and mobile than the typical rural wage earners of some other countries. They gradually migrated toward the cities or mining communities and joined the rapidly growing workforce that would eventually serve as the backbone of the Industrial Revolution. Britain was also fortunate to have a better political climate than many other European nations, where unstable governments had long hindered technological and industrial progress. The lack of internal tariffs, such as those imposed in France and Italy, made Britain the largest free-trade zone in Europe, and as a result, created a nation of consumers.

Which of the following can be inferred about the growth of Britain from paragraph 3?

(A) Agricultural workers were urged to stick to their territories rather than relocate.
(B) Immigrants moving from rural areas to cities had difficulty getting a job when they first arrived.
(C) Trade agreements with France and Italy hindered Britain's rate of economic growth.
(D) Internal tariffs would have slowed the growth of the domestic economy.

TOEFL Reading | Question 6 of 20 | VIEW TEXT | REVIEW | HELP | BACK | NEXT

Two more key factors that contributed to the acceleration of industrial progress in Britain were the country's advanced banking and credit system, and the relatively large number of entrepreneurs and inventors residing there. Many of these innovators were defiantly nonconformist in their views, valuing industriousness and frugality over lavish materialistic lifestyles. As such, they preferred to funnel their earnings back into their enterprises and endeavors, thus continually expanding their business and increasing profitability.

In paragraph 4, which of the following is **NOT** mentioned about entrepreneurs in Britain?

(A) They preferred to work within the finance industry.
(B) They placed more value on a strong work ethic than on displays of wealth.
(C) They tended to reinvest their profits back into their businesses.
(D) They refused to conform to certain views held at that time.

TOEFL Reading | Question 7 of 20 | VIEW TEXT | REVEW | HELP | BACK | NEXT

An agricultural revolution that took place largely in Holland is also credited with helping to usher in the Industrial Revolution. Around the mid-17th century, Dutch peasant farmers began implementing advanced agricultural concepts such as crop rotation and diversification, and word of their innovations quickly spread throughout Europe. As British markets and demand for products grew, English farmers reached out to their counterparts in Holland, seeking their agricultural expertise. By the end of the 17th century, the Dutch were using their advanced strategies to help the English drain marshes and cultivate crops in higher yields. By the mid-1700s, English farmers were employing ever more advanced agricultural methods such as the selective breeding of livestock.

The word "credited" in the passage is closest in meaning to

(A) attributed
(B) vulnerable
(C) adaptable
(D) conducive

TOEFL Reading | Question 8 of 20 | VIEW TEXT | REVEW | HELP | BACK | NEXT

An agricultural revolution that took place largely in Holland is also credited with helping to usher in the Industrial Revolution. Around the mid-17th century, Dutch peasant farmers began implementing advanced agricultural concepts such as crop rotation and diversification, and word of their innovations quickly spread throughout Europe. As British markets and demand for products grew, English farmers reached out to their counterparts in Holland, seeking their agricultural expertise. By the end of the 17th century, the Dutch were using their advanced strategies to help the English drain marshes and cultivate crops in higher yields. By the mid-1700s, English farmers were employing ever more advanced agricultural methods such as the selective breeding of livestock.

Why does the author mention "crop rotation and diversification" in paragraph 5?

(A) To contrast an agricultural revolution that took place in the past with one in the present
(B) To explain how the development of agricultural technology in Holland contributed to the Industrial Revolution
(C) To show that people in Holland utilized advanced British technology
(D) To describe how the Industrial Revolution helped Dutch peasant farmers to refine their agricultural methods

Great Britain's own rapidly expanding population consumed the lion's share of the produce and goods produced during this period of increased commercial and industrial activity. ■ At the same time, there was a massive influx of people moving to major cities, largely due to the enclosure movement. ■ More than 6 million acres of English land were enclosed between the 1710s and 1820s, and independent farmers were unable to compete with the wealthy owners of such enclosures. ■ As a result, they, along with their numerous workers, began to flock to the cities to seek work in the manufacturing industry, further driving the movement that would later be known as the Industrial Revolution. ■

Look at the four squares [■] that indicate where the following sentence could be added to the passage.

This practice referred to the fencing of fields and pastures in order to create privately-owned agricultural land that could optimize yields and profits.

Where would the sentence best fit? Click on a square [■] to add the sentence to the passage.

Directions: An introductory sentence for a brief summary of the passage is provided below. Complete the summary by selecting the THREE answer choices that express the most important ideas in the passage. Some sentences do not belong in the summary because they express ideas that are not presented in the passage or are minor ideas in the passage. **This question is worth 2 points.**

Drag your answer choices to the spaces where they belong. To remove an answer choice, click on it. To review the passage, click on **View Text.**

Several factors enabled Great Britain to make significant contributions to the Industrial Revolution.

-
-
-

Answer Choices

Ⓐ Britain's pioneering banking systems were adopted by several other countries throughout Europe.

Ⓑ Dutch farmers taught their British counterparts advanced irrigation and cultivation methods that helped boost crop output.

Ⓒ The mass urban migration of farm workers served to strengthen Britain's rapidly growing industrial workforce.

Ⓓ Canals in Britain had more importance as trade routes during the Industrial Revolution than railroads did.

Ⓔ Agricultural workers were able to earn substantial wages as a result of high demand for Britain's products.

Ⓕ Britain's relatively stable political standing facilitated its technological and economic growth.

Question 11-20

Westward Expansion

When we talk about the migration of settlers moving westward across the United States, what we are primarily discussing is the expansion of farming in America. Those who journeyed to the west could not have done so without the establishment of new farms and the cultivation of various crops for consumption and trade. At the beginning of the 19th century, advances in transportation made it easier for farmers to leave behind their self-sufficient way of life and become engaged in the national market economy. Whenever the prices of traded commodities rose, the rate of migration toward the west also significantly increased. Westward expansion reached a peak in the 1830s. In 1810, only around 15 percent of the American population resided to the west of the Appalachian Mountains, but this had increased to roughly 35 percent by 1840.

What exactly lured hundreds of thousands of settlers away from the relative comfort offered by the well-planned cities and pristine farmland of the east? This mass migration can be partly explained by considering certain facets of American society. Many Americans had European ancestors who had lived in the same region for hundreds of years until they were suddenly uprooted due to a political, military, or economic crisis, prompting them to travel to America in search of a better life. As a result, Americans gradually lost the sentimentality of being tied to one single place, and were more given to moving from place to place. Furthermore, while European society was rigid and people generally inherited social and occupational status, American society was more flexible, giving people opportunities to change occupations freely in order to improve their social and economic situation. These factors meant that a large number of Americans were ambitious, restless, and keen to push westward beyond the boundary of established civilization, whether it be in search of new homes or financial prosperity.

The land to the west possessed several attractive qualities. Large swathes of land were covered by lush forests, rivers teemed with fish, and the soil was fertile and perfect for agriculture. This was particularly appealing to individuals who had lived as farmers in the east, where land could often be sterile and rocky, or rendered almost useless by soil depletion and erosion. A new land law introduced in 1820 stated that any individual could purchase a farm for $100. With more and more banks being established throughout the nation, it became much simpler for cash-strapped individuals to receive loans in order to secure property. Expecting with confidence that the growing economy would keep farm prices high, western farmers had no qualms about borrowing money from the banks.

Prior to 1815, western farmers relied on navigable waterways or mountain trails for transportation, including the movement of their goods to markets. Sheep and cattle could be directed across the mountains. Fortunately, the construction of turnpikes, starting in 1815, helped to improve western transportation and reduce costs involved with bringing goods to markets. Turnpikes also stimulated agricultural economic growth by providing greater access to farms that were located along the roads.

Despite their advantages, turnpikes fell out of favor as America underwent a transportation revolution. The biggest breakthrough was the introduction of the steamboat, which gradually superseded keelboats in the transportation of both cargo and passengers. The cost of transporting goods upriver by steamboat was approximately ten percent of the cost of carrying the same cargo by keelboat, and the goods would reach their destination in roughly half the time. Another monumental development was the Erie Canal, a huge undertaking for the time period, stretching 585 kilometers between Buffalo and New York City. The canal reduced the cost of shipping by an astonishing 95 percent compared with traditional transportation routes and served as an invaluable connection between western farmers and eastern markets.

TOEFL Reading | Question 11 of 20 | VIEW TEXT | REVEW | HELP | BACK | NEXT

When we talk about the migration of settlers moving westward across the United States, what we are primarily discussing is the expansion of farming in America. Those who journeyed to the west could not have done so without the establishment of new farms and the cultivation of various crops for consumption and trade. At the beginning of the 19th century, advances in transportation made it easier for farmers to leave behind their self-sufficient way of life and become engaged in the national market economy. Whenever the prices of traded commodities rose, the rate of migration toward the west also significantly increased. Westward expansion reached a peak in the 1830s. In 1810, only around 15 percent of the American population resided to the west of the Appalachian Mountains, but this had increased to roughly 35 percent by 1840.

According to paragraph 1, which of the following was a reason for farmers to move west?

Ⓐ They wanted to expand their farming land toward the west.
Ⓑ Advanced transportation technology enabled them to uproot with ease.
Ⓒ Demand for agricultural products in the east had sunk to a new low.
Ⓓ Changes to the eastern climate began to negatively impact crops.

TOEFL Reading | Question 12 of 20

What exactly lured hundreds of thousands of settlers away from the relative comfort offered by the well-planned cities and pristine farmland of the east? This mass migration can be partly explained by considering certain facets of American society. Many Americans had European ancestors who had lived in the same region for hundreds of years until they were suddenly uprooted due to a political, military, or economic crisis, prompting them to travel to America in search of a better life. As a result, Americans gradually lost the sentimentality of being tied to one single place, and were more given to moving from place to place. Furthermore, while European society was rigid and people generally inherited social and occupational status, American society was more flexible, giving people opportunities to change occupations freely in order to improve their social and economic situation. These factors meant that a large number of Americans were ambitious, restless, and keen to push westward beyond the boundary of established civilization, whether it be in search of new homes or financial prosperity.

What is **NOT** provided as a reason that Americans were willing to move from one place to another?

Ⓐ They wanted to avoid political and economic problems that were unfolding in America.
Ⓑ They felt unshackled living in a relatively free society.
Ⓒ They did not feel a strong emotional connection to the places in which they lived.
Ⓓ They wanted to change their social and economic status for the better.

TOEFL Reading Question 13 of 20 VIEW TEXT REVIEW HELP BACK NEXT

What exactly lured hundreds of thousands of settlers away from the relative comfort offered by the well-planned cities and pristine farmland of the east? This mass migration can be partly explained by considering certain facets of American society. Many Americans had European ancestors who had lived in the same region for hundreds of years until they were suddenly uprooted due to a political, military, or economic crisis, prompting them to travel to America in search of a better life. As a result, Americans gradually lost the sentimentality of being tied to one single place, and were more given to moving from place to place. Furthermore, while European society was rigid and people generally inherited social and occupational status, American society was more flexible, giving people opportunities to change occupations freely in order to improve their social and economic situation. These factors meant that a large number of Americans were ambitious, restless, and keen to push westward beyond the boundary of established civilization, whether it be in search of new homes or financial prosperity.

The word "facets" in the passage is closest in meaning to

(A) events
(B) accidents
(C) aspects
(D) places

TOEFL Reading Question 14 of 20 VIEW TEXT REVIEW HELP BACK NEXT

The land to the west possessed several attractive qualities. Large swathes of land were covered by lush forests, rivers teemed with fish, and the soil was fertile and perfect for agriculture. This was particularly appealing to individuals who had lived as farmers in the east, where land could often be sterile and rocky, or rendered almost useless by soil depletion and erosion. A new land law introduced in 1820 stated that any individual could purchase a farm for $100. With more and more banks being established throughout the nation, it became much simpler for cash-strapped individuals to receive loans in order to secure property. Expecting with confidence that the growing economy would keep farm prices high, western farmers had no qualms about borrowing money from the banks.

The phrase "teemed with" in the passage is closest in meaning to

(A) abounded with
(B) interested in
(C) lacked in
(D) conflated with

TOEFL Reading Question 15 of 20

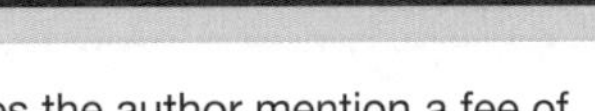

The land to the west possessed several attractive qualities. Large swathes of land were covered by lush forests, rivers teemed with fish, and the soil was fertile and perfect for agriculture. This was particularly appealing to individuals who had lived as farmers in the east, where land could often be sterile and rocky, or rendered almost useless by soil depletion and erosion. A new land law introduced in 1820 stated that any individual could purchase a farm for $100. With more and more banks being established throughout the nation, it became much simpler for cash-strapped individuals to receive loans in order to secure property. Expecting with confidence that the growing economy would keep farm prices high, western farmers had no qualms about borrowing money from the banks.

Why does the author mention a fee of "$100" in paragraph 3?

Ⓐ To highlight the financial difficulties that immigrant farmers faced in 1820

Ⓑ To provide a specific incentive that motivated workers in agriculture to move westward

Ⓒ To describe a situation where farmers gave up farmlands because of cheap prices

Ⓓ To show that the western land was cheaper than the eastern land

TOEFL Reading Question 16 of 20

The land to the west possessed several attractive qualities. Large swathes of land were covered by lush forests, rivers teemed with fish, and the soil was fertile and perfect for agriculture. This was particularly appealing to individuals who had lived as farmers in the east, where land could often be sterile and rocky, or rendered almost useless by soil depletion and erosion. A new land law introduced in 1820 stated that any individual could purchase a farm for $100. With more and more banks being established throughout the nation, it became much simpler for cash-strapped individuals to receive loans in order to secure property. Expecting with confidence that the growing economy would keep farm prices high, western farmers had no qualms about borrowing money from the banks.

In paragraph 3, what can be inferred about the economic situation in the United States at the time?

Ⓐ Farmers had difficulty being approved for bank loans.

Ⓑ Many banks were forced to close due to financial issues.

Ⓒ The real estate value of farmland was in a very stable position.

Ⓓ Borrowers were forced to pay extremely high interest on their bank loans.

TOEFL Reading **Question 17 of 20** VIEW TEXT REVIEW HELP BACK NEXT

Despite their advantages, turnpikes fell out of favor as America underwent a transportation revolution. The biggest breakthrough was the introduction of the steamboat, which gradually superseded keelboats in the transportation of both cargo and passengers. The cost of transporting goods upriver by steamboat was approximately ten percent of the cost of carrying the same cargo by keelboat, and the goods would reach their destination in roughly half the time. Another monumental development was the Erie Canal, a huge undertaking for the time period, stretching 585 kilometers between Buffalo and New York City. The canal reduced the cost of shipping by an astonishing 95 percent compared with traditional transportation routes and served as an invaluable connection between western farmers and eastern markets.

Which of the sentences below best expresses the essential information in the highlighted sentence in the passage? Incorrect choices change the meaning in important ways or leave out essential information.

Ⓐ After the introduction of the steamboat, the biggest breakthrough in the transportation field came in the form of keelboats.
Ⓑ The most influential innovation was the steamboat, which replaced keelboats in transporting goods and people.
Ⓒ In addition to steamboats, keelboats were responsible for transporting more and more cargo and passengers.
Ⓓ A significant development occurred when the steamboat was introduced as a means of carrying cargo.

TOEFL Reading **Question 18 of 20** VIEW TEXT REVIEW HELP BACK NEXT

Despite their advantages, turnpikes fell out of favor as America underwent a transportation revolution. The biggest breakthrough was the introduction of the steamboat, which gradually superseded keelboats in the transportation of both cargo and passengers. The cost of transporting goods upriver by steamboat was approximately ten percent of the cost of carrying the same cargo by keelboat, and the goods would reach their destination in roughly half the time. Another monumental development was the Erie Canal, a huge undertaking for the time period, stretching 585 kilometers between Buffalo and New York City. The canal reduced the cost of shipping by an astonishing 95 percent compared with traditional transportation routes and served as an invaluable connection between western farmers and eastern markets.

The word "roughly" in the passage is closest in meaning to

Ⓐ harshly
Ⓑ smoothly
Ⓒ seriously
Ⓓ about

TOEFL Reading **Question 19 of 20** VIEW TEXT REVIEW HELP BACK NEXT

■ Prior to 1815, western farmers relied on navigable waterways or mountain trails for transportation, including the movement of their goods to markets. ■ Sheep and cattle could be directed across the mountains. ■ Fortunately, the construction of turnpikes, starting in 1815, helped to improve western transportation and reduce costs involved with bringing goods to markets. ■ Turnpikes also stimulated agricultural economic growth by providing greater access to farms that were located along the roads.

Look at the four squares [■] that indicate where the following sentence could be added to the passage.

However, this means of transportation was inefficient and costly when it came to goods such as sacks of grain or animal hides, which in turn drove up their prices compared with their value in eastern markets.

Where would the sentence best fit? Click on a square [■] to add the sentence to the passage.

Directions: An introductory sentence for a brief summary of the passage is provided below. Complete the summary by selecting the THREE answer choices that express the most important ideas in the passage. Some sentences do not belong in the summary because they express ideas that are not presented in the passage or are minor ideas in the passage. **This question is worth 2 points.**

Drag your answer choices to the spaces where they belong. To remove an answer choice, click on it. To review the passage, click on **View Text.**

Several factors led to the westward movement of people across the United States.

-
-
-

Answer Choices

Ⓐ Many Americans had a desire to improve their lives by relocating.
Ⓑ European immigrants preferred the surroundings of the west to those in the east.
Ⓒ The western regions were home to rich natural environments and fertile lands suitable for farming.
Ⓓ Eastern farmers were loaned money by the banks to extend the boundaries of their farms further west.
Ⓔ Transportation advances on land and water made migration toward the west much simpler.
Ⓕ Demand for goods such as livestock and crops surged in western markets.

TOEFL Intermediate

Listening

Listening

미리보기

01 Listening 핵심 정리

- Listening 한눈에 파악하기
- Listening 최신 출제 경향 분석

02 Listening 실력 업그레이드

- 끊어듣기 & 쉐도잉
- 키워드 파악
- 노트테이킹

03 Listening 문제 유형 공략

- Topic & Purpose
- Detail
- Function
- Attitude
- Organization
- Connecting Content
- Inference

04 Listening 실전 모의고사

- 실전 모의고사 1
- 실전 모의고사 2

01 Listening 핵심 정리

① Listening 한눈에 파악하기

Listening은 영어권 대학 생활 중에 경험할 수 있는 상황과 관련된 대화 또는 특정 주제로 된 강의를 듣고 이해할 수 있는지 평가하는 영역입니다. 따라서 Listening에 출제되는 유형은 크게 Conversation(대화)과 Lecture(강의) 두 가지입니다.

	Conversation(대화)	Lecture(강의)
내용	대학 생활 관련 대화 내용	리딩 지문에 등장하는 주제들과 유사한 학문적인(Academic) 내용의 대학 강의
화자	2인 (학생 + 교직원 또는 학생 + 교수)	1인(교수) 또는 2인 이상(교수 + 학생들)
문제 수	대화당 5문제	강의당 6문제
시간	대화 길이 약 3분	강의 길이 약 5분
	한 가지 대화 또는 강의가 끝나면 문제당 약 30초 이내에 풀어야 함	

Listening 영역은 특정 분량의 대화와 강의가 짝을 이뤄 하나의 파트를 구성하는데, 이러한 파트가 2개 또는 3개로 출제됩니다.

시험 구성	· 총 2개 파트 → 5개 듣기 [대화1개 + 강의1개] + [대화1개 + 강의2개] 또는 [대화1개 + 강의2개] + [대화1개 + 강의1개] * 더미 파트는 2023년 7월 26일부터 출제되지 않습니다.
문제 수	총 28문제 출제
시간	총 시험 시간 36분
문제 풀이 시간	[대화1개 + 강의1개] - 6분30초 [대화1개 + 강의2개] - 10분 * 한 지문별이 아니라 한 파트당 문제 풀이 시간이 정해져있습니다.

TOEFL 시험을 개발한 ETS에 따르면 TOEFL Listening 문제 유형은 다음과 같이 총 8가지로 구분됩니다. 대부분 4지 선다형의 객관식 형태로 출제되며 보통 하나의 정답을 고르면 되지만, Topic 문제 유형이나 Detail 문제 유형에서 간혹 두 개, 또는 세 개의 정답을 골라야 하는 경우가 있습니다. 세 개의 정답을 고르는 경우에는 5개의 선택지가 제시됩니다. 또한 Connecting Content 문제 유형에서는 객관식 유형뿐만 아니라 표가 제시되어, 정답에 해당하는 칸을 클릭하여 답하는 문제가 나옵니다. 본 교재에서는 Gist-Content와 Gist-Purpose 유형이 리스닝의 핵심을 묻는 1번 문제로 양자가 유사하고, gist(지스트: 핵심)란 용어가 학습자가 이해하기에 직관적이지 않기에, Topic & Purpose(주제와 목적)로 대체합니다.

문제 유형		출제 빈도 (Conversation 또는 Lecture 기준 1개 지문)
Gist-Content 핵심 내용	Topic & Purpose 주제와 목적	1번 문제로 반드시 출제
Gist-Purpose 핵심 목적		
Detail 세부 사항		약 2문제
Function 의도		1문제 이하
Attitude 태도		1문제 이하
Organization 구조		1문제 이하
Connecting Content 내용 연결		1문제 이하
Inference 추론		1문제 이하

❷ Listening 최신 출제 경향 분석

Conversation은 두 사람의 대화로, 학생의 대화 상대로 교수 또는 교직원이 등장합니다. 학생과 교수의 대화가 학생과 교직원의 대화 보다 더 많이 출제됩니다. 학생과 교수의 대화 내용으로는, 주어진 과제에 대한 범위, 연구 방법, 접근 방법, 글 수정 등 교수의 권유와 학생의 질문을 주고받는 대화가 중점적으로 출제됩니다. 특히 전공(major) 및 연구(research)와 관련된 상담은, Conversation 문제임에도 불구하고, Lecture 수준의 학문적 용어와 난이도 높은 내용의 대화가 출제되곤 합니다. 교수의 말에서 문제가 등장하는 곳을 알리는 신호, 즉, 시그널(well, but, what, when 등)을 올바르게 잡아내는 훈련이 필요합니다.

학생과 교직원의 대화에서는, 기숙사 방 배정 이슈와 도서관 책 반납 등의 시험 개정 전 기출 패턴이 그대로 등장하고 있습니다. 특히, 교직원과의 대화는 토플 리스닝에서 가장 쉬운 내용이기에 반드시 다 맞힐 수 있도록 합니다.

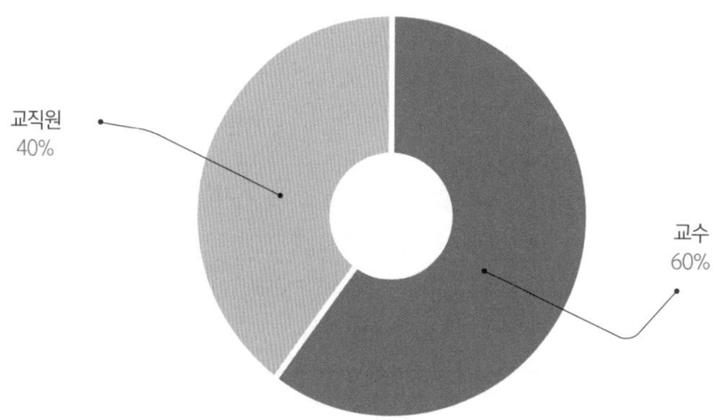

[Conversation 대화 상대 출제 경향]

Lecture에서는 건축학, 음악사, 문학, 미술사 등의 예술, 다양한 생물에 대한 생물학, 기상, 전문, 지질과 관련된 자연과학, 그리고 심리, 역사, 경제, 교육의 사회과학 등 여러 학문적 주제가 고르게 출제되고 있습니다. 특히 예술과 관련된 역사적 사실이 자주 출제되고 있습니다. 또한 수입, 수출과 관련된 무역을 다루는 경영/경제 파트도 출제되고 있습니다. 금성(Venus)과 지구의 비교/대조와 같은 천문학 내용도 개정된 이후에도 계속해서 등장하고 있습니다.

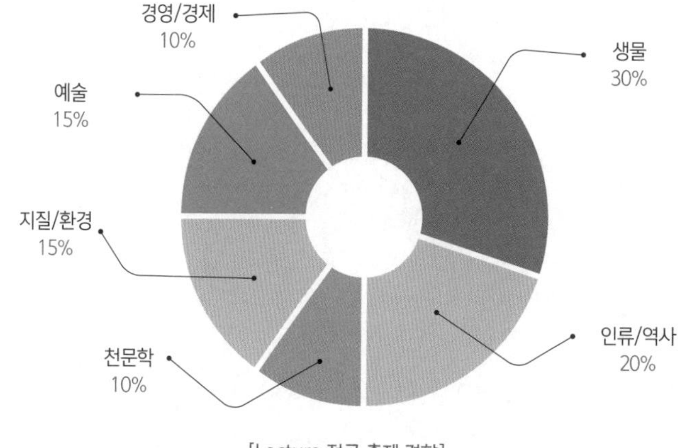

[Lecture 전공 출제 경향]

1번 문제는 주제와 목적(Topic & Purpose)으로 고정되어 있고, 2, 3번 문항은 세부 사항(Detail) 또는 추론(Inference) 그리고 후반에는 의도(Function) 유형이 출제되는 패턴이 대체로 유지되고 있습니다.

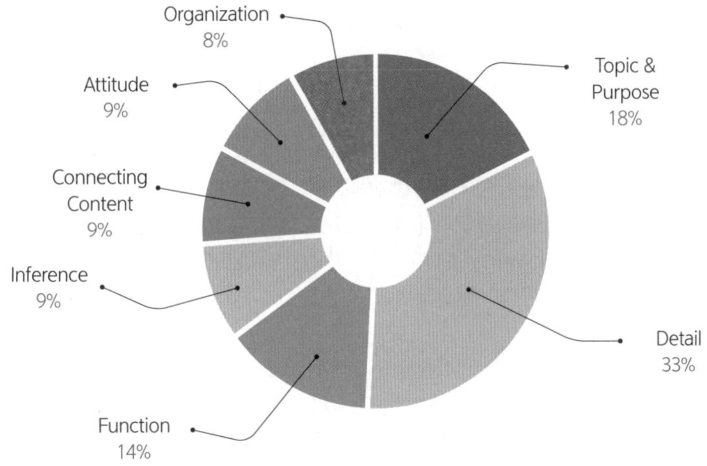

[Listening 문제 유형 출제 경향]

영어가 나의 모국어가 아닐 경우, 모든 것을 한 번에 알아듣고, 문제까지 다 맞히기가 쉽지는 않겠죠? 그렇기 때문에 더 높은 토플 리스닝 점수를 원한다면, 전략적으로 접근해야 합니다. 많은 학생들이 처음에 토플을 공부하다 보면, 자연스럽게 듣기 실력이 향상될 것이라고 생각합니다. 하지만, 자신의 적극적인 노력 없이는 고득점으로 갈 수 없습니다. 다음에 배울 Listening 스킬 업그레이드 부분은 여러분이 토플 리스닝을 공부하는 동안 지속적으로 해야 할 듣기 트레이닝 3가지를 제시합니다.

02 Listening 실력 업그레이드

① 끊어듣기 & 쉐도잉

분명히 내용을 다 이해한 것 같았는데 나중에 해석이랑 비교해보니 내용이 달랐다? 리스닝은 눈 앞에 지문을 보면서 해석하는 영역이 아니라, 빠르게 지나가는 단어들을 한 번에 듣고 이해해야 하는 영역입니다. 우리는 들을 때, 자신에게 잘 들리는 단어들, 즉 쉬운 단어들 위주로만 내용을 듣고 이해하게 됩니다. 이렇게 되면, 실제 리스닝에서 알려준 내용과는 전혀 다른 내용으로 이해하게 됩니다. 끊어듣기 & 쉐도잉(shadowing) 트레이닝은 듣기 쉬운 단어만 뽑아 듣는 습관을 고치는 연습으로, 우선 음원을 문장별로 끊어 들어보고 쉐도잉, 즉 따라 말해보는 것입니다.

끊어듣기 & 쉐도잉 트레이닝을 하면서 어려운 단어일지라도 영어 듣기에 익숙해질 수 있도록, 꼼꼼하게 듣고 이해하는 연습을 해야 합니다. 이 트레이닝은 매일 꾸준히 하는 것이 중요합니다. 따라서, 매일 달성할 목표 시간을 정해두는 것을 추천합니다. 예를 들어, 하루에 20분씩은 꼭 끊어듣기 & 쉐도잉에 투자를 하는 것입니다. 몇 문장을 완성하든 관계없이 하루 목표 시간을 정해두면, 성취감을 느끼며 오랜 기간동안 꾸준하게 트레이닝이 가능해집니다. 끊어듣기와 쉐도잉은 다음의 순서로 합니다.

Step 1	문장을 3~4단어씩 끊어 듣는다.
Step 2	문장을 보며 최대한 성우와 비슷하게 따라 읽는다.
Step 3	Step 1과 Step 2를 반복한다.
Step 4	성우와 동시에 문장을 읽는다.

▪ 끊어듣기 & 쉐도잉 연습

❶ Conversation(대화) 문장 MP3 Listening_01~05

01. I've got my plan for the semester all mapped out.

저는 이번 학기 계획을 제대로 세웠습니다.

발음 체크 포인트	got my plan – t 묵음 / se**me**ster – 강세
단어 정리	map out 계획하다

02. I need to collect the trip fee from you now so that we can make sure that you're properly enrolled in the program.

지금 당신에게서 여행비를 걷어야 하는데, 그래야 당신이 프로그램에 제대로 등록되도록 우리가 할 수 있거든요.

발음 체크 포인트	from you now – 연음 / properly – rly 발음
단어 정리	make sure 확실하게 하다

03. The reference section is a restricted area, meaning that only those who have access can go in and view the materials.

참고 도서 구역은 제한된 곳인데, 즉 권한이 있는 사람만 들어가서 자료를 열람할 수 있습니다.

발음 체크 포인트	restricted – 강세 / have access – 연음 / materials – 강세
단어 정리	restricted 제한된 / have access 권한이 있다

04. Remember to thoroughly compare and contrast the two different perspectives found in the readings covered in the previous class.

지난 시간에 다룬 글에서 나왔던 다른 두 관점을 철저히 비교와 대조 해야함을 기억하세요.

발음 체크 포인트	thoroughly – th 발음 / perspectives – 강세 / covered in – 연음
단어 정리	thoroughly 철저히 / cover (수업에) 나오다

05. The professor in charge of your class will need to find a whole new version of the assignment because we never administer the same coursework more than once.

담당 교수님이 완전히 새로운 버전의 과제를 찾아야 할 것인데 왜냐하면 우리는 같은 과제를 두 번 이상 주지 않거든요.

발음 체크 포인트	in charge of – 연음 / administer – d 묵음
단어 정리	in charge of ~를 담당하는 / administer 주다

❷ Lecture(강의) 문장 MP3 Listening_06~10

01. Pillow lava has a high viscosity, so it's slow moving, but the outer layer solidifies rapidly.

베개용암은 점성이 강해서, 천천히 움직이지만, 바깥쪽 층은 빠르게 굳습니다.

발음 체크 포인트	has a – 연음 / viscosity – 강세 / solidify – 강세 / rapidly – d 묵음
단어 정리	viscosity 점성 / solidify 굳어지다 / rapidly 빠르게

02. Introduced species eventually take over and end up replacing native plants that can't compete with them.

결국에 수입종은 그들과 경쟁할 수 없는 자연종의 자리를 뺏으며 대체하게 됩니다.

발음 체크 포인트	take over – 연음 / can't – 강세 / compete with – 연음
단어 정리	introduced species 수입종 / take over 대체하다 / native plants 자연종

03. In an environment that is so inhospitable, Arctic ground squirrels have successfully adapted themselves with several features.

북극 다람쥐는 몇 가지 특징을 통해 기후 조건이 좋지 않은 환경에 성공적으로 적응했습니다.

발음 체크 포인트	in an environment – 연음 / inhospitable - 강세
단어 정리	inhospitable (기후 조건이) 살기에 좋지 않은

04. Certain species develop their own color patterns that act as visual warnings to other species, particularly predators, to stay away.

특정 종들은 특히 포식자들에게 떨어져 있으라는 시각적 경고의 역할을 하는 자신들만의 패턴을 만들어 냅니다.

발음 체크 포인트	act as – 연음 / particularly – 강세
단어 정리	stay away 떨어져 있다

05. There is a hazy band of light found in the night sky that cannot be individually identified by the naked eye, and this is the Milky Way.

밤하늘에는 육안에 의해 개별적으로 확인되지 않는 흐릿한 빛의 띠가 있는데, 이것이 은하수입니다.

발음 체크 포인트	there is a – 연음 / individually - 강세 / identified - 강세
단어 정리	hazy 흐릿한 / naked eye 육안

② 키워드 파악

자신이 생각한 문장 속 키워드(keywords)가 잘못되었으면, 잘못 선택한 키워드 중심으로 문장을 듣고 잘못된 해석을 할 수 있습니다. 이는 영어 리스닝을 조금은 할 줄 아는 초중급 학습자들이 처음에 가장 많이 하는 실수입니다. 분명 내용은 다 잘 이해한 것 같았는데 문제를 풀려고 보니 내가 들은 내용이 없는 경우도 같은 이유입니다. 자의적으로 선택한 단어들 위주로만 문장을 해석하다 보면 그 문장의 진짜 핵심 내용을 골라내지 못하는 상황이 옵니다.

그렇다면 문장 속 가장 중요한 역할을 하는 키워드는 어떤 것일까요? 일반적으로 명사와 동사가 가장 중요한 역할을 하게 됩니다. 형용사, 부사는 문장의 부가적인 의미를 더해주는 역할을 합니다. 처음 문장 속 핵심 내용을 골라내는 연습을 할 때에는 동사와 명사 위주로 골라봅니다. 그 후 의미를 더해주는 형용사와 부사 위주로 내용을 추가 이해합니다.

LISTENING

▪ 키워드 파악 연습

다음 문장에서 의미 전달에 있어서 가장 중요한 역할을 하는 키워드들을 골라보세요.

❶ Conversation(대화) 문장 MP3 Listening_01~05

01. I've got my plan for the semester all mapped out.
저는 이번 학기 계획을 제대로 세웠습니다.

키워드			

02. I need to collect the trip fee from you now so that we can make sure that you're properly enrolled in the program.
지금 당신에게서 여행비를 걷어야 하는데, 그래야 당신이 프로그램에 제대로 등록되도록 우리가 할 수 있거든요.

키워드				

03. The reference section is a restricted area, meaning that only those who have access can go in and view the materials.
참고 도서 구역은 제한된 곳인데, 즉 권한이 있는 사람만 들어가서 자료를 열람할 수 있습니다.

키워드					

04. Remember to thoroughly compare and contrast the two different perspectives found in the readings covered in the previous class.
지난 시간에 다룬 글에서 나왔던 다른 두 관점을 철저히 비교와 대조 해야함을 기억하세요.

키워드			

05. The professor in charge of your class will need to find a whole new version of the assignment because we never administer the same coursework more than once.
담당 교수님이 완전히 새로운 버전의 과제를 찾아야 할 것인데 왜냐하면 우리는 같은 과제를 두 번 이상 주지 않거든요.

키워드			

Answer

01. got, plan, semester 02. collect, trip fee, make sure, enrolled 03. reference, restricted, access, view, materials 04. compare, two perspectives, readings 05. professor, find, new assignment

❷ Lecture(강의) 문장 MP3 Listening_06~10

01. Pillow lava has a high viscosity, so it's slow moving, but the outer layer solidifies rapidly.
베개용암은 점성이 강해서, 천천히 움직이지만, 바깥쪽 층은 빠르게 굳습니다.

키워드					

02. Introduced species eventually take over and end up replacing native plants that can't compete with them.
결국에 수입종은 그들과 경쟁할 수 없는 자연종의 자리를 뺏으며 대체하게 됩니다.

키워드				

03. In an environment that is so inhospitable, Arctic ground squirrels have successfully adapted themselves with several features.
북극 다람쥐는 몇 가지 특징을 통해 기후 조건이 좋지 않은 환경에 성공적으로 적응했습니다.

키워드			

04. Certain species develop their own color patterns that act as visual warnings to other species, particularly predators, to stay away.
특정 종들은 특히 포식자들에게 떨어져 있으라는 시각적 경고의 역할을 하는 자신들만의 패턴을 만들어 냅니다.

키워드					

05. There is a hazy band of light found in the night sky that cannot be individually identified by the naked eye, and this is the Milky Way.
밤하늘에는 육안에 의해 개별적으로 확인되지 않는 흐릿한 빛의 띠가 있는데, 이것이 은하수입니다.

키워드				

Answer

01. Pillow lava, viscosity, slow moving, outer layer, solidify 02. Introduced species, replace, native plants, can't compete 03. Arctic squirrels, adapted, features 04. species, develop, pattern, visual warning, predators 05. light, cannot be identified, naked eye, Milky Way

③ 노트테이킹

토플 리스닝은 문제를 미리 볼 수 없기에 노트테이킹의 역할이 상당히 중요합니다. 노트테이킹(note-taking)이란, 중요한 정보를 필기해두는 것을 의미합니다. 문제 포인트를 숙지한 후 문제가 나올 부분 위주로 필기해야 합니다. 단어를 축약하여 필기하는 것도 필기 시간을 단축하는데 도움이 됩니다. 아래의 노트테이킹 샘플을 통해 기본적인 축약 형태를 연습합니다.

■ 노트테이킹 연습

❶ Conversation 1 MP3 Listening_11

Student: Professor Jenkins? Can you spare me a few minutes?

Professor: Oh, hi Melanie. Yes. Come on in.

Student: Umm… I have this problem I need to talk to you about. Well… It's about my major. I am not sure which one is the best choice for me.

Professor: Oh, really? Tell me what's on your mind.

Student: You know, I've always wanted to study business. But it's not easy for me to switch from history to something completely different. So I was wondering if you could give me a few pointers.

Professor: Oh, yes. If that's the case, why don't you do a double major? That way, you'd be able to study both fields.

Student: I'm not sure. I don't think I would have the time to manage both. I also have a part-time job.

학생: 젠킨스 교수님? 잠시 시간 되세요?

교수: 오, 안녕하세요, 멜라니. 네. 들어와요.

학생: 흠… 교수님과 얘기해야 할 문제가 있어요. 저… 제 전공과 관련된 거예요. 저에게 가장 좋은 선택이 무엇인지 잘 모르겠어요.

교수: 오, 정말요? 마음 속에 있는 것을 말해봐요.

학생: 저는 항상 경영학을 공부하고 싶었어요. 하지만 역사학에서 완전히 다른 전공으로 바꾸는 것이 쉽지가 않네요. 그래서 교수님께서 제게 몇 가지 조언을 좀 주실 수 있지 않을까 했어요.

교수: 오, 네. 그런 상황이라면, 복수전공은 어떨까요? 그러면 두 분야를 다 공부할 수 있죠.

학생: 그건 잘 모르겠어요. 두 분야를 다 감당할 시간이 없을 것 같아요. 그리고 저는 아르바이트도 있어요.

[노트테이킹 샘플]

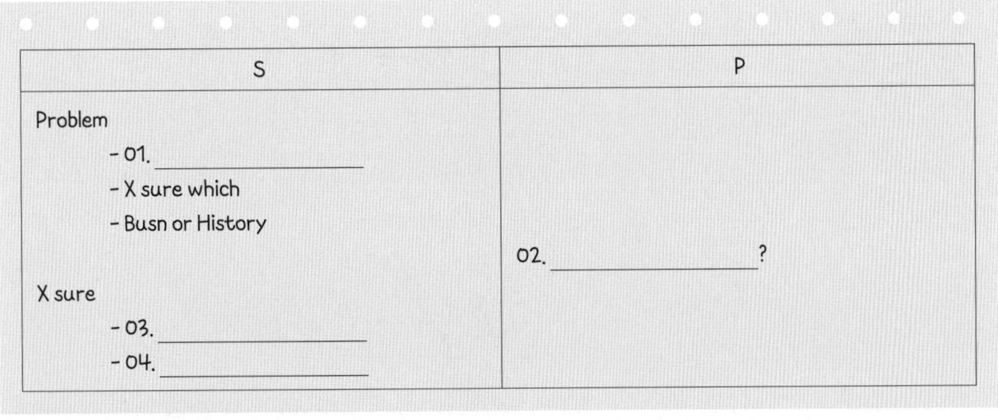

S	P
Problem - 01. ________ - X sure which - Busn or History X sure - 03. ________ - 04. ________	02. ________?

Answer 01. major 02. double major 03. X time 04. part-time

❷ Conversation 2 MP3 Listening_12

Employee: Hi, how can I help you today?

Student: Oh hi. I need to find a book for my biology class, Biology 103. It's not like it's sold out, is it?

Employee: Umm... I'll have to check, but why are you looking for that book now? Most freshmen buy that book on the first week of the semester. Isn't it a bit late?

Student: Yes, I know. And I actually bought it on the first day of the semester. But, I've recently lost my book. I don't even know when I lost it. Anyway, I need to replace it.

Employee: Okay, let me check... Umm... it looks like the book is sold out at our bookstore. Let me see if there are any other options for you.

Student: Please!

Employee: So, basically you have two choices at this point. First, you can ask the professor in charge of your class to order more textbooks. The second is to check online if they sell any used books. I'm not sure which option will give you the best answer. But it's worth a try!

직원: 안녕하세요. 무엇을 도와드릴까요?

학생: 안녕하세요. 생물학 103 수업을 위해 책 한 권을 찾아야 해요. 품절된 거 아니죠?

직원: 흠… 확인 해봐야해요. 하지만 왜 이제야 책을 찾는 거죠? 대부분의 신입생들은 그 책을 학기 첫 주에 사요. 좀 늦은 거 아닌가요?

학생: 네, 알아요. 그리고 사실은 저도 학기 첫 날에 구매했어요. 하지만 최근에 책을 잃어버렸어요. 언제 잃어버린 지도 모르겠어요. 하여튼 새로 책을 구매해야 해요.

직원: 알겠어요. 제가 찾아볼게요. 흠… 저희 서점에서는 그 책이 품절된 것 같군요. 다른 옵션이 있는지 확인해볼게요.

학생: 부탁드려요!

직원: 자, 지금 상태로는 2개의 옵션이 있어요. 첫 번째는 담당 교수님께 교과서를 더 주문할 건지 물어보세요. 두 번째 옵션은 중고책이 있는지 온라인에 체크해보세요. 저는 어떤 옵션이 당신에게 최선의 답을 줄지는 모르겠어요. 하지만 시도해볼 가치는 있죠!

[노트테이킹 샘플]

S	E
Find book - 01. ________ → 02. ________	2 choices - 03. ________ - 04. ________

Answer 01. lost book 02. replace 03. ask professor 04. check online

❸ Lecture 1 MP3 Listening_13

Professor: In the last class, we talked about the various problems companies can experience. But today, I want to shift our focus a little to the tricks to overcoming those problems. It's important that businesses have a plan ready to deal with a crisis in advance. This is because when running a business, there will always be things that can put the business at risk. So, the main benefit of having a crisis management plan is that the company can minimize its financial losses. Another advantage is that it doesn't have to waste any time. And, of course, the company can always stay on the right track even in emergency situations.

교수: 지난 수업에서, 우리는 회사들이 경험할 수 있는 다양한 문제들에 대해서 이야기했습니다. 하지만 오늘은, 주제를 살짝 바꿔서 그 문제들을 극복하는 방법들을 보겠습니다. 회사들이 위기를 다룰 계획을 사전에 준비해 두는 것이 중요합니다. 왜냐하면 회사를 운영할 때는 항상 위험에 처하게 만들 수 있는 요소들이 있기 때문입니다. 그래서 위기 관리 계획이 있는 것의 주요 장점은 회사가 재정적 손실을 최소화할 수 있는 것입니다. 또 다른 장점은 시간 낭비를 할 필요가 전혀 없다는 것입니다. 그리고, 당연히, 회사는 긴급 상황에서도 항상 올바른 궤도에 머물 수 있습니다.

[노트테이킹 샘플]

P

Tricks 01. ________________

*plan ready 02. ________________

+) ↓ financial loss

03. ________________

04. ________________

리스닝 특강 04
제니쌤의 친절한
리스닝 해석 꿀팁

Answer 01. overcome problems 02. in advance 03. X waste time 04. stay right track

❹ Lecture 2 MP3 Listening_14

Professor: Animals have their own unique techniques to avoid predators. And one interesting technique that many animals use is camouflage. This is the use of any combination of coloration, materials or illumination when animals have to conceal themselves. Let me give you an example. Are you familiar with the mimic octopus and the way it disguises itself? Actually, it is quite good at hiding itself using color changes. Its natural color is brown like the sand. However, when a predator approaches, it can change its color to something completely different in a matter of seconds. This is pretty amazing. So, the mimic octopus is able to change color when it needs to.

교수: 동물들은 포식자들을 피하기 위한 자신만의 독특한 기술들을 가지고 있습니다. 그리고 많은 동물들이 사용하는 흥미로운 기법 하나는 위장술입니다. 이것은 동물들이 자신을 숨겨야 할 때 색, 물질, 빛 중 무엇이든 조합하여 사용하는 것입니다. 한 가지 예시를 보겠습니다. 여러분은 흉내 문어가 자신을 위장하는 방법을 알고 계십니까? 사실, 이 문어는 색을 변화하여 자신을 숨기는 것을 정말 잘합니다. 문어의 자연색은 모래와 같은 갈색입니다. 하지만 포식자가 다가올 때 문어는 몇 초 만에 완전히 다른 색으로 변할 수 있습니다. 대단하죠. 그래서 이 흉내 문어는 필요할 때 색을 바꿀 수 있습니다.

[노트테이킹 샘플]

P
Camouflage Ex) 01. ______ - predator approach 02. ______ → 03. ______

Answer 01. mimic octopus 02. change color 03. change color when need

03 Listening 문제 유형 공략

❶ Topic & Purpose (주제와 목적)

Topic 문제는 모든 지문의 첫 번째 문제로 출제됩니다. 대화문에서는 보통 학생이 교수나 직원을 찾아간 목적이 무엇인지를 질문합니다. 강의에서는 오늘 강의의 주제가 무엇인지에 대해 질문합니다.

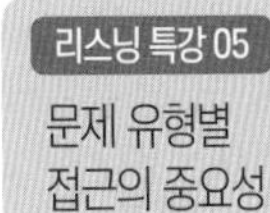

리스닝 특강 05
문제 유형별
접근의 중요성

문제 패턴

• Conversation

Why does the student go to see the professor?
학생이 교수를 찾아간 이유는 무엇인가?

Why is the man talking to the woman?
남자가 여자에게 말을 건 이유는 무엇인가?

What are the speakers mainly discussing?
대화의 주제는 무엇인가?

• Lecture

What is the lecture mainly about?
강의는 주로 무엇에 대한 것인가?

What is the main topic of the lecture?
강의의 주제는 무엇인가?

풀이 전략

TIP1: 답의 근거는 도입부에 있습니다. 간혹, 전반적인 내용을 듣고 푸는 목적/주제 질문도 있습니다.
TIP2: 노트테이킹은 꼭 해야 합니다. 도입부에 언급되었던 정보이기에 지문이 끝날 때쯤 기억이 나지 않을 수 있습니다.

샘플 문제 MP3 Listening_15

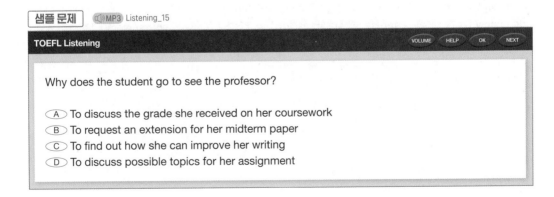

TOEFL Listening — VOLUME HELP OK NEXT

Why does the student go to see the professor?

(A) To discuss the grade she received on her coursework
(B) To request an extension for her midterm paper
(C) To find out how she can improve her writing
(D) To discuss possible topics for her assignment

[정답 A]

학생이 I was hoping(~을 바라고 있었다)이라는 표현을 사용하며 목적은 중간 과제 논의(discuss midterm paper)라는 것을 알려줍니다. 학생은 low score(낮은 점수)를 보고 shocked(놀랐다)라는 정보를 추가설명합니다.

(정답 A) midterm paper가 coursework 로 패러프레이징(paraphrasing)되어 있는 것을 확인할 수 있습니다.
(오답 B) midterm paper라는 단어가 보이지만, extension (기한 연장)에 대한 내용은 언급되지 않습니다.
(오답 C) 교수는 학생이 글쓰기 실력이 이미 훌륭하다고 말하고 있고, 학생 역시 글쓰기 실력을 향상시키는 방안을 묻지 않고 있으므로 오답입니다.
(오답D) discuss, assignment 단어들이 보이지만, topic에 대한 내용은 언급되지 않습니다.

Student: Good afternoon, Professor Harris. I was hoping we could discuss my midterm paper.	학생: 안녕하세요, 해리스 교수님. 교수님과 중간 과제물에 대해 이야기해볼 수 있기를 바라고 있었습니다.
Professor: Sure, Alexa. Take a seat. Let me guess... were you surprised by your grade?	교수: 좋아요, 알렉사. 앉으세요. 어디 한 번 맞춰볼게요… 점수 때문에 놀랐나요?
Student: I worked really hard on this paper, and I was pretty confident that I'd get a high grade. So, yeah, I'm a little shocked. I've never received such a low score on an assignment.	학생: 저는 이번 과제물에 대해 정말로 열심히 노력했고, 높은 점수를 받을 거라고 꽤 확신했습니다. 그래서, 네, 조금 충격 받았습니다. 과제물에 대해 그렇게 낮은 점수를 받은 적이 한 번도 없었습니다.
Professor: Well, I can tell you that I was impressed with your writing style. Umm... you don't have to worry about anything in that area. However, your content didn't adequately address the topic that I had assigned.	교수: 저, 글을 쓰는 방식에 깊은 인상을 받았다는 말은 해줄 수 있어요. 음… 그 부분에 있어서는 어떤 것도 걱정할 필요가 없습니다. 하지만, 작성한 내용이 제가 부여한 주제를 적절히 다루지 못했어요.

학생은 왜 교수를 만나러 갔는가?

Ⓐ **자신이 수업 활동에 대해 받은 점수를 이야기하기 위해**
Ⓑ 중간 과제물에 대한 기한 연장을 요청하기 위해
Ⓒ 자신의 글쓰기를 어떻게 개선할 수 있는지 알아보기 위해
Ⓓ 과제물 주제로 가능한 것들을 이야기하기 위해

[어휘]

discuss ~을 이야기하다, 논의하다 **midterm** 학기 중간의 **paper** 과제물(= **assignment**) **grade** 점수, 학점, 등급 **be confident that** ~임을 확신하다 **receive** ~을 받다 **be impressed with** ~에 대해 깊은 인상을 받다 **content** 내용(물) **adequately** 적절히, 충분히 **address** ~을 다루다 **assign** ~을 부여하다, 할당하다 **coursework** (과제 등의) 수업 활동 **extension** 기한 연장 **improve** ~을 개선하다

■ 연습 문제

음원을 먼저 들은 다음, 문제를 읽고 푸세요.

❶ Practice 1 MP3 Listening_16

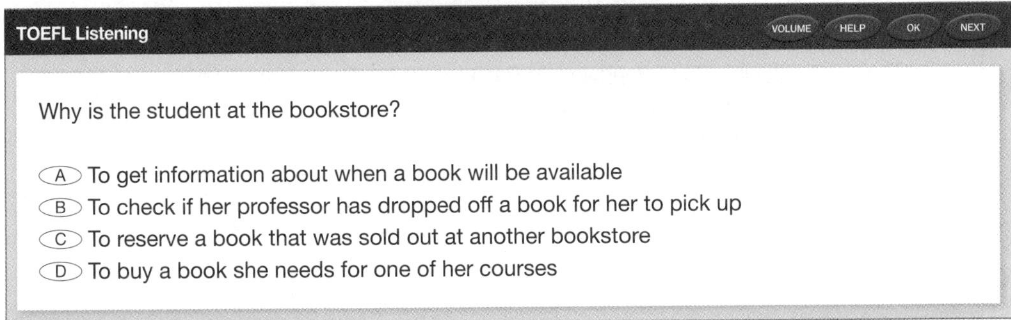

Why is the student at the bookstore?

(A) To get information about when a book will be available
(B) To check if her professor has dropped off a book for her to pick up
(C) To reserve a book that was sold out at another bookstore
(D) To buy a book she needs for one of her courses

❷ Practice 2 MP3 Listening_17

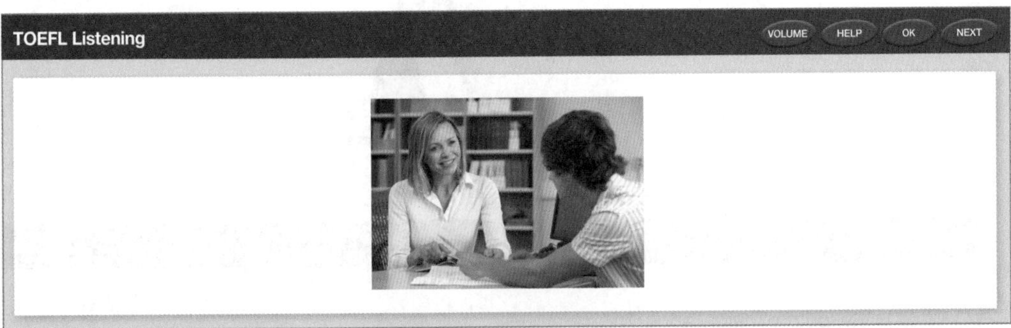

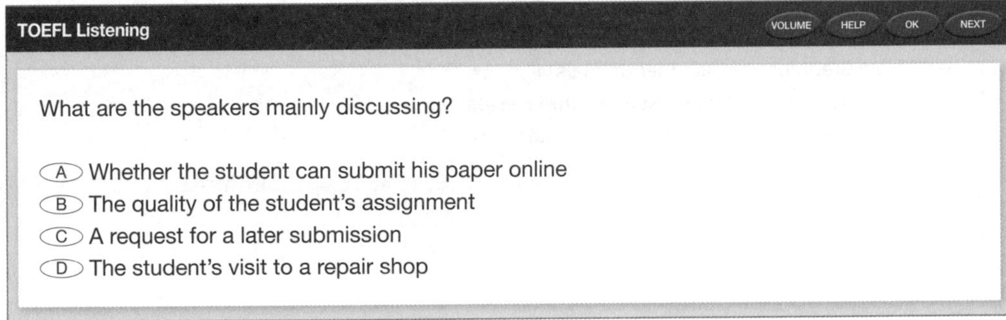

What are the speakers mainly discussing?

(A) Whether the student can submit his paper online
(B) The quality of the student's assignment
(C) A request for a later submission
(D) The student's visit to a repair shop

❸ Practice 3 MP3 Listening_18

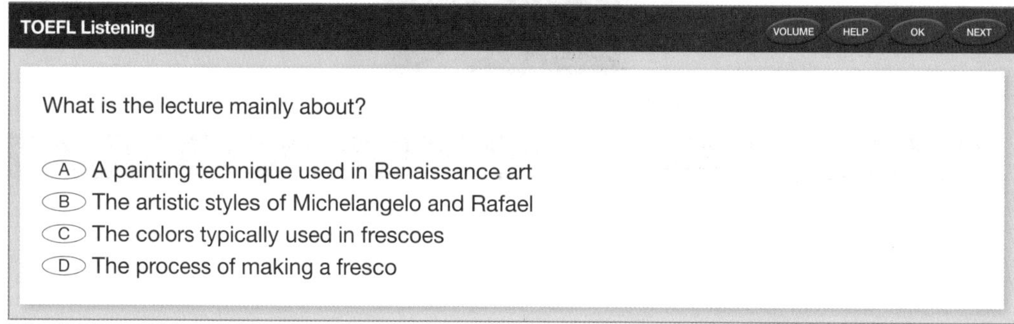

What is the lecture mainly about?

Ⓐ A painting technique used in Renaissance art
Ⓑ The artistic styles of Michelangelo and Rafael
Ⓒ The colors typically used in frescoes
Ⓓ The process of making a fresco

❹ Practice 4 MP3 Listening_19

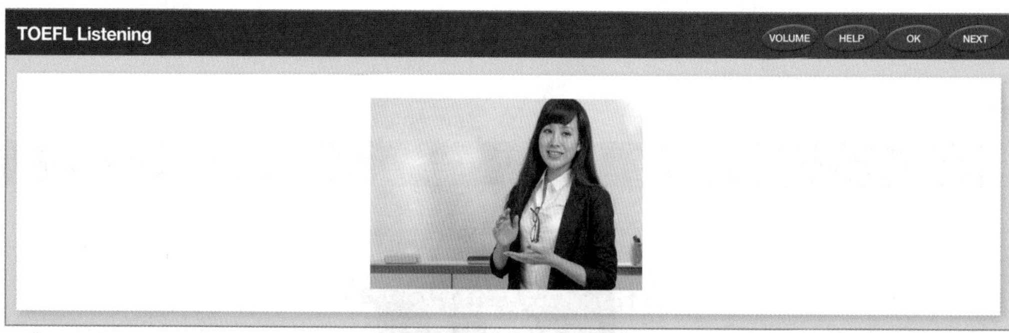

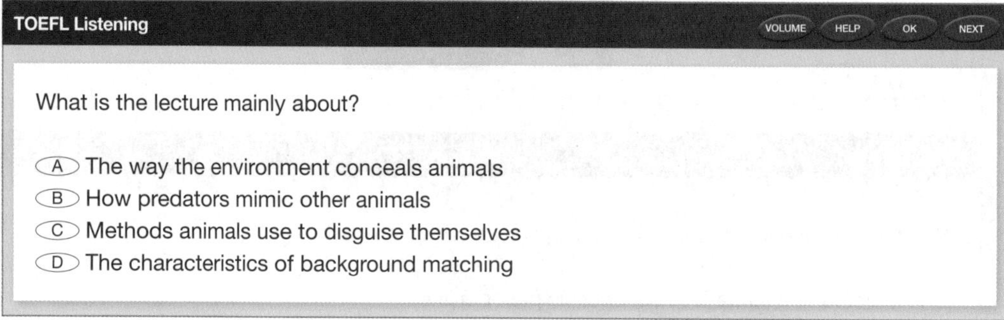

What is the lecture mainly about?

Ⓐ The way the environment conceals animals
Ⓑ How predators mimic other animals
Ⓒ Methods animals use to disguise themselves
Ⓓ The characteristics of background matching

❷ Detail (세부 사항)

Detail 유형은 가장 많이 출제되는 유형으로 한 지문당 1~2개 정도 나옵니다. 대화에서는 이유와 결과, 질문과 대답, 문제와 해결책을 주로 질문합니다. 강의에서는 원인과 결과, 장단점, 특징과 같은 주요 세부 사항을 묻습니다.

LISTENING

문제 패턴

- Conversation

  According to the advisor, what can the student do to ~?
  직원의 말에 의하면, 학생이 할 수 있는 것은 무엇인가?

  What is the main reason for ~?
  ~의 가장 큰 이유는 무엇인가?

- Lecture

  According to the professor, why does ~?
  교수의 말에 의하면, ~의 이유는 무엇인가?

  What are the characteristics of ~?
  ~의 특징은 무엇인가?

풀이 전략

TIP1: 날짜, 장소와 같이 너무 사소한 정보는 묻지 않습니다. 중요한 핵심 정보에만 집중하면 됩니다.
TIP2: 정답은 내용을 꼬아내지 않습니다. 단, 단어는 패러프레이징(paraphrasing), 즉, 다른 단어로 바뀌어 표현된다는 것에 유의합니다.

샘플 문제 MP3 Listening_20

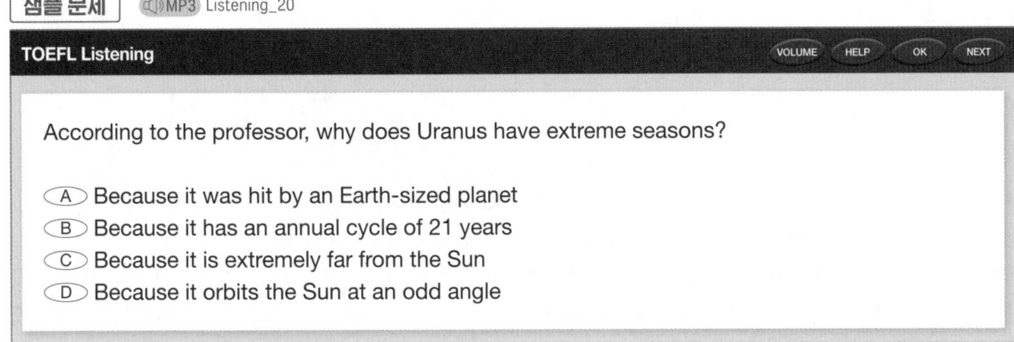

TOEFL Listening
VOLUME
HELP
OK
NEXT
According to the professor, why does Uranus have extreme seasons?
A Because it was hit by an Earth-sized planet
B Because it has an annual cycle of 21 years
C Because it is extremely far from the Sun
D Because it orbits the Sun at an odd angle

[정답 D]

Makes it unique라는 표현으로 Uranus의 orbital tilt가 강조됩니다. And because of this tilt라는 표현으로 그 궤도의 기울어짐이 원인, 뒤에 따라오는 정보 extreme seasons가 결과가 됩니다.

(오답 A) 언급되었던 내용이지만, 질문인 extreme seasons의 정확한 원인이 아니므로 오답입니다.
(오답 B) 자꾸 들렸을 21이라는 쉬운 숫자가 보이지만, 정답과는 관련이 없는 정보입니다.
(오답 C) 지문에서 언급이 전혀 되지 않았던 오답입니다.
(정답 D) extreme seasons의 원인을 찾아야 하므로 궤도의 기울어짐이 정확하게 표현되어 있는 orbit at an odd angle이 정답이 됩니다.

Professor: The distinct orbital tilt of Uranus makes it unique among the other planets in the solar system. **It rotates at a tilt of nearly 100 degrees, so its equator almost forms a right angle with its orbit. This means Uranus rotates on its side, rolling around the Sun like a ball. Umm... a collision long ago with an Earth-sized protoplanet probably knocked Uranus into its skewed tilt. Oh,** and because of this tilt, Uranus has extreme seasons. **For one half of the planet, the sun shines for 21 continuous years. Meanwhile, the other half endures a cold and bleak 21-year period of darkness.**	교수: 천왕성은 공전 궤도의 뚜렷한 기울어짐으로 인해 태양계의 다른 행성들 사이에서 독특한 존재입니다. 이 행성은 거의 100도에 가까운 기울기로 회전하기 때문에, 적도가 거의 공전 궤도와 직각을 형성합니다. 이는 천왕성이 옆면으로 회전해 마치 하나의 공처럼 태양 주변을 돌고 있음을 의미하는 것입니다. 음… 아마 오래 전에 있었던 지구만한 크기를 지닌 원시 행성과의 충돌이 천왕성을 편향된 기울기로 만들었을 겁니다. 아, 그리고 이 기울기 때문에, 천왕성에는 극한의 계절이 있습니다. 이 행성의 한쪽 절반에는, 태양이 21년 연속으로 비춥니다. 반면에, 나머지 절반은 춥고 스산한 21년 동안의 어둠을 견딥니다.

교수의 말에 따르면, 왜 천왕성에 극한의 계절이 있는가?
Ⓐ 지구만한 크기의 행성이 부딪혔기 때문에
Ⓑ 21년의 연간 주기가 있기 때문에
Ⓒ 태양으로부터 대단히 멀리 떨어져 있기 때문에
Ⓓ 특이한 각도로 태양을 공전하고 있기 때문에

[어휘]

distinct 뚜렷한 **orbital** (공전) 궤도의 **tilt** 기울기, 기울어짐 **unique** 독특한 , 특별한 **planet** 행성 **solar system** 태양계 **rotate** 회전하다 **nearly** 거의 **degree** (각도, 온도 등의) 도 **equator** 적도 **form** ~을 형성하다 **angle** 각도 **orbit** n. (공전) 궤도 v. ~의 궤도를 돌다, 공전하다 **roll around** ~ 주위를 돌다 **collision** 충돌 **protoplanet** 원시 행성 **knock A into B** A를 B의 상태로 만들다 **skewed** 편향된 **extreme** 극한의, 극도의 **continuous** 연속적인, 계속되는 **endure** ~을 견디다 **bleak** 스산한, 으스스한 **annual cycle** 연간 주기 **odd** 특이한, 이상한

■ 연습 문제

음원을 먼저 들은 다음, 문제를 읽고 푸세요.

❶ Practice 1 MP3 Listening_21

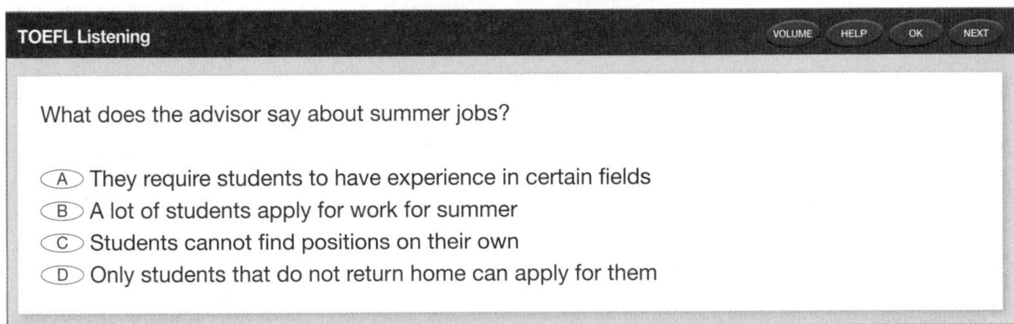

TOEFL Listening
VOLUME
HELP
OK
NEXT
What does the advisor say about summer jobs?
A They require students to have experience in certain fields
B A lot of students apply for work for summer
C Students cannot find positions on their own
D Only students that do not return home can apply for them

❷ Practice 2 MP3 Listening_22

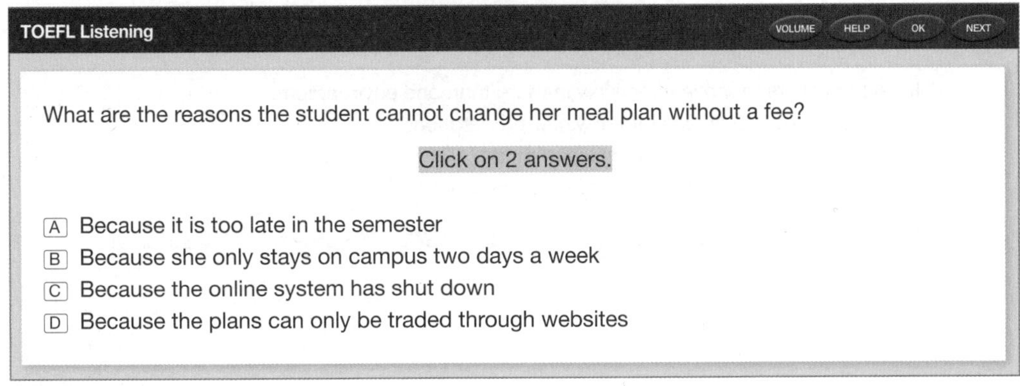

TOEFL Listening
VOLUME
HELP
OK
NEXT
What are the reasons the student cannot change her meal plan without a fee?
Click on 2 answers.
A Because it is too late in the semester
B Because she only stays on campus two days a week
C Because the online system has shut down
D Because the plans can only be traded through websites

❸ Practice 3 MP3 Listening_23

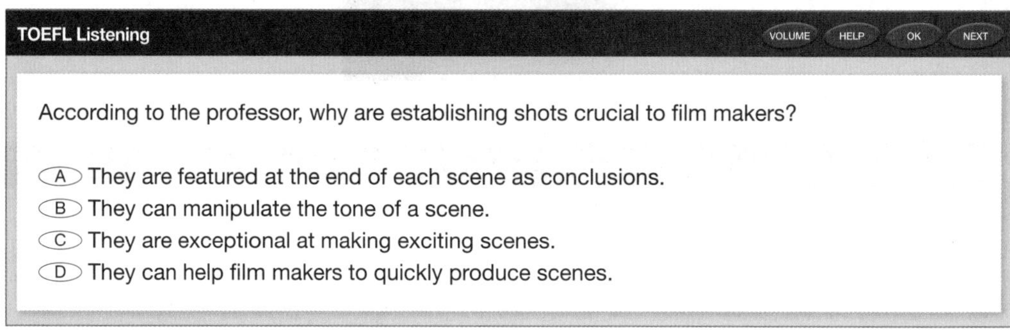

According to the professor, why are establishing shots crucial to film makers?

(A) They are featured at the end of each scene as conclusions.
(B) They can manipulate the tone of a scene.
(C) They are exceptional at making exciting scenes.
(D) They can help film makers to quickly produce scenes.

❹ Practice 4 MP3 Listening_24

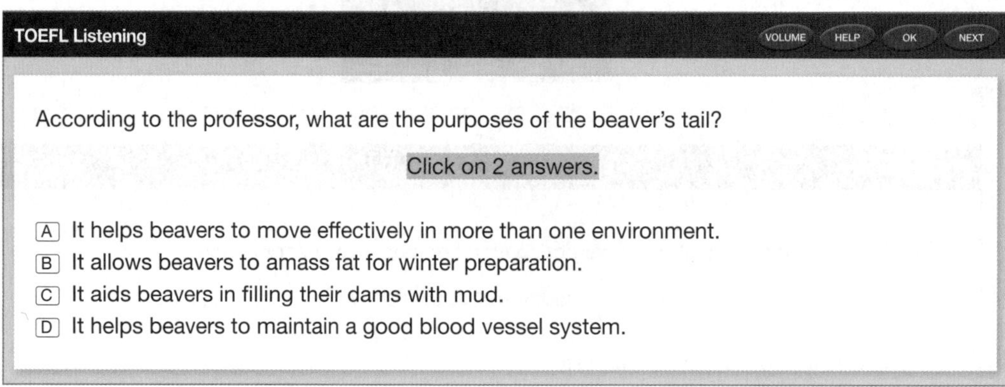

According to the professor, what are the purposes of the beaver's tail?

Click on 2 answers.

[A] It helps beavers to move effectively in more than one environment.
[B] It allows beavers to amass fat for winter preparation.
[C] It aids beavers in filling their dams with mud.
[D] It helps beavers to maintain a good blood vessel system.

③ Function (의도)

Function 문제는 한 지문당 1개 정도 출제됩니다. 지문의 일부분을 다시 들려주고, 그 중 한 문장을 선택해 또 다시 들려주는데, 마지막으로 다시 들려준 문장에서 화자의 숨은 의도를 묻습니다.

LISTENING

문제 패턴

- Conversation & Lecture

Listen again to part of the conversation. Then answer the question.
What does the student mean when she says this?

대화문의 한 부분을 다시 듣고 질문에 답하시오.
학생이 이렇게 말한 것은 무엇을 의미하는가?

Listen again to part of the lecture. Then answer the question.
Why does the professor say this?

강의의 한 부분을 다시 듣고 질문에 답하시오.
교수가 이렇게 말한 이유는 무엇인가?

풀이 전략

TIP1: 리스닝 영역인만큼 화자의 목소리 톤도 중요합니다. 확신, 걱정, 행복, 기대 등 톤으로 잘 파악해보는 연습을 합니다.
TIP2: 들리는 그대로 이해하는 것이 아니라, 화자의 말에 숨은 진짜 의미를 파악해야 합니다.

샘플 문제 MP3 Listening_25

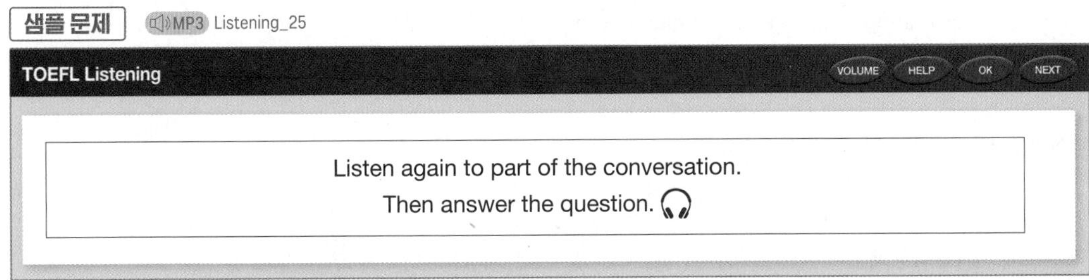
TOEFL Listening | VOLUME | HELP | OK | NEXT

Listen again to part of the conversation.
Then answer the question.

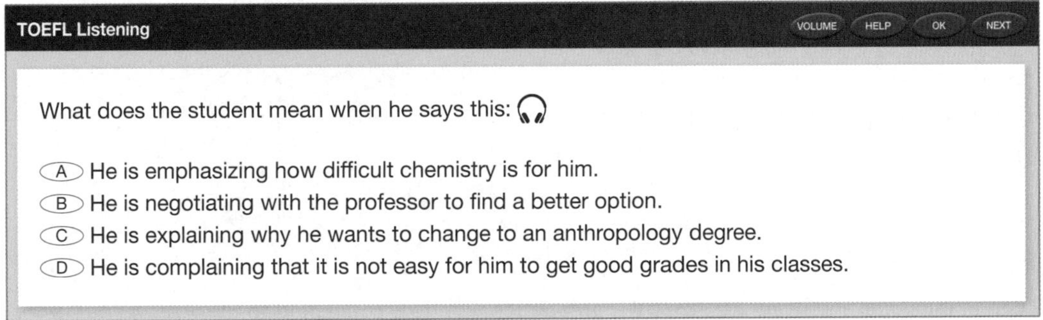
TOEFL Listening | VOLUME | HELP | OK | NEXT

What does the student mean when he says this:

Ⓐ He is emphasizing how difficult chemistry is for him.
Ⓑ He is negotiating with the professor to find a better option.
Ⓒ He is explaining why he wants to change to an anthropology degree.
Ⓓ He is complaining that it is not easy for him to get good grades in his classes.

[정답 C]

I had an idea 앞 뒤 흐름을 기억해야 합니다.

(오답 A) 다시 들려준 부분에 포함되어 있지 않은 정보로 오답입니다.
(오답 B) 협상하는 상황이 아니므로 negotiate 라는 단어로 오답임을 알 수 있습니다.
(정답 C) 앞서 언급된 교수의 질문에 대한 대답임을 고려했을 때, 학생이 인류학 학위로 바꾸고 싶은 이유가 idea의 숨은 의미가 됩니다.
(오답 D) 불평을 하는 상황이 아니므로 complain이라는 단어로 오답임을 알 수 있습니다.

Professor: Keep in mind, you're already in your second year of studies, so this might delay your graduation.	교수: 명심하세요, 벌써 2학년이기 때문에 이것이 졸업을 지연시킬 지도 모릅니다.
Student: I know. I just don't feel connected to anything I'm studying in my chemistry classes, though. Not to mention how difficult the material is...	학생: 알고 있습니다. 하지만 화학 수업 중에 제가 공부하는 어떤 것과도 연결되어 있다는 느낌이 그저 들지 않습니다. 수업 내용이 얼마나 어려운지는 말씀드릴 필요조차 없고요…
Professor: I understand that it's challenging, but your science credits won't transfer well if you change your major to anthropology. And, I have to ask... what are you planning to do with a degree in anthropology? It's not the safest bet.	교수: 어렵다는 것은 이해하지만, 전공을 인류학으로 변경한다면 과학 학점이 잘 인정되지 않을 겁니다. 그리고, 꼭 물어보고 싶은 것이 있는데… 인류학 학위로 무엇을 할 계획인가요? 그건 가장 안전한 방법이 아닙니다.
Student: Well, I had an idea. If I change to something I'm more passionate about, I would be able to get better grades.	학생: 그게, 제가 생각한 게 있습니다. 제가 더 열정을 느끼는 것으로 변경한다면, 더 나은 학점을 받을 수 있을 겁니다.

대화의 일부를 다시 들은 다음, 질문에 답하시오.
"교수: 하지만 전공을 인류학으로 변경한다면 과학 학점이 잘 인정되지 않을 겁니다. 그리고, 꼭 물어보고 싶은 것이 있는데… 인류학 학위로 무엇을 할 계획인가요? 그건 가장 안전한 방법이 아닙니다.
학생: 그게, 제가 생각한 게 있습니다. 제가 더 열정을 느끼는 것으로 변경한다면, 더 나은 학점을 받을 수 있을 겁니다."

학생이 다음과 같이 말할 때 무엇을 의미하는가? "제가 생각한 게 있습니다"
(A) 화학이 자신에게 얼마나 어려운지 강조하고 있다.
(B) 더 나은 선택권을 찾기 위해 교수와 협의하고 있다.
(C) 왜 인류학 학위로 변경하고 싶은지 설명하고 있다.
(D) 자신이 수업 중에 좋은 점수를 받는 게 쉽지 않다고 불평하고 있다.

[어휘]

keep in mind 명심하다 **delay** ~을 지연시키다 **graduation** 졸업 **feel connected to** ~와 연결되어 있는 기분이 들다 **chemistry** 화학 **though** (문장 끝이나 중간에서) 하지만 **not to mention A** A는 언급할 필요도 없이 **material** 내용 **challenging** 어려운, 힘든 **credit** 학점 **transfer** 이전되다, 옮겨지다 **major** 전공 **anthropology** 인류학 **degree** 학위 **safe bet** 안전한 것, 확실한 것 **passionate** 열정적인 **be able to do** ~할 수 있다 **grade** 점수, 등급 **emphasize** ~을 강조하다 **negotiate with** ~와 협의하다 **explain** ~을 설명하다 **complain that** ~라고 불평하다

■ 연습 문제

음원을 먼저 들은 다음, 문제를 읽고 푸세요.

LISTENING

❶ Practice 1 MP3 Listening_26

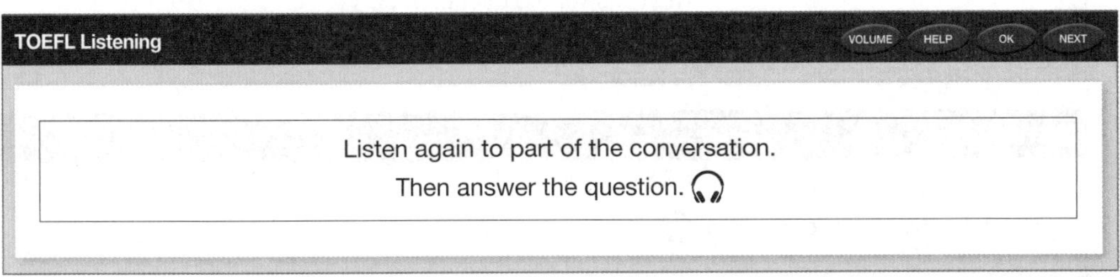
TOEFL Listening

Listen again to part of the conversation.
Then answer the question.

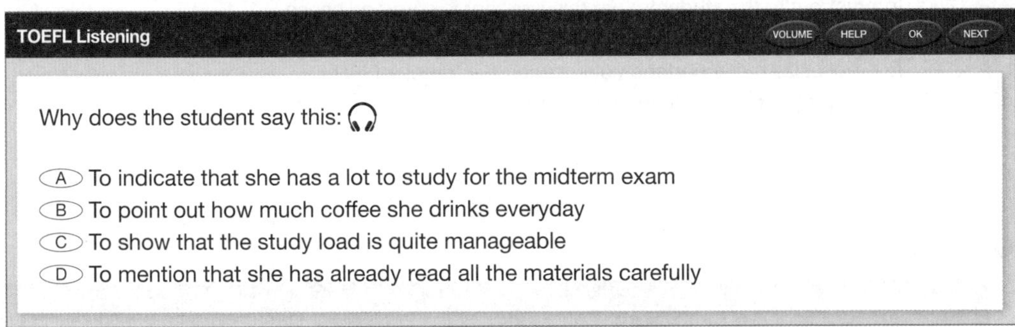
TOEFL Listening

Why does the student say this:

(A) To indicate that she has a lot to study for the midterm exam
(B) To point out how much coffee she drinks everyday
(C) To show that the study load is quite manageable
(D) To mention that she has already read all the materials carefully

❷ Practice 2 MP3 Listening_27

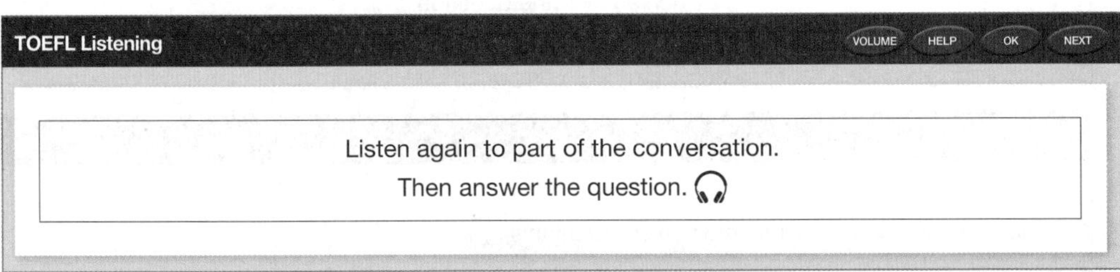
TOEFL Listening

Listen again to part of the conversation.
Then answer the question.

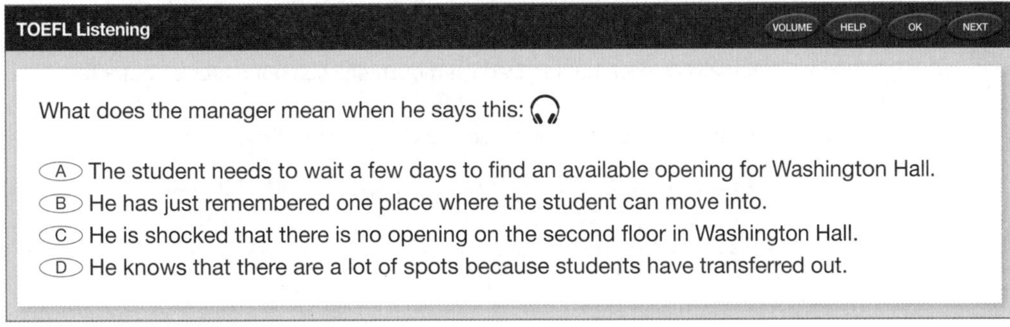
TOEFL Listening

What does the manager mean when he says this:

(A) The student needs to wait a few days to find an available opening for Washington Hall.
(B) He has just remembered one place where the student can move into.
(C) He is shocked that there is no opening on the second floor in Washington Hall.
(D) He knows that there are a lot of spots because students have transferred out.

❸ Practice 3 MP3 Listening_28

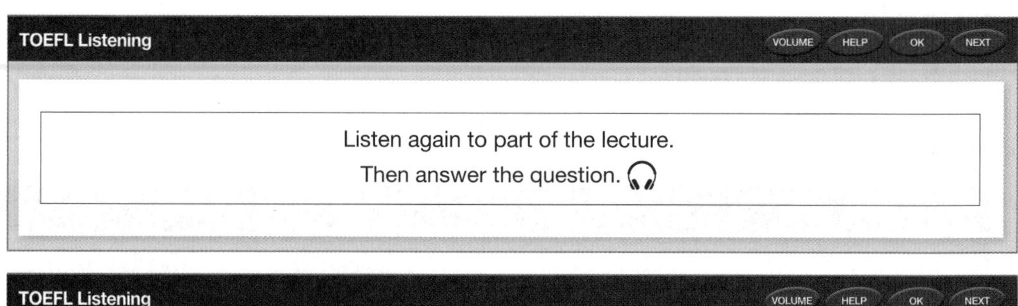

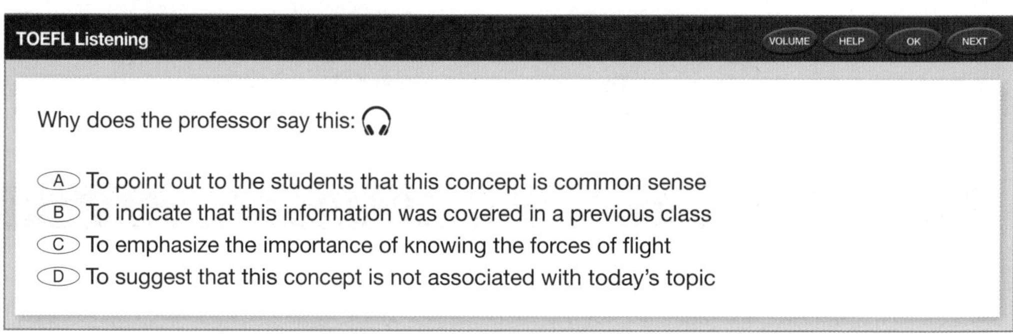

TOEFL Listening
VOLUME
HELP
OK
NEXT
Why does the professor say this:
(A) To point out to the students that this concept is common sense
(B) To indicate that this information was covered in a previous class
(C) To emphasize the importance of knowing the forces of flight
(D) To suggest that this concept is not associated with today's topic

❹ Practice 4 MP3 Listening_29

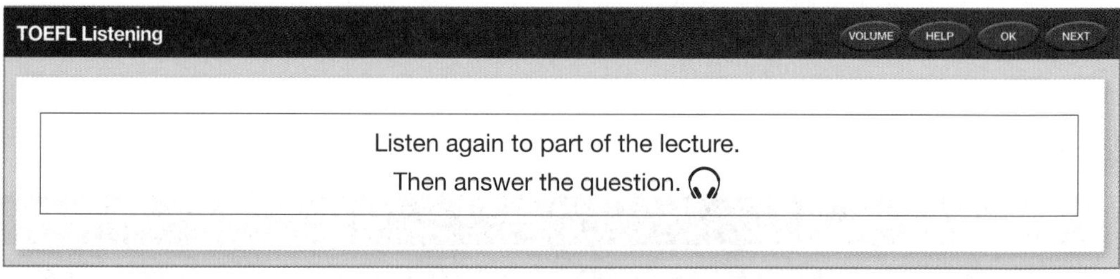

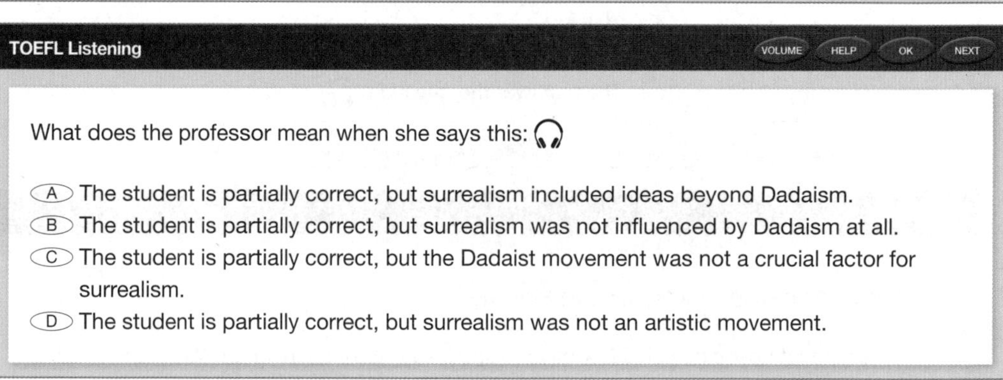

TOEFL Listening
VOLUME
HELP
OK
NEXT
What does the professor mean when she says this:
(A) The student is partially correct, but surrealism included ideas beyond Dadaism.
(B) The student is partially correct, but surrealism was not influenced by Dadaism at all.
(C) The student is partially correct, but the Dadaist movement was not a crucial factor for surrealism.
(D) The student is partially correct, but surrealism was not an artistic movement.

❹ Attitude (태도)

Attitude 문제 유형은 한 지문당 0~1개 정도 출제됩니다. 강의에서는 보통, 언급된 정보에 대한 교수의 의견이나 태도를 묻는 형태로 출제됩니다. 대화의 경우 특정한 키워드와 관련하여 학생의 의견/태도를 질문하기도 합니다.

LISTENING

문제 패턴

- Conversation

  What is the student's attitude towards ~?

  ~에 대한 학생의 태도는 무엇인가?

- Lecture

  What is the professor's attitude concerning ~?

  ~에 대한 교수의 태도는 무엇인가?

  What is the professor's opinion about ~?

  ~에 대한 교수의 의견은 무엇인가?

풀이 전략

TIP1: 다음과 같이 의견을 전달할 때 사용하는 표현이 나오면 집중합니다.

㈎ Personally, In my opinion…

TIP2: 태도를 묻는 경우에는 화자의 감정을 나타내는 단어들이 중요합니다. 그러므로 지문을 들을 때에도 화자의 감정을 같이 따라가줘야 합니다.

샘플 문제 MP3 Listening_30

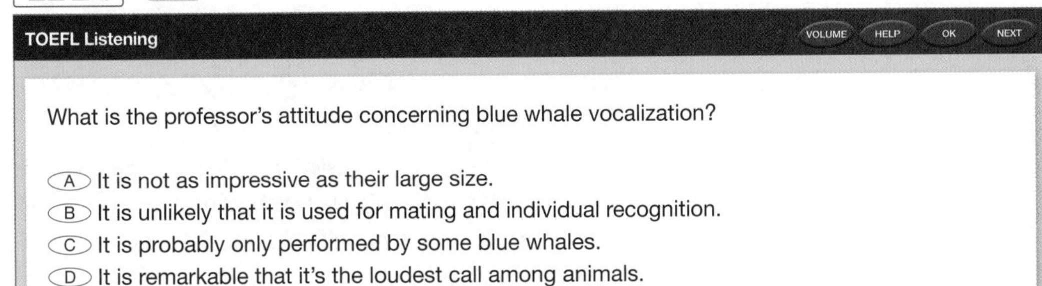
TOEFL Listening

What is the professor's attitude concerning blue whale vocalization?

(A) It is not as impressive as their large size.
(B) It is unlikely that it is used for mating and individual recognition.
(C) It is probably only performed by some blue whales.
(D) It is remarkable that it's the loudest call among animals.

[정답 D]

I have to emphasize that이라는 표현을 통해 교수가 개인적으로 강조하고 싶어하는 포인트를 확인할 수 있습니다.

(오답 A) 고래의 크기와 발성을 비교하지 않았기에 오답입니다.
(오답 B) 교수의 의견이 포함된 정보가 아니며 보기에 있는 정보도 틀린 정보입니다.
(오답 C) 지문에서 전혀 언급되지 않았던 정보이기 때문에 오답입니다.
(정답 D) loudest한 동물임과 amazing하다는 교수의 의견이 합쳐진 보기임을 확인할 수 있습니다.

Professor:	교수:
Now, everyone knows that blue whales are the largest animal to have ever lived on Earth. But, I have to emphasize that they are also the loudest animal on the Earth. Pretty amazing, right? Blue whale vocalization consists of different patterns and songs, and these low, sonorous groans and moans can be heard by other blue whales up to - it's estimated - 1,000 miles away. Can you imagine how loud that would be? That's quite a shout! While the purpose of the calls is still unknown, it's possible that they're for mating purposes or individual recognition. And to think, this remarkable species was nearly hunted to extinction.	자, 여러분 모두 대왕고래가 지금까지 지구상에서 살았던 가장 큰 동물이라는 사실을 알고 있습니다. 하지만, 저는 대왕고래가 또한 지구상에서 가장 시끄러운 동물이라는 점도 강조하고자 합니다. 꽤 놀랍죠? 대왕고래의 발성은 서로 다른 패턴과 노래로 구성되며, 이 낮고 낭랑한 울음소리와 애달픈 소리는 추정치로 최대 1,000마일까지 떨어진 다른 대왕고래가 들을 수 있습니다. 그 소리가 얼마나 시끄러울지 상상이 되시나요? 정말 대단한 외침입니다! 이 소리의 목적은 여전히 알려져 있지 않지만, 짝짓기 목적이거나 개별적인 인식을 위한 것일 가능성이 있습니다. 그리고 생각해보니, 이 놀라운 종은 사냥으로 거의 멸종되었습니다.

대왕고래의 발성에 관한 교수의 태도는 어떤가?
(A) 그 큰 규모만큼 인상적이지는 않다.
(B) 짝짓기와 개별적인 인식을 위해 활용되고 있을 가능성이 낮다.
(C) 아마 오직 몇몇 대왕고래에 의해서만 실행되고 있을 것이다.
(D) 동물들 사이에서 가장 큰 소리라는 점이 놀랄 만하다.

[어휘]

blue whale 대왕고래 **emphasize that** ~임을 강조하다 **vocalization** 발성 **consist of** ~로 구성되다 **sonorous** 낭랑한 **groan** 울음소리, 신음소리 **moan** 애달픈 소리, 신음소리 **up to** 최대 ~까지 **estimated** 추정된 **shout** 외침 **purpose** 목적 **mating** 짝짓기 **individual** 개별적인, 개인의 **recognition** 인식, 알아차림 **remarkable** 놀라운, 놀랄 만한 **species** (동물) 종 **extinction** 멸종 **impressive** 인상적인 **It is unlikely that** ~일 가능성이 낮다

■ 연습 문제

음원을 먼저 들은 다음, 문제를 읽고 푸세요.

❶ Practice 1 MP3 Listening_31

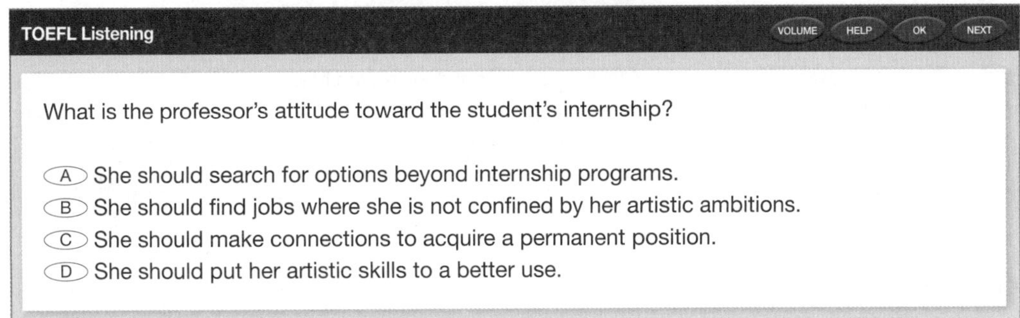

TOEFL Listening
VOLUME
HELP
OK
NEXT
What is the professor's attitude toward the student's internship?
A She should search for options beyond internship programs.
B She should find jobs where she is not confined by her artistic ambitions.
C She should make connections to acquire a permanent position.
D She should put her artistic skills to a better use.

❷ Practice 2 MP3 Listening_32

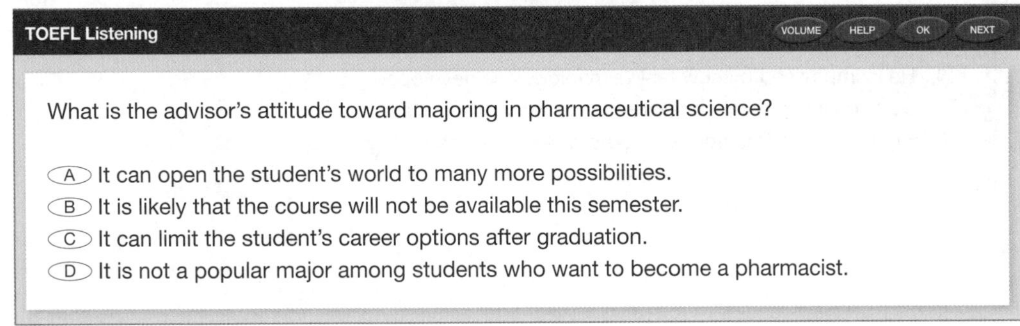

TOEFL Listening
VOLUME
HELP
OK
NEXT
What is the advisor's attitude toward majoring in pharmaceutical science?
A It can open the student's world to many more possibilities.
B It is likely that the course will not be available this semester.
C It can limit the student's career options after graduation.
D It is not a popular major among students who want to become a pharmacist.

❸ Practice 3 MP3 Listening_33

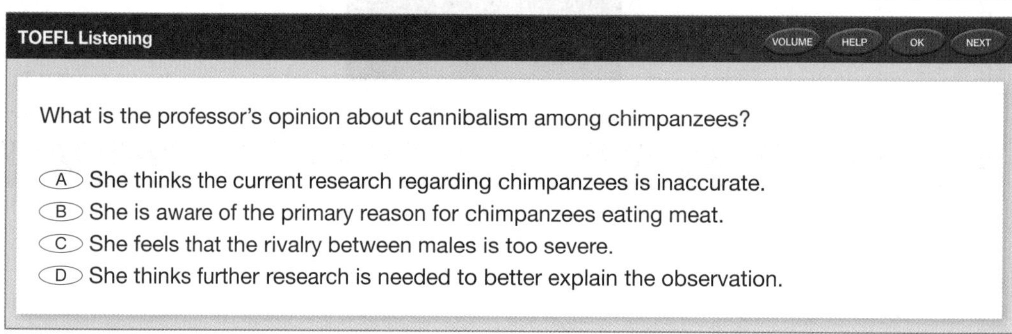
TOEFL Listening VOLUME HELP OK NEXT

What is the professor's opinion about cannibalism among chimpanzees?

Ⓐ She thinks the current research regarding chimpanzees is inaccurate.
Ⓑ She is aware of the primary reason for chimpanzees eating meat.
Ⓒ She feels that the rivalry between males is too severe.
Ⓓ She thinks further research is needed to better explain the observation.

❹ Practice 4 MP3 Listening_34

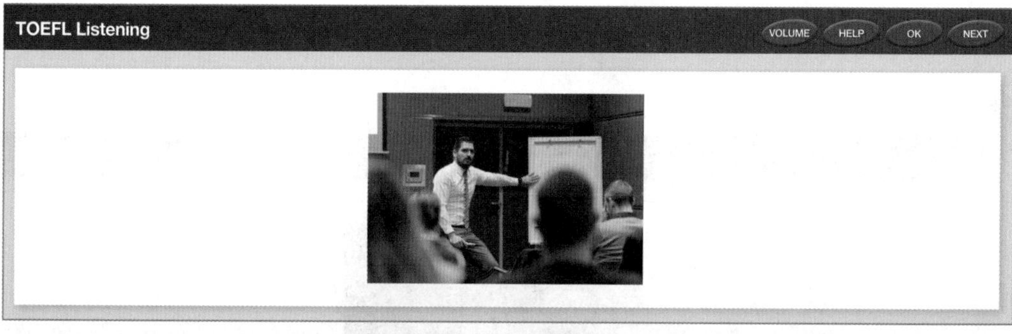

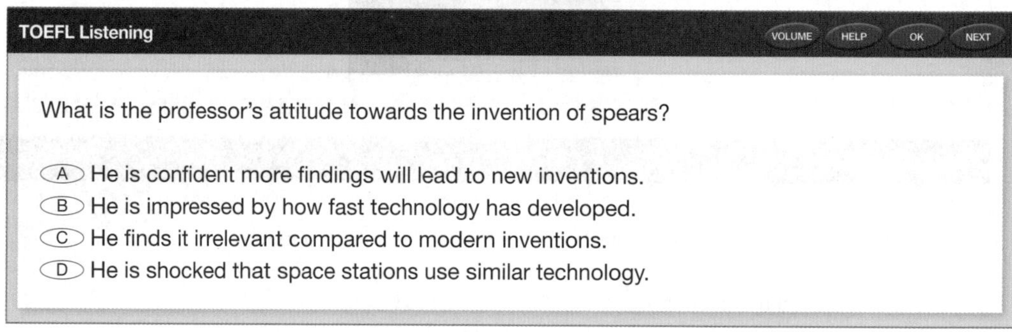
TOEFL Listening VOLUME HELP OK NEXT

What is the professor's attitude towards the invention of spears?

Ⓐ He is confident more findings will lead to new inventions.
Ⓑ He is impressed by how fast technology has developed.
Ⓒ He finds it irrelevant compared to modern inventions.
Ⓓ He is shocked that space stations use similar technology.

❺ Organization (구조)

Organization 문제 유형은 한 지문당 0~1개 정도 출제됩니다. 강의나 대화 내용의 세부적인 구조를 파악하고 있는지 묻습니다. 특히, 언급된 특정 키워드가 지문 속에서 하는 역할이 무엇인지를 자주 묻습니다.

LISTENING

문제 패턴

- Conversation & Lecture

  Why does the student mention ~?

  학생이 ~을 언급한 이유는 무엇인가?

  Why does the professor discuss ~?

  교수가 ~을 언급한 이유는 무엇인가?

  Why does the professor talk about ~?

  교수가 ~을 언급한 이유는 무엇인가?

풀이 전략

TIP1: 예시가 언급된 이유에 대해 자주 묻습니다. 그러므로 예시가 등장하면 무조건 노트테이킹을 합니다.
TIP2: 문제를 풀 때에는 화자의 입장에서 생각하며, 내용보다는 언급된 목적에만 집중하여 정답을 찾습니다.

샘플 문제 MP3 Listening_35

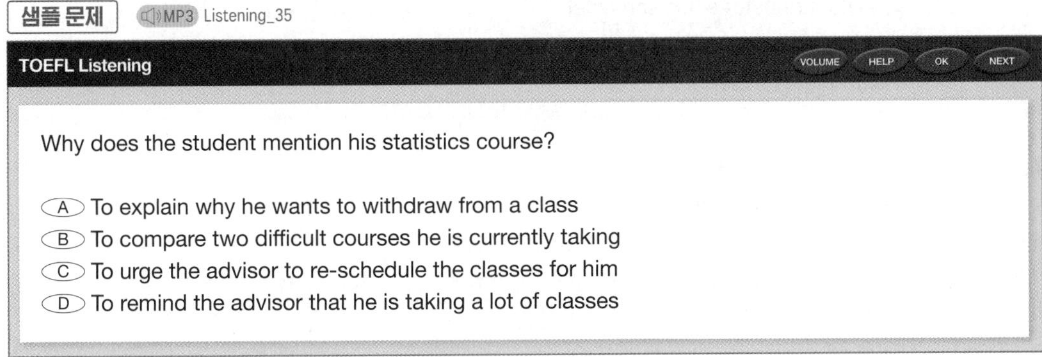

TOEFL Listening
VOLUME
HELP
OK
NEXT
Why does the student mention his statistics course?
(A) To explain why he wants to withdraw from a class
(B) To compare two difficult courses he is currently taking
(C) To urge the advisor to re-schedule the classes for him
(D) To remind the advisor that he is taking a lot of classes

[정답 A]

앞에서 언급된 정보와의 관계 및 흐름을 생각하여 정답을 찾습니다.

(정답 A) 앞에서 언급된 "So why do you want to drop it?"에 대한 답변으로 정답입니다.
(오답 B) difficult라는 단어가 등장하지만 compare(비교)가 목적은 아니기에 오답입니다.
(오답 C) reschedule이라는 내용은 언급된 적이 없기에 오답입니다.
(오답 D) remind(상기시키다)의 의미는 흐름상 관련이 없기에 오답입니다.

Advisor: So, Michael, you want to drop the math course you're in right now... let's see... Calculus 203?	지도 교수: 그래서, 마이클, 현재 수강 중인 수학 수업을 철회하고 싶다고 했는데… 어디 보자… 미적분학 203인가요?
Student: That's right.	학생: 맞습니다.
Advisor: Well, this class is required for your major. So why do you want to drop it?	지도 교수: 저, 이 과목은 전공 필수입니다. 그럼, 왜 철회하고 싶은 거죠?
Student: I know I'll have to take it... eventually... But... I'm also taking a statistics course this semester. And, both classes are difficult, and really demanding in terms of homework and daily quizzes. Not to mention I have them scheduled back to back, every morning...	학생: 들어야 한다는 건 저도 알고 있어요… 결국에는요… 하지만… 이번 학기에 통계학 수업도 듣고 있습니다. 그리고, 두 수업 모두 어려운데다, 과제 및 일일 쪽지 시험 측면에서 정말 까다로워요. 매일 아침에 연속으로 그것들 일정을 정해놓는 건 언급할 필요조차 없고요…
Advisor: I see... but you might just need to put your nose to the grindstone this semester.	지도 교수: 알겠어요… 하지만 이번 학기에 정말 부지런히 공부해야 할지도 몰라요.
Student: I could... Umm... I'd rather try to limit my stress, though, if I can.	학생: 그럴 수 있을 거예요… 음… 하지만, 저는 오히려 스트레스를 억제하려고 노력해요, 가능하다면요.

학생은 왜 자신의 통계학 수업을 언급하는가?

Ⓐ **한 가지 수업을 철회하고 싶은 이유를 설명하기 위해**
Ⓑ 현재 수강하고 있는 두 가지 어려운 수업을 비교하기 위해
Ⓒ 지도 교수에게 자신을 위해 수업 일정을 재조정하도록 촉구하기 위해
Ⓓ 지도 교수에게 많은 수업을 수강하고 있음을 상기시키기 위해

[어휘]

drop ~을 철회하다, 중도에 그만두다 **calculus** 미적분학 **required** 필수인 **major** 전공 **eventually** 결국, 마침내 **statistics** 통계학 **semester** 학기 **demanding** 까다로운 **in terms of** ~의 측면에서, ~와 관련해서 **not to mention** ~은 언급할 필요도 없이 **have A p.p.** A를 ~되게 하다 **back to back** 연속으로 **put one's nose to the grindstone** 정말 부지런히 공부하다, 뼈빠지게 일하다 **limit** ~을 억제하다 **though** (문장 끝이나 중간에서) 하지만 **explain** ~을 설명하다 **withdraw from** ~을 철회하다 **compare** ~을 비교하다 **urge A to do** A에게 ~하도록 촉구하다 **remind A that** A에게 ~임을 상기시키다

■ 연습 문제

음원을 먼저 들은 다음, 문제를 읽고 푸세요.

❶ Practice 1 MP3 Listening_36

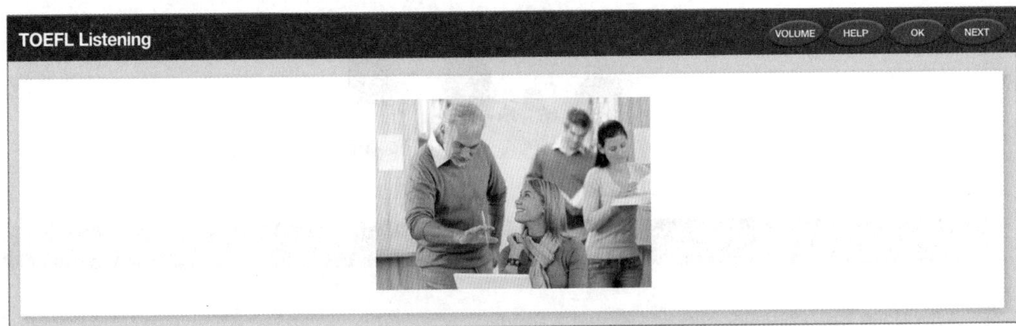

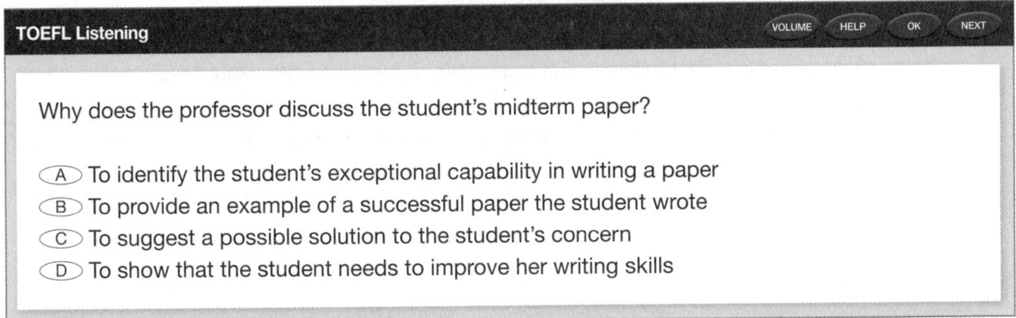

Why does the professor discuss the student's midterm paper?

Ⓐ To identify the student's exceptional capability in writing a paper
Ⓑ To provide an example of a successful paper the student wrote
Ⓒ To suggest a possible solution to the student's concern
Ⓓ To show that the student needs to improve her writing skills

❷ Practice 2 MP3 Listening_37

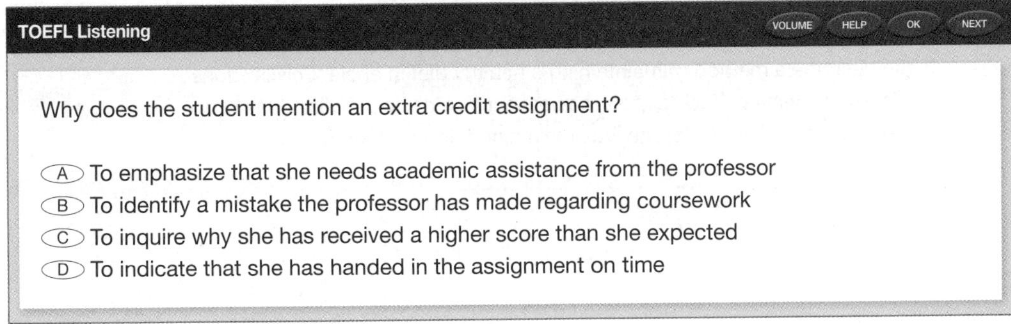

Why does the student mention an extra credit assignment?

Ⓐ To emphasize that she needs academic assistance from the professor
Ⓑ To identify a mistake the professor has made regarding coursework
Ⓒ To inquire why she has received a higher score than she expected
Ⓓ To indicate that she has handed in the assignment on time

❸ Practice 3 MP3 Listening_38

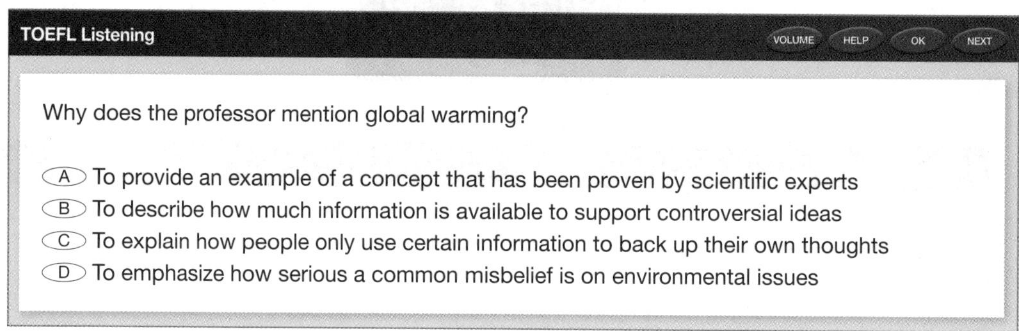

TOEFL Listening
VOLUME
HELP
OK
NEXT
Why does the professor mention global warming?
A To provide an example of a concept that has been proven by scientific experts
B To describe how much information is available to support controversial ideas
C To explain how people only use certain information to back up their own thoughts
D To emphasize how serious a common misbelief is on environmental issues

❹ Practice 4 MP3 Listening_39

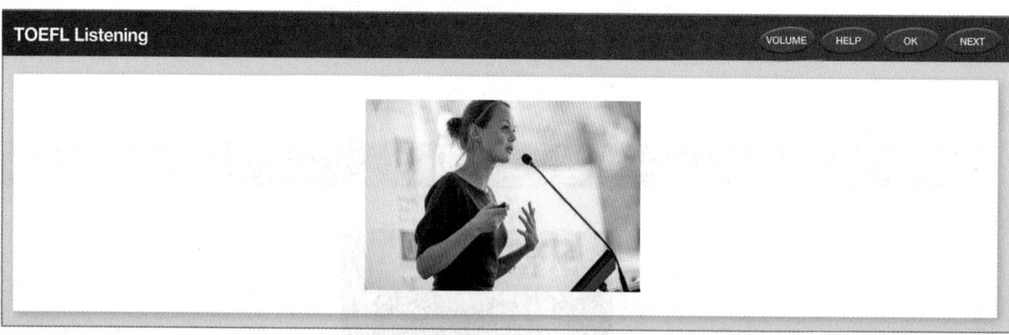

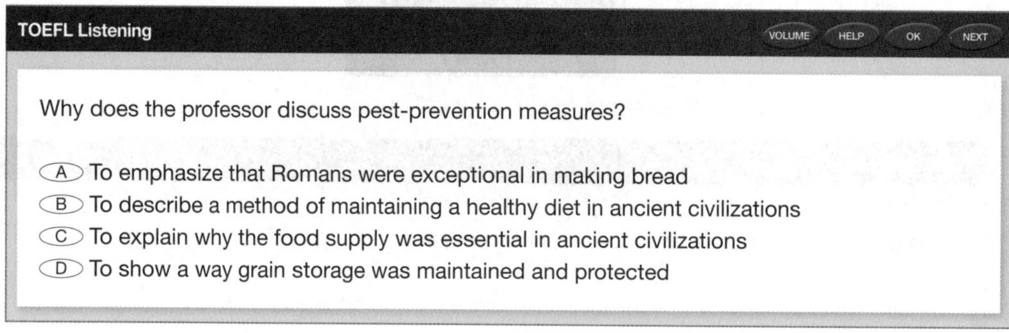

TOEFL Listening
VOLUME
HELP
OK
NEXT
Why does the professor discuss pest-prevention measures?
A To emphasize that Romans were exceptional in making bread
B To describe a method of maintaining a healthy diet in ancient civilizations
C To explain why the food supply was essential in ancient civilizations
D To show a way grain storage was maintained and protected

6 Connecting Content (내용 연결)

Connecting Content 문제는 한 지문당 0~1개 정도 출제됩니다. 정보들의 관계에 대한 이해도가 중요한 문제 유형입니다. 보통 차트나 표의 형태로 크게 Yes/No, Category, Order 세 유형으로 나눌 수 있습니다. Yes/No는 정보의 사실 여부를 질문하고, Category 정보 별 유형 분류를 질문하고, Order는 정보의 순서를 질문합니다.

문제 패턴

- Conversation & Lecture

① Yes/No 예/아니오

Indicate whether each of the following is ~

각각의 보기가 ~인지 표기하시오.

	Yes	No
Statement 1		
Statement 2		
Statement 3		

② Category 유형 분류

Indicate whether each of the following is a characteristic of A, B, or C.

각각의 특징이 A, B, C 중 어떤 특징인지 표기하시오.

	A	B	C
Characteristic 1			
Characteristic 2			
Characteristic 3			
Characteristic 4			

③ Order 순서

The professor explains the procedures in ~. Put the steps listed below in the correct order.

교수는 ~에 대한 절차를 설명한다. 아래에 나열된 단계들을 알맞은 순서대로 놓으시오.

Step 1	
Step 2	
Step 3	
Step 4	

풀이 전략

TIP1: 하나의 키워드에 대해서 여러가지 정보가 나열될 때 집중하는데, 보통 나열되는 것을 알려주는 표현들(several, procedures, three types…)이 나옵니다.

TIP2: 지문을 들을 때에는 중요한 정보들이 빠르게 지나가기에 빠르게 키워드만 노트테이킹을 합니다. 키워드만 빠르게 노트테이킹을 하는 스킬은 노트테이킹을 직접 많이 연습해야 향상됩니다.

TIP3: 지문 속 단어가 보기에 패러프레이징 되어 있는 것을 인지하며 정답을 찾습니다.

샘플 문제 MP3 Listening_40

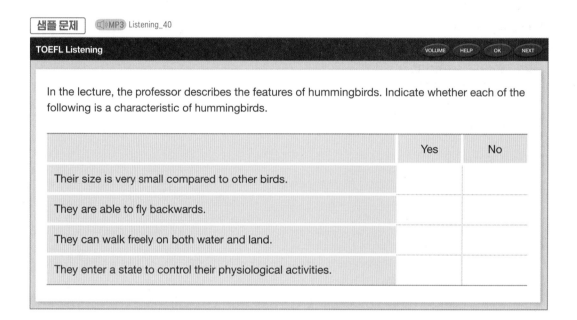

TOEFL Listening VOLUME HELP OK NEXT

In the lecture, the professor describes the features of hummingbirds. Indicate whether each of the following is a characteristic of hummingbirds.

	Yes	No
Their size is very small compared to other birds.		
They are able to fly backwards.		
They can walk freely on both water and land.		
They enter a state to control their physiological activities.		

[정답: 표 해석 참고]

Several distinct ways라는 표현을 듣고 hummingbirds만의 특징이 나열될 것이라는 것을 미리 파악할 수 있습니다. walk freely on both water and land는 잘못된 정보로 오답이며, 나머지는 패러프레이징 되어 언급되어 있습니다.

Professor: With over 300 species in its biological family, hummingbirds stand out from other birds in several distinct ways. The most obvious feature is their diminutive size. Full-grown hummingbirds are only 4 inches long, and they weigh even less than the change in your pocket! If any of you have ever seen a hummingbird, then you know they fly like no other bird can. They hover… zip left and right… and they can even fly backwards, which is impossible for other birds. Umm… I guess this increased mobility is a trade-off, since they can't walk or even hop around like most birds. But anyways, they also go into torpor – a sort of mini-hibernation. This helps them control their metabolism and maintain their high body temperature.	교수: 300종이 넘는 동일한 생물학적 분류 범위 내에서 벌새는 여러 가지 뚜렷한 방식으로 다른 새들과 구별됩니다. 가장 명확한 특징은 아주 작은 크기입니다. 다 자란 벌새는 길이가 4인치에 불과하며, 심지어 몸무게는 여러분 주머니 속의 잔돈보다 덜 나갑니다! 여러분 중 누구든 벌새를 한 번이라도 본 적이 있다면, 다른 새들은 하지 못하는 방식으로 날아다닌다는 것을 알 겁니다. 이들은 공중에 정지해 있다가… 좌우로 핑 소리를 내며 날아가고… 심지어 뒤로도 날 수 있는데, 이는 다른 새들에게는 불가능한 일입니다. 음… 제 생각에 이렇게 증가된 기동성은 하나의 보완 요소인데, 이들은 걷거나 심지어 대부분의 새들처럼 팔짝팔짝 뛰어다니지 못하기 때문입니다. 하지만 어쨌든, 이들도 휴면 상태, 즉 일종의 단기 동면에 들어갑니다. 이는 벌새들이 신진대사를 조절하고 높은 체온을 유지하는 데 도움을 줍니다.

강의에서, 교수는 벌새의 특징을 설명하고 있다. 다음 중 각각의 내용이 벌새의 특징에 해당되는지 표기하시오.

	네	아니오
크기가 다른 새들에 비해 아주 작다	√	
뒤로 날 수 있다	√	
물과 땅에서 모두 자유롭게 걸을 수 있다		√
생리적인 활동을 조절하는 상태에 들어간다	√	

[어휘]

species (동물) 종 **biological** 생물학적인 **hummingbird** 벌새 **stand out from** ~와 구별되다, ~보다 두드러지다 **distinct** 뚜렷한 **obvious** 명확한 **feature** 특징 **diminutive** 아주 작은 **full-grown** 다 자란 **hover** 공중에서 정지하다 **zip** 핑 소리를 내며 날아가다 **mobility** 기동성 **trade-off** 보완 요소 **hop around** 팔짝팔짝 뛰어다니다 **go into** ~의 상태로 들어가다 **torpor** 휴면, 동면 **hibernation** 동면 **help A do** A가 ~하는 것을 돕다 **metabolism** 신진대사 **maintain** ~을 유지하다 **characteristic** 특징 **compared to** ~에 비해 **state** 상태 **physiological** 생리적인

■ 연습 문제

음원을 먼저 들은 다음, 문제를 읽고 푸세요.

❶ Practice 1 MP3 Listening_41

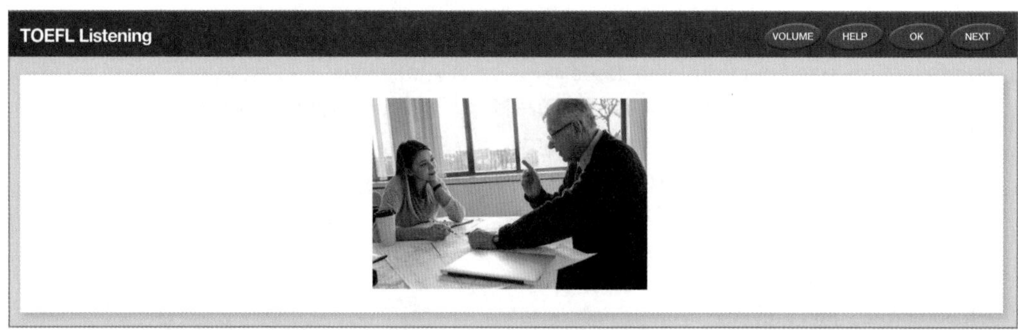

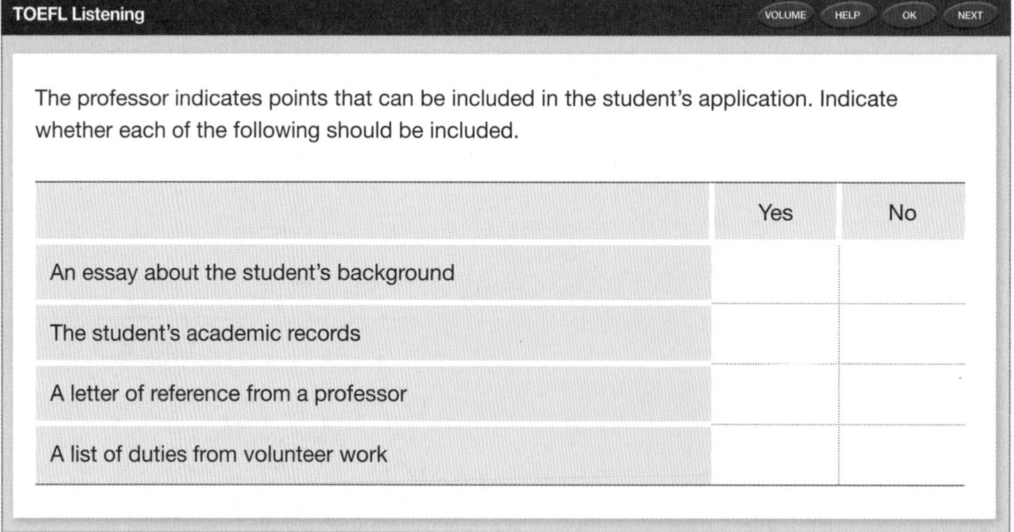
TOEFL Listening

VOLUME HELP OK NEXT

The professor indicates points that can be included in the student's application. Indicate whether each of the following should be included.

	Yes	No
An essay about the student's background		
The student's academic records		
A letter of reference from a professor		
A list of duties from volunteer work		

❷ Practice 2 MP3 Listening_42

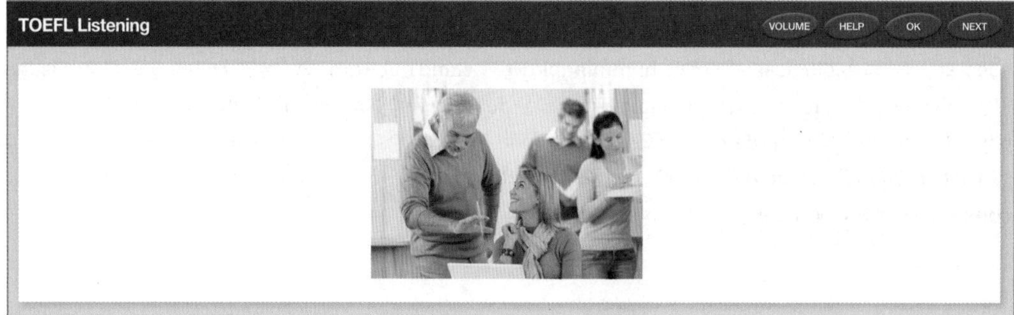

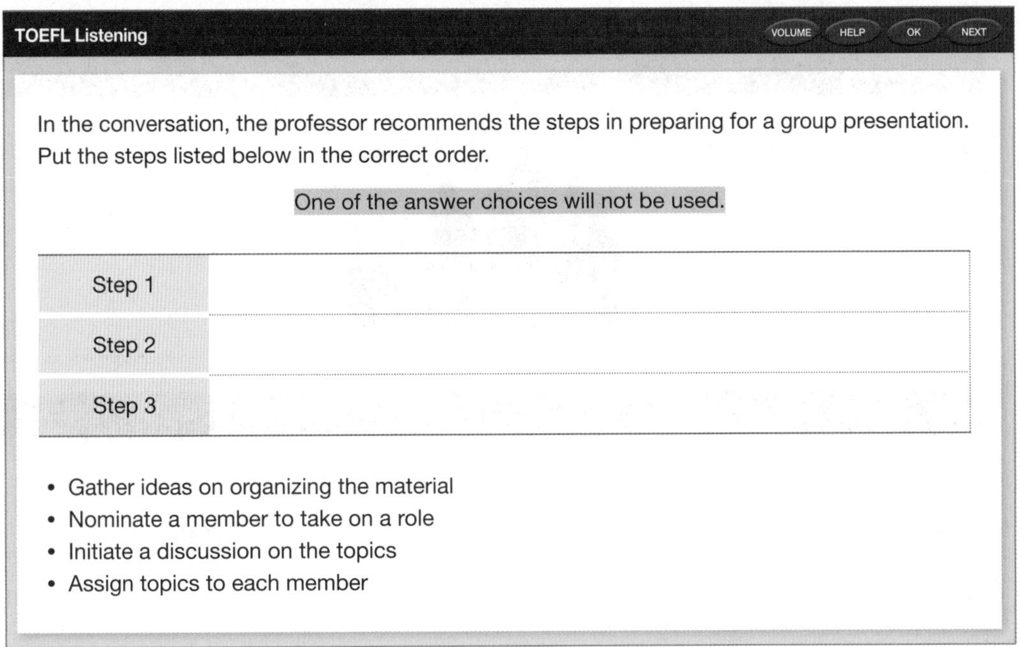

TOEFL Listening VOLUME HELP OK NEXT

In the conversation, the professor recommends the steps in preparing for a group presentation. Put the steps listed below in the correct order.

One of the answer choices will not be used.

Step 1	
Step 2	
Step 3	

- Gather ideas on organizing the material
- Nominate a member to take on a role
- Initiate a discussion on the topics
- Assign topics to each member

❸ Practice 3 MP3 Listening_43

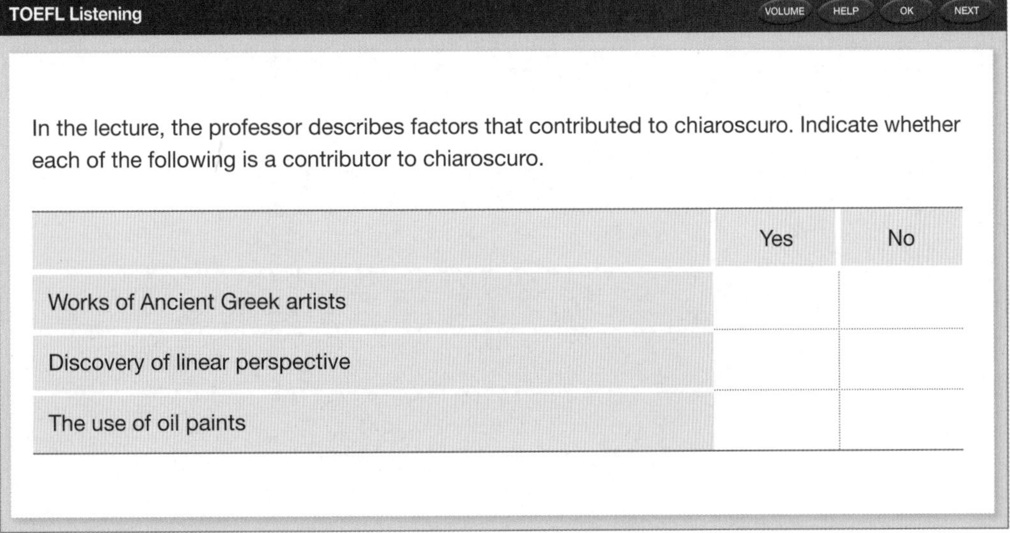

TOEFL Listening VOLUME HELP OK NEXT

In the lecture, the professor describes factors that contributed to chiaroscuro. Indicate whether each of the following is a contributor to chiaroscuro.

	Yes	No
Works of Ancient Greek artists		
Discovery of linear perspective		
The use of oil paints		

❹ Practice 4 MP3 Listening_44

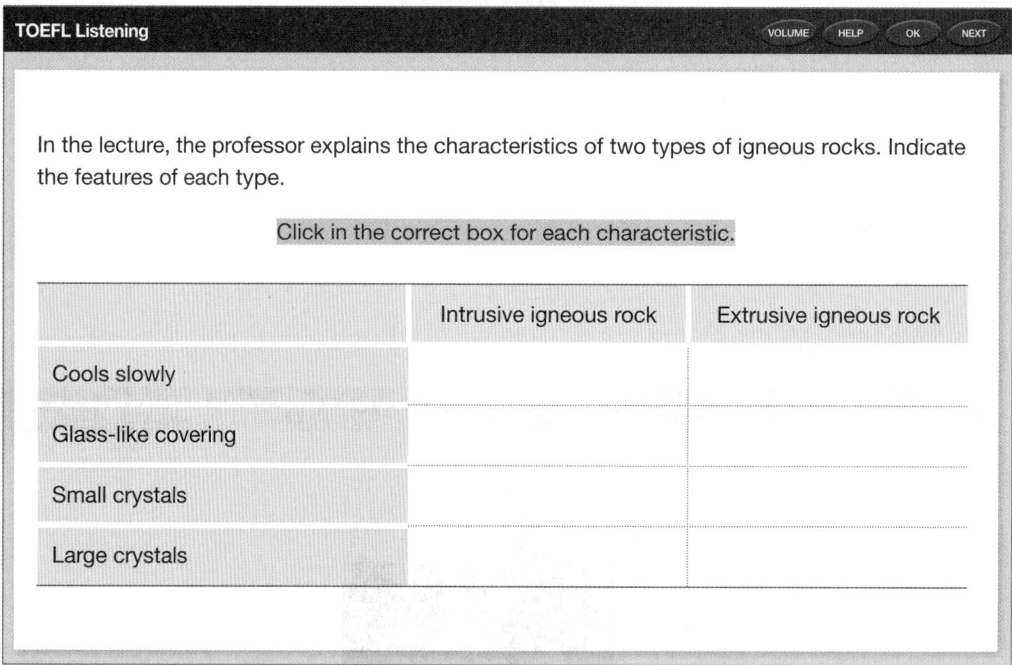

In the lecture, the professor explains the characteristics of two types of igneous rocks. Indicate the features of each type.

Click in the correct box for each characteristic.

	Intrusive igneous rock	Extrusive igneous rock
Cools slowly		
Glass-like covering		
Small crystals		
Large crystals		

❼ Inference (추론)

Inference 문제는 한 지문당 0~1개 정도 출제됩니다. 지문 속 간접적으로 언급된 정보의 의미를 질문합니다. 그러므로 내용에 대한 이해도가 중요합니다.

문제 패턴

- Conversation & Lecture

  What are the implications of ~?

  ~가 암시하는 바는 무엇인가?

  What does the professor imply ~?

  교수가 ~에 대해 암시하는 것은 무엇인가?

  What can be inferred about ~?

  ~에 대해 추론할 수 있는 것은 무엇인가?

풀이 전략

TIP1: 직접적으로 언급된 정보가 아니므로 단어에 집중하는 것보다 내용적 의미에 집중하여 정답을 찾습니다.

TIP2: 추론을 해야 하지만 사실에 기반한 추론이므로, 자의적 해석이나 상상을 하면 안되고 주어진 정보만을 토대로 정답을 찾습니다.

샘플 문제

MP3 Listening_45

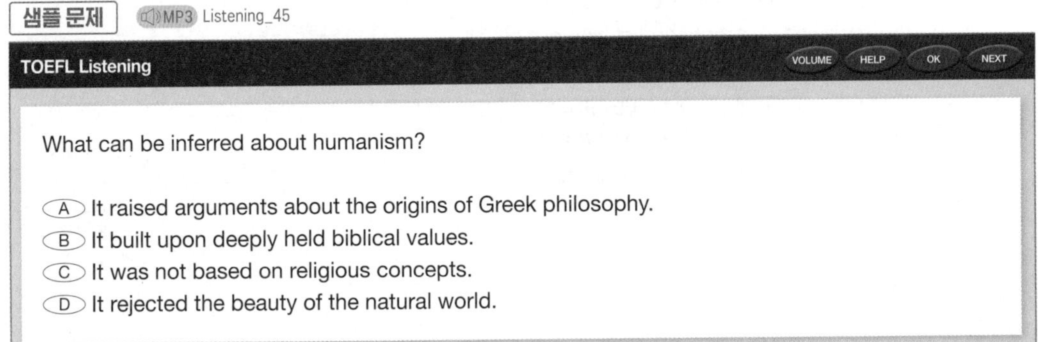

TOEFL Listening
VOLUME
HELP
OK
NEXT
What can be inferred about humanism?
A It raised arguments about the origins of Greek philosophy.
B It built upon deeply held biblical values.
C It was not based on religious concepts.
D It rejected the beauty of the natural world.

[정답 C]

본문에서 직접적으로 언급되지는 않았지만 암시할 수 있는 내용을 추론하여 정답을 찾습니다.

(오답 A) raise argument를 conflict로 해석할 수 있지만 휴머니즘이 그리스 철학의 기원에 대한 논쟁을 일으킨 것은 아닙니다.
(오답 B) 강의에서는 종교적 가르침보다 개인주의를 강조하고 있으므로 오답입니다.
(정답 C) 르네상스 인본주의가 종교적 가르침보다 개인주의를 중요시했다고 하므로 인본주의는 종교적 개념을 바탕으로 하고 있지 않다고 추론할 수 있습니다. 그러므로 정답입니다.
(오답 D) 강의에서는 인본주의가 자연의 아름다움과 관찰을 촉진했다고 하므로 보기와는 반대되는 내용입니다.

[스크립트]

Student: And the Renaissance was also when Latin and Greek languages started being studied again? Professor: That's right, and this revived interest in the languages went hand-in-hand with the study of classical science, philosophy, art, and poetry. This umm... also marked a major shift in how people understood humanity. Humanism, as it came to be called, promoted beauty and observation – understanding the natural world, and, umm... our place within it – and was immediately at odds with the biblical values of humility and meekness. So, there was an inherent conflict brought about by Renaissance humanism as it elected individualism over, umm... a universe understood through the all-powerful god of religious teachings.	학생: 그리고 르네상스 시대는 라틴어와 그리스어가 다시 연구되기 시작한 때였죠? 교수: 맞습니다, 그리고 이렇게 언어에 대해 되살아난 관심은 고전 과학과 철학, 미술, 그리고 시에 대한 학문과 밀접한 관련이 있습니다. 이는, 음… 또한 사람들이 인간을 이해한 방식에 있어 중대한 변화를 나타냈습니다. 인본주의는, 이렇게 불리는 것에서 알 수 있듯이, 아름다움과 관찰을 촉진시켰는데, 이는 자연계, 그리고, 음… 그 안에 존재하는 우리의 위치를 이해하는 것이었으며, 겸손함과 온유함이라는 성서적 가치와 직접적으로 상충하는 것이었습니다. 따라서, 르네상스 인본주의에 의해 초래된 내재적 갈등이 존재했으며, 전지전능한 신의 종교적 가르침을 통해 이해되었던 우주보다, 음… 개인주의를 택한 것이있기 때문입니다.

인본주의에 관해 무엇을 유추할 수 있는가?
Ⓐ 그리스 철학의 기원에 관한 논쟁을 일으켰다.
Ⓑ 깊게 박혀 있던 성서적 가치를 기반으로 형성되었다.
Ⓒ 종교적 개념을 바탕으로 한 것이 아니었다.
Ⓓ 자연계의 아름다움을 거부했다.

[어휘]

revive ~을 되살리다, 부활시키다 **go hand-in-hand with** ~와 밀접한 관련이 있다 **philosophy** 철학 **mark** ~을 나타내다, 보여주다 **shift** 변화 **humanity** 인간, 인류 **humanism** 인본주의 **promote** ~을 촉진하다 **observation** 관찰 **immediately** 직접적으로, 즉각적으로 **be at odds with** ~와 상충하다 **biblical** 성서의 **humility** 겸손함 **meekness** 온유함 **inherent** 내재하는 **conflict** 갈등, 상충 **bring about** ~을 초래하다, 야기하다 **elect** ~을 선택하다 **over** (비교) ~보다 **all-powerful** 전지전능한 **religious** 종교적인 **teaching** 가르침 **raise arguments** 논쟁을 일으키다 **origin** 기원, 유래 **build upon** ~을 기반으로 형성되다 **deeply held** 깊이 박혀 있는 **be based on** ~을 바탕으로 하다 **reject** ~을 거부하다

■ 연습 문제

음원을 먼저 들은 다음, 문제를 읽고 푸세요.

❶ Practice 1 MP3 Listening_46

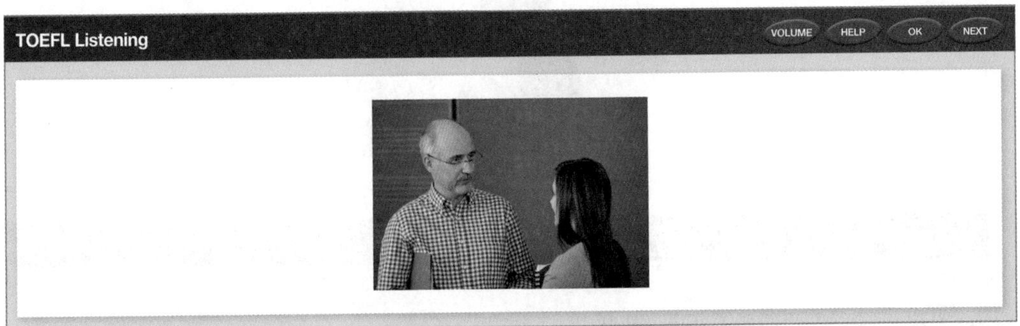

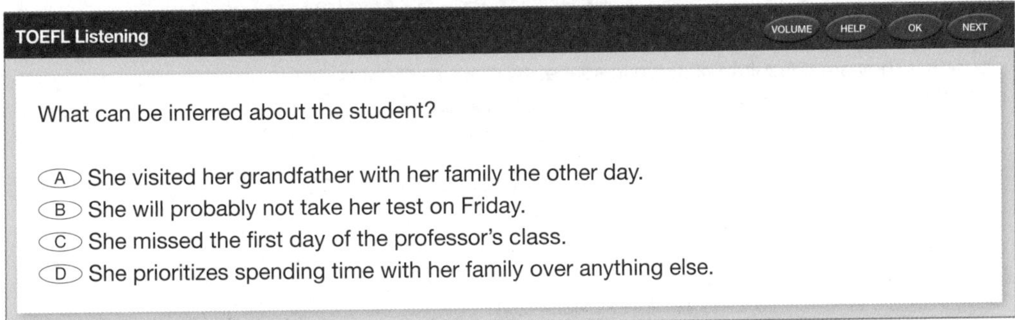

What can be inferred about the student?

(A) She visited her grandfather with her family the other day.
(B) She will probably not take her test on Friday.
(C) She missed the first day of the professor's class.
(D) She prioritizes spending time with her family over anything else.

❷ Practice 2 MP3 Listening_47

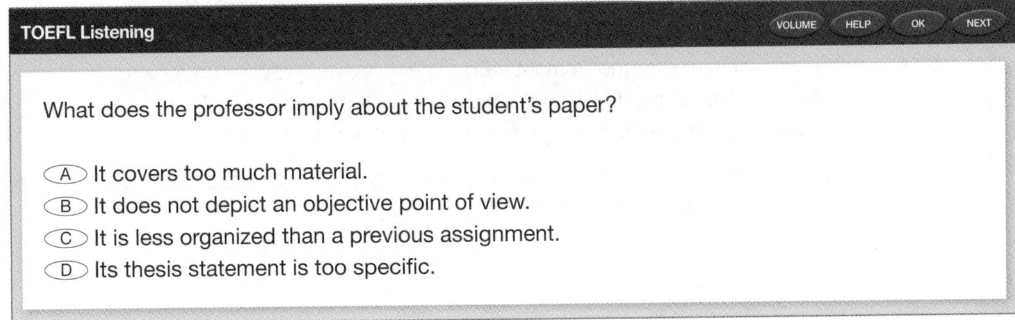

What does the professor imply about the student's paper?

(A) It covers too much material.
(B) It does not depict an objective point of view.
(C) It is less organized than a previous assignment.
(D) Its thesis statement is too specific.

❸ Practice 3 MP3 Listening_48

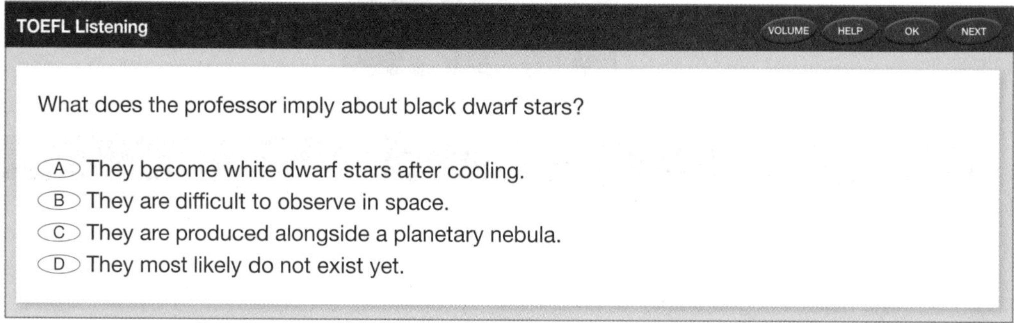

What does the professor imply about black dwarf stars?

(A) They become white dwarf stars after cooling.
(B) They are difficult to observe in space.
(C) They are produced alongside a planetary nebula.
(D) They most likely do not exist yet.

❹ Practice 4 MP3 Listening_49

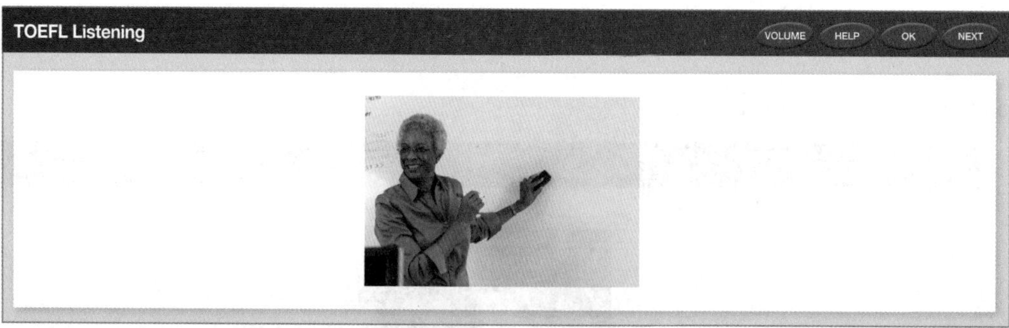

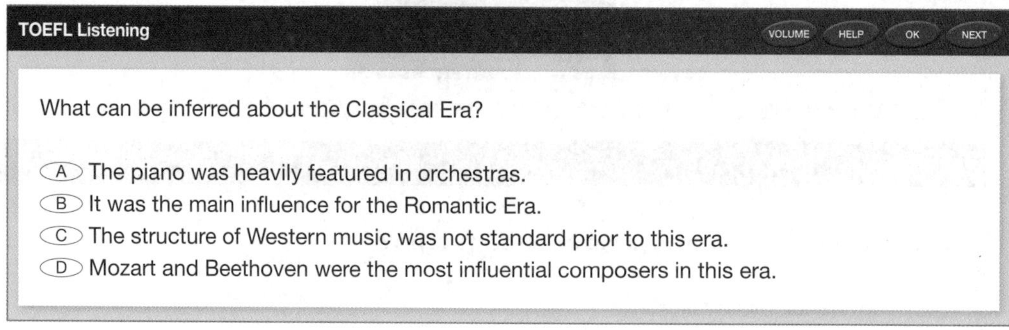

What can be inferred about the Classical Era?

(A) The piano was heavily featured in orchestras.
(B) It was the main influence for the Romantic Era.
(C) The structure of Western music was not standard prior to this era.
(D) Mozart and Beethoven were the most influential composers in this era.

04 Listening 실전 모의고사

유의사항: 실전 모의고사를 풀 때는 문제를 읽지 않은 상태에서 방송을 들으며 화면에 등장하는 사진 또는 강의 토픽만 보고 노트 필기를 합니다. 그리고 나서 방송이 끝난 다음에 문제를 읽고 풀어 보세요.

1 실전 모의고사 1

PART 1 (Q1-11)

Question 1-5 MP3 Listening_50

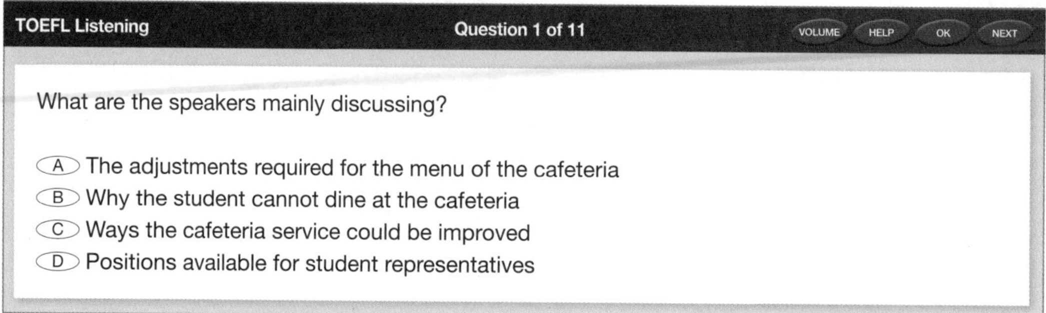
TOEFL Listening
Question 1 of 11
VOLUME HELP OK NEXT

What are the speakers mainly discussing?

(A) The adjustments required for the menu of the cafeteria
(B) Why the student cannot dine at the cafeteria
(C) Ways the cafeteria service could be improved
(D) Positions available for student representatives

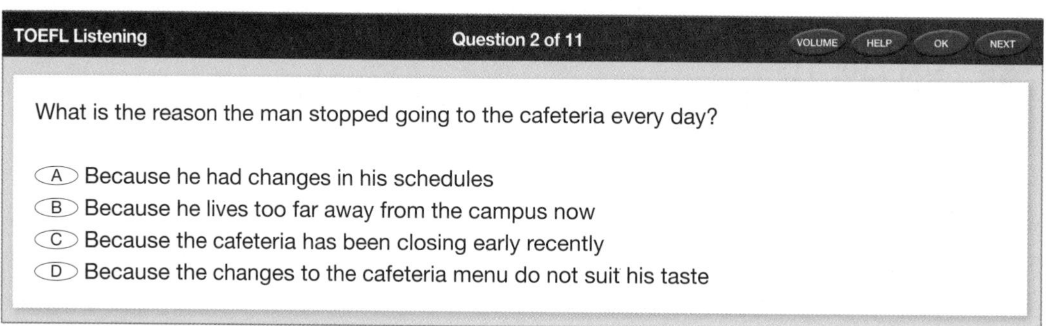
TOEFL Listening
Question 2 of 11
VOLUME HELP OK NEXT

What is the reason the man stopped going to the cafeteria every day?

(A) Because he had changes in his schedules
(B) Because he lives too far away from the campus now
(C) Because the cafeteria has been closing early recently
(D) Because the changes to the cafeteria menu do not suit his taste

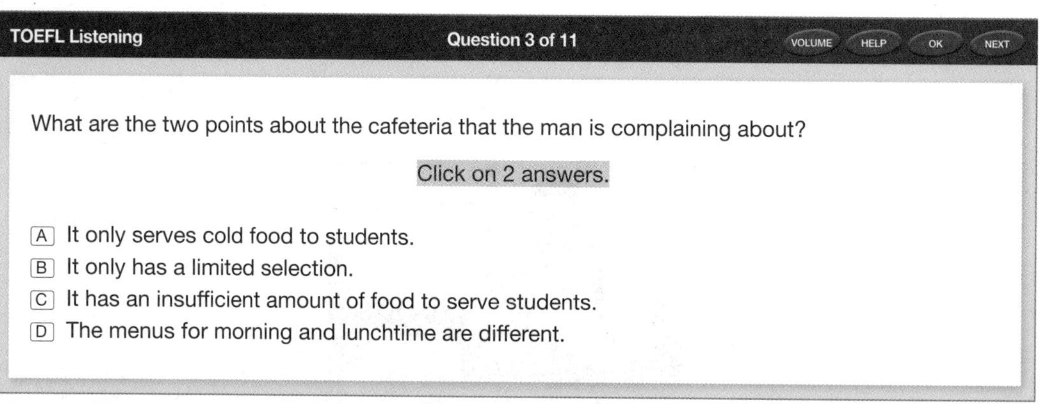
TOEFL Listening
Question 3 of 11
VOLUME HELP OK NEXT

What are the two points about the cafeteria that the man is complaining about?

Click on 2 answers.

[A] It only serves cold food to students.
[B] It only has a limited selection.
[C] It has an insufficient amount of food to serve students.
[D] The menus for morning and lunchtime are different.

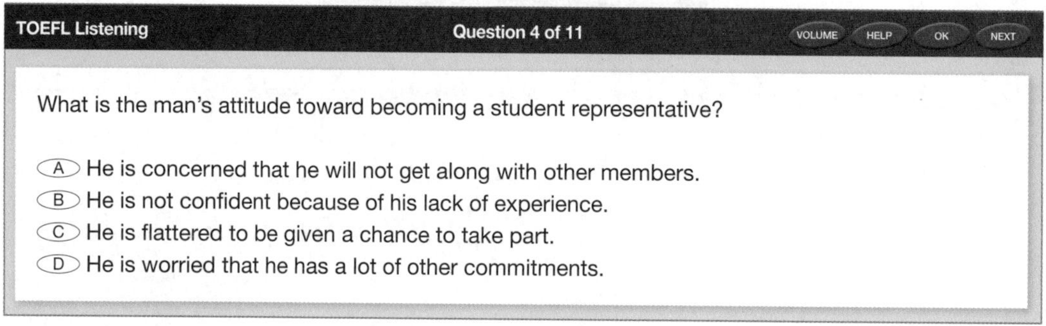
TOEFL Listening
Question 4 of 11
VOLUME HELP OK NEXT

What is the man's attitude toward becoming a student representative?

(A) He is concerned that he will not get along with other members.
(B) He is not confident because of his lack of experience.
(C) He is flattered to be given a chance to take part.
(D) He is worried that he has a lot of other commitments.

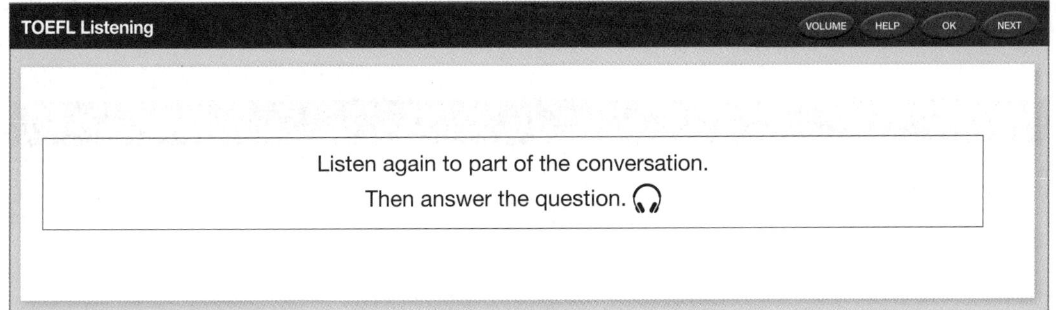
TOEFL Listening

VOLUME HELP OK NEXT

Listen again to part of the conversation.
Then answer the question.

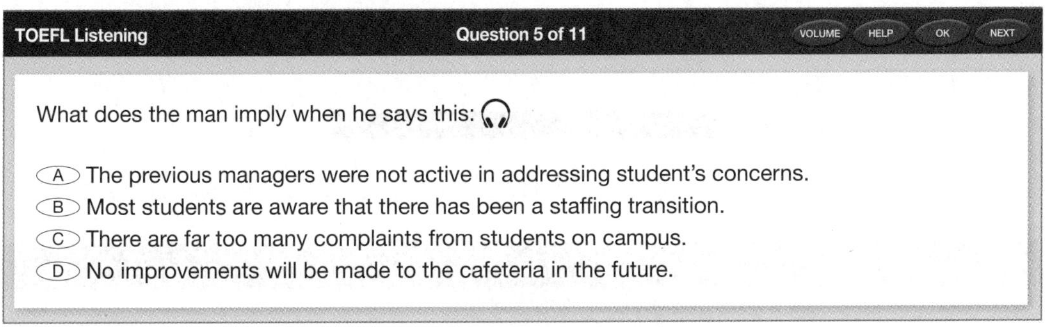
TOEFL Listening Question 5 of 11

VOLUME HELP OK NEXT

What does the man imply when he says this:

(A) The previous managers were not active in addressing student's concerns.
(B) Most students are aware that there has been a staffing transition.
(C) There are far too many complaints from students on campus.
(D) No improvements will be made to the cafeteria in the future.

LISTENING

Questions 6-11 MP3 Listening_51

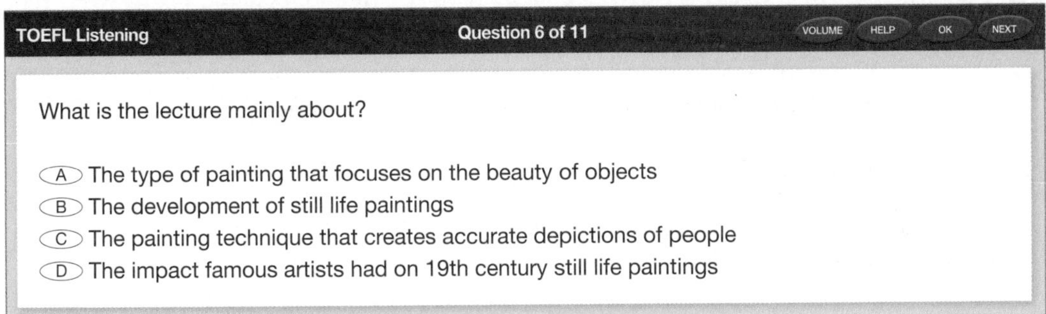
TOEFL Listening Question 6 of 11 VOLUME HELP OK NEXT

What is the lecture mainly about?

Ⓐ The type of painting that focuses on the beauty of objects
Ⓑ The development of still life paintings
Ⓒ The painting technique that creates accurate depictions of people
Ⓓ The impact famous artists had on 19th century still life paintings

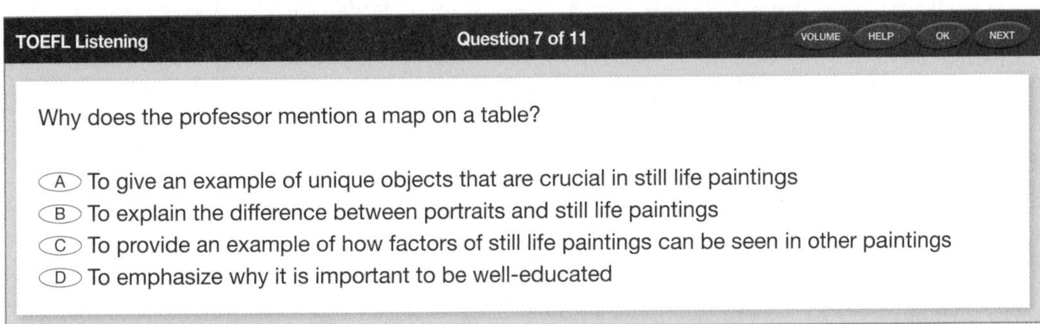
TOEFL Listening Question 7 of 11 VOLUME HELP OK NEXT

Why does the professor mention a map on a table?

Ⓐ To give an example of unique objects that are crucial in still life paintings
Ⓑ To explain the difference between portraits and still life paintings
Ⓒ To provide an example of how factors of still life paintings can be seen in other paintings
Ⓓ To emphasize why it is important to be well-educated

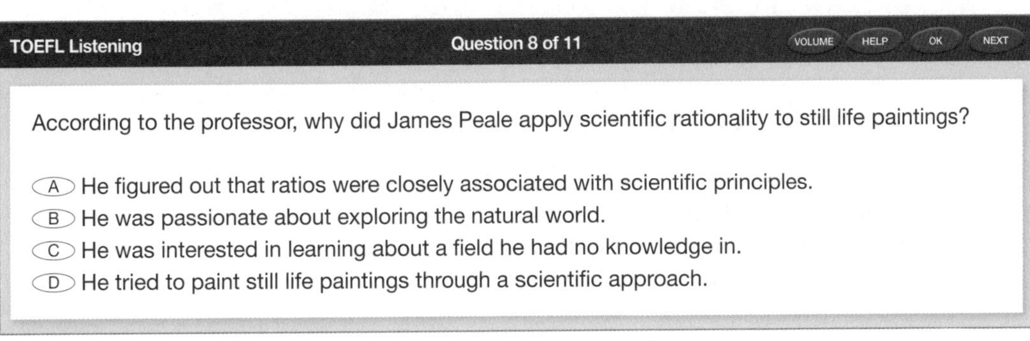
TOEFL Listening Question 8 of 11 VOLUME HELP OK NEXT

According to the professor, why did James Peale apply scientific rationality to still life paintings?

Ⓐ He figured out that ratios were closely associated with scientific principles.
Ⓑ He was passionate about exploring the natural world.
Ⓒ He was interested in learning about a field he had no knowledge in.
Ⓓ He tried to paint still life paintings through a scientific approach.

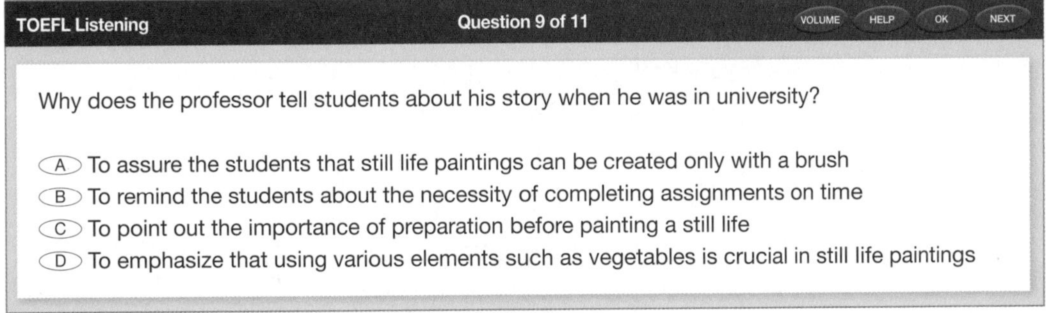
TOEFL Listening Question 9 of 11 VOLUME HELP OK NEXT

Why does the professor tell students about his story when he was in university?

Ⓐ To assure the students that still life paintings can be created only with a brush
Ⓑ To remind the students about the necessity of completing assignments on time
Ⓒ To point out the importance of preparation before painting a still life
Ⓓ To emphasize that using various elements such as vegetables is crucial in still life paintings

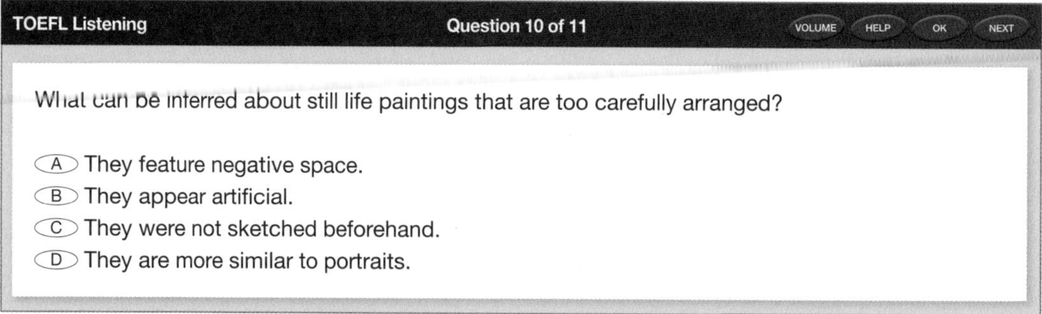

What can be inferred about still life paintings that are too carefully arranged?

(A) They feature negative space.
(B) They appear artificial.
(C) They were not sketched beforehand.
(D) They are more similar to portraits.

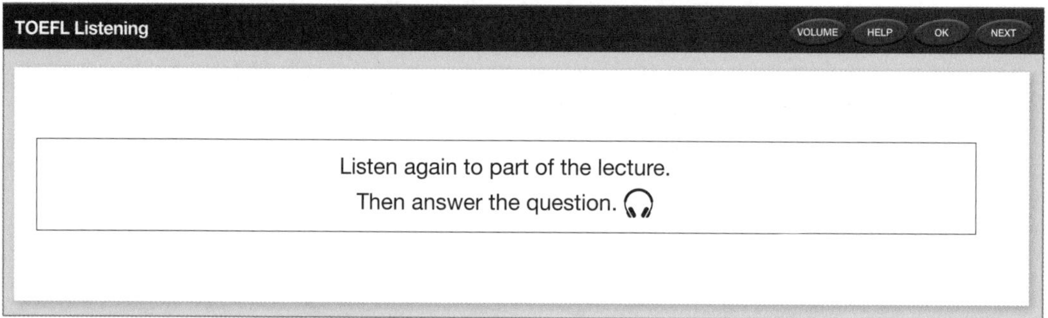

Listen again to part of the lecture.
Then answer the question.

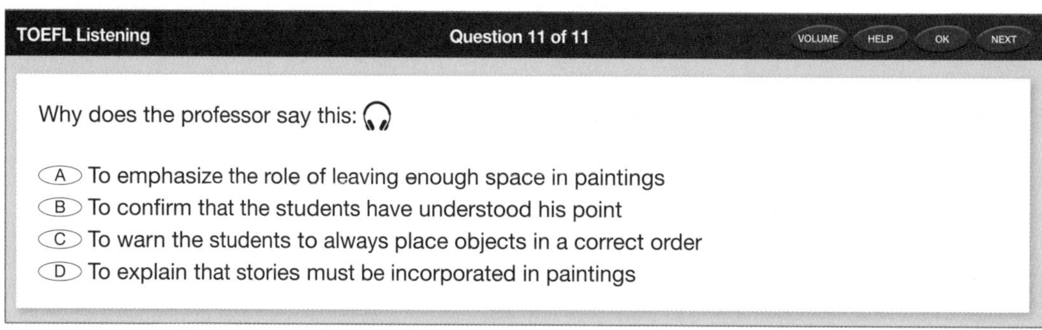

Why does the professor say this:

(A) To emphasize the role of leaving enough space in paintings
(B) To confirm that the students have understood his point
(C) To warn the students to always place objects in a correct order
(D) To explain that stories must be incorporated in paintings

PART 2 (Q1-17)

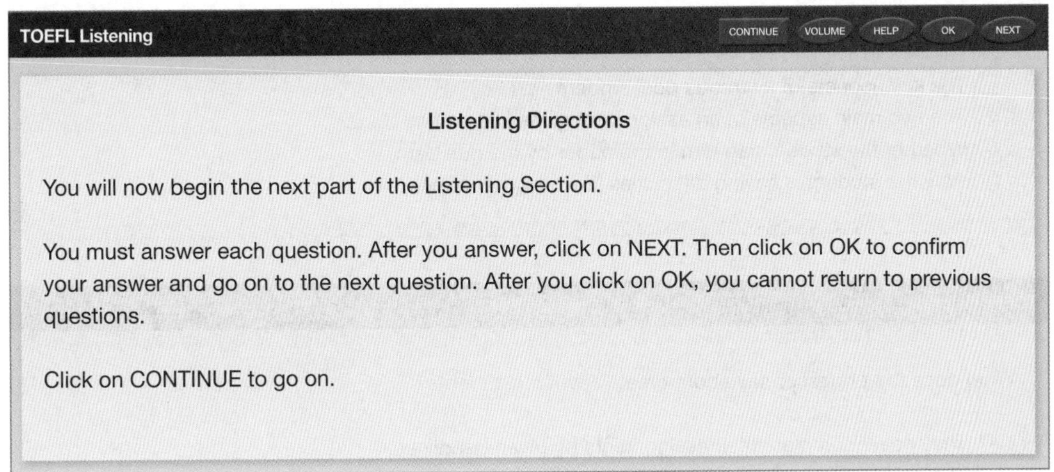

Question 1-5

MP3 Listening_52

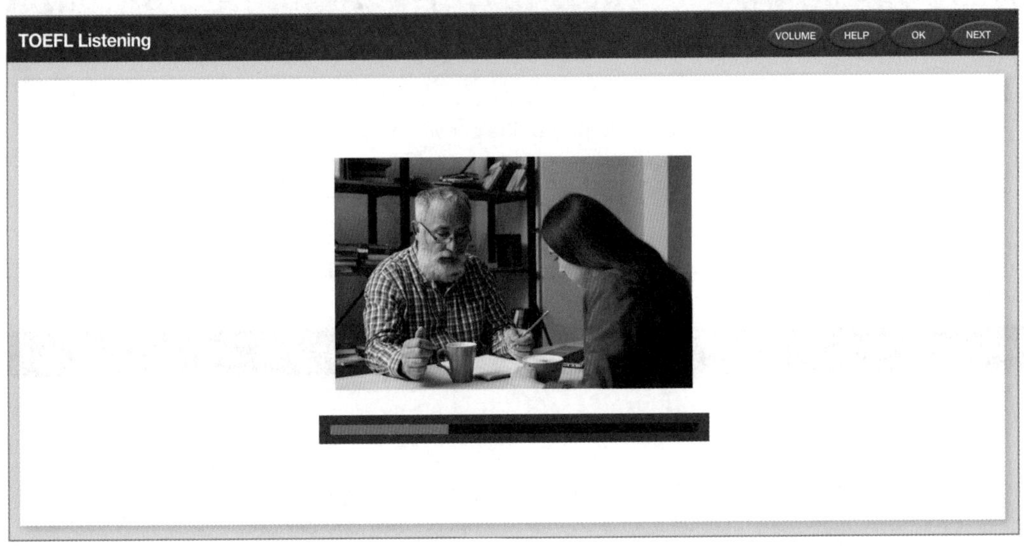

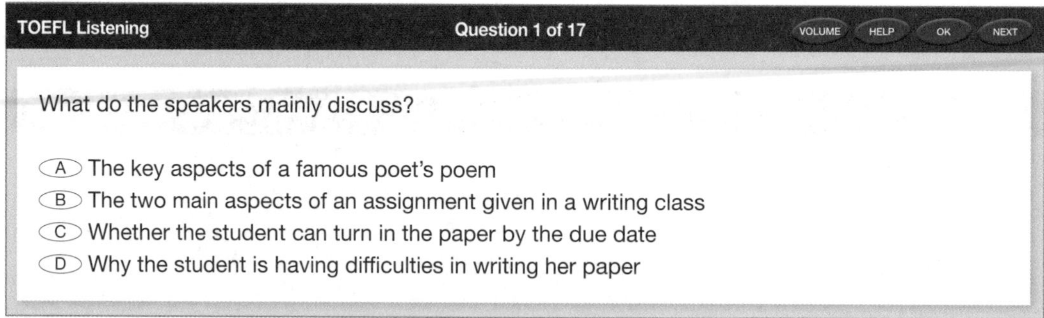

TOEFL Listening | Question 1 of 17 | VOLUME HELP OK NEXT

What do the speakers mainly discuss?

(A) The key aspects of a famous poet's poem
(B) The two main aspects of an assignment given in a writing class
(C) Whether the student can turn in the paper by the due date
(D) Why the student is having difficulties in writing her paper

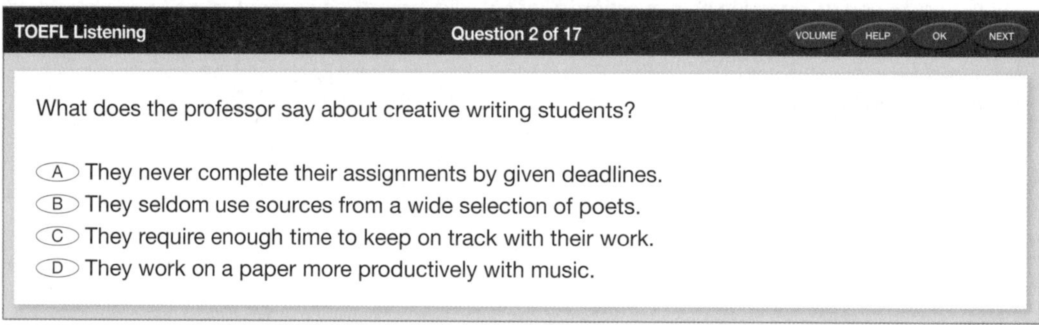

TOEFL Listening | Question 2 of 17 | VOLUME HELP OK NEXT

What does the professor say about creative writing students?

(A) They never complete their assignments by given deadlines.
(B) They seldom use sources from a wide selection of poets.
(C) They require enough time to keep on track with their work.
(D) They work on a paper more productively with music.

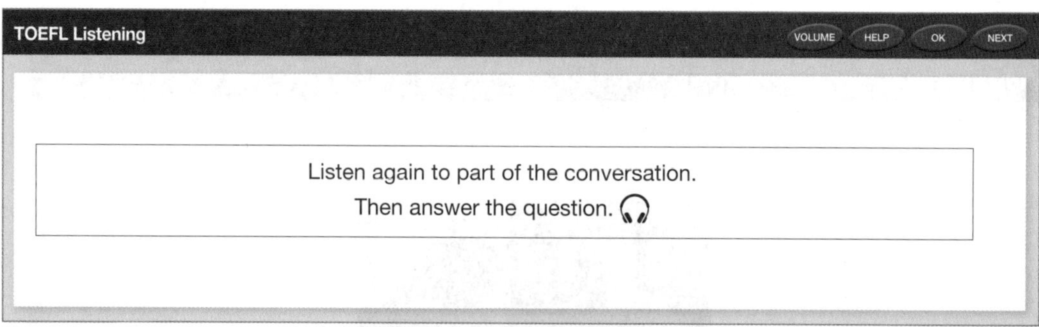

TOEFL Listening | VOLUME HELP OK NEXT

Listen again to part of the conversation.
Then answer the question.

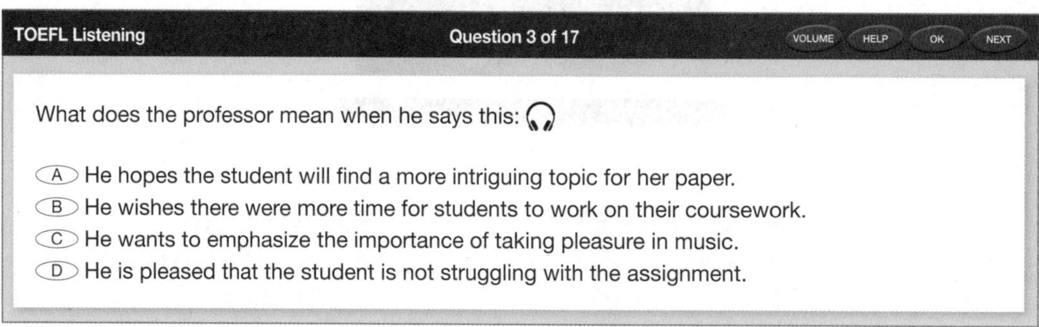

TOEFL Listening | Question 3 of 17 | VOLUME HELP OK NEXT

What does the professor mean when he says this:

(A) He hopes the student will find a more intriguing topic for her paper.
(B) He wishes there were more time for students to work on their coursework.
(C) He wants to emphasize the importance of taking pleasure in music.
(D) He is pleased that the student is not struggling with the assignment.

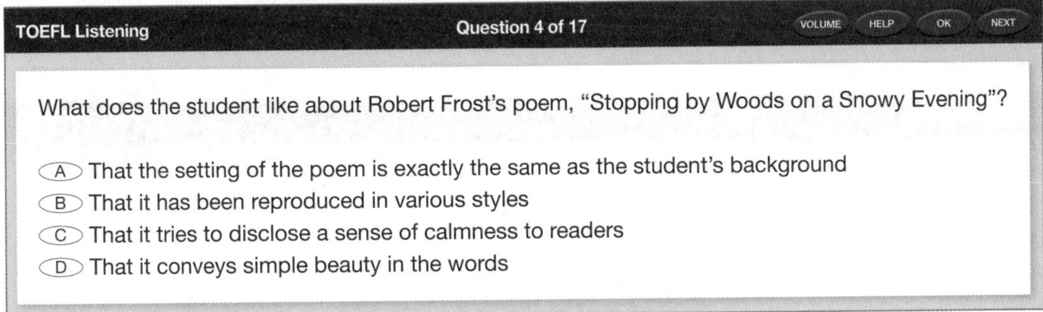
TOEFL Listening Question 4 of 17 VOLUME HELP OK NEXT

What does the student like about Robert Frost's poem, "Stopping by Woods on a Snowy Evening"?

(A) That the setting of the poem is exactly the same as the student's background
(B) That it has been reproduced in various styles
(C) That it tries to disclose a sense of calmness to readers
(D) That it conveys simple beauty in the words

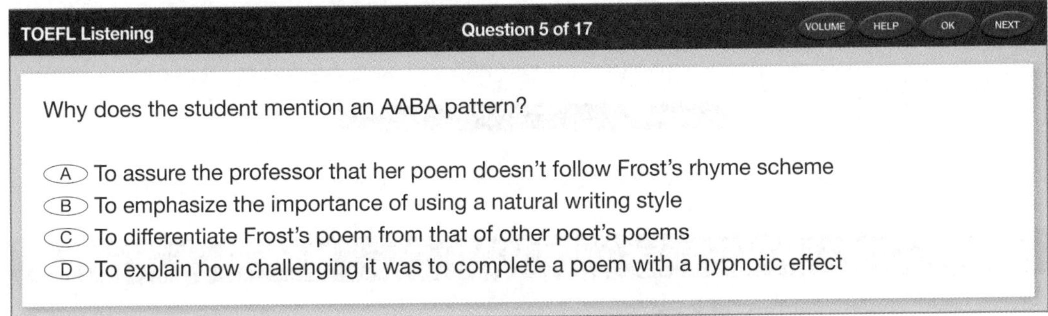
TOEFL Listening Question 5 of 17 VOLUME HELP OK NEXT

Why does the student mention an AABA pattern?

(A) To assure the professor that her poem doesn't follow Frost's rhyme scheme
(B) To emphasize the importance of using a natural writing style
(C) To differentiate Frost's poem from that of other poet's poems
(D) To explain how challenging it was to complete a poem with a hypnotic effect

Question 6-11 MP3 Listening_53

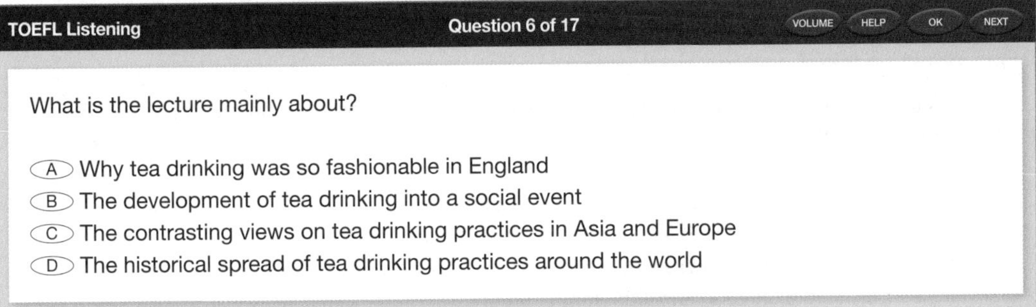
TOEFL Listening Question 6 of 17 VOLUME HELP OK NEXT

What is the lecture mainly about?

(A) Why tea drinking was so fashionable in England
(B) The development of tea drinking into a social event
(C) The contrasting views on tea drinking practices in Asia and Europe
(D) The historical spread of tea drinking practices around the world

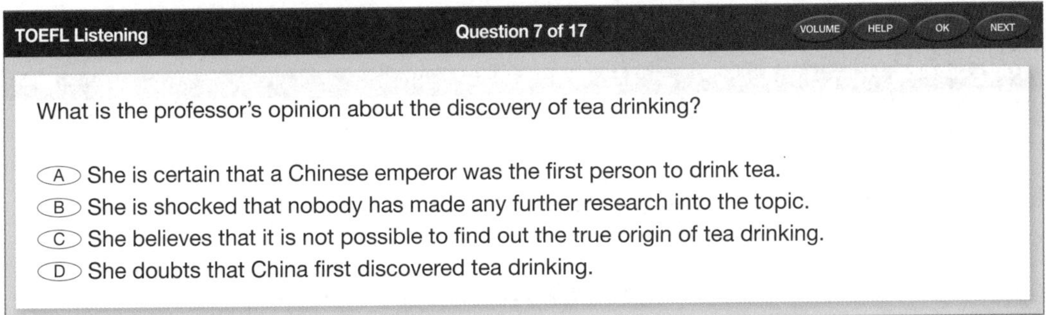
TOEFL Listening Question 7 of 17 VOLUME HELP OK NEXT

What is the professor's opinion about the discovery of tea drinking?

(A) She is certain that a Chinese emperor was the first person to drink tea.
(B) She is shocked that nobody has made any further research into the topic.
(C) She believes that it is not possible to find out the true origin of tea drinking.
(D) She doubts that China first discovered tea drinking.

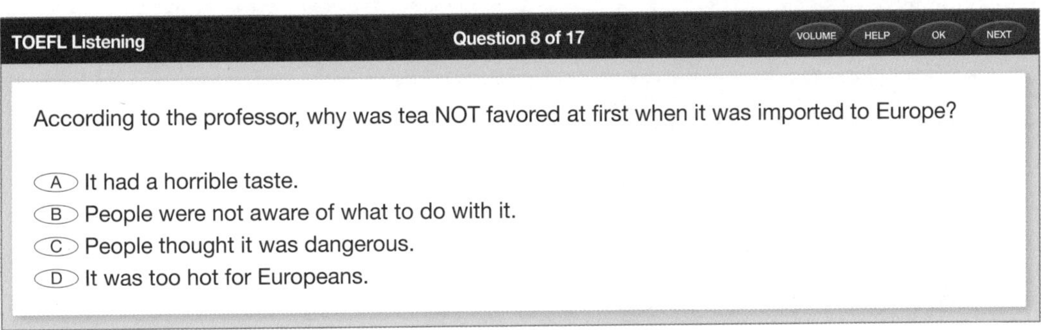
TOEFL Listening Question 8 of 17 VOLUME HELP OK NEXT

According to the professor, why was tea NOT favored at first when it was imported to Europe?

(A) It had a horrible taste.
(B) People were not aware of what to do with it.
(C) People thought it was dangerous.
(D) It was too hot for Europeans.

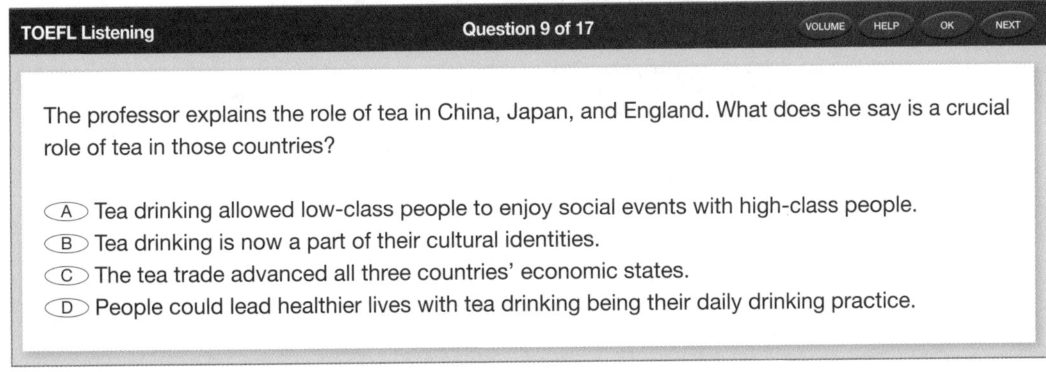
TOEFL Listening Question 9 of 17 VOLUME HELP OK NEXT

The professor explains the role of tea in China, Japan, and England. What does she say is a crucial role of tea in those countries?

(A) Tea drinking allowed low-class people to enjoy social events with high-class people.
(B) Tea drinking is now a part of their cultural identities.
(C) The tea trade advanced all three countries' economic states.
(D) People could lead healthier lives with tea drinking being their daily drinking practice.

TOEFL Listening | Question 10 of 17 | VOLUME HELP OK NEXT

According to the records, what can be inferred about the amount of tea imported into England in the eighteenth century?

(A) It may be imprecise since there were illegal imports.
(B) It shows how influential tea trade was to England's economic boost.
(C) It shows that people in England admired the beauty of other cultures.
(D) It was only stable until the late eighteenth century.

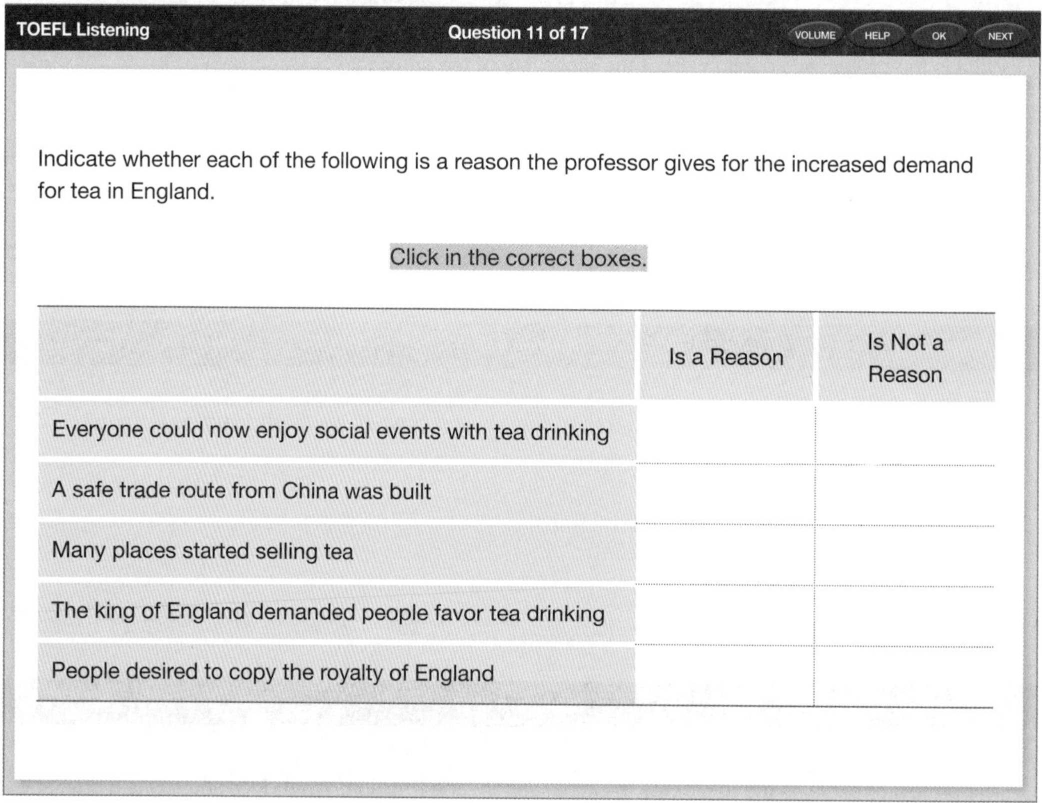

TOEFL Listening | Question 11 of 17 | VOLUME HELP OK NEXT

Indicate whether each of the following is a reason the professor gives for the increased demand for tea in England.

Click in the correct boxes.

	Is a Reason	Is Not a Reason
Everyone could now enjoy social events with tea drinking		
A safe trade route from China was built		
Many places started selling tea		
The king of England demanded people favor tea drinking		
People desired to copy the royalty of England		

Question 12-17 MP3 Listening_54

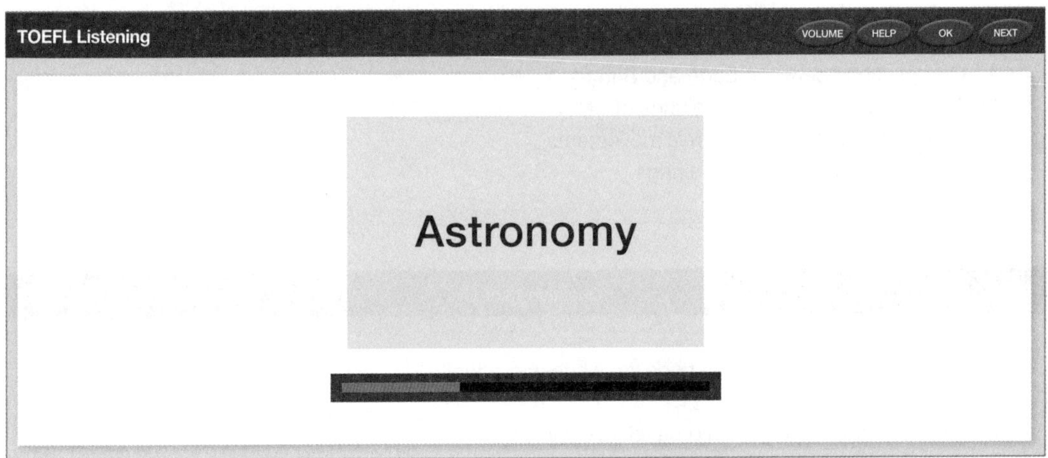

LISTENING

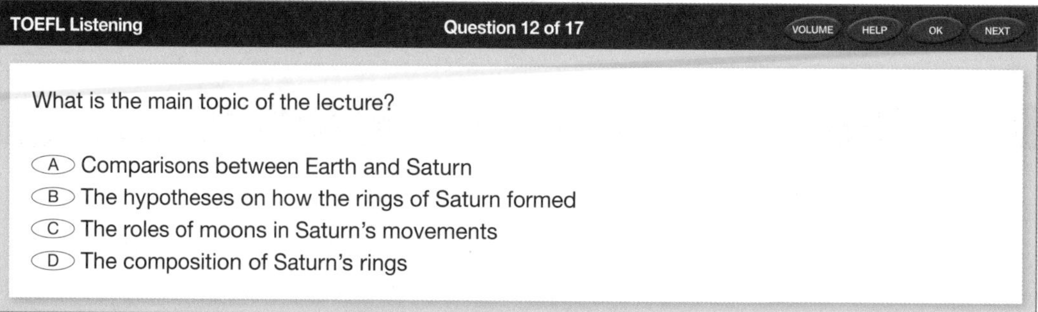
TOEFL Listening Question 12 of 17 VOLUME HELP OK NEXT

What is the main topic of the lecture?

(A) Comparisons between Earth and Saturn
(B) The hypotheses on how the rings of Saturn formed
(C) The roles of moons in Saturn's movements
(D) The composition of Saturn's rings

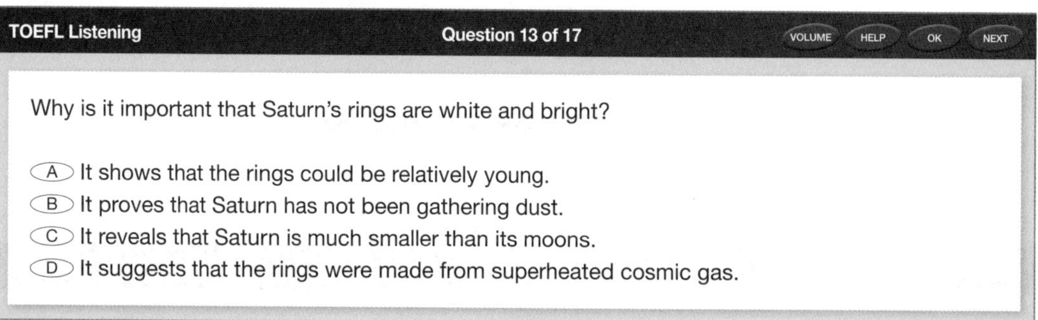
TOEFL Listening Question 13 of 17 VOLUME HELP OK NEXT

Why is it important that Saturn's rings are white and bright?

(A) It shows that the rings could be relatively young.
(B) It proves that Saturn has not been gathering dust.
(C) It reveals that Saturn is much smaller than its moons.
(D) It suggests that the rings were made from superheated cosmic gas.

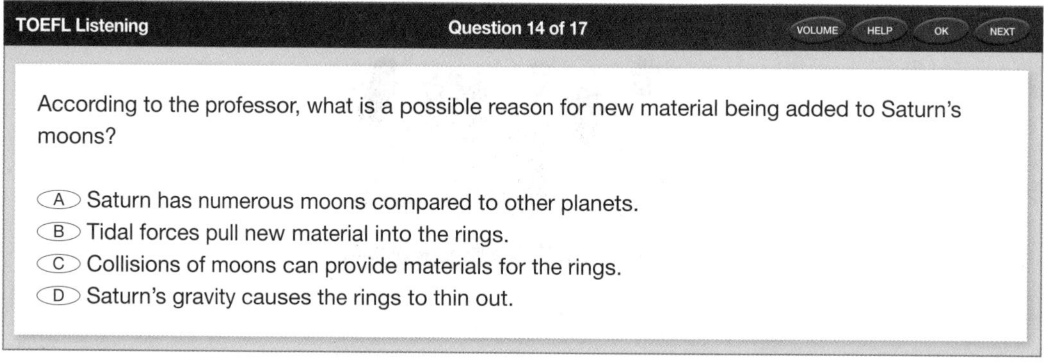
TOEFL Listening Question 14 of 17 VOLUME HELP OK NEXT

According to the professor, what is a possible reason for new material being added to Saturn's moons?

(A) Saturn has numerous moons compared to other planets.
(B) Tidal forces pull new material into the rings.
(C) Collisions of moons can provide materials for the rings.
(D) Saturn's gravity causes the rings to thin out.

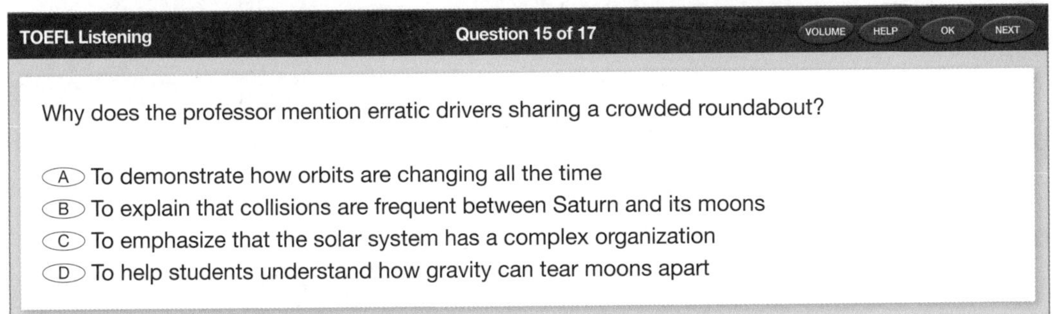
TOEFL Listening — Question 15 of 17 — VOLUME HELP OK NEXT

Why does the professor mention erratic drivers sharing a crowded roundabout?

(A) To demonstrate how orbits are changing all the time
(B) To explain that collisions are frequent between Saturn and its moons
(C) To emphasize that the solar system has a complex organization
(D) To help students understand how gravity can tear moons apart

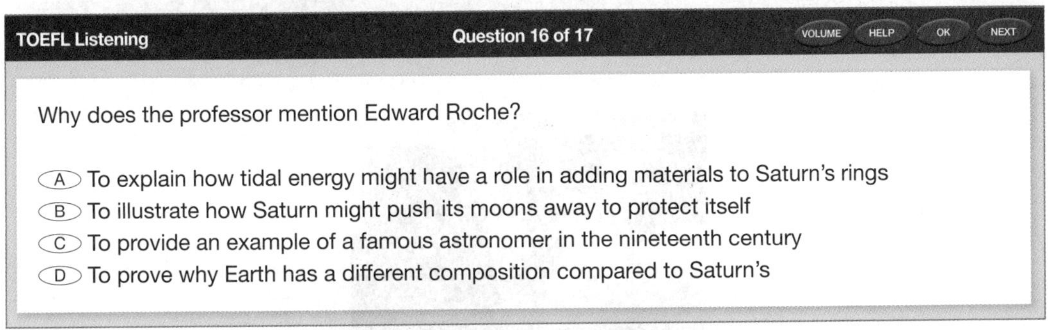
TOEFL Listening — Question 16 of 17 — VOLUME HELP OK NEXT

Why does the professor mention Edward Roche?

(A) To explain how tidal energy might have a role in adding materials to Saturn's rings
(B) To illustrate how Saturn might push its moons away to protect itself
(C) To provide an example of a famous astronomer in the nineteenth century
(D) To prove why Earth has a different composition compared to Saturn's

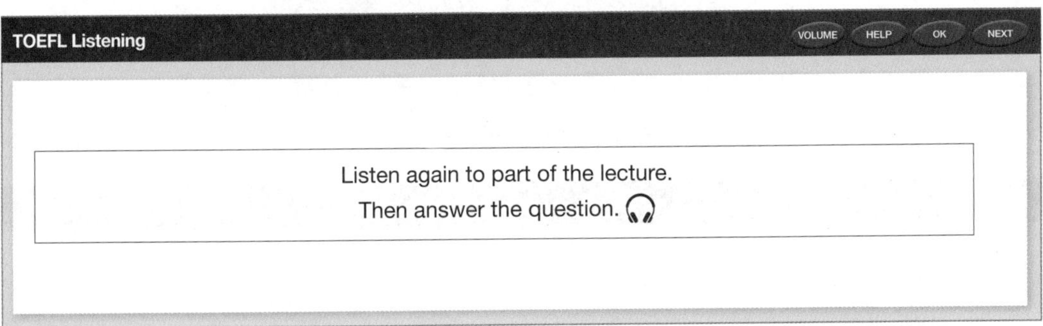
TOEFL Listening — VOLUME HELP OK NEXT

Listen again to part of the lecture.
Then answer the question.

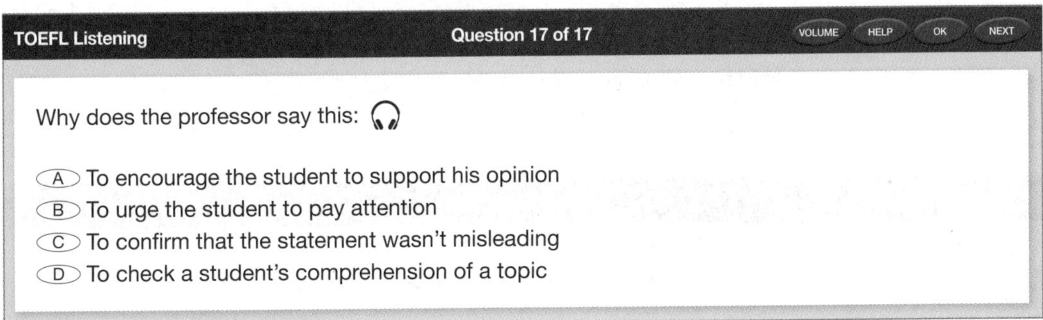
TOEFL Listening — Question 17 of 17 — VOLUME HELP OK NEXT

Why does the professor say this:

(A) To encourage the student to support his opinion
(B) To urge the student to pay attention
(C) To confirm that the statement wasn't misleading
(D) To check a student's comprehension of a topic

❷ 실전 모의고사 2

PART 1 (Q1-17)

Question 1-5 MP3 Listening_55

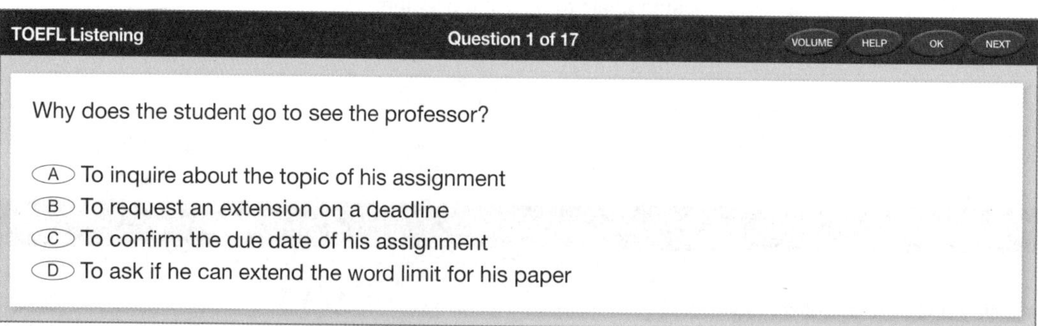
TOEFL Listening Question 1 of 17 VOLUME HELP OK NEXT

Why does the student go to see the professor?

Ⓐ To inquire about the topic of his assignment
Ⓑ To request an extension on a deadline
Ⓒ To confirm the due date of his assignment
Ⓓ To ask if he can extend the word limit for his paper

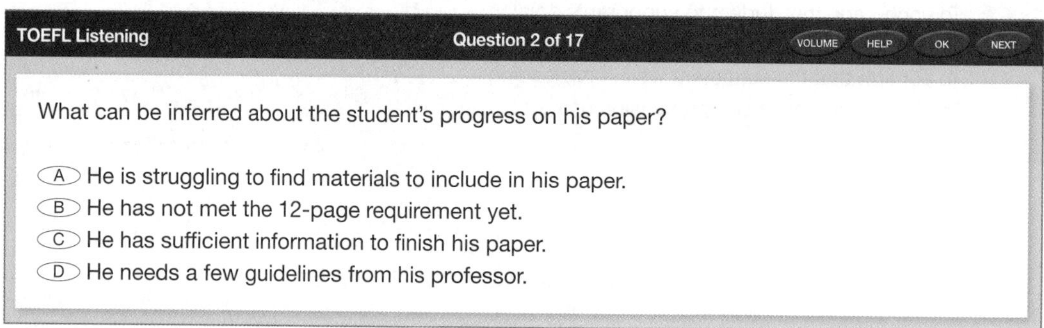
TOEFL Listening Question 2 of 17 VOLUME HELP OK NEXT

What can be inferred about the student's progress on his paper?

Ⓐ He is struggling to find materials to include in his paper.
Ⓑ He has not met the 12-page requirement yet.
Ⓒ He has sufficient information to finish his paper.
Ⓓ He needs a few guidelines from his professor.

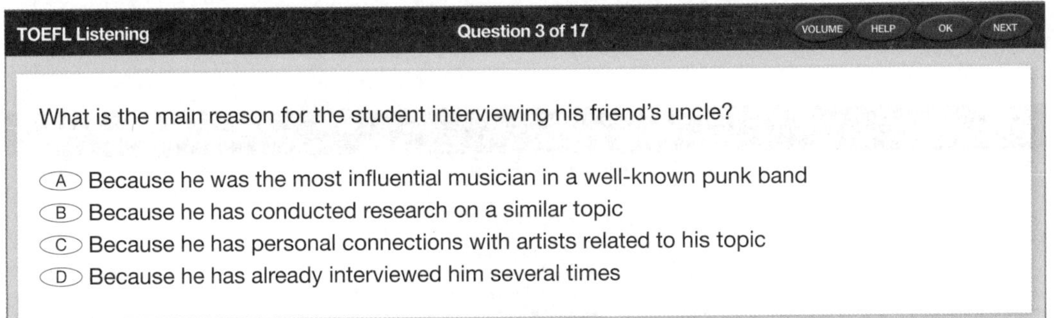

TOEFL Listening Question 3 of 17 VOLUME HELP OK NEXT

What is the main reason for the student interviewing his friend's uncle?

(A) Because he was the most influential musician in a well-known punk band
(B) Because he has conducted research on a similar topic
(C) Because he has personal connections with artists related to his topic
(D) Because he has already interviewed him several times

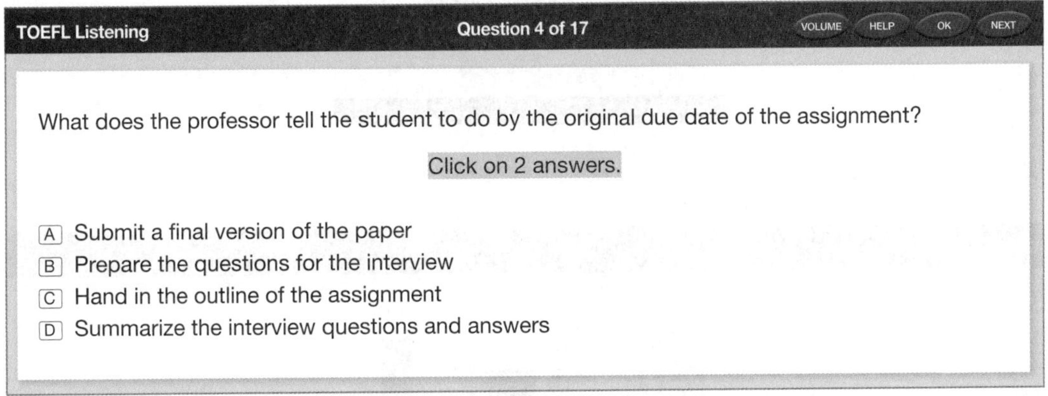

TOEFL Listening Question 4 of 17 VOLUME HELP OK NEXT

What does the professor tell the student to do by the original due date of the assignment?

Click on 2 answers.

[A] Submit a final version of the paper
[B] Prepare the questions for the interview
[C] Hand in the outline of the assignment
[D] Summarize the interview questions and answers

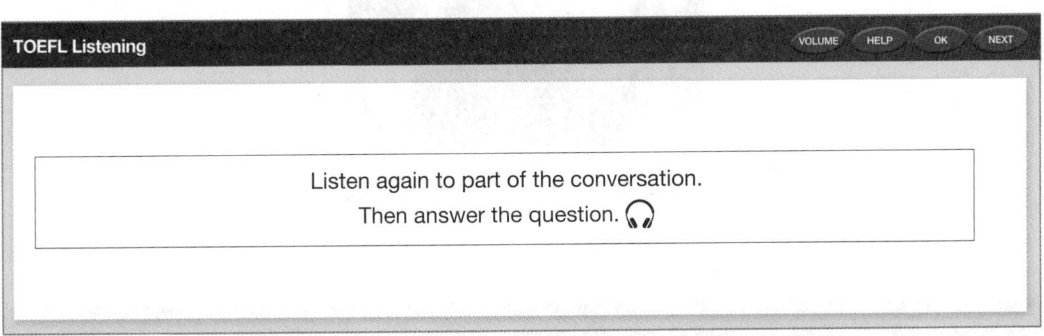

TOEFL Listening VOLUME HELP OK NEXT

Listen again to part of the conversation.
Then answer the question.

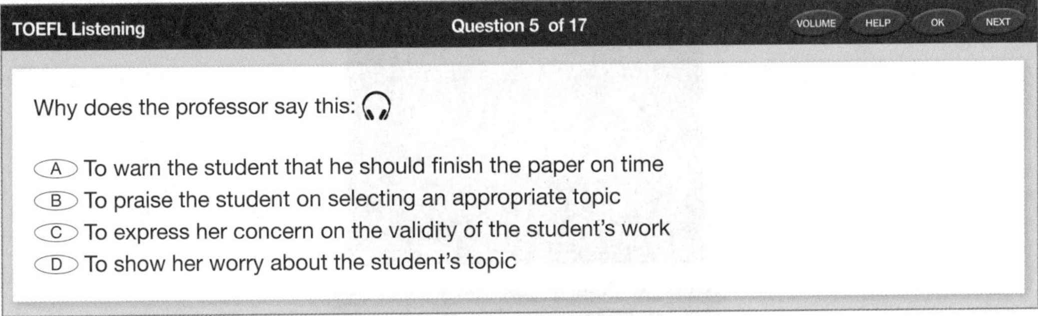

TOEFL Listening Question 5 of 17 VOLUME HELP OK NEXT

Why does the professor say this:

(A) To warn the student that he should finish the paper on time
(B) To praise the student on selecting an appropriate topic
(C) To express her concern on the validity of the student's work
(D) To show her worry about the student's topic

Question 6-11 MP3 Listening_56

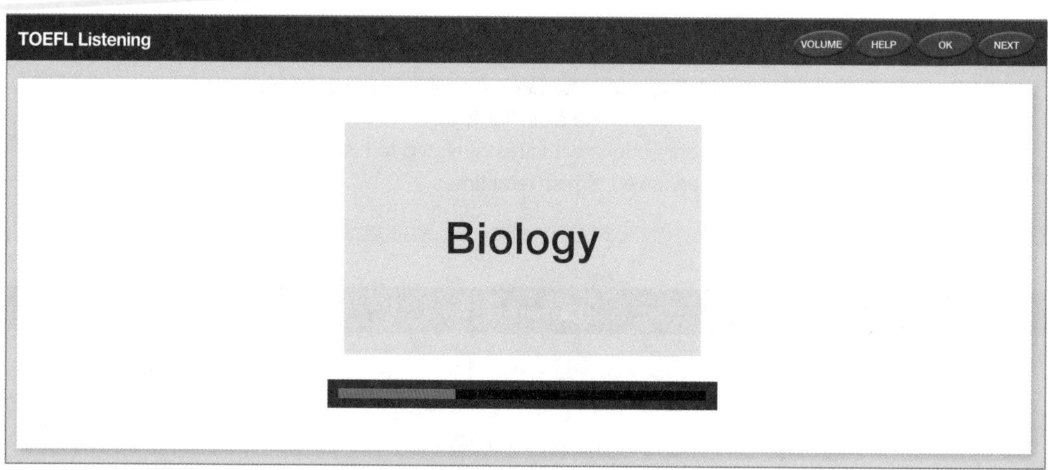

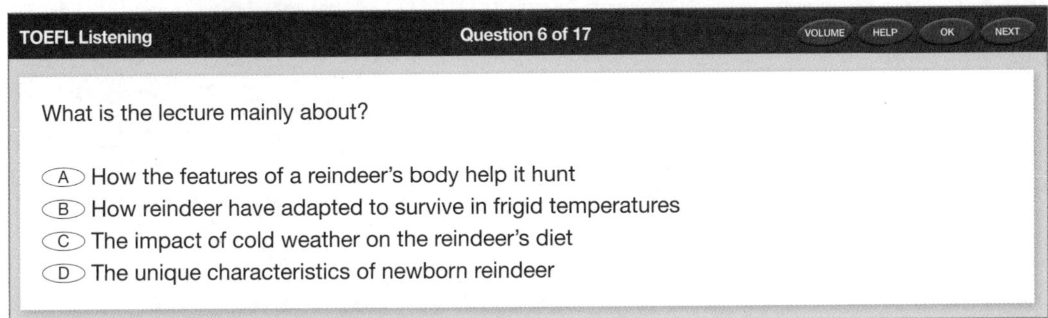
TOEFL Listening Question 6 of 17 VOLUME HELP OK NEXT

What is the lecture mainly about?

(A) How the features of a reindeer's body help it hunt
(B) How reindeer have adapted to survive in frigid temperatures
(C) The impact of cold weather on the reindeer's diet
(D) The unique characteristics of newborn reindeer

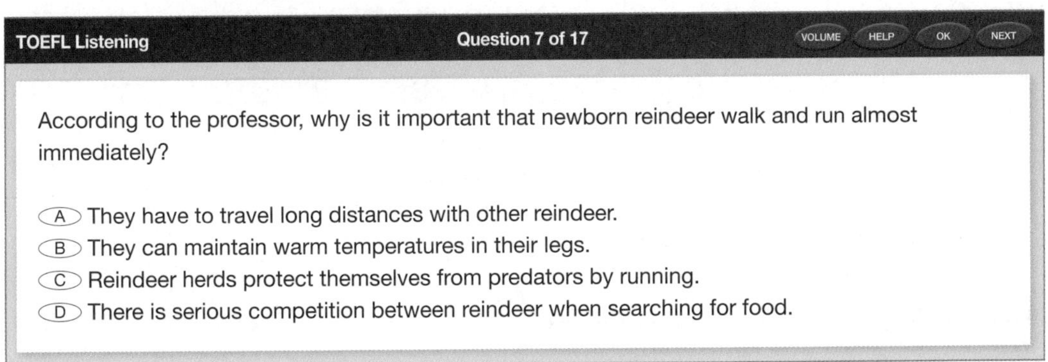
TOEFL Listening Question 7 of 17 VOLUME HELP OK NEXT

According to the professor, why is it important that newborn reindeer walk and run almost immediately?

(A) They have to travel long distances with other reindeer.
(B) They can maintain warm temperatures in their legs.
(C) Reindeer herds protect themselves from predators by running.
(D) There is serious competition between reindeer when searching for food.

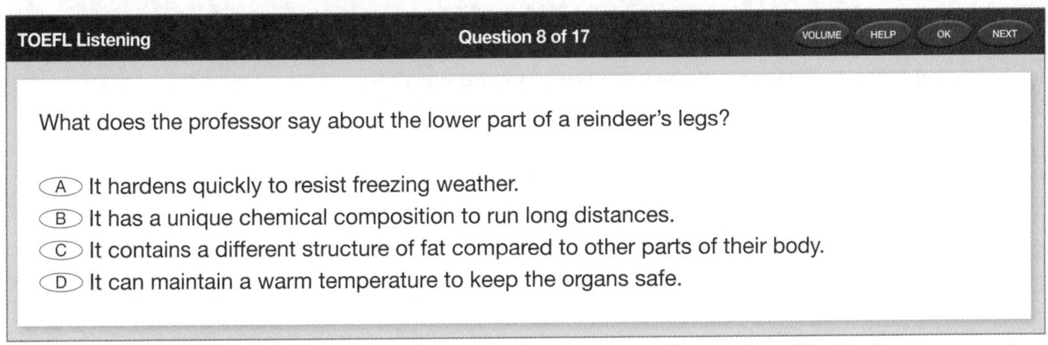
TOEFL Listening Question 8 of 17 VOLUME HELP OK NEXT

What does the professor say about the lower part of a reindeer's legs?

(A) It hardens quickly to resist freezing weather.
(B) It has a unique chemical composition to run long distances.
(C) It contains a different structure of fat compared to other parts of their body.
(D) It can maintain a warm temperature to keep the organs safe.

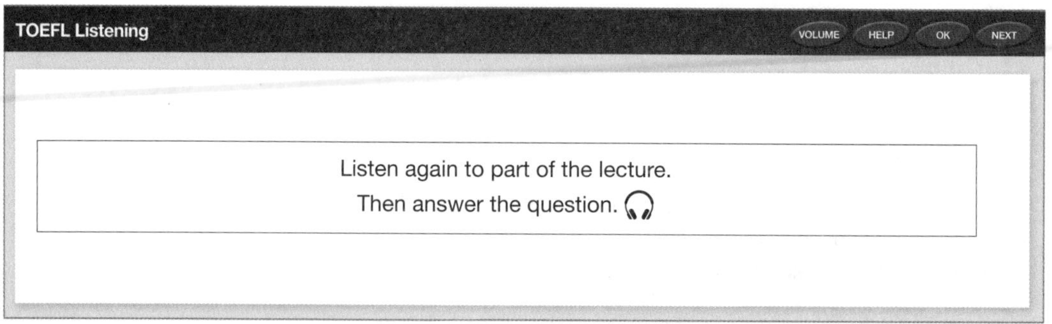
TOEFL Listening
VOLUME
HELP
OK
NEXT
Listen again to part of the lecture.
Then answer the question.

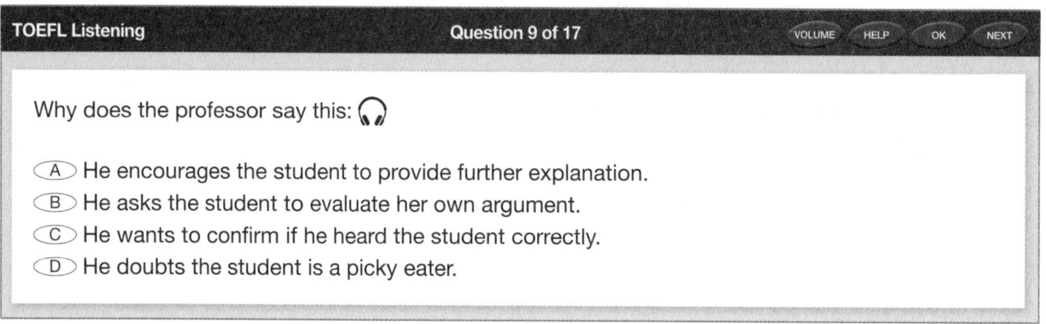
TOEFL Listening
Question 9 of 17
VOLUME
HELP
OK
NEXT
Why does the professor say this:
A He encourages the student to provide further explanation.
B He asks the student to evaluate her own argument.
C He wants to confirm if he heard the student correctly.
D He doubts the student is a picky eater.

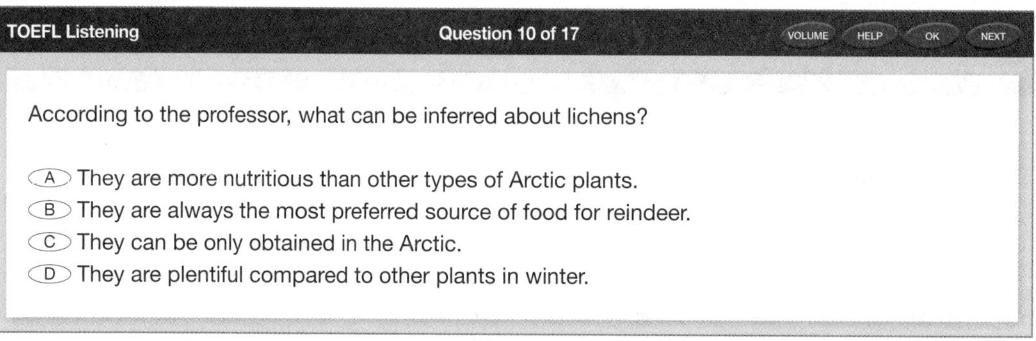
TOEFL Listening
Question 10 of 17
VOLUME
HELP
OK
NEXT
According to the professor, what can be inferred about lichens?
A They are more nutritious than other types of Arctic plants.
B They are always the most preferred source of food for reindeer.
C They can be only obtained in the Arctic.
D They are plentiful compared to other plants in winter.

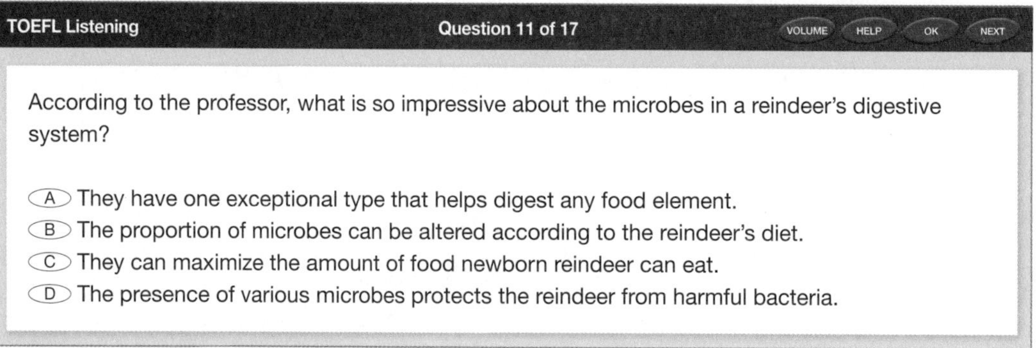
TOEFL Listening
Question 11 of 17
VOLUME
HELP
OK
NEXT
According to the professor, what is so impressive about the microbes in a reindeer's digestive system?
A They have one exceptional type that helps digest any food element.
B The proportion of microbes can be altered according to the reindeer's diet.
C They can maximize the amount of food newborn reindeer can eat.
D The presence of various microbes protects the reindeer from harmful bacteria.

Question 12-17 MP3 Listening_57

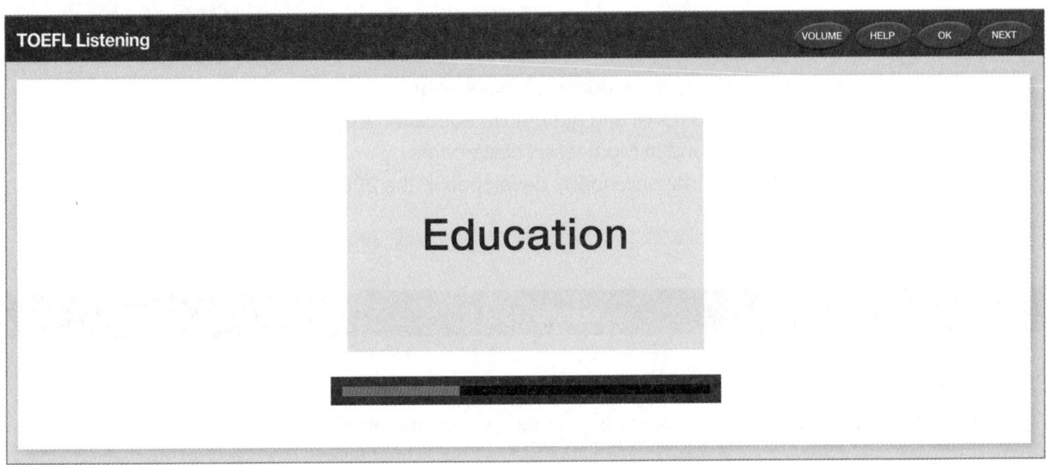

LISTENING

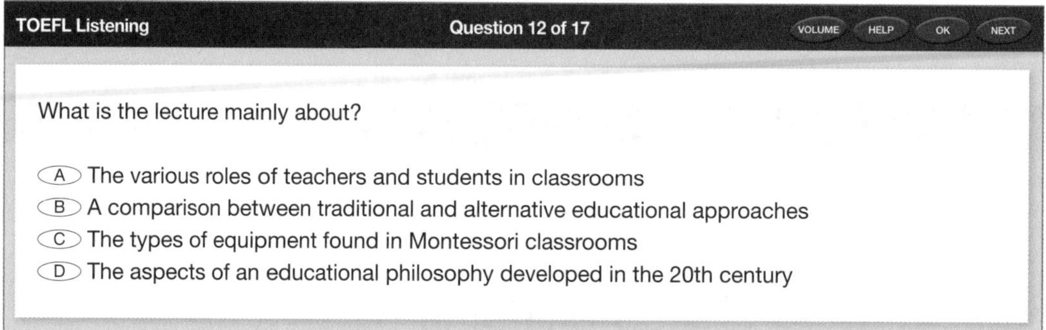

What is the lecture mainly about?

(A) The various roles of teachers and students in classrooms
(B) A comparison between traditional and alternative educational approaches
(C) The types of equipment found in Montessori classrooms
(D) The aspects of an educational philosophy developed in the 20th century

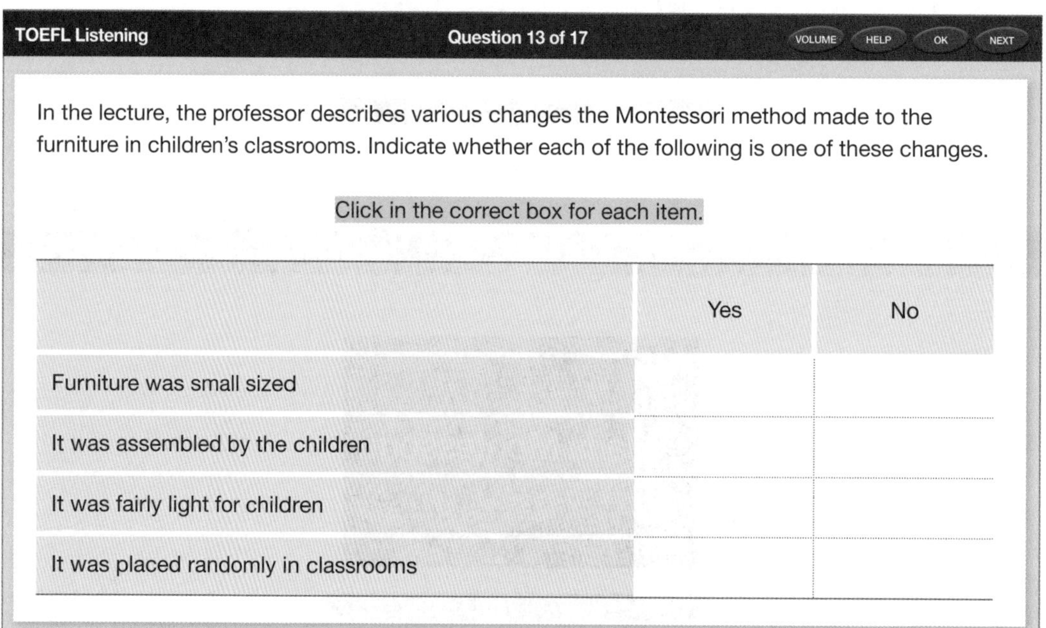

In the lecture, the professor describes various changes the Montessori method made to the furniture in children's classrooms. Indicate whether each of the following is one of these changes.

Click in the correct box for each item.

	Yes	No
Furniture was small sized		
It was assembled by the children		
It was fairly light for children		
It was placed randomly in classrooms		

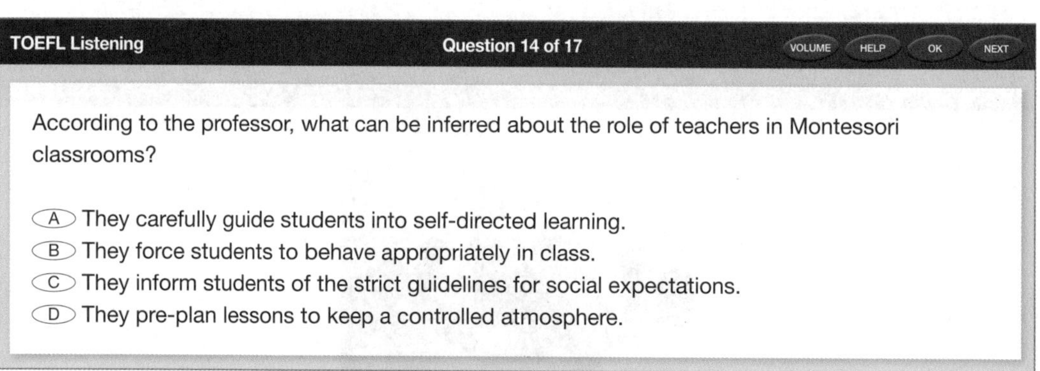

According to the professor, what can be inferred about the role of teachers in Montessori classrooms?

(A) They carefully guide students into self-directed learning.
(B) They force students to behave appropriately in class.
(C) They inform students of the strict guidelines for social expectations.
(D) They pre-plan lessons to keep a controlled atmosphere.

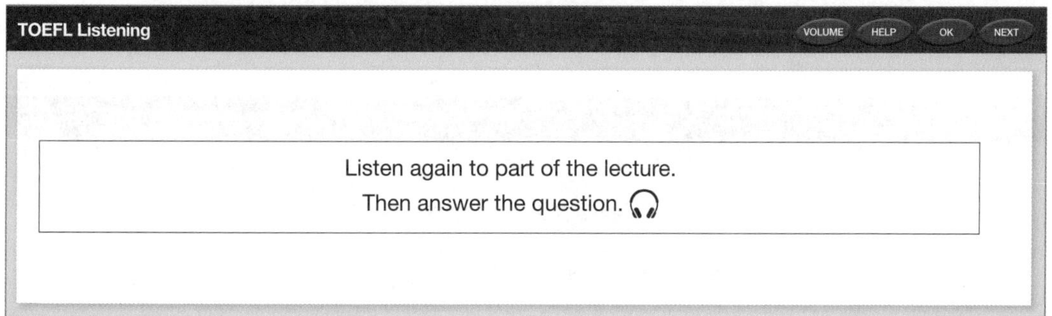
TOEFL Listening
VOLUME
HELP
OK
NEXT
Listen again to part of the lecture.
Then answer the question.

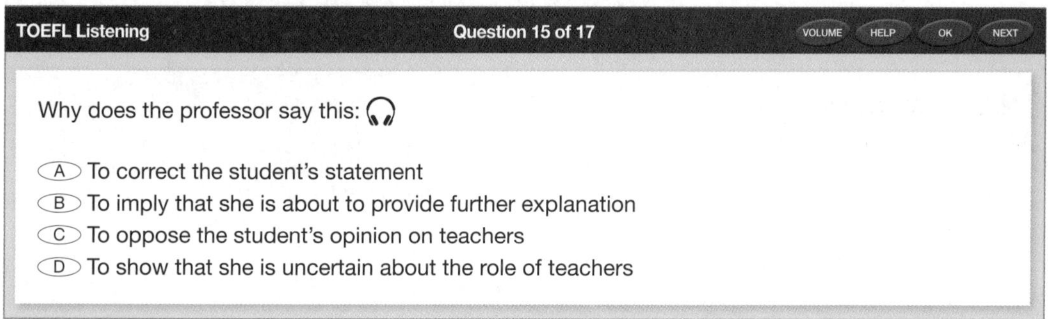
TOEFL Listening
Question 15 of 17
VOLUME
HELP
OK
NEXT
Why does the professor say this:
A To correct the student's statement
B To imply that she is about to provide further explanation
C To oppose the student's opinion on teachers
D To show that she is uncertain about the role of teachers

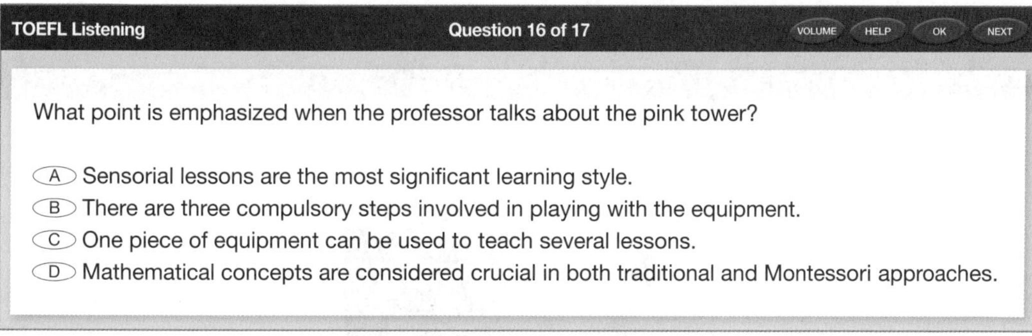
TOEFL Listening
Question 16 of 17
VOLUME
HELP
OK
NEXT
What point is emphasized when the professor talks about the pink tower?
A Sensorial lessons are the most significant learning style.
B There are three compulsory steps involved in playing with the equipment.
C One piece of equipment can be used to teach several lessons.
D Mathematical concepts are considered crucial in both traditional and Montessori approaches.

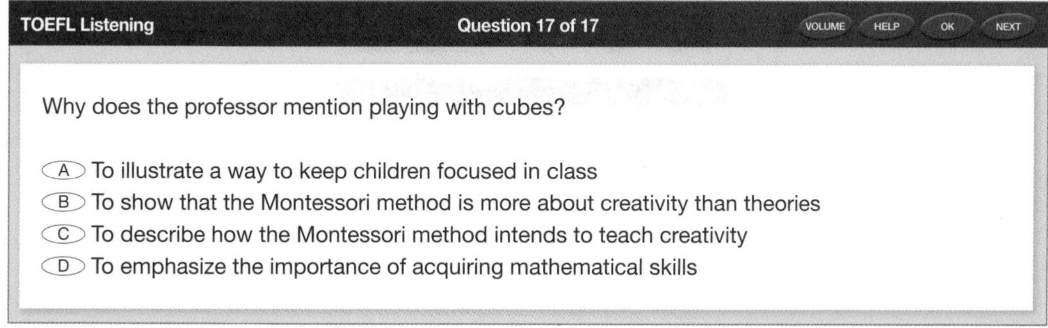
TOEFL Listening
Question 17 of 17
VOLUME
HELP
OK
NEXT
Why does the professor mention playing with cubes?
A To illustrate a way to keep children focused in class
B To show that the Montessori method is more about creativity than theories
C To describe how the Montessori method intends to teach creativity
D To emphasize the importance of acquiring mathematical skills

PART 2 (Q1-11)

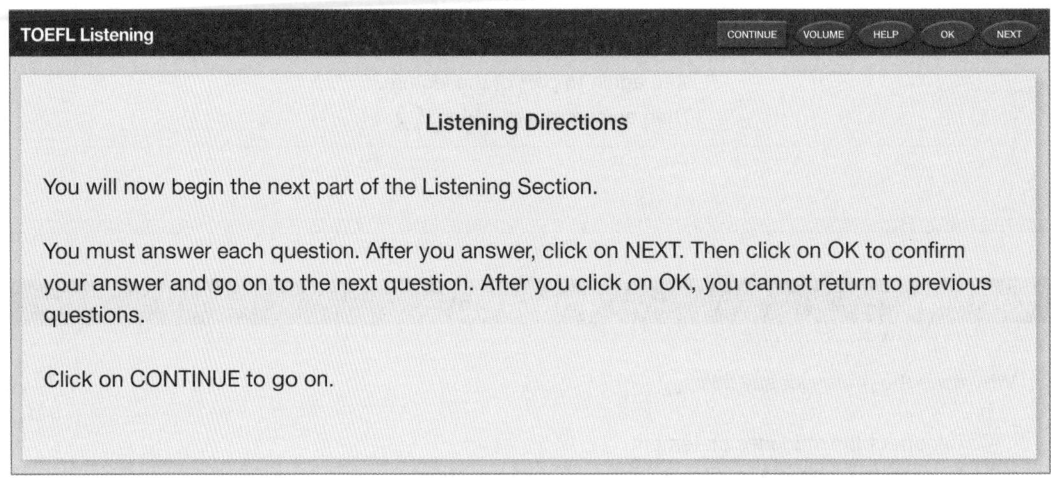

Question 1-5 MP3 Listening_58

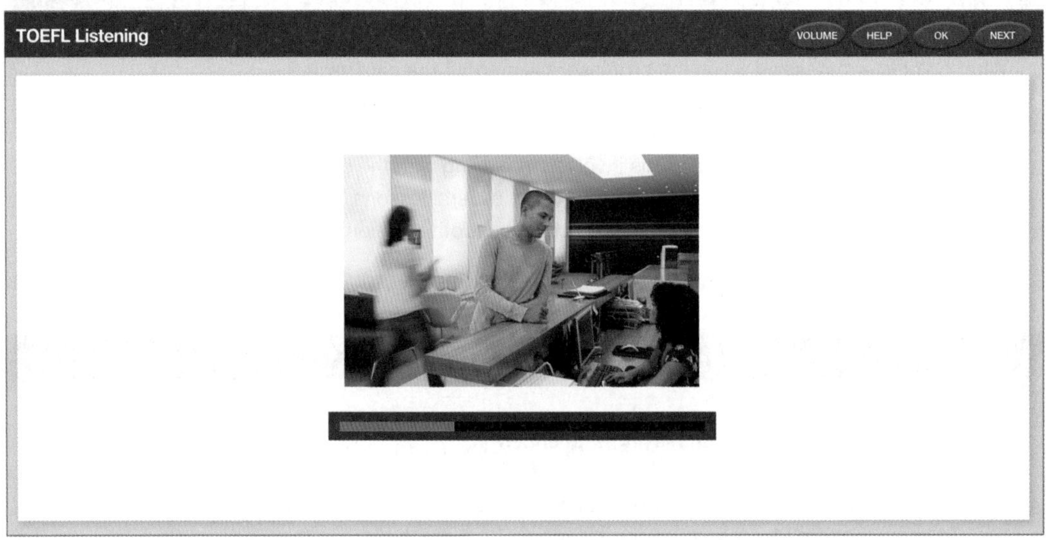

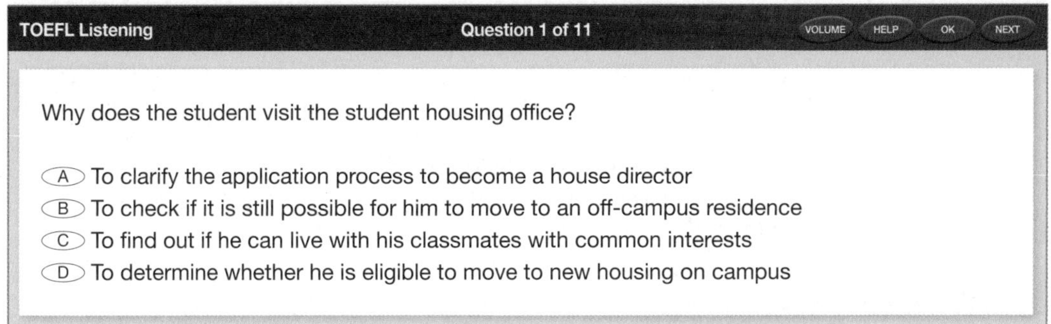

Why does the student visit the student housing office?

(A) To clarify the application process to become a house director
(B) To check if it is still possible for him to move to an off-campus residence
(C) To find out if he can live with his classmates with common interests
(D) To determine whether he is eligible to move to new housing on campus

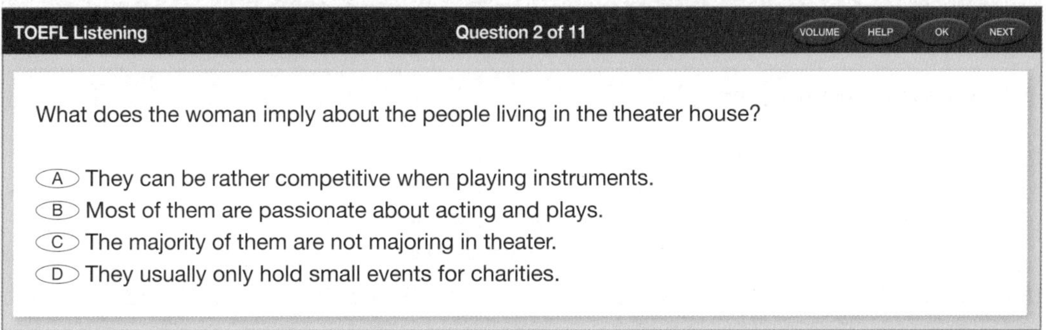

What does the woman imply about the people living in the theater house?

(A) They can be rather competitive when playing instruments.
(B) Most of them are passionate about acting and plays.
(C) The majority of them are not majoring in theater.
(D) They usually only hold small events for charities.

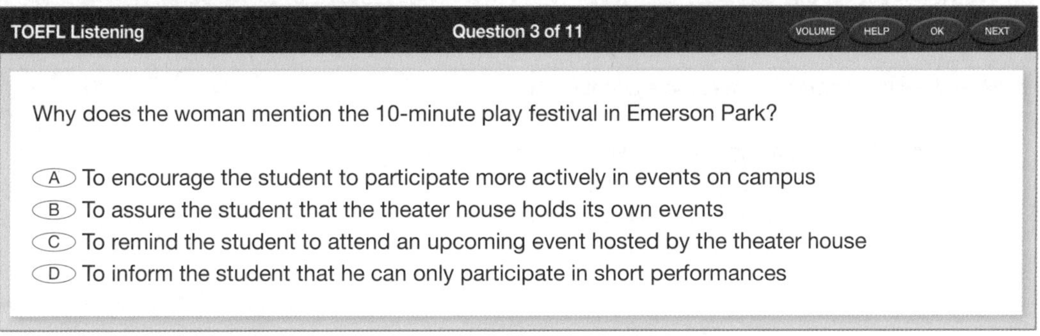

Why does the woman mention the 10-minute play festival in Emerson Park?

(A) To encourage the student to participate more actively in events on campus
(B) To assure the student that the theater house holds its own events
(C) To remind the student to attend an upcoming event hosted by the theater house
(D) To inform the student that he can only participate in short performances

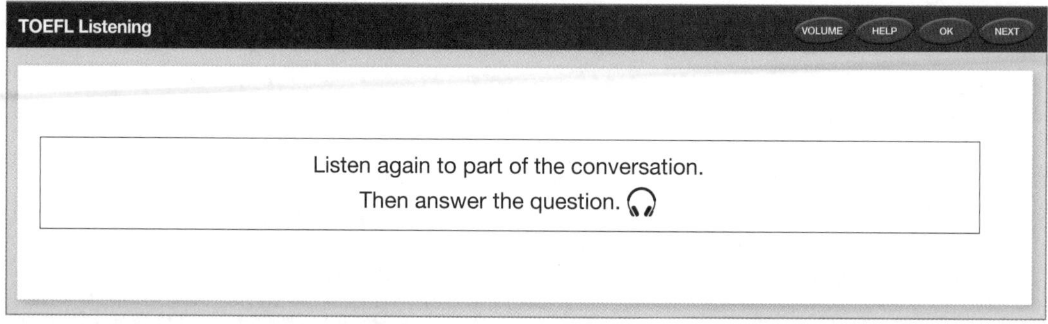
TOEFL Listening
VOLUME
HELP
OK
NEXT
Listen again to part of the conversation.
Then answer the question.

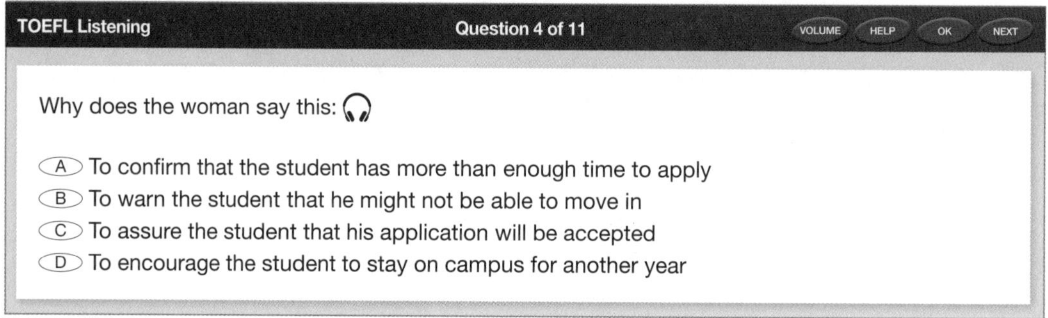
TOEFL Listening
Question 4 of 11
VOLUME
HELP
OK
NEXT
Why does the woman say this:
A To confirm that the student has more than enough time to apply
B To warn the student that he might not be able to move in
C To assure the student that his application will be accepted
D To encourage the student to stay on campus for another year

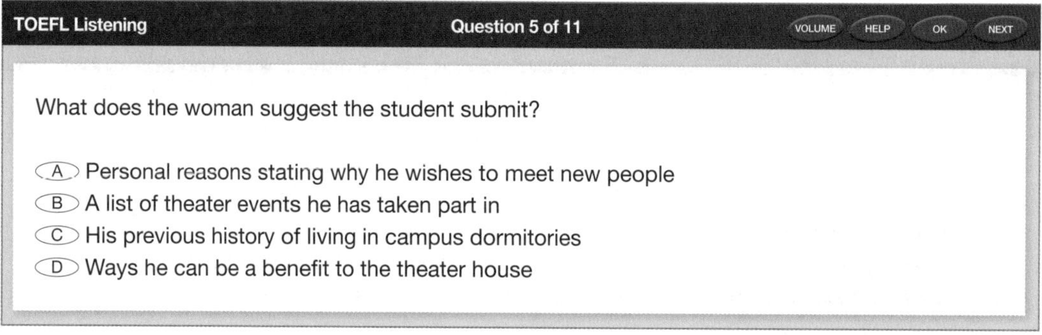
TOEFL Listening
Question 5 of 11
VOLUME
HELP
OK
NEXT
What does the woman suggest the student submit?
A Personal reasons stating why he wishes to meet new people
B A list of theater events he has taken part in
C His previous history of living in campus dormitories
D Ways he can be a benefit to the theater house

Question 6-11 MP3 Listening_59

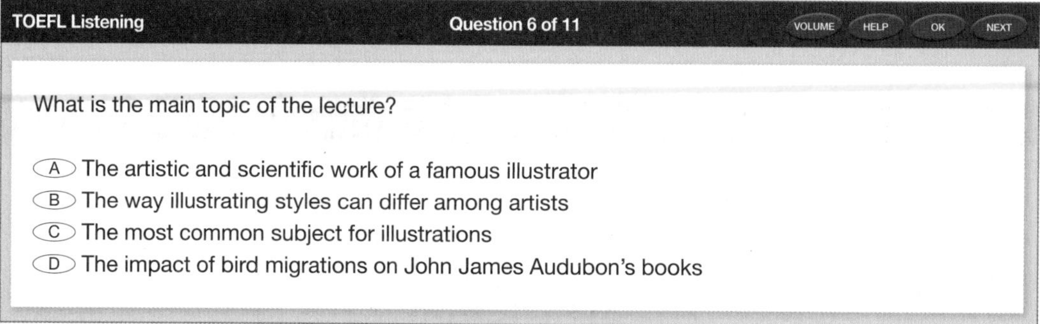
TOEFL Listening Question 6 of 11 VOLUME HELP OK NEXT

What is the main topic of the lecture?

(A) The artistic and scientific work of a famous illustrator
(B) The way illustrating styles can differ among artists
(C) The most common subject for illustrations
(D) The impact of bird migrations on John James Audubon's books

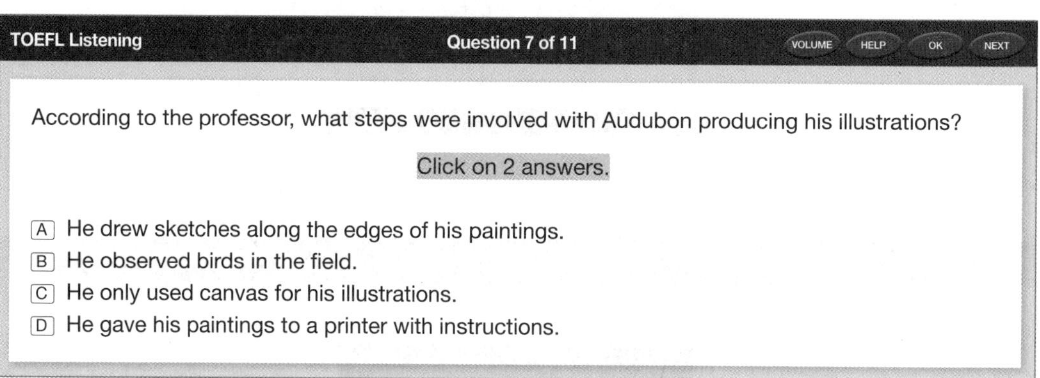
TOEFL Listening Question 7 of 11 VOLUME HELP OK NEXT

According to the professor, what steps were involved with Audubon producing his illustrations?

Click on 2 answers.

[A] He drew sketches along the edges of his paintings.
[B] He observed birds in the field.
[C] He only used canvas for his illustrations.
[D] He gave his paintings to a printer with instructions.

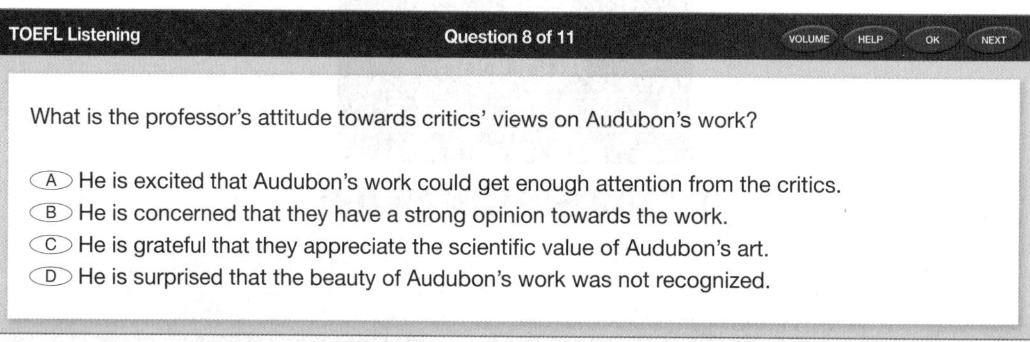
TOEFL Listening Question 8 of 11 VOLUME HELP OK NEXT

What is the professor's attitude towards critics' views on Audubon's work?

(A) He is excited that Audubon's work could get enough attention from the critics.
(B) He is concerned that they have a strong opinion towards the work.
(C) He is grateful that they appreciate the scientific value of Audubon's art.
(D) He is surprised that the beauty of Audubon's work was not recognized.

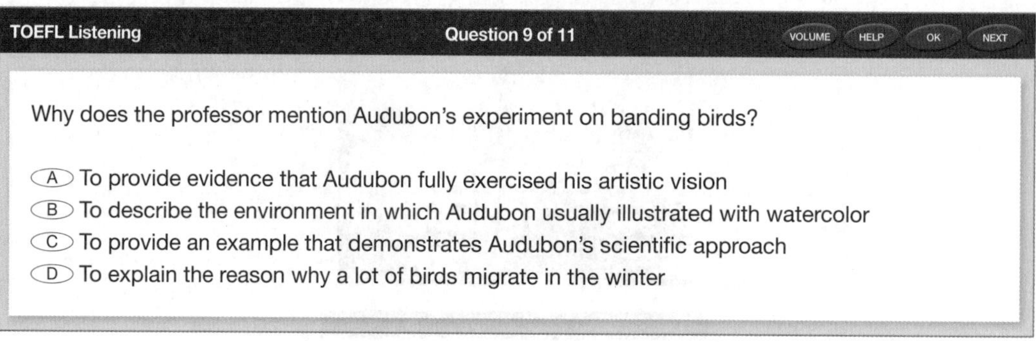
TOEFL Listening Question 9 of 11 VOLUME HELP OK NEXT

Why does the professor mention Audubon's experiment on banding birds?

(A) To provide evidence that Audubon fully exercised his artistic vision
(B) To describe the environment in which Audubon usually illustrated with watercolor
(C) To provide an example that demonstrates Audubon's scientific approach
(D) To explain the reason why a lot of birds migrate in the winter

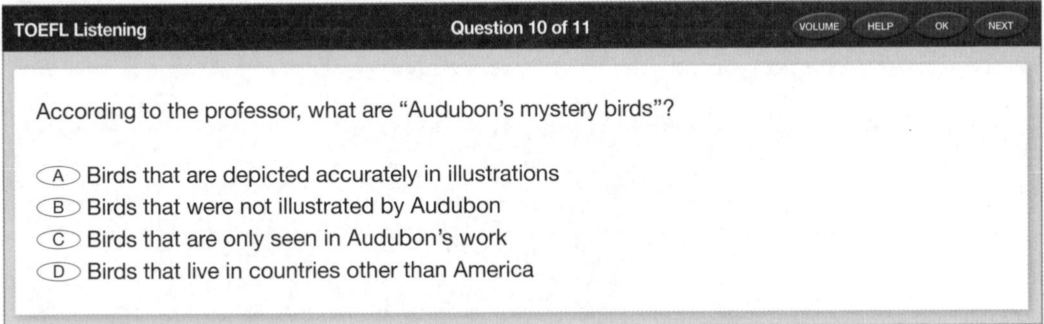
TOEFL Listening Question 10 of 11 VOLUME HELP OK NEXT

According to the professor, what are "Audubon's mystery birds"?

Ⓐ Birds that are depicted accurately in illustrations
Ⓑ Birds that were not illustrated by Audubon
Ⓒ Birds that are only seen in Audubon's work
Ⓓ Birds that live in countries other than America

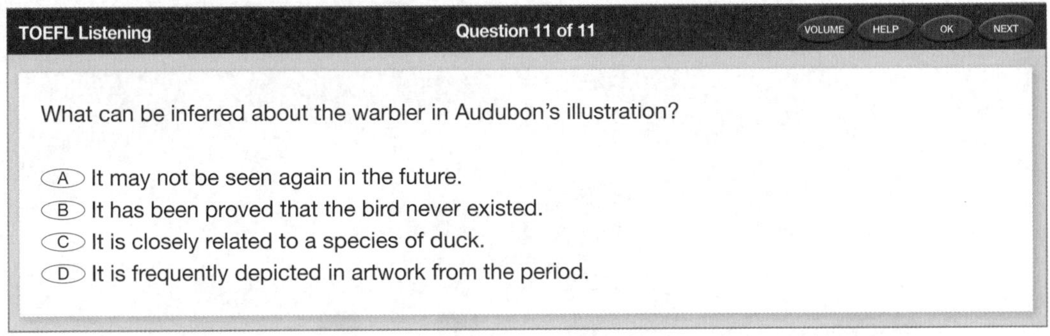
TOEFL Listening Question 11 of 11 VOLUME HELP OK NEXT

What can be inferred about the warbler in Audubon's illustration?

Ⓐ It may not be seen again in the future.
Ⓑ It has been proved that the bird never existed.
Ⓒ It is closely related to a species of duck.
Ⓓ It is frequently depicted in artwork from the period.

TOEFL Intermediate

Speaking

Speaking

미리보기

01 Speaking 핵심 정리

- Speaking 한눈에 파악하기
- Speaking 최신 출제 경향 분석

02 Speaking 실력 업그레이드

- 문장 말하기 기본 훈련
- 유형별 필수 표현 훈련

03 Speaking 문제 유형 공략

- Question 1: Independent Speaking
- Question 2: Integrated Speaking
- Question 3: Integrated Speaking
- Question 4: Integrated Speaking

04 Speaking 실전 모의고사

- 실전 모의고사 1
- 실전 모의고사 2

01 Speaking 핵심 정리

❶ Speaking 한눈에 파악하기

▪ Speaking 시험 특징

토플 스피킹 문제 유형은 크게 두 가지로, Independent(독립형)와 Integrated(통합형)입니다. 1번 한 문제만 독립형으로 출제되고 나머지 2~4번은 통합형입니다.

독립형은 별도의 지문 읽기(Reading)나 음원 듣기(Listening)없이 질문에 대한 자신의 주관적 생각을 말하는(Speaking) 문제 유형이고, 통합형은 지문을 읽거나 음원을 듣고 전체적인 내용을 이해한 후 이와 연관된 질문에 대해 제시된 내용을 바탕으로 객관적으로 말하는 유형입니다.

보다 구체적으로 각 문제마다 다음과 같은 특징이 있습니다.

문제 수	4개			
시험 시간	17분			
문제 유형	Independent	Integrated		
	Question 1	Question 2	Question 3	Question 4
내용	나의 선택	대학 생활	대학 강의	대학 강의
리딩 지문	없음	공고문 또는 편지글 리딩 시간: 45/50초	대학 교재 일부 리딩 시간: 45/50초	없음
리스닝	없음	두 학생 간 대화 리스닝 시간: 60-80초	짧은 강의 리스닝 시간: 60-90초	긴 강의 리스닝 시간: 90-120초
스피킹 답변	나의 의견 준비 시간: 15초 답변 시간: 45초	리딩 지문에 관한 학생의 의견 정리 준비 시간: 30초 답변 시간: 60초	강의를 바탕으로 리딩 지문 개념 설명 준비 시간: 30초 답변 시간: 60초	강의의 두 가지 핵심 포인트와 예시 정리 준비 시간: 20초 답변 시간: 60초

스피킹 영역에서 자주 나오는 주제는 리스닝 영역과 유사하게 대학 생활에서 나올 수 있는 내용과 특정 전공 관련 강의입니다. 강의 내용은 생물학, 경영/경제, 심리학을 주제로 합니다.

▪ Speaking Rubrics (채점 기준)

토플 스피킹은 다음과 같은 채점 기준에 의거하여 각 문제가 채점이 됩니다. 따라서 채점 기준에 맞게 답변하도록 합니다.

점수	종합	전달력 (Delivery)	언어 사용 (Language Use)	주제 전개 (Topic Development)
4	최소의 실수로 과제가 요구하는 대답을 함. 매우 알아듣기 쉽고 일관성 있게 내용 전개.	분명하고 유창하게 말함. 비록 발음이나 억양에 작은 실수가 있고 정보를 기억해 내는 데 있어서 속도가 일정하지 않기도 하지만 알아듣기 쉬움.	단문과 복문을 자유자재로 구사하며 효과적인 어휘 사용으로 일관성 있게 내용 전달. 약간의 어휘와 문법 사용 실수가 있지만 듣는 데 문제없음.	과제에 맞게 분명하게 아이디어 전개. 사소한 실수와 내용 누락이 있을 수 있지만 적합한 세부 내용 포함.
3	적절히 과제에 대답하나 완벽하지는 못함. 알아듣기 쉽고 일관성도 있는 편이나 눈에 띄는 실수가 있음.	대체로 분명하게, 어느 정도 유창하게 말하지만 발음, 억양, 속도에서 실수가 있어 알아듣는 데 어느 정도 노력이 필요함.	어휘와 문법 사용에 있어 어느 정도 한계 및 실수가 있지만 심각하게 의사소통에 영향을 미치지는 않음.	대부분 과제에 맞게 아이디어 전개. 구체적 세부 내용이 결여되고 때때로 아이디어 간의 관계가 불명확함.
2	과제에 대해 한정된 대답을 함. 알아듣기 어려운 부분도 있어서 정확한 의미 파악이 어렵기도 함.	불명확한 발음, 어색한 억양과 속도로 인해 듣는 데 노력이 필요하지만, 기본적으로 알아들을 수 있음.	한정된 어휘와 문법의 사용으로 아이디어의 표현이 어려움. 기본적인 단문만 유창하게 말함.	과제에 대한 응답이지만, 구체적인 세부 내용이 결여되고 기본적인 아이디어만 표현함. 아이디어 간의 관계가 불명확함.
1	대답 내용이 매우 제한되거나 알아듣기 어려움.	지속적인 발음, 강세, 억양 문제로 알아듣기 어려움. 띄엄띄엄 말함.	어휘와 문법 사용에 심각한 제약이 있음. 낮은 수준의 암기한 답변에 의존함.	일부만 답변함. 연결해서 말하는 것이 어렵고 반복된 표현에 심하게 의존함.
0	응시자가 대답을 하지 않거나 주제와 관련 없는 대답을 함.			

SPEAKING

❷ Speaking 최신 출제 경향 분석

▪ Question 1: Independent Speaking (독립형)

시험 개정 후 스피킹 1번 빈출 주제는 교육 분야입니다. 방과 후 학교 프로그램부터, 올바른 학습을 위해 선생님이 어떤 방식으로 수업을 진행할 것인지(토론, 조별 과제, 개별 학습 등)를 묻는 문제가 높은 빈도로 출제되고 있습니다. 또한, 아이의 교육 방향성이나 가족의 중요성을 논해야 하는, 교육과 결합된 어린이/가족 관련 질문이 자주 등장하고 있습니다.

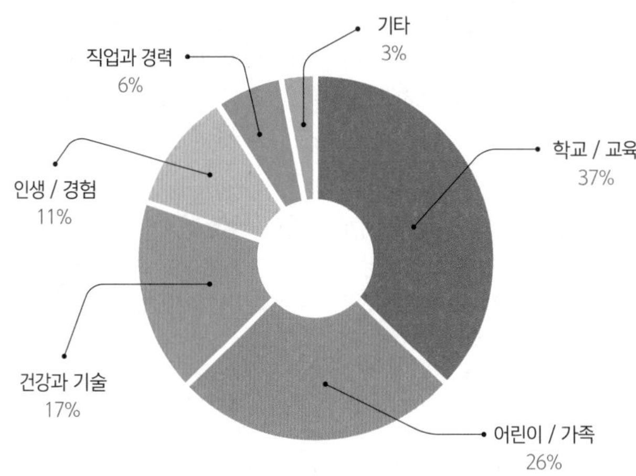

[Question 1 빈출 주제 경향]

스피킹 1번 문제는 크게 선택 유형(A or B 또는 A or B or C)과 찬반 유형(Agree or Disagree)으로 구분할 수 있습니다. 1번 문제가 시험 개정 후 어려워지고 있는데, 그 이유는 문제 자체의 난이도보다는 문제의 문장이 점차 길어지고 있기 때문입니다. 선택 유형의 경우 최근 A or B or C 패턴, 즉 보기가 3개인 질문이 자주 출제되고 있으며, 찬반 유형도 문제 설명이 보다 길어졌습니다. 문제의 문장 개수가 늘어나고, 문장의 길이도 길어지면서 당황하게 되고, 결국 브레인스토밍을 제대로 못하고 답변을 하게 됩니다. 따라서, 짧은 시간에 집중하여 주어진 문제를 해석할 수 있도록 연습해야 합니다.

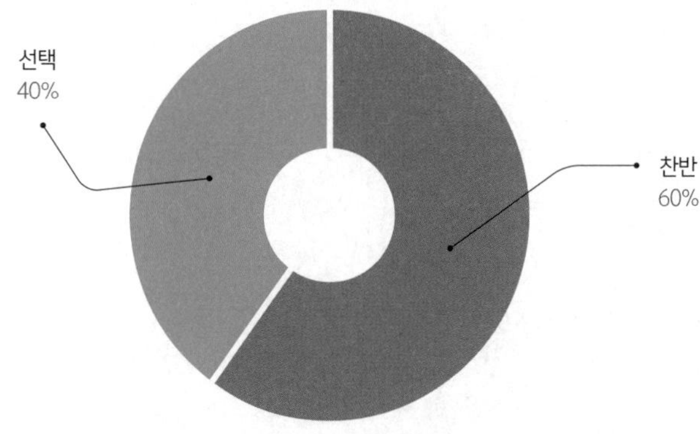

[Question 1 문제 유형 출제 경향]

▪ Question 2: Integrated Speaking (통합형)

최신 토플 스피킹 2번 문제에 가장 높은 빈도를 차지하는 주제는 '교내 프로그램'과 관련된 학생 간 대화입니다. 교수와의 미팅을 잡는 스케줄링부터, 신입생 환영회 등 학생의 편의를 높이고, 교내 생활의 만족도를 높여줄 수 있는 교내 프로그램이 주제로 출제되고 있습니다.

특히, 개정 이후 '학교측의 계획에 동의하는 내용'이 이전보다는 높은 빈도로 등장하고 있기에, 찬성과 관련된 표현에 대비할 필요가 있습니다. 교내 프로그램 다음으로 자주 등장하는 주제는 교내 시설과 관련된 내용입니다. 도서관, 카페, 기숙사 등 현재 시설과 관련된 문제점을 제시하는 학생의 부정적인 입장을 들을 수 있습니다. 이러한 리스닝 대화에서는 비교급과 가정법이 활용되는 경우가 많습니다.

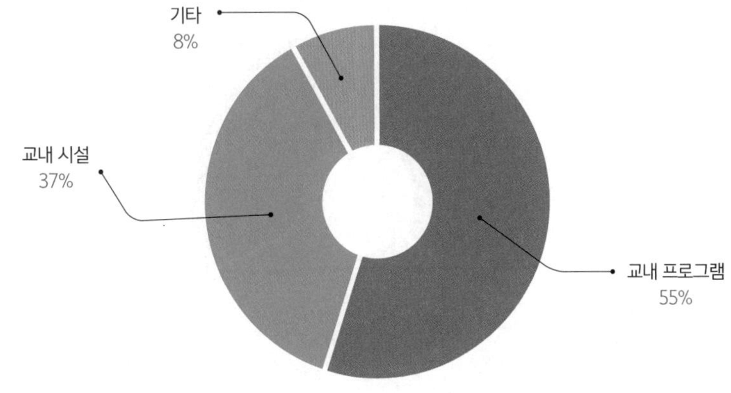

[Question 2 빈출 주제 경향]

최근 스피킹 2번 지문의 대표적인 유형은 학교 측의 계획에 대한 공지문(announcement)입니다. 학교 측의 입장을 진술한 글이기에 전체적으로 논리적인 형식(계획에 대한 설명과 그러한 계획에 대한 근거)을 갖추고 있습니다. 학교 측의 계획에 대한 근거 두 가지가 명확하게 본문에 제시되어 있으며, 이를 빠르게 파악하는 것이 중요합니다.

이에 반해 학생 또는 교수의 편지글(letter)은 낮은 빈도로 출제가 되고 있으며, 대부분이 현재 학교 내 존재하는 프로그램, 시설 등을 폐지하거나 반대하는 내용이 출제되고 있습니다. 형용사와 부사를 활용한 다소 감정적인 글이 나오고 있으며, 근거 두 가지가 서로 비슷하거나 겹치는 경우가 있기 때문에, 두 근거의 미묘한 차이를 파악하기 위한 독해 연습이 필요합니다.

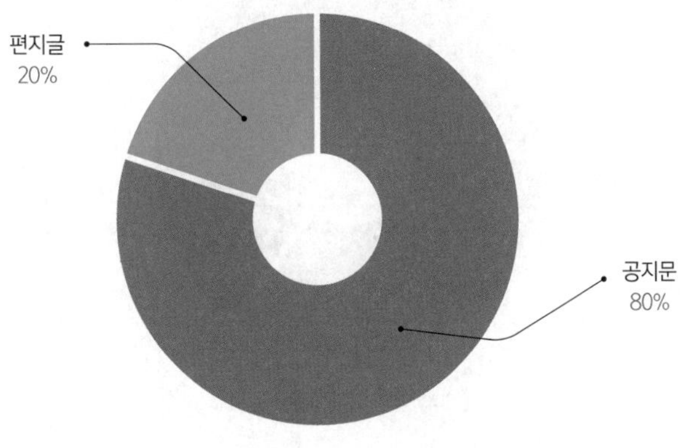

[Question 2 지문 출제 경향]

▪ Question 3: Integrated Speaking (통합형)

스피킹 3번 문제는 높은 빈도로 교육/심리 파트와 생물학이 출제되고 있습니다. 시험 개정 후 초점의 오류(Focusing Illusion), 신경가소성(Neuroplasticity), 동물의 적응(Animal Adaptation), 공생(Symbiosis), 더 나아가 상리공생(Mutualism)과 같은 높은 난이도의 컨텐츠가 출제된 적이 있으며, 강의에서는 실험(experiment)이나 교수 본인이 경험한 사례(personal experience)가 주로 등장합니다.

경영학은 네트워크 효과(Network Effect), 제휴 마케팅(Affiliate Marketing)과 같이 수요와 공급에 관련된 컨텐츠, 마케팅 전략 등이 출제되고 있습니다.

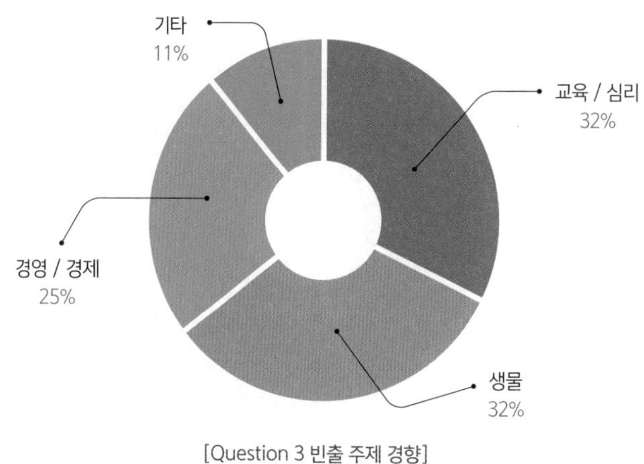

[Question 3 빈출 주제 경향]

스피킹 3번 문제는 리딩에서 학술적 개념이 소개되고, 리스닝에서 그 개념에 대한 예시가 두 가지로 제공되는 구조 또는 하나의 예시나 실험이 제공되는 구조로 나뉩니다. 이전에는 스피킹 3번 문제의 대다수가 명확한 두 개의 예시를 제공하는 구조로 문제가 출제되었습니다.

그러나 최근에는 한 가지 실험 또는 예시를 통해 리딩 개념을 설명하는 구조의 출제 빈도가 눈에 띄게 높아지고 있습니다. 특히 교육/심리학, 경영/경제학에서 한 가지 실험 또는 예시 구조가 출제되는 흐름입니다.

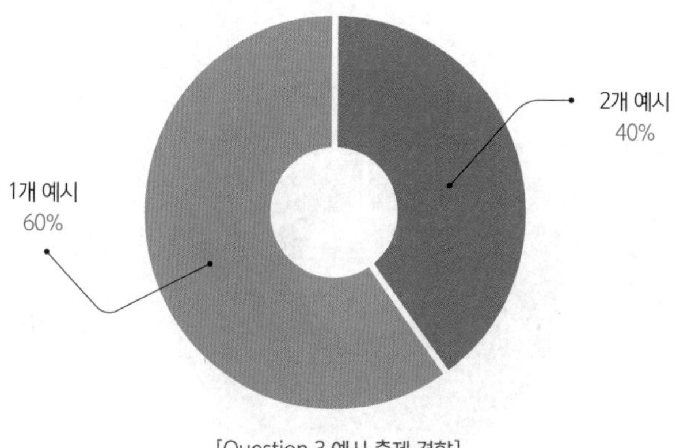

[Question 3 예시 출제 경향]

▪ Question 4: Integrated Speaking (통합형)

스피킹 4번 문제는 생물학을 중심으로 문제가 출제되고 있습니다. 동식물이 가지는 두 가지 특징, 적응, 진화, 사냥 방법 등 기존의 흐름에서 큰 변화가 없습니다.

생물학에 이어 가장 높은 빈도로 등장한 주제는 경영/경제로, 제품 수명 주기를 어떻게 늘릴 것인지부터, 고객이 갖는 선택의 폭을 줄이고 소비를 이끌어낼 방법 두 가지, 프랜차이즈 등 충분히 준비할 수 있는 범위와 표현들로 구성된 강의가 등장하고 있습니다. 흥미롭게도 개정 전 토플에서 많이 등장하던 심리학과 지질학은 개정 후 비교적 낮은 빈도로 출제되고 있습니다.

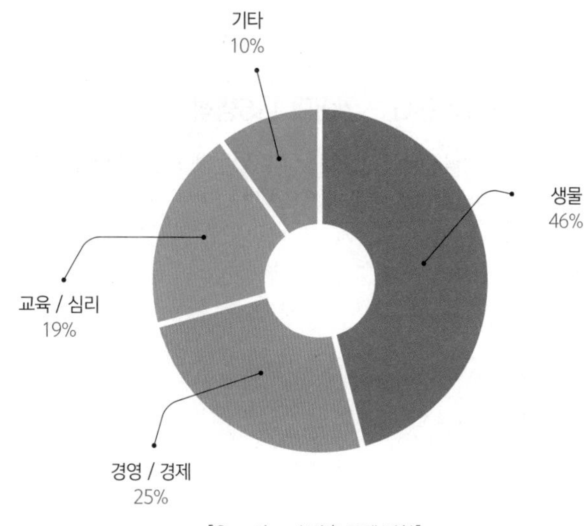

[Question 4 빈출 주제 경향]

스피킹 4번 문제는 언제나 강의에서 두 가지 소주제가 제시되고 이 소주제들의 중심 내용을 요약하여 말하는 단일 형태로만 출제됩니다.

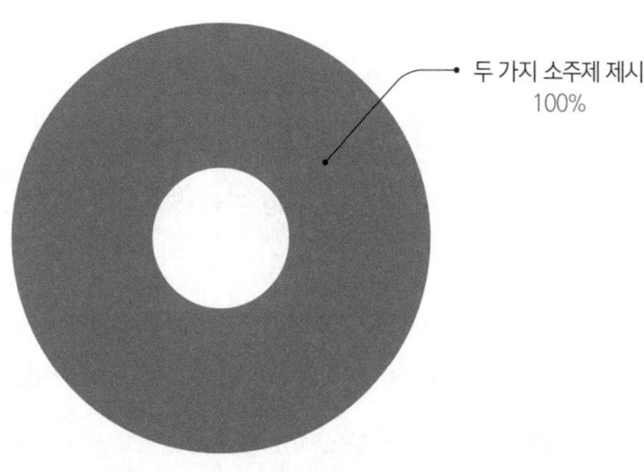

[Question 4 소주제 출제 경향]

02 Speaking 실력 업그레이드

❶ 문장 말하기 기본 훈련

정확하고 완성도 높은 스피킹 답변을 하기 위해서는 문법적 오류를 줄일 수 있어야 합니다. 영어 말하기의 준비 운동이라고 생각하고 차근차근 하나씩 말하기의 기본기를 쌓아보도록 하겠습니다.

■ 영어는 결국 5형식 안에서 만들어진다 - 영어의 1~5형식

영어는 아무리 복잡한 문장이라도 5가지 형식 안에서 구성이 됩니다. 실수 없이 정확한 영어를 구사하기 위한 첫 번째 단계인 만큼, 영어의 문장구조를 이해하고 다음 5개의 패턴을 익혀보도록 합시다.

❶ 1형식: 주어 + 동사 (S+V)

주어와 동사만으로도 완전한 문장

예문 1 The school faculty convened. 학교 교수진이 모였다.

예문 2 The experiment failed. 그 실험은 실패했다.

❷ 2형식: 주어 + 동사 + 보어

주어와 동사만으로는 의미가 전달되지 않을 때, 주어를 보충해주는 보어가 필요한 문장

예문 1 The professor was absent. 교수는 부재중이었다.

예문 2 Newts are amphibians. 도롱뇽은 양서류이다.

❸ 3형식: 주어 + 동사 + 목적어

목적어를 취하는 동사에 의해 목적어가 있어야 완성되는 문장

예문 1 The scientist discovered a cure. 과학자가 치료제를 발견했다.

예문 2 The workers requested a pay raise. 근로자들은 임금 인상을 요구했다.

❹ 4형식: 주어 + 동사 + 간접 목적어 + 직접 목적어

give, teach, lend send 등의 동사를 사용하여 '~에게(간접 목적어) ~을(직접 목적어) 주다'라는 형태의 문장 구조

예문 1 The TA lent me her copy of the textbook. 그 조교는 그 교재의 복사본을 빌려줬다.

예문 2 My parents taught me many valuable lessons. 부모님은 내게 많은 귀중한 교훈을 가르쳐 주셨다.

❺ 5형식: 주어 + 동사 + 목적어 + 목적격 보어

목적어를 보충해주는 목적격 보어가 필요한 문장 구조로 보어 자리에 명사, 형용사, to부정사 사용

예문 1 People called him a genius. 사람들은 그를 천재라고 불렀다.
명사 보어

예문 2 Technology made communication easier. 기술이 소통을 더욱 쉽게 만들었다.
형용사 보어

예문 3 The school wanted the student body to cooperate. 그 학교는 전교생들이 협조하기를 원했다.
to부정사 보어

▪ 시간 개념 이야기하기 – 시제

시제는 스피킹의 기본 중의 기본으로 적절한 시제의 사용에 따라서 다양한 시점에 대해서 이야기할 수도 있고, 어떠한 사실이나 상태를 이야기할 수도 있습니다. 시제의 개념과 사용법을 알고 시험에서 적절하게 사용하도록 합니다. 특히, 통합형 유형에서 학생 혹은 교수의 입장과 진술을 요약할 때 현재 시제를 가장 많이 사용하고, 과거의 일화를 예시로 드는 경우에는 과거 시제를 사용하는 등 상황에 따라서 시제를 적절하게 사용하는 훈련이 필요합니다.

SPEAKING

❶ 현재

현재의 반복적인 습관이나 상태, 사실 표현 **유의: 주어-동사 수 일치**

예문 1 Chris is an English tutor. 크리스는 영어 선생님이다.

예문 2 The Earth orbits around the Sun. 지구는 태양의 궤도를 돈다.

❷ 과거

이미 끝난 과거의 일 표현 **유의: 불규칙 동사 주의하여 사용**

예문 1 The professor left the office early. 교수님은 연구실을 일찍 떠났다.

예문 2 The typhoon destroyed many buildings. 그 태풍은 여러 건물을 파괴했다.

❸ 현재 진행

진행되는 일, 상황 표현 **유의: 동명사와 헷갈리지 않기 – be동사 꼭 확인!**

예문 1 The movie is currently screening in all major theaters.
그 영화는 현재 주요 극장에서 상영 중이다.

예문 2 Students are taking a break in the student lounge. 학생들은 학생 휴게실에서 쉬고 있는 중이다.

❹ 현재 완료

'~한 적이 있다'는 뜻으로 경험을 표현하거나, 과거에 시작되어 현재에도 계속 영향을 주는 상태를 표현

예문 1 I've studied Japanese before. 나는 전에 일본어를 공부한 적이 있다.
경험

예문 2 I've never traveled to South America before. 나는 남미를 여행한 적이 없다.
경험

예문 3 The government has decided to put the country under lockdown.
영향: 과거의 결정이 현재에도 영향을 줌
정부는 국가를 폐쇄 상태로 두기로 결정했다.

예문 4 My friend has learned a lot of lessons from her past position.
영향: 과거의 학습이 현재에도 영향을 줌
내 친구는 예전 직장(직책)에서 많은 교훈을 얻었다.

■ 문장을 더욱 풍부하게 말하고 싶다면? – 형용사/ 부사

형용사와 부사는 대표적인 수식어로써 문장에서 꼭 필요한 요소는 아니지만, 문장을 더욱 풍부하게 만들어 주고 자신의 의견을 좀 더 효과적으로 전달할 수 있게 도와줍니다.

❶ 형용사의 역할

명사 수식 또는 be동사 뒤에서 보어의 역할

예문1 New York is a dynamic city. 뉴욕은 역동적인 도시이다.
(dynamic: 명사 수식)

예문2 The evidence is clear. 그 증거는 명백하다.
(clear: 보어 역할)

❷ 부사의 역할

형용사, 또 다른 부사, 동사 혹은 문장 전체 등 다양한 요소들을 수식

예문1 The singer was extremely talented. 그 가수는 엄청나게 재능 있다.
(extremely: 형용사 수식)

예문2 The second candidate is much more qualified. 두 번째 후보자가 훨씬 더 자격을 갖췄다.
(much: 부사 수식)

예문3 She hardly studies for that class. 그녀는 그 수업에 대해서 거의 공부하지 않는다.
(hardly: 동사 수식)

예문4 Honestly, I was not very impressed with her performance.
(Honestly: 문장 전체 수식)
솔직하게, 나는 그녀의 공연에 그리 감명받지 않았다.

■ 둘 중 더 나은 것 말해보기 – 비교급

비교급은 토플 스피킹 독립형 1번에서 두 개 중 하나의 선택지를 고르거나 찬반 여부를 물어보는 질문에 답할 때 꼭 필요한 표현입니다. 특히, 두 가지 선택지를 비교하면서 나의 의견을 탄탄하게 뒷받침할 수도 있고, 다양한 비교 표현을 통해서 좀 더 논리적인 답변을 만들 수 있습니다.

❶ 비교급

'더 ~한', '더 ~하게'라는 의미로 형용사/부사 뒤에 -er을 붙이거나, 3음절 이상의 형용사/부사는 앞에 more을 붙임

* 참고: '덜'이라는 표현을 위해서는 형용사/부사 앞에 less를 붙임

예문1 I studied English harder than my classmates did.
나는 우리반 친구들이 했던 것 보다 영어공부를 더 열심히 했다.

예문2 Psychology is more interesting than economics. 심리학은 경제학보다 더 흥미롭다.

예문3 Climate change has become less easy to manage. 기후 변화는 관리하기에 덜 쉬워졌다.

❷ 비교급 강조

부사 even, still, far, much, a lot을 사용하여 '훨씬'이라는 비교급 강조 표현

예문1 She had far bigger issues than mine. 그녀는 나의 문제보다 훨씬 더 큰 문제를 가졌다.

예문2 It would be much more difficult to select a job. 직업을 선택하는 것은 훨씬 더 어려울 것이다.

예문3 He performed much better than the other students did in the class.
그는 학급의 다른 학생들보다 훨씬 더 잘 수행했다.

❸ 비교급 and 비교급

'점점 더 ~한/하게'라는 의미로 어떠한 정도를 점진적으로 표현

예문1 Every year the global temperature rises higher and higher. 매년 지구 기온이 점점 더 높아진다.

예문2 I became more and more convinced that the theory is correct.
나는 점점 더 그 이론이 맞다는 것에 확신이 들었다.

SPEAKING

■ 문맥의 흐름을 자연스럽게 만들기 - 연결어

스피킹 시험에서 답변을 좀 더 효과적으로 전달하기 위해서는 문맥의 흐름을 자연스럽게 해야 합니다. 앞뒤 문맥에 따라 적절한 연결어(linking words)를 사용한다면 흐름이 자연스러운 답변을 만들 수 있습니다.

❶ 첨가: In addition(게다가), On top of that(그 밖에), Plus(또한)

Doctors often prescribe patients medication such as painkillers. They can refer patients to specialists to receive further treatment.

→ Doctors often prescribe patients medication such as painkillers. In addition, they can refer patients to specialists to receive further treatment.

의사들은 보통 환자들에게 진통제 등의 약을 처방한다. 게다가, 그들은 추가적인 치료를 위해서 전문의를 만나도록 추천할 수도 있다.

❷ 순서: Then(그리고 나서), After that(그 후에), Next(다음으로)

All the recyclable materials arrive at the recycling plant from all around the neighbor. They get washed and sorted according to their type.

→ All the recyclable materials arrive at the recycling plant from all around the neighbor. Then they get washed and sorted according to their type.

동네 전체에서 가져온 재활용 가능한 물건들이 공장에 도착했다. 그리고 나서, 그것들은 세척되었고 종류에 따라서 분류되었다.

❸ 결과: That way(그렇게 하면), As a result(그 결과), Therefore(그러므로)

The famous singer died of a sudden, unexpected heart attack at a relatively young age. Other musicians and artists put together a memorial concert to honor him.

→The famous singer died of a sudden, unexpected heart attack at a relatively young age. As a result, other musicians and artists put together a memorial concert to honor him.

그 유명한 가수는 갑작스럽고 예상치 못한 심장마비로 비교적 어린 나이로 세상을 떠났다. 그 결과, 다른 뮤지션들과 아티스트들은 그를 기리기 위한 기념 콘서트를 만들었다.

❹ 역접: However(그러나), On the other hand(반면에)

Scientists recently discovered an efficient way to store energy using massive solar panels. These panels are expensive to produce and could contribute to global warming.

→ Scientists recently discovered an efficient way to store energy using massive solar panels. However, these panels are expensive to produce and could contribute to global warming.

과학자들은 최근에 거대한 태양광 패널을 이용해서 에너지를 저장하는 효율적인 방법을 발견했다. 그러나, 이 패널은 생산하기에 비싸고 지구 온난화에 영향을 미칠 수 있다.

❺ 예시: To give an example(예를 들면), For example(예를 들면)

There are several ways you can listen to music on an electronic device. You could download the music directly onto your phone or use streaming services.

→There are several ways you can listen to music on an electronic device. To give an example, you could download the music directly onto your phone or use streaming services.

전자기기로 음악을 듣는 몇 가지의 방법이 있다. 예를 들면, 핸드폰에 음악을 바로 다운받거나 스트리밍 서비스를 이용할 수 있다.

❷ 유형별 필수 표현 훈련

문제 유형별로 답변 시 유용한 표현들을 다음과 같이 정리해 두었습니다. 직접 빈칸에 넣어보면서 암기해봅니다.

▪ Q1(독립형) 필수 표현

01. have a better idea of ~ ~에 대해서 더 잘 알게 되다

After taking the seminar, I ______________________________ I want to work in.

나는 그 세미나를 듣고 나서, 내가 어느 분야에서 일하고 싶은지 더 잘 알 수 있게 되었다.

02. better ~ than ~ ~보다 ~가 낫다

It's ___________ to take a wide variety of courses ________ specialize too much in one field.

한 분야를 너무 전문적으로 다루기보다는 다양한 과정을 듣는 것이 낫다.

03. motivate 사람 목적어 to부정사 ~가 ~하도록 동기부여 하다

Good music always ______________________________ put more effort into my workouts.

좋은 음악은 내가 운동을 더 열심히 하도록 항상 동기부여를 한다.

04. build up experience 경험을 쌓다

Often, you're able to _________________ better in real world settings _______ in the classroom.

당신은 보통 수업보다 실생활에서 경험을 쌓을 수 있다.

05. essential for ~에 필수적인

Eating a balanced diet __________________________ your health and wellbeing.

균형 잡힌 식사를 하는 것은 당신의 건강과 행복에 필수적이다.

Answer

1. After taking the seminar, I have a better idea of what kind of field I want to work in.
   나는 그 세미나를 듣고 나서, 내가 어느 분야에서 일하고 싶은지 더 잘 알 수 있게 되었다.
2. It's better to take a wide variety of courses than specialize too much in one field.
   한 분야를 너무 전문적으로 다루기보다는 다양한 과정을 듣는 것이 낫다.
3. Good music always motivates me to put more effort into my workouts.
   좋은 음악은 내가 운동을 더 열심히 하도록 항상 동기부여를 한다.
4. Often, you're able to build up experience better in real world settings than in the classroom.
   당신은 보통 수업보다 실생활에서 경험을 쌓을 수 있다.
5. Eating a balanced diet is essential for your health and wellbeing.
   균형 잡힌 식사를 하는 것은 당신의 건강과 행복에 필수적이다.

06. socialize with ~와 사귀다/ 어울리다

Some students find it difficult to ____
if they don't participate in extracurricular activities.

어떤 학생들은 교외 활동에 참여하지 않으면, 다른 학생들과 사귀는 것을 어렵게 느낀다.

07. based on my experience 내 경험에 근거하면

________________________, living in a city makes your life more convenient, but also more hectic.

내 경험에 근거하면, 도시에 사는 것은 인생을 더욱 편리하게 하지만 동시에 더 정신을 없게 한다.

08. provide 간접 목적어 with 직접 목적어 ~에게 ~를 제공하다

The school ________________________________ that helped me when I was struggling with my classes.

학교는 내가 수업에서 어려움을 겪고 있을 때 나를 도와줄 많은 자료들을(resources) 제공하였다.

09. it's necessary for A to부정사 A가 ~하는 것이 필요하다

I think ____________________________ how to cook before moving into a dorm.

나는 학생들이 기숙사로 들어가기 전에 요리하는 방법을 배우는 것이 필요하다고 생각한다.

10. gain knowledge 지식을 얻다

By attending a larger university, ______________________ in a variety of subjects.

큰 규모의 대학교를 다님으로써, 나는 다양한 교과목에서 지식을 얻을 수 있었다.

Answer

6. Some students find it difficult to socialize with other students if they don't participate in extracurricular activities.
어떤 학생들은 교외 활동에 참여하지 않으면, 다른 학생들과 사귀는 것을 어렵게 느낀다.
7. Based on my experience, living in a city makes your life more convenient, but also more hectic.
내 경험에 근거하면, 대도시에 사는 것은 인생을 더욱 편리하게 하지만 동시에 더 정신을 없게 한다.
8. The school provided me with many resources that helped me when I was struggling with my classes.
학교는 내가 수업에서 어려움을 겪고 있을 때 나를 도와줄 많은 자료들을 제공하였다.
9. I think it's necessary for students to learn how to cook before moving into a dorm.
나는 학생들이 기숙사로 들어가기 전에 요리하는 방법을 배우는 것이 필요하다고 생각한다.
10. By attending a larger university, I was able to gain knowledge in a variety of subjects.
큰 규모의 대학교를 다님으로써, 나는 다양한 교과목에서 지식을 얻을 수 있었다.

■ Q2(통합형) 필수 표현

01. beneficial to ~에게 이로운/유익한

Offering free workout classes will undoubtedly ________________________________.

무료 운동 수업을 제공하는 것은 의심할 여지없이 학생들의 건강에 이로울 것이다.

02. oppose ~에 반대하다

He __________ this idea because it would cause a lot of inconvenience to students.

그것은 학생들에게 많은 불편함을 야기할 것이기 때문에 그는 그 아이디어에 반대했다.

03. due to ~ ~때문에

Some facilities on the campus will be closed ________________________.

교내의 몇몇 시설들은 예산 삭감 때문에 휴관할 것이다.

04. partake in ~ ~에 참가하다

Freshmen can become acquainted with older students by ________________________.

신입생들은 스포츠 활동에 참가함으로써 재학생들과 사귈 수 있게 된다.

05. be put to more use 더 많이 사용되다

Libraries will be able to ____________________________ if we open them up to alumni.

우리가 만약 도서관을 졸업생들에게 개방한다면 도서관은 더 많이 사용될 것이다.

SPEAKING

Answer

1. Offering free workout classes will undoubtedly be beneficial to students' health.
   무료 운동 수업을 제공하는 것은 의심할 여지없이 학생들의 건강에 이로울 것이다.
2. He opposed this idea because it would cause a lot of inconvenience to students.
   그것은 학생들에게 많은 불편함을 야기할 것이기 때문에 그는 그 아이디어에 반대했다.
3. Some facilities on the campus will be closed due to the budget cuts.
   교내의 몇몇 시설들은 예산 삭감 때문에 휴관할 것이다.
4. Freshmen can become acquainted with older students by partaking in sports activities.
   신입생들은 스포츠 활동에 참가함으로써 재학생들과 사귈 수 있게 된다.
5. Libraries will be able to be put to more use if we open them up to alumni.
   우리가 만약 도서관을 졸업생들에게 개방한다면 도서관은 더 많이 사용될 것이다.

06. be turned into ~ ~로 바뀌다

The unused building at the edge of campus is going to ____________________ next month.

캠퍼스 구석에 있는 사용하지 않는 건물은 다음달에 카페로 바뀔 예정이다.

07. be shut down (=be closed down) 폐쇄되다

Due to the renovation, the computer lab ____ during the following week.

보수공사 때문에, 컴퓨터실은 다음주에 일시적으로 폐쇄 될 것입니다.

08. renew 갱신하다

Students no longer have to go to the registration office ______________________________.

학생들은 더 이상 학생증을 갱신하기 위해서 교무과를 갈 필요가 없다.

09. impose penalties/fines 벌금을 부과하다

The school _________________________ upon anybody who is caught littering on campus.

대학은 교내에서 쓰레기를 투기하다가 발각되는 누구든지 벌금을 부과 할 것이다.

10. expose to ~에 노출시키다

The upcoming networking seminar _________________________ students ________ people from a variety of fields.

다가오는 네트워킹 세미나는 학생들을 다양한 분야의 사람들에게 노출시킬 수 있다.

Answer

6. The unused building at the edge of campus is going to be turned into a café next month.
   캠퍼스 구석에 있는 사용하지 않는 건물은 다음달에 카페로 바뀔 예정이다.
7. Due to the renovation, the computer lab will be temporarily shut down during the following week.
   보수공사 때문에, 컴퓨터실은 다음주에 일시적으로 폐쇄 될 것입니다.
8. Students no longer have to go to the registration office to renew their student cards.
   학생들은 더 이상 학생증을 갱신하기 위해서 교무과를 갈 필요가 없다.
9. The school will impose penalties upon anybody who is caught littering on campus.
   대학은 교내에서 쓰레기를 투기하다가 발각되는 누구든지 벌금을 부과 할 것이다.
10. The upcoming networking seminar can expose students to people from a variety of fields.
   다가오는 네트워킹 세미나는 학생들을 다양한 분야의 사람들에게 노출시킬 수 있다.

▪ Q3/Q4(통합형) 필수 표현

01. result in ~ (= lead to) ~(결과)를 낳다/ ~로 이어지다

In general, an increase in demand ______________________________ in price.

일반적으로, 수요의 증가는 가격 인상으로 이어질 것이다.

02. recognize A as ~ A를 ~로 인식하다

Predators mistakenly ____________ certain prey ____________ because of their colors.

포식자들은 특정 먹잇감을 그것들의 색깔 때문에 위험하다고 인식한다.

03. survive in ~에서 살아남다

Polar bears ____________________ because of their thick layer of fat.

북극곰은 그들의 두꺼운 지방층 때문에 북극 바닷물에서 살아남을 수 있다.

04. be triggered by ~에 의해서 유발되다

Sometimes, an avalanche ____________________ even the slightest movements.

산사태는 가끔 아주 미세한 움직임에 의해서도 유발될 수 있다.

05. be affected by ~에 영향을 받다

The perception of pain ______________________________.

고통의 인지는 심리적인 요인들에 의해서 영향을 받을 수 있다.

SPEAKING

Answer

1. In general, an increase in demand will result in an increase in price.
   일반적으로, 수요의 증가는 가격 인상으로 이어질 것이다.
2. Predators mistakenly recognize certain prey as dangerous because of their colors.
   포식자들은 특정 먹잇감을 그것들의 색깔 때문에 위험하다고 인식한다.
3. Polar bears can survive in arctic water because of their thick layer of fat.
   북극곰은 그들의 두꺼운 지방층 때문에 북극 바닷물에서 살아남을 수 있다.
4. Sometimes, an avalanche can be triggered by even the slightest movements.
   산사태는 가끔 아주 미세한 움직임에 의해서도 유발될 수 있다.
5. The perception of pain can be affected by psychological factors.
   고통의 인지는 심리적인 요인들에 의해서 영향을 받을 수 있다.

06. go up/down 증가하다, 감소하다

The particles in an object move faster as the object's ________________________.

어떤 물체의 입자들은 그 물체의 온도가 올라감에 따라 빠르게 움직인다.

07. in return (=in exchange) 대가로/ 답례로

Some birds pick ticks and parasites off of zebras' backs, and ____________, the birds get a free meal.

어떤 새들은 얼룩말의 등에 있는 진드기와 기생충들을 뽑고, 대가로 새들은 끼니를 얻는다.

08. it has no choice but to부정사 ~하는 것 외에는 방법이 없다

If a prey faces a more powerful predator, ______________________________.

만약 사냥감이 강력한 포식자를 직면하게 되면, 달아나는 것 외에는 방법이 없다.

09. respond to ~ ~에 대응하다

The body ____________________ by increasing heart rate and producing certain hormones.

신체는 심박수를 증가시키고 특정 호르몬을 생성함으로써 스트레스에 대응한다.

10. highlight 강조하다

The professor ____________________ by providing many case studies that support it.

그 교수는 그것을 입증하는 많은 사례를 제공함으로써 이 개념을 강조했다.

Answer

6. The particles in an object move faster as the object's temperature goes up.
어떤 물체의 입자들은 그 물체의 온도가 올라감에 따라 빠르게 움직인다.
7. Some birds pick ticks and parasites off of zebras' backs, and in return, the birds get a free meal.
어떤 새들은 얼룩말의 등에 있는 진드기와 기생충들을 뽑고, 대가로 새들은 끼니를 얻는다.
8. If a prey faces a more powerful predator, it has no choice but to flee.
만약 사냥감이 강력한 포식자를 직면하게 되면, 달아나는 것 외에는 방법이 없다.
9. The body responds to stress by increasing heart rate and producing certain hormones.
신체는 심박수를 증가시키고 특정 호르몬을 생성함으로써 스트레스에 대응한다.
10. The professor highlighted this concept by providing many case studies that support it.
그 교수는 그것을 입증하는 많은 사례를 제공함으로써 이 개념을 강조했다.

03 Speaking 문제 유형 공략

① Question 1: Independent Speaking (독립형)

▪ 문제 풀이 전략

스피킹 1번(독립형), '나의 선택 말하기'에서는 학교생활 및 일상생활과 관련된 토픽이 등장하고, 그에 대한 자신의 의견을 이야기하는 문제입니다. 질문의 형태는 A와 B 두가지의 선택지를 주고 하나를 선택하게 하는 문제, 하나의 statement를 주고 그에 동의하는지 동의하지 않는지를 물어보는 문제가 출제됩니다. 여러분은 답변에서 그에 대한 의견과 이유를 설명해야 합니다. 이때, 높은 점수를 획득하기 위해서는 질문의 논지에서 벗어나지 않고 주제 연관성을 얼마나 잘 보여주었는지, 그리고 얼만큼 타당한 이유를 제시하고 있는지 객관적 논리에 맞는 답변을 하는 것이 중요합니다.

❶ 노트테이킹 적극 활용

준비 시간 동안 신속하게 자신의 의견과 이유 2가지를 간략하게 아웃라인으로 적습니다.

예제 Do you prefer working in a group or working alone?
업무를 단체로 하는 것과 혼자 하는 것 중 어떤 것을 선호하는가?

의견 working in a group 단체로 하는 것

이유1 It makes the work more entertaining. 업무를 더욱 재미있게 한다.

이유2 You can come up with more ideas. 더 많은 아이디어를 떠올릴 수 있다.

❷ 부연 설명

부연 설명을 하는 두 가지 방법으로는 1) 언급한 이유를 좀 더 심화하여 '구체화' 해주는 방법, 2) 개인의 경험 혹은 일반적인 사례를 제시하는 '예시'를 추가 하는 방법이 있습니다.

예제 Do you prefer working in a group or working alone?
업무를 단체로 하는 것과 혼자 하는 것 중 어떤 것을 선호하는가?

의견 working in a group 단체로 하는 것

이유1 It makes the work more entertaining. 업무를 더욱 재미있게 한다.

구체화 To be specific, you can have more fun working with other people, which can give you more motivation to get the work done.
구체적으로 말하면, 다른 사람들과 함께 일하면, 업무를 완료하는 것에 동기부여를 받아 더욱 재미를 느낄 수 있다.

이유2 You can come up with more ideas. 더 많은 아이디어를 떠올릴 수 있다.

예시 In my case, when I worked on a group project last semester, my teammates brainstormed many ideas that we couldn't have come up with individually.
내 경우에는, 지난 학기에 조별과제를 했을 때, 개별적으로는 떠올릴 수 없었던 많은 아이디어들을 팀원들이 브레인스토밍 해서 떠올려냈다.

▪ 80+ 답변 템플릿

다음의 답변 템플릿을 통해, 부드럽게 내용을 이어가며 말할 수 있습니다. 답변은 서론-본론-결론의 구성으로 이루어져 있으며, 서론에서 나의 의견을 이야기하는 것으로 시작합니다. 이어서 본론에서는 내 의견을 뒷받침하는 근거를 제시해 주어야 하는데, 45초라는 답변 시간을 고려했을 때 2가지의 이유를 제시하는 것이 적절합니다.

각각의 이유에는 부연 설명이 필요한데, 첫 번째 이유에는 좀 더 구체적인 설명을 덧붙여 주고, 두 번째 이유에는 개인적인 경험이나 구체적인 사례를 제시함으로써 설명을 이어 나갈 수 있습니다. 마지막으로, 결론에서는 서론에서 언급한 나의 의견을 한 번 더 반복해줌으로써 답변을 마무리 지으면 되는데, 시간이 부족하다면 결론 부분은 생략해도 괜찮습니다.

Introduction 서론	의견	(선택) I personally think ~ is better. 저는 개인적으로 ~이 낫다고 생각합니다. (찬반) I agree(disagree) with the following statement. 저는 그 진술에 동의합니다(동의하지 않습니다).
	이유 소개	There are some reasons. 몇 가지 이유가 있습니다.
Body 1 본론 1	첫 번째 이유	First, 첫 번째로, (고득점용) The first reason is that ~ 첫 번째 이유는 ~ 입니다.
	부연 설명 [구체화]	To be specific, / What I mean is / This is because ~ 구체적으로 말하면, / 제가 의미하는 것은~ 입니다. / ~이기 때문입니다.
Body 2 본론 2	두 번째 이유	Second, 두 번째로, (고득점용) The second reason is that ~ 두 번째 이유는 ~ 입니다.
	부연 설명 [예시]	For example, / In my case, 예를 들면, / 제 경우에는,
Conclusion 결론	답변 마무리	For these reasons, 이러한 이유들로,

1번 문제는 어디까지나 주관을 물어보기에 정해진 답이 없습니다. 많은 수험생들이 사실에 바탕을 두고 답변을 만들려고 하는데, 꼭 진실되게 답할 필요는 없다는 것을 기억해주세요. 여러분이 선택한 의견이 설사 내가 생각하는 것과 반대의 의견이라 할지라도, 답변을 이어갈 이야기거리가 더 많다면 그것이 더 좋은 답변이 될 수 있습니다. 1번 문제에서 여러분들의 우선순위는 진실을 이야기하는 것이 아니라 45초라는 주어진 답변 시간을 효율적으로 채우는 것입니다.

▪ 문제 연습 1

다음 문제를 풀어보고 관련 문제 유형 및 답변 방법을 확실히 숙지하세요. MP3 Speaking_01

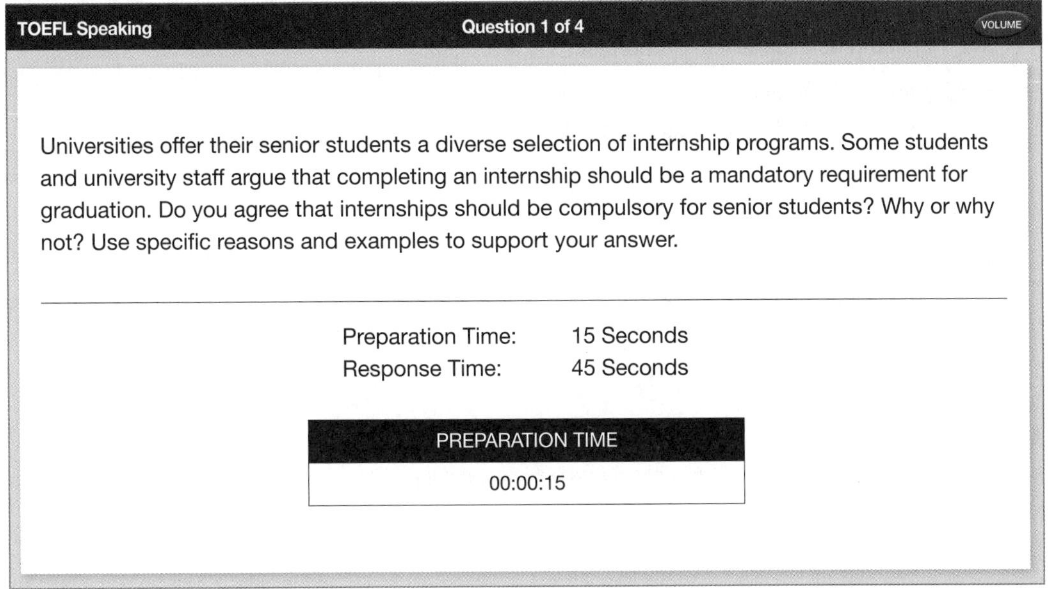

TOEFL Speaking
Question 1 of 4
VOLUME
Universities offer their senior students a diverse selection of internship programs. Some students and university staff argue that completing an internship should be a mandatory requirement for graduation. Do you agree that internships should be compulsory for senior students? Why or why not? Use specific reasons and examples to support your answer.
Preparation Time: 15 Seconds
Response Time: 45 Seconds
PREPARATION TIME
00:00:15

문제 해석

대학들은 4학년 학생들에게 인턴십 프로그램에 대한 다양한 선택권을 준다. 어떤 학생들과 대학교 직원들은 인턴십을 하는 것이 대학 졸업에 필수 요건이 되어야한다고 주장한다. 당신은 인턴십이 4학년 학생들에게 필수가 되어야 한다는데 동의하는가? 동의하는 이유와 그렇지 않은 이유는 무엇인가? 구체적인 근거와 예시를 들어 당신의 답변을 뒷받침하시오.

❶ 답변 팁

무언가를 할지 말지에 대해서 물어보는 문제는 '한다' 라는 의견을 선택하는 쪽이 유리합니다. 경험을 쌓는 것은 언제나 중요하고 우리에게 유익하다는 방향으로 답변을 이어 나가주세요. 또한, 구체적으로 어떤 경험을 통해 무엇을 얻는지 얘기해줍니다.

답변카드 - 경험

Building up experience is always important because it will be beneficial to one's life regardless.
경험을 쌓는 것은 항상 중요합니다 왜냐하면 그것은 인생에 어쨌든 유익할 것이기 때문입니다.
We should gain experience as much as we can from ___________, and it will help us ___________.
우리는 ___________ 를 통해서 최대한 많은 경험을 획득 해야 하고, 이것은 우리가 ___________ 할 수 있도록 도와줄 것입니다.

❷ 브레인스토밍

의견 agree 동의

이유1 building up experience – important 경험을 쌓는 것은 중요

구체화 gain hands-on experience 실무 경험을 쌓을 수 있음

- learn from college & actual field – different 교과 과정에서 배우는 내용은 실무 현장과 다름

이유2 motivate to search for jobs 향후 구직활동에 동기부여

예시 In my case - become more interested after internship 내 경우, 인턴십 후에 그 분야에 더 많은 관심

- make a greater effort to prepare 더 열심히 준비하게 됨

❸ 답변

먼저 스스로 빈칸에 답을 채우며 연습해본 후, 해답지에서 정답 확인을 해봅니다.

[80+ 모범답안] MP3 Speaking_02

의견	Yes, I agree that ______________________. There are some reasons. 네, 저는 인턴십이 4학년 학생들에게 필수적이어야 한다는데 동의합니다. 몇 가지 이유가 있습니다.
이유1	First, building up experience is always important because ______________________. 첫 번째로, 경험을 쌓는 것은 항상 중요한데 왜냐하면 그것은 인생에 어쨌든 유익할 것이기 때문입니다.
구체화	What I mean is that it will help them ______________________. 제가 의미하는 것은 그것이 학생들이 직접 해보는 경험을 얻는 것과 그 산업에 대해 더 잘 이해하는 데 도움을 줄 거라는 것입니다.
이유2	Second, it will motivate ____________ to ______________________. 두 번째로, 이는 학생들이 졸업 후에 직업을 적극적으로 찾도록 동기부여를 줄 것입니다.
예시	In my case, after my internship, ______________________. 제 경우에는, 인턴십 이후에 제가 갖고 싶은 직업에 대해 더 잘 알 수 있게 됐고, 그 직업을 찾는 데 더 많은 동기부여를 얻었습니다.
마무리	For these reasons, I agree that ______________________. 이러한 이유들로, 저는 인턴십이 4학년 학생들에게 필수적이어야 한다는 데 동의합니다.

[고득점 모범답안] MP3 Speaking_03

의견	Yes, I agree that ______________________________. There are some reasons. 네, 저는 인턴십이 4학년 학생들에게 필수적이어야 한다는데 동의합니다. 몇 가지 이유가 있습니다.
이유1	The first reason is that ______________________________ ______________. 첫 번째 이유는 경험을 쌓는 것은 항상 중요하다는 것인데 왜냐하면 그것은 인생에 어쨌든 유익할 것이기 때문입니다.
구체화	This is because ______________________________ ______________. 왜냐하면 학생들은 그들이 대학에서 배운 것이 실제 현장과 다르다는 것을 알았을 때 많은 어려움에 직면하기 때문입니다.
이유2	The second reason is that ______________________ will motivate ______________________. 두 번째 이유는 인턴십 경험을 해보는 것은 학생들이 졸업 후에 직업을 적극적으로 찾도록 동기부여를 줄 거라는 것입니다.
예시	In my case, after my internship, I ______________________________ ______________.Therefore, I ______________________________ ______________________. 제 경우에는, 인턴십 이후에, 기술 산업에 더 흥미를 갖게 됐고, 제가 어떤 직업을 찾고 싶은지에 대해 더 잘 알게 됐습니다. 그에 따라, 저는 저 자신을 미래의 직업에 준비시키기 위해 많은 노력을 하게 됐습니다.
마무리	For these reasons, I agree that ______________________________. 이러한 이유들로 저는 인턴십이 4학년 학생들에게 필수적이어야 한다는 데 동의합니다.

[어휘]

compulsory 필수적인 beneficial 유익한 regardless of ~에 개의치 않고 hands-on experience 실무 경험 motivate 동기부여를 주다 actual field 실무 현장 make an effort 노력하다

■ 문제 연습 2

다음 문제를 풀어보고 관련 문제 유형 및 답변 방법을 확실히 숙지하세요. MP3 Speaking_4

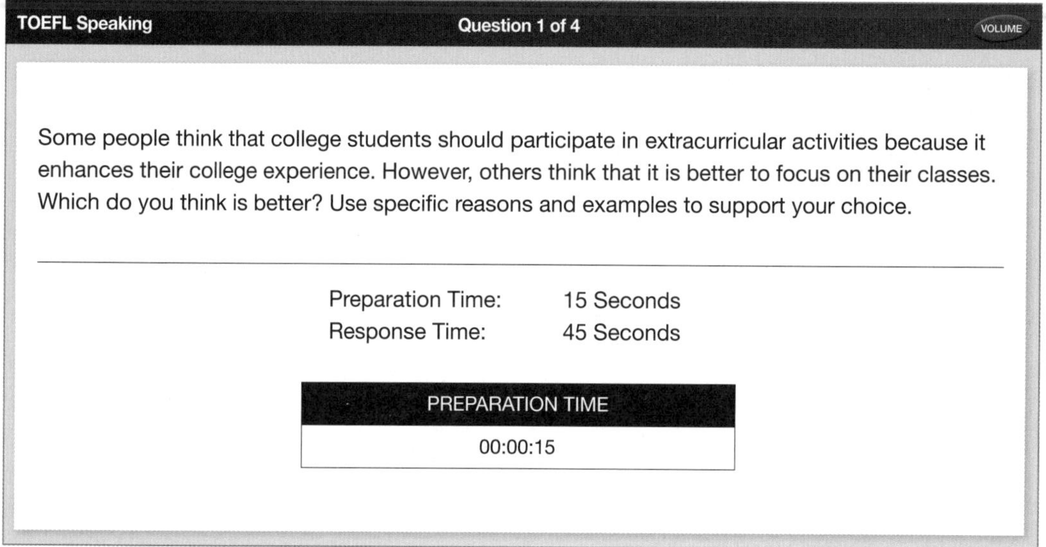

문제 해석

어떤 사람들은 대학교 학생들이 교외 활동에 참여해야 한다고 하는데 왜냐하면 교외 활동이 그들의 대학 경험을 향상 시켜주기 때문이다. 하지만, 다른 사람들은 학업에 집중하는 것이 더 낫다고 생각한다. 당신은 어느 쪽에 동의하는가? 구체적인 근거와 예시를 사용하여 당신의 선택을 뒷받침하시오.

❶ 답변 팁

선택지에 다른 사람과의 '교류의 기회'가 있다면, 그 의견을 선택해주는 것이 좋아요. 장점이 많기 때문이죠! 교외 활동(extracurricular activities)은 다른 사람들과 교류할 수 있는 좋은 기회입니다. 사람들과의 소통과 교류를 통해서 많은 것을 배울 수 있고 대학생활과 사회생활을 풍부하게 해줄 거라고 답변을 이어가세요.

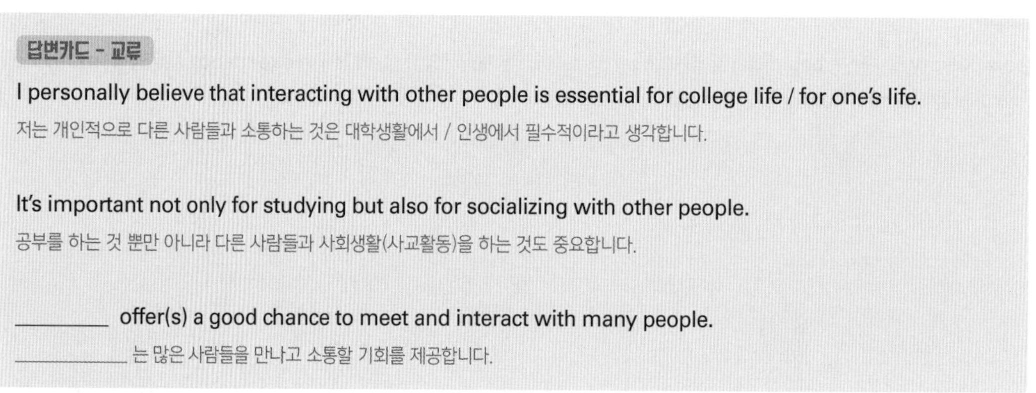

답변카드 - 교류

I personally believe that interacting with other people is essential for college life / for one's life.
저는 개인적으로 다른 사람들과 소통하는 것은 대학생활에서 / 인생에서 필수적이라고 생각합니다.

It's important not only for studying but also for socializing with other people.
공부를 하는 것 뿐만 아니라 다른 사람들과 사회생활(사교활동)을 하는 것도 중요합니다.

________ offer(s) a good chance to meet and interact with many people.
________ 는 많은 사람들을 만나고 소통할 기회를 제공합니다.

❷ 브레인스토밍

(의견) participate in extracurricular activities 교외 활동 참여

(이유1) interacting with other people – essential for college life 교류는 대학 생활의 필수 요소

(구체화) good chances to meet many people 다른 사람들을 만나기 좋은 기회
- enhance college life 대학 생활을 증진시켜 줌

(이유2) building up experience – important 경험을 쌓는 것은 중요함

(예시) In my case - participate in volunteering club 내 경우, 봉사 활동 동아리 참여
- learn a lot of skills: cooperation and leadership 많은 것을 배움 (협동심, 리더십)

❸ 답변

먼저 스스로 빈칸에 답을 채우며 연습해본 후, 해답지에서 정답 확인을 해봅니다.

[80+ 모범답안] MP3 Speaking_5

의견	I think it's better ______________________________. There are some reasons. 제 생각에는 학생들이 교외 활동에 참여하는 것이 더 낫다고 생각합니다. 몇 가지 이유가 있습니다.
이유1	First, I personally believe that ______________________________. 첫 번째로, 저는 개인적으로 다른 사람들과 교류하는 것이 대학 생활에 필수적이라고 생각합니다.
구체화	What I mean is that ______________________________ ______________________________. 제가 의미하는 것은 교외 활동은 많은 사람들을 만나고 그들과 교류할 수 있는 좋은 기회를 제공한다는 것입니다. So, I'm sure ______________________________. 그래서 저는 이러한 활동들이 학생들이 대학 경험을 향상시키는 데 도움이 된다고 확신합니다.
이유2	Second, building up experience is always important because ______________ ______________________________. 두 번째로, 경험을 쌓는 것은 항상 중요한데 왜냐하면 그것은 인생에 어쨌든 유익할 것이기 때문입니다.
예시	In my case, I've learned a lot of skills ______________________________ ______________________________. 제 경우에는, 봉사 활동 동아리를 통해 협동심이나 리더십 같은 많은 능력들을 배웠습니다.
마무리	For these reasons, ______________________________. 이러한 이유들로, 교외 활동에 참여하는 것이 더 낫습니다.

[고득점 모범답안] MP3 Speaking_6

이견	I think it's better ____. There are some reasons. 저는 학생들이 교외 활동에 참여하는 것이 더 낫다고 생각합니다. 몇 가지 이유가 있습니다.
이유1	The first reason is that ______________________________________. 첫 번째 이유는 다른 사람들과 교류하는 것이 대학 생활에 필수적이기 때문입니다.
구체화	What I mean is that ____ __________________. 제가 의미하는 것은 교외 활동은 많은 사람들을 만나고 그들과 교류할 수 있는 좋은 기회를 제공한다는 것입니다. So, I'm sure ____ _______________________. 그래서 저는 이러한 활동들이 학생들이 대학 경험을 향상시키고 다양화 하는데 도움이 된다고 확신합니다.
이유2	The second reason is that ______________________________________ _________________________. 두 번째 이유는 경험을 쌓는 것이 항상 중요하다는 것인데 왜냐하면 그것은 인생에 어쨌든 유익할 것이기 때문입니다.
예시	In my case, participating in a volunteering club __________________________ _______________________. 제 경우에는, 봉사 활동 동아리에 참여하는 것이 저에게 제가 교실에서는 해볼 수 없었던 경험들을 주었습니다.
마무리	For these reasons, ____. 이러한 이유들로, 교외 활동에 참여하는 것이 더 낫습니다.

[어휘]

extracurricular activities 교외 활동 **socializing** 사교 **interacting** 교류 **enhance** ~을 향상시키다 **volunteering club** 봉사 활동 동아리 **cooperation** 협동 **diversify** ~을 다양화하다

❷ Question 2: Integrated Speaking (통합형)

▪ 문제 풀이 전략

스피킹 2번 문제에서는 대학 생활에서 일어날 수 있는 상황을 배경으로 문제가 출제됩니다. 여러분은 대학 생활과 관련된 리딩 지문을 읽고, 그에 대한 두 학생의 대화를 듣게 됩니다. 그리고, 그 대화에서 '주인공 화자'가 주장하는 의견과 그에 대한 이유를 요약해주어야 합니다. 어디까지나 제3자의 입장에서 답변을 만들어야 함으로 주관을 배제하고 읽은 내용과 들은 내용을 바탕으로 답변을 만듭니다.

Reading	Listening
공지문 or 편지글 대학에서 시행하려는 정책 혹은 변화	**두 학생의 대화** 주인공 화자: 찬성 혹은 반대 이유1 이유2

이상적인 답변 구성은 다음과 같습니다.

Reading 요약 분량: 한 문장
Listening 요약 분량: 나머지 답변 (6~7문장)

Reading 지문의 제목에서 주제를 빠르게 파악합니다. 통합형 2번의 리딩 지문은 제목만 읽어도 그 글의 주제 파악이 가능합니다. 또한, 도입부에서 현재 대학에서 일어나는 이슈 혹은 변화를 최대한 꼼꼼하게 노트테이킹 해주세요.

Listening 대화에서 최대한 많은 내용을 확보해야 합니다. 주인공 화자가 왜 찬성 또는 반대하는지 두 가지 이유를 반드시 적고, 그에 따라 어떤 장점 또는 단점을 언급하는지, 그리고 어떤 결과를 예측하는지에 집중해 주세요.

▪ 80+ 답변 템플릿

다음의 답변 템플릿을 통해, 부드럽게 내용을 이어가며 말할 수 있습니다. 답변은 서론-본론-결론의 구성으로 이루어져 있으며, 서론에서 리딩 지문을 요약하고 주인공 화자의 입장을 제시하는 것으로 시작합니다. 본론에서는 주인공 화자가 왜 그 정책을 찬성 혹은 반대하는지에 대한 이유 2가지를 요약해야 하는데, 이때 각각의 이유에 대한 구체적인 상세 설명도 포함해야 합니다.

제3자의 입장에서 객관적으로 들은 사실 그대로를 전달하되, 중복되는 표현 없이 패러프레이징(paraphrasing) 해주는 것이 좋습니다. 결론에서는 다시 한번 주인공 화자의 입장을 반복해 주는 것으로 답변을 마무리합니다. 답변 시간이 부족하다면 결론 문장은 생략해도 괜찮습니다.

Introduction 서론	리딩 지문 요약	From the announcement/letter, we know ~ 공지문/편지글을 통해서 우리는 ~를 알 수 있습니다
	주인공 화자 입장	찬성 The man(woman) believes that it's a good idea for two reasons. 남자(여자)는 두 가지 이유에서 그것이 좋은 아이디어라고 생각합니다. 반대 However, the man(woman) doesn't believe that it's a good idea for two reasons. 하지만 남자(여자)는 두 가지 이유에서 그것이 좋지 않은 아이디어라고 생각합니다.
Body 1 본론 1	첫 번째 이유	First, he(she) thinks that ~ 첫 번째로, 그(그녀)는 ~라고 생각합니다. 고득점용 The first reason why he(she) supports(=is for)/opposes(=is against) this idea is that ~ 그(그녀)가 이 아이디어에 찬성하는(반대하는) 첫 번째 이유는 ~입니다.
	상세 설명	This is because /This means / For example ~ ~때문입니다 / 이것은 ~을 의미합니다 / 예를 들면
Body 2 본론 2	두 번째 이유	Second, he(she) mentions that ~ 두 번째로, 그(그녀)는 ~라고 언급합니다. 고득점용 The second reason why he(she) supports(=is for)/opposes(=is against) this idea is that ~ 그(그녀)가 이 아이디어에 찬성하는(반대하는) 두 번째 이유는 ~입니다.
	상세 설명	This is because /This means / For example, 이것은 ~때문입니다 / 이것은 ~을 의미합니다 / 예를 들면,
Conclusion 결론	마무리	찬성 These are the reasons why he(she) is pleased with the announcement. 이것들이 그(그녀)가 그 공지문에 대해 기뻐하는 이유입니다. 반대 These are the reasons why he(she) is displeased with the announcement. 이것들이 그(그녀)가 그 공지문에 대해 못마땅한 이유입니다.

2번 문제 답변에 들어가야 하는 주된 내용은 Listening에서 나오는 부분입니다. 답변에서 Reading 지문 요약은 주제가 무엇인지만 파악하여 한 줄 정도로 끝내며 많은 시간을 소비하지 않도록 하고, 곧바로 Listening 요약으로 넘어가주세요. 주인공 화자가 어떤 이유로 대학의 정책이나 변화에 대해서 찬성 혹은 반대하는지 최대한 상세하게 전달할 수 있어야 좋은 답변입니다.

■ 문제 연습 1

다음 문제를 풀어보고 관련 문제 유형 및 답변 방법을 확실히 숙지하세요.

Narrator: The university is planning to change the operating hours of its campus gym. You will have 45 seconds to read the announcement. Begin reading now.

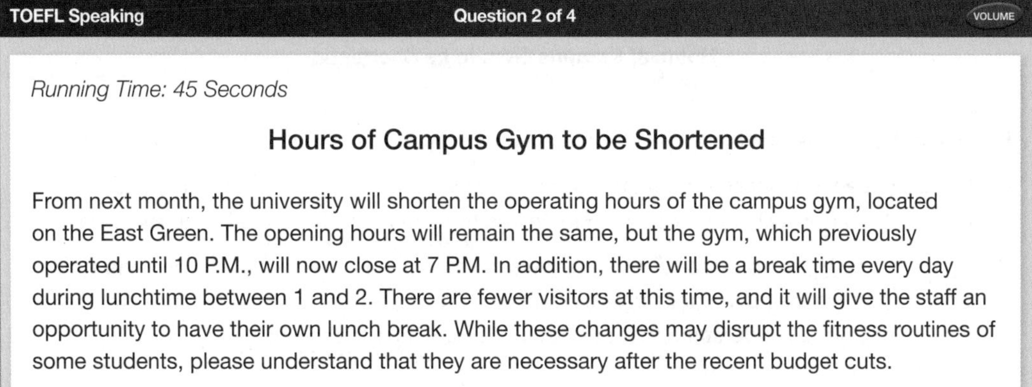
TOEFL Speaking | Question 2 of 4 | VOLUME

Running Time: 45 Seconds

Hours of Campus Gym to be Shortened

From next month, the university will shorten the operating hours of the campus gym, located on the East Green. The opening hours will remain the same, but the gym, which previously operated until 10 P.M., will now close at 7 P.M. In addition, there will be a break time every day during lunchtime between 1 and 2. There are fewer visitors at this time, and it will give the staff an opportunity to have their own lunch break. While these changes may disrupt the fitness routines of some students, please understand that they are necessary after the recent budget cuts.

SPEAKING

Narrator: Now listen to two students as they discuss the article. MP3 Speaking_7

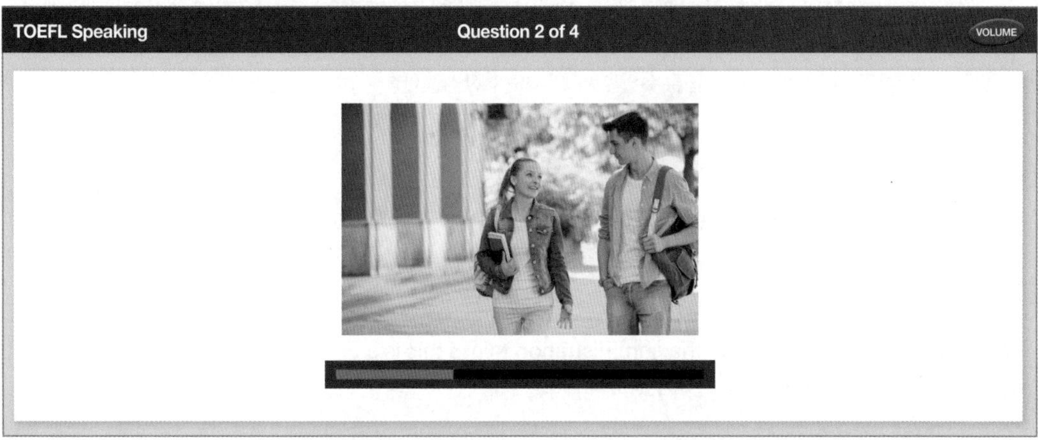

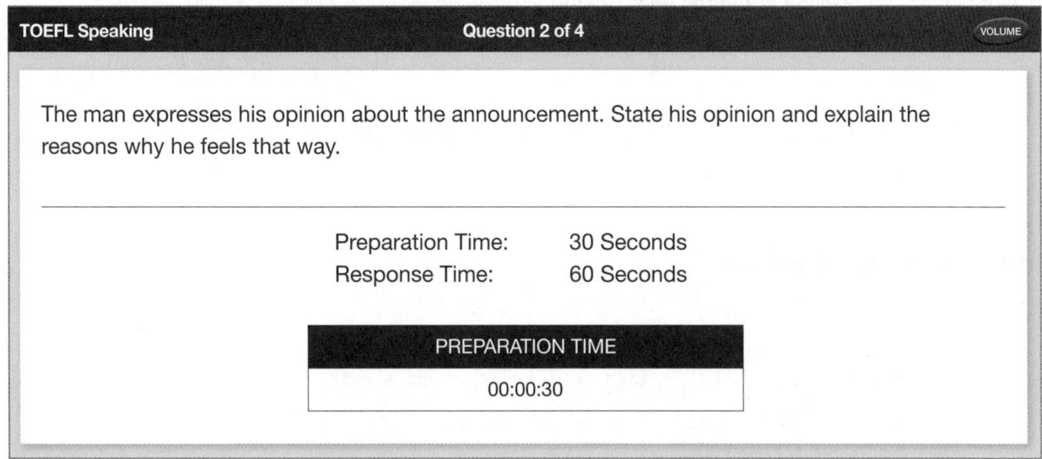
TOEFL Speaking | Question 2 of 4 | VOLUME

The man expresses his opinion about the announcement. State his opinion and explain the reasons why he feels that way.

Preparation Time: 30 Seconds
Response Time: 60 Seconds

PREPARATION TIME
00:00:30

❶ 문제 분석

[내레이터]

대학은 교내 체육관의 운영 시간을 바꾸려고 계획하고 있다. 당신은 45초 동안 이 공지문을 읽을 시간이 있다. 지금 읽기 시작하시오.

[리딩 지문]

Hours of Campus Gym to be Shortened
제목: 주제

From next month, the university will shorten the operating hours of the campus gym, located on the East Green. The opening hours will remain the same, but the gym, which previously operated until 10 P.M., will now close at 7 P.M. In addition, there will be a break time every day during lunchtime between 1 and 2. There are fewer visitors at this time, and it will give the staff an opportunity to have their own lunch break. While these changes may disrupt the fitness routines of some students, please understand that they are necessary after the recent budget cuts.

주제 설명 / 세부사항1: 상세 운영시간 / 세부사항2: 운영시간 단축 이유

교내 체육관 운영 시간 단축

다음달부터, 대학은 이스트 그린에 위치한 교내 체육관의 운영 시간을 단축하려고 합니다. 영업 시작 시간은 똑같이 유지될 계획이지만, 이전에 저녁 10시까지 운영 됐던 체육관은 이제 저녁 7시에 문을 닫을 것입니다. 추가적으로, 점심시간인 1시부터 2시까지 휴식 시간이 있을 예정입니다. 이 시간에는 방문자들이 더 적으며, 이는 직원들이 그들의 점심 휴식 시간을 가질 수 있는 기회를 줄 것입니다. 이 변동이 몇몇 학생들의 운동 루틴에 지장을 줄 수 있긴 하지만, 최근 예산 삭감 이후 필요하게 된 점 이해 바랍니다.

[내레이터]

이제 학생 두 명이 이 공지문에 대해 나누는 대화를 들으시오.

[리스닝 스크립트]

Man: I can't believe anybody in the administration thinks this is a good idea.
남자: 행정직원들이 이게 좋은 아이디어라고 생각하다니 믿을 수가 없어.

Woman: Are you talking about the gym closing earlier?
여자: 너 체육관 일찍 문 닫는 거에 대해 얘기하는 거야?

Man: Yeah, I really don't think this change is necessary. → 주인공 화자 입장: 반대
남자: 응, 난 이 변화가 꼭 필요하다고는 생각하지 않아.

Woman: Why do you say that?
여자: 왜 그러는데?

Man: Don't they know that most students go to the gym in the evening to exercise? I mean, evening is obviously the best time because we all have classes during the day. **Plus,** why would they close at lunchtime? It's still a popular time of the day. **I like to go between classes sometimes, and there are always a lot of students there from 1 to 2.** → 이유1: 저녁과 점심시간은 운동하기에 좋은 시간

남자: 그 사람들이 정말로 대부분의 학생들이 저녁에 운동하기 위해 체육관에 간다는 걸 모를까? 내 말은 저녁이 명백하게 최적의 시간이잖아, 우리가 낮 동안에는 수업이 있으니까 말이야. 게다가, 점심시간엔 왜 닫는다는 거야? 점심시간도 사람이 많은 시간이잖아. 나는 가끔 수업 중간 중간에 가는 걸 좋아하는데, 1시부터 2시까지는 항상 학생들이 많았어.

Woman: Well, the break on top of the reduced hours is a bit too much. But, they said it's necessary because of the budget cuts.

여자: 글쎄, 휴식시간에 운영 단축 시간까지 좀 너무하긴 하다. 그런데, 그 직원들은 예산 삭감 때문에 이 조치가 꼭 필요하다고 말했잖아.

Man: I don't know. That excuse doesn't seem too convincing. The gym only has one employee, and they just sit at the front desk. **So really, it can't cost the university that much to keep the gym open in the evening.** The budget cuts seem like a convenient excuse **to make this ridiculous and unnecessary change.** → 이유2: 단축 운영의 이유가 예산 삭감 때문이라고 하기엔 설득력 부족

남자: 난 잘 모르겠어. 그 변명은 설득력이 있어 보이지가 않아. 체육관은 직원이 한 명 밖에 없는데, 그 사람들도 단순히 안내 데스크 앞에 앉아 있는 게 다야. 정말로, 저녁에 체육관을 계속 열어놓는 게 대학에 그렇게 많은 비용을 들게 할 리가 없어. 예산 삭감은 그냥 말도 안되고 불필요한 변화를 만들기 위한 편리한 변명 같아 보여.

Woman: Well, I guess we need to think about joining a private gym, then.

여자: 그러게, 내 생각에 그럼 우리는 민간 체육관을 좀 알아 봐야할 것 같아.

[문제 해석]

남자는 공지문에 대한 자신의 의견을 전달하고 있다. 그의 의견을 서술하고 그가 그렇게 느끼는 이유를 설명하시오.

❷ 노트테이킹

Reading	Hours of Campus Gym to be Shortened - close @ 7pm - necessary after the budget cuts
Listening	M : X 1. evening -> the best time stu - have classes during day lunchtime : always ↑ stu (1~2pm) 2. X convincing - budget cut only 1 employee sit front desk

❸ 답변

먼저 스스로 빈칸에 답을 채우며 연습해본 후, 해설지에서 정답 확인을 해봅니다.

[80+ 모범답안] MP3 Speaking_8

리딩 지문 요약	From the announcement, we know ____. 공지문을 통해서 우리는 대학이 교내 체육관의 운영 시간을 단축할 것을 알 수 있습니다.
주인공 화자 입장	However, the man does not believe that it's a good idea for two reasons. 하지만, 남자는 두 가지 이유에서 그것이 좋지 않은 아이디어라고 생각합니다.
첫 번째 이유	First, he thinks that evening is ____. 첫 번째로, 그는 저녁시간이 학생들이 운동하기에 가장 적합한 시간이라고 생각합니다.
상세 설명	This is because ____. Also, there are still a lot of people during lunchtime. 왜냐하면 대부분의 학생들이 낮에 수업이 있기 때문입니다. 또한, 점심시간에 훨씬 많은 사람들이 있습니다.
두 번째 이유	Second, he mentions that ____. 두 번째로, 그는 공지문이 충분히 설득력 있지 않다고 언급합니다.
상세 설명	This is because ____. 왜냐하면 체육관에 단순히 안내 데스크에 앉아있는 직원 단 한 명 밖에 없기 때문입니다.
마무리	These are the reasons why he is displeased with the announcement. 이것들이 그가 공지문에 대해 못마땅한 이유입니다.

[고득점 모범답안] MP3 Speaking_09

리딩 지문 요약	From the announcement, we know ______________________. 공지문을 통해서 우리는 대학이 교내 체육관의 운영 시간을 단축할 것을 알 수 있습니다.
주인공 화자 입장	However, the man does not believe that it's a good idea for two reasons. 하지만, 남자는 두 가지 이유에서 그것이 좋지 않은 아이디어라고 생각합니다.
첫 번째 이유	The first reason why he opposes this idea is that evening is the best time to work out for students, as ______________________ ________. 그가 이 아이디어에 반대하는 첫 번째 이유는 저녁이 학생들이 운동하기에 가장 적합한 시간인데, 학생들은 낮에 수업으로 모두 바쁘기 때문입니다.
상세 설명	Plus, ______________________ during lunchtime. 게다가, 그는 점심시간 동안 운동하는 많은 사람들을 찾을 수 있습니다.
두 번째 이유	The second reason why he opposes this idea is that ______________ ______________________. 그가 이 아이디어에 반대하는 두 번째 이유는 예산 삭감 때문에 이 변화가 만들어졌다는 이 공지문이 설득력 있지 않기 때문입니다.
상세 설명	This is because ______________________. Therefore, ______________________. 왜냐하면 체육관에 단순히 안내 데스크에 앉아있는 직원 단 한 명 밖에 없기 때문입니다. 그러므로, 예산 삭감은 변화를 만들기 위한 변명에 가까운 것처럼 보입니다.
마무리	These are the reasons why he is displeased with the announcement. 이것들이 그가 공지문에 대해 못마땅한 이유입니다.

[어휘]

shorten ~을 단축하다 **gym** 체육관 **opening hour** 영업 시간 **operate** 운영하다 **disrupt** ~에 지장을 주다 **fitness** 운동 **budget cut** 예산 삭감 **convincing** 설득력 있는 **excuse** 핑계, 변명 **ridiculous** 말도 안 되는, 터무니 없는

레이첼's 꿀팁!

교과 과정(curriculum)이나 교과목(course)과 관련된 정책은 통합형 2번에서 빈출 토픽인 만큼, 이와 관련된 어휘를 외워두면 답변에서 쉽게 패러프레이즈(paraphrase)를 할 수 있습니다.

참여하다	partake in = participate in = to be involved in = take part in = join	배우다	learn = master = acquire knowledge in = gain understanding of = become proficient in

SPEAKING

■ 문제 연습 2

다음 문제를 풀어보고 관련 문제 유형 및 답변 방법을 확실히 숙지하세요.

Narrator: The university is planning to make exercise classes mandatory. You will have 45 seconds to read the announcement. Begin reading now.

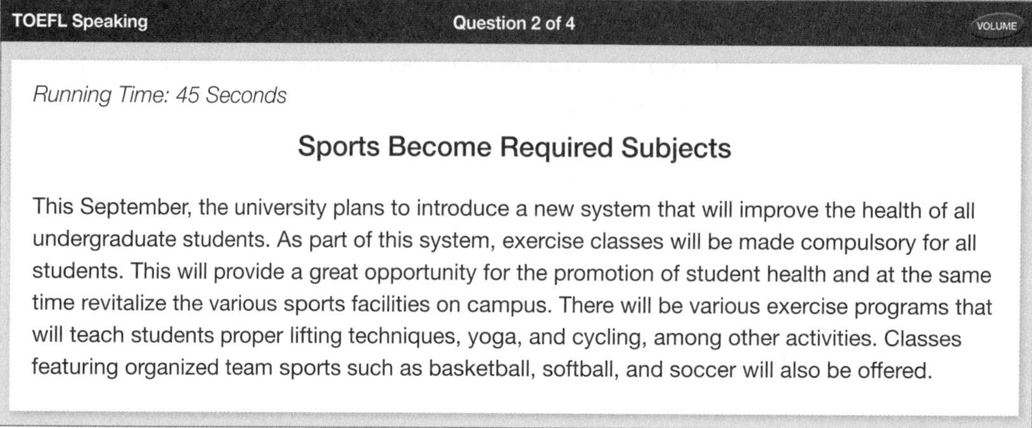

TOEFL Speaking | Question 2 of 4 | VOLUME

Running Time: 45 Seconds

Sports Become Required Subjects

This September, the university plans to introduce a new system that will improve the health of all undergraduate students. As part of this system, exercise classes will be made compulsory for all students. This will provide a great opportunity for the promotion of student health and at the same time revitalize the various sports facilities on campus. There will be various exercise programs that will teach students proper lifting techniques, yoga, and cycling, among other activities. Classes featuring organized team sports such as basketball, softball, and soccer will also be offered.

Narrator: Now listen to two students as they discuss the announcement. MP3 Speaking_10

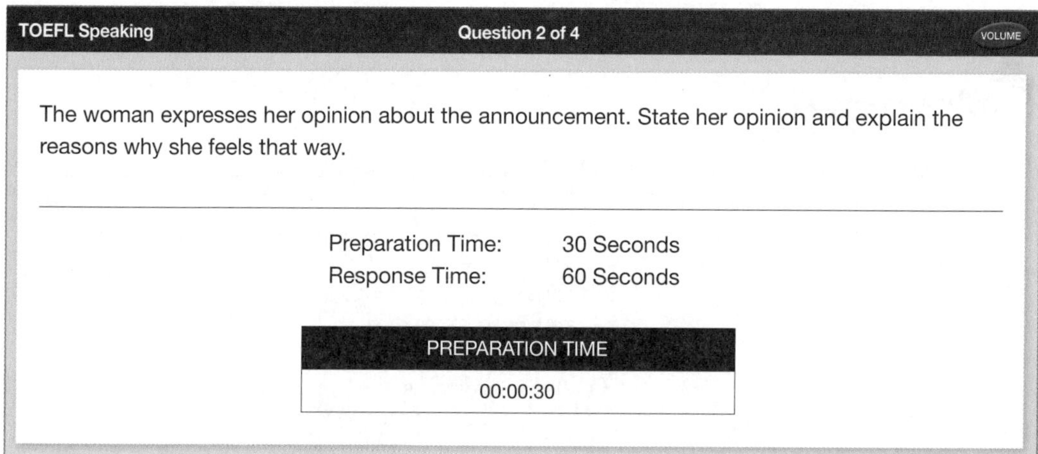

TOEFL Speaking | Question 2 of 4 | VOLUME

The woman expresses her opinion about the announcement. State her opinion and explain the reasons why she feels that way.

Preparation Time: 30 Seconds
Response Time: 60 Seconds

PREPARATION TIME
00:00:30

❶ 문제 분석

[내레이터]

대학은 운동 수업을 필수화 하는 것을 계획하고 있다. 당신은 45초 동안 이 공지문을 읽을 시간이 있다. 지금 읽기 시작하시오.

[리딩 지문]

Sports Become Required Subjects
제목: 주제

This September, the university plans to introduce a new system that will improve the health of all undergraduate students. (주제 설명) As part of this system, exercise classes will be made compulsory for all students. This will provide a great opportunity for the promotion of student health and at the same time revitalize the various sports facilities on campus. (세부사항1: 새로운 시스템 도입 목적) There will be various exercise programs that will teach students proper lifting techniques, yoga, and cycling, among other activities. Classes featuring organized team sports (세부사항2: 제공되는 교과목 상세 소개) such as basketball, softball, and soccer will also be offered.

스포츠 필수 과목 지정

올해 9월, 대학은 모든 학부생들의 건강을 증진시키기 위한 새로운 시스템을 도입하려고 계획하고 있습니다. 이 제도의 일부로, 운동 수업들이 모든 학생들에게 필수 과목이 될 것입니다. 이는 학생 건강 증진을 위한 좋은 기회를 제공할 것이며 동시에 교내 다양한 스포츠 시설들을 재활성화 할 것입니다. 많은 다른 활동들 중에서, 올바른 리프팅 기술, 요가, 자전거 타기를 학생들에게 가르쳐줄 다양한 운동 프로그램들이 있을 예정입니다. 농구, 소프트볼 그리고 축구와 같은 조직화된 팀 스포츠들을 포함하는 수업들도 제공될 것입니다.

[내레이터]

이제 학생 두 명이 이 공지문에 대해 나누는 대화를 들으시오.

[리스닝 스크립트]

Man: Did you read the announcement about the new system that will make exercise classes compulsory?

남자: 너 운동 수업들을 필수로 만들 거라는 이 새로운 제도에 대한 공지문 읽어 봤어?

Woman: I did. I'm really excited about the university's new plan. → 주인공 화자 입장: 찬성

여자: 응 읽어 봤어. 대학의 이 새로운 계획이 나는 너무 설레.

Man: You are? Why?

남자: 그래? 왜?

Woman: Well, it has a great aim overall. It's definitely a great opportunity for us to partake in sports activities! We learn so much about academic subjects, but none of us learn how to properly perform exercises or play sports unless we're already athletes on a sports team. I mean, college is where we should learn about various fields, not just focus on academic courses. → 이유1: 스포츠를 배울 수 있는 좋은 기회

여자: 음, 전반적으로 좋은 목표를 갖고 있잖아. 우리가 스포츠 활동들에 참여하는 건 틀림없이 아주 좋은 기회야! 우리가 학과 수업에 대해서는 많이 배우는데, 우리 중 누구도 스포츠 팀에 이미 속한 운동 선수가 아닌 이상 어떻게 제대로 운동을 하고 스포츠 게임을 하는지 잘 모르잖아. 내 말은, 대학이 우리가 다양한 분야를 배울 수 있어야 하는 곳이라는 거지, 그저 학과목에만 집중하는 게 아니라.

Man: I never really thought about that. If we don't learn how to play a sport as a kid, I guess we completely miss the opportunity.

남자: 그렇게 생각 해본적은 없는데. 만약에 우리가 아이였을 때 스포츠 하는 법을 배우지 않았다면, 내 생각에 우리는 완전히 그 기회를 놓친 거야.

Woman: Exactly! Now I can learn about various exercises and sports while earning credits, too. I'm looking forward to taking exercise classes in a structured setting.

여자: 그러니까! 이제 나는 학점을 따면서 다양한 운동과 스포츠도 배울 수 있는 거잖아. 나는 조직화된 환경에서 운동 수업을 들을 수 있다는 게 아주 기대가 돼.

Man: Yeah, you're right. We can earn credits at the same time!

남자: 응, 네 말이 맞아. 우리는 동시에 학점도 딸 수 있어!

Woman: Plus, it will be great to see the campus athletic facilities being put to more use. The university spent a lot of money building the new stadium last year, but it's only really used during the football season. Then there's the swimming pool, too. It's a great pool, but only a few students know about it. So now these great campus facilities will see more use. → 이유2: 교내 스포츠 시설 이용 활성화

여자: 게다가, 교내 운동 시설이 더 많이 사용되도록 조치가 취해지는 것을 보는 건 좋을 거야. 대학이 작년에 새로운 경기장을 건설하느라 많은 돈을 썼는데, 그곳은 축구 시즌 동안에만 쓰였잖아. 그리고 또 수영장도 있어. 굉장히 좋은 수영장인데, 몇 안되는 학생들만 이곳에 대해 알고 있어. 그래서 이제는 이 좋은 교내 시설들이 더 많이 이용될 거야.

[문제 해석]

여자는 공지문에 대한 자신의 의견을 전달하고 있다. 그녀의 의견을 서술하고 그녀가 그렇게 느끼는 이유를 설명하시오.

❷ 노트테이킹

Reading	sports became required subject
Listening	W: O 1. great opport for sports act stu : learn academic △ exer or sports college -> learn vari fields 2. great to see fac -> more use uni : spent money new stadium swim pool △ only few -> now more use

SPEAKING

❸ 답변

먼저 스스로 빈칸에 답을 채우며 연습해본 후, 해설지에서 정답 확인을 해봅니다.

[80+ 모범답안] MP3 Speaking_11

리딩 지문 요약	From the announcement, we know ________________________. 공지문을 통해서 우리는 운동 수업들이 모든 학생들에게 필수가 될 것이라는 사실을 알 수 있습니다.
주인공 화자 입장	The woman believes that it's a good idea for two reasons. 여자는 두 가지 이유에서 그것이 좋은 아이디어라고 생각합니다.
첫 번째 이유	First, she thinks that ________________________ ________. 첫 번째로, 그녀는 스포츠 활동을 하는 법을 배울 수 있는 것이 좋은 기회라고 생각합니다.
상세 설명	To be specific, ________________________ ________________. 구체적으로 말하자면, 학생들은 대학에서 스포츠를 배울 기회가 그렇게 많지 않은데 왜냐하면 그들은 오직 학과목에만 집중하기 때문입니다.
두 번째 이유	Second, she thinks ________________________. 두 번째로, 그녀는 학생들이 운동 시설들을 더 많이 이용할 것이라는 게 좋다고 생각합니다.
상세 설명	This is because ________________________ ________. 왜냐하면 대학이 많은 돈을 시설에 투자했지만, 이 시설들이 학생들에 의해 많이 이용되지 않기 때문입니다.
마무리	These are the reasons why the woman is pleased with the announcement. 이것들이 그녀가 그 공지문에 대해 기뻐하는 이유입니다.

[고득점 모범답안] MP3 Speaking_12

리딩 지문 요약	From the announcement, we know ______________________________ ____________. 공지문을 통해서 우리는 운동 수업들이 모든 학생들에게 필수가 될 것이라는 사실을 알 수 있습니다.
주인공 화자 입장	The woman believes that it's a good idea for two reasons. 여자는 두 가지 이유에서 그것이 좋은 아이디어라고 생각합니다.
첫 번째 이유	The first reason why she supports this idea is that ____________________ ____________________. 그녀가 이 아이디어에 찬성하는 첫 번째 이유는 스포츠 활동을 하는 법을 대학에서 배울 수 있는 것이 좋은 기회이기 때문입니다.
상세 설명	To be specific, ______________________________ ____________________. 구체적으로 말하자면, 학생들은 스포츠 활동에 참여할 수 있는 기회를 대학에서 거의 갖지 못하는데 왜냐하면 그들은 모든 관심을 학과목에 집중시키고 있기 때문입니다.
두 번째 이유	The second reason why she supports this idea is that ____________________ ______________________________. 그녀가 이 아이디어에 찬성하는 두 번째 이유는 학생들이 더 자주 운동 시설들을 이용할 것이라는 게 좋기 때문입니다.
상세 설명	This is because ______________________________ ____________. However, ______________________________. 왜냐하면 대학이 많은 돈을 교내에 있는 경기장과 수영장 같은 시설에 투자했기 때문입니다. 하지만, 이 시설들은 학생들에 의해 그렇게 많이 이용되지 않습니다.
마무리	These are the reasons why the woman is pleased with the announcement. 이것들이 그녀가 그 공지문에 대해 기뻐하는 이유입니다.

[어휘]

introduce ~을 도입하다 **improve** ~을 증진시키다, 향상하다 **undergraduate students** 학부생 **compulsory** 필수적인 **promotion** 증진 **revitalize** ~을 재활성화시키다 **proper** 올바른, 제대로 된 **feature** ~을 포함하다, 특징으로 하다 **organized** 조직된, 구조화된 **athletes** 운동선수 **academic courses** 학과목 **completely** 완전히 **miss** ~을 놓치다 **credit** 학점 **structured** 구조화된, 조직된 **setting** 환경 **athletic facility** 운동 시설 **stadium** 경기장 **rarely** 거의 ~않다, 드물게 ~하다 **engage in** ~에 참여하다

❸ Question 3: Integrated Speaking (통합형)

▪ 문제 풀이 전략

스피킹 3번 문제는 대학 강의 내용이 출제됩니다. 학문적인 주제의 리딩 지문을 읽게 되고, 곧바로 리스닝에서는 그와 관련된 교수의 강의를 듣게 됩니다. 그리고, 답변에서는 강의에서 제시된 예시나 일화 등을 활용하여 강의의 주제를 설명해 주어야 합니다. 강의 전개 방식은 크게 2가지로, 세부 내용을 두 가지의 예시로 전개하는 방식과 경험이나 실험 등을 통한 한 가지 예시만을 사용하는 전개 방식이 있습니다.

Reading	Listening
학술 개념 지문 - 특정 주제에 대한 정의와 상세 설명 - 45초~50초 분량의 짧은 지문	**관련 강의** - 리딩 지문의 개념을 예시를 들어 구체적으로 설명 - 강의 전개 방식은 다음의 2가지 방법 중 하나임 1. 두 개의 예시 등장: 강의 주제에 따라 두 가지의 세분화된 개념이나 사례가 등장 2. 한 개의 예시 등장: 스토리텔링 형식으로 교수의 개인적인 경험이나 일화 혹은 실험이 예시로 등장

레이첼's 꿀팁!

통합형 3번에서는 다양한 학문적 배경을 바탕으로 생소한 용어(terms)와 개념(concepts)이 등장하기 때문에, 노트테이킹은 물론이고 리스닝 시간에 어려움을 겪을 수 있습니다. 그러므로, 리스닝에서 놓치는 부분에 대비하여 리딩 지문을 통해서 학습 주제와 개념을 충분히 파악하고 노트테이킹을 하는 것이 중요합니다. 이렇게 리딩 지문을 잘 활용하면, 리스닝 강의를 이해하는 데에도 훨씬 도움이 됩니다.

■ 80+ 답변 템플릿

통합형 3번은 리스닝 강의에 등장하는 예시의 개수에 따라 두 개의 답변 템플릿으로 구분됩니다.

❶ 두 개의 예시 등장

두 가지 예시나 하위 개념을 통해서 강의 주제를 설명합니다. 두 가지 예시를 소개해야 하므로 시간 분배에 신경 써서 중요한 포인트만 설명하세요. 또한, 교수의 예시 설명에서 '구체화(심화 설명), 이유, 반전 혹은 결론' 등 맥락에 따라 앞뒤 문장을 자연스럽게 만들어주는 연결어(To be specific, This is because, In the end 등)를 적절하게 사용해야 합니다.

Introduction 서론	리딩 지문 요약	The reading passage gives an overview of (주제어), which is (주제어 정의). 리딩 지문은 ~에 대한 개요를 제공합니다. 그리고 그것은 ~입니다.
	강의 내용 언급	The professor illustrates this concept in his lecture by using two examples. 교수는 강의에서 이 개념을 두 가지 예시를 제시함으로써 설명합니다.
Body 1 본론 1	첫 번째 예시	First, the professor introduces ~ 첫 번째로, 교수는 ~를 소개합니다. 고득점용 The first example the professor introduces in the lecture is ~ 교수가 강의에서 소개하는 첫 번째 예시는 ~입니다.
	상세 설명	[구체화] To be specific, / [이유] This is because / [반전] However, / [결론] In the end, 구체적으로 말하면, / 왜냐하면 ~때문입니다 / 그러나, / 결국,
Body 2 본론 2	두 번째 예시	Second, the professor talks about ~ 두 번째로, 교수는 ~에 대해 말합니다. 고득점용 The second example the professor mentions in the lecture is ~ 교수가 강의에서 언급하는 두 번째 예시는 ~입니다.
	상세 설명	[구체화] To be specific, / [이유] This is because / [반전] However, / [결론] In the end, 구체적으로 말하면, / 왜냐하면 ~때문입니다 / 그러나, / 결국
Conclusion 결론	마무리	These are the examples of ~ 이것들이 ~의 예시입니다.

❷ 한 개의 예시 등장

경험이나 일화, 실험 등에 대한 한 가지 예시가 강의 전체 분량을 이루고 있는데, 예시를 전반, 후반으로 나누어 전반에서는 예시 소개와 전개를, 후반부에서는 결과를 중심으로 설명해주세요. 또한, 순차적인 답변 흐름을 보여줄 수 있도록 연결어를 적극적으로 사용합니다.

Introduction 서론	리딩 지문 요약		**The reading passage gives an overview of (주제어), which is (주제어 정의).** 리딩 지문은 ~에 대한 개요를 제공합니다. 그리고 그것은 ~입니다.
	강의 내용 언급		**The professor illustrates this concept in his lecture by using an example of ~** 교수는 강의에서 이 개념을 하나의 예시를 제시함으로써 설명합니다.
Body 1 본론 1	예시 전반부	소개	**The professor first says ~** 교수는 처음에 ~라고 말합니다.
			고득점용 **The professor begins the lecture by saying ~** 교수는 ~를 이야기함으로써 (강의를) 시작합니다.
		전개	**Then, / However, / So, (흐름에 따라서 심화 전개 및 반전 등을 나타내는 연결어 선택)** 그 다음에, / 그러나, / 그래서,
Body 2 본론 2	예시 후반부	결과1	**What happened next was ~** 그 다음에 일어난 일은 ~입니다.
			고득점용 **The professor continues by saying ~** 교수는 ~를 이야기함으로써 (강의를) 이어갑니다.
		결과2	**This is because / As a result, / In the end,** 왜냐하면 ~때문입니다 / 그 결과, / 결국,
Conclusion 결론	마무리		**This is an example of ~** 이것은 ~의 예시입니다.

■ 문제 연습 1

다음 문제를 풀어보고 관련 문제 유형 및 답변 방법을 확실히 숙지하세요.

Narrator: Now read the passage about sunk cost fallacy. You will have 45 seconds to read the passage. Begin reading now.

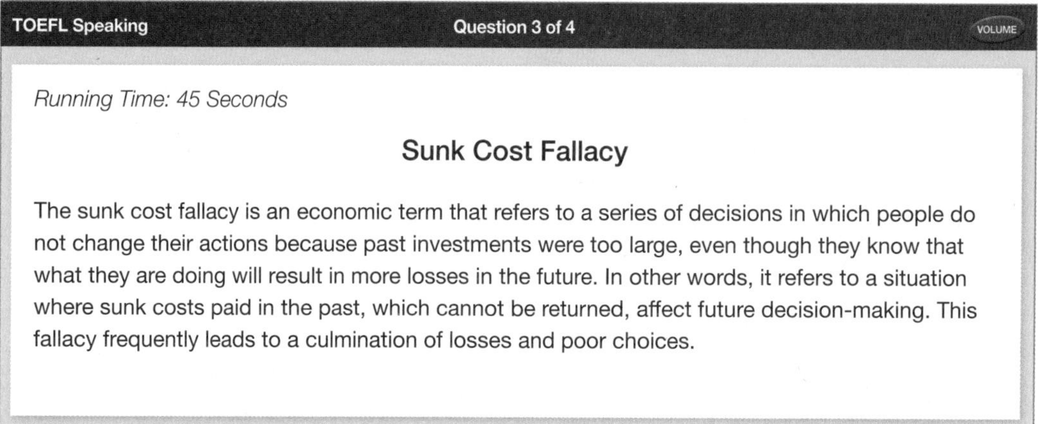
TOEFL Speaking Question 3 of 4 VOLUME

Running Time: 45 Seconds

Sunk Cost Fallacy

The sunk cost fallacy is an economic term that refers to a series of decisions in which people do not change their actions because past investments were too large, even though they know that what they are doing will result in more losses in the future. In other words, it refers to a situation where sunk costs paid in the past, which cannot be returned, affect future decision-making. This fallacy frequently leads to a culmination of losses and poor choices.

Narrator: Now listen to part of a lecture on this topic in a business class. MP3 Speaking_13

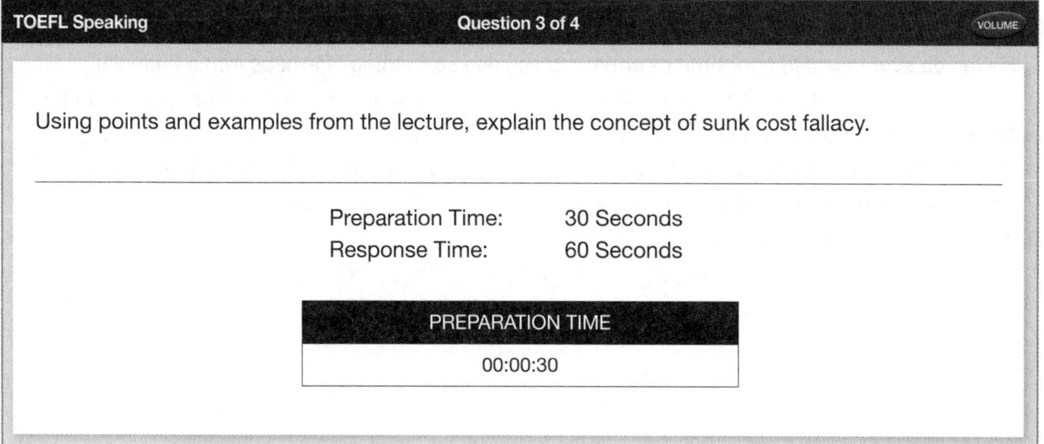

TOEFL Speaking
Question 3 of 4
VOLUME
Using points and examples from the lecture, explain the concept of sunk cost fallacy.
Preparation Time: 30 Seconds
Response Time: 60 Seconds
PREPARATION TIME
00:00:30

❶ 문제 분석

[내레이터]

이제 매몰 비용 오류에 대한 지문을 읽으시오. 당신은 45초 동안 이 지문을 읽을 시간이 있다. 지금 읽기 시작하시오.

[리딩 지문]

Sunk Cost Fallacy

제목: 주제

The sunk cost fallacy is an economic term that refers to a series of decisions in which people do not change their actions because past investments were too large, even though they know that what they are doing will result in more losses in the future. In other words, it refers to a situation where sunk costs paid in the past, which cannot be returned, affect future decision-making. This fallacy frequently leads to a culmination of losses and poor choices.

주제 정의 문장

세부사항

매몰 비용 오류

매몰 비용 오류는 사람들이 그들이 지금 하고 있는 것이 미래에 더 큰 손실을 초래할 것임을 알면서도 그들이 과거에 한 투자가 너무 크기 때문에 행동을 바꾸지 않을 때 발생하는 일련의 결정들을 가리키는 경제적 용어이다. 또 다른 말로, 이는 과거에 지불된 되돌릴 수 없는 매몰 비용이 미래의 의사 결정에 영향을 미치는 상황을 가리킨다. 이 오류는 빈번히 손실의 정점 그리고 좋지 못한 선택을 야기한다.

[내레이터]

이제 이 주제에 대한 비즈니스 수업에서의 강의 일부분을 들으시오.

[리스닝 스크립트]

Have you ever invested your time or energy to achieve something? Perhaps into a financial venture, or even into a relationship? After making such an investment, what would you do if you began to expect that the end results will turn out to be negative? In such a situation, we are going to think about whether it is better to give up and quit or continue investing to make sure our previous efforts are not wasted. And, here's a hint: it's usually better to cut your losses and work to improve your future situation.

무언가를 성취하기 위해서 당신의 시간과 에너지를 투자해본 경험이 있나요? 아마 재정적인 모험이나, 심지어는 어떤 관계에 투자해본 경험은요? 그러한 큰 투자를 한 후에, 만약 결과가 나쁘게 나타날 것으로 예상하게 된다면 어떨 것 같나요? 그러한 경우에, 우리는 포기하거나 그만두는 것이 나은지, 아니면 계속해서 우리의 이전 노력들이 헛수고가 되지 않게 투자하는 것이 맞는지 생각하게 됩니다. 여기 힌트가 있습니다: 당신의 손실을 줄이고 미래 상황을 향상시키기 위해 노력하는 것이 대개는 더 낫습니다.

Well, as an example, here is my friend's story about a time when he experienced a sunk cost error. (전반부: 예시 소개) A while ago, my friend had paid a lot for a ticket to a famous play he had heard about. He went to the performance, and shortly after it started, he realized that it was terribly boring, and that he was never particularly interested in theater, anyways. → 세부사항: 친구가 유명한 연극을 보러 갔지만 시작과 동시에 지루함을 느낌

한 예시로, 제 친구가 매몰 비용 오류를 경험한 시기에 대한 한 일화가 있습니다. 한참 전에, 제 친구는 그가 들어왔던 한 유명한 연극 표를 구매하기 위해 많은 돈을 지불했습니다. 그는 공연을 보고 갔고, 공연이 시작한 직후 그 공연이 굉장히 지루하고, 게다가 그가 연극에 특별한 관심이 없다는 것을 깨닫게 됐습니다.

Guess what my friend did next? He didn't want to waste the money that he had already paid for (후반부: 결과) the ticket, of course. So he just stayed there for the entire performance, during which he just fell asleep and wasted three hours of his valuable time. He most likely would've had a better evening if he had just left the show earlier and did something that he actually enjoyed. → 세부사항: 그는 결국 잠이 들었고, 3시간을 낭비하게 됨

제 친구는 어떻게 행동했을까요? 당연히 그는 티켓을 사느라고 이미 지불했던 돈을 낭비하고 싶지 않았습니다. 그래서 그는 단지 잠들어 그의 귀중한 세 시간을 낭비하며, 그 전체 공연이 진행되는 동안 그곳에 계속 머물러있었습니다. 그가 만약 그 공연에서 일찍 떠나서 그가 정말로 즐길 수 있는 무언가를 했다면 더 좋은 저녁 시간을 보낼 수 있었을 것입니다.

[문제 해석]

강의의 핵심 내용과 예시를 사용하여, 매몰 비용 오류의 개념에 대해 설명하시오.

❷ 노트테이킹

Reading	sunk cost fallacy - a series of decisions in which people do not change their actions bc past investments were too large
Listening	ex) friend's story - paid a lot 4 famous play - after it strt, realized boring, x interested in thtr - X want to waste $ → stay the entire perform - fell asleep & wasted 3hrs value T

❸ 답변

먼저 스스로 빈칸에 답을 채우며 연습해본 후, 해설지에서 정답 확인을 해봅니다.

[80+ 모범답안] MP3 Speaking_14

리딩 지문 요약	The reading passage gives an overview of ________________, which is ______ ________________________ because past investments were too large. 리딩 지문은 매몰 비용 오류에 대한 개요를 제공합니다. 그리고 그것은 사람들이 과거에 한 투자가 너무 크기 때문에 행동을 바꾸지 않을 때 발생하는 일련의 결정들입니다.
강의 내용 언급	The professor illustrates this concept in his lecture by using an example of _____________. 교수는 강의에서 이 개념을 그의 친구에 관한 하나의 예시를 제시함으로써 설명합니다.
(예시) 소개	The professor first says ____ ____. 교수는 처음에 그의 친구가 유명한 연극을 위해 비싼 티켓을 구매했다고 말합니다.
전개	However, he soon noticed that ____ _____________. 그러나, 그는 곧 그 연극이 지루하다는 것을 알아차렸고, 그가 연극에 관심도 없다는 것을 깨닫게 됐습니다.
결과1	What happened next was ____ _____. 그 다음에 일어난 일은 그가 전체 공연 동안 그곳에 머무르기로 결정했다는 것입니다.

SPEAKING

결과2	This is because ______________________________. 왜냐하면 그는 티켓을 위해 지불했던 돈을 낭비하고 싶지 않았기 때문입니다. In the end, he fell asleep and ____________________. 결국, 그는 잠이 들었고 그의 저녁 시간 중 세 시간을 낭비하게 됐습니다. It would have been better for him ______________________________ __________. 그가 그 공연을 더 일찍 떠나 재밌는 무언가를 했다면 그에게 훨씬 좋았을 것입니다.

[고득점 모범답안] MP3 Speaking_15

리딩 지문 요약	The reading passage gives an overview of ______________, which is ________ ______________________________. 리딩 지문은 매몰 비용 오류에 대한 개요를 제공합니다. 그리고 그것은 사람들이 과거에 한 투자가 너무 크기 때문에 행동을 바꾸지 않을 때 발생하는 일련의 결정들입니다.
강의 내용 언급	The professor illustrates this concept in his lecture by using an example of ______________. 교수는 강의에서 이 개념을 그의 친구에 관한 하나의 예시를 제시함으로써 설명합니다.
(예시) 소개	The professor begins the lecture by saying ______________________ ____________. 교수는 그의 친구가 유명한 연극을 위해 비싼 티켓에 많은 돈을 지불했다고 이야기함으로써 강의를 시작합니다.
전개	However, he realized that ______________________________ ____________. 그러나, 그는 그 연극이 시작한 직후 그것이 지루하다는 것과 심지어는 그가 연극에 관심도 없다는 것을 깨닫게 됐습니다.
결과1	The professor continues by saying that despite this, ____________________ __________________. 교수는 그럼에도 불구하고 그의 친구가 전체 공연 동안 관중 속에 남아있기로 결정했다는 것을 이야기 함으로써 강의를 이어갑니다.
결과2	This is because he didn't want to feel like ______________________ ____________. 왜냐하면 그는 이미 지불했던 돈을 낭비한다고 생각하고 싶지 않았기 때문입니다. In the end, he ended up ______________________________. 결국, 그는 공연 동안 잠이 들고 말았고 그의 저녁 시간 중 귀중한 세 시간을 낭비하게 됐습니다. It would have been better for him to ______________________ ________. 그가 그 공연을 더 일찍 떠나 재밌는 무언가를 했다면 그에게 훨씬 좋았을 것입니다.

[어휘]

economic 경제적인 **term** 용어 **refer to** ~을 가리키다 **a series of** 일련의 **result in** ~을 초래하다 **loss** 손실 **decision-making** 의사 결정 **culmination** 정점, 최고조 **poor** 좋지 못한 **turn out** ~로 나타나다 **play** 연극 **performance** 공연 **theater** 연극, 극장 **shortly after** ~직후 **terribly** 아주, 굉장히 **fall asleep** 잠이 들다 **audience** 관중

■ 문제 연습 2

다음 문제를 풀어보고 관련 문제 유형 및 답변 방법을 확실히 숙지하세요.

Narrator: Now read the passage about social proof theory. You will have 45 seconds to read the passage. Begin reading now.

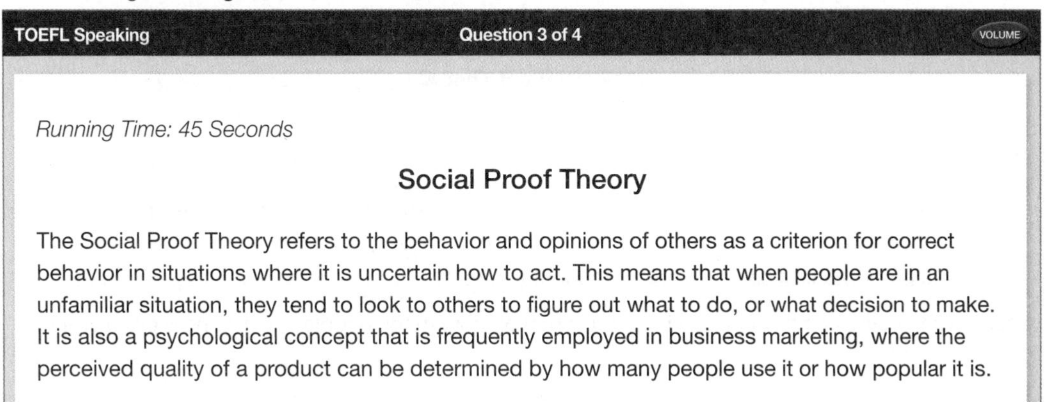
TOEFL Speaking **Question 3 of 4** VOLUME

Running Time: 45 Seconds

Social Proof Theory

The Social Proof Theory refers to the behavior and opinions of others as a criterion for correct behavior in situations where it is uncertain how to act. This means that when people are in an unfamiliar situation, they tend to look to others to figure out what to do, or what decision to make. It is also a psychological concept that is frequently employed in business marketing, where the perceived quality of a product can be determined by how many people use it or how popular it is.

Narrator: Now listen to part of a lecture on this topic in a psychology class. MP3 Speaking_16

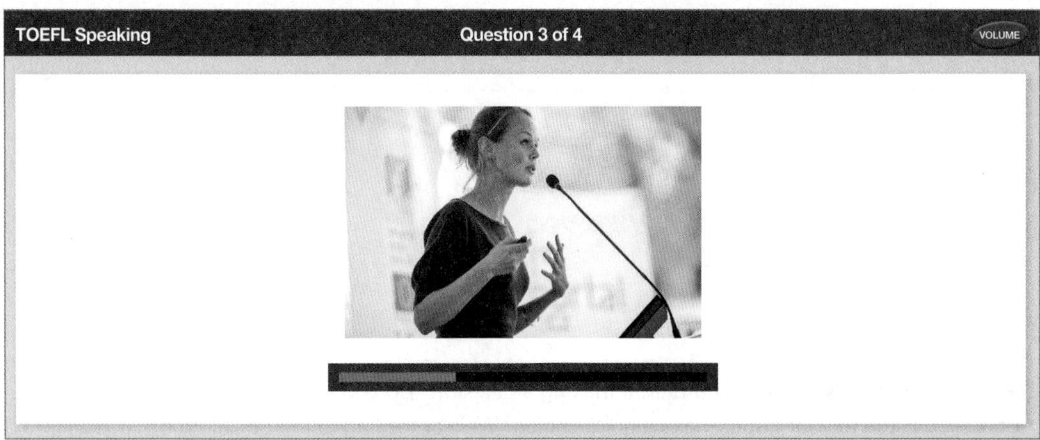

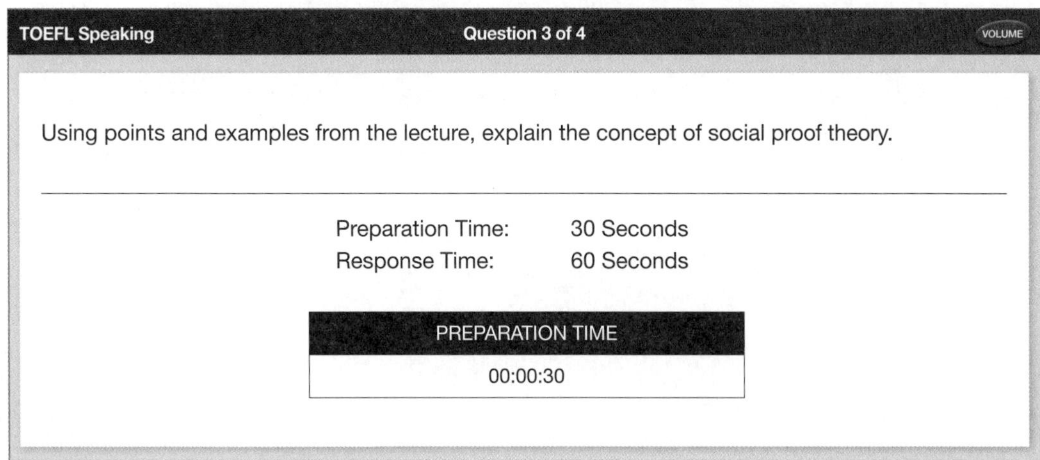
TOEFL Speaking **Question 3 of 4** VOLUME

Using points and examples from the lecture, explain the concept of social proof theory.

Preparation Time: 30 Seconds
Response Time: 60 Seconds

PREPARATION TIME
00:00:30

❶ 문제 분석

[내레이터]

이제 사회적 검증 이론에 대한 지문을 읽으시오. 당신은 45초 동안 지문을 읽을 시간이 있다. 지금 읽기 시작하시오.

[리딩 지문]

Social Proof Theory
제목: 주제

The Social Proof Theory refers to the behavior and opinions of others as a criterion for correct behavior in situations where it is uncertain how to act. This means that when people are in an unfamiliar situation, they tend to look to others to figure out what to do, or what decision to make. It is also a psychological concept that is frequently employed in business marketing, where the perceived quality of a product can be determined by how many people use it or how popular it is.

주제 정의 문장

세부사항

사회적 검증 이론

사회적 검증 이론은 어떻게 행동해야 할지 불확실 할 때 올바른 행동의 기준이 되는 다른 사람들의 행동과 의견을 가리킵니다. 이는 사람들이 익숙하지 않은 상황에 처할 때, 무엇을 할지 혹은 어떤 결정을 내릴지 알아내기 위해 다른 사람들에게 기대를 거는 경향이 있다는 것을 의미합니다. 이는 또한 인지되고 있는 상품의 품질이 얼마나 많은 사람들이 그 상품을 사용하는지 혹은 얼마나 그 상품이 인기있는지에 따라 결정되는 비즈니스 마케팅에서도 빈번히 사용되는 심리학 개념입니다.

[내레이터]

이제 이 주제에 대한 심리학 수업에서의 강의 일부분을 들으시오.

[리스닝 스크립트]

What do you do if you have a hard time making a decision? Do you do a lot of thorough research, or do you listen to your gut to make a quick choice? Well, according to the Social Proof Theory, people tend to imitate the actions and decisions of others. We can see this theory in practice in two different situations.

만약 당신이 결정을 내리는데 어려움을 겪고 있다면 무엇을 하겠습니까? 당신은 철저한 조사를 하거나, 빠른 선택을 하기 위해 당신의 직감을 따르겠습니까? 사회적 검증 이론에 따르면, 사람들은 다른 사람들의 행동이나 결정을 모방하는 경향이 있습니다. 우리는 이 이론을 두 가지 상황에서 실제로 살펴볼 수 있습니다.

One example is comedy programs, which have employed the Social Proof Theory since the earliest days of television. Comedy shows traditionally use a laugh track, or recorded laughter, to accent humorous scenes or jokes in the program. This laugh track serves as a cue to let the viewer know something is funny. This is because when we hear other people laugh, we are naturally influenced to recognize what's happening as funny. So, during these shows, we are more likely to laugh along with the recorded laughter. → 세부사항: 웃음 소리를 들으면, 자연스럽게 영향을 받아 재미있는 상황으로 인식

예시1: 코미디 프로그램

텔레비전의 초창기부터 사회적 검증 이론을 이용해 왔던 코미디 프로그램들이 하나의 예시입니다. 코미디 쇼들은 전통적으로 프로그램의 유머러스한 장면이나 농담을 강조하기 위해 웃음 소리 녹음 테이프 혹은 녹음된 웃음을 사용합니다. 이 웃음 소리 녹음 테이프는 시청자들이 어떤 것이 재미있는지 알게 해주는 신호 역할을 합니다. 왜냐하면 우리는 다른 사람들이 웃는 소리를 들을 때, 일어나고 있는 일이 재미있는 일이라고 인식하는 데 자연스럽게 영향을 받기 때문입니다. 그래서 이러한 코미디 쇼들을 보는 동안, 우리는 녹음된 웃음 소리와 함께 웃을 가능성이 큽니다.

Another example is often seen in business marketing, since people tend to buy the best-selling product. Suppose you went to buy hair products, but you are not familiar with hair products or the differences between all the brands. There are various products on the shelves, but if there is a promotional phrase that says 'Best Seller' or 'Most Popular', you will be more interested in that product compared to the others, right? Knowing a product is preferred by others encourages you to purchase it too. → 세부사항: 만약 친숙하지 않은 상품이 있다면, 'best seller' 문구가 적힌 상품에 더 관심을 가지게 될 것

예시2: 비즈니스 마케팅

또 다른 예시는 사람들이 가장 많이 팔리는 제품을 사는 경향이 있기 때문에, 종종 비즈니스 마케팅에서 찾아볼 수 있습니다. 당신이 모발용 제품을 구매하러 갔는데, 그 모발용 제품들에 익숙하지 않거나, 모든 상표들의 차이를 잘 모른다고 가정해 보세요. 다양한 상품들이 선반 위에 있는데, 만약 '베스트셀러'혹은 '가장 인기있는 제품'과 같은 광고용 문구가 있다면, 당신은 다른 제품들에 비해 그 제품에 더 흥미를 느낄 것입니다, 그렇죠? 어떤 제품이 다른 사람들에게 더 선호된다는 것을 아는 것은 당신도 그것을 구매하도록 부추깁니다.

[문제 해석]

강의의 핵심 내용과 예시를 사용하여, 사회적 검증 이론의 개념에 대해 설명하시오.

❷ 노트테이킹

Reading	social proof theory - when people are in an unfamiliar situation, they tend to look to others
Listening	1. comedy programs - use a laugh track 2 accent humor - when hear -> influ to recog funny 2. business marketing - If various products △ promo phrase 'best seller' → more interested

❸ 답변

먼저 스스로 빈칸에 답을 채우며 연습해본 후, 해설지에서 정답 확인을 해봅니다.

[80+ 모범답안] MP3 Speaking_17

리딩 지문 요약	The reading passage gives an overview of ______________________. According to this theory, when people are in an unfamiliar situation, ______________________ ______________. 리딩 지문은 사회적 검증 이론에 대한 개요를 제공합니다. 이 이론에 다르면, 사람들은 익숙하지 않은 상황에 처할 때, 다른 사람들의 결정을 따르는 경향이 있습니다.
강의 내용 언급	The professor illustrates this concept in her lecture by using two examples. 교수는 강의에서 이 개념을 두 가지 예시를 제시함으로써 설명합니다.
첫 번째 예시	First, the professor introduces comedy programs that ______________________ ______. 첫 번째로, 교수는 사회적 검증 이론을 이용하는 코미디 프로그램을 소개합니다.
상세 설명	To be specific, comedy shows ______________________________________. 구체적으로 말하면, 코미디 쇼들은 그 쇼들을 더 재밌게 만들기 위해 웃음 소리 녹음 테이프를 사용합니다. This is because when people hear laughter, ______________________________ ____________. 왜냐하면 사람들은 웃음 소리를 들을 때, 어떤 것이 재미있다고 인식할 것이기 때문입니다.
두 번째 예시	Second, the professor talks about business marketing. 두 번째로, 교수는 비즈니스 마케팅에 대해 말합니다.
상세 설명	To be specific, if there are various products, ______________________________ ____________. 구체적으로 말하면, 만약 다양한 제품들이 있다면, 사람들은 인기 있는 제품들에 더 흥미를 느낄 것입니다.
마무리	These are the examples of social proof theory. 이것들이 사회적 검증 이론의 예시입니다.

[고득점 모범답안] MP3 Speaking_18

리딩 지문 요약	The reading passage gives an overview of ______________________. According to this theory, when people are ____________________, ______________________ ______________. 리딩 지문은 사회적 검증 이론에 대한 개요를 제공합니다. 이 이론에 다르면, 사람들은 익숙하지 않은 상황에 처할 때, 다른 사람들의 결정을 따르는 경향이 있습니다.
강의 내용 언급	The professor illustrates this concept in her lecture by using two examples. 교수는 강의에서 이 개념을 두 가지 예시를 제시함으로써 설명합니다.

첫 번째 예시	The first example the professor introduces in the lecture is ____________________ ____________________. 교수가 강의에서 소개하는 첫 번째 예시는 사회적 검증 이론을 사용하는 코미디 프로그램들입니다.
상세 설명	To be specific, some comedy shows use a laugh track to ____________________ ______________________________. 구체적으로 말하면, 어떤 코미디 쇼들은 유머러스한 장면을 강조하고 그 쇼들을 더 재미있게 만들기 위해 웃음 소리 녹음 테이프를 사용합니다. This is because when people hear laughter, ______________________________ ______________. 왜냐하면 사람들은 웃음 소리를 들을 때, 그들이 보고 있는 내용이 재미있다고 인식할 가능성이 크기 때문입니다.
두 번째 예시	The second example the professor mentions in the lecture is ________________________. 교수가 강의에서 언급하는 두 번째 예시는 비즈니스 마케팅입니다.
상세 설명	To be specific, if you want to buy hair products and there are various options on the shelves, ____ ________________. 구체적으로 말하면, 만약 당신이 모발용 제품을 구매하고 싶은데, 선반 위에 다양한 선택지가 있다면, 당신은 "베스트셀러"와 같은 문구를 포함한 제품들에 더 흥미를 느낄 것입니다.
마무리	These are the examples of social proof theory. 이것들이 사회적 검증 이론의 예시입니다.

[어휘]

criterion 기준 act 행동하다 look to ~에 기대를 걸다, 기대하다 figure out ~을 알아내다, 이해하다 psychological 심리학의 employ ~을 사용하다 perceived 지각된 thorough 철저한 gut 직감 imitate ~을 모방하다 in practice 실제로 laugh track 웃음 소리 녹음 테이프 accent 강조하다 serve as ~의 역할을 하다 cue 신호 viewer 시청자 promotional 홍보용의 phrase 문구 encourage ~을 부추기다 content 내용 option 선택지

4 Question 4: Integrated Speaking (통합형)

■ 문제 풀이 전략

통합형 4번 문제에서는 리딩 지문 없이 곧바로 리스닝에 들어가게 됩니다. 리스닝에서는 학문적인 주제에 대한 교수의 강의를 듣게 되는데, 오로지 리스닝에만 의존해야 함으로 전략적인 노트테이킹 스킬이 어느 때보다 중요한 유형입니다.

강의는 반드시 해당 대주제에 대한 2가지의 하위 개념(소주제)을 포함하므로, 리스닝 초반에서 강의의 대주제를 캐치하여 강의의 전체적인 방향을 잡고, 그에 해당하는 소주제 두 가지 또한 놓치지 않고 노트테이킹 하도록 합니다. 소주제로는 보통 어떠한 현상(phenomenon), 종류(types), 방법(ways), 예시(examples), 특징(features) 등이 등장하고, 각 주제에 대한 정의 문장과 심화 설명을 포함하고 있으므로 흐름을 생각하면서 들으면 좋습니다.

Listening 강의 내용 전개
대주제 ↓ 소주제 1 + 세부 설명 ↓ 소주제 2 + 세부 설명

스피킹 특강 04
강의 주제 쉽게
찾는 방법

4번 문제 리스닝 강의에는 반드시 2개의 개념이 등장합니다. 60초라는 제한된 답변 시간 안에 안정적으로 두 가지 개념을 모두 설명하기 위해서는 가장 중요한 핵심 부분만 남길 수 있어야 합니다. 즉, 꼭 들어야 하는 부분을 염두에 두고 노트테이킹을 하는 것이 중요한데, 그러기 위해서는 시그널 위주로 노트테이킹을 해야합니다. 부분적 심화 설명을 생략하고, 각 본론에 들어갈 개념의 정의와 그에 대한 세부 설명을 한두 문장 정도로만 확보할 수 있으면 됩니다.

■ 80+ 답변 템플릿

다음의 답변 템플릿을 통해, 부드럽게 내용을 이어가며 말할 수 있습니다. 답변은 서론-본론-결론의 구성으로 이루어져 있으며, 서론에서 강의의 주제를 언급하는 것으로 답변을 시작합니다. 본론에서는 대주제에 대한 하위 개념 두 가지를 요약해 주어야 하는데, 각 본론에 소주제, 소주제의 정의 문장이 포함되어야 합니다. 그런 다음, 각 소주제에 대한 심화 설명이나 예시로 본론 구성을 마무리하면 되는데, 이때 주의할 점은 하나의 소주제에만 치우치지 않고, 두 가지 소주제 모두에 분량을 비슷하게 분배하는 것입니다.

Introduction 서론	강의 주제	The professor talks about ~ 교수는 ~에 대해서 이야기합니다.
Body 1 본론 1	첫 번째 포인트 소개	First, the professor introduces ~ 첫 번째로, 교수는 ~을 소개합니다.
		고득점용 The first strategy the professor introduces in the lecture is ~ 교수가 강의에서 소개하는 첫 번째 전략은 ~입니다. * 어떠한 종류의 포인트 (strategy 전략, type 유형, factor 요소)가 등장하는가에 따라 달라질 수 있습니다.
	정의 문장	**(첫 번째 포인트)** is / refers to / means ~ (첫 번째 포인트)는 ~입니다 / ~을 말합니다 / ~을 의미합니다.
	심화 및 예시	For example, 예를 들면,
Body 2 본론 2	두 번째 포인트 소개	Second, the professor describes ~ 두 번째로, 교수는 ~을 설명합니다.
		고득점용 The second strategy the professor describes in the lecture is ~ 교수가 강의에서 설명하는 두 번째 전략은 ~입니다 * 어떠한 종류의 포인트 (strategy 전략, type 유형, factor 요소)가 등장하는가에 따라 달라질 수 있습니다.
	정의 문장	**(두 번째 포인트)** is / refers to / means ~ (두 번째 포인트)는 ~입니다 / ~를 말합니다 / ~를 의미합니다.
	심화 및 예시	For instance, 예를 들면,
Conclusion 결론	마무리	These are two strategies/types/factors of ~ 이것들이 ~에 대한 두 가지 전략/유형/요소입니다.

■ 문제 연습 1

다음 문제를 풀어보고 관련 문제 유형 및 답변 방법을 확실히 숙지하세요.

Narrator: Now listen to part of a lecture on this topic in a zoology class. MP3 Speaking_19

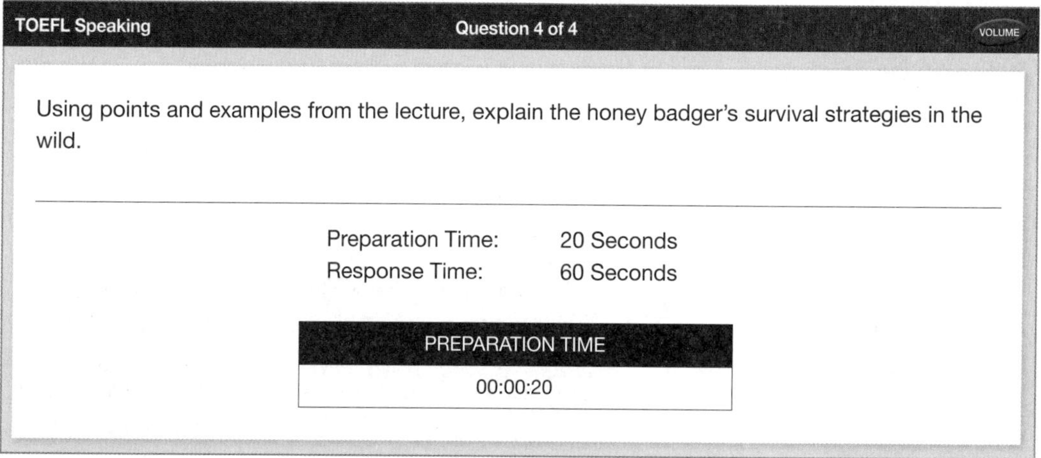

TOEFL Speaking
Question 4 of 4
VOLUME
Using points and examples from the lecture, explain the honey badger's survival strategies in the wild.
Preparation Time: 20 Seconds
Response Time: 60 Seconds
PREPARATION TIME
00:00:20

❶ 문제 분석

[내레이터]

이제 이 주제에 대한 동물학 수업에서의 강의 일부분을 들으시오.

[리스닝 스크립트]

Here is one of the most interesting mammals living today... and, judging by how tough it is, for a long time in the future too. It is the honey badger, also known as the ratel, and it lives in the African savannah. One might wonder how a badger survives in the unforgiving climate and desolate plains of the savanna, which is also home to a variety of ferocious predators. Let's examine the unique traits and characteristics that allow the honey badger to survive in such a harsh, competitive environment. 주제: 벌꿀오소리의 생존 방법

여기 현존하는 가장 흥미로운 포유류 중 한 종이 있습니다. 그리고, 얼마나 센지를 미루어 보면 아마 미래에도 오랫동안 가장 흥미로운 포유류 중 한 종일 것입니다. 바로 라텔(오소리의 일종)이라고도 알려져 있는 벌꿀 오소리이며, 이들은 아프리카 사바나(대초원)에 서식합니다. 누군가는 아마 벌꿀오소리가 어떻게 그 힘든 기후와 많은 맹렬한 포식자들의 서식지기도 한 황폐한 사바나의 평원에서 생존하는지에 대해 궁금해할지도 모릅니다. 벌꿀오소리가 혹독하고 경쟁이 심한 환경에서 생존할 수 있도록 돕는 그 독특한 습성과 특징에 대해 함께 검토해봅시다.

The first of the honey badger's unique adaptations is its natural armor: its particularly tough skin. 소주제1: 벌꿀오소리의 가죽 However, it's not tough in the way you would likely think... like a turtle's shell. Instead, the secret to the honey badger's ferocity and fearlessness is its loose but incredibly thick, rubbery skin. When a predator attacks the badger and bites it, the badger's skin is so loose that it allows the badger to still twist around and attack the other animal, even though the attacker still holds it. Whereas other animals would be incapacitated in such a situation, the honey badger can continue its attack thanks to the mobility granted by its loose skin. This means the honey badger can even take on predators much larger than it. → 세부사항: 느슨하고 두꺼운 가죽 덕분에 포식자의 공격을 피할 수 있음

벌꿀오소리의 첫 번째 독특한 적응은 그들의 천연 갑옷입니다: 이는 특별하게 튼튼한 그들의 가죽을 말합니다. 그런데, 이는 여러분이 아마 생각할 수 있는 거북이 등껍질과 같은 방식처럼 튼튼한 것은 아닙니다. 대신, 벌꿀오소리의 흉포함과 대담무쌍함의 비밀은 그들의 느슨하지만 엄청나게 두껍고 고무 같은 가죽에 있습니다. 포식자가 벌꿀오소리를 공격하고 물 때, 비록 그 공격자가 계속해서 벌꿀오소리를 물고 있을지라도, 그들의 가죽은 굉장히 느슨해서 벌꿀오소리가 몸을 돌려 그 상대 동물을 공격할 수 있게 해줍니다. 다른 동물들이 그러한 상황에서 무능력하게 되는 반면, 벌꿀 오소리는 그 느슨한 가죽이 부여한 이동성 덕분에 계속해서 공격할 수 있습니다. 이는 벌꿀오소리가 심지어는 그들보다 훨씬 큰 포식자들과 대결할 수 있음을 의미합니다.

The second is the honey badger's diet. 소주제2: 벌꿀오소리의 식습관 Honey badgers are not picky eaters. They are omnivorous, which means that they eat a wide variety of foods. In addition to honey and bee larvae - that's why we call them honey badgers - they have a varied menu of insects, frogs, lizards, rodents, birds and eggs. And even bigger animals such as bucks and buffaloes! They devour all parts of their prey, including the hair, feathers and bones. Also, they eat berries, bulbs and roots. Even when they forage for vegetables, they lift large stones or tear bark from trees. So, the honey badger is unstoppable in its pursuit of food. → 세부사항: 꿀부터 버팔로까지 다양한 종류의 먹이를 섭취하는 잡식성의 벌꿀오소리

두 번째는 벌꿀오소리의 식습관입니다. 벌꿀 오소리는 식성이 까다로운 동물이 아닙니다. 그들은 잡식성이며, 이는 그들이 아주 다양한 음식을 먹을 수 있다는 것을 의미합니다. 꿀과 꿀벌의 애벌레 뿐만 아니라 - 이것이 우리가 그들을 벌꿀오소리라고 부르는 이유입니다 - 그들은 다양한 곤충, 개구리, 도마뱀, 설치류, 새 그리고 알들로 이뤄진 다양한 메뉴를 먹습니다. 그리고 심지어는 사슴이나 물소 같은 그들보다 더 큰 동물들도 먹습니다! 그들은 털, 깃털 그리고 뼈를 포함한 먹이의 모든 부분을 집어삼킵니다. 또한, 그들은 베리류, 구근류 그리고 뿌리까지 먹습니다. 그들은 채소를 찾아다닐 때조차, 무거운 돌들을 들어 올리거나 나무껍질들을 뜯습니다. 그래서 벌꿀오소리는 먹이를 찾을 땐 막을 수가 없습니다.

SPEAKING

[문제 해석]

강의의 핵심 내용과 예시를 사용하여, 야생에서의 벌꿀오소리의 생존 전략에 대해 설명하시오.

❷ 노트테이킹

honey badger
- how surv in the svanna

1. skin
- loose △ ↑ thick, rubry
- when predator attk, bite → twist
- continue attk back

2. diet
- x picky, omnivorous - eat wide vari foods
- honey, larvae ← why call them
- vari menu : insects ~ big animals
- devour all parts of prey

❸ 답변

먼저 스스로 빈칸에 답을 채우며 연습해본 후, 해설지에서 정답 확인을 해봅니다.

[80+ 모범답안] MP3 Speaking_20

강의 주제	The professor talks about ______________________________. 교수는 벌꿀오소리의 생존 전략에 대해서 이야기합니다.
첫 번째 포인트 소개	First, the professor introduces ____. 첫 번째로, 교수는 벌꿀오소리의 튼튼한 가죽을 소개합니다.
정의 문장	They have ____ __________. 그들은 굉장히 두꺼운 가죽을 갖고 있지만, 동시에 그것은 아주 느슨합니다.
심화 및 예시	For example, if ______________________________, the honey badger will twist its body and ________________________. 예를 들면, 포식자가 벌꿀오소리를 물었을 때, 벌꿀오소리는 그들의 몸을 틀어 반격할 수 있습니다.
두 번째 포인트 소개	Second, the professor describes ____________________________. 두 번째로, 교수는 벌꿀오소리의 식습관을 설명합니다.
정의 문장	Basically, they are omnivorous, so ______________________________. 기본적으로, 그들은 잡식성이어서, 다양한 음식을 먹습니다.

심화 및 예시	For instance, ____ ______________. 예를 들면, 그들은 벌꿀과 꿀벌의 애벌레를 먹으며, 이것이 그들이 "벌꿀오소리" 라고 불리는 이유입니다. Also, they eat a varied menu, ____ __________. 또한, 그들은 곤충부터 심지어는 물소처럼 큰 동물들까지 다양한 메뉴를 먹습니다.
마무리	These are two strategies that honey badgers use to survive in the wild. 이것들이 벌꿀오소리가 야생에서 생존하기 위해 사용하는 두 가지 전략입니다.

[고득점 모범답안] MP3 Speaking_21

강의 주제	The professor talks about ________________________. 교수는 벌꿀오소리의 생존 전략에 대해서 이야기합니다.
첫 번째 포인트 소개	The first strategy the professor introduces in the lecture is ________________________. 교수가 강의에서 소개하는 첫 번째 전략은 벌꿀오소리의 튼튼한 가죽입니다.
정의 문장	____ __________. 그들은 굉장히 두꺼운 가죽을 갖고 있지만, 동시에 그것은 아주 느슨합니다.
심화 및 예시	For example, ____ ______________. 예를 들면, 포식자가 벌꿀오소리를 물음으로써 공격을 시도할 때, 벌꿀오소리는 그들의 몸을 틀어 반격할 수 있습니다.
두 번째 포인트 소개	The second strategy the professor describes in the lecture is ________________________. 교수가 강의에서 설명하는 두 번째 전략은 벌꿀오소리의 식습관입니다.
정의 문장	Basically, they are omnivorous, which means ____________________ ________. 기본적으로, 그들은 잡식성이며, 이는 그들이 다양한 종류의 음식을 먹는다는 것을 의미합니다.
심화 및 예시	For instance, ____ ______________. 예를 들면, 그들은 벌꿀과 꿀벌의 애벌레를 먹으며, 이것이 그들이 "벌꿀오소리" 라고 불리는 이유입니다. Also, they eat a varied menu, ________________________, and they ________________________. 또한, 그들은 곤충부터 심지어는 물소처럼 큰 동물들까지 다양한 메뉴를 먹으며, 먹이의 모든 부분들을 집어삼킵니다.
마무리	These are two strategies that honey badgers use to survive in the wild. 이것들이 벌꿀오소리가 야생에서 생존하기 위해 사용하는 두 가지 전략입니다.

[어휘]

mammal 포유류 ratel 벌꿀오소리 unforgiving 힘든 desolate 황폐한 ferocious 흉포한, 맹렬한 predator 포식자 trait 습성 characteristic 특징 harsh 혹독한 competitive 경쟁이 심한 natural 자연의, 천연의 armor 갑옷 tough 튼튼한 skin 가죽 turtle's shell 거북이의 등껍질 ferocity 흉포함 fearlessness 대담무쌍함 loose 느슨한 incredibly 놀랍게, 엄청나게 rubbery 고무 같은 twist around 돌리다 incapacitated 무능력해진, 옴짝달싹 못하는 mobility 이동성 granted 부여된, 수여된 take on ~와 대결하다 diet 식습관, 음식 picky 까다로운 omnivorous 잡식성인 larvae 유충들 lizard 도마뱀 rodent 설치류 buck 수사슴 buffalo 물소 devour ~을 집어삼키다, 먹어 치우다 feather 깃털 bulb 구근, 구근류 forage for ~을 찾아다니다 tear ~을 찢다 bark 나무 껍질 unstoppable 막을 수 없는 in pursuit of ~를 추구하여 strategy 전략 counterattack 반격하다

■ 문제 연습 2

다음 문제를 풀어보고 관련 문제 유형 및 답변 방법을 확실히 숙지하세요.

Narrator: Now listen to part of a lecture on this topic in a psychology class. MP3 Speaking_22

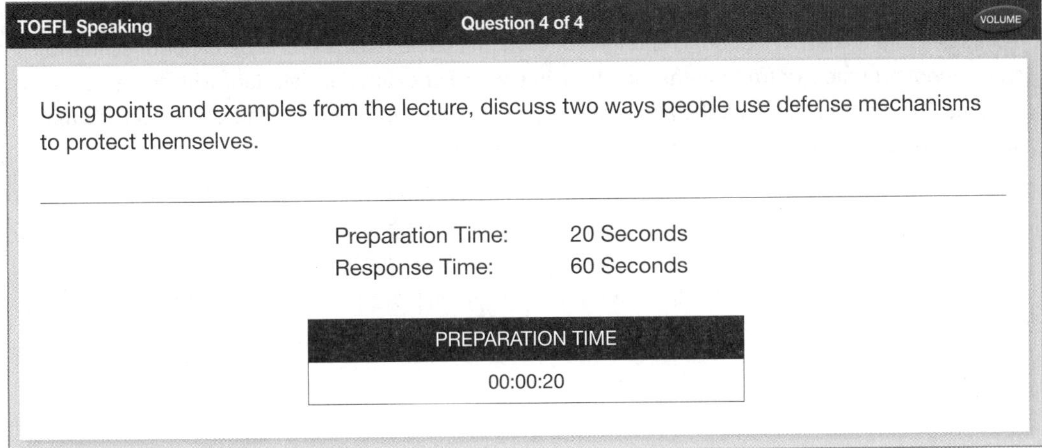

TOEFL Speaking
Question 4 of 4
VOLUME
Using points and examples from the lecture, discuss two ways people use defense mechanisms to protect themselves.
Preparation Time: 20 Seconds
Response Time: 60 Seconds
PREPARATION TIME
00:00:20

SPEAKING

❶ 문제 분석

[내레이터]

이제 이 주제에 대한 심리학 수업에서의 강의 일부분을 들으시오.

[리스닝 스크립트]

A defense mechanism is a psychological concept based on one of the theories from Sigmund Freud, the founder of psychoanalysis. 주제: 방어 기제 He defined a defense mechanism as an unconscious psychological process used by people to protect themselves from conflict or anxiety. I'm sure we've all experienced a defense mechanism, whether we realize it or not. It's very common to unconsciously put up a shield to protect ourselves from uncomfortable situations. So, let's take a look at how this defense works. Keep in mind, there are a number of different defense mechanisms, but today we are going to focus on only two of them.

방어 기제는 정신분석의 창립자인 지그문트 프로이트의 이론 중 하나에 근거한 심리학 개념입니다. 그는 방어 기제를 사람들이 그들 스스로를 갈등 혹은 불안감으로부터 보호하기 위해 사용하는 무의식적인 심리 작용이라고 정의했습니다. 저는 우리가 인식했든 못했든 우리 모두 방어 기제를 경험해 봤다고 확신합니다. 우리 스스로를 불편한 상황으로부터 보호하기 위해 무의식적으로 보호막을 세우는 것은 아주 흔한 일입니다. 자 이제, 이 방어가 어떻게 작동하는지 살펴봅시다. 명심하세요, 많은 다양한 방어 기제들이 있지만, 오늘 우리는 두 가지에만 초점을 맞춰 다뤄볼 것입니다.

The first is rationalization. 소주제1: 합리화 Socially, we explain this as having a convenient excuse for when something goes wrong. Sometimes, you want to justify an unpleasant situation or result, such as a poor performance or failure, with a good, seemingly logical reason. 세부사항: 불편한 상황이나 결과를 그럴듯한 이유로 정당화하는 것 By doing so, you can help yourself avoid anxiety. It's about creating your own justifiable reasons for a behavior or scenario you cannot tolerate... re-framing the situation, in a way. For example, a student who cheats on a test may blame his actions on the absence of a proctor or a supervisor at the test site. So, it's the fault of the testers for not preventing the student from cheating.

첫 번째는 합리화입니다. 사회적으로, 우리는 이를 무언가 잘못되어 갈 때 그것에 대한 편리한 변명을 갖는 것으로 설명합니다. 때때로, 여러분은 낮은 성과나 실패와 같은 불편한 상황이나 결과를 그럴듯하고 겉보기에는 논리적인 이유로 정당화하고 싶어합니다. 그렇게 함으로써, 여러분은 스스로를 불안감에서 피할 수 있게 도울 수 있습니다. 이는 여러분이 견딜 수 없는 행동이나 시나리오에 대한 스스로의 정당한 이유를 만드는 것입니다. 어떤 면에서 보면 상황을 재구성하는 것이죠. 예를 들면, 시험에서 부정행위를 한 학생은 그의 행동을 시험장에서의 시험 감독관 혹은 지도 교수의 부재의 탓으로 돌릴 수 있습니다. 그것은 학생들이 부정행위 하는 것을 막지 못한 시험관들의 잘못인 것입니다.

The second type of defense mechanism is displacement. 소주제2: 전치 Displacement is a defense mechanism in which one does not express feelings or desires to a dangerous or unfamiliar target, but rather to a safe, familiar target. 세부사항: 안전하고 다루기 쉬운 대상에게 감정의 해소를 하는 것 A certain feeling is transferred from its intended object or source to another one that is easier to handle. A typical example would be a man taking out his stress from his work on his family, displacing his anger and frustration with his boss or coworkers onto his spouse and children.

두 번째 방어 기제의 유형은 전치입니다. 전치는 누군가가 위험하고 익숙하지 않은 대상에게는 감정과 욕구를 표출하지 않고, 대신 안전하고 익숙한 대상에게 감정과 욕구를 표출하는 방어 기제입니다. 어떤 감정이 원래 목표가 되는 대상이나 근원에서 더 다루기 쉬운 다른 대상으로 옮겨지는 것입니다. 전형적인 예는 직장에서 스트레스를 받은 남자가 그의 가족에게 화풀이를 하는 것일 수 있습니다. 그의 직장 상사나 동료에게서 얻은 분노와 좌절감을 그의 배우자와 아이들에게 옮기는 것입니다.

[문제 해석]

강의의 핵심 내용과 예시를 사용하여, 사람들이 그들 스스로를 보호하기 위해 방어기제를 사용하는 두 가지 방식에 대해 설명하시오.

❷ 노트테이킹

defense mechanism
-psycho concept by Freud

1. rationalization
- having conveni excuse 4 go wrong
- justify bad situ → avoid anx & reframe
- ex) stu: cheat → blame supervisor (x prevent)

2. displacement
- x express feel to danger △ safe target
- frm intended object to easy
- ex) man: take out stress frm work → his fam

❸ 답변

먼저 스스로 빈칸에 답을 채우며 연습해본 후, 해설지에서 정답 확인을 해봅니다.

[80+ 모범답안] MP3 Speaking-23

강의 주제	The professor talks about ______________________. 교수는 방어 기제에 대해서 이야기합니다.
첫 번째 포인트 소개	First, the professor introduces ______________________. 첫 번째로, 교수는 합리화를 소개합니다.
정의 문장	Basically, it is having ______________________ or for something ______________. 기본적으로, 이는 안 좋은 상황이나 무슨 일이 잘못 되어갈 때 편리한 변명을 갖는 것입니다.
심화 및 예시	For example, a student who cheats on a test says ______________________ ______________________. 예를 들면, 시험에서 부정행위를 한 학생이 이것을 방지하지 못한 시험관의 잘못이라고 말하는 것입니다.
두 번째 포인트 소개	Second, the professor describes ______________________ ______________. 두 번째로, 교수는 전치를 설명합니다.
정의 문장	People ______________________, not a dangerous one. A specific feeling is ______________________ ______________ to an easier one. 사람들은 그들의 감정을 위험한 대상이 아닌 안전하고 익숙한 대상에게 표출합니다. 하나의 특정한 감정이 원래 의도된 근원에서 더 쉬운 대상으로 옮겨지는 것입니다.

심화 및 예시	For instance, there is a man ________________ but ________ ________________. 예를 들면, 직장에서 스트레스를 받았지만 그의 가족에게 스트레스를 푸는 남자가 있습니다.
마무리	These are two types of defense mechanism that the professor introduced in the lecture. 이것들이 교수가 강의에서 소개한 방어 기제의 두 가지 유형입니다.

[고득점 모범답안] MP3 Speaking_24

강의 주제	The professor talks about ________________. 교수는 방어 기제에 대해서 이야기합니다.
첫 번째 포인트 소개	The first type the professor introduces in the lecture is ________________. 교수가 강의에서 소개하는 첫 번째 유형은 합리화입니다.
정의 문장	Basically, people ________________, like poor performance, with a ________________. 기본적으로, 사람들은 낮은 성과와 같은 좋지 못한 상황을 겉보기에는 논리적인 이유로 정당화합니다. ________________, we can ________________. 합리화를 통해, 우리는 불안감을 피하고 그 상황을 재구성할 수 있습니다.
심화 및 예시	For example, a student ________________ ________________. 예를 들면, 시험에서 부정행위를 한 학생이 이것을 방지하지 못한 시험관의 탓으로 돌릴지도 모릅니다.
두 번째 포인트 소개	The second type the professor describes in the lecture is ________________. 교수가 강의에서 설명하는 두 번째 전략은 전치입니다.
정의 문장	People ________________ rather than a dangerous target. 사람들은 종종 그들의 감정을 위험한 대상보다 안전한 대상에게 표출하는 것을 선호할 것입니다. A specific feeling ________________ ________________. 하나의 구체적인 감정이 원래 의도된 근원에서 더 쉬운 대상으로 옮겨지는 것입니다.
심화 및 예시	For instance, a man who is stressed from his work ________________ ________________. 예를 들면, 직장에서 스트레스를 받은 한 남자가 그의 스트레스를 부인과 아이들에게 옮기는 것으로 선택하는 것입니다.
마무리	These are two types of defense mechanism that the professor introduced in the lecture. 이것들이 교수가 강의에서 소개한 방어 기제의 두 가지 유형입니다.

[어휘]

defense mechanism 방어 기제 **theory** 이론 **founder** 창립자 **psychoanalysis** 정신분석 **unconscious** 무의식적인 **psychological process** 심리 작용 **conflict** 갈등 **anxiety** 불안감 **put up** 세우다 **rationalization** 합리화 **justifiable** 정당한 **tolerate** ~을 견디다 **reframe** 재구성하다 **in a way** 어떤 면에서는 **cheat** 부정행위를 하다 **blame on** ~을 탓하다 **proctor** 시험 감독관 **test site** 시험장 **fault** 잘못 **tester** 시험관 **displacement** 전치 **transfer** ~을 옮기다 **intended** 목표가 되는 **take out on** ~에게 화풀이를 하다 **displace** 옮기다, 대체하다 **frustration** 좌절감 **spouse** 배우자

SPEAKING

04 Speaking 실전 모의고사

❶ 실전 모의고사 1

Question 1 MP3 Speaking-25

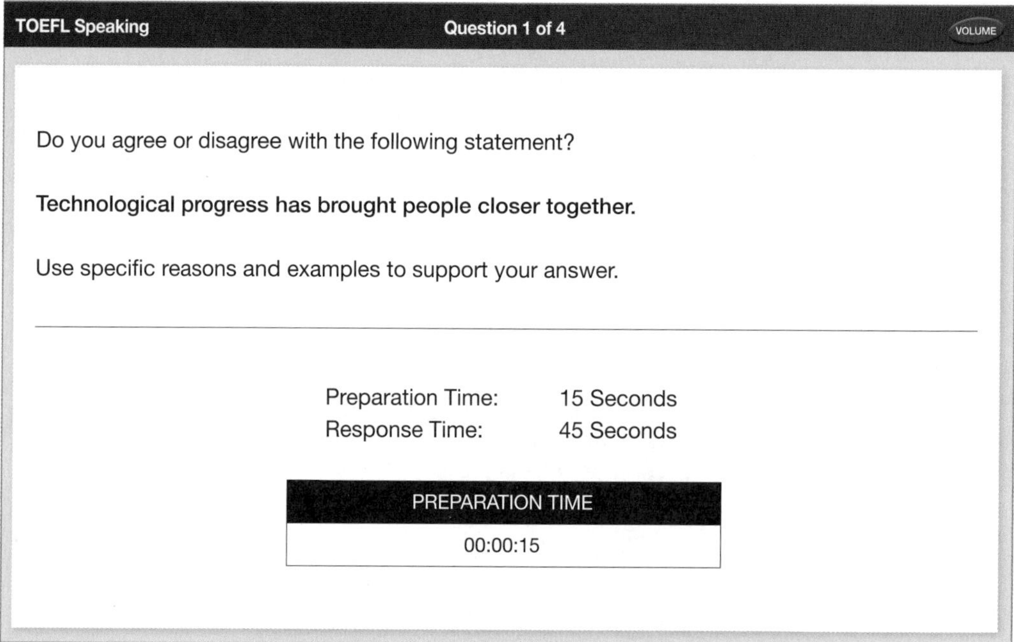
TOEFL Speaking | Question 1 of 4 | VOLUME

Do you agree or disagree with the following statement?

Technological progress has brought people closer together.

Use specific reasons and examples to support your answer.

Preparation Time: 15 Seconds
Response Time: 45 Seconds

PREPARATION TIME
00:00:15

Question 2 MP3 Speaking-26

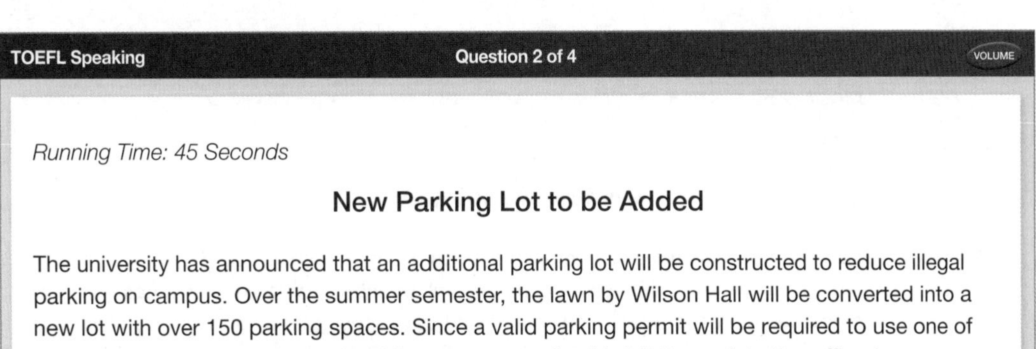
TOEFL Speaking Question 2 of 4 VOLUME

Running Time: 45 Seconds

New Parking Lot to be Added

The university has announced that an additional parking lot will be constructed to reduce illegal parking on campus. Over the summer semester, the lawn by Wilson Hall will be converted into a new lot with over 150 parking spaces. Since a valid parking permit will be required to use one of the parking spaces, students who drive on campus should visit the registration office to renew their permits. Please note that parking with an expired permit sticker will result in a fine.

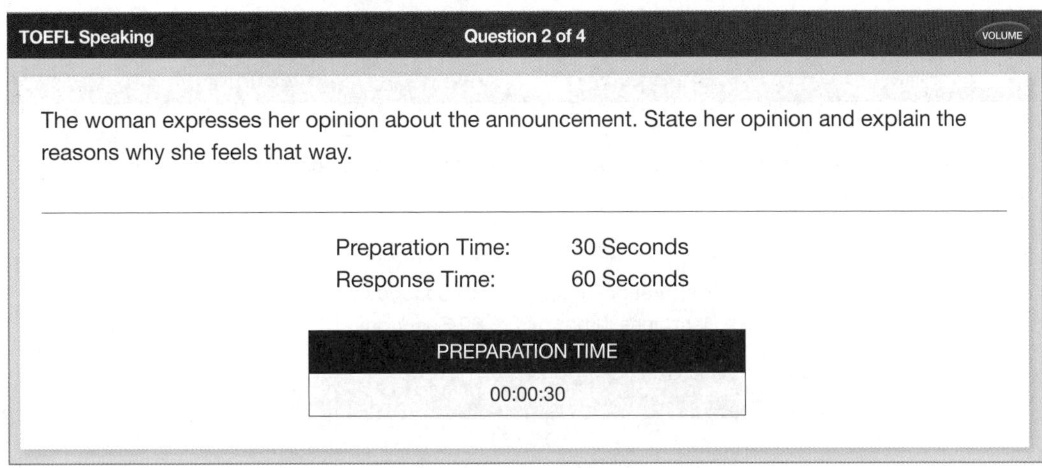
TOEFL Speaking Question 2 of 4 VOLUME

The woman expresses her opinion about the announcement. State her opinion and explain the reasons why she feels that way.

Preparation Time: 30 Seconds
Response Time: 60 Seconds

PREPARATION TIME
00:00:30

Question 3 MP3 Speaking-27

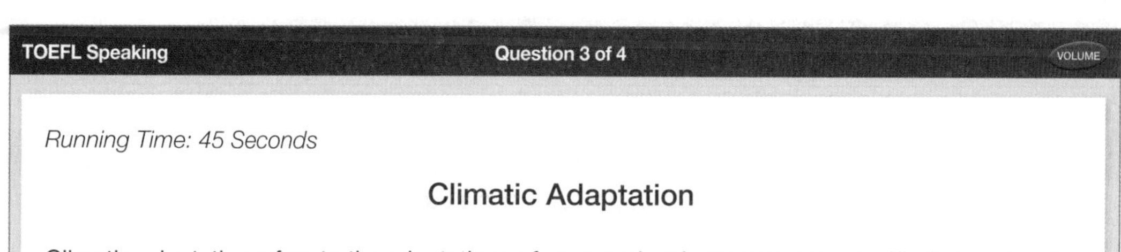
TOEFL Speaking | Question 3 of 4 | VOLUME

Running Time: 45 Seconds

Climatic Adaptation

Climatic adaptation refers to the adaptations of an organism in response to specific features and factors of its climate. These adaptations can be behavioral, structural, or internal changes brought on by climate properties. Climatic adaptations are limited to changes that lead to genetic variability within a species in response to unique climatic characteristics. Related species members living in distinct environments are likely to possess unique climatic adaptations. It is different from climate change adaptations, which refer to a species' ability to adapt to the incremental changes being brought about by artificial climate change.

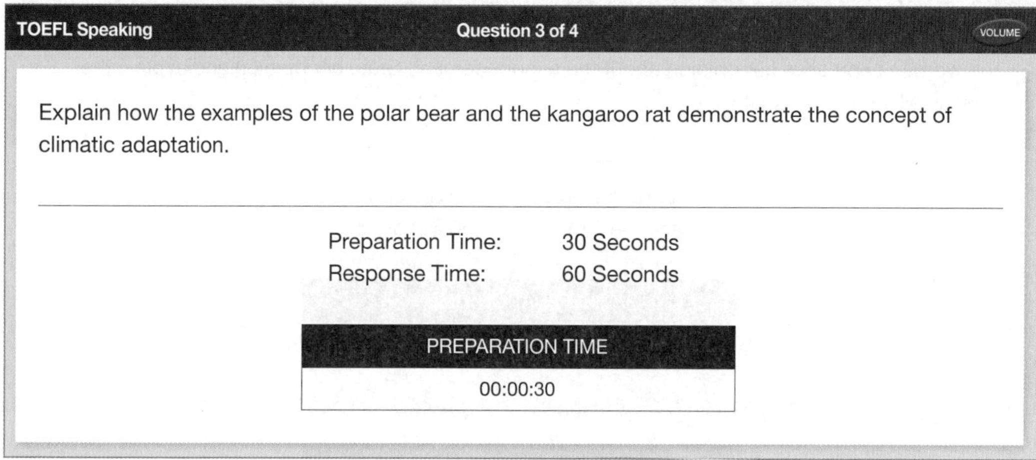
TOEFL Speaking | Question 3 of 4 | VOLUME

Explain how the examples of the polar bear and the kangaroo rat demonstrate the concept of climatic adaptation.

Preparation Time: 30 Seconds
Response Time: 60 Seconds

PREPARATION TIME
00:00:30

Question 4 MP3 Speaking-28

TOEFL Speaking
Question 4 of 4
VOLUME

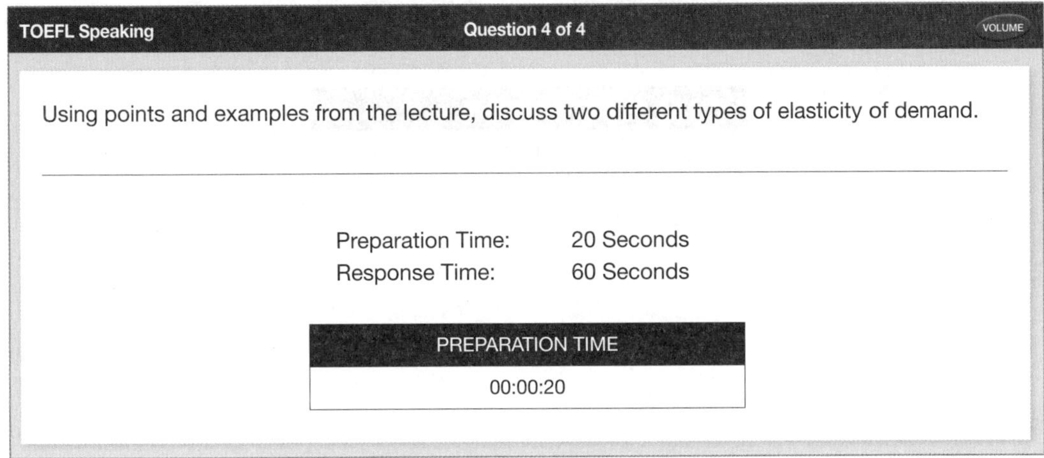
TOEFL Speaking
Question 4 of 4
VOLUME
Using points and examples from the lecture, discuss two different types of elasticity of demand.
Preparation Time: 20 Seconds
Response Time: 60 Seconds
PREPARATION TIME
00:00:20

Question 1 MP3 Speaking-29

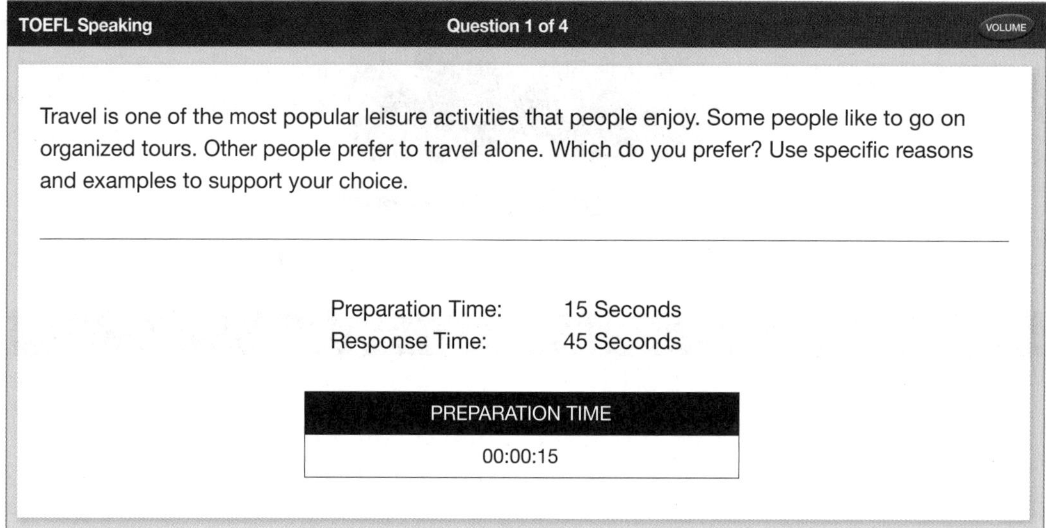

TOEFL Speaking
Question 1 of 4
VOLUME
Travel is one of the most popular leisure activities that people enjoy. Some people like to go on organized tours. Other people prefer to travel alone. Which do you prefer? Use specific reasons and examples to support your choice.
Preparation Time: 15 Seconds
Response Time: 45 Seconds
PREPARATION TIME
00:00:15

Question 2 MP3 Speaking-30

TOEFL Speaking | Question 2 of 4 | VOLUME

Running Time: 45 Seconds

Dorm Guest Restrictions Announced

The university has received a variety of complaints from our dormitory residents concerning safety issues. Among them, complaints about outside guests and overnight visitors are the most frequent. Accordingly, we will restrict guests who are not students of the university from accessing any of the dormitories. Furthermore, any special request for an overnight guest must be submitted to and approved by the registrar's office in advance. To ensure non-students cannot enter the buildings, students entering the dormitory will be required to scan their student ID cards to enter. By enforcing this policy, we will be able to reduce the numerous concerns about safety issues in the dormitories.

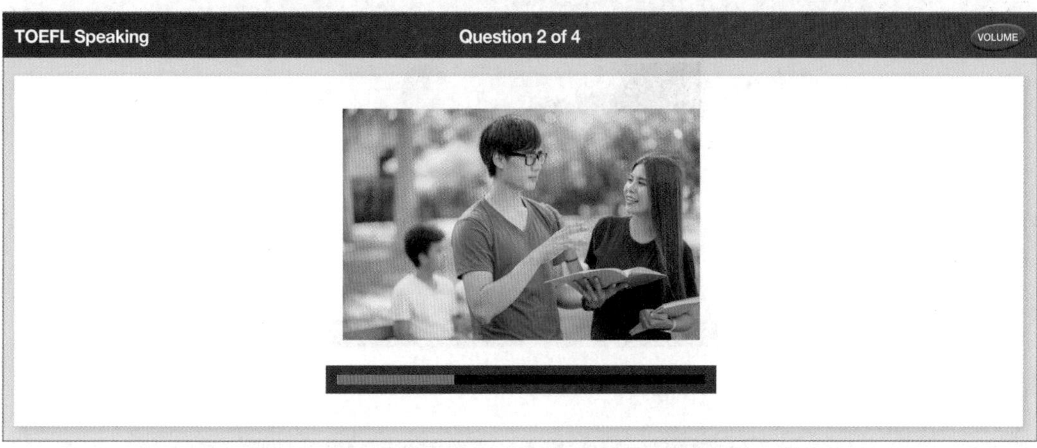

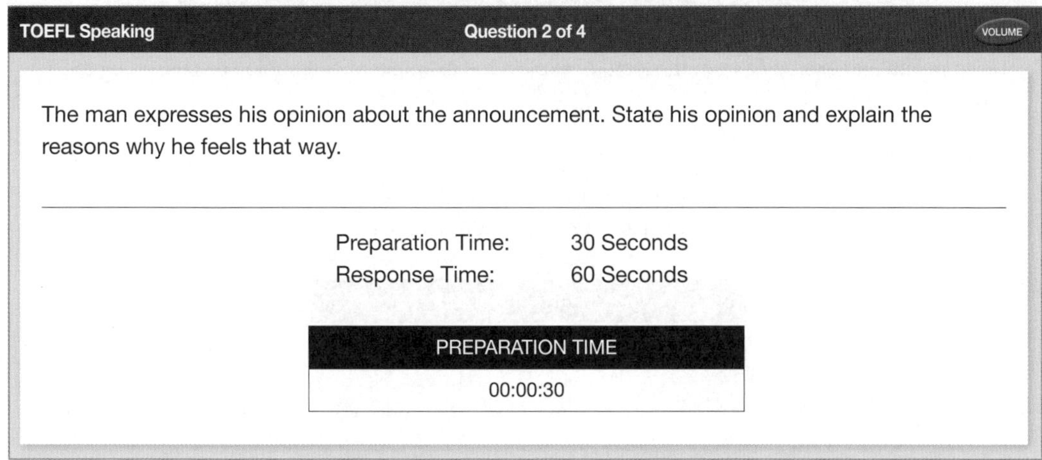

TOEFL Speaking
Question 2 of 4
VOLUME
The man expresses his opinion about the announcement. State his opinion and explain the reasons why he feels that way.
Preparation Time: 30 Seconds
Response Time: 60 Seconds
PREPARATION TIME
00:00:30

Question 3 MP3 Speaking-31

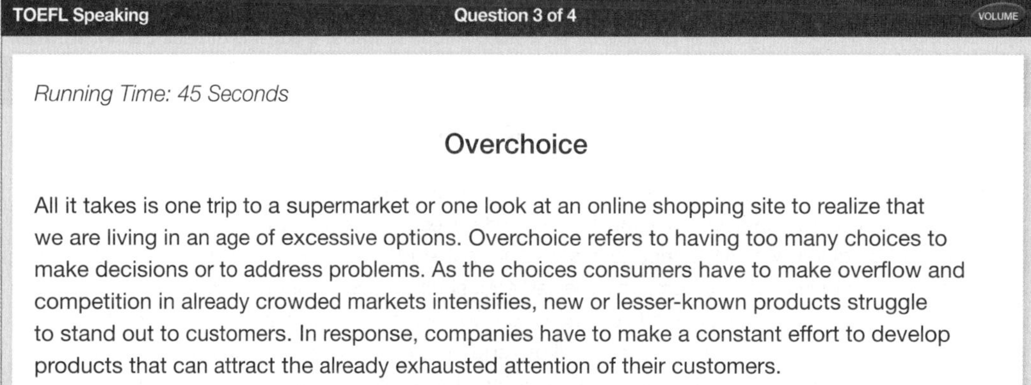

TOEFL Speaking | Question 3 of 4 | VOLUME

Running Time: 45 Seconds

Overchoice

All it takes is one trip to a supermarket or one look at an online shopping site to realize that we are living in an age of excessive options. Overchoice refers to having too many choices to make decisions or to address problems. As the choices consumers have to make overflow and competition in already crowded markets intensifies, new or lesser-known products struggle to stand out to customers. In response, companies have to make a constant effort to develop products that can attract the already exhausted attention of their customers.

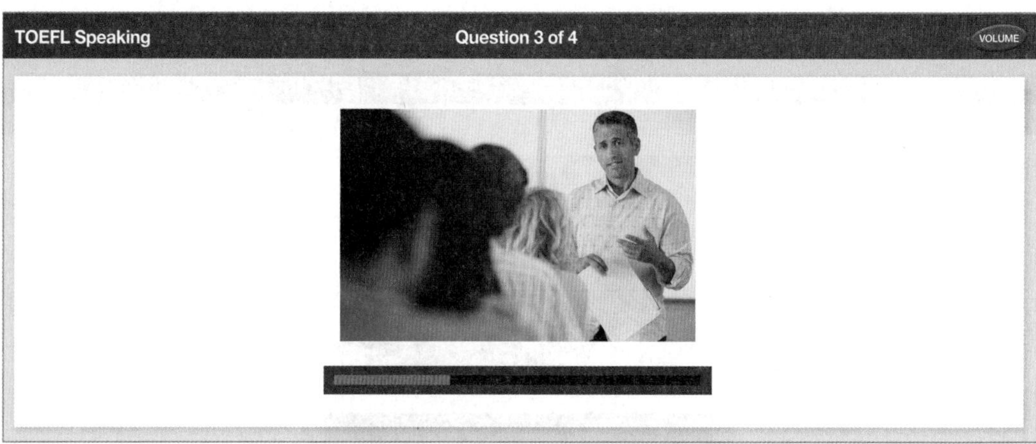

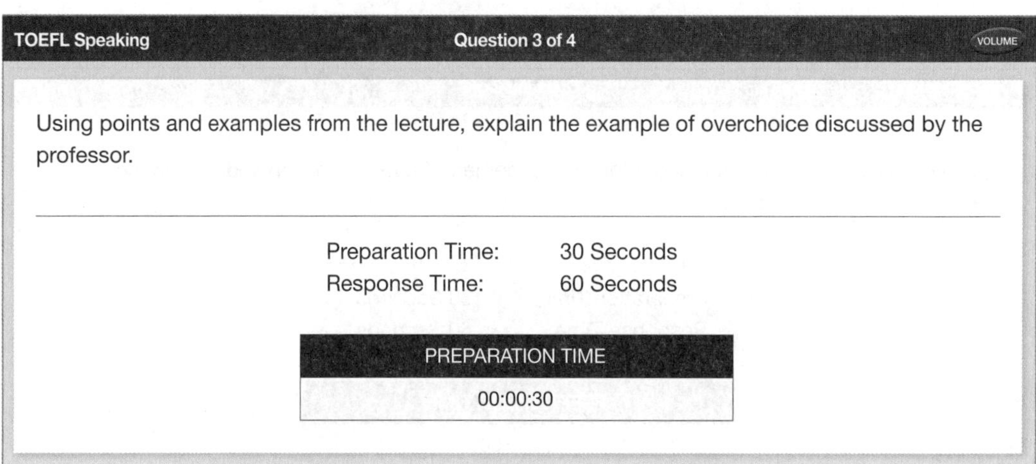

TOEFL Speaking | Question 3 of 4 | VOLUME

Using points and examples from the lecture, explain the example of overchoice discussed by the professor.

Preparation Time: 30 Seconds
Response Time: 60 Seconds

PREPARATION TIME
00:00:30

Question 4 MP3 Speaking-32

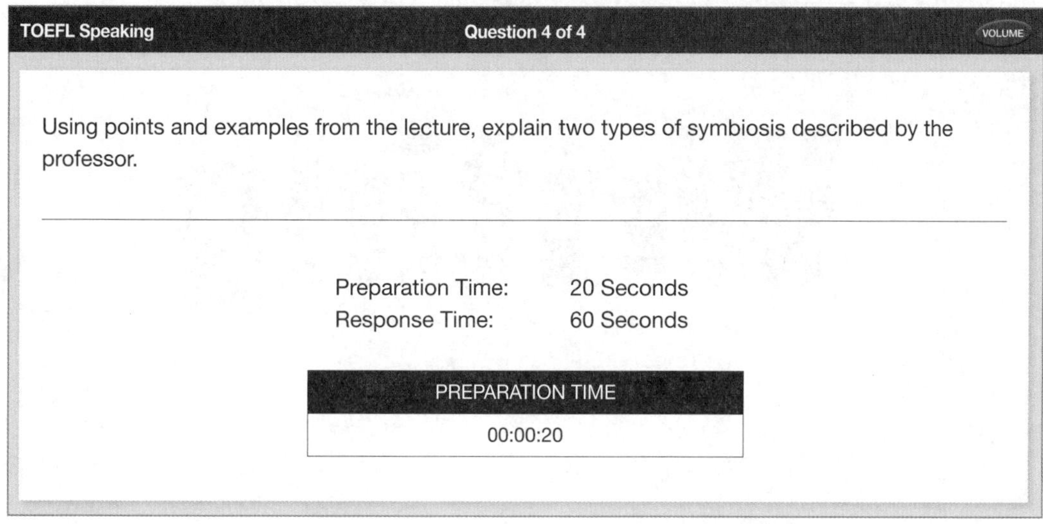

SPEAKING

TOEFL Intermediate

Writing

01 Writing 핵심 정리

- Writing 한눈에 파악하기
- Writing 최신 출제 경향 분석

02 Writing 실력 업그레이드

- 문장 만들기 필수 문법
- 토플 문장 필수 표현
- 통합형 라이팅: 요약문 이해
- 토론형 라이팅: 문제 및 답안 이해
- 토플 답안 기본 템플릿

03 Writing 문제 유형 공략

- Question 1: Integrated
- Question 2: Writing for an Academic Discussion

04 Writing 실전 모의고사

- 실전 모의고사 1
- 실전 모의고사 2

01 Writing 핵심 정리

① Writing 한눈에 파악하기

■ Writing 시험 특징

토플 라이팅은 두 문제가 나오는데, 리딩과 리스닝이 결합된 통합형(Integrated Writing), 그리고 온라인 수업 게시글을 읽고 댓글을 다는 토론형(Writing for an Academic Discussion)이 출제됩니다.

통합형은 학문적인 내용의 지문을 읽고(Reading), 관련된 내용에 대한 반론을 펼치는 강의를 듣고(Listening), 강의의 세 가지 반론 포인트를 정리하는(Writing) 문제이며, 토론형은 대학 수업과 관련된 특정 토론 주제에 대한 자신의 의견을 논리 정연한 글로 작성하여 전체 토론에 기여하는 문제입니다.

문제 수	2개	
답안 작성 시간	약 30분	
문제 유형	Integrated Writing	Writing for an Academic Discussion
	1번	2번
리딩 지문	대학 교재 일부 (단어 수: 300 내외) 리딩 시간: 3분	온라인 토론 게시글 (단어 수: 200~250) 리딩 시간: 따로 없음
리스닝 강의	강의 (단어 수: 300 내외) 리스닝 시간: 2분~2분30초	없음
라이팅 답변	강의에서 언급된 교수 의견을 리딩 지문과 연결하여 정리 답안 작성: 20분 단어 수: 150~225개	자신의 의견 답안 작성: 10분 단어 수: 100개 이상

■ Writing Rubrics (채점 기준)

채점 기준(루브릭)에 맞게 글을 써야 조금이라도 점수가 더 잘 나옵니다. 아래 통합형 채점 기준의 핵심은 강의와 리딩 지문의 중요 정보를 잘 선별하여 연관 지어야 하고 내용이 정확해야 합니다.

통합형(Integrated) 채점 기준	
5	이 레벨의 답안은 강의의 정보를 성공적으로 선별하고, 리딩 지문에 제시된 정보와 연관 지어 정확하게 제시함. 구성이 체계적이며 사소한 실수가 있지만 글의 내용이나 맥락의 부정확성을 야기하지 않음.
4	이 레벨의 답안은 강의의 정보를 대체적으로 잘 선별하고, 리딩 지문에 제시된 관련 정보와 연관 지어 정확하게 제시함. 정보에 대해 사소한 누락, 부정확성, 모호성이 있음.
3	이 레벨의 답안은 강의의 일부 중요 정보를 포함하며 리딩 지문 정보를 연관 지어 전달하지만, 다음 중 하나 이상에 해당함. · 전반적인 답안이 문제 취지에 맞지만, 리딩 지문과의 관계가 모호하거나 다소 부정확함. · 강의에서 언급된 핵심 논점 하나가 빠져 있음. · 강의와 리딩 지문의 핵심 논점 관계가 불완전 하거나 부정확함. · 문법적 실수가 잦거나 이러한 실수로 정보 전달을 방해함.
2	이 레벨의 답안은 강의의 일부 관련 정보를 포함하지만, 상당한 언어적 제약이 있거나 강의와 리딩 지문 정보를 연관 지음에 있어서 중요한 정보 누락과 부정확성이 있음. 이 레벨의 답안은 다음 중 하나 이상에 해당함. · 강의와 리딩 지문과의 전반적인 관계가 상당히 부정확하거나 완전히 누락되어 있음. · 강의에서 언급된 핵심 논점들 상당히 누락되거나 부정확함. · 언어적 오류와 불명확한 표현들이 내용을 이해하기 힘들게 함.
1	이 레벨의 답안은 다음 중 하나 이상에 해당함. · 강의의 의미 있는 정보가 거의 없거나 강의와 관련이 없음. · 답안의 언어적 수준이 매우 낮아 의미를 파악하기 어려움.

WRITING

토론형 채점 기준의 핵심은, 온라인 토론에 완벽하게 기여를 하며(contribution to the online discussion), 적절하고 구체적인 근거와 예시, 다양한 문장 구조와 어휘를 정확하게 사용하는 것이 중요합니다.

토론형(Discussion) 채점 기준	
5	[완벽히 성공한 답변] 답변이 온라인 토론에 대한 관련성이 높고 매우 명확하게 표현되어 토론에 기여를 하며, 언어 사용에 있어 일관성을 보여줌 · 관련성 있고 정교한 근거, 예시 및/또는 세부 사항 · 다양한 구문 구조의 효과적인 사용과 정확한 관용어 선택 · 어휘 또는 문법 오류가 거의 완벽
4	[일반적으로 성공한 답변] 답변이 온라인 토론에 적절하게 기여하고 있으며, 언어 사용에 있어서도 작성자의 아이디어를 쉽게 이해할 수 있음 · 관련성 있고 적절하게 정교한 근거, 예시 및/또는 세부 사항 · 다양한 구문 구조와 적절한 단어 선택 · 어휘 또는 문법 오류가 거의 없음
3	[부분적으로 성공한 답변] 답변이 온라인 토론에 대부분 관련성이 있고 대부분 이해할 수 있는 수준의 토론 기여도를 보이며, 언어 사용 능력이 어느 정도 있음 · 근거, 예시 또는 세부 사항의 정교함에 있어서 일부가 누락되거나 불분명하거나 관련이 없을 수 있음 · 구문 구조 및 어휘의 다양성이 어느 정도 있음 · 문장 구조, 단어 형태 또는 관용어 사용에서 눈에 띄는 어휘 및 문법 오류가 어느 정도 있음
2	[대부분 실패한 답변] 답변이 온라인 토론에 참여하려는 시도를 보이지만 언어 사용의 제한으로 인해 아이디어를 따라가기 어려움 · 정교하지 않거나 부분적으로만 관련성이 있는 아이디어 · 제한된 범위의 구문 구조 및 어휘 · 문장 구조, 단어 형태 또는 사용에서 오류 누적
1	[실패한 답변] 답변이 온라인 토론에 참여하려는 시도가 효과적이지 않음을 보이며, 언어 사용의 제한으로 인해 아이디어가 표현되지 않을 수 있음 · 과제를 다루려는 시도를 보이지만 일관된 아이디어가 거의 또는 전혀 없는 단어나 구문 · 구문 구조 및 어휘의 범위가 매우 제한됨 · 언어 사용 시 심각하고 빈번한 오류 · 독창적인 언어가 거의 없음; 일관된 언어는 대부분 문제에 나온 표현을 차용한 것임
0	답변이 공백이거나, 주제를 거부하거나, 영어가 아니거나, 문제에서 완전히 복사된 경우, 문제와 완전히 연결되지 않거나 임의의 키보드 입력으로 구성됨

❷ Writing 최신 출제 경향 분석

▪ Question 1: Integrated Writing (통합형)

토플 통합형 라이팅은 학문적(academic) 내용이 나오는데 최근 출제 경향을 분석해보면, 생물(biology)&생태(ecology) 관련 내용이 높은 빈도로 출제됩니다. 지나치게 증가하는 동식물(exceedingly competitive species)의 개체 수 통제를 위한 방법을 제시하는 지문과 이를 반박하는 강의, 또는 동식물의 개체 수 감소를 해결하기 위한 방안 3가지와 이를 반박하는 강의 등이 자주 등장합니다.

2순위는 경영(business)&경제(economy)입니다. 기술의 발달 덕분에 새로운 장치/프로그램을 도입했을 때 발생하는 이점 또는 경제적 이익 3가지와 이를 반박하는 강의 내용이 대표적입니다. 3순위는 천문학으로, 대표적인 내용은 운석을 통한 행성 연구 또는 타 행성의 정착 가능성 등이 있습니다.

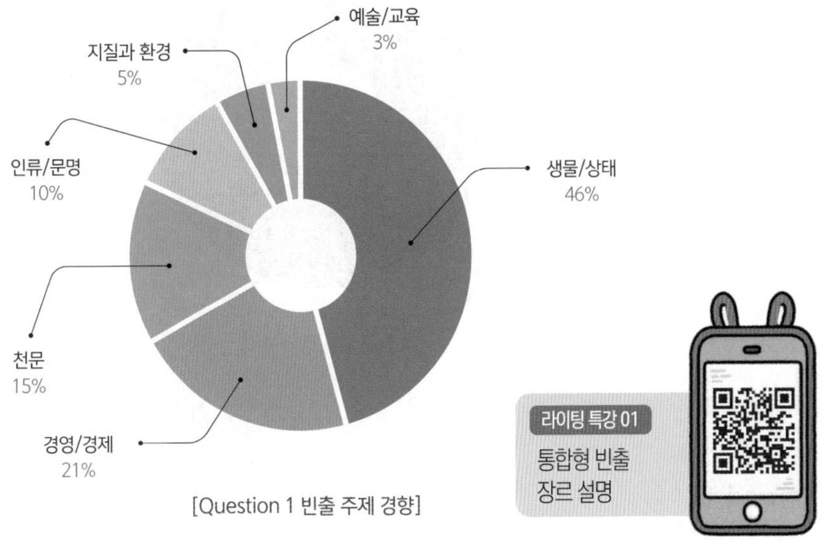

[Question 1 빈출 주제 경향]

세부 문제 유형으로는 세 가지 이점 또는 주장에 대해 반박하는 논쟁(argument) 문제가 세 가지 가설(theories) 문제 보다 더욱 높은 빈도로 출제되고 있습니다. 논쟁 유형 지문과는 달리 가설 유형 지문의 경우, 예측하고 가정하는 표현이 상당 부분 출제되는 만큼 학생들이 보다 높은 난이도를 경험하게 됩니다.

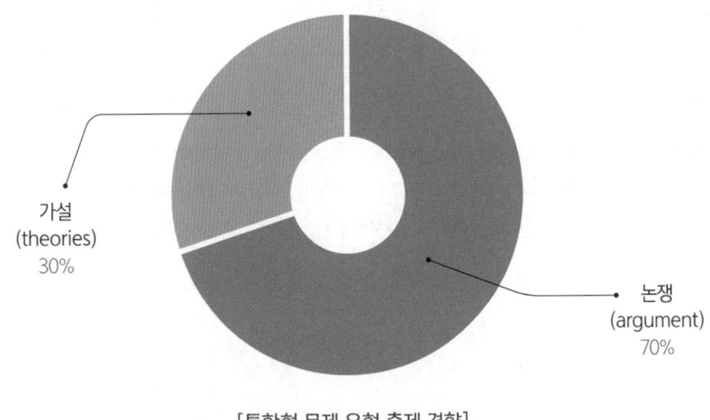

[통합형 문제 유형 출제 경향]

▪ Question 2: Writing for an Academic Discussion (토론형)

2023년 7월 26일부터 새롭게 출제되는 토론형은, 이전의 300단어 이상 작성하여야 했던 독립형(Independent) 에세이를 대체하는 문제로, 100 단어 이상만 작성하면 되기에 예전 보다는 수험생의 부담이 적어졌습니다. 하지만 10분이라는 짧은 시간 동안 200 단어 이상의 글을 읽고 이 글을 이해한 상태에서 100 단어 이상을 논리적으로 작성해야 되기에 시간적 압박이 이전 보다 클 수 있습니다.

토론형 문제가 비록 TOEFL iBT 정규 시험에 23년 7월부터 새롭게 출제되지만, 2021년 8월에 시행된 TOEFL Essentials 시험에서는 계속해서 출제되었던 문제이기에, 그동안의 데이터를 분석해 볼 때 이 문제 유형의 질문 패턴을 다음과 같이 크게 두 가지로 구분할 수 있습니다.

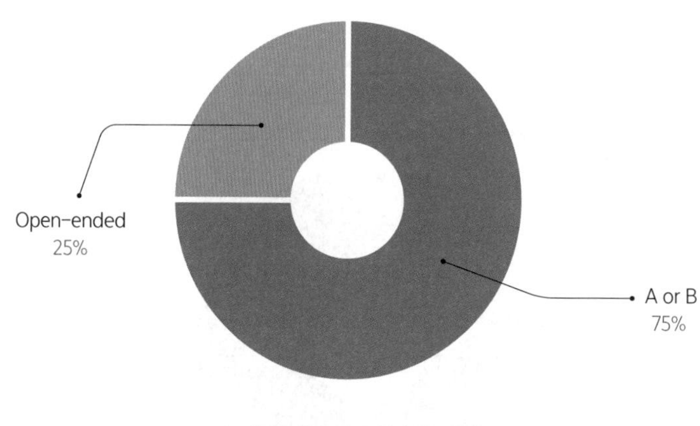

[토론형 문제 유형 출제 경향]

A or B 패턴은 두 가지 입장 또는 의견 중 하나를 선택하는 형태이고, Open-ended 패턴은 선택의 제약 없이 여러 아이디어 중 하나를 생각해내서 기술하는 문제입니다.

[A or B 패턴 예]

If you were a policy maker, which issue would you argue is more important—education or environmental protections? Why?

여러분이 정책 입안자라면 교육과 환경 보호 중 어떤 문제가 더 중요하다고 주장하겠습니까? 그 이유는 무엇인가요?

[Open-ended 패턴 예]

What scientific discovery or technological invention from the last two hundred years—other than computers and cell phones—would you choose as being important? Why?

컴퓨터와 휴대전화를 제외하고, 지난 200년 동안 어떤 과학적 발견이나 기술 발명이 중요하다고 생각하나요? 그 이유는 무엇인가요?

02 Writing 실력 업그레이드

❶ 문장 만들기 필수 문법

▪ 분사

동사(verb)는 형태를 변형하여 다양한 역할을 수행합니다. 동사에 ing를 붙여 명사의 역할을 할 수 있게 하는 것이 '동명사'입니다. 뿐만 아니라 동사 앞에 to를 붙이게 되면, 그 동사는 명사, 형용사, 그리고 부사의 역할을 수행하는 'to부정사'가 됩니다. 이처럼 다양한 활용 중에서도, 동사를 형용사로 활용하고 싶을 때 우리는 분사(participle)를 만들어 문장을 만들 수 있습니다. 다시 말해 동사가 '-ing' 또는 '-ed'의 형태로 변형된다면, 우리는 그 동사를 형용사처럼 사용할 수 있습니다.

- **현재분사:** '-ing'를 붙이게 되면, 능동(~하는)의 의미를 지니게 됩니다.
- **과거분사:** 동사가 '-ed'의 형태로 변형될 경우 수동(~된, ~당한)의 의미를 지닙니다.

WRITING

❶ 명사 수식

일반적으로 분사는 형용사처럼 명사를 수식하는 역할을 합니다.

(예문 1) 과학자들은 이미 날아다니는 자동차가 존재한다고 주장했다.
Scientists have already insisted that flying cars exist.

(예문 2) 가을이 되면 영양은 이동하며 떨어진 잎을 먹는다.
In autumn, wildebeests move and eat fallen leaves.

❷ 보어

분사는 동사의 목적어를 보충해주는 역할, 즉 목적격 보어로 사용됩니다.

(예문 1) 외적 보상은 학생들이 동기부여가 되도록 만든다.
Extrinsic rewards make students motivated.

(예문 2) 그녀는 자신의 이름이 불리는 것을 들었다.
She heard her name called.

❸ 분사구문

분사구문이란, 부사절의 형태를 간단하게 만드는 방법으로, 고득점 토플 라이팅에 필수적인 스킬 중 하나입니다. 부사절의 접속사를 없애고 분사구문의 주어와 주절의 주어가 일치하는 경우, 주어를 없애고 동사에 'ing'를 붙여줍니다. 분사구문을 만드는 다양한 방법이 존재하지만, 실수를 줄이기 위해 각 절의 주어가 일치하는 경우에만 활용할 것을 권장합니다.

예문1 과학자들이 건설 현장을 조사하였을 때, 그들은 그 장소가 역사적으로 가치가 있음을 알았다.

When the scientists examined the construction area, they knew that the place was historically valuable.

= Examining the construction area, the scientists knew that the place was historically valuable.

예문2 학생들이 문제를 푸는데 어려움을 겪었기 때문에, 그들은 팀으로 작업하기를 시작했다.

As students had difficulty solving problems, they began to work as a team.

= Having difficulty solving problems, students began to work as a team.

❹ 후치 수식

분사는 대부분 명사 앞에 위치하지만, 분사에 다른 내용이 추가된 '구'의 형태를 지닐 때는 명사 뒤에 자리하여 명사를 꾸며줍니다.

예문1 지문에서 제시된 이 주장은 설득력이 없다.

This argument presented in the reading passage is not convincing.

예문2 강의를 하고 계신 저 분은 경영학과 학과장님이다.

The person giving a lecture is the head of the business department.

■ 연습문제

다음 음영 표시된 우리말 표현을 영어로 바꾸어 문장을 완성하시오.

1. 나는 내 여동생이 노래 부르는 것을 보았다.

I saw my sister ____________________ .

2. 그녀에 의해 작성된 그 책은 나에게 중요했다.

The book _____________ by her was important to me.

3. 파티에 초대된 학생들은 서로 대화를 나누었다.

Students _____________ to the party communicated with others.

4. 충분한 돈을 가지고 있기 때문에, 우리는 더 많은 책을 구입할 수 있었다.

_____________ enough money, we could purchase more books.

5. 교수님에 의해 제시된 의견은 나에게 매우 큰 도움이 되었다.

The opinion ________________ by my professor was very helpful to me.

Answer 1. singing 2. written 3. invited 4. Having 5. presented

■ 동명사와 to부정사

중등, 고등 영어와는 다르게 토플 라이팅에서 쓰이는 동명사와 to부정사는 매우 간단합니다. 실제 토플을 준비하는 학생이 활용하는 동사의 개수가 많지 않기 때문에, 필요한 부분을 먼저 암기하여 실전에 사용하는 것을 권장합니다.

- **동명사:** '-ing'를 붙이게 되면 '~하는 것' 또는 '~하기'의 의미입니다. 문장 내에서 명사처럼 쓰이기에, 주어, 목적어, 그리고 보어 자리에 들어갑니다.
- **to부정사:** 동사 앞에 'to'를 붙여 문장 내에서 명사(~하는 것, ~하기), 형용사(~할, ~하는), 그리고 부사(~하기 위해)처럼 활용됩니다.

❶ 동명사와 to부정사의 명사적 용법 - 주어

주로 문장의 앞에서 주어 역할을 합니다.

예문 다른 문화를 배우는 것은 아이들에게 귀중한 경험과 교훈을 준다.
Learning different cultures gives valuable experience and lessons to children.
=To learn different cultures gives valuable experience and lessons to children.

❷ 동명사와 to부정사의 명사적 용법 - 목적어

동사 뒤에서 동사의 목적어 역할을 합니다. 이때 동사에 따라 동명사, to부정사가 목적어로 사용될 수 있고 없음이 결정됩니다.

- 동명사와 to부정사 모두 목적어로 취할 수 있는 동사: continue / like / love / hate / begin / start 등

예문 예를 들어, 내 여동생은 소설 읽는 것을 좋아한다.
For example, my sister loves reading novels.
= For example, my sister loves to read novels.

- 동명사만을 목적어로 취하는 동사: enjoy / practice / give up / suggest / recommend 등

예문 안타깝게도, 우리 아버지는 비싼 차를 사는 것을 포기했다.
Unfortunately, my father gave up buying an expensive car.

- to 부정사만을 목적어로 취하는 동사: want / learn / need / decide / plan / expect 등

예문 그러므로, 나는 해외에서 공부하는 것을 결심했다.
Therefore, I decided to study abroad.

❸ 동명사와 to부정사의 명사적 용법 - 보어

보통 be 동사 뒤에 보어로 사용됩니다.

예문1 그의 일은 동물을 보호하는 것이다
His job is taking care of animals. = His job is to take care of animals.

예문2 내 취미는 요리하는 것입니다.
My hobby is cooking. = My hobby is to cook.

❹ to부정사의 형용사적 용법

형용사처럼 명사를 수식하는 역할을 하며, '~할, ~하는'의 의미입니다.

예문 1 나는 내 과목을 선택할 권리가 있다.
I have the right to choose my subject.

예문 2 모든 아동은 동등한 배울 기회를 가져야 한다.
Every child should have equal opportunities to learn.

❺ to부정사의 부사적 용법

문장의 수식어인 부사 역할을 하며 보통 '~하기 위해'라는 의미를 표현할 때 사용합니다.

예문 1 나는 새 컴퓨터를 사기 위해 돈을 모았다.
I saved my money to buy a new computer.

예문 2 나는 살이 찌지 않기 위해 패스트푸드를 피한다.
I avoid fast food not to gain weight.

■ 연습문제

다음 음영 표시된 우리말 표현을 영어로 바꾸어 문장을 완성하시오.

1. 그녀는 여기저기 여행 다니는 것을 즐긴다.

She enjoys ____________________ from place to place.

2. 교사는 사물을 정확히 설명하는 능력이 필요하다.

Teachers need the ability ____________________ things clearly.

3. 상담가는 나를 일주일에 한번 만날 것을 계획했다.

The advisor planned ____________________ me once a week.

4. 사막화는 몇 가지 요인 때문에 계속 확장되고 있다.

Desertification continues ____________________ because of several factors.

5. 선생님의 역할은 아이들이 효과적으로 학습할 수 있도록 보조하는 것이다.

The role of teachers is ___________________________ children in learning effectively.

Answer 1. traveling 2. to explain 3. to meet 4. expanding 또는 to expand 5. assisting 또는 to assist

② 토플 문장 필수 표현

토플 라이팅에서는 기초 문법에 대한 이해와 훈련 이후, 명확하게 활용할 수 있는 표현을 암기하는 것이 중요합니다.

■ 주장 및 의견

토플 라이팅에서 가장 중요한 표현은 '주장'과 '의견'을 나타내는 표현입니다. 통합형 라이팅에서는 강연자(the lecturer)의 의견을 요약해야 하고, 토론형 라이팅에서는 자신의 의견을 서술해야 합니다.

생각	나는/강연자는/그는 ~라고 생각한다 · I believe (that) 주어 + 동사 · The lecturer holds (that) 주어 + 동사 · He thinks (that) 주어 + 동사 예문 나는 전공과 관련된 직업을 얻는 것이 중요하다고 생각한다. I believe that it is important to get a job related to my major.
주장	나는/강연자는/그녀는 ~라고 주장한다 · I contend (that) 주어 + 동사 · The lecturer argues (that) 주어 + 동사 · She maintains (that) 주어 + 동사 예문 강연자는 몇십 년 전 북극의 기온은 훨씬 더 따뜻했다고 주장한다. The lecturer argues that the temperature of the Arctic region was much warmer a few decades ago.
반박	그는/그녀는/강연자는 ~을 반박한다 · She refutes the idea (that) 주어 + 동사 · He rebuts (that) 주어 + 동사 · The lecturer challenges the idea (that) 주어 + 동사 예문 강연자는 화산 폭발이 공룡의 멸종으로 이어졌다는 의견을 반박한다. The lecturer refutes the idea that the volcanic eruption led to the extinction of dinosaurs.
동의	나는/강연자는 ~에 동의한다 · I agree with 명사 · I agree (that) 주어 + 동사 · The lecturer agrees (that) 주어 + 동사 예문 나는 어린이들이 악기를 연주하는 법을 배워야 한다는 것에 동의한다. I agree that children should learn to play musical instruments.
반대	나는/강연자는 ~에 반대한다 · I disagree with 명사 · The lecturer disagrees (that) 주어 + 동사 예문 그녀는 새로운 기숙사를 지으려는 대학교 측의 계획에 반대한다. She disagrees with the college's plan to build a new dormitory.

WRITING

명백	~은 명백하다 · It is clear that 주어 + 동사 · It is evident that 주어 + 동사 · There is no doubt that 주어 + 동사 예문 금성의 중력이 지구보다 훨씬 강하다는 점은 명백하다. It is evident that the gravitational force of Venus is much stronger than the Earth's.

■ 원인 및 결과

통합형 라이팅과 토론형 라이팅에서 등장하는 주장 뒤에는 반드시 뒷받침하는 근거 또는 이유가 등장합니다. 이때 여러분의 글에는 반드시 인과 관계를 설명해주는 표현이 등장해야 합니다. 올바른 인과 관계의 표현은 여러분들이 효과적으로 주장을 뒷받침하는 근거나 이유를 작성할 수 있도록 도와줍니다.

원인	~의 이유는 ~이다 · The reason for ~ is that 주어+동사 예문 이주의 이유는 사람들이 농사를 짓기 위해 비옥한 토양이 필요했기 때문이다. The reason for the migration is that people needed fertile soil for farming.
	~의 가장 큰 이유 중 하나는 ~이다 · One of the biggest reasons for ~ is ~ 예문 이 새가 멸종한 가장 큰 이유 중 하나는 지나친 사냥이다. One of the biggest reasons for the extinction of this bird is overhunting.
	이는 ~이기 때문이다 · This is because 주어 + 동사 · This is due to the fact that 주어 + 동사 예문 이는 책을 읽으면 독자들의 언어 능력이 향상되기 때문이다. This is because reading books improves the language skills of readers.
결과	따라서 ~이다 · Therefore, 주어 + 동사 · For this reason, 주어 + 동사 예문 따라서, 학생들이 그들의 선생님을 평가할 수 있도록 허용되어야 한다. Therefore, students should be allowed to evaluate their teachers.
	그 결과 ~하다 · As a result, 주어 + 동사 · Consequently, 주어 + 동사 예문 그 결과, 우리 대학은 기숙사를 포함한 시설을 개보수해야 했다. As a result, our college had to renovate the facilities, including the dormitories.

■ 예시

통합형 라이팅과 토론형 라이팅에서 등장하는 주장은 근거를 제시한 뒤 구체적인 예시를 제공합니다. 통계 자료에서부터 개인적 경험 그리고 인용까지 다양한 방식으로 등장하는 예시를 필기하고 이해할 수 있어야 합니다. 이를 위해 여러분들의 글은 예시라는 점을 명확하게 드러낼 수 있는 표현의 암기가 필요하며, 토론형 라이팅과 같은 경우 예시 작성은 점수 확보에 큰 역할을 합니다.

예시	예를 들면, ~이다 · For example, 주어 + 동사 · For instance, 주어 + 동사 예문 예를 들어, 나는 3년 동안 체스를 두었다. For example, I have played chess for three years.
구체화	내 요점을 예를 들어 설명하자면, / 구체적으로, ~이다 · To illustrate my point, 주어 + 동사 · To be specific, 주어 + 동사 예문 구체적으로, 몇몇 부모들은 함께 식사하면서 아이들과 더 많은 대화를 나누었다. To be specific, some parents had more conversations with their children while having a meal together.
연구/통계	연구/통계에 따르면, ~이다 · Studies/Statistics show that 주어 + 동사 · Studies/Statistics have demonstrated that 주어 + 동사 · According to studies/statistics, 주어 + 동사 예문 연구에 따르면, 스포츠를 하는 것이 사람들의 삶의 질을 향상시킨다. Studies show that playing sports enhances the quality of people's lives.
경험	내 경험에 의하면, ~이다 · From my experience, 주어 + 동사 예문 내 경험에 의하면, 나는 캠퍼스 밖에서 생활한 후 많은 혜택을 받았다. From my experience, I had a lot of benefits after living off-campus.
사실	사실, ~이다 · In fact, 주어 + 동사 · As a matter of fact, 주어 + 동사 예문 사실, 파트타임으로 일하는 것은 학생들이 새로운 사람들을 만나고 그들과 교류할 수 있게 해 준다. In fact, taking a part-time job enables students to meet new people and interact with them.

WRITING

■ 비교/대조

토론형의 경우, 2개의 보기 중 한 개를 선택하여 답안을 서술해야 할 때가 있습니다. 통합형의 경우, 리딩 지문에서 주장한 바와 반대되는 내용이 강의에 등장합니다. 이러한 상황에서 우리는 반드시 비교 또는 대조가 되는 키워드를 적절한 표현을 통해 서술할 수 있어야 합니다. 비교 또는 대조되는 내용을 제대로 쓸 수 있으면, 채점자에게 주제와 키 포인트에 대한 올바른 이해를 하고 있다는 점을 보여줄 수 있습니다.

비교	~와 비교할 때, ~이다 · Compared to ~, 주어 + 동사 · Compared with ~, 주어 + 동사 예문 백화점과 비교할 때, 사람들은 인터넷을 이용하면 시간과 비용을 절약할 수 있다. Compared with a department store, people can save time and money when they use the Internet.
차이	~와는 다르게, ~이다 · Unlike ~, 주어 + 동사 예문 지문에서 제시된 주장과 달리, 과학자들은 대기 중의 화학 물질로 산소와 물을 만들 수 있다. Unlike the argument made in the reading passage, scientists can make oxygen and water with chemicals in the atmosphere.
	A와 B의 주요한 차이점은 ~이다 · The main difference between A and B is ~ 예문 교사와 학부모의 주요한 차이점은 공부 분야의 전문성이다. The main difference between teachers and parents is the expertise in the field of study.
대조	~하는 반면, ~이다 · 주어 + 동사, while 주어 + 동사 · 주어 + 동사, whereas 주어 + 동사 예문 일부 조류 개체 수는 크게 감소한 반면, 매와 같은 다른 새의 수는 증가했다. Some bird populations declined greatly, while the number of other birds such as hawks increased.
	~에도 불구하고, ~이다 · In spite of ~, 주어 + 동사 · Despite the fact that 주어 + 동사, 주어 + 동사 그럼에도 불구하고 · Nevertheless, 주어 + 동사 예문 그럼에도 불구하고 오리엔테이션 프로그램에 참여하는 학생들의 수가 늘어나고 있다. Nevertheless, the number of students participating in the orientation program is increasing.

■ 정보 추가

정보를 추가한다는 것은 자신의 주장을 뒷받침하는 컨텐츠가 탄탄해지는 것을 의미하며, 보통 본론에서 복수의 근거를 제시할 때 사용합니다. 정보 추가 중 환언이나 요약은 읽는 이로 하여금 더욱 쉽게 여러분의 글을 이해할 수 있도록 도와주며, 보통 문단의 마지막을 매듭짓거나 결론에서 사용되기도 합니다.

추가	게다가, ~이다 · Moreover, 주어 + 동사 · Additionally, 주어 + 동사 · In addition, 주어 + 동사 · On top of that, 주어 + 동사 · Furthermore, 주어 + 동사 예문 게다가, 첨단 기술은 많은 새로운 의사소통 방법을 가져왔다. Moreover, advanced technology brought many new methods of communication.
환언	다시 말하자면, ~이다 · In other words, 주어 + 동사 예문 다시 말하자면, 다른 화가들이 그림의 가치를 높이기 위해 다시 색을 입혔을 수도 있다. In other words, other painters could have repainted it to increase the value of the painting.
요약	요약하자면, ~이다 · To sum up, 주어 + 동사 · To summarize, 주어 + 동사 · In short, 주어 + 동사 예문 요약하자면, 심해에 있는 많은 동물들은 살아남기 위해 특별한 신체 기능을 발달시켰다. To sum up, many animals in the deep ocean have developed special body features to survive.
결론	결론적으로, ~이다 · In conclusion, 주어 + 동사 · To conclude, 주어 + 동사 예문 결론적으로, 교사들은 학생들이 그룹으로 공부하도록 해야 한다. In conclusion, teachers should make students study in a group.

■ **연습문제**

다음 음영 표시된 우리말 표현을 영어로 바꾸어 문장을 완성하시오.

1. **예를 들자면**, 많은 회사가 그들의 제품을 더 좋아 보이게 광고에 많은 투자를 한다.

_____________________ many companies invest a lot in advertising to make their products look better.

2. **그럼에도 불구하고**, 많은 사람들은 아이들이 실수를 통해 배우는 것이 매우 좋다고 생각한다.

_____________________ many people think it is very good for children to learn from mistakes.

3. **교수는** 유전자 조작 식물이 농부들에게 경제적 혜택을 제공한다는 **점을 반대한다**.

_____________________ genetically modified plants provide economic benefits to farmers.

4. 내 친구와는 **다르게**, 나는 많은 시간을 언어 학습에 투자했다.

_____________________ my friend, I spent a lot of time learning languages.

5. **다른 말로 하자면**, 사슴의 뿔은 단순하게 싸움을 위한 것이 아니라는 점을 알 수 있다.

_____________________ deer antlers are not simply for fighting.

6. **연구에 따르면**, 아이들은 강아지를 키우며 책임감을 기를 수 있다고 한다.

_____________________ research, children can raise dogs and develop a sense of responsibility.

7. 새로운 친구를 사귀는 것이 즐겁다**는 사실은 분명하다**.

_____________________ making new friends is fun.

8. **게다가**, 역사 공부는 아이들에게 중요한 교훈을 제공한다.

_____________________ studying history provides important lessons for children.

Answer

1. For example(=For instance), 2. Nevertheless, 3. The professor disagrees that 4. Unlike 5. In other words, 6. According to 7. It is evident(=clear) that 8. Moreover(=Additionally=In addition=On top of that=Furthermore),

❸ 통합형 라이팅: 요약문 이해

토플 통합형 라이팅은 지문(reading passage)을 읽으며 핵심 내용을 정리하고, 이를 바탕으로 강의(lecture)를 들은 뒤 요약문을 작성하는 문제입니다. 즉, 지문과 강의의 관계가 명확하게 설정되어 있기에, 지문을 얼마나 잘 이해하고 강의를 정리하느냐가 좋은 점수를 받기 위한 핵심입니다. 따라서 제대로 된 요약문 작성을 위해서는 지문과 강의를 노트테이킹 할 수 있어야 합니다.

▪ 리딩 지문 노트테이킹

❶ 서론 노트테이킹

지문의 첫 문단은 지문의 방향성을 나타내는 서론(Introduction)입니다. 주어진 3분의 독해 시간에서 시간 활용 비중이 가장 낮아야 하는데, 주로 서론의 마지막 문장에 핵심 주제를 담고 있기에, 쉽게 내용 파악이 가능합니다. 보통 세 가지 목적(purposes), 방법(methods), 해결책(solutions), 그리고 장점(benefits) 등에 대해 언급을 하는데, 컨텐츠에 따라 논쟁(argument)의 성격을 띄는지, 가설(theories)의 성격을 띄는지 확인할 수 있습니다. 서론 부분 노트테이킹은 가볍게 서론의 방향성을 명사로 적는 방법을 권장합니다.

❷ 본론 노트테이킹

지문의 나머지 부분인 본론(Body)은 3개의 문단으로 구성되어 있으며, 각 문단은 서론에서 등장한 내용을 뒷받침하는 주장과 근거 또는 예시로 구성이 되어 있습니다. 주로 각 문단의 첫 번째 문장에 핵심 주장이 제시되며, 이어 보편적인 사실 또는 구체적 사례를 들어 내용을 전개합니다. 따라서 노트테이킹 시, 주장과 근거를 간결한 동사와 명사로 필기하도록 합니다.

강의를 듣고 난 뒤에도 지문을 읽을 수 있지만, 3분의 독해 시간 동안 최대한 모든 문단의 내용을 읽고 필기할 수 있도록 독해 훈련을 해야 시간 내에 글을 쓸 수 있습니다. 특히 본인의 리스닝 실력이 부족하다고 느끼는 경우, 지문을 잘 읽을수록 강의의 이해도가 높아질 수 있기에 3분 동안 지문 정리에 집중해야 합니다.

[리딩 지문 노트테이킹 예시]

Scientists refer to the period of uncharacteristically cold temperatures around the world between 1350 and 1900 CE as the Little Ice Age. During this time, winters were more severe than usual, and glaciers grew at faster rates. Scientists have long been puzzled by what caused the Little Ice Age. Several possible causes **have been put forward.**

First, volcanic eruptions **might have been a factor behind the Little Ice Age. These major geological events** send dark clouds of dust and sulfur gas **into the atmosphere. These clouds cover large areas of the Earth and** block some sunlight **from reaching the surface. The resulting lack of sunlight can** decrease the global temperatures**. Scientists are aware of many large eruptions that occurred during the Little Ice Age that would have had such an effect.**

*파란색: 핵심어 표시

과학자들은 1350년에서 1900년 사이 전 세계에 비정상적으로 추운 시기를 소(小)빙하기라고 부른다. 이 기간 동안 겨울은 평소보다 더 혹독했고, 빙하는 더 빠른 속도로 성장했다. 과학자들은 무엇이 소빙하기의 원인이 되었는지 오랫동안 의아해했다. 몇 가지 가능한 원인들이 제시되었다.

먼저, 화산 폭발들이 소빙하기의 원인이었을 수 있다. 이러한 중요한 지질학적 사건들은 먼지와 유황 가스의 어두운 구름을 대기로 보낸다. 이 구름들은 지구의 넓은 지역을 덮고 햇빛이 지표에 도달하는 것을 차단한다. 그 결과로 초래된 햇빛의 부족은 지구 온도를 낮출 수 있다. 과학자들은 소빙하기 동안 그러한 영향을 미쳤을 많은 대규모 분출들을 알고 있다.

주제 - several causes -> the little ice age
'소빙하기'의 몇 가지 원인

[본론1]
주장 - volcanic eruption
화산 폭발
근거 - erupt -> send dark cloud and gas
폭발 어두운 구름과 기체 내뿜음
cloud -> block sunlight
구름 햇빛 막음
decrease global temp
전 세계 기온 떨어뜨림

위 리딩 지문의 주제가 소빙하기의 원인 몇 가지를 '가설'로 제시하고 있다는 점을 알 수 있습니다. 그리고 이를 뒷받침하는 첫 번째 가설로 화산 폭발이라는 주장을 제시합니다. 그리고 첫 번째 가설의 근거로 화산이 폭발할 때 만들어내는 먼지 구름과 가스가 햇빛을 막아 기온을 떨어뜨릴 수 있음을 언급합니다.

이처럼 필기를 잘 해두면, 이후 강의에서 나올 내용을 가볍게 예측해 볼 수 있습니다. 즉, 일반적으로 강의에서는 리딩 지문의 반론을 얘기하므로, 우리는 강의에서 "화산 폭발의 구체적인 증거가 없다"는 식으로 예측이 가능합니다.

■ 강의 내용 노트테이킹

강의는 지문과 동일한 주제를 다른 방식으로 접근합니다. 통합형 라이팅 고득점을 위해서는 리딩 지문의 각 내용을 강의에서 어떠한 근거와 예시를 들어 반박하는지 파악할 수 있어야 합니다. 통합형 라이팅 강의도 토플 리스닝과 같이 명확한 시그널을 제시하기에(First, For example, Contrary to, Unlike, Moreover 등), 이러한 표현을 확인하며 강의를 들으면, 노트테이킹이 더욱 쉬워집니다.

❶ 반박 포인트 파악

통합형 라이팅 강의는 리딩 지문에 동조하는 내용보다는 아주 높은 확률로 지문을 반박하는 내용으로 출제됩니다. 강연자가 자신의 입장을 가볍게 언급하고 난 뒤, 그에 대한 반박 포인트를 제시하고 뒷받침하는 근거 또는 예시를 제공합니다. 따라서 지문에서 등장한 내용을 어떠한 방식으로 강의에서 반박하고 있는지 파악하며 내용을 정리해야 합니다.

❷ 강의 노트테이킹

통합형 라이팅의 목적은 강의에 대한 요약문 작성입니다. 머리속으로 내용을 완전하게 이해했다 하더라도 여러분들이 그 내용을 올바르게 전달할 표현이 갖춰지지 않으면 좋은 결과를 얻을 수 없습니다. 그렇기 때문에 패러프레이즈(paraphrase)에 너무 스트레스 받지 말고 지문에서 등장한 키워드(keyword)와 동사(verb)를 중심으로 필기하는 것을 권합니다. 강의 내용 필기가 제대로 잘 이루어질수록, 답안 작성 속도가 빨라지고 감점의 리스크도 줄어듭니다.

통합형 라이팅 지문에서 등장한 명백한 사실이나 현상은 강연자가 반박하기 어렵습니다. 그렇기 때문에 지문에 등장하지 않은 다른 현상이나 진리를 제시하며 내용을 반박할 확률이 높습니다. 뿐만 아니라 가설(theories)의 경우 지문과 강연자 모두 확실한 답이 없기 때문에 be likely to, would, should, could 등과 같은 표현이 자주 등장합니다.

[강의 내용 노트테이킹 예시]

I'm sorry to say that the explanations presented in the reading passage are quite outdated. New evidence has revealed that none of the ideas the reading passage discusses could account for the Little Ice Age.

To start, the volcanoes theory. Without a doubt, volcanic eruptions are capable of releasing so much dust into the atmosphere that Earth's climate cools. However, large amounts of volcanic dust present in the atmosphere would have also produced striking visual effects that would surely have been observed and recorded. For instance, there would have been dramatically colorful sunsets or snow being grey or brown, not white.These visual changes would have been frequent during the Little Ice Age, but there are no reports of any such event. It's likely then that the volcanoes that did erupt at the time were not strong enough to produce the massive amount of dust that would have impacted the global climate.

*파란색: 핵심어 표시

리딩 지문에 제시된 설명이 상당히 구식이라고 말하게 되어서 유감입니다. 새로운 증거가 리딩 지문에서 논의하는 어떤 아이디어도 소빙하기를 설명할 수 없다는 것을 보여줍니다.

시작은, 화산 이론입니다. 의심의 여지없이, 화산 폭발은 지구 기후가 식을 정도로 많은 먼지를 대기로 방출할 수 있습니다. 그러나 대기 중에 존재하는 다량의 화산 먼지는 확실히 관찰되어왔고 기록되었을 놀라운 시각적 효과도 생성했을 것입니다. 예를 들어, 극적으로 다채로운 일몰이나 눈이 흰색이 아니라 회색 또는 갈색이 되었을 것입니다. 이러한 시각적 변화는 소빙하기에 자주 있었을 것이지만 그러한 사건에 대한 보고는 없습니다. 그때 분출한 화산은 지구 기후에 영향을 미칠 엄청난 양의 먼지를 생성할 만큼 강하지 않았을 가능성이 높습니다.

주제 - several causes X -> the little ice age
'소빙하기'에 대한 몇 가지 원인은 말이 안 됨

[본론 1]

주장 - volcanic eruption
화살 폭발

근거 - erupt -> release dark cloud and gas -> true
폭발 어두운 구름과 기체 내뿜음 사실

large amount -> produce visual effect -> colorful sunset / brown snow → no report
많은 양 시각적 효과 만들어야 함 다채로운 일몰 / 갈색 눈 보고된 바 없음

이처럼 지문의 주제가 화산 폭발과 그에 따른 구름의 형성이었다면, 강연자는 이를 반박할 것입니다. 여기서, 어두운 구름 형성이라는 현상은 매우 보편적인 사실이기 때문에 강연자는 그 부분을 인정합니다. 그리고 세부적인 사항으로, 그 구름이 형성되었다면 발생할 다른 현상들이 있고, 그러한 사실에 대한 구체적 보고가 없다는 점을 근거로 지문의 내용을 반박하고 있습니다.

WRITING

■ 강의 노트테이킹 근거로 문단 구성하기

지문 정리가 끝나고 강의를 들은 후에는 내용을 요약하여 작문해야 합니다. "Summarize the points made in the lecture, being sure to explain how they challenge the specific theories presented in the reading passage."라는 질문을 통해, 강의 내용을 중심으로 요약문을 작성해야 하고, 특히 리딩 지문에서 등장한 각각의 내용과 비교하여 글을 써야함을 알 수 있습니다.

통합형 라이팅 작문은 기본적으로 한 문단의 서론과 세 문단의 본론으로 구성됩니다. 서론(Introduction)에서는 명확하게 지문에서 등장한 내용을 언급하고, 강연자가 이를 반박한다는 관계를 밝혀주는 것이 중요합니다. 서론은 두 문장 정도로 작성하며, 분량의 비중이 높을 필요가 없습니다. 각 본론(Body)은 강연자가 주장한 바와 이를 뒷받침하기 위한 근거 또는 예시를 작성해주면 되고, 지문의 논점과의 관계를 명시합니다.

서론 (1~2문장)	- 지문은 ~ 에 대한 세 가지 이유를 소개하고 있다. - 강연자는 ~라는 지문의 내용을 반박한다.
본론 1 (3~5문장)	- 첫째로 강연자는 ~라고 주장한다. - 이는 ~하기 때문이다. - 그러므로 ~라는 지문의 주장에 오류가 있다는 점을 지적한다.
본론 2 (3~5문장)	- 둘째로 강연자는 ~라고 주장한다. - 이는 ~하기 때문이다. - 그러므로 ~라는 지문의 주장은 잘못되었다고 주장한다.
본론 3 (3~5문장)	- 마지막으로 강연자는 ~라는 점을 주장한다. - 이는 ~하기 때문이다. - 그러므로 ~라는 지문의 주장을 반박한다.

위의 구조를 이해하고, 이후 등장할 표현과 템플릿 암기를 통해 150-225 단어로 된 답안을 작성하는 연습을 진행합니다. 통합형 라이팅에서 등장하는 내용은 토플 리딩과 스피킹에서 등장하는 내용들과 많이 유사하기 때문에, 다양한 장르의 어휘를 준비하고 연습을 한다면 어렵지 않게 통합형 라이팅 답안 작성을 할 수 있습니다.

④ 토론형 라이팅: 문제 및 답안 이해

▪ 토론형 라이팅 문제 이해

토플 토론형 라이팅은 온라인 수업 게시판에 교수님이 한 주제에 대한 질문을 게시하고, 두 학생들이 본인의 아이디어로 답변합니다. 이때, 토론에 기여하는 자신의 답안을 10분 동안 100단어 이상으로 작성합니다.

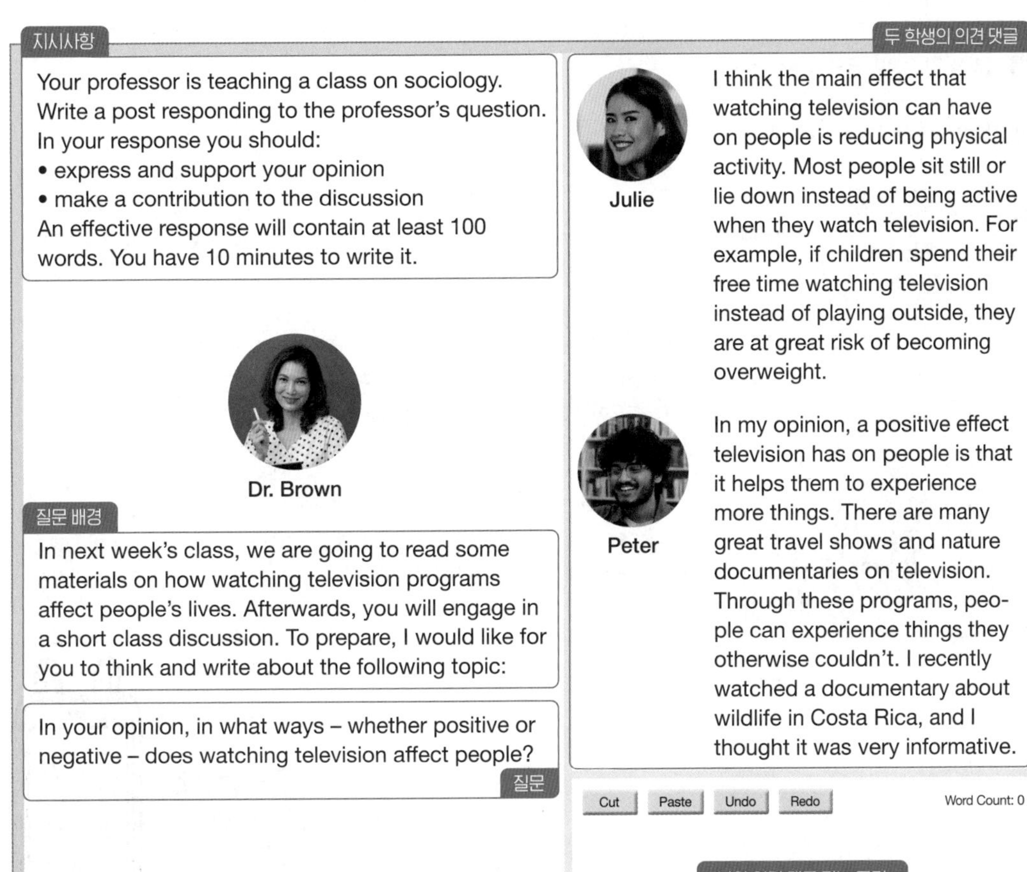

화면 맨 윗부분에 제시된 지시사항은 첫 줄에 나온 과목 이름을 제외하고는 항상 동일하므로 실제 시험을 볼 때 읽을 필요는 없습니다. 또한 교수가 게시한 질문 배경 역시, 최대한 빨리 읽고 넘어갑니다.

여러분이 집중해서 읽어야 될 부분은 화면 좌측 하단의 질문입니다. 그리고 화면 우측에 교수의 질문에 대한 두 학생의 댓글 역시 읽으면서 자신의 입장과 자신만의 의견을 준비합니다.

▪ 토론형 라이팅 답안 구조 이해

토론형 라이팅에서 높은 점수를 받기 위해서는 일관성과 통일성이 나타나는 구조를 완성해야 합니다. 이를 위해, 토론에 기여할 수 있는 글에 대한 이해와 사전 아이디어 정리가 필수적입니다.

토론형 라이팅은 답안의 구조를 명확하게 세우고, 이를 바탕으로 빠르게 작문하는 것이 중요합니다. 토론형 라이팅 답안 구조는, 보통 7~8 문장으로 구성된 하나의 문단입니다. 첫 문장에서는, 토론에 참여한 학생들의 아이디어를 간략하게 정리하고, 두 번째 문장에서는, 그 아이디어를 뒷받침할 수 있는 또 다른 예시를 제시합니다. 세 번째 문장부터는 자신의 의견을 본격적으로 기술하는데, 명확한 주장과 타당한 근거 및 예시가 포함되어야 하며, 자신의 의견이 토론에 기여해야 합니다. 마지막 문장에서는, 자신의 아이디어를 정리 및 강조하며 글을 매듭짓습니다.

답안 작성의 단계는 다음의 세 단계로 구분할 수 있습니다.

[1단계] 타 학생과의 토론 접점 잡기	화면에 제시된 토론 주제와 타 학생들의 의견을 반영할 수 있도록 A 또는 B, 또는 자신의 의견을 정리합니다.
[2단계] 토론에 기여하는 자신의 주장 선정하기	타 학생과의 토론 접점을 잡은 부분을 반박 또는 설득할 수 있는 명확한 주장을 제시합니다. 이때 문제에서 제시된 키워드가 명확하게 주장 문장에 나와야, 글을 읽는 채점관이 여러분의 답안이 주어진 토론에 대한 이해도를 갖고 있으며, 토론에 기여할 수 있다는 것을 쉽게 파악할 수 있습니다.
[3단계] 주장에 대한 구체적 근거와 예시 정리하기	자신의 주장을 뒷받침할 수 있는 근거 또는 구체적 예시를 제공합니다. 예시는 개인적인 사례(personal experience) 또는 권위적인 통계 또는 전문가의 의견(studies & experts' opinion) 등으로 구성할 수 있습니다. 지나치게 구체적인 기관명이나 인물 또는 연도가 등장할 필요가 없으며, 답안 전체의 아이디어를 포괄적으로 담아주는 스토리가 전달되는 것이 중요합니다. 예시는 글의 흐름에 따라 두 문장에서 세 문장까지 작성합니다.

라이팅 특강 03
근거와 예시
구별하기

▪ 토론 방향성 정리: 아이디어 정리

평소에 토론형 문제를 풀면서 아이디어를 정리해 두면, 실제 시험에서 보다 풍성한 답안을 빠르게 적을 수 있습니다. 실제 시험에서 10분 동안 100 단어 이상을 적는 것 자체가 어렵기에, 평소에 토론형 문제를 많이 풀어보며 자신의 답안에 필요한 생각을 정리하는 것이 매우 중요합니다. 주어진 주제에 대한 마인드 맵을 그리며 지속적인 질문과 답을 통해 토론의 아이디어를 정리해봅니다.

[문제 예시]

Dr. Laurens

Because parents are very busy with work, they often have limited amounts of quality time available to spend with their children. Thus, many are concerned with what is the best activity to do together. Answer the following in the class discussion board:

Is it better for parents to spend time with their children playing games and sports, or should they spend that time doing schoolwork together? Why do you think so?

부모는 일로 인해 매우 바쁘기 때문에 자녀와 함께 보낼 수 있는 양질의 시간이 제한되어 있는 경우가 많습니다. 따라서, 함께 할 수 있는 가장 좋은 활동이 무엇인지에 대해 많은 사람들이 고민합니다. 수업 토론 게시판에서 다음 질문에 답하세요:

부모가 자녀와 함께 게임이나 스포츠를 하며 시간을 보내는 것이 더 낫나요, 아니면 그 시간을 함께 학교 공부를 하는 데 보내야 하나요? 왜 그렇게 생각하나요?

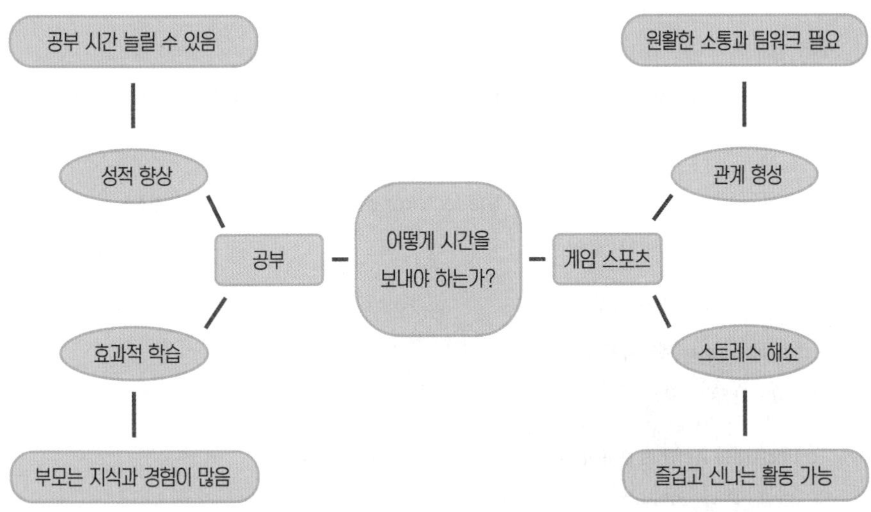

위 마인드맵 구조처럼 '바쁜 부모가 어떻게 아이와 시간을 보내야 하는가'라는 질문에 대해 양 측 입장 모두를 떠올려보고, 아이디어를 작성해야 합니다.

여러분이 목표하는 점수를 얻기 위해서는 자신이 가지고 있는 순수한 생각을 작성하는 것이 기본이 됩니다. 그렇지만, 우리가 한국어로 또는 한국인으로서 생각하는 아이디어가 '영어'로 명확하게 전달되는 과정은 쉬운 일이 아닙니다. 그렇기 때문에 교재에서 제시된 마인드맵과 템플릿에 따라 글을 작성해 나가면 논리의 비약과 감점의 리스크를 줄여 나갈 수 있습니다.

⑤ 토플 답안 기본 템플릿

■ 통합형 템플릿 암기하기

통합형 라이팅에서 우수한 점수를 받는 글은 강의에서 제공하는 주요 주장과 근거를 제대로 파악하고, 리딩 지문에서 제시된 내용과 그 관계를 정확하게 전달합니다.

본 교재에서는 지문에서 등장한 내용과 강의 내용을 보다 쉽게 연계할 수 있도록 두 가지 템플릿을 제공하며, 실력에 따라 다양한 표현과 논리로 변형하여 활용할 수 있도록 합니다. 통합형 라이팅에서 결론은 단어 수 채우기를 위한 목적 외에는 필요하지 않습니다.

'정석' 템플릿	
서론	[리딩 지문에서 제공되는 내용 정리] The passage introduces three benefits / advantages / problems / theories. 지문은 세 가지 혜택 / 장점 / 문제 / 이론을 소개하고 있습니다.
	[리스닝 강의 주제와 문단 구조 예고] However, the lecturer effectively challenges the points made in the reading passage by providing three reasons. 하지만, 강연자는 세 가지 이유를 제시함으로써 지문의 요점을 효과적으로 반박합니다.
본론 1	[리스닝 주장 1 소개] First(=To begin with, First of all), the lecturer asserts that + [리스닝 주장] 먼저, 강연자는 ~을 주장합니다. First(=To begin with, First of all), the lecturer disagrees that + [리딩 주장] 먼저, 강연자는 ~을 동의하지 않습니다.
	[리스닝 세부 사항 요약(1-2문장)] It is because + [세부 내용] 이는 ~하기 때문입니다. To illustrate her/his point, she/he talks about + [세부 내용] 자신의 요점을 설명하기 위해, 그녀/그는 ~에 대해 이야기합니다.
	[관련 리딩 근거 반박 문장] This counters the claim in the reading passage that + [리딩 근거] 이것은 ~라는 지문의 주장을 반박합니다. This challenges the idea that + [리딩 근거] 이는 ~라는 견해를 반박합니다.

본론 2	[리스닝 주장 2 소개] Second(=Next, Moreover, In addition), the lecturer contends that + [리스닝 주장] 두 번째로, 강연자는 ~을 주장합니다. Second(=Next, Moreover, In addition), the lecturer does not agree that + [리딩 주장] 두 번째로, 강연자는 ~을 동의하지 않습니다.
	[리스닝 세부 사항 요약(1-2문장)] The lecturer points out/emphasizes that + [세부 내용] 강연자는 ~을 지적/강조합니다.
	[관련 리딩 근거 반박 문장] This contradicts the reading passage's claim that + [리딩 근거] 이것은 ~라는 지문의 주장을 반박합니다.
본론 3	[리스닝 주장 3 소개] Finally(=Last)/Third, the lecturer maintains that + [리스닝 주장] 마지막으로/세 번째로, 강연자는 ~을 주장합니다. Finally(=Last)/Third, the lecturer does not think that + [리딩 주장] 마지막으로/세 번째로, 강연자는 ~라고 생각하지 않습니다.
	[리스닝 세부 사항 요약(1-2문장)] The lecturer mentions that + [세부 내용] 강연자는 ~을 언급합니다.
	[관련 리딩 근거 반박 문장] This refutes the reading passage's argument that + [리딩 근거] 이것은 ~라는 지문의 주장을 반박합니다.

지문의 난이도에 따라, 정면 반박이 아닌 부분 인정과 반박이 제시되어 작성할 내용이 많을 경우, 다른 방식으로 답변을 작성할 수 있습니다. 충분한 내용을 지문과 강의에서 반영하면서, 글자 수도 안정적이게 유지하고 싶을 경우, 아래의 '약식' 템플릿을 활용하여 목표 점수에 도전할 수 있습니다.

'약식' 템플릿의 큰 특징 중 하나는 앞서 템플릿에서 반복적으로 제시되는 'the lecturer'라는 표현과 'the reading passage'라는 키워드를 줄이고, 강의의 내용을 자연스럽게 전달하는데 초점을 둔다는 점입니다. 이를 통해 더 많은 내용을 삽입하되 글자 수를 효율적으로 조절하여 작문할 수 있습니다.

'약식' 템플릿	
서론	[리스닝 강의 주제와 리딩 지문과의 관계 설명] The lecturer discusses the points made in the reading passage that + [리딩 내용], but reaches a different conclusion from each perspective. 강연자는 리딩 지문에서 ~라고 제시된 주장들을 논의하고 있지만, 각각의 관점에서 다른 결론에 이르고 있습니다.
본론 1	[리스닝 주장 1 소개] First(=To begin with, First of all), it is not true(=likely) that + [리딩 주장] 먼저, ~라는 점은 사실이 아닙니다. First(=To begin with, First of all), the issue about + [리딩 주장 키워드] can be solvable. 먼저, ~에 대한 문제는 해결될 수 있습니다.
	[리스닝 세부 사항 요약(1-2문장)] It is because + [세부 내용] 이는 ~하기 때문입니다. To be specific, [세부 내용] 구체적으로 말하자면,
	[관련 리딩 근거 반박 문장] This challenges the idea that + [리딩 근거] 이는 ~라는 견해를 반박합니다.
본론 2	[리스닝 주장 2 소개] The second option is ruled out because of + [리딩/리스닝 주장 키워드] 두 번째 안은 ~때문에 가능성이 없습니다. The idea that + [리딩 주장] is not convincing as well ~에 대한 아이디어 역시 설득력이 없습니다.
	[리스닝 세부 사항 요약(1-2문장)] It is because + [세부 내용] 이는 ~하기 때문입니다.
	[관련 리딩 근거 반박 문장] As a result(=As such), this refutes the idea that + [리딩 근거] 그 결과, 이것은 ~라는 주장을 반박합니다.

본론 3 (부분 반박)	[리스닝 주장 3 소개] **Finally(=Last)/Third, [리딩 주장] is not appropriate as well.** 마지막으로/세 번째로, ~라는 내용 역시 적합하지 않습니다. **Finally(=Last)/Third, [리딩 주장] casts doubt.** 마지막으로/세 번째로, ~라는 점은 의문을 불러일으킵니다.
	[리스닝 세부 사항 요약(1-2문장)] **It is true that + [리딩 근거]. However, [리스닝 세부 사항]** ~라는 점은 사실입니다. 하지만,
	[관련 리딩 근거 반박 문장] **Therefore, more evidence is (more studies are) required to prove that + [리딩 근거]** 그러므로 ~라는 점을 증명하기 위해선 더욱 많은 근거(연구)가 필요합니다.

라이팅 특강 04
조동사 could / should / would 의미

주어지는 문제가 직접적인 반박으로 구성된 논쟁 중심(argument-based)인지 가설 중심(theories-based)인지를 잘 파악하여 글을 작성하는 것이 중요합니다. 논쟁 중심의 경우 argue, assert, contend, maintain과 같은 '주장하다' 동사와, counter, refute, contradict, challenge 등의 '반박하다' 동사로 대비되는 반면, 가설 중심의 경우 could, would, should, may, might, likely to, prone to, tend to 등의 조동사 등을 통해 단정적인 표현을 피한다는 점을 염두에 두고 작문을 합니다.

▪ 토론형 템플릿 암기하기

토론형 라이팅에서 우수한 점수를 받는 글은, 효과적으로 내용을 전달하고, 적절한 설명, 예시, 그리고 세부 사항을 제시하며, 글의 일관성을 가지는데, 템플릿은 이러한 글의 전달력, 내용의 충실성, 그리고 일관성을 확보하기 위한 도구로 활용될 수 있습니다.

다음에 제시되는 템플릿은 각 문장이 어떻게 시작하며, 어떠한 시그널(signal)을 사용해야 효과적으로 독자에게 메시지를 전달하는 지에 대한 방향성을 제시합니다.

참고로 토론형 문제의 질문은 보통 A or B(두 가지 입장 또는 의견 중 하나를 선택)와 open-ended(선택의 제약 없이 답변 가능)로 출제되는데, 이러한 질문 형태에 따라 템플릿 역시 구분될 수 있습니다.

토론형 답안 구조 및 템플릿 예시		
첫 번째 문장	A or B [내가 동의하는 입장의 학생 의견 언급] I agree with Jake's opinion that ~ 나는 ~라는 제이크의 의견에 동의합니다. Jake made a good point that ~ 제이크는 ~라는 좋은 점을 지적했습니다.	Open-ended [두 학생의 의견 언급] Jake and Mary made valid points that ~ 제이크와 메리는 ~라는 중요한 점을 지적했습니다. Jake and Mary gave good examples of ~ 제이크와 메리는 ~에 대한 좋은 예시를 들었습니다.
두 번째 문장	A or B [학생의 의견에 추가할 나만의 예시] In addition, (= Moreover), 추가적으로,	Open-ended [두 학생의 예시 1, 2 언급] Certainly, [예시 1] and [예시 2] are ~ 예시 1과 예시 2는 확실히 ~합니다.
세 번째 문장	A or B [나의 의견으로 전환] However, I do not think this is the most important reason. 하지만, 나는 이것이 가장 중요한 이유라고 생각하지 않습니다.	Open-ended [나의 의견으로 전환] However, they did not mention another important factor. 하지만, 그들은 다른 중요한 요소를 언급하지 않았습니다.
네 번째 문장	[나의 의견] In my opinion, (= I am of the opinion that ~) 내 생각에는,	
다섯~일곱 번째 문장	[나의 의견을 뒷받침하는 근거 혹은 예시] For example, (=To explain,) 예를 들어, (= 설명하자면,)	
마지막 문장	[결론] Therefore, I think ~ 그러므로, 나는 ~라고 생각합니다.	

위 템플릿은 여러분들이 쉽게 활용할 수 있는 하나의 예시로 전달하고자 하는 문장을 쉽게 작문할 수 있도록 도와주는 가이드라인에 불과합니다. 점수에 직접적인 영향을 미치는 것은 위 템플릿을 활용하여 탄탄하게 내용을 채워 나가는 라이팅 실력입니다.

WRITING

03 Writing 문제 유형 공략

① Question 1: Integrated Writing (통합형)

통합형 라이팅에서 요구되는 능력은 주어진 지문을 읽으며 내용을 올바르게 정리해두는 것입니다. 이는 주어진 지문과 관련있는 강의를 들은 후 그에 대한 요약문을 작성해야 하기 때문입니다. 지문을 제대로 이해하고 정리를 잘 할수록 자신이 노트테이킹 할 수 있는 청취 능력 또한 향상됩니다. 따라서 통합형 라이팅에서 좋은 점수를 얻기 위해서는, 리딩 지문과 리스닝 강의를 효과적으로 노트테이킹 하는 방법을 익혀야 합니다.

▪ 리딩 지문 노트테이킹 학습

❶ 지문 서론 분석하기

다음 서론을 읽고 주제를 노트테이킹 해봅니다.

Over the past hundred years, the growth rate of the human population has increased rapidly, and with that has come the massive expansion of agriculture and pesticide use. All of this has culminated in extensive damage to wildlife, especially bird populations in developed countries. As these trends are unlikely to change, the number of birds around the world will keep dropping.

지난 100년 동안, 인구의 증가율은 급격히 증가했고, 이와 함께 농업과 농약 사용이 크게 확대되었다. 이 모든 것은 야생 동물, 특히 선진국의 새 개체군에 대한 광범위한 피해로 절정에 이르렀다. 이러한 경향은 바뀔 것 같지 않기 때문에, 전 세계의 새들의 수는 계속해서 감소할 것이다.

노트테이킹

주제: ____________________

[풀이]

Over the past hundred years, the growth rate of the human population has increased rapidly, and with that has come the massive expansion of agriculture and pesticide use. All of this has culminated in extensive damage to wildlife, especially bird populations in developed countries. As these trends are unlikely to change, the number of birds around the world will keep dropping.

*빨강: 주장(claim), 노랑: 근거(reason)

위 서론은 본론에 다뤄질 키워드(빠른 속도로 인구 수의 증가, 농업과 농약 사용의 광범위한 확대)를 미리 알려주고 있습니다. 우리에게 주어지는 시간은 3분이라는 제한된 시간이기 때문에, 위 키워드를 파악만 한 상태로 넘어갑니다. 계속해서 리딩 지문은 세 가지 주장을 전개할 예정이기 때문에, 그 세 가지 주장의 대주제문으로 새의 개체 수가 지속적으로 감소할 것이라는 점을 파악하고 필기합니다.

노트테이킹 예시

주제: num of bird pop- → keep ↓

노트테이킹 스킬

- growth / drop과 같은 증감소를 나타내는 내용은 화살표 위 방향(↑) 또는 아래 방향(↓)으로 작성하여 시간 단축
- population은 흔히 등장하는 키워드지만, 필기하기에 너무 스펠링이 많으므로 축약형 'pop-' 사용. 이외 다른 단어들도 스펠링 축약 가능 (massive → mass-, agriculture → agri-)

위 지문의 대주제문은 인구 수 증가가 새의 개체 수 감소로 이어질 것이라는 방향성을 지닙니다. 그렇기에 강연자는 이를 단순하게 반박할 뿐만 아니라, '기술의 발전' 언급과 '일부 새의 개체 수가 오히려 증가할 수도 있다'는 점을 주장하지 않을까 예측할 수 있습니다.
인간의 행동이 동식물 개체 수의 영향을 미친다는 내용은 기술의 발전으로 해결될 수 있다는 포인트는 빈출 컨텐츠라는 사실도 명심하세요!

❷ 지문 본론 1 분석하기

다음 본론 1을 읽고 주장과 근거를 노트테이킹 해봅니다.

First, human settlements will continue to expand and destroy the natural habitats of birds. Urbanization will spread to surrounding forests, wetlands, and grasslands – vital ecosystems for bird species - and convert them into new apartment complexes, shopping plazas, and airports. As birds lose their homes, they will disappear from this newly urbanized landscape.

첫째, 인간의 정착지는 계속해서 확장될 것이고 새들의 자연 서식지를 파괴할 것이다. 도시화는 조류 종의 필수 생태계인 주변의 숲, 습지, 초원으로 확산되어 새로운 아파트 단지, 쇼핑 광장, 공항으로 바뀔 것이다. 새들이 그들의 집을 잃으면서, 그들은 새롭게 도시화된 이 지형에서 사라질 것이다.

노트테이킹

주장 - ____________________

근거 - ____________________

____

____

[풀이]

First, human settlements will continue to expand and destroy the natural habitats of birds. Urbanization will spread to surrounding forests, wetlands, and grasslands -- vital ecosystems for bird species -- and convert them into new apartment complexes, shopping plazas, and airports. As birds lose their homes, they will disappear from this newly urbanized landscape.

*빨강: 주장(claim), 노랑: 근거(reason) 초록: 예시(evidence)

본문은 첫 번째 문장에서부터 포인트를 강하게 주고 있습니다. 인간의 정착이 새의 자연 서식지를 파괴할 것이다라는 주장을 서두에 제시하고 있습니다. 그 이후 urbanization이라는 단어로 human settlement를 패러프레이즈하고 있습니다. 키워드가 일치한다는 점을 인지하고 독해를 이어나가는 것이 중요합니다. 이후 이를 뒷받침하는 근거로 생태계가 아파트 단지 등과 같은 공간으로 '바뀐다'는 점을 제시하고 있습니다.

convert A into B라는 연어를 활용하여 ecosystem → urban 정도의 큰 키워드만 잡아주고, 지문에 제시된 디테일한 내용은 가볍게만 필기해줍니다. 이는 마이너한 예시들일 뿐만 아니라, 강의를 들은 뒤 다시 읽을 수 있기 때문입니다. 이후 마무리 문장으로 제공되는 lose home과 disappear from urbanized landscape를 짧게 정리해줍니다.

노트테이킹 예시

주장 - human sett → destroy natural habit-

근거 - urban- convert ecosys → apt, shp, air

bird lose home → disappear

노트테이킹 스킬

· 스펠링 축약: settlement →sett-
habitat → habit-
urbanization → urban-
ecosystem → ecosys-

형진쌤's 꿀팁!

위 지문과 같이 지나치게 보편적인 사실(예: 많은 사람들이 도시에 거주한다, 온라인 쇼핑몰을 이용한다)을 통해 논리를 전개하는 경우, 강연자가 내용을 정면으로 반박하는 것은 쉬운 일이 아닙니다. 이렇게 보편 타당한 근거가 지문에 제시될 경우, 제시된 내용과는 다른 방향으로 문제를 접근하거나, 같은 현상을 다르게 설명함으로써 지문의 내용을 반박한다는 점을 인지하고 강의 필기를 준비할 필요가 있습니다.

❸ 지문 본론2 분석하기

다음 본론 2를 읽고 주장과 근거를 노트테이킹 해봅니다.

Second, the demands of agriculture grow side-by-side with human population. More land will be required to grow food, so wilderness not already lost to urbanization will instead be used for agriculture. Diverse natural ecosystems will be cleared for farms and pastures. Therefore, the bird populations in rural areas will also be devastated.

둘째, 농업의 수요는 인구와 나란히 증가한다. 식량을 재배하기 위해서는 더 많은 땅이 요구되기에, 도시화에 이미 빼앗기지 않은 황무지가 대신 농업에 사용될 것이다. 다양한 자연 생태계가 농장과 목장을 위해 개간될 것이다. 따라서 농촌의 새 개체 수도 황폐화될 것이다.

노트테이킹

주장 - ____________________

근거 - ____________________

____

____

[풀이]

Second, the demands of agriculture grow side-by-side with human population. More land will be required to grow food, so wilderness not already lost to urbanization will instead be used for agriculture. Diverse natural ecosystems will be cleared for farms and pastures. Therefore, the bird populations in rural areas will also be devastated.

*빨강: 주장(claim), 노랑: 근거(reason)

위 본문은 인구 수의 증가로 인해 늘어나는 농업의 수요가 새 개체 수에 영향을 미친다는 점을 주장으로 제시하고 있습니다. 농업의 수요가 증가하니, 농업에 활용될 토지로 아직 활용되지 않은 황무지가 사용될 것이라는 근거를 제시하고 있습니다. 짧고 간결하게 포인트를 제시하고 있습니다.

노트테이킹 예시

주장 - demand → agri ↑

근거 - land → required → food

wilder → used → agri

bird pop → rural → devast-

노트테이킹 스킬

· 스펠링 축약: wilderness → wilder

devastated → devast- 또는 ↓

형진쌤's 꿀팁!

위 지문과 같이 길이가 비교적 짧은 본문은 해당되는 강의 반론 부분의 난이도가 높은 경우가 많습니다. 이는 본문에서 언급되지 않은 새로운 내용을 강연자가 활용함으로써 지문의 내용을 반박하기 때문입니다. 짧은 문단이 지문에 등장할 수록 더욱 꼼꼼하게 읽고 필기를 합니다.

❹ 지문 본론 3 분석하기

다음 본론 3을 읽고 주장과 근거를 노트테이킹 해봅니다.

Third, the expansion of agriculture will also give rise to the use of even more chemical pesticides. Pesticides are poisonous substances used in agriculture to exterminate insects that can harm the crops. However, when used, it is inevitable that the pesticides also end up in natural water resources, which is extremely harmful to waterfowl. Pesticides also taint the food chain of birds. If they eat poisoned insects, the birds can also be poisoned and die. Even if the poison is not strong enough to kill birds, it may still make them unable to reproduce. As pesticide use becomes even more widespread, it will continue to wreak havoc on bird populations. As with population and agriculture expansion, this trend is unlikely to change in the future, so the further decline of bird populations is certain.

셋째, 농업의 확대는 또한 더 많은 화학 살충제의 사용을 야기할 것이다. 살충제는 농작물에 해를 끼칠 수 있는 곤충을 박멸하기 위해 농업에 사용되는 독성 물질이다. 그러나 이를 사용할 시, 살충제 역시 천연수자원으로 흘러 들어가기 때문에 물새에게 극히 유해한 것으로 보고 있다. 살충제는 또한 새들의 먹이 사슬을 손상시킨다. 만약 그들이 살충제를 먹은 곤충을 먹는다면, 그 새들도 독에 노출되어 죽을 수 있다. 비록 독성이 새를 죽일 만큼 강하지 않더라도, 그것은 여전히 새들을 번식시킬 수 없게 만들 수 있다. 살충제 사용이 더욱 확산됨에 따라, 그것은 계속해서 새의 개체 수에 큰 피해를 줄 것이다. 인구와 농업의 확대와 마찬가지로 이러한 추세는 앞으로 바뀔 것 같지 않기 때문에 조류 개체 수의 추가 감소는 확실하다.

노트테이킹

주장 - ______________________

근거 - ______________________

____

____

[풀이]

Third, the expansion of agriculture will also give rise to the use of even more chemical pesticides. Pesticides are poisonous substances used in agriculture to exterminate insects that can harm the crops. However, when used, it is inevitable that the pesticides also end up in natural water resources, which is extremely harmful to waterfowl. Pesticides also taint the food chain of birds. If they eat poisoned insects, the birds can also be poisoned and die. Even if the poison is not strong enough to kill birds, it may still make them unable to reproduce. As pesticide use becomes even more widespread, it will continue to wreak havoc on bird populations. As with population and agriculture expansion, this trend is unlikely to change in the future, so the further decline of bird populations is certain.

* 빨강: 주장(claim), 노랑: 근거(reason), 초록: 예시(evidence), 파랑: 시그널(signal)

위 본문은 내용이 길기에 읽는 시간과 필기 시간 모두 많이 소요됩니다. 첫 번째 문장에서 살충제 사용의 확대라는 주장을 통해 새 개체 수 감소를 설명하고 있습니다. 더 많은 살충제 사용(more chemical pesticides)은 natural water resource라는 키워드와 연관이 되며, also라는 시그널을 통해 food chain까지 영향을 미친다는 점을 파악할 수 있습니다.

end up과 taint라는 단어의 뜻을 모르더라도, 현재 모든 지문이 마이너스 (부정) 방향성을 갖기에 influence/affect라는 단어로 대체해서 내용 이해를 진행할 수 있습니다. 이후 곤충(insect)을 먹었을 때 새가 죽을 수 있다는 구체적인 예시가 나오고, 다시 번식이 불가능하다(unable to reproduce)는 추가 근거를 제시하며 문단을 마무리합니다.

노트테이킹 예시

주장 - agri → ↑ chemi- pest-

근거 - use → natural water resour-

taint food chain ex) insect → die

x repro- → decline

노트테이킹 스킬

· 스펠링 축약: chemical → chemi-

pesticide → pest-

resource → resour-

reproduce → repro-

❺ 전체 지문 재분석

이제는 지문을 읽고 다시 한번 노트테이킹 해봅니다.

Over the past hundred years, the growth rate of the human population has increased rapidly, and with that has come the massive expansion of agriculture and pesticide use. All of this has culminated in extensive damage to wildlife, especially bird populations in developed countries. As these trends are unlikely to change, the number of birds around the world will keep dropping.

First, human settlements will continue to expand and destroy the natural habitats of birds. Urbanization will spread to surrounding forests, wetlands, and grasslands – vital ecosystems for bird species – and convert them into new apartment complexes, shopping plazas, and airports. As birds lose their homes, they will disappear from this newly urbanized landscape.

Second, the demands of agriculture grow side-by-side with human population. More land will be required to grow food, so wilderness not already lost to urbanization will instead be used for agriculture. Diverse natural ecosystems will be cleared for farms and pastures. Therefore, the bird populations in rural areas will also be devastated.

Third, the expansion of agriculture will also give rise to the use of even more chemical pesticides. Pesticides are poisonous substances used in agriculture to exterminate insects that can harm the crops. However, when used, it is inevitable that the pesticides also end up in natural water resources, which is extremely harmful to waterfowl. Pesticides also taint the food chain of birds. If they eat poisoned insects, the birds can also be poisoned and die. Even if the poison is not strong enough to kill birds, it may still make them unable to reproduce. As pesticide use becomes even more widespread, it will continue to wreak havoc on bird populations. As with population and agriculture expansion, this trend is unlikely to change in the future, so the further decline of bird populations is certain.

노트테이킹 예시

num of bird pop → keep ↓

[1] Human sett → destroy natural habit-
urban - convert ecosys → apt, shp, air
bird lose home → disappear

[2] demand → agri ↑
land - required → food
wilder → used → agri-
bird pop → rural → devast-

[3] agri- → chemi- pest
use → natural water resour-
taint food chain ex) insect → die
X repro → decline

■ 강의 노트테이킹 학습

통합형 라이팅에서 제시된 지문을 올바르게 정리했다면, 강의 내용을 정리해보도록 합니다.

❶ 강의 서론 분석하기

다음 서론을 듣고 주제를 노트테이킹 해봅니다. MP3 Writing_01

The reading asserts that bird populations will continue to decrease, but the arguments supporting this claim are misleading and fail to paint the complete picture.

지문은 새의 개체 수가 계속 감소할 것이라고 주장하지만, 이 주장을 지지하는 논거들은 오해의 소지가 있어 완전한 그림을 그려내지 못하고 있습니다.

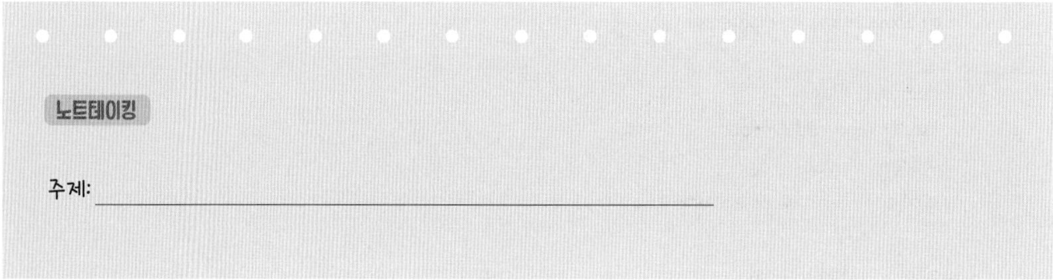

[풀이]

The reading asserts that bird populations will continue to decrease, but the arguments supporting this claim are misleading and fail to paint the complete picture.

* 빨강: 주장(claim), 파랑: 시그널(signal)

위 서론은 리딩에서 제시된 새 개체 수 감소의 주장 세 가지가 잘못되었다는 점을 지적하고 있습니다. 서론의 방향성은 충분히 예측 가능하기 때문에, 이후 내용 필기에 집중할 수 있도록 노트테이킹은 키워드만 간결하게 할 것을 권장합니다.

❷ 강의 본론1 분석하기

다음 본론1을 듣고 반박 주장과 근거를 노트테이킹 해봅니다. MP3 Writing_02

First, urbanization has negatively affected several species of birds, but it has also helped others thrive. Birds have adapted to cities, and now they are viable habitats for many types of birds. In fact, there are so many birds that city dwellers frequently complain about them – seagulls and pigeons come to mind. Plus, as small birds and rodents thrive in cities, they attract larger birds of prey. As such, hawks and falcons can now even be found in cities. So, urbanization does not necessarily mean the destruction of bird species. Rather, it is a new environmental challenge bird species have naturally adapted to and met.

먼저, 도시화는 몇몇 종의 새들에게 부정적인 영향을 주었지만, 다른 종들이 번성하는 것을 도왔습니다. 새들은 도시에 적응했고, 지금은 많은 종류의 새들에게 생존할 수 있는 서식지가 되었죠. 사실, 도시에 사는 사람들은 갈매기와 비둘기 등 새에 대해 자주 불평합니다. 게다가, 작은 새들과 설치류들이 도시에서 번성하면서, 그들은 더 큰 맹금류를 끌어들입니다. 이처럼 매와 송골매는 이제 도시에서도 발견될 수 있죠. 그러므로 도시화가 반드시 새의 종을 파괴하는 것을 의미하는 것은 아니에요. 오히려 자연스레 적응하고 맞추는 새로운 환경적 도전입니다.

노트테이킹

반박 주장 - ______________________________

근거 - ______________________________

____

____

[풀이]

First, urbanization has negatively affected several species of birds, but it has also helped others thrive. Birds have adapted to cities, and now they are viable habitats for many types of birds. In fact, there are so many birds that city dwellers frequently complain about them – seagulls and pigeons come to mind. Plus, as small birds and rodents thrive in cities, they attract larger birds of prey. As such, hawks and falcons can now even be found in cities. So, urbanization does not necessarily mean the destruction of bird species. Rather, it is a new environmental challenge bird species have naturally adapted to and met.

* 빨강: 주장(claim), 노랑: 근거(reason), 초록: 예시(evidence), 파랑: 시그널(signal)

위 본문은 지문에서 등장한 내용을 부분 인정하며 다른 방향으로 현상을 설명하고 있습니다. 그리고 일어난 현상에 대한 다른 방향성을 가지고 본문의 내용을 반박하고 있습니다. Several과 others의 대비를 통해, 도시화가 다른 새의 개체 수 증가에 기여한다는 주장을 제시하고 있고, 도시에서 발견되는 다양한 새들을 예시로 제공하여 주장을 뒷받침하고 있습니다.

노트테이킹 예시

반박 주장 - urban- → help - thrive

근거 - birds → adpt →

many - pigeon / large b → hawks → found

x mean → destruct-

new enviro - chall

노트테이킹 스킬

- thrive와 adapt to는 위 내용에 필수 키워드로 반드시 필기
- 스펠링 축약: adapt → adpt
  environmental → enviro-
  challenge → chall
- 새의 이름은 아는 선에서 하나 정도만 적어도 되고, 너무 어려울 땐 some/certain birds로 대체

❸ 강의 본론 2 분석하기

다음 본론 2를 듣고 반박 주장과 근거를 노트테이킹 해봅니다. MP3 Writing_03

Second, the reading's assumptions about agriculture are also incorrect. True, agriculture will increase, but not in the old-fashioned ways described in the passage. Less and less land is being used for crops every year due to the introduction of genetically modified plants. These crops have been engineered to produce greater quantities of food while taking up less space. Because of this innovation, additional land will not be needed for agriculture, and birds in rural areas will be left undisturbed.

둘째, 농업에 대한 이 지문의 가정도 부정확합니다. 사실, 농업은 증가할 것이지만, 이 글에서 묘사된 구시대적인 방식으로는 증가하지 않을 것입니다. 유전자 변형 식물의 도입으로 매년 작물에 사용되는 토지가 점점 줄어들고 있죠. 이 작물들은 공간을 덜 차지하면서 더 많은 양의 음식을 생산하도록 설계되었습니다. 이러한 혁신으로 인해 농업에 추가 토지가 필요하지 않을 것이며, 농촌의 새들은 방해를 받지 않고 남아있을 것입니다.

노트테이킹

반박 주장 - ______________________

근거 - ______________________

____

____

[풀이]

Second, the reading's assumptions about agriculture are also incorrect. True, agriculture will increase, but not in the old-fashioned ways described in the passage. Less and less land is being used for crops every year due to the introduction of genetically modified plants. These crops have been engineered to produce greater quantities of food while taking up less space. Because of this innovation, additional land will not be needed for agriculture, and birds in rural areas will be left undisturbed.

* 빨강: 주장(claim), 노랑: 근거(reason), 파랑: 시그널(signal)

위 본문은 흥미롭게도 부분 인정 이후 본론으로 천천히 전개하며 근거를 제시하고 있습니다. 갑작스럽게 등장하는 키워드들과 다양한 시그널로 수험생의 혼동을 유발할 수 있는 높은 난이도의 지문입니다.

노트테이킹 예시

반박 주장 - agri → X old fash-

근거 - less land → used

→ intro - gene modi- plants

ino → addi land X need → left X disturb-

노트테이킹 스킬

- 스펠링 축약: introduction → intro
  innovation → ino

WRITING

❹ 강의 본론 3 분석하기

다음 본론 3을 듣고 반박 주장과 근거를 노트테이킹 해봅니다. MP3 Writing_04

Third, the future of pesticide use will also be different than what is predicted in the reading. Without a doubt, pesticides have been incredibly harmful to not only birds, but to the environment overall. However, having learned from the past, people are now aware of the dangers of pesticides. This has led to more environmentally friendly practices concerning pesticide use. Namely, fewer toxic pesticides are now used. In addition, genetically modified crops can also resist pests without the aid of pesticides. So, we see that once again, innovations via genetically modified crops will result in the greater protection of bird populations.

셋째, 농약 사용의 미래도 판독에서 예측한 것과 다를 것입니다. 의심할 여지없이, 살충제는 새들뿐만 아니라 전반적으로 환경에 엄청나게 해롭습니다. 하지만, 과거로부터 배웠기 때문에, 사람들은 이제 살충제의 위험성을 알게 되었죠. 이것은 농약 사용에 관한 더 환경 친화적인 관행을 이끌어냈습니다. 즉, 독성이 덜한 살충제가 현재 사용되고 있습니다. 게다가 유전자 조작 작물도 농약의 도움 없이 해충에 저항할 수 있습니다. 그래서 우리는 다시 한번 유전자 변형 작물을 통한 혁신이 새의 개체 수를 더 많이 보호하는 결과를 가져올 것입니다.

노트테이킹

반박 주장 - ____________________

근거 - ____________________

____

____

[풀이]

Third, the future of pesticide use will also be different than what is predicted in the reading. Without a doubt, pesticides have been incredibly harmful to not only birds, but to the environment overall. However, having learned from the past, people are now aware of the dangers of pesticides. This has led to more environmentally friendly practices concerning pesticide use. Namely, fewer toxic pesticides are now used. In addition, genetically modified crops can also resist pests without the aid of pesticides. So, we see that once again, innovations via genetically modified crops will result in the greater protection of bird populations.

* 빨강: 주장(claim), 노랑: 근거(reason), 파랑: 시그널(signal)

위 본문 역시 부분인정을 하면서 내용을 전개해 나가고 있습니다. 강의 필기가 익숙하지 않은 경우, 지속적으로 등장하는 지문의 키워드와 시그널로 인해 내용의 혼동이 발생할 수 있는 높은 난이도로 문단이 구성되어 있습니다. 뿐만 아니라, 살충제의 활용으로 인해 새의 개체 수가 감소한다는 점을 반박하기 위해 등장하는 포인트가 두 가지이기 때문에 배경지식과 어휘에서 충분한 준비가 안된 경우 키워드를 놓칠 수도 있습니다. 독성이 덜한 살충제의 활용과 유전자 조작 작물의 활용 두 가지를 모두 언급해야 만점 문단을 작성할 수 있습니다.

노트테이킹 예시

반박 주장 - pest → diff

근거 - ppl → aware dang- → envi fr - ↓ toxic pest

+ gene modi- plant → resist pest

ino → great protect → bird

노트테이킹 스킬

· 스펠링 축약: different → diff
people → ppl
additionally → +

❺ 전체 강의 재분석

이제는 전체 강의를 듣고 다시 한번 노트테이킹 해봅니다. MP3 Writing_05

The reading asserts that bird populations will continue to decrease, but the arguments supporting this claim are misleading and fail to paint the complete picture.

First, urbanization has negatively affected several species of birds, but it has also helped others thrive. Birds have adapted to cities, and now they are viable habitats for many types of birds. In fact, there are so many birds that city dwellers frequently complain about them – seagulls and pigeons come to mind. Plus, as small birds and rodents thrive in cities, they attract larger birds of prey. As such, hawks and falcons can now even be found in cities. So, urbanization does not necessarily mean the destruction of bird species. Rather, it is a new environmental challenge bird species have naturally adapted to and met.

Second, the reading's assumptions about agriculture are also incorrect. True, agriculture will increase, but not in the old-fashioned ways described in the passage. Less and less land is being used for crops every year due to the introduction of genetically modified plants. These crops have been engineered to produce greater quantities of food while taking up less space. Because of this innovation, additional land will not be needed for agriculture, and birds in rural areas will be left undisturbed.

Third, the future of pesticide use will also be different than what is predicted in the reading. Without a doubt, pesticides have been incredibly harmful to not only birds, but to the environment overall. However, having learned from the past, people are now aware of the dangers of pesticides. This has led to more environmentally friendly practices concerning pesticide use. Namely, less toxic pesticides are now used. In addition, genetically modified crops can also resist pests without the aid of pesticides. So, we see that once again, innovations via genetically modified crops will result in the greater protection of bird populations.

노트테이킹 예시

〈리딩 지문〉

num of bird pop → keep ↓

[1] Human sett → destroy natural habit-

urban - convert ecosys → apt, shp, air

bird lose home → disappear

[2] demand → agri ↑

land - required → food

wilder → used → agri-

bird pop → rural → devast-

[3] agri- → chemi- pest

use → natural water resour-

taint food chain ex) insect → die

X repro → decline

〈리스닝 강의〉

argu → mislead- fail

[1] urban → help - thrive

birds → adpt → many - pigeon

X mean → destruct → new enviro-chall

[2] agri → X old-fash-

less land → used

→ intro - gene modi- plants

ino → addi land X need → left X disturb-

[3] pest- → diff

ppl → aware dang- / envi fr - less toxic pest

+ gene modi- plant → resist pest

ino → great protect → bird

참고로 리딩 지문과 강의에 나온 논점들을 정리하면 다음과 같습니다.

The reading passage	The lecturer
[1] destroy the natural habitats of birds - urbanization spread to vital ecosystems - birds lose their homes, they will disappear	[1] help other birds thrive - many birds adapted to the cities - seagulls and pigeons, even hawks - new environmental challenge that birds have adapted
[2] demands of agriculture take rural areas away - more land required for farms and pastures - bird population will be devastated	[2] additional lands are not needed for agriculture - introduction of GM plants - produce more while using less space - innovation leave rural areas undisturbed
[3] more chemical pesticides - end up in natural water resources - taint food chain of birds - poison makes birds unable to reproduce	[3] environmentally friendly practices - fewer toxic pesticides are now used - GM plants also resist pests - result in greater protection

리딩 지문	강연자
[1] 조류의 자연 서식지를 파괴함 - 필수 생태계로 확산된 도시화 - 조류가 서식지를 잃고, 사라지게 될 것이다	[1] 다른 새들이 번성하는 데 도움이 됨 - 많은 새들이 도시에 적응했다 - 갈매기와 비둘기, 심지어 매까지 - 조류가 적응해온 새로운 환경적 도전
[2] 농업에 대한 수요가 시골 지역을 죽이고 있음 - 농장 및 목초지에 더 많은 토지가 필요 - 조류 개체 수가 완전히 파괴될 것이다	[2] 농업에 추가적인 토지가 필요하지 않음 - 유전자 조작 식물의 도입 - 더 적은 공간을 활용하면서 더 많이 생산한다 - 혁신이 시골 지역을 영향받지 않은 상태로 만든다
[3] 더 많은 화학 살충제 - 결국 천연 수자원으로 흘러 들어간다 - 조류의 먹이 사슬에 해를 끼친다 - 조류가 번식하지 못하게 만드는 독	[3] 환경 친화적인 관행 - 현재 더 적은 유독성 살충제가 사용되고 있다 - 유전자 조작 식물 또한 해충을 견딘다 - 더 많은 보호라는 결과를 낳는다

■ 답안 작성

정리된 필기를 바탕으로 답안을 작성해봅시다. 앞서 제공된 템플릿 2가지 중 자신에게 맞는 패턴의 템플릿을 활용하는 것을 권장합니다.

❶ 서론

서론에서는 강연자가 궁극적으로 전달하고자 하는 바가 무엇인지를 명확하게 서술해주는 것이 중요합니다. 이어 강연자의 주장이 지문에서 제공된 내용과 어떠한 관계에 놓여있는지를 명확하게 서술해줄 것을 권장합니다.

❷ 본론 1

본론 1에서 지문은 도시화가 새의 서식지를 파괴하여, 새들이 사라질 것이라는 점을 주장하고 있습니다. 그러나 강연자는 일부 새의 개체 수는 더욱 증가했다는 주장을 통해 지문의 포인트를 반박하고 있습니다.

그리고 구체적으로 새의 일부를 언급하여, 뒷받침하는 예시를 제시해주는 것이 점수 확보에 필수적입니다. 새들이 도전해야 할 새로운 과제일 뿐이라는 점을 언급해준다면, 여러분의 본론1은 완벽하게 마무리됩니다.

❸ 본론 2

본론 2에서 지문은 증가한 농업의 수요가 새들의 서식지를 앗아갈 것이라고 주장합니다. 그러나 강연자는 더 이상 농업을 위한 추가적인 토지가 필요하지 않다는 주장으로 이 내용을 반박합니다.

이를 뒷받침하기 위해, 유전자 조작 식물을 언급하며, 그 식물들이 차지하는 농업을 위한 공간이 점차 줄어들고 있다는 근거를 제시해 주어야만 여러분들의 답안은 채점 기준에 부합할 수 있습니다.

❹ 본론 3

본론 3에서 지문은 증가하는 살충제의 활용이 새의 개체 수에 치명적일 것이라는 주장을 제시합니다. 그렇지만 강연자는 두 가지의 근거를 들어 이를 반박하고 있기 때문에, 올바른 시그널을 활용하여 여러분들의 답안에 모든 근거가 언급되어야 합니다.

독성이 약한 살충제의 활용과 유전자 조작 식물의 높아진 저항력 덕분에 살충제의 활용이 줄어들고, 새의 개체 수를 보호할 수 있다는 점을 짧고 간결한 문장으로 구성하여 높은 점수를 확보하도록 합니다.

[80+ 모범답안 –'정석' 템플릿 활용]

The passage introduces three reasons why the bird population decreases dramatically as the growth rate of the human population increases. However, the lecturer effectively challenges the points made in the passage by providing three reasons.

First, the lecturer does not agree that human settlements will continue to expand and destroy the natural habitats of birds. It is true that urbanization has affected some bird populations. However, there are also many birds such as pigeons or even hawks that dwell in cities. This challenges the idea that all bird species are negatively affected because of human settlements.

Second, the lecturer also disagrees that the increased demands of agriculture devastate the bird population. She points out the introduction of genetically modified plants. Thanks to technology, plants grow well while using less space. This refutes the argument that additional land is needed for agricultural use, disturbing the rural areas for bird populations.

Third, the lecturer does not think that the expansion of agriculture will increase the use of chemical pesticides and cause problems. To be specific, fewer toxic pesticides are now used. And genetically modified crops are resistant to pests. So, innovations will result in the reduction of pesticides and protect bird populations.

지문은 인구 증가율이 상승함에 따라 왜 조류 개체 수가 급격하게 감소하는지 세 가지 이유를 소개하고 있습니다. 하지만, 강연자는 세 가지 이유를 제공해 지문 내에 제시된 주장에 대해 효과적으로 이의를 제기하고 있습니다.

첫 번째, 강연자는 인간의 정착지가 계속해서 확장되어 조류의 자연 서식지를 파괴할 것이라는 점에 동의하지 않습니다. 도시화가 일부 조류 개체 수에 영향을 미쳐온 것은 사실입니다. 하지만, 도시에 서식하는 비둘기나 심지어 매와 같은 새들도 많이 있습니다. 이는 모든 조류 종이 인간 정착지로 인해 부정적으로 영향을 받고 있다는 생각에 대해 이의를 제기합니다.

두 번째, 강연자는 또한 농업에 대한 수요 증가가 조류 개체 수를 완전히 파괴하고 있다는 점에 대해서도 반대하고 있습니다. 강연자는 유전적으로 조작된 식물의 도입을 지적합니다. 기술력 덕분에, 식물은 더 적은 공간을 사용하면서도 잘 자랍니다. 이는 농업용으로 추가 토지가 필요하기 때문에 조류 개체 수를 위한 시골 지역에 방해가 된다는 주장을 반박합니다.

세 번째, 강연자는 농업의 확장이 화학 살충제의 활용을 늘리고 문제를 초래할 것이라고 생각하지 않습니다. 구체적으로, 더 적은 유독성 살충제가 현재 쓰이고 있습니다. 그리고 유전적으로 조작된 작물은 해충을 잘 견딥니다. 따라서, 혁신이 살충제의 감소라는 결과를 낳아 조류 개체 수를 보호하게 될 것입니다.

[고득점 모범답안- '약식' 템플릿 활용]

The lecturer discusses the points made in the reading passage that urbanization and human activities cause a decline in bird populations, but reaches a different conclusion from each perspective.

First of all, spreading urbanization that converts natural habitats into places such as apartment complexes does not mean that bird populations lose their homes. It is because this change led some birds to adapt to cities and thrive. For instance, birds such as pigeons or even falcons can be found in the cities. This shows that urbanization does not cause a uniform decline of the bird population but rather provides environmental challenges that birds naturally adapt to.

The idea that the growing demands of agriculture will devastate wilderness areas is not convincing. To be specific, the introduction of genetically modified plants can produce greater quantities of food with less space. Thanks to this innovation, additional land is not required for agriculture, leaving rural areas undisturbed.

The third issue about the use of chemical pesticides can be solvable. It is true that chemical pesticides are harmful to both birds and the environment overall. Recently, however, fewer toxic pesticides have been being used. Moreover, genetically modified crops that resist pests without pesticides have been developed. Therefore, the use of fewer toxic pesticides and more genetically modified plants will prevent bird populations from declining due to chemical pesticides.

강연자는 독해 지문에서 도시화와 인간 활동이 조류 개체 수의 감소를 초래하고 있다고 제시된 주장들을 이야기하고 있지만, 각각의 관점에서 다른 결론에 이르고 있습니다.

우선, 자연 서식지를 아파트 단지 같은 공간으로 탈바꿈시킨 도시화의 확산이 조류 개체들이 서식지를 잃고 있다는 것을 의미하지는 않습니다. 이는 이러한 변화가 일부 조류를 도시화에 적응하고 번성하도록 이끌었기 때문입니다. 예를 들어, 비둘기나 심지어 매 같은 조류가 여러 도시에서 발견될 수 있습니다. 이는 도시화가 조류 개체 수의 획일적인 감소를 초래하는 것이 아니라 오히려 조류가 자연스럽게 적응하게 되는 환경적 어려움을 제공하는 것임을 보여줍니다.

농업에 대한 수요 증가가 야생 지역을 완전히 파괴할 것이라는 생각은 설득력이 있지 않습니다. 구체적으로, 유전적으로 조작된 식물의 도입은 더 적은 공간으로 더 많은 양의 식량을 생산할 수 있습니다. 이러한 혁신으로 인해, 추가 토지가 농업에 필요하지 않으며, 이는 시골 지역을 영향받지 않은 상태로 만듭니다.

화학 살충제 활용에 관한 세 번째 문제는 해결 가능한 것이 될 수 있습니다. 화학 살충제가 전반적으로 조류와 환경 모두에 해롭다는 것은 사실입니다. 하지만, 최근에, 유독성 살충제가 더 작게 사용되어 왔습니다. 더욱이, 살충제 없이도 해충을 잘 견디는 유전적으로 조작된 작물이 개발되어 왔습니다. 유독성 살충제의 더 적은 사용과 유전적으로 조작된 더 많은 식물이 화학 살충제로 인해 조류 개체 수가 감소하는 것을 막아줄 것입니다.

■ 문제 연습

3분 동안 다음 리딩 지문을 읽은 후, 관련 리스닝 음원을 듣고 이에 대한 요약문을 작성해 봅니다. (20분 동안 150 단어 이상 작성)

TOEFL Writing Question 1 of 2 VOLUME HELP NEXT

Native to the Mediterranean region, medusahead is an invasive species of grass that has overwhelmed North American grasslands. The plant quickly takes over fields that it has invaded and prevents the growth of native species. This can cause critical damage to regional ecosystems and scenic wildlands. Several methods to handle medusahead have been explored by ecologists.

One solution is to burn the medusahead off the land with controlled fires. By doing so, vast amounts of medusahead can be eliminated quickly. Medusahead holds onto its seeds longer than other annual native plants, and the seeds are more likely to perish while still attached to the plant. Strategically timed fires could burn away the medusahead and its seeds while leaving the fallen seeds of native plants unharmed. Native plants could then reclaim the burnt areas and have space to grow.

Another option is to allow cattle, like cows and sheep, to feed on medusahead. These livestock breeds are known as grazers because they graze, or eat, small portions of grass constantly throughout the day. If permitted into fields where medusahead is widespread, the cattle would graze on it and significantly reduce its presence. Native plants could then re-establish themselves on the land. This plan is particularly effective since medusahead is most common in the midwestern United States, where a lot of cattle and livestock are raised.

The third possibility is to employ a fungal parasite that specifically targets medusahead. In the Mediterranean region, where medusahead originated, there is a species of fungus that inhibits the normal root development of medusahead. The parasite would prevent medusahead from growing while ignoring native plants. Introducing the fungus to North American grasslands would make it possible for native species to better compete against medusahead.

Narrator: Now listen to part of a lecture on the topic you just read about. MP3 Writing_06

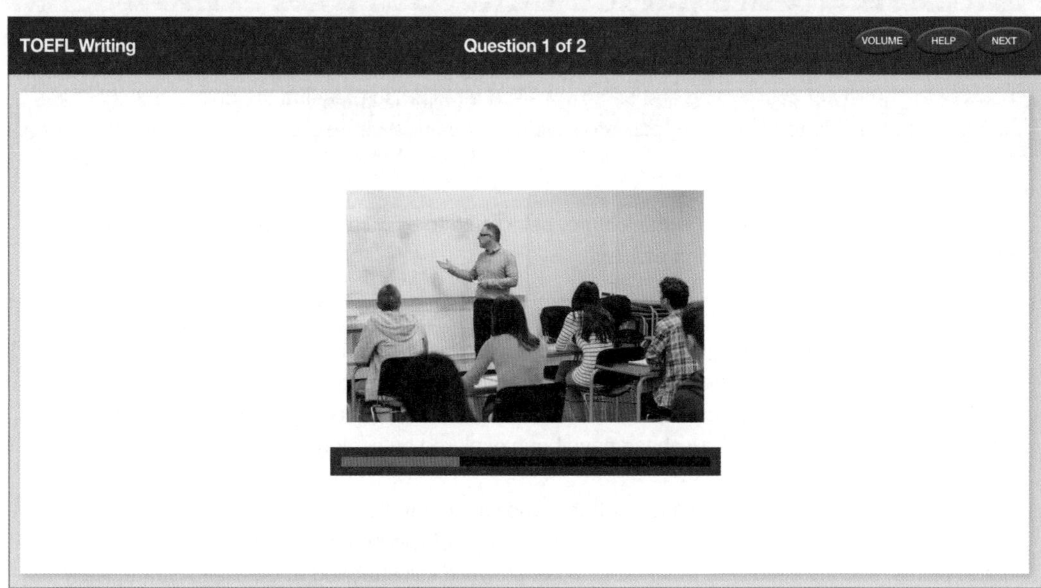

Directions: You have 20 minutes to plan and write your response. Your response will be judged on the basis of the quality of your writing and on how well your response presents the points in the lecture and their relationship to the reading passage. Typically, an effective response will be 150 to 255 words.

Question: Summarize the points in the lecture, being sure to explain how they contradict the specific points made in the reading passage.

Native to the Mediterranean region, medusahead is an invasive species of grass that has overwhelmed North American grasslands. The plant quickly takes over fields that it has invaded and prevents the growth of native species. This can cause critical damage to regional ecosystems and scenic wildlands. Several methods to handle medusahead have been explored by ecologists.

One solution is to burn the medusahead off the land with controlled fires. By doing so, vast amounts of medusahead can be eliminated quickly. Medusahead holds onto its seeds longer than other annual native plants, and the seeds are more likely to perish while still attached to the plant. Strategically timed fires could burn away the medusahead and its seeds while leaving the fallen seeds of native plants unharmed. Native plants could then reclaim the burnt areas and have space to grow.

Another option is to allow cattle, like cows and sheep, to feed on medusahead. These livestock breeds are known as grazers because they graze, or eat, small portions of grass constantly throughout the day. If permitted into fields where medusahead is widespread, the cattle would graze on it and significantly reduce its presence. Native plants could then re-establish themselves on the land. This plan is particularly effective since medusahead is most common in the midwestern United States, where a lot of cattle and livestock are raised.

The third possibility is to employ a fungal parasite that specifically targets medusahead. In the Mediterranean region, where medusahead originated, there is a species of fungus that inhibits the normal root development of medusahead. The parasite would prevent medusahead from growing while ignoring native plants. Introducing the fungus to North American grasslands would make it possible for native species to better compete against medusahead.

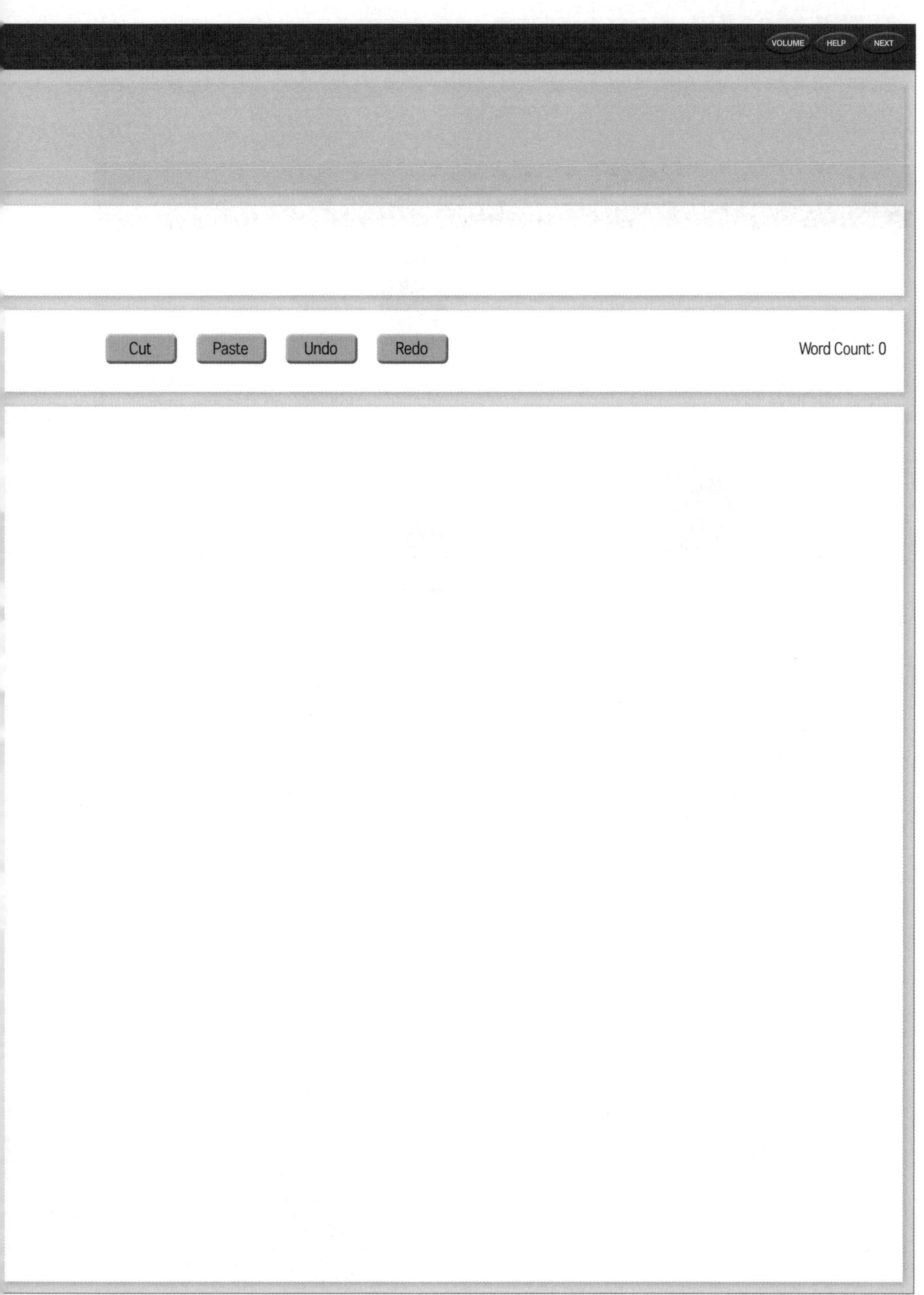

WRITING

❷ Question 2: Writing for an Academic Discussion (토론형)

토론형 라이팅은 토론에 기여하는 자신의 의견을 10분 동안 100단어 이상의 길이로 작성해야 합니다. 다음 문제는 전형적인 토론형 라이팅 질문으로, 이에 대한 답변을 어떻게 작성하는지 알아봅니다.

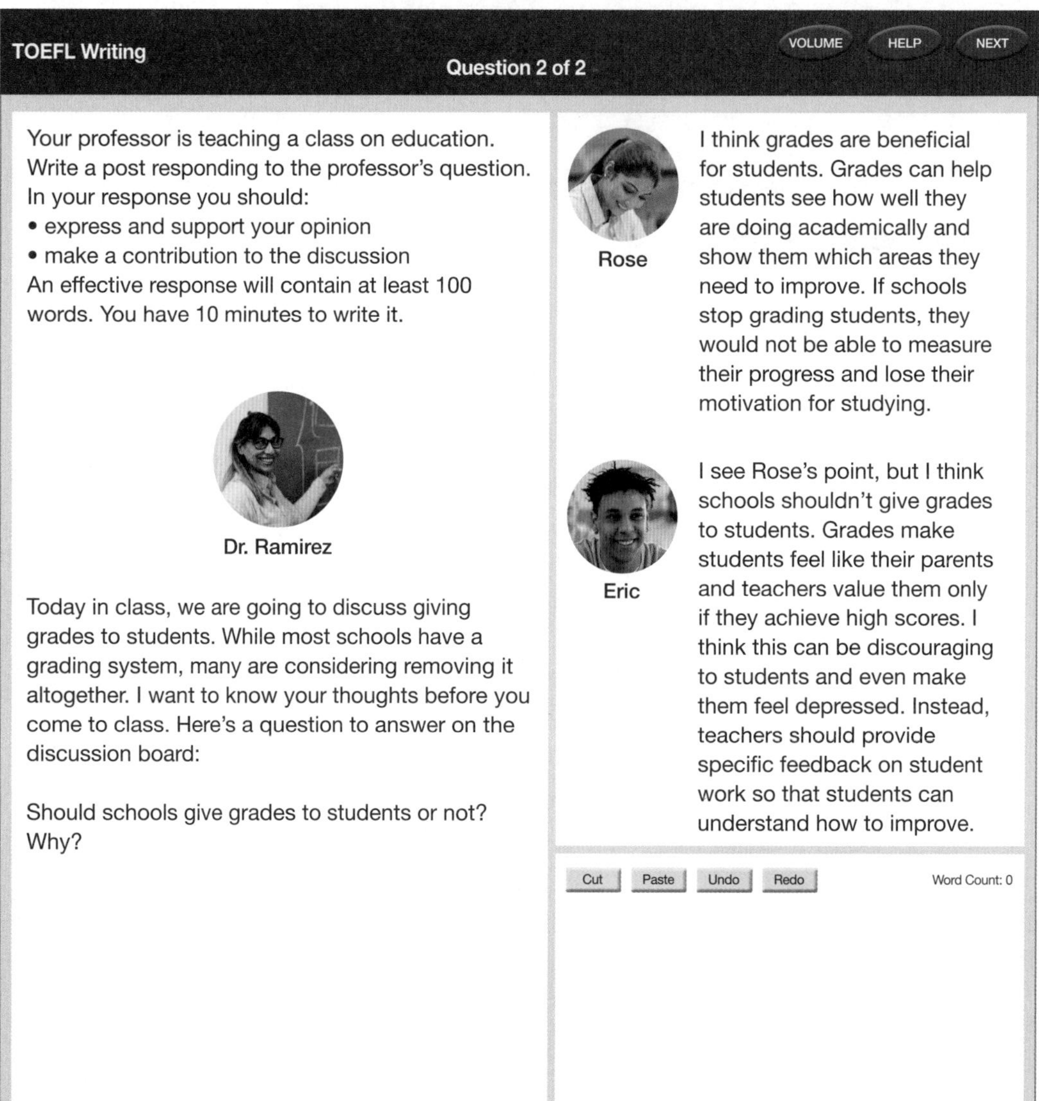

TOEFL Writing
Question 2 of 2
VOLUME
HELP
NEXT
Your professor is teaching a class on education. Write a post responding to the professor's question.
In your response you should:
• express and support your opinion
• make a contribution to the discussion
An effective response will contain at least 100 words. You have 10 minutes to write it.
Dr. Ramirez
Today in class, we are going to discuss giving grades to students. While most schools have a grading system, many are considering removing it altogether. I want to know your thoughts before you come to class. Here's a question to answer on the discussion board:
Should schools give grades to students or not? Why?
Rose
I think grades are beneficial for students. Grades can help students see how well they are doing academically and show them which areas they need to improve. If schools stop grading students, they would not be able to measure their progress and lose their motivation for studying.
Eric
I see Rose's point, but I think schools shouldn't give grades to students. Grades make students feel like their parents and teachers value them only if they achieve high scores. I think this can be discouraging to students and even make them feel depressed. Instead, teachers should provide specific feedback on student work so that students can understand how to improve.
Cut
Paste
Undo
Redo
Word Count: 0

교수가 교육학 수업을 가르치고 있다. 교수의 질문에 응답하는 게시글을 작성하시오.
답변에는 반드시:
· 본인의 의견을 표현하고 뒷받침하시오
· 토론에 기여하시오
좋은 답안은 100단어 이상으로 작성된다. 여러분은 10분 동안 답안을 작성한다.

라미레즈 교수:
오늘 수업에서는, 학생들에게 성적을 부여하는 방법에 대해 논의할 것입니다. 대부분의 학교에는 성적 시스템이 있지만, 많은 학교들은 이를 완전히 없애는 것을 고려하고 있습니다. 수업에 오기 전에 여러분의 생각을 알고 싶습니다. 다음은 토론 게시판에서 답변할 질문입니다:

학교에서 학생들에게 성적을 매겨야 합니까, 아니면 그렇게 하지 말아야 합니까? 왜 그런가요?

로즈:
나는 성적은 학생에게 유익하다고 생각합니다. 성적은 학생들이 자신의 학업 성취도를 확인하는 것에 도움을 줄 수 있고 개선이 필요한 영역을 보여줍니다. 학교에서 학생의 성적을 매기지 않으면 학생의 진도를 측정할 수 없고 학습 동기를 잃게 됩니다.

에릭:
나는 로즈의 요점을 이해합니다, 하지만 나는 학교에서 학생들에게 성적을 부여해서는 안 된다고 생각합니다. 성적은 학생들이 높은 점수를 받아야만 부모와 교사가 자신을 소중하게 여긴다고 느끼게 합니다. 이는 학생들에게 낙담감을 주고 심지어 우울감을 느끼게 할 수도 있다고 생각합니다. 대신, 교사는 학생이 개선 방법을 이해할 수 있도록 학생의 과제에 대한 구체적인 피드백을 제공해야 합니다.

WRITING

■ 문제 이해

문제에서 빠르게 질문과 두 학생의 의견을 읽고 타 학생과의 토론 접점을 잡고 토론에 기여하는 자신의 주장을 선정합니다.

[질문 핵심 파악]

Should schools give grades to students or not? Why?

→ 성적을 매겨야 하는지

[타 학생 의견 파악]

로즈 – 긍정(학업 성취도 확인)
에릭 – 부정(낙담, 우울증)

[자신의 주장 선정]

성적을 매기는 것에 대해 긍정이면 로즈의 의견, 그렇지 않으면 에릭의 의견과 접점을 찾고 답안 작성

■ 답안 작성

템플릿에 따라 답안을 작성합니다.

[성적 채점 긍정의 경우]

첫 번째 문장	[내가 동의하는 입장의 학생 의견 언급] I **agree with Rose's point that** students can use their grades to gauge their academic progress and identify areas for improvement.
두 번째 문장	[학생의 의견에 추가할 나만의 예시] **Moreover,** students would easily lose interest in studying if there is no grading in schools.
세 번째 문장	[나의 의견으로 전환] **However, I do not think this is the most important reason.**
네 번째 문장	[나의 의견] **In my opinion,** grades enable teachers to communicate with parents more effectively.
다섯 번째 문장	[나의 의견을 뒷받침하는 근거] **To explain,** teachers can praise students' success or share important information about their performance with grades.
여섯 번째 문장	[구체적 예시] Recent studies show that parents who receive feedback according to their children's grades were likely to be highly involved in and support their children's education.
마지막 문장	[결론] **Therefore,** schools should give grades to students for effective support.

[긍정의 경우 모범답안]

I agree with Rose's point that students can use their grades to gauge their academic progress and identify areas for improvement. Moreover, students would easily lose interest in studying if there is no grading in schools. However, I do not think this is the most important reason. In my opinion, grades enable teachers to communicate with parents more effectively. To explain, teachers can praise students' success or share important information about their performance with grades. Recent studies show that parents who receive feedback according to their children's grades were likely to be highly involved in and support their children's education. Therefore, schools should give grades to students for effective support.

나는 학생들이 성적을 통해 학업 성취도를 측정하고 개선이 필요한 부분을 파악할 수 있다는 로즈의 지적에 동의합니다. 추가적으로, 학교에 성적이 없으면 학생들은 공부에 흥미를 잃기 쉽습니다. 하지만, 나는 이것이 가장 중요한 이유라고 생각하지 않습니다. 내 생각에는, 성적은 교사가 학부모와 더 효과적으로 소통할 수 있게 합니다. 설명하자면, 최근 연구에 따르면 자녀의 성적에 따라 피드백을 받는 학부모는 자녀의 교육에 더 많이 참여하고 지원할 가능성이 높다고 합니다. 그러므로, 학교는 효과적인 지원을 위해 학생에게 성적을 부여해야 합니다.

[성적 채점 부정의 경우]

첫 번째 문장	[내가 동의하는 입장의 학생 의견 언급] **Eric made a good point that** students might measure their worth with their academic achievement.
두 번째 문장	[학생의 의견에 추가할 나만의 예시] **In addition,** this can make them feel anxious.
세 번째 문장	[나의 의견으로 전환] **However, I do not think this is the most important reason.**
네 번째 문장	[나의 의견] I am of the opinion that grades can lead students to focus more on test-taking tactics than learning the material itself.
다섯 번째 문장	[나의 의견을 뒷받침하는 근거] **This is because** it is possible to raise grades using these tactics.
여섯 번째 문장	[구체적 예시] **For example,** one of my classmates answered all of the multiple-choice questions on a reading homework correctly without reading the passage fully.
일곱 번째 문장	[구체적 예시] Although he got a good score, he did not comprehend the reading and was unable to participate in the class discussion afterwards.
마지막 문장	[결론] **Therefore,** schools should not give grades to students to encourage real learning.

[부정의 경우 모범답안]

Eric made a good point that students might measure their worth with their academic achievement. In addition, this can make them feel anxious. However, I do not think this is the most important reason. I am of the opinion that grades can lead students to focus more on test-taking tactics than learning the material itself. This is because it is possible to raise grades using these tactics. For example, one of my classmates answered all of the multiple-choice questions on a reading homework correctly without reading the passage fully. Although he got a good score, he did not comprehend the reading and was unable to participate in the class discussion afterwards. Therefore, schools should not give grades to students to encourage real learning.

에릭은 학생들이 자신의 가치를 학업 성취도에 따라 매길 수 있다는 점을 잘 지적했습니다. 추가적으로, 이는 불안감을 느끼게 할 수 있습니다. 하지만, 나는 이것이 가장 중요한 이유라고 생각하지 않습니다. 나는 학생들이 학습 자료 자체에서 익히는 것보다 성적 때문에 시험 전략에 더 집중하도록 유도할 수 있다고 생각합니다. 이는 이러한 전략들을 사용하여 성적을 올리는 것이 가능하기 때문입니다. 예를 들어, 나의 반 친구 중 한 명은 지문을 다 읽지 않고도 독해 숙제의 객관식 문제를 모두 맞혔습니다. 그는 좋은 점수를 받았지만, 읽은 내용을 이해하지 못했고 이후 수업 토론에 참여할 수 없었습니다. 그러므로, 학교는 진정한 학습을 장려하기 위해 학생에게 성적을 매겨서는 안 됩니다.

▪ 문제 연습

빠르게 질문과 두 학생의 의견을 읽고, 토론에 기여하는 자신의 답안을 작성해 봅니다. (10분 동안 100단어 이상 작성)

TOEFL Writing **Question 2 of 2**

Your professor is teaching a class on sociology. Write a post responding to the professor's question. In your response you should:

- express and support your opinion
- make a contribution to the discussion

An effective response will contain at least 100 words. You have 10 minutes to write it.

Dr. Wilson

With the average birth rate declining across different countries, it is important to look at the root cause of the problem. Some say that many women are not wanting to have children because raising them has become very difficult in today's society. Others argue the opposite. I would like to know your opinion on this topic. Before next class, please discuss the following:

Is it easier for parents to raise children today than in the past?

Daisy

I would say that it is easier for parents to raise children to be healthier nowadays. We understand nutrition much better than before and know what children need to stay healthy. As a result, there are plenty of food products developed specifically for children, such as baby food and enriched cereals.

Jay

I disagree. I think parenting is much harder these days because of the higher costs of raising a child. Parents need to pay for education, clothing, food, and other expenses for their children. Because living costs have risen dramatically in the last few decades, many households are struggling to provide for their children.

Word Count: 0

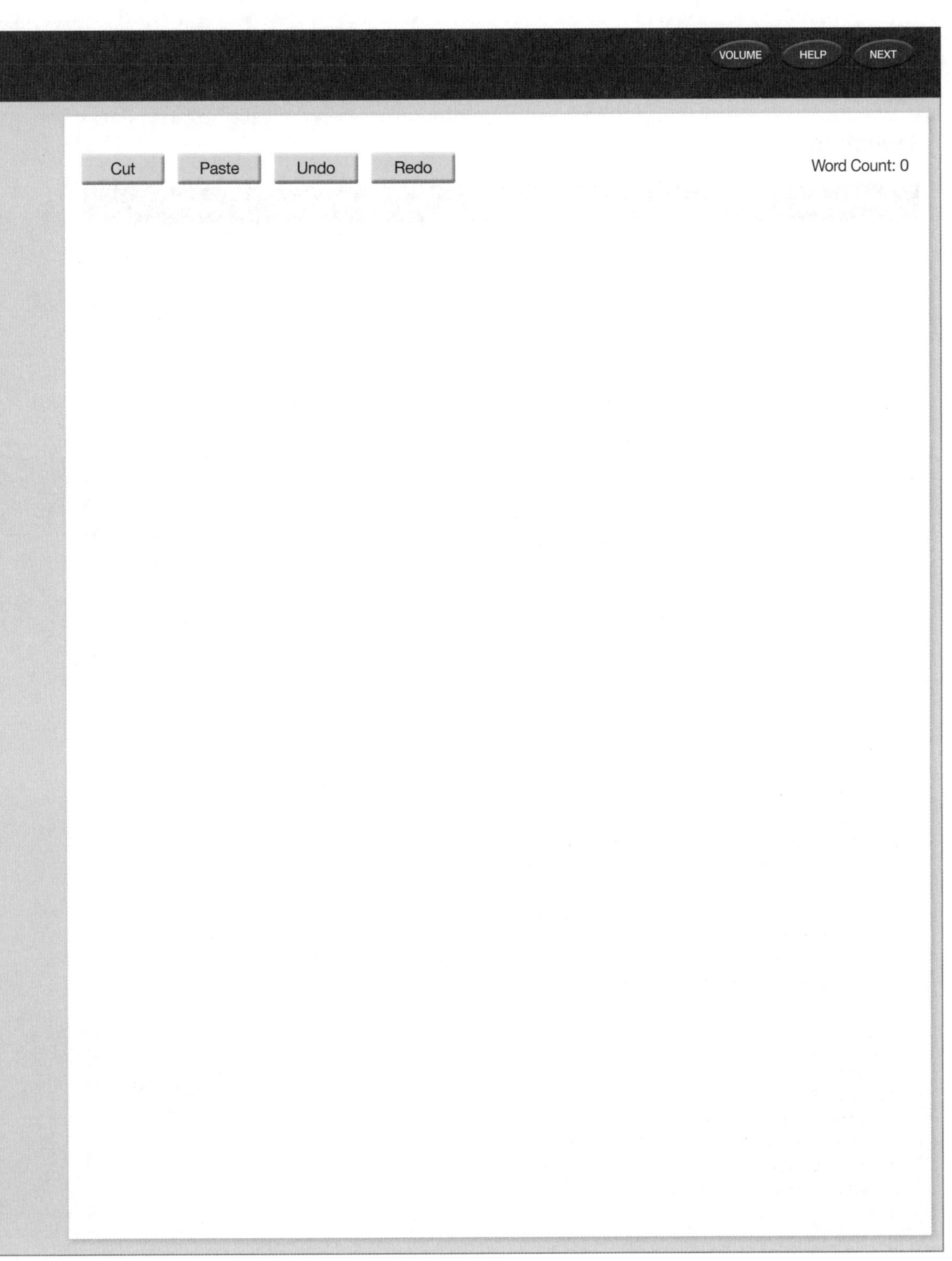

WRITING

04 Writing 실전 모의고사

❶ 실전 모의고사 1

Question 1

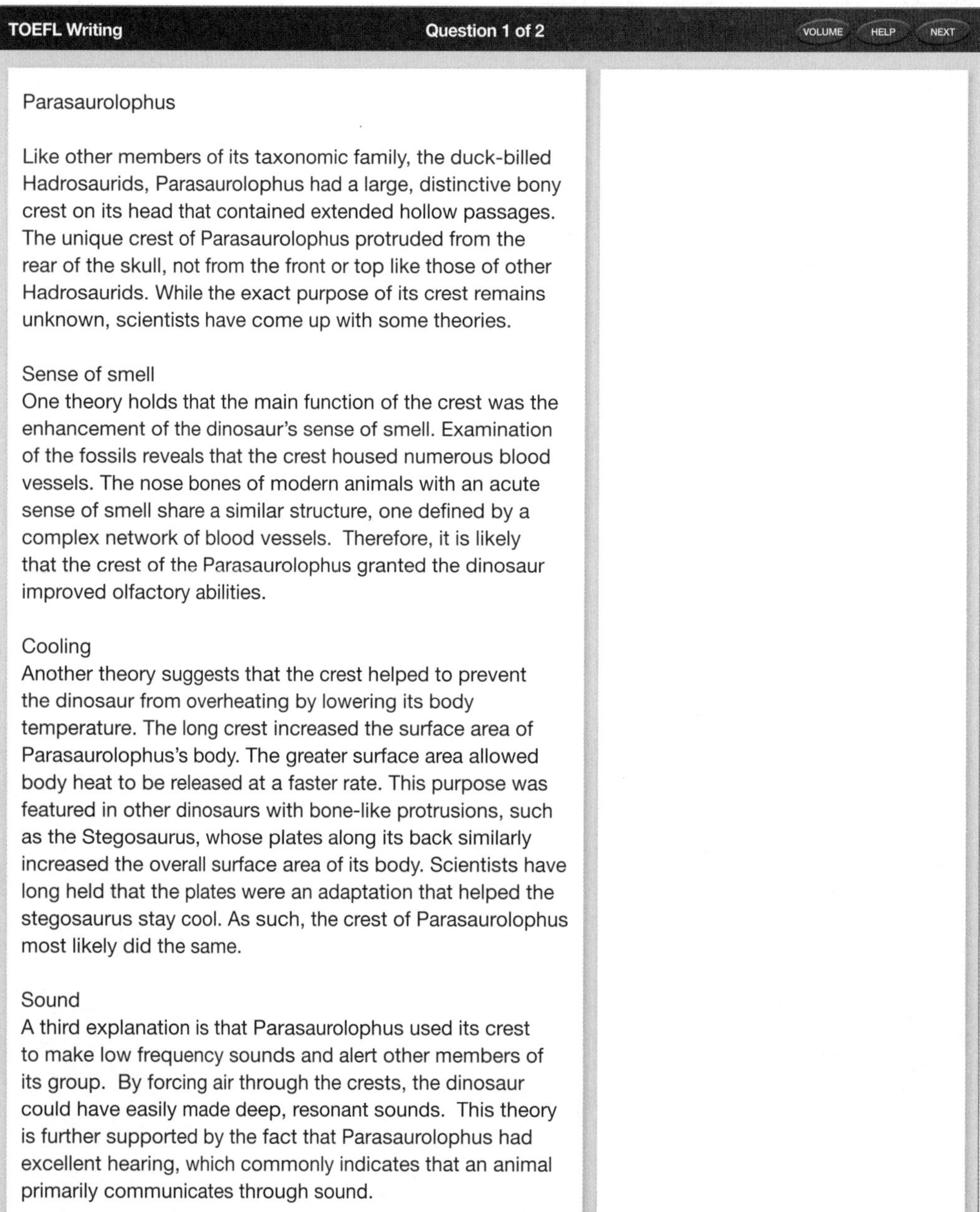

TOEFL Writing | Question 1 of 2 | VOLUME HELP NEXT

Parasaurolophus

Like other members of its taxonomic family, the duck-billed Hadrosaurids, Parasaurolophus had a large, distinctive bony crest on its head that contained extended hollow passages. The unique crest of Parasaurolophus protruded from the rear of the skull, not from the front or top like those of other Hadrosaurids. While the exact purpose of its crest remains unknown, scientists have come up with some theories.

Sense of smell
One theory holds that the main function of the crest was the enhancement of the dinosaur's sense of smell. Examination of the fossils reveals that the crest housed numerous blood vessels. The nose bones of modern animals with an acute sense of smell share a similar structure, one defined by a complex network of blood vessels. Therefore, it is likely that the crest of the Parasaurolophus granted the dinosaur improved olfactory abilities.

Cooling
Another theory suggests that the crest helped to prevent the dinosaur from overheating by lowering its body temperature. The long crest increased the surface area of Parasaurolophus's body. The greater surface area allowed body heat to be released at a faster rate. This purpose was featured in other dinosaurs with bone-like protrusions, such as the Stegosaurus, whose plates along its back similarly increased the overall surface area of its body. Scientists have long held that the plates were an adaptation that helped the stegosaurus stay cool. As such, the crest of Parasaurolophus most likely did the same.

Sound
A third explanation is that Parasaurolophus used its crest to make low frequency sounds and alert other members of its group. By forcing air through the crests, the dinosaur could have easily made deep, resonant sounds. This theory is further supported by the fact that Parasaurolophus had excellent hearing, which commonly indicates that an animal primarily communicates through sound.

Now listen to part of a lecture on the topic you just read about. 

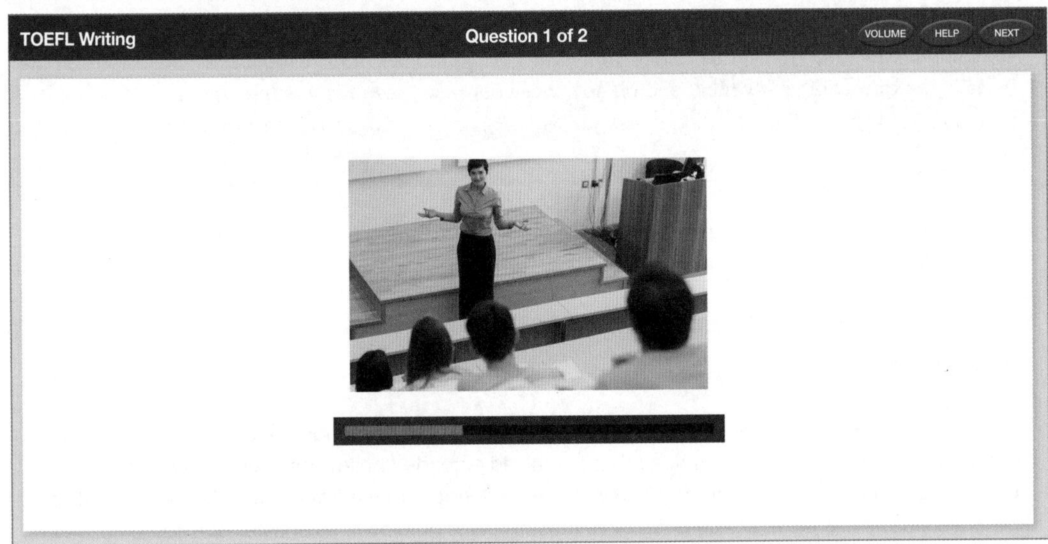

Directions: You have 20 minutes to plan and write your response. Your response will be judged on the basis of the quality of your writing and on how well your response presents the points in the lecture and their relationship to the reading passage. Typically, an effective response will be 150 to 255 words.

Question: Summarize the points made in the lecture, being sure to explain how they challenge the specific points made in the reading passage.

Parasaurolophus

Like other members of its taxonomic family, the duck-billed Hadrosaurids, Parasaurolophus had a large, distinctive bony crest on its head that contained extended hollow passages. The unique crest of Parasaurolophus protruded from the rear of the skull, not from the front or top like those of other Hadrosaurids. While the exact purpose of its crest remains unknown, scientists have come up with some theories.

Sense of smell
One theory holds that the main function of the crest was the enhancement of the dinosaur's sense of smell. Examination of the fossils reveals that the crest housed numerous blood vessels. The nose bones of modern animals with an acute sense of smell share a similar structure, one defined by a complex network of blood vessels. Therefore, it is likely that the crest of the Parasaurolophus granted the dinosaur improved olfactory abilities.

Cooling
Another theory suggests that the crest helped to prevent the dinosaur from overheating by lowering its body temperature. The long crest increased the surface area of Parasaurolophus's body. The greater surface area allowed body heat to be released at a faster rate. This purpose was featured in other dinosaurs with bone-like protrusions, such as the Stegosaurus, whose plates along its back similarly increased the overall surface area of its body. Scientists have long held that the plates were an adaptation that helped the stegosaurus stay cool. As such, the crest of Parasaurolophus most likely did the same.

Sound
A third explanation is that Parasaurolophus used its crest to make low frequency sounds and alert other members of its group. By forcing air through the crests, the dinosaur could have easily made deep, resonant sounds. This theory is further supported by the fact that Parasaurolophus had excellent hearing, which commonly indicates that an animal primarily communicates through sound.

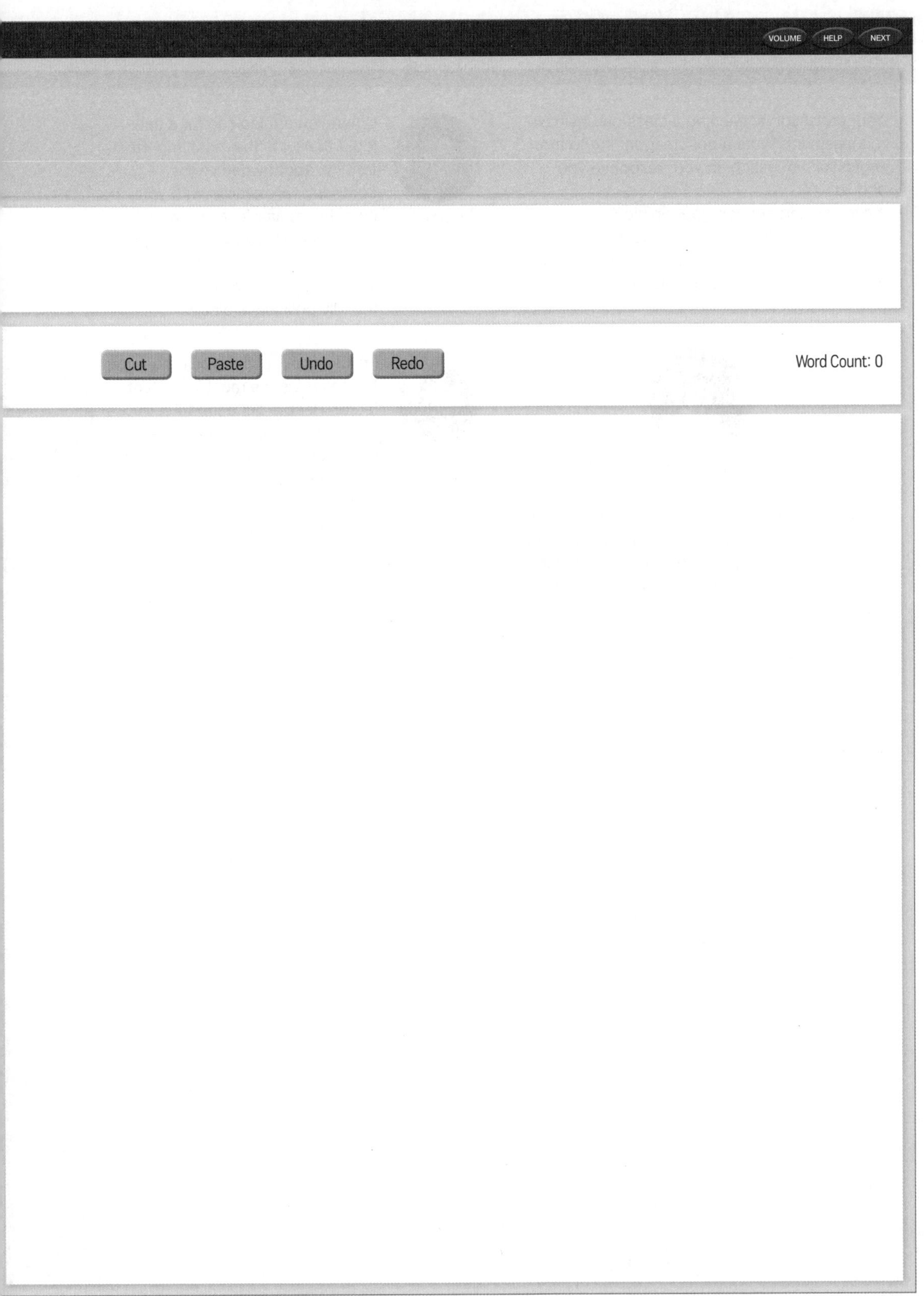

WRITING

TOEFL Writing

Question 2 of 2

Your professor is teaching a class on business management. Write a post responding to the professor's question. In your response you should:

• express and support your opinion
• make a contribution to the discussion

An effective response will contain at least 100 words. You have 10 minutes to write it.

Dr. Varner

While companies look to hire employees that fit their company values, the opposite is also true. When looking for a job, some people look for different factors when considering applying for a company position. To prepare for next class, I would like for you to think and write about the following topic:

What do you think is the most important factor when looking for a new job? Why do you think it is important?

Emmet

When you are looking for a new job, I think it is the most important to think about whether the company values align with your own. For example, if you value saving the environment, it might be very important for you to work at a company that has environment-friendly policies in place.

Rose

I think most people would consider the salary as the most important factor. People get a job to earn money to cover their basic needs and spend on things they want. The more they earn, the more money they can spare for things like a vacation or hobby.

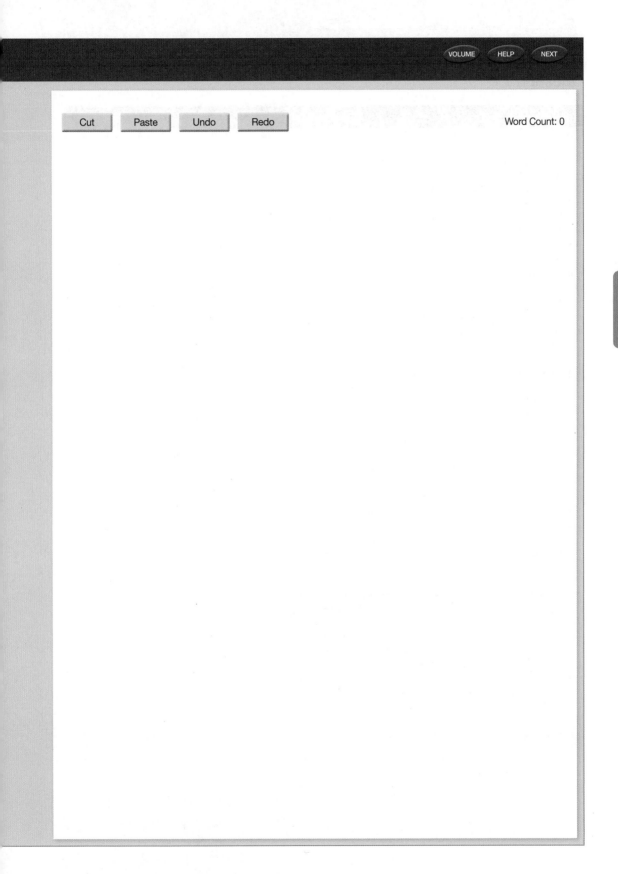

WRITING

Question 1

TOEFL Writing Question 1 of 2 VOLUME HELP NEXT

Considering the various problems connected to the overuse of personal vehicles, more and more countries these days are looking toward high-speed trains to improve their infrastructure. A well-implemented high-speed train system allows a great number of passengers to move around a country or between major cities quickly and efficiently. High-speed trains can completely revolutionize a country's transportation system because of the numerous advantages they provide.

First, high-speed trains are cost-efficient for governments. Once constructed, a high-speed rail can run for decades without the need for major alterations, and maintenance costs are relatively low when compared to the costs of maintaining a vast network of highways, bridges, and roads. On top of that, governments can maintain the high-speed trains through the profits raised from their operation. Through these funds, a high-speed train system quickly pays for itself and provides for its own repairs and upgrades.

Second, high-speed trains are a clear solution to the increasingly severe problem of traffic congestion in large cities. High-speed trains remove a high number of vehicles from the streets and provide an easy and convenient transportation option between frequently traveled destinations. This is especially true during rush hours in the mornings and evenings, when commuters are traveling to work. During these timeframes, traffic can slow to a complete stop. However, high-speed trains, unaffected by traffic, can adhere to a consistent schedule.

Third, high-speed trains are environmentally friendly. By enticing people out of their cars, they remove fuel-consuming vehicles from the road, which lowers overall greenhouse gas emissions. This reduction in vehicle use also leads to decreased air pollution, improving both the environment and quality of life in urban areas. Therefore, by introducing a high-speed train system, a country can drastically cut its carbon emissions and improve its atmosphere.

Now listen to part of a lecture on the topic you just read about.  Writing_08

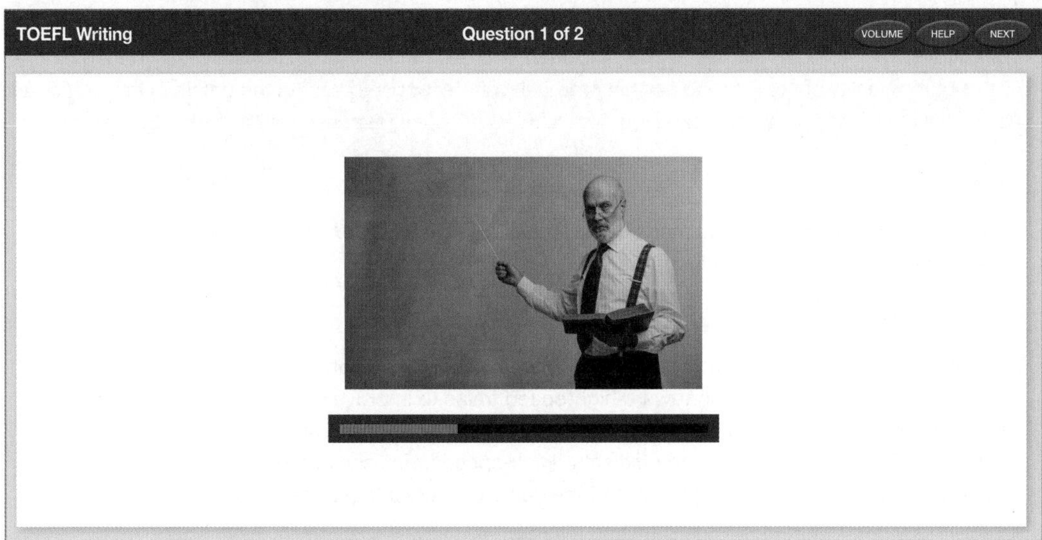

WRITING

Directions: You have 20 minutes to plan and write your response. Your response will be judged on the basis of the quality of your writing and on how well your response presents the points in the lecture and their relationship to the reading passage. Typically, an effective response will be 150 to 250 words.

Question: Summarize the points made in the lecture, being sure to explain how they challenge the specific points made in the reading passage.

Considering the various problems connected to the overuse of personal vehicles, more and more countries these days are looking toward high-speed trains to improve their infrastructure. A well-implemented high-speed train system allows a great number of passengers to move around a country or between major cities quickly and efficiently. High-speed trains can completely revolutionize a country's transportation system because of the numerous advantages they provide.

First, high-speed trains are cost-efficient for governments. Once constructed, a high-speed rail can run for decades without the need for major alterations, and maintenance costs are relatively low when compared to the costs of maintaining a vast network of highways, bridges, and roads. On top of that, governments can maintain the high-speed trains through the profits raised from their operation. Through these funds, a high-speed train system quickly pays for itself and provides for its own repairs and upgrades.

Second, high-speed trains are a clear solution to the increasingly severe problem of traffic congestion in large cities. High-speed trains remove a high number of vehicles from the streets and provide an easy and convenient transportation option between frequently traveled destinations. This is especially true during rush hours in the mornings and evenings, when commuters are traveling to work. During these timeframes, traffic can slow to a complete stop. However, high-speed trains, unaffected by traffic, can adhere to a consistent schedule.

Third, high-speed trains are environmentally friendly. By enticing people out of their cars, they remove fuel-consuming vehicles from the road, which lowers overall greenhouse gas emissions. This reduction in vehicle use also leads to decreased air pollution, improving both the environment and quality of life in urban areas. Therefore, by introducing a high-speed train system, a country can drastically cut its carbon emissions and improve its atmosphere.

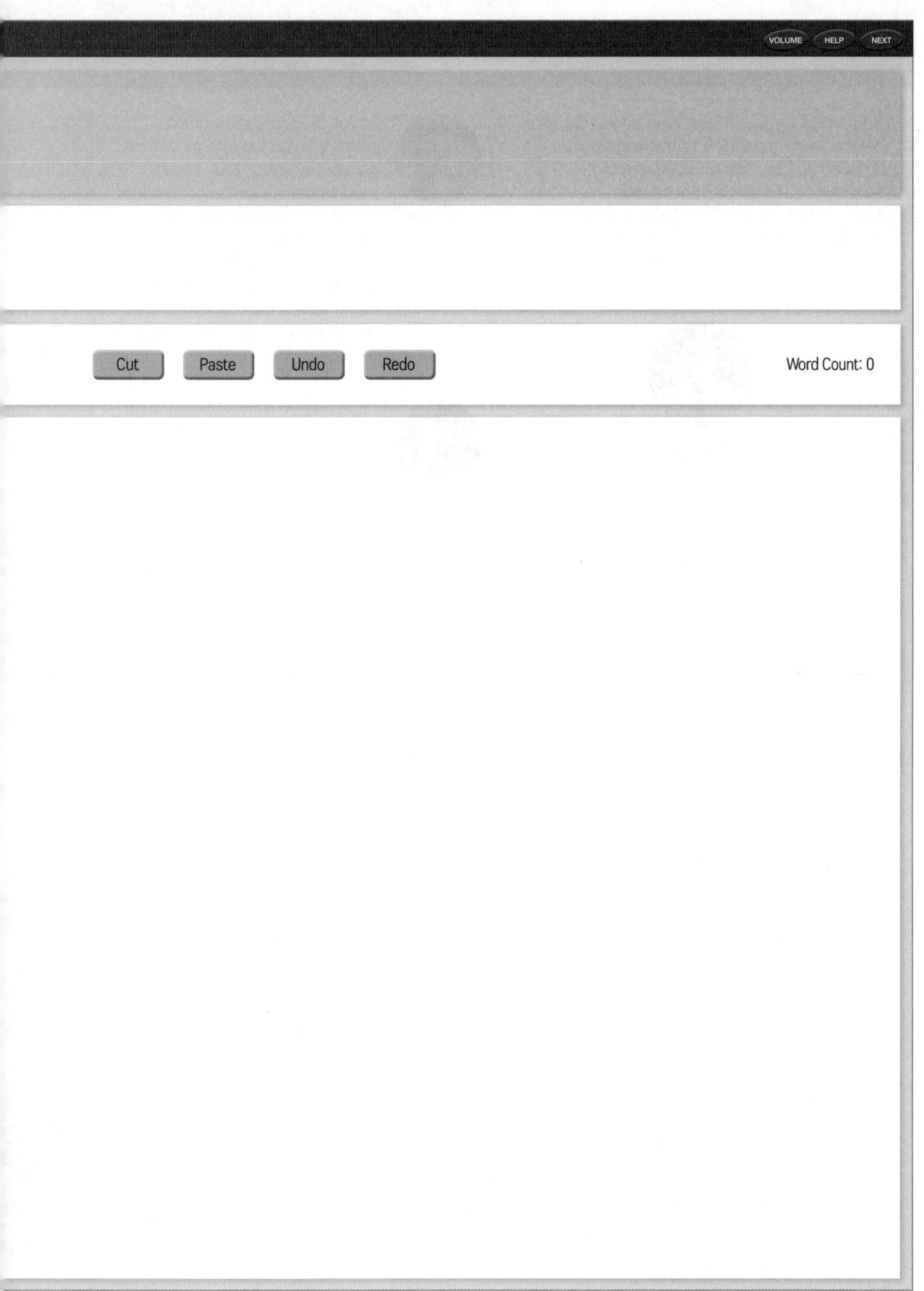

WRITING

TOEFL Writing

Question 2 of 2

Your professor is teaching a class on education. Write a post responding to the professor's question. In your response you should:

- express and support your opinion
- make a contribution to the discussion

An effective response will contain at least 100 words. You have 10 minutes to write it.

Dr. Serkis

Over the next several weeks, we are going to look at current trends in education. To be specific, we will discuss the effects of the Internet on student education. I want to know your thoughts before you come to class. Here's a question to answer on the discussion board:

Is the Internet more useful or is it more harmful for students?

Connor

I think students spend too much time on the Internet. They constantly check their social media accounts and spend hours scrolling through videos. Some students also play a lot of online video games. Because these things are so addictive, students might spend too much time on the Internet instead of focusing on studying.

Audrey

I don't agree with Connor. I think that the Internet can be used as a large library. School libraries can be limiting, but there are vast amounts of information online for free. Students can do their research online since there are plenty of reliable resources available. Some examples are online encyclopedias and research papers.

WRITING

히트브랜드 토익·토스·오픽·인강 1위

시원스쿨LAB 교재 라인업

*2020-2022 3년 연속 히트브랜드대상 1위 토익·토스·오픽·인강

시원스쿨 토익 교재 시리즈

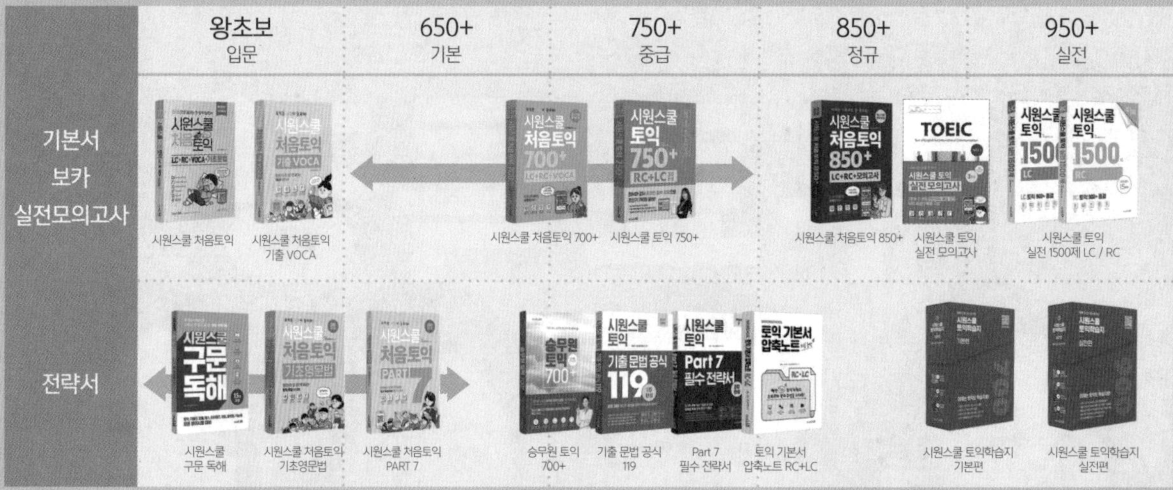

시원스쿨 토익스피킹, 듀오링고, 오픽, SPA 교재 시리즈

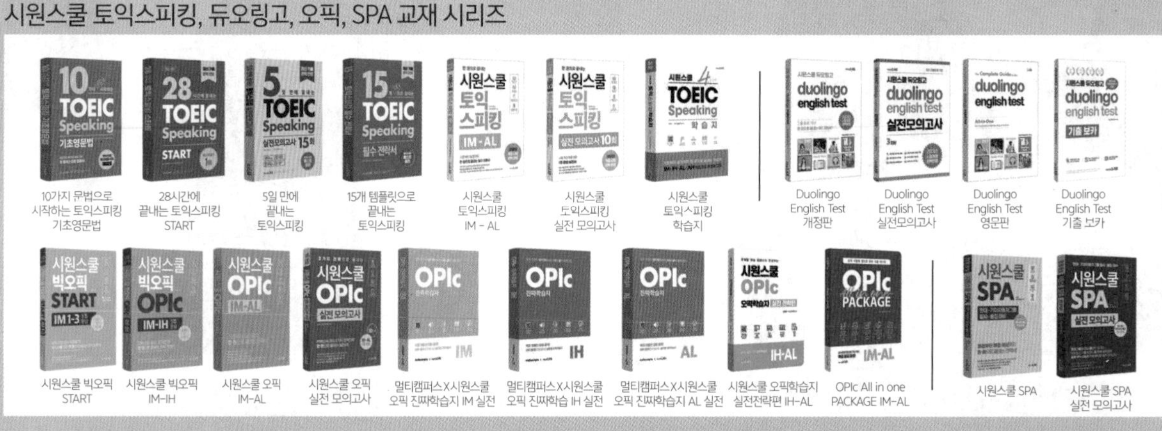

시원스쿨 아이엘츠 교재 시리즈

시원스쿨 토플 교재 시리즈

시원스쿨 지텔프 교재 시리즈

시원스쿨 텝스 교재 시리즈

SIWONSCHOOL TOEFL

Intermediate

토플 최종 점검 필수 어휘

01 | 토플 최종 점검 Collocation 50

1. raise awareness about: ~에 대한 인식을 높이다

단어 분석 raise 높이다 / awareness 인식

Raising awareness about the harmful consequences of using plastic materials is important.

플라스틱 자재를 무분별하게 사용하는 것의 폐해에 대한 인식을 높이는 것은 중요하다.

2. have the willpower to do: ~할 의지를 갖다

단어 분석 willpower 의지

Students tend to have the willpower to continue their studies when they receive a distinction.

학생들은 우수한 성적을 받으면 학업을 지속할 의지를 갖는 경향이 있다.

3. develop a good rapport with someone: ~와 좋은 관계를 형성하다

단어 분석 develop 발달시키다, 형성하다 / rapport 관계

It is fairly significant for teachers to develop a good rapport with their students.

선생님들이 학생들과 좋은 관계를 형성하는 것은 상당히 중요하다.

4. have a knack for something: ~하는 능력을 갖다, ~하는 소질이 있다

단어 분석 knack 재주, 능력

People who do not have a knack for the arts should not be forced to take art classes at school.

예술에 소질이 없는 사람들은 학교에서 미술 수업을 들으라고 강요받지 말아야 한다.

5. take A into consideration: A를 고려하다

단어 분석 consideration 숙고, 고려사항

When preparing gifts for close acquaintances, people take their personal taste into consideration.

친한 지인들에게 줄 선물을 준비할 때, 사람들은 그들의 개인 취향을 고려한다.

6. struggle to do: ~하기 위해 애쓰다, 고군분투하다

단어 분석 struggle 애쓰다

Many young adults struggle to meet new people at work when they first step into the real world.

많은 청년들이 처음 사회 생활을 시작할 때, 직장에서 새로운 사람들을 사귀기 위해 애쓴다.

7. shoulder the responsibility for: ~에 대한 책임을 지다

단어 분석 shoulder (책임을) 짊어지다, 떠맡다 / responsibility 책임감

In a family, younger generations usually shoulder the responsibility for helping the elderly to learn new technology.

한 가족 안에서는 주로 젊은 세대들이 연세가 있는 가족 구성원들이 신기술을 익히도록 도움을 주는 것에 대한 책임을 진다.

8. is/are reluctant to: ~하기를 꺼리다, 주저하다

단어 분석 reluctant 꺼리는, 주저하는

When changing jobs, experienced workers are reluctant to accept a low-paying position.

이직할 때, 경력자들은 낮은 연봉을 받는 직위를 선택하는 것을 꺼린다.

9. have a penchant for something: ~의 취향을 가지다, ~을 선호하는 경향이 있다

단어 분석 penchant 선호, 애호, 취향

Generally, people have a penchant for listening to music with a fast and aggressive pace while working out because it energizes them.

일반적으로 사람들은 운동할 때 빠르고 공격적인 속도의 음악을 듣는 것을 선호하는 경향이 있는데, 그러한 음악이 사람들에게 활기를 주기 때문이다.

10. fall victim to something: ~의 희생자가 되다

단어 분석 victim 희생자, 피해자

Many innocent animals fall victim to cruel animal testing in laboratories every year.

많은 무고한 동물들이 매년 실험실에서 잔인한 동물 실험의 희생자가 된다.

11. face prejudice: 선입견에 직면하다

단어 분석 face 직면하다, 마주하다 / prejudice 선입견, 편견

It is rare that travelers from other nations face prejudice from locals while exploring the city.

다른 나라에서 온 여행자들이 도시를 여행할 때 그 지역 주민들로부터의 선입견에 직면하는 일은 흔치 않다.

12. have a desperate desire to do: ~하고자 하는 절박한 의지가 있다

단어 분석 desperate 절박한 / desire 의지, 욕구, 갈망

During a financial crisis, the government has a desperate desire to alleviate economic difficulties.

금융 위기에서, 정부는 경제적 어려움을 완화하고자 하는 절박한 의지가 있다.

13. alleviate discomfort: 불안감을 완화시키다

단어 분석 alleviate 완화시키다, 경감시키다 / discomfort 불안감

Stretching daily can be a useful way to alleviate discomfort.

스트레칭을 매일 하는 것은 불안감을 완화시키는 유용한 방법이 될 수 있다.

14. boost the economy: 경제를 활성화하다

단어 분석 boost 북돋다, 활성화시키다 / economy 경제

The government provides subsidies to farmers to boost the economy in rural areas.

시골 지역의 경제를 활성화하기 위해 정부는 농부들에게 보조금을 제공한다.

15. afford to do: ~할 여유가 있다

단어 분석 afford 여유가 되다, 형편이 되다

When people cannot afford to pay rent and utilities, short-term loans could be a possible solution.

사람들이 집세나 공과금을 낼 여유가 없을 땐, 단기 대출이 가능한 해결책이 될 수 있다.

16. deter A from ~ing: A가 ~하는 것을 막다, 못하게 하다

단어 분석 deter 그만두게 하다, 단념시키다

Laws and regulations deter large corporations from manipulating the market for their own benefit.

법과 규제는 대기업들이 자신들의 이익을 위해 시장을 조종하는 것을 막는다.

17. shrink from A to B: A에서 B로 감소하다

단어 분석 shrink 줄어들다, 감소하다

Due to his failed investment, his share of the company shrunk from 12% to 3%.

실패한 투자로 인해 그의 회사 지분이 12%에서 3%로 감소했다.

18. have the nerve to do: ~할 용기를 가지다

단어 분석 nerve 용기, 대담성

Entrepreneurs should have the nerve to take high risks with their investments.

기업가들은 투자에 대해 고위험을 감수할 용기를 가져야 한다.

19. live on a diet of something: ~을 주식으로 하다, ~을 먹으며 살다

단어 분석 diet 식사, 음식, 식습관, 식단

Rabbits live on a diet of grasses and other plants.

토끼는 풀과 그 외에 다른 식물들을 주식으로 한다.

20. A is/are designed to facilitate something: A는 ~을 용이하게 하도록 고안됐다

단어 분석 design (특정한 목적을 위해) 고안하다 / facilitate 용이하게 하다, 가능하게 하다

In many universities, free tutoring for first-year students is designed to facilitate learning.

많은 대학교에서 1학년 학생들에게 해주는 무료 상담이 학습을 용이하게 하기 위해 고안됐다.

21. have the opportunity to participate in something: ~에 참여할 기회를 갖다

단어 분석 opportunity 기회 / participate 참여하다

Art students have the opportunity to participate in the upcoming fashion show.

미술 전공 학생들은 다가오는 패션쇼에 참여할 기회를 갖는다.

22. ease the problem: 문제를 완화시키다

단어 분석 ease 편하게 하다, 완화시키다

When patients seek medical advice to ease the problem, they are likely to visit a nearby clinic.

환자들이 문제를 완화시키기 위해 의사의 진찰을 받을 때, 근처 병원을 방문할 가능성이 높다.

23. is/are universally acknowledged: 일반적으로 인정되다, 일반적으로 인정된 사실이다

단어 분석 universally 일반적으로, 누구에게나 / acknowledge 인정하다

It is universally acknowledged that Earth is spherical in shape.

지구가 구 모양이라는 것은 일반적으로 인정된 사실이다.

24. have considerable expertise in something: ~의 상당한 전문 기술(지식)을 가지다

단어 분석 considerable 상당한, 많은 / expertise 전문 기술, 전문 지식

The professor is known for having considerable expertise in medieval literature.

그 교수는 중세 문학에 상당한 전문 지식을 가지고 있는 것으로 유명하다.

25. A is/are involved in something: A는 ~에 관련되다, 연루되다

단어 분석 involve (상황, 사건, 활동이 사람을) 관련시키다, 연루시키다

The report shows that the number of children who are involved in after-school programs has dropped by 25% since last year.

방과 후 프로그램에 관련된 아이들의 수가 작년부터 25% 감소했다는 것을 보고서가 보여준다.

26. in the field of something: ~의 분야에서

단어 분석 field 분야

The experiment they are working on will be a breakthrough in the field of biotechnology.

그들이 하고 있는 실험은 생명공학 분야에서 큰 돌파구가 될 것이다.

27. address the issue: 사안을 다루다

단어 분석 address (문제, 상황 등에 대해) 다루다 / issue 문제, 쟁점, 사안

Even eminent psychologists have opposing views when addressing the key issue.

저명한 심리학자들조차 그 중대 사안을 다룰 때 서로 대립하는 견해를 가진다.

28. There is a wide diversity of something: ~의 폭넓은 다양성이 있다.

단어 분석 diversity 다양성 / wide 폭넓은, 다양한

There is a wide diversity of animal and plant species in South Africa.

남아프리카에는 동식물종의 폭넓은 다양성이 있다.

29. trace the evolution of something: ~의 진화를 추적하다

단어 분석 trace 추적하다 / evolution 진화

Ornithologists have studied fossils to trace the evolution of birds.

조류학자들은 새의 진화를 추적하기 위해 화석들을 연구해왔다.

30. is/are deficient in something: ~가 부족하다

단어 분석 deficient 부족한, 결핍된

Most organisms cannot survive in an environment which is deficient in oxygen.

대부분의 생물들은 산소가 부족한 환경에서는 생존할 수 없다.

31. is/are relevant to something: ~에 관련이 있다

단어 분석 relevant (논의 중인 주제, 상황과 밀접하게) 관련 있는, 적절한

The tutoring session with the professor was not directly relevant to the assignment.

교수와의 개인 면담 시간은 직접적으로 그 과제와 관련이 있지 않았다.

32. blend in with the surroundings: (동물 등이) 주변의 사물에 위장하다

단어 분석 blend in 조화를 이루다, (주위 환경에) 섞이다 / surroundings 주변 환경

The Mediterranean octopus can easily blend in with the surroundings to mask its location and movement.

지중해 문어는 그들의 위치와 움직임을 숨기기 위해 쉽게 주변의 사물에 위장할 수 있다.

33. manage to do: 겨우 ~하다, 가까스로 ~하다

He was able to be on time for work by managing to catch a bus at the last minute.

마지막 순간에 버스를 겨우 잡음으로써 그는 직장에 제시간에 올 수 있었다.

34. alert to: ~을 경계하는

단어 분석 alert 경계하는

Self-driving cars should reduce the number of accidents that occur due to pedestrians who are not alert to their surroundings.

자율주행차들은 주위를 경계하지 않는 보행자들로 인해 발생하는 사고의 수를 줄여야 한다.

35. restrict the sale of something: ~의 판매를 제한하다

단어 분석 restrict 제한하다 / sale 판매, 매출

Governments can restrict the sale of large corporations to prevent monopolies in various industries.

다양한 산업에서 독점을 막기 위해 정부는 대기업들의 판매를 제한할 수 있다.

36. meet the needs: 수요를 충족하다

단어 분석 meet 충족하다 / need 필요, 수요, 요구

Effective strategies for meeting the needs of customers were suggested in the meeting.

고객의 수요를 충족하기 위한 효과적인 전략들이 회의에서 제안되었다.

37. play an influential role in something: ~에 있어서 영향력 있는 역할을 수행하다

단어 분석 influential 영향력 있는 / role 역할

Surprisingly, World War I played an influential role in the development of the visual arts in Paris.

놀랍게도 제1차 세계대전은 시각 예술을 발전시키는데 있어서 영향력 있는 역할을 수행했다.

38. explore the idea: 생각을 탐구하다

단어 분석 explore 탐구하다, 분석하다

Contemporary architecture continues to explore the idea of sustainable design to help protect the environment.

현대 건축은 환경을 보호하는 것을 돕기 위해 지속 가능한 설계에 대한 생각을 계속해서 탐구한다.

39. overcome obstacles: 방해물을 극복하다, 장애를 극복하다

단어 분석 overcome 극복하다 / obstacle 방해물, 장애

Overcoming obstacles and challenges helps children build up self-confidence.

방해물과 힘든 일들을 극복하는 것은 아이들이 자신감을 쌓도록 돕는다.

40. is/are keenly aware of something: ~을 뚜렷이 인지하다, 의식하다

단어 분석 keenly 뚜렷이, 날카롭게 / aware ~을 알고 있는, 의식하고 있는

Most teenagers are keenly aware of the expectations of their parents.

대부분의 10대들은 그들 부모님의 기대감을 뚜렷이 인지하고 있다.

41. get along well with someone: ~와 잘 지내다

단어 분석 get along 잘 지내다

He gets along well with his new colleagues at work.
그는 직장에서 새로운 동료들과 잘 지낸다.

42. take an eclectic approach: 다양한 접근을 시도하다

단어 분석 eclectic 다양한, 다방면에 걸친 / approach 접근, 접근법

Students applying for the law program will take an eclectic approach to this field of study.
이 법률 프로그램에 지원하는 학생들은 이 학문 분야에서 다양한 접근을 시도할 것이다.

43. is/are completely overwhelmed by something: ~에 완전히 압도당하다

단어 분석 completely 완전히 / overwhelmed 압도된

Most students are completely overwhelmed by the fact that the end-of-term project is going to be quite demanding.
대부분의 학생들은 기말 프로젝트가 상당히 힘들 것이라는 사실에 완전히 압도 당했다.

44. commit violations against something: ~을 위반하다

단어 분석 commit (잘못된 일, 범죄를) 저지르다 / violation 위반, 침해, 폭행

Freshmen are likely to commit violations against the safety rules in dormitories.
신입생들은 기숙사에서 안전 규정을 위반할 가능성이 높다.

45. is/are skeptical about something: ~에 (대해) 회의적이다

단어 분석 skeptical 회의적인, 의심이 많은

The public is skeptical about the government's reasons for raising taxes on alcohol and tobacco products.
국민들은 술과 담배 제품에 세금을 올리는 것에 대한 정부의 사유에 회의적이다.

46. is/are likely to exceed something: ~을 초과할 것 같다

단어 분석 be likely to ~할 가능성이 있다 / exceed 초과하다

Since the university planned the annual budget meticulously, they are not likely to exceed it this year.

대학이 연간 예산 계획을 꼼꼼히 잘 세웠기 때문에, 올해는 그 예산을 초과할 것 같진 않다.

47. intervene in something: ~에 간섭하다, 개입하다

단어 분석 intervene 개입하다

Considering the economic downturn, the government should intervene in the tourism industry to ensure its sustainable growth.

경제 침체를 고려해 봤을 때, 정부는 지속가능한 성장을 보장하기 위해 관광 산업에 개입해야 한다.

48. on special occasions: 특별한 상황에서

단어 분석 occasion 때, 경우, 행사

On some special occasions, like holidays or birthdays, the CEO has treated the entire staff to dinner.

공휴일이나 생일 같은 특별한 상황에서, CEO(회사 최고 경영자)는 전체 직원들에게 저녁을 대접해왔다.

49. come to terms with something: ~을 받아들이려고 애쓰다, 받아들이는 법을 배우다

단어 분석 terms (합의) 조건

Some students have not yet come to terms with the new school policy banning disposable cups in the cafeteria.

몇몇 학생들은 구내식당에서 일회용 컵 사용을 금지하는 새로운 학교 정책을 받아들이는 법을 아직 배우지 못했다.

50. be notorious for something: ~로 악명 높다

단어 분석 notorious 악명 높은

Several leading global cosmetic companies were notorious for conducting cruel animal testing.

많은 선도적인 글로벌 화장품 회사들은 잔인한 동물 실험을 하는 것으로 악명 높았다.

02 | 토플 최종 점검 동사 50

1. **apply** ~을 적용하다 (동의어: employ, exercise, exert, put forth)

   She applied the new technology to agriculture.
   그녀는 농업에 새로운 기술을 적용했다.

   apply ~을 바르다

   Vincent Van Gogh applied brighter colors to most of his later paintings.
   빈센트 반 고흐는 그의 대부분의 후기 작품에 밝은 색을 칠했다.

2. **find out** ~을 알아내다, 발견하다 (동의어: detect, see, discover)

   Psychologists found out that positive reinforcement has a great impact on early childhood education.
   심리학자들은 긍정적 강화가 초기 아동 교육에 중요한 영향을 미친다는 것을 알아냈다.

3. **assume** ~라고 생각하다, 추측하다 (동의어: believe, suppose, presume, expect)

   Optimistic investors assume that the economy will continue to improve.
   낙관적인 투자자들은 경제가 계속해서 성장할 것이라고 생각한다.

4. **influence on** ~에 영향을 미치다 (동의어: affect, impact, act on)

   The Art Nouveau style influenced on the decorative arts in the early 20th century.
   아르누보 스타일은 20세기 초 장식 미술에 영향을 미쳤다.

5. **adopt** ~을 채택하다. (동의어: accept, select, begin to use)

   The city council adopted an initiative to reduce carbon emissions.
   시의회는 탄소 배출을 줄이기 위한 계획을 채택했다.

6. consist of ~으로 구성되다, 이뤄지다 (동의어: contain, comprise, be made up of)

Eating a balanced diet consisting of organic food could prevent a number of diseases.
유기농 음식으로 구성된 균형 잡힌 식사를 하는 것은 많은 질병들을 예방할 수 있다.

7. locate ~을 찾다 (동의어: detect, find, discover)

Researchers finally located the source of the radiation.
연구자들은 마침내 그 방사선의 근원을 찾아냈다.

locate ~을 위치시키다 (동의어: situate, position)

The majority of Europe's glaciers are located in the Alps.
대부분 유럽의 빙하는 알프스에 위치해 있다.

8. ensure ~을 보장하다 (동의어: guarantee)

Well-equipped school facilities ensure equal access to quality education for all students.
잘 갖춰진 학교 시설은 모든 학생들에게 질 좋은 교육에 대한 동등한 접근을 보장한다.

9. allow ~하게 해주다, 허락하다 (동의어: enable, permit)

The unique odor of each nest allows ants to quickly identify intruders.
각 개미굴의 독특한 냄새는 개미들이 침입자를 빠르게 식별하게 해준다.

10. complete ~을 완료하다, 완성하다 (동의어: achieve)

He completed 70 voyages within a year to acquire all the necessary data for his research.
그는 연구에 필요한 모든 데이터들을 얻기 위해 1년 안에 일흔번의 여행을 완료했다.

11. manifest ~을 드러내 보이다 (동의어: demonstrate, embody)

The administration's harsh stance against illegal immigration was manifested in its new policies.

그 새로운 정책에서 불법 이민자들에 대한 행정부의 냉혹한 입장이 드러났다.

12. improve ~을 개선하다 (동의어: advance)

The design of American colonial houses was improved during the first half of the 18th century.

미국 식민지풍 주택의 설계는 18세기 초에 개선되었다.

13. cause ~을 유발하다 (동의어: lead to)

Defective genes could cause inherited diseases such as diabetes and cystic fibrosis.

결함이 있는 유전자는 당뇨병이나 낭포성 섬유증 같은 유전 질환을 유발할 수 있다.

14. embark 시작하다, 착수하다 (동의어: start, establish)

She is about to embark on her journey to the North Pole after organizing a team of six experts.

그녀는 6명의 전문가로 구성된 팀을 조직한 후 북극으로 가는 여행을 막 시작하려 하고 있다.

15. evaluate ~을 평가하다 (동의어: assess, value)

Art critics frequently evaluate a wide range of contemporary art styles.

미술 평론가들은 다양한 현대 미술을 자주 평가한다.

16. assist 돕다, 보조하다 (동의어: aid, help, support)

To assist in the promotion of literature, music and art, the American Academy of Arts and Letters was founded in 1898.

문학, 음악, 미술의 증진을 돕기 위해, 미국 문학예술아카데미가 1898년에 설립됐다.

17. enable ~을 가능하게 하다 (동의어: allow, permit, facilitate)

The crossed mandibles enable the bird to extract seeds from closed cones.

교차된 부리는 새가 솔방울에서 씨앗을 꺼내는 것을 가능하게 한다.

18. decline 감소하다 (동의어: fall, drop, decrease, lessen)

A huge wave of immigration in the 19th century doubled the population even though the birth rate was in constant decline.

비록 출산율은 계속해서 감소했지만, 19세기의 이민 급증은 인구 수를 두배로 늘렸다.

19. infer ~을 추론하다 (동의어: conclude, assume)

Inferring meaning from context is an important skill when reading literature.

문맥에서 뜻을 추론해 내는 것은 문학을 읽을 때 중요한 능력이다.

20. alternate 번갈아 나오다 (동의어: substitute, change)

Thanks to the climate, which alternates between rainy and dry seasons, biodiversity flourishes in the region.

우기와 건기가 번갈아 나타나는 기후 덕분에, 그 지역에서는 생물의 다양성이 번영한다.

21. remove ~을 제거하다, 없애다 (동의어: discard)

The government removed restrictions on the freedom of the press.
정부는 언론 자유의 제약을 없앴다.

22. require 요구하다, 필요로 하다 (동의어: demand, call for)

More capital and fewer laborers were required for mechanized farming.
기계화된 농법에는 더 많은 자본과 더 적은 노동자가 요구됐다.

23. concentrate on ~에 집중하다 (동의어: focus, pay attention to)

The shift was encouraging more parents to concentrate on progressive parenting methods.
그 변화는 더 많은 부모들이 진보적인 육아 방식에 집중하도록 만든 것이었다.

24. benefit from ~으로 이득을 보다 (동의어: gain)

Europeans benefited from the spice trade with East Asia.
유럽인들은 동아시아와의 향신료 무역으로 이득을 보았다.

benefit ~에게 유익하다 (동의어: help, enhance, be advantageous of)

Small businesses like locally owned restaurants benefit their communities in many ways.
그 지역에만 있는 음식점들과 같은 작은 사업체들은 지역 사회에 많은 면에서 유익하다.

25. enhance ~을 향상시키다 (동의어: improve)

Alongside lectures and course readings, group projects and presentations will also enhance a child's learning.
강의 그리고 독서와 함께, 그룹 과제와 발표 역시 아이의 학습을 향상시킬 것이다.

26. claim (사실이라고) 주장하다 (동의어: assert, maintain)

Farmers with land along the river claimed the nearby factories were poisoning the water.

강을 끼고 있는 땅을 가진 농부들은 근처 공장이 강물을 오염시킨다고 주장했다.

27. inhibit ~을 억제하다 (동의어: restrict, prevent)

Overbearing parenting styles can inhibit the development of a child's autonomy.

부모의 강압적인 교육 스타일은 아이들의 자율성 발달을 억제할 수 있다.

28. attribute ~을 탓하다 (동의어: ascribe)

The country's current economic crisis has been attributed to the central bank's poor handling of real estate loans.

국가의 현재 경제 위기는 부동산 대출을 잘못 처리한 중앙 은행 탓이다.

29. demonstrate ~을 증명하다, 입증하다 (동의어: indicate, show)

The experiment convincingly demonstrated that visually representing new information significantly improves long-term memory.

그 실험은 시각적으로 새로운 정보를 보여주는 것이 장기 기억을 상당히 향상시킨다고 설득력 있게 증명했다.

30. account for ~을 설명하다 (동의어: explain, give a reason for)

For example, different clay compositions account for the differences in texture between a China teacup and an earthenware flowerpot.

예를 들면, 서로 다른 점토의 구성요소들은 중국 찻잔과 도기 화분의 질감 차이를 설명해준다.

31. reveal ~을 드러내다, 밝히다 (동의어: affirm, uncover)

Personality can often be revealed through subtle vocal cues.

사람의 성격은 종종 미묘한 목소리 신호를 통해 드러날 수 있다.

32. rely on ~에 의존하다 (동의어: depend, count)

Early civilizations relied heavily on predictable weather patterns to produce crops.

초기 문명국가들은 농작물을 생산하기 위해 예측 가능한 기후 패턴에 많이 의존했다.

33. conclude 끝나다, ~을 끝내다, ~을 결론 짓다 (동의어: decide, finish)

Geologists have concluded that the outer core of the Earth is mostly molten iron.

대부분의 지리학자들은 지구의 외핵이 대부분 철분으로 이루어진 액체라고 결론지었다.

34. include ~을 포함하다 (동의어: comprise, encompass)

Items recovered from the tombs of Egyptian pharaohs include furniture, clothing, jewelry, and even mummified animals.

고대 이집트 왕족의 무덤에서 찾아진 물건들은 가구, 옷, 장신구 그리고 심지어는 미라로 만들어진 동물 시체도 포함한다.

35. contribute to ~에 원인이 되다, 기여하다 (동의어: provide, devote)

Early financial support for practical research contributed to the development of new communications technology.

실용적인 연구에 대한 초기 재정적 지원이 새로운 커뮤니케이션 기술의 발전에 기여했다.

36. derive ~을 얻다, 비롯되다, 유래하다 (동의어: obtain, originate)

Throughout human history, artists have derived great pleasure from creating artwork that pushes the boundary.

인류의 전 역사에 걸쳐, 예술가들은 경계선을 넓히는 예술작품을 창작하며 큰 즐거움을 얻어 왔다.

37. conduct ~을 수행하다, 진행하다 (동의어: lead, handle, direct)

Astrophysicists were eager to conduct laboratory experiments to explain the phenomenon.

천체물리학자들은 이 현상을 설명하기 위해 실험실 실험을 진행하는데 열정을 쏟았다.

38. take advantage of ~을 이용하다 (동의어: use, utilize, exploit)

Nomadic people took advantage of the new land bridge to enter North America.

유목민들은 북미 대륙으로 들어가기 위해 새로운 육교를 이용했다.

39. distinguish from ~과 구별하다 (동의어: discriminate)

Crocodiles are hard to distinguish from alligators due to their numerous similarities.

그들 사이의 많은 유사성 때문에 나일악어(크로커다일)는 아메리카악어(앨리게이터)와 구별하기 어렵다.

40. figure out ~을 이해하다, 알아내다 (동의어: calculate, determine)

Figuring out how primitive writing developed is difficult.

원시 시대의 글자가 어떻게 발전해왔는지를 이해하는 것은 어렵다.

41. suspend ~을 유예하다, 연기하다 (동의어: hold back, refrain)

Researchers suspended their personal issues with the project and continued the study.

연구자들은 프로젝트에 대한 개인적인 문제는 미뤄 두고 연구를 계속 진행해 나갔다.

suspend ~을 매달다 (동의어: hang, dangle)

Instead of using incubators, aviculturists suspend wooden boxes to use as nests outdoors.

인큐베이터를 사용하는 대신, 조류 사육가들은 둥지로 사용할 나무 상자를 밖에 매달아 놓는다.

42. intrigue ~의 호기심을 불러일으키다 (동의어: excite)

Stories of heroism and bravery from World War II continue to intrigue Western movie audiences.

제2차 세계대전에 있었던 영웅적 행위와 용기에 대한 이야기들은 계속해서 서양의 영화 관중들의 호기심을 불러일으킨다.

43. assert 주장하다 (동의어: insist, maintain)

Some experts assert that human beings are not, in fact, the inventors of music, but rather latecomers to the musical scene.

몇몇 전문가들은 인간이 사실은 음악의 창시자라기 보다는 음악계의 후발주자라고 주장한다.

44. pinpoint ~을 정확히 찾아내다 (동의어: locate exactly, identify)

Forager bees easily pinpoint fresh sources of nectar.

먹이를 채집하는 벌들은 신선한 꿀 자원을 쉽게 찾아낸다.

45. suffer ~을 겪다 (동의어: undergo, go through, experience)

Small warm-blooded mammals suffer extreme hardships during the harsh winters of northern climates.

작은 온혈 포유동물들은 북부 기후의 혹독한 겨울 동안 극심한 시련을 겪는다.

46. correspond with ~과 일치하다, 상응하다 (동의어: correlate)

Warmer water corresponds with increasing insect populations.
따뜻한 물은 증가하는 곤충 개체 수와 일치한다.

47. feature ~을 특징으로 하다, 출연시키다 (동의어: present)

The once world-renowned actor featured in numerous award-winning films now faces serious financial issues.
수많은 수상 영화 작품들에 출연했던 한때 세계적으로 유명했던 그 배우는 지금 심각한 자금 문제에 직면하고 있다.

48. gauge ~을 측정하다, 추산하다 (동의어: measure, calculate)

Geologists can gauge the strength of a tremor or earthquake by using a seismograph.
지질학자들은 지진계를 사용함으로써 진동이나 지진의 세기를 측정할 수 있다.

49. carry out ~을 수행하다, 시행하다 (동의어: execute, perform)

Several government agencies carried out investigations to determine the effectiveness of the new policy.
몇몇 정부 기관들은 새로운 정책의 효과를 알아내기 위해 조사를 시행했다.

50. fluctuate 변동하다 (동의어: oscillate)

Recently, the rate of inflation has fluctuated remarkably with the exchange rate.
최근 인플레율이 환율에 따라 두드러지게 변동해오고 있다.

03 | 토플 최종 점검 형용사&명사 50

1. **climate** 기후, 날씨

잘 나오는 Collocation regional climate (지역 기후), ambient climates (주변 기후)

The Native American tribes that inhabited modern day New Mexico had to adapt to the hot and dry regional climate.

현대 뉴멕시코 지역에 거주했던 아메리카 원주민 부족들은 덥고 건조한 지역 기후에 적응했어야 했다.

2. **population** 인구, 개체 수

잘 나오는 Collocation population growth (인구 성장), population density (인구 밀도), tree population (나무 개체수), a growing population (증가하는 인구)

The population of Los Angeles rose sharply in the early 20th century due to a surge of new arrivals from the eastern states.

20세기 초 LA의 인구가 급격히 증가했는데, 이는 미국 동부 주로부터 새로 도착한 사람들의 급증 때문이었다.

3. **considerable a.** 상당한, 많은

잘 나오는 Collocation considerable gap (상당한 격차), considerable changes (상당한 변화), considerable influence (상당한 영향)

There has been considerable progress in cancer treatments in the past decade.

지난 십년 동안 암 치료법에 있어서 상당한 발전이 있어왔다.

4. **critical** 중요한 (동의어: crucial, pivotal, fundamental)

잘 나오는 Collocation critical periods (중요 시기), a critical role (중요한 역할), critical to (~에 중요한)

Controlled burns are critical for maintaining the health of a forest.

통제된 태움은 숲의 건강을 유지시키는데 중요하다.

5. peculiar 독특한 (동의어: distinctive, distinguishing)

Each fish has its own peculiar features that require different methods of preparation for sushi.

각 생선은 초밥을 만드는데 있어서 서로 다른 방법을 필요로 하는 독특한 특징들을 갖는다.

6. method 방법

잘 나오는 Collocation research method (연구 방법), an ancient method (아주 오래된 방법)

A new method of transporting tobacco was needed since the heavy rains had flooded the river.

많은 양의 비가 강물을 넘치게 해서, 담배를 옮기는데 있어서 새로운 방법이 요구 됐다.

7. argument 주장, 논쟁 (동의어: assertion, claim)

잘 나오는 Collocation an argument about (~에 관한 주장)

His main argument is that significant changes to political systems only occur over long periods of time.

그의 주요 주장은 정치 체계에 있어서의 상당한 변화는 오랜 시간을 거쳐야만 일어난다는 것이다.

8. experiment 실험

잘 나오는 Collocation conduct an experiment (실험을 실시하다)

The goal of this experiment is to test the productivity of employees working in different levels of lighting.

이 실험의 목적은 서로 다른 조명의 정도를 가진 환경에서 일하는 직원들의 생산성을 검사하기 위함이다.

9. entire 전체의 (동의어: whole)

Environmentalists have warned that entire ecosystems are collapsing.

환경운동가들은 모든 생태계가 무너지고 있다고 경고했다.

10. period 기간 (동의어: span, duration)

Pragmatism came to light during a period of rapid industrialization.

실용주의는 급격한 산업화가 진행되던 시기에 알려졌다.

11. **detail** 세부 사항

잘 나오는 Collocation in detail (상세하게), important details (중요한 세부 사항), insufficient details (불충분한 세부 사항)

When designing and decorating pottery, artisans used sharp tools to engrave fine details.

도자기를 만들고 장식할 때, 장인들은 섬세한 세부 요소들을 새겨 넣기 위해 날카로운 도구들을 사용했다.

12. **distinct** 뚜렷한, 구별이 되는

잘 나오는 Collocation distinct reasons (뚜렷한 이유)

Molting, an important part of the annual life cycles of birds, involves two distinct stages.

새들의 연간 라이프 사이클 중 하나인 털갈이는 두가지 뚜렷한 단계를 포함한다.

13. **efficient** 효율적인 (동의어: effective, economical)

The assembly line, first introduced by Henry Ford in 1913, made manufacturing processes more efficient.

1913년에 헨리 포드에 의해 처음으로 도입된 조립 라인은 제조업 과정을 더 효율적으로 만들었다.

14. **factor** 요인, 요소

잘 나오는 Collocation factors affecting (~에 영향을 미친 요인들), factors influencing (~에 영향을 미친 요인들)

Women becoming more equal in their marriages was a principal factor behind the suffragette movement of the 1910s.

여성들이 결혼 생활에서 동등하게 된 것은 1910년대 여성 참정권 운동의 주요 요인이었다.

15. **distance** 거리

잘 나오는 Collocation distance from (~로부터의 거리), distance to (~까지의 거리)

The average distance from the Earth to the Moon is 384,403 kilometers.

지구에서 달까지의 평균 거리는 384,403 킬로미터다.

16. explicit 명백한, 분명한 (동의어: specific)

잘 나오는 Collocation explicit explanation (자세한 설명), explicit advice (분명한 조언)

The professor always gives her students explicit instructions when preparing them for experiments involving potentially dangerous chemicals.

그 교수는 잠재적으로 위험한 화학물질을 다루는 시험을 준비시킬 때 항상 학생들에게 분명한 설명을 해준다.

17. remarkable 놀라운, 주목할 만한 (동의어: significant, notable)

잘 나오는 Collocation remarkable achievement (놀랄 만한 업적/성과)

The arrival of people in America coinciding with the mass extinction of mammoths is remarkable.

매머드의 집단 멸종과 우연히 겹치는 시기에 아메리카 대륙에 사람들이 도착한 것은 주목할 만하다.

18. instance 사례, 경우 (동의어: example)

잘 나오는 Collocation for instance (예를 들면)

The movement of workers from rural farms to urban factories is another instance of population migration during the Industrial Revolution.

시골 농장에서 도시 공장으로 노동자들이 이동한 것은 산업혁명 동안 있었던 인구 이주의 또다른 경우다.

19. likelihood 가능성, 가망 (동의어: chance, probability)

잘 나오는 Collocation a lowered likelihood (낮아진 가능성)

The likelihood that a vaccine will be successfully developed within the next year is low.

그 백신이 내년 안에 성공적으로 개발될 것이라는 가능성은 낮다.

20. quantity (물리적인) 양 (동의어: amount)

For example, children are likely to believe that the quantity of water changes when it is moved to a container with a different shape.

예를 들면, 아이들은 물이 다른 모양의 용기에 옮겨졌을 때 그 양이 변한다고 믿을 가능성이 높다.

21. conventional 관습적인, 전통적인 (동의어: traditional)

잘 나오는 Collocation conventional theory (기존 학설, 전통 학설), conventional explanation (통설)

The difference between conventional electron microscopy and x-ray microscopy is that the latter allows biological specimens to be viewed in their natural state.

전통적인 전자 현미 기술과 엑스레이 현미 기술의 차이는 후자가 생물 표본을 자연 상태에서 보이도록 해준다는 것이다.

22. noticeable 주목할 만한, 현저한 (동의어: marked, substantial, considerable, significant)

A noticeable amount of detail was put into the characters' costume designs.

주목할 만큼 많은 양의 세부 사항들이 그 캐릭터의 의상 디자인에 더해졌다.

23. role 역할

잘 나오는 Collocation play an important role in (~에서 중요한 역할을 하다)

In the 1930s, archaeologists played an important role in restoration efforts by excavating the foundations of historic buildings.

1930년대에 고고학자들은 역사적인 건축물들의 토대를 굴착함으로써 건축물들을 복구하는 노력에 있어서 중요한 역할을 했다.

24. equivalent 동등한 (동의어: equal, comparable)

잘 나오는 Collocation equivalent to (~와 동등한, ~와 상응하는), equivalent sum (동등한 액수)

Five kilometers is approximately equivalent to three miles.

5키로미터는 대략 3마일과 동등하다.

25. value 가치 (동의어: merit, worth)

The increased value placed on the notion of family partly explains the rise in birth rates.

더 중요해진 가족이라는 개념의 가치는 부분적으로 출산율의 증가를 설명해준다.

26. constant 변함없는 (동의어: unchangeable, steady)

Regardless of the administration's policies, crime levels remained constant.
행정부의 정책들과는 관련 없이, 범죄율은 변함없이 유지됐다.

27. upcoming 다가오는 (동의어: imminent, forthcoming)

잘 나오는 Collocation upcoming crisis (다가오는 위기)

Many investors anticipate that the market will react positively to the upcoming election.
많은 투자자들은 다가오는 선거에 그 시장이 긍정적으로 반응할 것이라고 예측한다.

28. available 이용할 수 있는 (동의어: accessible, applicable)

잘 나오는 Collocation usually available (보통 이용 가능한), become available (이용 가능해지다)

Since sea cucumbers have voracious appetites, they can devour all the food available in their environment quickly.
해삼은 게걸스러운 식탐을 가지고 있기 때문에, 그들의 주변 환경에 있는 모든 가능한 음식물을 빠르게 해치울 수 있다.

29. risk 위험 요소

잘 나오는 Collocation at risk (위험에 처한), risk taking (위험을 감수하는)

Inventor Elisha Otis put his own life at risk to prove that his safety device would prevent an elevator from falling.
발명가였던 엘리샤 오티스는 엘리베이터가 추락하는 것을 방지하는 그의 안전 장비를 입증하기 위해 그 자신을 위험에 처하게 했다.

30. comprehensive 포괄적인, 종합적인 (동의어: broad)

The comprehensive collection of a region's fossils, categorized by time, is known as a fossil record.
시기별로 구분되며 한 지역에서 발견되는 화석의 종합적인 모음은 화석 기록이라고 알려져 있다.

31. identical 동일한 (동의어: alike, equal)

Fraternal twins are twins that are not identical.
이란성 쌍둥이는 동일하지 않은 쌍둥이다.

32. fine 정교한, 질 높은, 훌륭한, 좋은

잘 나오는 Collocation fine control (정교한 조절), fine clay (미세한 진흙), fine art (순수 미술)

Having sharp eyes, hawks can make out fine visual details from high in the air.
매는 시력이 좋아서, 미세한 시각적 세부 사항들을 높은 공중에서도 알아볼 수 있다.

33. capable 할 수 있는

잘 나오는 Collocation be capable of (~을 할 수 있다)

Bees are capable of discerning ultraviolet light, which is invisible to human eyes.
꿀벌들은 인간들이 볼 수 없는 자외선을 구분할 수 있다.

34. element 요소

잘 나오는 Collocation chemical elements (화학 요소), visual elements (시각적 요소), particular elements (특정 요소)

The Earth's mantle contains some heavy elements like iron and magnesium.
지구의 맨틀은 철과 마그네슘 같은 무거운 요소들을 구성하고 있다.

35. abundant 풍부한 (동의어: plentiful, many)

Hydrogen is the most abundant element in the universe, followed by helium.
수소는 우주에서 가장 풍부한 요소이며, 헬륨이 그 뒤를 따른다.

36. alternative 대체의 (동의어: other, alternate)

잘 나오는 Collocation alternative energy (대체 에너지), an alternative theory (대체 이론)

Alternative energy includes all renewable and nuclear energy sources.
대체 에너지는 모든 재생 가능한 에너지와 원자력을 포함한다.

37. principle 원리, 원칙

잘 나오는 Collocation basic principles (기본적인 원칙), general principles (일반적인 원칙)

One of the basic principles of democracy is political equality.
민주주의의 기본 원칙 중 하나는 정치적 평등이다.

38. relationship 관계

잘 나오는 Collocation possible relationships (가능한 관계), understand the relationship between (~간 관계를 이해하다), have a good relationship with (~와 좋은 관계를 가지다)

There was a direct relationship between the invention of the cotton gin and the strength of the South's economy since it greatly improved cotton production.
조면기의 발명과 남쪽 경제의 내구력에는 직접적인 관계가 있다 왜냐하면 조면기가 면화 생성을 크게 향상시켰기 때문이다.

39. evident 명백한 (동의어: apparent, clear)

A thorough examination of the canvas made it evident that the painting was authentic.
캔버스에 대한 철저한 조사는 그 그림이 진짜라는 것을 명백하게 했다.

40. circumstance 상황, 환경 (동의어: condition, situation)

Faced with the dire circumstances of the Great Depression, President Roosevelt enacted a series of reforms and regulations known as the New Deal.
극심한 대공황의 상황에 직면하여, 루즈벨트 대통령은 뉴딜 정책이라고 알려져 있는 일련의 개혁안들과 규제들을 제정했다.

41. artifact 인공 유물, 공예품 (동의어: product, handicraft)

The theory that Irish monks were the first settlers in Iceland was supported by the discovery of several Irish artifacts.

아일랜드 수도승들이 아이슬란드에 처음 정착한 사람들이라는 이론은 몇몇 아일랜드 공예품들의 발견에 의해 뒷받침됐다.

42. substitute 대용품

잘 나오는 Collocation substitute goods (대용품, 대체재)

If the price of a certain product increases, demand for the substitute goods is likely to grow.

어떤 상품의 가격이 오를 때, 그 대용품의 수요가 증가할 가능성이 높다.

43. affected 영향을 받은, (병 등에) 걸린

잘 나오는 Collocation in the areas affected (피해 지역에서)

Throughout Earth's history, the diversity of life on the planet has greatly been affected by five extinction events.

지구의 역사 내내, 다섯번의 멸종 사건에 의해 지구 생명체의 다양성이 크게 영향을 받아왔다.

44. shift 이동, 변화 (동의어: move)

잘 나오는 Collocation a shift to (~로의 이동), climate shifts (기후 변화)

It is uncertain why there was a shift to burying pharaohs with symbolic figures rather than their actual servants.

파라오가 실제 하인들 대신 상징적 형상들과 함께 묻히게 된 변화가 왜 있었는지에 대한 이유는 불확실하다.

45. distinguished 저명한 (동의어: honored, outstanding)

To understand the distinguished director's films, viewers should pay close attention to minor details.

그 저명한 감독의 영화를 이해하기 위해서, 관람객들은 부수적인 세부 요소들에 세심한 주의를 기울여야 한다.

46. limited 제한된

잘 나오는 Collocation limited range (제한된 범위), limited time (제한된 시간)

The critical period refers to a limited time when children are biologically ready to acquire certain adaptive behaviors.

결정적 시기는 아이들이 생물학적으로 특정 적응 행동들을 습득할 준비가 된 제한된 시간을 지칭한다.

47. physical 신체적인

잘 나오는 Collocation physical development (신체적인 발달), a physical change (신체적인 변화), physical education (체육)

Clinical psychologists have found a close connection between physical and mental health.

임상 심리학자들은 신체적 건강과 정신적 건강 사이의 밀접한 관계를 발견해왔다.

48. thorough 철저한 (동의어: detailed, complete)

잘 나오는 Collocation thorough understanding of (~에 대한 철저한 이해)

The author's novel set during the Napoleonic Wars required thorough research of the time period.

나폴레옹 전쟁을 배경으로 설정한 그 작가의 소설은 그 시기에 대한 철저한 조사를 요구했다.

49. permanent 영구적인 (동의어: constant, lasting)

잘 나오는 Collocation a permanent job (영구직, 정규직), permanent settlement (영구적인 정착)

The first permanent English settlement in the colony of Virginia was Jamestown, established in 1607.

버지니아 식민지에 최초로 영국인들이 영구적으로 정착한 곳은 1607년 세워진 제임스타운이었다.

50. aspect 측면, 양상

잘 나오는 Collocation important aspect (중요한 측면), negative aspect (부정적인 측면)

In ancient Athens, unlike Sparta, a minority of rich and powerful men technically controlled every aspect of society.

고대 아테네에서는, 스파르타와 달리, 소수의 부유하고 권력을 가진 남성이 엄밀히 따지면 사회의 모든 측면을 통제했다.

시원스쿨 TOEFL

SIWONSCHOOL TOEFL

Intermediate

정답 및 해설

SIWONSCHOOL TOEFL

Intermediate

정답 및 해설

Reading 문제 유형 공략

▪ Factual Information

❶ Practice 1

[정답 A]

(정답 A) 지문 속에서 설명하는 곰의 추위 대응 방식으로 겨울에 특히 비활동적이라는 내용이 계절적으로 비활동 상태인 곰의 열 손실을 줄어준다는 내용과 일치한다는 점을 4번째 문장에서 확인할 수 있습니다(Such a characteristic is displayed in bears through the act of hibernation, a state of sleep-like inactivity, particularly in winter). 지문에 쓰인 '특히 겨울에(particularly in winter)'라는 표현이 '계절적으로(seasonally)'라는 말로 다르게 표현한 점(paraphrasing)에 유의해야 합니다.

(오답 B) 추운 기운의 영향을 상쇄하기 위해 신진 대사 속도를 높여준다는 내용은 지문에서 찾을 수 없으므로 오답입니다.

(오답 C) 곰의 추위 대응 방식이 동면 대체 수단으로 활용된다는 의미인데, 지문에는 대체 수단이 아니라 곰이 취하는 동면 활동으로 4번째 문장에 언급되어 있으므로 오답입니다(Such a characteristic is displayed in bears through the act of hibernation).

(오답 D) 비축된 에너지를 곰이 모두 한꺼번에 사용할 수 있게 해준다는 내용은 지문에서 찾아볼 수 없으므로 오답입니다.

[해석]

또 다른 추위 대비 전략은 체온을 낮추는 것이다. 조절된 체온 감소는 동물과 공기 사이의 온도 차이를 낮춰주며, 그로 인해 열 손실을 최소화하게 된다. 이는 신진 대사를 둔화시킴으로써 이뤄진다. 이러한 특징은 특히 겨울에 수면과 유사한 비활동 상태인 동면 행위를 거치는 곰에게서 드러난다. 곰은 급격하게 신진 대사를 둔화시켜 훨씬 더 낮은 속도로 비축된 에너지를 사용한다.

지문 내용에 따르면, 다음 중 어느 것이 곰이 활용하는 추위 대비 전략에 관해 사실인가?

Ⓐ **계절적으로 비활동 상태인 곰의 열 손실을 줄여준다.**
Ⓑ 추운 기온의 영향을 상쇄하기 위해 신진 대사 속도를 높여준다.
Ⓒ 때때로 동면 대체 수단으로 활용된다.
Ⓓ 비축된 에너지를 곰이 모두 한꺼번에 사용할 수 있게 해준다.

[어휘]

strategy 전략 **decrease** ~을 낮추다, 감소시키다(= reduce) **temperature** 온도 **regulated** 조절된, 통제된 **drop** 감소,하락 **difference** 차이 **minimize** ~을 최소화하다 **loss** 손실 **achieve** ~을 이루다, 달성하다 **slow down** ~을 둔화시키다 **metabolism** 신진 대사 **characteristic** 특징 **display** ~을 드러내다 **hibernation** 동면 **state** 상태 **inactivity** 비활동 **particularly** 특히 **drastically** 급격하게 **reserves** 비축(된 것) **rate** 속도, 비율 **offset** ~을 상쇄하다 **employ** ~을 활용하다, 이용하다 **alternative to** ~을 대체하는 것, ~에 대한 대안 **enable A to do** A에게 ~할 수 있게 해주다

❷ Practice 2

[정답 C]

(오답 A) 가장 현대적인 것으로 여겨진다는 의미인데, 아르누보가 가장 현대적이라는 내용은 지문에서 확인할 수 없으므로 오답입니다.

(오답 B) 많은 양식적 장식 요소들을 아르데코 양식에서 얻었다는 의미인데, 이것과 관련된 내용을 지문에서 확인할 수 없으므로 오답입니다.

(정답 C) 아르누보가 아르데코에서도 찾을 수 있는 독특한 건축학적 특징들을 활용했다는 내용을 지문 속 2번째 문장에서 그대로 찾을 수 있으므로 정답입니다(Art nouveau, for instance, featured similar plant motifs to those later used in art deco building designs). 뒤에 이어지는 '아르데코의 반복적인 패턴이 아니라(rather than the repetitive patterns seen in art deco)'는 말 때문에 혼동할 수도 있지만, 아르누보가 분명 아르데코 건물 디자인에 사용되었다고 언급했으므로 C가 정답입니다.

(오답 D) 잉글랜드의 미술 공예 운동에 깊은 영향을 미쳤다는 의미인데, 이는 아르누보가 아니라 아르데코와 관련 있는 내용인 5번째 문장에 있으므로 오답입니다(Likewise, certain elements of art deco can be traced back to the Arts and Crafts Movement in England and the United States).

[해석]

아르데코가 흔히 매우 현대적인 양식으로 여겨지고 있기는 하지만, 그 이전에 나타났던 다양한 장식 예술 운동에서 크게 파생된 것이었다. 예를 들어, 아르누보는 나중에 여러 아르데코 건물 디자인에 사용된 것과 유사한 식물 모티프를 특징으로 했지만, 일반적으로 아르데코에서 보여지는 반복적인 패턴이 아니라 흐르듯 이어지는 비대칭 나뭇잎 스타일이었다. 아르데코 양식의 건물들 또한 빈 공방, 즉 비엔나 작업실 구성원들이 디자인한 것과 유사성을 지니고 있다. 특히, 두 양식은 기하학적인 형상을 복잡하고 화려한 패턴과 결합하고, 비교적 이국적인 재료들을 포함한다. 마찬가지로, 아르데코의 특정 요소들도 그 유래가 잉글랜드와 미국의 미술 공예 운동 시기로 거슬러 올라가는데, 당시에 가구 및 건물 디자인을 통해 국내 환경을 변모시키기 위한 강력한 의지가 존재했었다.

지문 내용에 따르면, 다음 중 어느 것이 아르누보에 관해 사실인가?

Ⓐ 흔히 모든 장식 예술 중에서 가장 현대적인 것으로 여겨지고 있다.
Ⓑ 많은 양식적 장식 요소들을 아르데코 양식에서 얻었다.
Ⓒ 아르데코에서도 보여지는 일부 독특한 건축학적 특징을 활용했다.
Ⓓ 잉글랜드의 미술 공예 운동에 깊은 영향을 미쳤다.

[어휘]

be considered A A로 여겨지다 **be derivative of** ~에서 파생되다, 비롯되다 **decorative arts** 장식 예술 **movement** 운동 **feature** v. ~을 특징으로 하다 n. 특징 **similar** 유사한 **typically** 일반적으로 **present** ~을 보여주다, 제시하다 **flowing** 흐르듯 이어지는 **asymmetrical** 비대칭의 **foliage** 나뭇잎 **rather than** ~가 아니라, ~ 대신 **repetitive** 반복적인 **share similarities with** ~와 유사성을 지니다 **specifically** 특히, 구체적으로 **combine A with B** A를 B와 결합시키다 **geometric** 기하학적인 **intricate** 복잡한 **relatively** 비교적, 상대적으로 **exotic** 이국적인 **material** 재료, 소재, 자료 **element** 요소 **be traced back to** (유래, 기원 등이) ~로 거슬러 올라가다 **Arts and Crafts Movement** 미술 공예 운동(19세기에 있었던 공예 개량 운동) **intention** 의지, 의도 **transform** ~을 변모시키다, 탈바꿈시키다 **domestic** 국내의 **be regarded as** ~로 여겨지다 **derive A from B** A를 B에서 얻다, 이끌어내다 **stylistic** 양식적인 **flourish** n. 장식 요소 **utilize** ~을 활용하다 **unique** 독특한, 특별한 **have profound influence on** ~에 깊은 영향을 미치다

❸ Practice 3

[정답 C]

(오답 A) 구름 속 번개가 인접한 구름의 상층부로 퍼진다는 의미인데, 지문에 언급된 뇌우의 상층부와 하층부 사이에서 발생된다는 내용의 3번째 문장(This type of lightning typically occurs between the upper portion of a thunderstorm, known as the anvil cloud, and the lower reaches, causing the entire cloud to light up)과 달라 오답입니다.

(오답 B) 구름 간의 번개에 의해 야기되는 것보다 더 큰 천둥소리를 초래한다는 의미인데, 지문에서 구름 속 번개의 천둥 소리는 반드시 수반되는 것은 아니라고 4번째 문장(it is not necessarily accompanied by the sound of thunder)에서 확인할 수 있으므로 오답입니다.

(정답 C) 한 구름의 여러 구역 사이에 존재하는 전위 차이에 따른 결과로 발생된다는 2번째 문장에서 확인할 수 있으므로(we are even more likely to witness lighting occurring between areas of differing electric potential within a single cloud, and this is known as intra-cloud lightning) 정답입니다.

(오답 D) 뇌우의 모루 구름이 구름들의 하층부로 하강해 이동하는 결과를 초래한다는 내용은 지문에서 확인할 수 없으므로 오답입니다. 구름 대 구름 번개(cloud-to-cloud or inter-cloud lightning)가 인접한 구름들의 상층부로 향한다는 내용(Cloud-to-cloud lightning, on the other hand, usually originates beneath or within the anvil and moves through the upper portions of adjacent cloud)이 5번째 문장에 있지만, 이는 구름 속 번개(intra-cloud lightning)에 관한 것도 아니고 보기 내용과도 맞지 않아 오답입니다.

[해석]

대부분의 뇌방전은 지면 또는 지면 위의 물체에 부딪치지는 않지만, 인접한 두 구름들 사이에서 또는 하나의 구름 내에서 발생된다. 구름 대 구름, 즉 구름 간의 번개가 흔히 발생되는 일이지만, 우리는 심지어 단 하나의 구름 내에 존재하는 상이한 전위 영역들 사이에서 발생되는 번개를 목격할 가능성도 크며, 이는 구름 내 번개라고 알려져 있다. 이러한 유형의 번개는 모루 구름이라고 알려진 뇌우 상층부와 하층부 사이에서 일반적으로 발생되며, 구름 전체가 환해지는 결과를 초래한다. 이것은 밤에 아주 먼 거리에서 관찰될 수 있으며, 반드시 천둥 소리를 동반하지는 않는다. 반면, 구름 대 구름 번개는 보통 모루 구름 아래쪽 또는 내부에서 보통 비롯되어 인접한 구름의 상층부를 통해 이동해, 흔히 시각적으로 극적인 모습과 천둥소리를 초래한다.

지문 내용에 따르면, 다음 중 어느 것이 구름 속 번개에 관해 사실인가?

(A) 일반적으로 인접한 구름의 상층부를 가로질러 퍼진다.

(B) 구름 간의 번개에 의해 야기되는 것보다 더 큰 천둥소리를 초래한다.

(C) 한 구름의 여러 구역 사이에 존재하는 전위 차이에 따른 결과로 발생된다.

(D) 뇌우의 모루 구름이 구름들의 하층부로 하강해 이동하는 결과를 초래한다.

[어휘]

the majority of 대부분의 **lightning discharge** 뇌방전(뇌운의 전하가 방전하는 현상) **lightning** 번개 **strike** ~와 부딪치다 **object** 물체 **occur** 발생되다 **adjacent** 인접한 **inter-cloud** 구름 간의 **occurrence** 발생, 일어남 **be more likely to do** ~할 가능성이 더 크다 **witness** ~을 목격하다 **differing** 상이한 **electric potential** 전위(전기장 내에서 단위 전하가 갖는 위치 에너지) **be known as** ~로 알려져 있다 **upper portion** 상층부 **anvil cloud** 모루구름(적란운 상층부에서 넓고 편평하게 퍼진 구름) **lower reaches** 하층부 **cause A to do** A가 ~하는 결과를 초래하다, A가 ~하게 만들다 **entire** 전체의 **light up** 환해지다, 밝아지다 **observe** ~을 관찰하다 **at great distances** 아주 먼 거리에서 **not necessarily** 반드시 ~는 아니다 **be accompanied by** ~을 동반하다 **originate** 비롯되다, 유래하다 **result in** ~을 초래하다, ~라는 결과를 낳다 **dramatic** 극적인 **display** 보여짐, 표현, 표시 **thunderclap** 천둥소리 **spread** 퍼지다, 확산되다 **as a result of** ~에 따른 결과로 **region** 영역, 지역 **shift** 이동하다 **downward** 아래쪽으로

❹ Practice 4

[정답 D]

(오답 A) 도자기가 예술 표현의 하나로 활용되었다는 내용은 2번째 문장에서 찾을 수 있지만(Pottery as an expression of art, or use as a storage vessel, has been around since the beginning of the Neolithic period.), 일본에서 주로 그러했는지 확인할 수 없으므로 오답입니다.

(오답 B) 제조 과정이 수 세기에 걸쳐 간소화되었다는 말은 디자인과 기술이 더 복잡해지게 되었다는 9번째 문장과 상반되므로 오답입니다 (Over the years, pottery designs and techniques have grown more complex).

(오답 C) 가장 초기의 생산 및 활용은 이란에서 발생된 것으로 여겨진다는 의미인데, 가장 오래된 공예품들(도자기들)이 일본에서 발견되었다는 4번째 문장과 달라 오답입니다(The oldest clay artifacts have been found in Japan).

(정답 D) 지문에서 마시고 먹는 데 도자기를 사용하는 개념이 유약의 발견과 함께 시작되었다는 내용이 6번째 문장에 있으므로 정답입니다 (The concept of using pottery ware for drinking or eating originated with the discovery of glazing).

[해석]

도자기는 가장 단순하게 정의하자면 점토를 물과 섞어 형체를 형성하고 건조시키는 과정이다. 예술 표현의 하나로서, 또는 저장 용기로서 사용되는 도자기는 신석기 시대의 시작 이후로 계속 존재해왔다. 이 시대는 대략 기원전 6,000년에 나타났으며, 도자기를 가장 오래된 고대 예술 중의 하나로 만들었다. 가장 오래된 점토 공예품은 일본에서 발견되었다. 하지만, 대략 기원전 5500년으로 거슬러 올라가는 원시적인 예가 이란에서도 발견되었다. 마시고 먹는 데 도자기 물품을 사용하는 개념은 유약의 발견과 함께 비롯되었다. 이 과정은 머그잔이나 그릇, 그리고 기타 용기들을 방수 상태로 만들어주었다. 점토를 불에 구운 도자기는 기술과 재능, 그리고 전통을 아우르는 하나의 확고한 예술 형태로 발전되었다. 세월이 흐르면서, 도자기 디자인과 기술은 더욱 복잡해지게 되었다.

지문 내용에 따르면, 다음 중 어느 것이 도자기에 관해 사실인가?
(A) 일본에서는 주로 예술 표현으로 활용되었다.
(B) 그 제조 과정이 수 세기에 걸쳐 간소화되었다.
(C) 가장 초기의 생산 및 활용은 이란에서 발생된 것으로 여겨진다.
(D) 유약 처리 과정을 거친 후에 물을 담는 데 유용하게 되었다.

[어휘]

pottery 도자기 **define** ~을 정의하다 **form** n. 형태, 종류, 유형 v. ~을 형성하다 **process** 과정 **allow A to do** A에게 ~하게 해주다 **expression** 표현 **storage** 저장, 보관 **vessel** 용기, 그릇 **have been around since** ~ 이후로 존재해왔다 **Neolithic period** 신석기 시대 **take place** (일, 사건 등) 나타나다, 발생되다 **approximately** 대략, 약 **ancient** 가장 오래된, 고대의 **artifact** 공예품 **primitive** 원시적인, 초기의 **date back to** (유래, 기원 등이) ~로 거슬러 올라가다 **ware** 물품 **originate** 비롯되다, 유래하다 **discovery** 발견 **glazing** 유약 (처리) **watertight** 방수의 **develop into** ~로 발전되다 **well-established** 확고한, 확실히 자리잡은 **tradition** 전통 **grow 형용사** ~한 상태가 되다 **complex** 복잡한 **primarily** 주로 **utilize** ~을 활용하다 **manufacturing** 제조 **simplify** ~을 간소화하다 **be believed to do** ~하는 것으로 여겨지다 **retain** ~을 유지하다 **undergo** ~을 거치다, 겪다

▪ Negative Factual Information

❶ Practice 1

[정답 C]

(오답 A) 바킬리데스의 주신 찬양가 중 일부는 대사가 없다는 내용을 3번째 문장에서(Bacchylides' dithyrambs do not contain any spoken lines and were designed to be sung entirely) 확인할 수 있으므로 오답입니다.
(오답 B) 바킬리데스의 주신 찬양가가 후대의 학자들을 놀라게 할 만한 특징을 가졌다라는 내용을 2번째 문장에서(The characteristics of his dithyrambs were not in keeping with what scholars expected to see, based on Aristotle's discussion of dithyrambs in Poetics) 확인할 수 있으므로 오답입니다.
(정답 C) 아리스토텔레스가 바킬리데스의 주신 찬양가가 예술적인 가치가 없다고 여겼다는 내용을 지문에서 확인할 수 없으므로 정답입니다.
(오답 D) 그리스 비극에 바킬리데스의 주신 찬양가가 미친 영향력이 크게 반박되고 있다는 내용을 8번째 문장에서(Many contemporary scholars cite this discovery as indisputable evidence that tragedy could not have evolved from Dionysian dithyrambs) 확인할 수 있으므로 오답입니다.

[해석]

바킬리데스는 아리스토텔레스보다 약 1세기 앞선 초기 고전 시대에 살았다. 그의 주신 찬양가가 지닌 특징은 <시학>에서 아리스토텔레스가 주신 찬양가에 대해 논한 것을 바탕으로 학자들이 확인하기를 기대한 것과 일치하지 않는다. 학자들은 그리스 비극과 더 명백히 유사한 특성들을 볼 수 있기를 기대했지만, 바킬리데스의 주신 찬양가는 말로 된 어떤 대사도 포함하지 않고 있으며, 전적으로 노래하도록 고안되어 있다. 일부는 오직 단 하나의 합창곡만을 기반으로 하며, 전혀 등장인물이 없기도 하다. 또한, 이 주신 찬양가에는 에피소드 구조가 존재하지 않는다. 이러한 발견은 주신 찬양가가 진정으로 제도화된 극작품의 예를 보여주는 것인지에 대해 의구심을 제기하게 한다. 바킬리데스의 주신 찬양가는 그리스 비극의 효시로서 거의 기능하지 못했을 것이다. 현대의 많은 학자들은 비극이 디오니소스 찬양가로부터 발전되지 못했을 수 있다는 점에 대한 부인할 수 없는 증거로 이러한 발견을 언급한다.

지문 내용에 따르면, 다음 중 어느 것이 바킬리데스 주신 찬양가에 대해 사실이 아닌가?
(A) 일부는 대화체를 포함하지 않았다.
(B) 후대의 학자들을 놀라게 한 특징들을 포함했다.
(C) 아리스토텔레스는 예술적 가치가 없는 것으로 여겼다.
(D) 그리스 비극에 대한 영향력이 크게 반박되고 있다.

[어휘]

approximately 약, 대략 **characteristic** n. 특징 **dithyramb** 주신(디오니소스) 찬양가 **in keeping with** ~와 일치하는 **scholar** 학자 **expect to do** ~하기를 기대하다 **based on** ~을 바탕으로 하는, 기반으로 하는 **property** 특성 **patently** 명백히 **similar to** ~와 유사한 **tragedy** 비극 **spoken lines** 말로 된 대사 **be designed to do** ~하도록 고안되다 **entirely** 전적으로 **chorus** 합창곡 **no ~ at all** 전혀 ~가 아니다 **episodic structure** 에피소드 구조 **findings** 발견, 결과 **cast doubt on** ~에 의구심을 제기하다 **exemplify** ~의 예를 보여주다 **institutional** 제도화된 **theater** 극작품, 연극 **hardly** 거의 ~ 않다 **function as** ~로서 기능하다 **precursor** 효시, 선구자 **contemporary** 현대의 **cite A as B** (예시, 증거 등) B로 A를 언급하다 **indisputable** 부인할 수 없는 **evolve** 발전하다, 진화하다 **include** ~을 포함하다(= contain) **conversational dialogue** 대화체 **feature** 특징 **consider A to be B** A를 B한 것으로 여기다 **devoid of** ~이 없는 **artistic merit** 예술적 가치 **influence on** ~에 대한 영향(력) **dispute** ~을 반박하다

❷ Practice 2

[정답 B]

(오답 A) 티베리우스가 젊음과 아름다움의 요소들을 두드러지게 하고자 했다는 내용을 3번째와 4번째 문장에서(Typical portraits of the esteemed Emperor Augustus (27 B.C.-14 A.D.) greatly exaggerated his beauty and youth. Following the death of Augustus, Emperor Tiberius (14-37 A.D.) insisted that this style be continued in his own portrait busts) 확인할 수 있으므로 오답입니다.

(정답 B) 티베리우스가 아우구스투스의 흉상 묘사보다 더 크게 만들어 줄 것을 요구했다는 내용은 지문에서 확인할 수 없으므로 정답입니다.

(오답 C) 아우구스투스에 대한 티베리우스의 유사성이 극도로 잘못 표현되었다는 내용을 5번째 문장에서(While Tiberius was not actually related to Augustus, his portraits portrayed a remarkable, and largely fabricated, resemblance that is believed to have linked him to the former emperor ~) 확인할 수 있으므로 오답입니다.

(오답 D) 티베리우스 황제의 흉상 묘사가 황제로서 티베리우스가 지닌 권한을 정당화하는 데 도움을 주었다는 내용도 5번째 문장에서(~ helped validate his position as a worthy successor) 확인할 수 있으므로 오답입니다.

[해석]

로마의 조각상은 연속된 각각의 제국 왕조에 의해 영향 받은 양식적 주기 내에서 이상주의와 사실주의 사이를 오갔다. 많은 초기 로마 황제들은 자신들 외모의 특정 측면들을 강조하고 강화하려 시도했는데, 이는 흔히 자신들을 존경 받던 선대 황제들과 결부시키기 위한 노력의 일환으로 나타났다. 존경 받는 아우구스투스 황제(기원전 27년 ~ 서기 14년)의 전형적인 묘사는 그의 아름다움과 젊음을 크게 과장했다. 아우구스투스 사망 후에, 티베리우스 황제(서기 14년 ~ 37년)는 이러한 양식이 자신의 흉상 묘사에 지속되어야 한다고 주장했다. 티베리우스는 실제로 아우구스투스와 관련이 없었지만, 그의 흉상에는 크게 조작된 놀라운 유사성이 묘사되었는데, 이는 선대 황제와 연관 지었을 것으로 여겨지는 점이며, 훌륭한 계승자로서의 지위를 입증하는 데 도움을 주었다.

지문 내용에 따르면, 다음 중 어느 것이 티베리우스 황제의 흉상 묘사에 대해 사실이 아닌가?
(A) 젊음과 아름다움에 대한 요소들을 두드러지게 하려 시도했다.
(B) 티베리우스는 아우구스투스의 것보다 더 커야 한다고 요구했다.
(C) 아우구스투스에 대한 티베리우스의 유사성이 극도로 잘못 표현되었다.
(D) 황제로서 티베리우스가 지닌 권한을 정당화하는 데 도움을 주었다.

[어휘]

statuary 조각상 **alternate between A and B** A와 B 사이를 번갈아 오가다 **idealism** 이상주의 **realism** 사실주의 **stylistic** 양식의 **influence** ~에 영향을 미치다 **successive** 연속된, 연이은 **imperial dynasty** 제국 왕조 **emperor** 황제 **seek to do** ~하려 시도하다 **emphasize** ~을 강조하다 **enhance** ~을 강화하다 **aspect** 측면, 양상 **appearance** 외모, 외양 **in an effort to do** ~하기 위한 노력의 일환으로 **affiliate A with B** A를 B와 결부시키다 **revered** 존경 받는(= esteemed) **predecessor** 전임자 **portrait** 묘사, 초상(화) **exaggerate** ~을 과장하다 **following** ~ 후에 **bust** 흉상 **be related to** ~와 관련되다 **portray** ~을 묘사하다 **remarkable** 놀라운, 주목할 만한 **fabricated** 조작된 **resemblance** 유사(성) **link A to B** A를 B와 연관 짓다 **former** 이전의 **validate** ~을 입증하다 **worthy** 훌륭한 **successor** 계승자 **accentuate** ~을 두드러지게 하다, 강조하다 **element** 요소 **likeness** 유사성 **grossly** 극도로, 지독히 **misrepresent** ~을 잘못 표현하다 **legitimize** ~을 정당화하다 **competence** 권한

❸ Practice 3

[정답 B]

(오답 A) 피크 오일이 나타났다는 부정확한 추정에 대해서 4번째 문장에서(In recent years, experts have predicted on numerous occasions that peak oil had been reached, but their fears proved to be unfounded) 확인할 수 있으므로 오답입니다.

(정답 B) 피크 오일로 인해 발생될 수 있는 환경 피해는 지문에서 확인할 수 없으므로 정답입니다.

(오답 C) 피크오일이 도달하기 위해 반드시 나타나야 하는 경향에 관한 내용을 1번째와 2번째, 그리고 3번째 문장에서 확인할 수 있으므로 오답입니다.

(오답 D) 피크 오일을 지연시키는 데 도움이 된 기술 발전을 언급한 부분을 5번째 문장에서(Indeed, improved surveying methods and advanced extraction technologies like hydraulic fracturing ~) 확인할 수 있으므로 오답입니다.

[해석]

세계적인 원유 생산이 최고 비율에 도달했다가 하락하기 시작하는 가상의 시점을 "피크 오일"이라고 일컫는다. 특히, 이는 추출을 위한 새로운 유전을 찾으려는 도전의 증가와 결부되어 가속화되는 석유 생산 감소 문제가 존재한다는 것을 의미한다. 기존의 유전이 고갈되는 것보다 더 빠르게 새로운 유전이 개발되지 못한다면, 피크 오일에 도달하게 된다. 최근 몇 년 사이에, 전문가들은 다수의 경우에 있어 피크 오일에 도달했음을 예측했지만, 그들의 우려는 근거 없는 것으로 드러났다. 실제로, 향상된 측량 방법 및 수압 파쇄 같은 진보한 추출 기술은 정유회사들에게 아주 많은 미개발 유전을 발견할 수 있게 해주었다.

다음 중 피크 오일에 대한 글쓴이의 설명에 언급되지 않는 것은 무엇인가?

Ⓐ 피크 오일이 나타났다는 부정확한 추정

Ⓑ 피크 오일에 따른 결과로 나타날 수 있는 환경적 피해

Ⓒ 피크 오일에 도달하기 위해 반드시 나타나야 하는 경향

Ⓓ 피크 오일을 지연시키는 데 도움이 된 기술 발전

[어휘]

hypothetical 가상의 **crude oil** 원유 **maximum** 최고의 **rate** 비율, 속도 **decline** v. 하락하다, 감소하다 n. 하락, 감소 **be referred to as** ~라고 일컬어지다 **peak oil** 피크 오일(석유 생산이 최고점에 이르는 시점으로, 이후에 급격한 감소가 나타나면 투자 감소나 전쟁 등의 원인이 되기도 함) **specifically** 특히, 구체적으로 **accelerated** 가속화된 **coupled with** ~와 결부되어 **oil reserves** 유전, 석유 매장량 **extract from** ~에서 추출하다 **exploit** (자원 등) ~을 개발하다 **existing** 기존의 **deplete** ~을 고갈시키다 **reach** ~에 도달하다 **predict that** ~라고 예측하다 **on numerous occasions** 다수의 경우에 **fear** 우려 **prove to be A** A인 것으로 드러나다, 입증되다 **unfounded** 근거 없는 **improve** 향상된, 개선된 **surveying** 측량 **method** 방법 **advanced** 진보한, 발전된 **extraction** 추출 **hydraulic fracturing** 수압 파쇄(고압의 물을 주입해 지하의 암석을 파쇄하는 기술) **allow A to do** A에게 ~할 수 있게 해주다 **discover** ~을 발견하다 **a vast number of** 아주 많은 (수의) **untapped** 미개발된 **incorrect** 부정확한 **assumption** 추정 **trend** 경향, 추세 **in order for A to do** A가 ~하기 위해 **help do** ~하는 데 도움이 되다 **delay** ~을 지연시키다

❹ Practice 4

[정답 C]

(오답 A) 상당한 양의 물이 얼었다는 내용을 3번째 문장에서(Due to an extensive period of glaciation, massive amounts of water became trapped in an ice cap ~) 확인할 수 있으므로 오답입니다.

(오답 B) 대기의 이산화탄소 수준이 빠르게 하락했다는 내용을 4번째 문장에서(At the same time, the relatively rapid rise of the Appalachian Mountains in North America removed large amounts of carbon dioxide from the atmosphere ~) 확인할 수 있으므로 오답입니다.

(정답 C) 심해 생물체들이 바닷물 온도 변화로 인해 죽었다는 내용은 지문에서 확인할 수 없으므로 정답입니다.

(오답 D) 서로 다른 종의 숫자가 장기간 지속적으로 증가했다는 내용을 2번째 문장에서(For almost 30 million years, the Ordovician period had seen a surge in species diversity ~) 확인할 수 있으므로 오답입니다.

[해석]

지구상에서 처음으로 알려진 대규모 멸종은 약 4억 8천 5백만 년 전인 오르도비스기가 끝날 때 발생되었다. 거의 3천만년 동안, 오르도비스기에 종의 다양성이 급증했지만, 이 시대가 끝나가면서, 여러 대단히 파괴적인 변화가 일어났다. 광범위한 빙하 시대로 인해, 엄청나게 많은 양의 물이 남극 대륙 전역에 광범위하게 펼쳐진 빙원에 갇혀 있게 되었다. 당시에, 북아메리카 지역에서 비교적 빠른 애팔래치아 산맥의 상승이 대기에서 많은 양의 이산화탄소를 없애면서, 지구 전역의 기온이 빠르게 떨어지도록 초래했다. 그 뒤로, 해수면이 수백 피트 낮아졌고, 수온은 곤두박질쳤다. 얕은 물의 서식지에 살던 모든 해양 생물체는 빠르게 전멸되었다. 해수면 및 기온 하락을 견뎠던 소수의 심해 수생 종도 결국 해양 산소량 감소 및 수중 유독성 증가로 인해 멸종되었다.

지문 내용에 따르면, 다음 중 어느 것이 오르도비스기에 발생된 일이 아닌가?

Ⓐ 상당한 양의 물이 얼어붙게 되었다.
Ⓑ 대기의 이산화탄소 수준이 빠르게 하락했다.
Ⓒ 심해 생물체들이 바닷물 온도 변화로 인해 죽었다.
Ⓓ 서로 다른 종의 숫자가 장기간 지속적으로 증가했다.

[어휘]

mass extinction 대규모 멸종 **take place** (일, 사건 등이) 발생되다, 일어나다 **Ordovician period** 오르도비스기 **approximately** 약, 대략 **see** (시대 등에) ~가 발생되다, 나타나다 **surge in** ~의 급증 **species diversity** 종의 다양성 **draw to a close** 끝나가다 **devastating** 대단히 파괴적인 **extensive** 광범위한 **period of glaciation** 빙하기 **massive** 엄청나게 많은, 어마어마한 **trapped** 갇힌 **ice cap** 빙원 **stretch** (지역 등이) 펼쳐져 있다, 뻗어 있다 **far and wide** 광범위하게 **landmass** 대륙, 땅덩어리 **relatively** 비교적, 상대적으로 **remove** ~을 없애다, 제거하다 **carbon dioxide** 이산화탄소 **atmosphere** 대기 **cause A to do** A가 ~하도록 초래하다 **subsequently** 그 뒤로, 나중에 **plummet** 곤두박질치다, 급락하다 **creature** 생물체 **shallow-water** 얕은 물의 **habitat** 서식지 **wipe out** ~을 전멸시키다 **endure** ~을 견디다 **die out** 멸종되다 **toxicity** 유독성 **significant** 상당한 **organism** 생물체 **perish** 죽다, 소멸되다 **for a prolonged time** 장기간

▪ Vocabulary

❶ Practice 1

[정답 A]

(정답 A) '감소하다'라는 뜻으로 diminish와 동일한 의미를 지니는 동사이므로 정답입니다.
(오답 B) '존재하다'를 의미하는 동사로서 diminish와 아무런 관계가 없는 오답입니다.
(오답 C) '과소평가하다, 비하하다' 등을 의미하므로 오답입니다.
(오답 D) '둘로 나누다' 혹은 '반으로 줄이다'라는 의미를 나타내므로 정답이 될 수 없습니다.

[해석]

서남부 지역의 사막은 점점 더 늘어나고 있고, 대규모 면적의 땅에서 초목이 제거되었으며, 이로 인해 침식 또는 표토를 날려버릴 수 있는 바람을 막아주는 보호 장치가 남아있지 않게 되었다. 식물 집단은 감소했으며, 그 땅은 매우 건조해져서 그것을 경작하려는 어떠한 시도도 소용없는 것으로 드러났다.

지문 속 단어 "diminished"와 의미가 가장 가까운 것은 무엇인가?

Ⓐ 감소했다
Ⓑ 존재했다
Ⓒ 과소평가했다, 비하했다
Ⓓ 둘로 나눴다, 반으로 줄였다

[어휘]

region 지역 **grow** 늘어나다, 커지다 **large tracts of** 대규모 면적의 **strip A of B** A에서 B를 제거하다, 없애다 **vegetation** 초목 **leave** ~을 남기다 **protection against** ~을 막는 보호 **erosion** 침식, 부식 **blow A away** A를 날려버리다 **topsoil** 표토 **population** 집단, 개체 수 **diminish** 감소하다, 줄어들다 **attempt to do** ~하려는 시도 **cultivate** ~을 경작하다, 일구다 **prove 형용사** ~한 것으로 드러나다, 입증되다 **futile** 소용 없는, 헛된

❷ Practice 2

[정답 C]

(오답 A) '혐오감을 주는, 역겨운' 등을 의미하므로 enticing과 반의어 관계로 볼 수 있는 오답입니다.
(오답 B) '지속되는, 오래가는'이라는 뜻을 나타내므로 enticing과 관련 없는 오답입니다.
(정답 C) '매력적인'이라는 뜻으로 enticing과 같은 의미를 나타내는 또 다른 형용사이므로 정답입니다.
(오답 D) '이로운, 유리한' 등을 의미하므로 정답이 될 수 없습니다.

[해석]

또 다른 생물체에 의한 이와 같은 꽃가루 이전을 생물 수분이라고 부른다. 이것은 모든 수분의 약 80%를 차지한다. 이러한 방식으로 수분하는 유일한 생물체가 벌만 있는 것은 아니다. 벌새와 과일 박쥐, 파리, 그리고 나비도 모두 거의 같은 일을 한다. 이러한 생물체들을 끌어들이기 위해, 꽃들은 각각의 꽃가루 매개자들에게 매력적인 상태로 만들어주는 특징들을 진화시켜왔다.

지문 속 단어 "enticing"과 의미가 가장 가까운 것은 무엇인가?

(A) 혐오감을 주는, 역겨운
(B) 지속되는, 오래가는
(C) 매력적인
(D) 이로운, 유리한

[어휘]

transfer 이전, 이동 **pollen** 꽃가루, 화분 **creature** 생물체 **biotic** 생물의 **pollination** 수분 **make up** (비율 등) ~을 차지하다, 구성하다 **approximately** 약, 대략 **pollinate** 수분하다 **in order to do** ~하기 위해 **attract** ~을 끌어들이다 **evolve** ~을 진화시키다, 발달시키다 **characteristic** n. 특징 **enticing** 매력적인 **respective** 각각의 **pollinator** 꽃가루 매개자

❸ Practice 3

[정답 B]

(오답 A) '기여하다' 혹은 '원인이 되다'라는 의미를 나타내므로 incorporate과 아무런 관계가 없습니다.
(정답 B) '포함하다'라는 뜻으로 incorporate과 같은 의미를 나타내는 또 다른 동사이므로 정답입니다.
(오답 C) '승인하다' 혹은 '인정하다'라는 의미를 나타내므로 incorporate과 아무런 관계가 없습니다.
(오답 D) '유발하다'를 의미하므로 정답이 될 수 없습니다.

[해석]

그 역사 전반에 걸쳐, 도자기는 지역적으로 그리고 예술적으로 목적에 부합해왔다. 따라서, 도자기 작품이 지닌 디자인은 그 작품의 유래를 반영하는 아주 많은 문화를 포함한다. 예를 들어, 기원전 7세기에, 흑화식 기법이 그리스 도자기 디자인에 흔히 사용되었다. 흑화식 도자기는 세부 요소에 대해 붉은색과 흰색을 활용했다. 날카로운 도구 또는 손톱을 활용해 윤곽선을 만들거나 미세한 세부 요소를 새겨 넣었다.

지문 속 단어 "incorporates"와 의미가 가장 가까운 것은 무엇인가?

(A) 기여하다, 원인이 되다
(B) 포함하다
(C) 승인하다, 인정하다
(D) 유발하다

[어휘]

pottery 도자기 **serve a purpose** 목적에 부합하다 **domestic** 자국의, 국내의 **as such** 따라서, 그러한 이유로 **piece** 작품 **incorporate** ~을 포함하다, 통합하다 **a great deal of** 아주 많은 **reflect** ~을 반영하다 **origin** 유래, 기원 **black-figure technique** 흑화식 기법 **commonly** 흔히 **details** 세부 요소 **outline** 윤곽선 **engrave** ~을 새기다

❹ Practice 4

[정답 D]

(오답 A) '필수적인'이라는 의미를 가지고 있으므로 notable의 동의어로 어울리지 않는 오답입니다.
(오답 B) '필수적인, 본질적인' 등의 의미를 가지고 있으므로 오답입니다.
(오답 C) '불가피한' 혹은 '필연적인'이라는 의미를 나타내므로 정답이 될 수 없습니다.
(정답 D) '놀랄 만한'의 의미도 있지만, notable과 마찬가지로 '주목할 만한' 혹은 '두드러진'이라는 의미로도 쓰이므로 정답입니다.

[해석]

고대 이집트 예술에서 가장 주목할 만한 특징들 중의 하나는 인물들의 명백한 불균형이다. 파라오는 항상 그림 속에서 가장 큰 인물이었는데, 때때로 하마나 사자보다 두 배나 더 크기도 했다. 파라오 왕비는 신분과 상관없이, 아이들보다 겨우 조금 더 크게 묘사되었는데, 이 아이들은 대략적으로 아버지인 왕의 무릎 높이였다. 조각품에서는, 파라오의 머리가 흔히 몸통보다 두 배 더 컸다.

지문 속 단어 "notable"과 의미가 가장 가까운 것은 무엇인가?

Ⓐ 필수적인
Ⓑ 필수적인, 본질적인
Ⓒ 불가피한, 필연적인
Ⓓ 주목할 만한, 두드러진, 놀랄 만한

[어휘]

notable 주목할 만한, 눈에 띄는 **characteristic** n. 특징 **obvious** 명백한, 분명한 **disproportion** 불균형 **figure** 인물 **twice the size of** ~보다 크기가 두 배인 **regardless of** ~와 상관없이 **status** 신분, 지위 **depict** ~을 묘사하다 **slightly** 조금, 약간 **about** 약, 대략 **sculpture** 조각품

❺ Practice 5

[정답 D]

(오답 A) '어마어마한, 가공할' 등을 뜻하므로 subjected와 관계없는 오답입니다.
(오답 B) '우세한, 지배적인' 등을 뜻하므로 subjected와 관계없는 오답입니다.
(오답 C) '임박한'이라는 의미를 나타내므로 정답이 될 수 없습니다.
(정답 D) '노출된'이라는 뜻을 나타내는데, 지문 속에서 '대상이 되는'을 뜻하는 subjected와 유사한 의미에 해당되므로 정답입니다.

[해석]

지리적 종분화라고도 알려진 이소적 종분화 과정 중에, 하나의 집단은 두 가지 지역적으로 격리된 집단으로 나뉘게 된다. 이 두 가지 집단은 그 후에 서로 다른 환경적 압력의 대상이 되거나 유전적으로 서로 독립적으로 발달함에 따라 추가적으로 나뉘게 된다.

지문 속 단어 "subjected"와 의미가 가장 가까운 것은 무엇인가?

Ⓐ 어마어마한, 가공할
Ⓑ 우세한, 지배적인
Ⓒ 임박한, 곧 닥칠
Ⓓ 노출된

[어휘]

allopatric speciation 이소적 종분화(지리적 격리에 따른 집단의 분화로 상이한 종들이 새롭게 형성되는 것) **geographic** 지리적인 **population** 집단, 개체 수 **split into** ~로 나뉘다 **isolated** 격리된, 고립된 **further** 추가적으로, 한층 더 **be subjected to** ~의 대상이 되다 **pressure** 압력, 압박 **genetically** 유전적으로 **develop** 발달하다 **independently** 독립적으로

❻ Practice 6

[정답 B]

(오답 A) '들어올리다'를 뜻하므로 retain과 관계없는 오답입니다.
(정답 B) '보존하다, 지키다'라는 뜻을 나타내는데, 지문 속에서 '유지하다'를 뜻하는 retain과 유사한 의미에 해당되므로 정답입니다.
(오답 C) '(정보, 반응 등을) 이끌어내다'라는 의미를 나타내므로 정답이 될 수 없습니다.
(오답 D) '단언하다'를 뜻하므로 retain과 관계없는 오답입니다.

[해석]

가축도 땅을 다지기 때문에 땅이 수분을 유지할 수 없다. 이 풀들의 뿌리 체계는 미국 동부 지역의 그것과 다르며, 소나 양 같이 육중한 방목 가축에 의해 압력을 견디지 못한다. 대부분의 서부 지역 토착 식물은 육중한 동물의 갈라진 발굽에 의해 자주 발생되는 격한 쿵쾅거림을 견딜 준비가 잘 되어 있지 않다. 작은 식물과 묘목은 쉽게 죽으며, 더 큰 식물은 피해를 입고 노출된다. 이것이 바로 사막화의 주요 원인들 중 하나이다.

지문 속 단어 "retain"과 의미가 가장 가까운 것은 무엇인가?
Ⓐ 들어올리다
Ⓑ 보존하다, 지키다
Ⓒ (정보, 반응 등을) 이끌어내다
Ⓓ 단언하다

[어휘]

livestock 가축 **compact** v. ~을 다지다, 단단하게 하다 **retain** ~을 유지하다 **moisture** 수분, 습기 **pressure** 압력, 압박 **grazer** 방목 가축 **cattle** 소 **native** 토착의, 토종의 **ill-equipped** 준비가 잘 되어 있지 않은, 제대로 갖추지 않은 **survive** ~을 견디다 **frequent** 잦은 **intense** 격한, 강렬한 **pounding** 쿵쾅거림 **cloven** 갈라진 **hoof** 발굽 **seedling** 묘목 **harm** v. ~에 피해를 입히다 **expose** ~을 노출시키다 **desertification** 사막화

❼ Practice 7

[정답 C]

(오답 A) '(새로운 말을) 만들어내다, (주화를) 주조하다'를 뜻하므로 exploit과 관계없는 오답입니다.
(오답 B) '혹평하다' 혹은 '비난하다'라는 뜻을 나타내므로 exploit과 동의어 관계가 없는 오답입니다.
(정답 C) '남용하다' 혹은 '오용하다'를 의미하는 단어로서 지문 속에서 어떤 지위를 부정적으로 활용한다는 뜻으로 쓰인 exploit과 의미가 비슷하므로 정답입니다.
(오답 D) '설명하다'를 뜻하므로 exploit과 관계없는 오답입니다.

[해석]

중세 시대에는 동양과 중동 사이에서 이슬람 상인들이 지배한 향신료 무역이 존재했다. 아랍인들이 길게 줄지어 선 진취적인 상인들로 구성되어 체계적이지는 않았지만 수익성이 좋은 향신료 무역을 통제했다. 이 아랍인들이 동양에서 무역을 지배하는 동안 베니스는 지중해 지역의 향신료 무역을 독점했다. 뛰어난 해군력을 보유했던 베니스 사람들은 중동에서 유럽의 나머지 지역으로 향신료를 실어 날랐다. 베니스는 이러한 지위를 활용해 부유해졌지만, 유럽 국가들의 미움을 샀다.

지문 속 단어 "exploiting"과 의미가 가장 가까운 것은 무엇인가?

(A) (새로운 말을) 만들어내어, (주화를) 주조하여

(B) 혹평하여, 비난하여

(C) 남용하여, 오용하여

(D) 설명하여

[어휘]

medieval 중세의 **see** (시대 등을 주어로) ~가 발생되다, 일어나다 **spice trade** 향신료 무역 **dominate** ~을 지배하다 **merchant** 상인 **control** ~을 통제하다, 제어하다 **unorganized** 체계적이지 않은 **lucrative** 수익성이 좋은 **consist of** ~로 구성되다 **enterprising** 진취적인 **monopolize** ~을 독점하다 **possess** ~을 보유하다 **naval power** 해군력 **the rest of** ~의 나머지 **grow 형용사** ~한 상태가 되다 **exploit** ~을 활용하다, 이용하다 **position** 지위, 입장 **be detested by** ~의 미움을 사다, ~의 눈총을 맞다

❽ Practice 8

[정답 D]

(오답 A) '부패하다, 분해하다' 등을 뜻하므로 yield와 동의어가 될 수 없는 오답입니다.

(오답 B) '인지하다'라는 의미를 나타내므로 yield와 동의어가 될 수 없는 오답입니다.

(오답 C) '강요하다, 제한하다' 등을 뜻하므로 yield와 동의어가 될 수 없는 오답입니다.

(정답 D) '생산하다'라는 의미를 나타내므로 yield와 동일한 뜻으로 쓰이는 정답입니다. yield는 '생산하다' 외에 '항복하다' 혹은 '산출하다' 라는 의미로도 많이 쓰이는 다의어로서 토플 리딩의 빈출 단어이므로 꼭 기억할 필요가 있습니다.

[해석]

신진 대사는 생체 내에서 화학 물질이 에너지를 만들어내도록 분해되는 일련의 필수 과정을 수반하며, 이 과정은 생명을 지탱하는 데 필수적이다. 신진 대사 속도는 얼마나 빨리 이 과정이 발생되는지에 대한 척도이다. 이 속도를 조절함으로써, 포유류는 필수적인 기능을 목적으로 하는 에너지 생산을 제어할 수 있다.

지문 속 단어 "yield"와 의미가 가장 가까운 것은 무엇인가?

(A) 부패하다, 분해하다

(B) 인지하다

(C) 강요하다, 제한하다

(D) 생산하다

[어휘]

metabolism 신진 대사 **involve** ~을 수반하다, 포함하다, ~와 관련되다 **a series of** 일련의 **vital** 필수적인, 생명 유지에 필요한 **process** 과정 **chemical substance** 화학 물질 **break down** ~을 분해하다 **yield** ~을 만들어내다, 생산하다 **support** ~을 지탱하다, 지지하다 **rate** 속도, 비율 **measure** 척도, 기준, 조치 **take place** (일, 사건 등이) 발생되다, 일어나다 **regulate** ~을 조절하다, 규제하다 **mammal** 포유류 **output** 생산(량), 산출(량) **intended for** ~을 목적으로 하는, 대상으로 하는 **function** 기능

▪ Rhetorical Purpose

❶ Practice 1

[정답 C]

(오답 A) 종교적 축제가 인기가 높아졌다는 내용은 지문에서 찾아볼 수 없으므로 오답입니다.

(오답 B) 디오니소스가 그리스에서 연극의 신으로 여겨진 것과 관련된 내용도 지문에서 찾아볼 수 없으므로 오답입니다.

(정답 C) 연극의 시작(the origins of theatre)으로서 종교적 축제의 예시를 들어준다는 의미인데, 지문의 1번째와 2번째 문장에서 알 수 있듯이 디오니소스 종교 의식을 언급한 이유에 해당되므로 정답입니다.

(오답 D) 디오니소스 숭배 집단이 축제의 바탕을 연극에 두고 있었다는 내용은 지문 주제와 관련 없는 오답입니다.

[해석]

연극의 기원에 관한 한 가지 일반적인 이론은 그리스 철학자 아리스토텔레스가 기원전 335년에 쓴 것으로서 가장 초기의 작품으로 남아 있는 <시학>을 통해 얻은 결론에서 유래한다. 아리스토텔레스는 연극이 사실 그리스 북부에 위치한 디오니소스 숭배 집단에 의해 실행되었던 디오니소스 종교 의식과 같은 종교적인 축제의 일환으로 시작되었다고 주장하고 있다. 디오니소스는 술과 농업, 그리고 풍요의 신이자, 연극의 수호신이다. 그리스 신화학자들이 디오니소스가 연극을 관장한다고 말하는 이유들 중 하나는 그가 글을 읽고 쓸 줄 아는 유일한 신들 중 한 명이었기 때문이다.

글쓴이는 왜 "디오니소스 종교 의식"을 언급하는가?

Ⓐ 왜 종교적 축제가 기원전 335년에 인기가 높아졌는지 설명하기 위해

Ⓑ 왜 디오니소스가 그리스에서 연극의 신으로 여겨졌는지 이야기하기 위해

Ⓒ 연극의 시작으로써 종교적 축제의 예시를 들어 주기 위해

Ⓓ 디오니소스 숭배 집단이 축제의 바탕을 연극에 두고 있었다고 주장하기 위해

[어휘]

origin 기원, 유래 **stem from** ~에서 유래하다, ~에 기인하다 **theatre** 연극 **conclusion** 결론 **philosopher** 철학자 **surviving** 남아 있는, 잔존하는 **suggest that** ~라고 주장하다, 제안하다 **as part of** ~의 일환으로 **religious** 종교적인 **ritual** 종교 의식 **practice** ~을 실행하다 **cult** 숭배 집단 **located in** ~에 위치한 **agriculture** 농업 **fertility** 풍요, 비옥함 **patron god** 수호신 **mythologist** 신화학자 **preside over** ~을 관장하다, 주재하다 **increase in popularity** 인기가 높아지다 **be considered A** A로 여겨지다 **base A on B** A의 바탕을 B에 두다 **theatrical play** 연극

❷ Practice 2

[정답 D]

(오답 A) 지구의 표면을 연구하는 데 활용된 과학적 방법을 설명한다는 의미이며, 지문에서 과학적 방법에 대한 정보를 확인할 수 없으므로 오답입니다.

(오답 B) 웨그너의 초기 대륙 이동설에 담겨 있는 부정확함을 강조하기 위해 판의 발견을 언급한 것이 아니므로 오답입니다.

(오답 C) 지진을 판구조론과 연관 짓는 데 뒷받침하는 증거를 제공하기 위해 판의 발견을 언급한 것이 아니므로 오답입니다.

(정답 D) 웨그너의 이론에 어떻게 다시 흥미가 생겼는지에 대한 근거는 새로운 발견이 웨그너의 이론에 흥미를 되찾게 했다(a new discovery revived interest in Wegener's ideas)는 지문의 내용에서 찾아볼 수 있으므로 정답입니다. Rhetorical Purpose 문제는 이 문제처럼 지문에 따로 음영 표기가 되어있지 않기도 합니다. 이 경우, keyword와 관련된 모든 부분을 읽고 정답을 골라야 합니다.

[해석]

웨그너의 대륙 이동설에 대한 주된 반대는 큰 땅덩어리들이 해저를 헤치고 나아가 새로운 위치로 자신의 길을 찾아가는 것이 불가능하다는 점이다. 하지만, 거의 반 세기 후에, 새로운 발견이 웨그너의 아이디어에 대한 관심을 되살렸으며, 판구조론이라는 이론을 낳게 되었다. 과학자들은 지구의 표면이 판이라고 불리는 일련의 암석 판 위에 세워져 있다는 사실을 발견했다. 그 최상층은 여러 개의 크고 작은 판들로 나뉘며, 더 뜨겁고 곳곳으로 미끄러져 움직일 수 있는 층을 타고 다니면서 움직인다. 이 판들이 움직이면서, 때때로 서로 맞닥뜨리게 되어, 산맥을 형성하고 지진을 초래한다. 이들이 움직이면서, 지속적으로 지구의 지각을 만들거나 파괴한다. 대부분의 움직임은 판 사이에 위치한 판 경계 근처의 좁은 구역에서 발생된다.

글쓴이는 왜 판의 발견을 언급하는가?

Ⓐ 지구의 표면을 연구하는 데 활용된 과학적 방법을 설명하기 위해
Ⓑ 웨그너의 초기 대륙 이동설에 담겨 있는 부정확함을 강조하기 위해
Ⓒ 지진을 판구조론과 연관 짓는 데 뒷받침하는 증거를 제공하기 위해
Ⓓ 어떻게 웨그너의 아이디어에 대해 새로워진 관심이 초래되었는지 설명하기 위해

[어휘]

primary 주된 **objection to** ~에 대한 반대 **continental drift** 대륙 이동성 **landmass** 땅덩어리 **plow through** ~을 헤치고 나아가다 **bottom of the sea** 해저 **on one's way to** ~로 이동하는 중인 **nearly** 거의 **though** (문장 중간이나 끝에서) 하지만 **discovery** 발견 **revive interest in** ~에 대한 관심을 되살리다 **result in** ~라는 결과를 낳다, ~을 초래하다 **theory** 이론 **plate tectonics** 판구조론 **surface** 표면, 지면 **a series of** 일련의 **slab** 판 **top layer** 최상층 **be broken into** ~로 나뉘다 **slide** 미끄러져 움직이다 **bump into** ~와 맞닥뜨리다 **form** ~을 형성하다 **cause** ~을 초래하다, 야기하다 **constantly** 지속적으로 **destroy** ~을 파괴하다 **crust** 지각 **narrow** 좁은 **boundary** 경계선 **illustrate** ~을 설명하다 **method** 방법 **highlight** ~을 강조하다 **inaccuracy** 부정확함 **supporting** 뒷받침하는 **evidence** 증거 **link A with B** A를 B와 연관 짓다 **renewed** 새로워진 **bring about** ~을 초래하다, 야기하다

❸ Practice 3

[정답 B]

(오답 A) 어떻게 네덜란드가 중세 시대에 외국의 농업 방식과 기술을 받아들였는지를 설명한다는 의미인데, 외국의 농업 방식과 기술은 지문에 설명된 바가 없으므로 오답입니다.
(정답 B) 네덜란드 사람들이 육지의 상태를 보존하기 위해 어떻게 스스로 진취성을 보였는지 설명한다는 의미로서, 지문의 주제를 나타내는 2번째 문장과 내용이(Since the Middle Ages, the land has been carefully managed by an intricate system of drains and water control mechanisms in order to preserve its integrity) 일치하여 정답입니다.
(오답 C) 네덜란드 사람들이 저지대의 가혹의 환경에서 생활하기를 주저했던 이유를 강조한다는 뜻이지만, 지문에서 확인할 수 없으므로 오답입니다.
(오답 D) 배수 시스템과 급수 조절 장치가 네덜란드의 경제 발전에 필수적이었다는 내용도 지문에서 확인할 수 없으므로 오답입니다.

[해석]

네덜란드 사람들은 '우리 국민들이 육지를 만들어냈다'고 말하는 것을 좋아한다. 북해와 독일, 그리고 벨기에 사이에 자리잡고 있는 이 국가는 일련의 벽과 수로들로 구분된 저지대에 뻗어 있는 육지를 특징으로 한다. 중세 시대 이후로, 이곳의 육지는 그 온전함을 보존하기 위해 복잡한 배수 시스템과 급수 조절 장치에 의해 신중하게 관리되어 왔다. 북부 및 서부 지역은 저지대로 일컬어지고 있으며, 불과 해발 3피트 높이에 위치해 있다. 땅 속에서 발견되는 높은 지하 수위 및 바다와의 인접함이 정착민들에게 엄청난 어려움을 제공해왔다. 실용적인 배수 방식의 개발과 함께, 네덜란드는 생활 및 농업에 적합한 지역이 되었다.

글쓴이는 왜 "복잡한 배수 시스템과 급수 조절 장치"를 언급하는가?

Ⓐ 어떻게 네덜란드가 중세 시대에 외국의 농업 방식과 기술을 받아들였는지 설명하기 위해

Ⓑ 어떻게 네덜란드 국민들이 육지의 상태를 보존하기 위해 스스로 진취성을 보였는지 설명하기 위해

Ⓒ 왜 네덜란드 사람들이 저지대의 가혹의 환경에서 생활하기를 주저했는지 강조하기 위해

Ⓓ 배수 시스템과 급수 조절 장치가 네덜란드의 경제 발전에 필수적이었음을 주장하기 위해

[어휘]

local n. 지역 주민 **create** ~을 만들어내다 **nestle** 자리 잡다 **feature** ~을 특징으로 하다 **low-lying** 낮게 위치한 **stretch** 뻗어 있는 지역, 구간 **divided by** ~로 구분된, 나뉜 **a series of** 일련의 **intricate** 복잡한 **drain** 배수관 **mechanism** 장치, 기계 **in order to do** 하기 위해 **preserve** ~을 보존하다 **integrity** 온전함 **be referred to as** ~로 일컬어지다 **Lowlands** 저지대 **lie** 놓여 있다 **water table** 지하 수위 **soil** 땅, 토양 **proximity to** ~와의 인접함 **present** ~을 제공하다, 제시하다 **formidable** 엄청난, 가공할 만한 **settler** 정착민 **practical** 실용적인, 현실적인 **drainage** 배수 **suitable** 적합한 **illustrate** ~을 설명하다 **use one's initiative** 진취성을 보이다, 솔선수범하다 **highlight** ~을 강조하다 **be reluctant to do** ~하기를 주저하다, 꺼리다 **harsh** 가혹한 **integral** 필수적인 **economic rise** 경제 발전

❹ Practice 4

[정답 C]

(오답 A) 열 보존을 위해 함께 옹기종기 붙어 모이는 것의 중요성을 강조한다는 의미인데, 이러한 내용이 지문에 있기는 하지만 단순히 그러한 행동의 중요성을 강조하는 것이 다람쥐를 언급한 이유가 아니므로 오답입니다.

(오답 B) 일부 동물이 유전적으로 추운 기후에 적응했는지 설명한다는 의미지만, 지문에 유전과 관련된 내용은 언급되어 있지 않습니다.

(정답 C) 추운 날씨에 대한 반응 행동의 예시를 제공한다는 의미인데, 1번째 문장에서 알 수 있듯이 이는 지문의 주제인 유난히 추운 기후와 직면할 때, 포유류가 보온을 위해 의식적으로 반응하면서 보이는 행동 조치를 (When faced with unusually cold climates, a mammal may consciously respond and take some simple behavioral steps to keep warm) 말하는 것이므로 정답입니다.

(오답 D) 동물이 더 따뜻한 서식지를 찾아내는 경향이 있다는 이론을 뒷받침한다는 의미인데, 지문에서 찾아볼 수 없는 내용이므로 오답입니다.

[해석]

유난히 추운 기후와 직면할 때, 포유류는 보온을 위해 의식적으로 반응해 몇 가지 간단한 행동 조치를 취할 수 있다. 다람쥐는 함께 옹기종기 붙어 모이는 것으로 알려져 있는데, 이는 열이 손실되어 빠져나가는 표면적을 줄여준다. 이것이 또한 다람쥐가 체온을 다른 다람쥐들과 공유할 수 있기 때문에 도움이 된다. 또 하나 유사한 방법은, 포유류가 다른 동료들이 함께 있지 않을 때, 공 모양으로 동그랗게 구부리는 것인데, 마찬가지로 표면적을 줄여준다. 이는 개와 고양이, 그리고 수없이 많은 다른 동물들이 불편할 정도로 추운 기온과 맞닥뜨릴 때 보이는 습관이다. 유사하게, 높은 기온과 직면할 때, 행동적인 특징은 그늘을 찾아내거나 물 속에서 수영하는 것만큼 단순해질 수 있다. 코뿔소는 심지어 편안한 온도를 얻기 위해 진흙 속에서 뒹굴기도 한다.

글쓴이는 왜 "다람쥐"를 언급하는가?

Ⓐ 열 보존을 위해 함께 옹기종기 붙어 모이는 것의 중요성을 강조하기 위해

Ⓑ 어떻게 일부 동물이 유전적으로 추운 기후에 적응했는지 설명하기 위해

Ⓒ 추운 날씨에 대한 반응 행동의 예시를 제공해주기 위해

Ⓓ 동물이 더 따뜻한 서식지를 찾아내는 경향이 있다는 이론을 뒷받침하기 위해

[어휘]

faced with ~와 직면한, 맞닥뜨린(= confronted with) **unusually** 유난히, 평소와 달리 **mammal** 포유류 **consciously** 의식적으로 **respond** 반응하다, 대응하다 **take steps** 조치를 취하다 **behavioral** 행동의 **keep warm** 보온하다 **squirrel** 다람쥐 **be known to do** ~하는 것으로 알려져 있다 **huddle together** 함께 옹기종기 붙어 모이다 **reduce** ~을 줄여주다, 감소시키다 **surface area** 표면적 **similar** 유사한 **in the presence of** ~가 있는 데서 **curl up into a ball** 공 모양으로 동그랗게 구부리다 **custom** 습관 **exhibit** ~을 보이다, 발휘하다 **uncomfortably** 불편할 정도로 **seek out** ~을 찾아내다 **shade** 그늘 **bathing** 수영 **rhinoceros** 코뿔소 **wallow** 뒹굴다 **pursue** ~을 얻으려 애쓰다, 추구하다 **emphasize** ~을 강조하다 **preserve** ~을 보존하다 **genetically** 유전적으로 **adapt to** ~에 적응하다 **response behavior** 반응 행동 **theory** 이론 **be inclined to do** ~하는 경향이 있다

▪ Inference

❶ Practice 1

[정답 A]

(정답 A) 수공 작업 이전에 도자기를 빚는 방법이 없었다는 의미인데, 이는 2번째 문장에서 수공 작업이 가장 오래된 방식이라는 (Handwork is the oldest method of creating pottery ~) 내용을 근거로 추론할 수 있습니다.

(오답 B) 수공 작업이 핸드빌딩(hand-building)으로 알려진 인기 있는 기술에서 비롯되었다는 뜻이지만, 관련 내용을 지문에서 찾을 수 없으므로 오답입니다.

(오답 C) 돌림판이 수공 작업보다 도자기를 빚기 더 쉬운 방법으로 여겨진다는 의미인데, 마찬가지로 지문에서 찾아볼 수 없기 때문에 오답입니다.

(오답 D) 수공 작업이 돌림판에 비해 도공에게 더 복잡한 작품을 만들 수 있게 해준다는 뜻인데, 지문에서 확인할 수 없는 내용이므로 오답입니다.

[해석]

도자기를 만들기 위해서는, 두 가지 기법이 흔히 사용된다. 수공 작업은 도자기를 만드는 가장 오래된 방법이며, 점토 덩어리를 갖고 손으로 말은 코일, 판, 밧줄, 그리고 공 모양을 만드는 작업을 수반한다. 그런 다음 이것들을 점토와 물의 혼합물인 이장으로 결합시킨다. 도공이 사용하는 도구들은 주걱, 성형 도구, 판 굴림대, 그리고 절단 도구의 형태일 수 있다. 이 기술에 대한 일반적인 용어는 핸드빌딩이다. 두 번째 기법은 돌림판을 사용한다. 이는 공 모양의 점토를 회전판, 즉 돌림판 상단에 올려놓는 일을 수반한다. 이 상판은 전기 모터를 이용해서 또는 발로 돌림판을 차는 방법으로 돌린다. 도공들은 일반적으로 돌림판을 사용한 도자기 공예를 '도자기 빚기'라고 일컫는다.

지문 속 도자기 기술에 관해 다음 중 어느 것을 유추할 수 있는가?

(A) **수공 작업 이전에는 도자기를 만드는 방법이 존재하지 않았다.**

(B) 수공 작업은 핸드빌딩이라고 알려진 인기 있는 기술에서 비롯되었다.

(C) 돌림판은 수공 작업보다 더 쉽게 도자기를 만드는 방법으로 여겨진다.

(D) 수공 작업은 돌림판에 비해 도공에게 더 복잡한 작품을 만들 수 있게 해준다.

[어휘]

pottery 도자기 **handwork** 수공 작업 **method** 방법 **involve** ~을 수반하다, 포함하다 **hand-rolled** 손으로 말은 **slab** 판 **be combined with** ~로 결합되다, 조합되다 **slip** 이장(도자기 제조에 쓰이는 현탁액) **come in the form of** ~의 형태로 나오다 **paddle** 주걱 **shaping tool** 성형 도구 **roller** 굴림대 **term** 용어 **hand-building** 핸드빌딩(손이나 간단한 도구를 사용해 형태를 만드는 옛 도자기 제작 기술) **potter's wheel** 돌림판 **place** v. ~을 놓다 **turntable** 회전판 **rotate** 돌다, 회전하다 **refer to A as B** A를 B라고 일컫다 **crafting** 공예 **throwing** 도자기 빚기 **prior to** ~ 이전에, ~에 앞서 **be derived from** ~에서 비롯되다 **known as** ~라고 알려진 **be regarded as** ~로 여겨지다 **allow A to do** A에게 ~할 수 있게 해주다 **intricate** 복잡한 **compared with** ~에 비해

❷ Practice 2

[정답 B]

(오답 A) 인도에서 향신료 무역을 확립하기 위해 포르투갈 사람들과 협력했다는 의미인데, 2번째 문장에서 포르투갈 사람들을 쫓아내고 향신료 무역에 대한 지배를 확립했다고 말한 것과 다르므로 오답입니다.

(정답 B) 네덜란드 사람들이 경쟁자들의 자원 구매 한계에 대해 알고 있었다는 뜻인데, 이는 4번째 문장에서 경쟁자들이 구입하거나 유럽으로 다시 싣고 가기에 매력적이지 못할 정도로 높게 향신료 비용을 책정하는 것으로 가격 정책이 세워졌다고(~ by setting the cost of spices so high that they would be unattractive for their rivals to buy and ship back to Europe) 언급한 부분에서 추론할 수 있는 내용이므로 정답입니다.

(오답 C) 인도의 향신료를 유럽으로 다시 운송하는 데 있어 재정적인 문제에 직면했다는 뜻인데, 지문에서 확인할 수 없는 오답입니다.

(오답 D) 세계적으로 정향과 육두구 가격을 낮추려는 움직임을 적극적으로 지지했다는 의미인데, 이것 역시 지문에서 확인할 수 없으므로 오답입니다.

[해석]

탐험은 힘과 부를 얻을 수 있는 기회가 되었다. 네덜란드 사람들은 곧 포르투갈 사람들을 쫓아내고 향신료 무역에 대한 지배를 확립했다. 시세를 조작함으로써, 네덜란드 사람들은 탐험의 시대에서 뛰어난 주도권을 차지할 수 있었다. 경쟁자들이 구입하거나 유럽으로 다시 싣고 가기에 매력적이지 못할 정도로 높게 향신료 비용을 책정하는 것으로 인도에서 가격 정책이 세워졌다. 반면에, 네덜란드 사람들은 유럽에서 판매를 지배하기 위한 노력을 기울였다. 상인들에게 가격을 끌어올리고 수요를 줄일 수 있도록 허용하는 위험을 무릅쓰면서, 많은 향신료 재고가 보관되었다. 머지 않아, 네덜란드 사람들은 어느 시점에서든 공급을 철회하고 가격을 정할 수 있었다. 독점을 유지하려는 네덜란드 사람들의 적극적인 노력에도 불구하고, 정향이나 육두구 같은 일부 제품은 전 세계의 여러 다른 지역으로 옮겨 심어졌다. 그 결과, 경쟁이 만들어지고 가격을 끌어내렸다.

탐험의 시대에 살았던 네덜란드 사람들에 관해 다음 중 어느 것을 유추할 수 있는가?

(A) 인도에서 향신료 무역을 확립하기 위해 포르투갈 사람들과 협력했다.

(B) 경쟁자들의 자원 구매 한계에 대해 알고 있었다.

(A) 인도의 향신료를 유럽으로 다시 운송하는 데 있어 재정적인 문제에 직면했다.

(A) 전 세계적으로 정향과 육두구 가격을 낮추려는 움직임을 공격적으로 지지했다.

[어휘]

exploration 탐험 **opportunity** 기회 **displace** ~을 쫓아내다 **establish** ~을 확립하다 **rule over** ~에 대한 지배 **spice trade** 향신료 무역 **manipulate the market** 시세를 조작하다 **manage to do** ~해내다 **take a strong lead** 뛰어난 주도권을 차지하다 **policy** 정책 **unattractive** 매력적이지 못한 **make an effort to do** ~하기 위한 노력을 기울이다 **dominate** ~을 지배하다 **sales** 판매, 영업 **at the risk of -ing** ~하는 위험을 무릅쓰고 **allow A to do** A에게 ~하도록 허용하다 **merchant** 상인 **drive up** ~을 끌어올리다 **decrease** ~을 줄이다, 낮추다 **demand** 수요 **stock** 재고(품) **store** ~을 보관하다, 저장하다 **withdraw** ~을 철회하다 **supply** 공급 **at any given time** 어느 시점에서든 **fix the price** 가격을 정하다 **aggressive** 적극적인, 공격적인 **maintain** ~을 유지하다 **monopoly** 독점 **transplant** ~을 옮겨 심다 **competition** 경쟁 **bring down** ~을 끌어내리다 **collaborate with** ~와 협력하다 **have knowledge of** ~에 대해 알다 **competitor** 경쟁자 **resource** 자원, 재원 **purchasing** 구매 **limitation** 한계 **face** v. ~에 직면하다 **financial** 재정의 **move** n. 움직임, 조치

❸ Practice 3

[정답 D]

(오답 A) 가축의 방목이 가장 유해한 사막화 요인으로 여겨지고 있다는 의미인데, 지문에 나타나 있지 않은 내용이므로 오답입니다.

(오답 B) 가축이 기존의 식물보다 새롭게 싹튼 식물을 뜯어먹는 경향이 있다는 뜻인데, 염소와 양, 소가 새롭게 싹튼 식물을 먹는다는 내용은 지문에 나타나 있지만, 기존에 있던 식물과 관련해 비교하는 내용은 찾아볼 수 없으므로 오답입니다.

(오답 C) 방목되는 동물이 일반적으로 방목 지역에서 최소 절반의 초목을 그대로 남겨둔다는 뜻인데, 네 번째 문장에서 우거지지 않은 식물의 절반이 넘는 양을 없앤다고 언급한 것과 다른 말이므로 오답입니다.
(정답 D) 과도 방목이 토양 표층의 취약성을 높여준다는 뜻인데, 2번째 문장에서 지나칠 정도로 많은 가축이 과도하게 방목되고 있으며, 표토를 부식으로부터 막아주는 초목을 파괴하고 있다고 언급한 부분을 통해(An excessive number of livestock are overgrazing and destroying the vegetation that protects the topsoil from erosion) 추론할 수 있는 내용이므로 정답입니다.

[해석]

사막화가 발생된 요인들 중 하나는 과도 방목이다. 지나칠 정도로 많은 가축이 과도하게 방목되고 있으며, 표토를 부식으로부터 막아주는 초목을 파괴하고 있다. 염소와 양, 그리고 소는 거의 모든 종류의 초목을 소비하며, 새롭게 싹튼 식물을 전멸시키고 있다. 이 동물들은 방목 지역 내에서 우거지지 않은 식물의 절반이 넘는 양을 없애버리며, 흔히 식물 성장 및 발달에 대단히 중요한 몇 주의 기간 중에 풀을 뜯는다. 하지만, 이들은 유카와 선인장 같이 가시가 있는 식물은 멀리 하는 경향이 있다.

다음 중 어느 것이 이 단락에서 암시되고 있는가?
Ⓐ 가축의 방목은 가장 유해한 사막화 요인으로 여겨지고 있다.
Ⓑ 가축은 기존의 식물보다 새롭게 싹튼 식물을 뜯어먹는 경향이 있다.
Ⓒ 방목되는 동물은 일반적으로 방목 지역에서 최소 절반의 초목을 그대로 남겨둔다.
Ⓓ 과도 방목은 토양 표층의 취약성을 높여준다.

[어휘]

driver 요인 **desertification** 사막화 **overgrazing** 과도 방목 **excessive** 지나친, 과도한 **destroy** ~을 파괴하다 **vegetation** 초목 **topsoil** 표토 **erosion** 부식 **consume** ~을 소비하다, 먹다 **wipe out** ~을 전멸시키다 **germinated** 싹튼 **remove** ~을 없애다, 제거하다 **non-wooded** 우거지지 않은 **graze** 풀을 뜯다, 방목되다 **critical** 대단히 중요한 **tend to do** ~하는 경향이 있다 **thorny** 가시가 있는 **be regarded as** ~로 여겨지다 **contributor** 기여 요인 **have a tendency to do** ~하는 경향이 있다 **typically** 일반적으로 **leave A 형용사** A를 ~한 상태로 남겨두다, 만들다 **undisturbed** 영향 받지 않은 **vulnerability** 취약성 **top layer** 표층, 맨 위층

❹ Practice 4

[정답 C]

(오답 A) 차가운 물과 습기가 체온을 낮추는 것을 블러버가 막아준다는 뜻인데, 지문에서 확인할 수 없으므로 오답입니다.
(오답 B) 북극곰의 털이 필요 시에 체온이 변동하게 하는 데 특별히 적합하다는 의미인데, 지문에 나타나 있지 않으므로 오답입니다.
(정답 C) 체 조직 내에서 높은 수준의 지방이 더욱 쉽게 물에 떠 있을 수 있게 해준다는 의미인데, 2번째부터 5번째 문장까지 내용을 통해 추론할 수 있는 내용이 정답입니다.
(오답 D) 블러버에 저장된 에너지가 주변의 물 온도를 높일 수 있도록 분산된다는 말인데, 마찬가지로 지문에서 확인할 수 없는 내용이므로 오답입니다.

[해석]

체온은 신체적 특성에 크게 좌우되며, 신체 크기와 형상, 그리고 구성물에 의해 영향을 받는다. 북극곰 같은 대부분의 해양 포유류는 신체를 따뜻하게 유지해주는 '블러버'라고 불리는 단열 지방층을 지니고 있고 있다. 이 지방층은 열의 형태로 에너지가 빠져나가지 못하도록 막아주는 특성이 있다. 블러버는 또한 물에 용해되지 않는 지방 또는 지방성 물질인 지방질이 풍부하며, 많은 양의 에너지를 저장할 수 있다. 더욱이, 블러버는 부력이 있는데, 이는 대부분의 시간을 물에서 보내는 포유류에게 대단히 중요한 속성이다. 북극곰의 털은 위장 및 정지 마찰력의 효과를 제공할 뿐만 아니라, 곰의 지속적인 체온 유지에도 도움을 준다. '밑털'이라고 불리는 털로 덮인 층이 피부면 바로 위의 공기를 잡아주므로 이들의 피부는 절대로 젖지 않는다. 추가로, 털이 밀집된 이 층은 서로 겹치고 뒤얽히는 털들로 구성되어 있어, 기포를 붙잡아주는 망을 형성한다. 그래서 이 붙잡힌 공기가 물에 대한 피부 노출을 감소시켜, 대류를 통한 열 손실을 크게 낮추게 된다.

북극곰에 관한 지문 내용을 통해 다음 중 어느 것을 유추할 수 있는가?

Ⓐ 블러버는 차가운 물과 습기가 체온을 낮추는 것을 막아준다.

Ⓑ 그 곰들의 털은 필요 시에 체온이 변동하게 하는 데 특별히 적합하다.

Ⓒ 체 조직 내에서 높은 수준의 지방이 더욱 쉽게 물에 떠 있을 수 있게 해준다.

Ⓓ 블러버에 저장된 에너지가 주변의 물 온도를 높일 수 있도록 분산된다.

[어휘]

be dependent on ~에 좌우되다, ~에 의존하다 **quality** 특성 **influence** ~에 영향을 미치다 **composition** 구성(물) **mammal** 포유류 **insulating** 단열성의 **layer** 층, 막 **blubber** 블러버(해양 동물의 지방) **property** 특성 **prevent A from -ing** A가 ~하는 것을 막다 **leak** 누출되다, 새어 나가다 **lipid** 지방질 **material** 물질, 물체 **dissolve** 용해되다 **store** v. ~을 저장하다 **buoyant** 부력이 있는 **attribute** n. 속성 **crucial** 대단히 중요한 **camouflage** 위장(술) **traction** 정지 마찰(력) **help do** ~하는 데 도움을 주다 **maintain** ~을 유지하다 **constant** 지속적인, 끊임없는 **trap** ~을 붙잡다 **next to** ~ 옆에 **dense** 밀집된 **be made up of** ~로 구성되다 **overlap** 겹치다 **intertwine** 뒤얽히다 **air bubble** 기포 **reduce** ~을 감소시키다, 줄이다(= decrease) **exposure to** ~에 대한 노출 **heat loss** 열 손실 **convection** 대류(물질이 직접 움직이면서 열을 전달하는 방법) **lower** v. ~을 낮추다 **be adapted to** ~에 적합하다 **fluctuate** 변동을 거듭하다 **body tissues** 체 조직 **float** 떠 있다, 뜨다 **dispersed** 분산된 **raise** ~을 높이다, 끌어올리다 **surrounding** 주변의

▪ Sentence Simplification

❶ Practice 1

[정답 C]

(오답 A) 체온이 추운 환경으로 인해 곤두박질친다는 정보는 언급되어 있지만, 손실된 열을 대체하는 데 엄청날 정도로 오랜 시간이 걸린다는 말은 해당 문장에서 찾아볼 수 없으므로 오답입니다.

(오답 B) 혹독한 추위에 대한 노출과 관련해, 빠른 체열 손실 및 체온 조절 불가능이라는 결과를 낳는다는 내용은 해당 문장의 핵심 정보와 다르므로 오답입니다.

(정답 C) 대단히 추운 기후에서 체온의 심각한 하락이 열 회복을 가망 없게 만든다는 의미로서, 하이라이트 표기된 문장의 중요 정보인 추위 속에 장기간 있는 것에 따른 결과로 위험할 정도로 낮게 떨어진다면, 손실된 열을 대체하는 것이 불가능해진다는 필수 정보를 모두 포함한 정답입니다.

(오답 D) 체온 하락은 일반적으로 추운 외부 기온으로 인한 체열 손실에 의해 초래된다는 의미인데, 해당 문장과 전혀 다른 내용이므로 오답입니다.

[해석]

포유류는 지속적인 체온을 유지하는 온혈 동물이다. 이 온도는 동물이 생존할 수 있도록 반드시 특정 범위 내에서 유지되어야 한다. 포유류가 다양한 행동적, 본능적, 생물학적, 또는 신체적 적응을 통해 체내의 온도를 조절하는 것이 가능하다. 포유류 동물의 감각을 통해 인지된, 외부 온도의 변화는 이러한 적응의 발생을 야기한다. 체온을 조절하는 조치를 취하지 못하면 심각한 문제들로 이어질 수 있다. 만일 체온이 혹독한 추위 속에 장기간 있는 것에 따른 결과로 위험할 정도로 낮게 떨어진다면, 손실된 열을 대체하는 것이 불가능해진다.

다음 중 어느 문장이 지문의 하이라이트 표기된 문장에 담긴 필수 정보를 가장 잘 표현하는가? 틀린 선택지는 중요한 방식으로 의미를 변화시키거나 필수 정보를 배제한다.

Ⓐ 체온이 추운 환경으로 인해 곤두박질친다면, 손실된 열을 대체하는 데 엄청날 정도로 오랜 시간이 걸린다.

Ⓑ 혹독한 추위에 대한 노출은 빠른 체열 손실 및 체온 조절 불가능이라는 결과를 낳는다.

Ⓒ 대단히 추운 기후에서는, 체온의 심각한 하락이 열 회복을 가망 없게 만든다.

Ⓓ 체온 하락은 일반적으로 추운 외부 기온으로 인한 체열 손실에 의해 초래된다.

[어휘]

mammal 포유류 **warm blooded** 온혈의, 정온의 **maintain** ~을 유지하다 **constant** 지속적인, 변함 없는 **remain** 유지되다, 그대로 남아 있다 **boundary** 경계(선) **regulate** ~을 조절하다 **internal** 내부의(↔ external) **a range of** 다양한 **behavioral** 행동의 **instinctual** 본능의 **biological** 생물학적인 **physical** 신체적인 **adaptation** 적응 **perceive** ~을 인지하다 **result in** ~을 야기하다, ~라는 결과를 낳다 **onset** 발생, 시작 **failure to do** ~하지 못함 **take action** 조치를 취하다 **lead to** ~로 이어지다 **complication** 문제, 합병증 **as a result of** ~에 따른 결과로 **replace** ~을 대체하다 **plummet** 곤두박질치다, 급락하다 **extraordinarily** 엄청나게, 아주 뛰어나게, 이례적으로 **exposure to** ~에 대한 노출 **inability to do** ~할 수 없음 **decrease in** ~의 하락, 감소(= drop in) **recovery** 회복 **typically** 일반적으로

❷ Practice 2

[정답 A]

(정답 A) 땅의 건조함 증가는 지역 주민들에게 다른 방법으로 그 땅을 활용하도록 영향을 미쳤다는 의미인데, 이는 하이라이트 표기된 문장에 제시되어 있는 필수 정보를 모두 포함하고 있으므로 정답입니다.

(오답 B) 지역 주민들이 활용한 특정 방법에 따른 결과로 점점 더 건조해졌다는 뜻인데, 해당 문장과 원인과 결과가 반대로 언급된 오답입니다.

(오답 C) 건조한 지역에 사는 주민들은 아주 다양한 전략을 통해 주변의 땅을 이용한다는 의미인데, 해당 문장과 다른 내용을 담고 있어 오답입니다.

(오답 D) 건조해진 것에 따른 결과로 지역 주민들이 다른 비옥한 땅이 있는 지역으로 이주했다는 뜻인데, 건조함에 대한 대처 방법이 다르게 언급된 오답입니다.

[해석]

식물 개체 수는 줄어들었으며, 땅은 매우 건조해져서 그것을 경작하려는 어떠한 시도도 소용없는 것으로 드러났다. 이 지역이 더욱 건조한 상태로 변하면서, 주민들을 땅을 활용하기 위한 다른 방법들을 찾았다. 그 결과, 오직 건조 식물과 관목만 현재 이 지역에 존재하고 있다.

다음 중 어느 문장이 지문의 하이라이트 표기된 문장에 담긴 필수 정보를 가장 잘 표현하는가? 틀린 선택지는 중요한 방식으로 의미를 변화시키거나 필수 정보를 배제한다.

(A) 땅의 건조함 증가는 지역 주민들에게 다른 방법으로 그 땅을 활용하도록 영향을 미쳤다.
(B) 이 지역은 지역 주민들이 활용한 특정 방법에 따른 결과로 점점 더 건조해졌다.
(C) 건조한 지역에 사는 주민들은 아주 다양한 전략을 통해 주변의 땅을 이용한다.
(D) 이 지역이 건조해진 것에 따른 결과로, 지역 주민들이 다른 비옥한 땅이 있는 지역으로 이주했다.

[어휘]

population 개체 수 **diminish** 줄어들다 **attempt to do** ~하려는 시도 **cultivate** ~을 경작하다 **prove 형용사** ~한 것으로 드러나다 **futile** 소용없는 **terrain** 지역, 지형 **turn 형용사** ~한 상태로 변하다 **arid** 건조한 **way to do** ~하는 방법 **utilize** ~을 활용하다 **shrub** 관목 **currently** 현재 **aridity** 건조함 **inspire A to do** A에게 ~하도록 영향을 미치다, 영감을 주다 **local** n. 지역 주민 a. 지역의, 현지의 **take advantage of** ~을 활용하다 **method** 방법 **make use of** ~을 이용하다 **surrounding** 주변의 **a wide variety of** 아주 다양한 **strategy** 전략 **fertile** 비옥한

❸ Practice 3

[정답 D]

(오답 A) 향신료가 역사적으로 건강에 좋지 못한 식사에 싫증을 느끼게 되어 더 영양가가 높은 음식을 갈망하는 미국인들에 의해 수용되었다는 의미인데, 해당 문장에 제시된 정보와 다른 내용이므로 오답입니다.

(오답 B) 미국에서 향신료가 이주민들에게 특히 인기 있는 여러 요리를 만드는 데 쓰이고 있다는 뜻인데, 해당 문장과 관련 없는 오답입니다.

(오답 C) 전형적인 미국인의 식사가 더욱 다양한 음식을 포함하도록 발전되었다는 내용은 해당 문장에서 찾아볼 수 없는 정보이므로 오답입니다.

(정답 D) 미국인의 식사가 요리와 관련된 이민자들의 영향으로 인해 점점 더 복잡해지면서, 향신료가 더욱 중요한 역할을 차지하게 되었다는 뜻인데, 이는 하이라이트 표기된 문장에서 단순했던 미국인들의 식사가 이주민들의 영향으로 개선되어 세련되어지면서 향신료가 더 중요해졌다는 핵심 정보를 모두 포함하고 있으므로 정답입니다.

[해석]

요즘은, 한때 강력했던 독점 판매도 중단되었으며, 한때 여러 국가를 제국으로 이끌었던 향신료로 더 이상 세계 무역에 있어 그렇게 큰 중요성을 지니지 않는다. 그럼에도 불구하고, 향신료 식민주의 시대가 낳은 유산은 세계화와 정치적 불안정, 그리고 저개발이라는 형태로 존재한다. 오늘날, 향신료는 여전히 풍부한 상태여서, 조리법 재료 및 필수 사치품으로 더욱 미묘하게 우리의 삶에 스며들어 있다. 미국에서는, 향신료가 더욱 중요한 존재가 되었는데, 원래 옥수수 가루와 소금에 절인 돼지고기를 바탕으로 하면서 전에는 단순했던 미국인들의 식사가 이주민들의 요리 문화와 더불어 개선되고 더욱 세련되어지고 있기 때문이다.

다음 중 어느 문장이 지문의 하이라이트 표기된 문장에 담긴 필수 정보를 가장 잘 표현하는가? 틀린 선택지는 중요한 방식으로 의미를 변화시키거나 필수 정보를 배제한다.

Ⓐ 향신료는 역사적으로 건강에 좋지 못한 식사에 싫증을 느끼게 되어 더 영양가가 높은 음식을 갈망하는 미국인들에 의해 수용되었다.

Ⓑ 미국에서는, 향신료가 이주민들에게 특히 인기 있는 여러 요리를 만드는 데 쓰이고 있다.

Ⓒ 향신료는 미국에서 더욱 중요한 존재가 되었는데, 전형적인 미국인의 식사가 더욱 다양한 음식을 포함하도록 발전되었기 때문이다.

Ⓓ 미국인의 식사가 요리와 관련된 이민자들의 영향으로 인해 점점 더 복잡해지면서, 향신료가 더욱 중요한 역할을 차지하게 되었다.

[어휘]

monopoly 독점 **empire** 제국 **no longer** 더 이상 ~ 않다 **significance** 중요성 **nonetheless** 그럼에도 불구하고 **legacy** 유산 **era** 시대 **colonialism** 식민주의 **live on** 존재하다 **in the form of** ~의 형태로 **instability** 불안정 **underdevelopment** 저개발 **abound** 풍부하다 **permeate** ~에 스며들다 **subtly** 미묘하게 **recipe** 조리법 **ingredient** (음식) 재료, 성분 **essential** 필수적인 **luxury** 사치품 **formerly** 전에, 과거에 **based on** ~을 바탕으로 하는 **enhanced** 개선된, 강화된 **sophisticated** 세련된 **culinary** 요리의 **immigrant** 이민자 **population** 사람들, 인구 **embrace** ~을 수용하다, 받아들이다 **tired of** ~에 싫증난 **nutritious** 영양가가 높은 **typical** 전형적인 **evolve** 발전하다, 진화하다 **a wider range of** 더 다양한 **increasingly** 점점 더 **complex** 복잡한 **influence** 영향(력) **take on** ~을 차지하다, 맡다 **prominent** 중요한, 두드러진

❹ Practice 4

[정답 C]

(오답 A) 이상주의는 사실적인 방식으로 대상을 묘사하는 것을 선호했던 그리스 조각가들이 활용한 철학 이론이었다는 의미인데, 이상주의의 의미를 해당 문장과 다르게 언급한 오답입니다.

(오답 B) 그리스 조각품은 이상주의와 사실주의가 지닌 서로 다른 철학 이론을 예술로 완벽하게 구현했다는 뜻인데, 해당 문장의 핵심과 다른 오답입니다.

(정답 C) 이상주의가 완벽함에 대해 사실주의보다 우선시되었던 묘사를 가리키며, 이 철학이 그리스 조각품을 통해 표현되었다는 의미인데, 이는 하이라이트 표기된 문장에서 말하는 필수 정보를 모두 포함하고 있으므로 정답입니다.

(오답 D) 그리스 장인들이 사실적인 묘사에 반대하는 철학 운동을 만들어냈다는 내용은 해당 문장에 전혀 제시되어 있지 않으므로 오답입니다.

[해석]

그리스 조각품은 사물에 대해 사실적인 묘사가 아닌 이상적인 형태로 나타내는 것을 바탕으로 하는 철학 이론인 이상주의를 표현하는 데 활용되었다. 이에 대한 가장 좋은 예는 도리포로스의 얼굴에 나타나는 흠 하나 없는 특징들과 완벽한 체격에서 찾아볼 수 있다. 폴리클레이토스가 만든 조각품인 도리포로스는 이상적인 남성을 아름답게 조각한 조각품으로, 근육계와 자세 면에서 자연주의적인 젊고 탄탄한 신체를 지닌 영웅의 나체로 보여지고 있다. 이상주의 이론에 따라, 그 신체 부위들은 비율과 대칭 면에서 완벽하지만, 얼굴은 표정이나 개별화된 특징 없이 일반적이다.

다음 중 어느 문장이 지문의 하이라이트 표기된 문장에 담긴 필수 정보를 가장 잘 표현하는가? 틀린 선택지는 중요한 방식으로 의미를 변화시키거나 필수 정보를 배제한다.

(A) 이상주의는 사실적인 방식으로 대상을 묘사하는 것을 선호했던 그리스 조각가들이 활용한 철학 이론이었다.
(B) 그리스 조각품은 이상주의와 사실주의가 지닌 서로 다른 철학 이론을 예술로 완벽하게 구현했다.
(C) 이상주의는 완벽함에 대해 사실주의보다 우선시되었던 묘사를 가리키며, 이 철학은 그리스 조각품을 통해 표현되었다.
(D) 조각품을 통해 이상주의를 표현함으로써, 그리스 장인들은 사실적인 묘사에 반대하는 철학 운동을 만들어냈다.

[어휘]

sculpture 조각품 **express** ~을 표현하다 **philosophical** 철학적인 **theory** 이론 **based on** ~을 바탕으로 하는 **representation** 나타냄, 표현 **ideal** 이상적인 **rather than** ~가 아니라, ~ 대신 **portrayal** 묘사 **be best exemplified in** 가장 좋은 예를 ~에서 찾다 **flawless** 흠 하나 없는 **feature** 특징 **physique** 체격 **carved** 조각된 **heroic** 영웅의 **nudity** 나체 **athletic** 탄탄한, 운동 선수 같은 **naturalistic** 자연주의적인 **musculature** 근육계 **in accordance with** ~에 따라 **proportion** 비율, 균형 **symmetry** 대칭 **generic** 일반적인 **individualized** 개별화된 **employ** ~을 활용하다 **prefer to do** ~하는 것을 선호하다 **subject** 대상 **manner** 방식 **embody** ~을 구현하다, 포함하다 **opposing** 반대되는 **refer to** ~을 가리키다, 나타내다 **preferential** 우선적인 **depiction** 묘사 **perfection** 완벽함 **artisan** 장인 **movement** (조직적으로 벌이는) 운동 **oppose** ~에 반대하다

▪ Reference

❶ Practice 1

[정답 C]

it이 속한 but절을 읽어보면, it이 불에 탄 후에 회복되고 성장하는 데 충분한 시간을 필요로 한다고 쓰여 있습니다. 그리고 바로 앞에 위치한 절에 뛰어난 재식 밀도와 생물량을 지닌 산쑥은 화재에 충분한 연료를 공급한다는 말이 쓰여 있으므로, 불에 탔다가 회복하고 성장하는 대상은 주절의 주어인 Sagebrush(산쑥)이어야 하므로 C가 정답입니다.

[해석]

또 다른 인적 요소는 화재 관리인데, 사람들은 산불을 두려워해 물과 도랑, 그리고 화학 물품으로 진압하려 노력하는 경향이 있기 때문이다. 산불은 산쑥이 확산되는 것을 제한하면서 실제로 풀의 성장을 자극하기 때문에 산불 발생 숫자의 감소는 풀보다 산쑥에게 장점이 되어 왔다. 화재는 일반적으로 식물의 끝부분에 가장 큰 피해를 초래하면서, 토양 근처와 그 아래의 구조물은 해를 입지 않은 상태로 남겨둔다. 뛰어난 재식 밀도와 생물량을 지닌 산쑥은 화재에 충분한 연료를 공급하지만, 이것은 불에 탄 후에 회복되고 성장하는 데 충분한 시간을 필요로 한다. 반면에, 풀은 지표면 아래에 있는 수평한 줄기들로부터 자란다. 지하의 줄기 및 뿌리들이 구성하는 망은 불에 의해 재생된 상태가 되며, 그에 따라 풀은 화재 후에 이 뿌리 체계를 통해 빠르게 확산될 수 있다.

지문 속 단어 "it"이 가리키는 것은 무엇인가?

Ⓐ 불

Ⓑ 생물량

Ⓒ 산쑥

Ⓓ 연료

[어휘]

human factor 인적 요소 **tend to do** ~하는 경향이 있다 **fear** ~을 두려워하다 **suppress** ~을 진압하다 **trench** 도랑, 참호 **chemical** 화학 물품 **give A an advantage** A에게 장점이 되다 **sagebrush** 산쑥 **over** (비교) ~보다 **restrict A from -ing** A가 ~하는 것을 제한하다 **spread** 확산되다 **stimulate** ~을 자극하다 **cause** ~을 초래하다, 야기하다 **top** 끝부분, 윗부분 **leave A 형용사** A를 ~한 상태로 남겨두다, 만들다 **structure** 구조(물) **soil** 토양 **unharmed** 해를 입지 않은 **plant density** 재식 밀도(단위 면적당 자라는 식물의 수) **biomass** 생물량 **ample** 충분한, 풍부한 **sufficient** 충분한 **recover** 회복되다 **mature** v. 성장하다, 성숙하다 **horizontal** 수평의 **stem** 줄기 **surface** 지면, 표면 **regenerate** ~을 재생시키다 **following** ~ 후에

❷ Practice 2

[정답 D]

it이 속한 as절을 확인해보면, 앞서 언급된 것과 반대되는 경우로서 it을 반사하는 밝은 색의 기반시설에 관해 말하고 있습니다. 그리고 as 앞에 위치한 주절을 읽어보면, 열(heat)을 흡수하기 쉬운 재료가 쓰인 거리와 건물에 관해 말하고 있습니다. 이 내용과 반대되는 경우로서 it을 반사한다는 말은 열을 반사한다는 의미에 해당되므로 it이 heat을 가리키는 것으로 볼 수 있습니다. 따라서 D가 정답입니다.

[해석]

열섬 현상의 마지막 주요 원인은 많은 도시 건물에 사용되는 자재의 종류이다. 가장 흔한 건축 자재는 낮 시간 중에는 천천히 열을 받아들이고 밤 시간 중에 그것을 방출하는 벽돌 콘크리트나 도기와 같이 전도율은 매우 낮고 열용량은 높다. 이는 열을 흡수하기 더욱 쉬운 것으로서 타맥의 어두운 착색, 포장 공사, 그리고 대부분의 거리와 건물에 쓰이는 지붕 재료로 인해 향상되며, 그것을 반사하는 밝은 색의 기반시설과 반대되는 경우이다. 시골과 도시의 온도에 있어 가장 중요한 차이점이 밤에 관찰되는 것이 이러한 이유 때문이다.

지문 속 단어 "it"이 가리키는 것은 무엇인가?

Ⓐ 지붕 재료

Ⓑ 기반시설

Ⓒ 착색

Ⓓ 열

[어휘]

contributor 원인, 기여 요소 **heat island effect** 열섬 현상 **material** 자재, 재료 **conductivity** 전도율 **heat capacity** 열용량 **ceramics** 도기 **take on** ~을 받아들이다 **release** ~을 방출하다 **be enhanced by** ~에 의해 향상되다, 강화되다 **coloration** 착색 **tarmac** (도로 포장용) 타맥 **pavement** (도로 등의) 포장 **roofing** 지붕 재료, 지붕 공사 **be susceptible to -ing** ~하기 쉽다 **absorb** ~을 흡수하다 **as opposed to** ~와 반대되는, ~와 달리 **infrastructure** 사회기반시설 **reflect** ~을 반사하다 **significant** 중요한, 상당한 **rural** 시골의 **urban** 도시의 **observe** ~을 관찰하다

❸ Practice 3

[정답 B]

they가 속한 so that절을 읽어보면, '사후 세계에서 파라오가 그들을 필요로 할 때 그들이 살아날 것'이라는 의미를 나타냅니다. 따라서 살아날 수 있는 존재로 생각되었던 대상인 they(그들)는 so that 앞에 위치한 주절에서 파라오와 함께 묻혔다고 언급한 것을 가리켜야 의미가 알맞습니다. 주절에서 묘실에 파라오와 함께 묻은 것이 하인 조각상(servant statuettes)이 있으므로 B가 정답입니다.

[해석]

이집트의 역사는 그곳의 예술, 즉 왕족의 여러 매장에 내부와 주변에서 발견되는 이집트인 형상에 대한 조각과 그림, 그리고 조각상을 통해 전달된다. 선사 시대에, 왕들이 사후 세계에서 함께 하고 도움을 주도록 명령 받은 살아 있는 하인들과 함께 묻힌 것으로 여겨지고 있다. 하지만, 시간이 흐를수록, 이러한 관습은 중단되었고, 파라오와 함께 작은 조각상 또는 그림의 형태로 된 상징적인 하인 형상만 함께 묻히기 시작했다. 이러한 변화의 이유는 불분명하다. 하지만, 현재 묘실 내에 파라오와 동반된 하인 조각상이 사후 세계에서 파라오가 필요로 할 때 그들이 살아날 수 있도록 주술을 걸어 놓는 힘이 제사장에게 주어진 것으로 일반적으로 여겨지고 있다.

지문 속 단어 "they"가 가리키는 것은 무엇인가?

Ⓐ 제사장
Ⓑ 조각상
Ⓒ 주술
Ⓓ 묘실

[어휘]

convey ~을 전달하다 **namely** 즉, 다시 말해 **engraving** 조각, 판화 **sculpture** 조각상 **figure** 형상, 인물 **burial site** 매장지 **prehistoric times** 선사 시대 **servant** 하인 **be ordered to do** ~하도록 명령 받다 **After World** 사후 세계 **practice** 관습, 관행 **cease** 중단되다 **statuette** 작은 조각상 **shift** 변화 **priest** 제사장 **place magic spells** 주술을 걸다 **accompany** ~을 동반하다 **burial chamber** 묘실

❹ Practice 4

[정답 C]

which가 이끄는 절을 읽어보면, 물로 가득 채워져서 호수가 되었다는 의미를 나타내고 있습니다. 따라서 which 앞에 위치한 주절에서 물이 채워져 호수가 될 수 있는 형태를 나타내는 명사를 찾아야 하는데, 이에 해당되는 것이 '움푹 파인 곳들'을 뜻하는 depressions이므로 C가 정답입니다.

[해석]

캐나다와 북미 지역의 풍경 대부분은 홍적세 빙하 시대에 발생된 빙하 작용에 의해 바뀌었다. 빙하의 발달 및 쇠퇴가 현재의 지형을 구성하는 많은 언덕과 산등성이, 패인 곳, 그리고 호수를 깎아내 만들었다. 게다가, 빙하의 움직임은 주요 하천계의 배수 체계에 크게 영향을 미쳤을 뿐만 아니라 미국의 중서부 지역에 수만 개의 호수도 만들어냈다. 빙하가 쇠퇴함에 따라, 육지의 윤곽선을 재형성하면서, 지표면에 부식을 초래하고 많은 움푹 파인 곳을 남겼고, 이들 중 많은 것들이 물로 채워지면서 호수가 되었다. 일부의 경우에는, 쇠퇴하던 빙하의 경계가 거대한 분지들을 남겼고, 그 후에 녹는 얼음으로 채워졌다. 미국과 캐나다 국경을 따라 위치한 오대호는 이러한 유형의 호수 형성을 아주 잘 보여주는 예시이다.

지문 속 단어 "which"가 가리키는 것은 무엇인가?

(A) 표면

(B) 윤곽선

(C) 움푹 파인 곳

(D) 빙하

[어휘]

landscape 풍경, 경관 **alter** ~을 바꾸다 **glaciation** 빙하 작용 **Pleistocene ice age** 홍적세 빙하 시대 **advancing** 발달, 발전 **receding** 쇠퇴, 후퇴 **carve out** ~을 깎아 만들다 **ridge** 산등성이 **groove** 패인 곳 **make up** ~을 구성하다 **terrain** 지형, 지역 **affect** ~에 영향을 미치다 **drainage** 배수 **re-shape** ~을 재형성하다 **contours** 윤곽선, 등고선 **cause** ~을 초래하다 **erosion** 부식 **depression** 움푹 패인 곳 **surface** 표면 **border** 경계(선), 국경 **basin** 분지 **formation** 형성, 구성

▪ Insert Text

❶ Practice 1

[정답 3번째]

문제의 문장이 글의 흐름상 어울리는 위치를 묻는 문제입니다. 3번째 사각형 앞 문장을 살펴보면 TEM 빔이 작동하는 과정을 설명하고 있습니다. 이 때 마지막 부분에 표본을 통해 전달되는 것이 언급되고 있는데, 이 내용이 제시된 문장의 첫 부분(표본으로부터 나올 때)과 자연스럽게 연결됩니다. 그리고 그 뒤로 빔이 표본의 구조에 관한 정보를 전한다는 내용이 언급되어 있어 빔 작동 과정의 하나로 알맞습니다. 또한, 3번째 사각형 뒤에 이어지는 마지막 과정으로서 '결과로 나타나는 이미지(the resulting image)가 보인다' 내용과도 자연스럽게 연결됩니다.

[해석]

전자 현미경은 미생물과 세포, 금속, 그리고 수정 같은 아주 다양한 유기체 및 무기물의 표본이 지닌 초미세 구조를 들여다보는 데 쓰인다. 전자 현미경이 산업계에서 흔히 적용되는 방식에는 품질 관리와 고장 분석이 포함된다. 전자 하나의 파장은 눈에 보이는 광자의 파장보다 상당히 더 짧기 때문에, 전자 현미경은 기존의 광학 현미경보다 훨씬 더 높은 해상도를 제공한다. 처음으로 널리 쓰이기 시작한 전자 현미경의 종류는 투과형 전자 현미경(TEM)이다. ■ TEM 내에서, 고전압 전자 빔이 전자총에 의해 만들어지는데, 이 전자총은 전자 공급원의 역할을 하는 텅스텐 필라멘트 환원 전극을 일반적으로 갖추고 있다. ■ 이 빔은 정전기 및 전자기 렌즈들을 통해 강화된 산화 전극에 의해 가속화된 후에, 표본을 통해 전달된다. ■ 그 뒤에 결과로 나타나는 이미지는 흔히 황화아연을 입힌 형광 화면에 보이게 된다. ■

그것이 표본으로부터 나올 때, 빔은 현미경의 대물 렌즈 시스템에 의해 확대된 표본의 구조와 관련된 정보를 전달한다.

[어휘]

electron microscope 전자 현미경 **view** ~을 보다 **ultrastructure** 초미세 구조 **a vast array of** 아주 다양한 **organic** 유기체의 **inorganic** 무기물의 **specimen** 표본, 시료 **microorganism** 미생물 **industrial** 산업의 **application** 적용, 응용 **quality control** 품질 관리 **failure analysis** 고장 분석 **wavelength** 파장 **significantly** 상당히 **visible** 눈에 보이는 **light photon** 광자 **resolution** 해상도 **traditional** 기존의, 전통적인 **light microscope** 광학 현미경 **widespread** 널리 퍼진 **transmission electron microscope** 투과형 전자 현미경 **high voltage** 고전압 **be equipped with** ~을 갖추고 있다 **cathode** 환원 전극 **serve as** ~의 역할을 하다 **accelerate** ~을 가속화하다 **anode** 산화 전극 **intensify** ~을 강화하다 **electrostatic** 정전기의 **electromagnetic** 전자기의 **resulting** 결과로 나타나는 **fluorescent** 형광성의 **coated with** ~을 입힌 **zinc sulphide** 황화아연 **emerge from** ~로부터 나오다 **structure** 구조 **magnify** ~을 확대하다 **objective lens** 대물 렌즈

❷ Practice 2

[정답 2번째]

문제의 문장이 글의 흐름상 어울리는 위치를 묻는 문제입니다. 제시된 문장은 하나의 예시로서 북미 지역 해안선의 형태는 아프리카의 불룩한 부분에 들어맞는다는 의미를 나타내고 있습니다. 따라서 2번째 사각형 앞에 위치한 문장에서 언급한 조각 맞추기 퍼즐 같이 현대의 대륙들이 잘 들어맞는다는 의미를 지닌 문장 뒤에 쓰여 그에 대한 예시를 말하는 흐름이 되어야 알맞으므로 2번째 사각형이 정답입니다.

[해석]

베게너는 대륙의 형태, 암석과 빙상의 유사성, 고대의 기후, 그리고 화석 증거를 바탕으로 결론을 내렸다. ■ 첫째, 그는 현대의 대륙들이 마치 조각 맞추기 퍼즐 같이 서로 잘 들어맞을 수 있을 것처럼 보인다는 점에 주목했다. ■ 둘째, 그는 아프리카와 남아메리카에 유사한 종류의 암석으로 된 넓은 구역들이 있다는 점을 지적했다. ■ 만일 이 대륙들의 가장자리들이 서로 합쳐진다면, 이 암석 지역들은 일치할 것이다. 마찬가지로, 과학자들은 약 3억년 전에 대규모 빙상들이 아프리카에서 대서양으로, 그리고 남아메리카로 이동했다고 생각하고 있다. ■ 베게너는 대서양이 그곳에 없었기 때문에 아마 이 얼음이 쉽게 남아메리카로 이동했을 것이라고 추론했다. 셋째, 베게너는 남극 대륙에서 발견된 열대 식물 화석이 이 대륙이 한때 적도 근처에 있었음을 증명한다고 주장했다. 하지만 베게너가 가장 강력하게 주장한 바는 네 번째 요점인 화석 증거의 일치이다. 아프리카와 남아메리카의 해안에서 발견된 동식물 화석들이 거의 동일한 상태이다. 베게너의 관점에서, 이 생물체들이 대서양을 가로지르는 것은 불가능했다. 따라서 두 대륙은 합쳐져 있었어야 했다.

예를 들어, 북미 지역 해안선의 형태는 아프리카의 불룩한 부분에 들어맞는다.

[어휘]

base A on B A의 바탕을 B에 두다, B를 바탕으로 A를 하다 **conclusion** 결론 **continent** 대륙 **similarity** 유사성 **ice sheet** 빙상 **ancient** 고대의 **fossil** 화석 **look as if** 마치 ~한 것처럼 보이다 **fit together** 서로 잘 들어맞다 **jigsaw puzzle** 조각 맞추기 퍼즐 **point out that** ~임을 지적하다 **broad** 넓은 **match** 일치하다 **in the same manner** 마찬가지로 **reason that** ~라고 추론하다 **discovery** 발견 **tropical plant** 열대 식물 **equator** 적도 **argument** 주장 **shoreline** 해안 **identical** 동일한 **organism** 생물체 **cross** ~을 가로지르다 **bulge** 불룩한 곳

❸ Practice 3

[정답 2번째]

문제의 문장이 글의 흐름상 어울리는 위치를 묻는 문제입니다. 제시된 문장은 '그 형성 과정 중에(During the formation)'라는 말로 시작되고 있으므로 특정 형성 과정이 언급되는 문장 뒤에 위치해야 합니다. 따라서 2번째 사각형 앞에 위치한 문장에서 '층이 형성된다(causing layers to form)'고 말한 부분과 자연스럽게 연결될 수 있으므로 2번째 사각형이 정답입니다. 또한, 그 뒤에 이어지는 내용이 '가볍거나 밀도가 높지 않은 물질(Lighter or less dense materials)'과 관련해 설명하고 있어 제시된 문장에서 무겁거나 밀도가 높은 물질에 관해 말하는 것과 흐름상 자연스럽게 어울립니다.

[해석]

행성의 분화는 행성 표면에 대한 충돌과 관련된다. 이 충돌은 표면을 크게 가열시키고, 그 결과로, 이용될 수 있는 암석과 합금 원소를 가열해 부분적으로 녹인다. ■ 일단 녹는 과정이 시작되면, 다른 화학 원소들이 서로 분리되어, 무거운 원소와 가벼운 원소들이 가라앉고 떠오르는 움직임이 시작되면서, 여러 층이 형성되도록 초래한다. ■ 규산염과 결합하는 친석 원소와 같이 더 가볍거나 밀도가 더 낮은 물질은 더 무겁고 밀도 높은 층들 위로 떠오른다. ■ 분화된 행성과 분화되지 않은 행성 사이의 차이는 이러한 층들의 존재와 관련된다. ■

그 형성 과정 중에, 철과 결합하는 친철 원소와 같이 무겁거나 밀도가 높은 물질은 행성 중심부로 가라앉는다.

[어휘]

differentiation 분화 **involve** ~와 관련되다, ~을 수반하다 **surface** 표면 **in turn** 그 결과 **available** 이용 가능한 **alloy** 합금 **partially** 부분적으로 **melt** ~을 녹이다 **chemical element** 화학 원소 **separate from** ~에서 분리되다 **initiate** ~을 시작하다, 개시하다 **sinking** 가라앉음 **rising** 떠오름 **cause A to do** A가 ~하도록 초래하다 **layer** 층, 막, 겹 **form** 형성되다 **dense** 밀도가 높은 **material** 물질, 물체 **lithophile** 친석 원소(원소 분류 중에서 주로 암석질 부분) **bond to** ~와 결합하다 **silicate** 규산염 **differentiated** 분화된 **pertain to** ~와 관련되다 **existence** 존재 **siderophile** 친철 원소(철과 쉽게 결합하는 원소)

❹ Practice 4

[정답 3번째]

문제의 문장이 글의 흐름상 어울리는 위치를 묻는 문제입니다. 제시된 문장은 하나의 예시로서 '계의 바로 아래 단계(the division immediately below kingdom)'에 관해 설명하고 있습니다. 따라서 '계'와 그 하위 단계를 하나씩 언급하는 문장 뒤에 위치한 3번째 사각형 자리에 위치해 '계' 아래 단계인 '문'에 대한 하나의 예시를 말하는 흐름이 되어야 자연스럽습니다. 또한, '문' 아래 단계인 '강'을 설명하는 바로 다음 문장과도 흐름상 자연스럽게 연결됩니다.

[해석]

결국, 1969년에, 로버트 휘태커는 생물체들이 5계 분류 체계를 활용해 더 잘 분류될 수 있다고 제안했다. ■ 그는 생물체들을 원핵생물계, 원생생물계, 균계, 식물계(식물), 동물계(동물)로 구분했다. ■ 어느 계에 속한 개체든 순차적으로 더욱 구체적인 각각의 단계로 되어 있는 '문, 강, 목, 과, 또는 속'으로 추가 분류될 수 있다. ■ 다음 단계인 '강'은 동물을 더욱 뚜렷하게 구분한다. 예를 들어, 모든 새는 '조강'에 속한다. ■ 이러한 분류는 동물이 종에 의해 분리될 때까지 점점 더 작은 그룹을 만들어낸다.

예를 들어, '계'의 바로 아래 단계인 척색동물문은 모든 척추동물을 포함하므로, 물고기와, 새, 그리고 인간은 모두 이 그룹에 포함된다.

[어휘]

organism 생물체 **classify** ~을 분류하다 **five kingdom system** 5계 분류 체계 **divide A into B** A를 B로 나누다 **Monera** 원핵생물계 **Protista** 원생생물계 **Fungi** 균계 **Plantae** 식물계 **Animalia** 동물계 **individual** n. 개체 **further** 추가적으로, 한층 더 **phylum** 문 **class** 강 **order** 목 **family** 과 **genus** 속 **progressively** 순차적으로 **specific** 구체적인 **separate** ~을 분리하다 **distinctly** 뚜렷하게 **belong to** ~에 속하다 **class Aves** 조강 **result in** ~라는 결과를 낳다, ~을 초래하다 **species** 종 **phylum Chordata** 척색동물문 **immediately** 바로, 즉시 **vertebrate** 척추동물 **encompass** ~을 포함하다

▪ Prose Summary

[정답 A, D, E]

행성 분화 과정 및 분화된 행성의 핵심적인 특성과 관련된 것을 고르는 문제입니다. 1번째 정답A는 2번째 단락에서 분화 행성과 미분화 행성 사이의 차이를 언급하면서 특정한 층의 존재가 기준이 됨을 설명하는 부분과 관련이 있으며, 분화 행성의 특징에 대한 설명이므로 정답입니다. 2번째 정답 D 역시 2번째 단락의 1번째 문장에서 행성에 가해지는 충격으로 인해 분화 행성이 만들어진다는 내용에서 확인 가능한 분화 행성의 특징이므로 정답입니다. 3번째 정답E는 태양과의 근접성이 행성 분화 정도에 영향을 준다는 내용을 5번째 단락 1~2번째 문장에서 확인할 수 있고, 이 내용 또한 행성 분화의 특징이므로 정답입니다. B는 1번째 단락에 나오는 원시 행성 형성 과정과 관련된 설명인데, 지문의 주요 내용인 행성 분화 및 분화 행성의 특징과 관련된 것이 아니므로 오답입니다. C는 5번째 단락 9번째 문장에서 목성형 행성에 대한 연구가 기술 발전을 통해 가능하다는 내용에서 확인할 수 있지만, 지문의 주요 내용이 아닌 일부 정보에 해당되므로 오답입니다. F는 3번째 단락 3~4번째 문장에서 말하는 지구 내핵 및 외핵의 구성과 관련되어 보이지만, 내핵과 외핵에 대한 직접적인 비교는 나타나 있지 않으며 행성 분화 과정 및 분화된 행성의 핵심적인 특성과도 관계가 없는 오답입니다.

[해석]

행성 분화

우리 태양의 발화로 인해 약 45억년 전에 우리 태양계에 속한 행성들의 초기 형성이 시작되었다. 이 사건은 헬륨과 수소 같은 대단히 휘발성이 높은 가스들이 주변 지역으로 증발되도록 초래해, 여러 암석과 물질을 가두면서 '원시 행성'을 만들어냈다. 물질이 서로 달라붙어 전체를 구성하는 과정인 부착을 통해, 이 원시 행성들은 규모가 커지게 되었고 분화가 시작되었다.

행성의 분화는 행성 표면에 대한 충돌과 관련된다. 이 충돌은 표면을 크게 가열시키고, 그 결과로, 이용될 수 있는 암석과 합금 원소를 가열해 부분적으로 녹인다. 일단 녹는 과정이 시작되면, 다른 화학 원소들이 서로 분리되어, 무거운 원소와 가벼운 원소들이 가라앉고 떠오르는 움직임이 시작되면서, 여러 층이 형성되도록 초래한다. 그 형성 과정 중에, 철과 결합하는 친철 원소와 같이 무겁거나 밀도가 높은 물질은 행성 중심부로 가라앉는다. 규산염과 결합하는 친석 원소와 같이 더 가볍거나 밀도가 더 낮은 물질은 더 무겁고 밀도 높은 층들 위로 떠오른다. 분화된 행성과 분화되지 않은 행성 사이의 차이는 이러한 층들의 존재와 관련된다.

분화되지 않은 행성은 성질이 획일적이며, 층을 구성하지 않는다. 반면에, 지구는 핵과 맨틀 그리고 지각으로 구성되어 있는 분화된 행성이다. 이 각각의 층들은 해당 층에 고유하게 존재하는 광물과 원소들로 인해 추가적으로 분류될 수 있다. 예를 들어, 핵은 주로 철과 니켈로 구성되어 있고 그 아래의 대단히 높은 압력으로 인해 단단한 상태인 내핵과 외핵으로 구분된다. 외핵도 철과 니켈로 구성되어 있기는 하지만, 더 많은 양의 산소와 유황도 포함하고 있다. 규소 같이 더 가벼운 원소들이 하부 맨틀을 구성하는 반면, 감람석 그리고 마그네슘을 함유하고 있는 규산염으로도 알려진 휘석이 상부 맨틀을 구성한다. 석영 같은 저밀도 물질은 다른 규산염들과 함께 지구의 가장 상층부인 지각을 구성한다.

비록 지구가 유일하게 분화된 행성은 아니지만, 연구에 따르면 가장 광범위하게 분화된 것으로 나타나며, 내핵의 온도가 그 일부 원인이다. 암석이 녹아 마그마를 만들어내는데, 이는 구성상 현무암질이며, 맨틀 암석들보다 더 많은 규소를 함유하고 있기 때문에, 표면 쪽으로 떠올라 지각을 구성한다. 증거에 따르면 행성이 충분히 뜨거울 때, 현무암질 지각이 녹아 맨틀 쪽으로 재순환할 수 있는 것을 나타난다. 지각이 다시 녹는 이 과정이 현무암보다 규소를 더 많이 만들어내면서 지각을 더 가볍게 만들어 표면 쪽으로 올라갈 수 있게 해준다. 이렇게 지속적으로 지각이 맨틀 쪽으로 재순환되는 과정으로 인해 지구의 여러 새로운 층이 계속 형성될 수 있게 해준다. 분화 과정에 영향을 미치는 다른 요인들에는 중력의 압력뿐만 아니라 해당 원소들의 방사능도 포함된다.

태양 성운 내의 다른 환경 조건들이 각 행성에서 또는 주변에서 발견되는 다양한 광물과 원소들을 설명해준다. 태양과 관련된 위치 또한 각 행성 내에서 나타나는 분화의 정도에 영향을 미친다. 이는 다른 행성들과 관련된 지구의 분화를 설명해주는데, 지구가 태영과 가장 가까이 위치한 행성들 중의 하나이기 때문이다. 나머지 3개의 지구형 행성인 수성과 금성, 그리고 화성은 유사하게 밀집된 암석 표면을 지니고 있다. 목성과 토성, 천왕성, 그리고 해왕성으로 구성되는 목성형 행성은 모두 지구에 비해 상대적으로 크며, 기체로 된 성질 또한 지니고 있다. 전체적으로, 목성형 행성은 '거대 가스 행성'이라고 알려져 있다. 행성학자들은 이 거대 가스 행성들의 분화를 온전히 알지 못하고 있다. 하지만, 이들은 작고 단단한 핵을 포함하고 있을 수 있다. 지속된 우주 탐사와 향상된 기술이 언젠가 우리 이웃 행성들의 특성에 대한 더 나은 이해로 이끌어줄 것이다.

지문의 간략한 요약에 필요한 도입 문장이 아래에 제공된다. 지문에서 가장 중요한 사항들을 나타내는 선택지 세 개를 골라 요약 내용을 완료하시오. 일부 문장은 지문에 제시되지 않는 사항들을 나타내거나 지문에서 중요하지 않은 사항들이므로 요약 내용에 속하지 않는다. 이 질문은 2점에 해당된다.

이 지문은 행성 분화 과정 및 분화된 행성의 핵심적인 특성을 이야기하고 있다.

선택지

(A) 행성은 밀도에 따라 배열된 광물 및 원소들로 구성된 뚜렷한 층들의 존재를 바탕으로 분화된 것으로 분류된다.

(B) 태양의 탄생이 특정 가스가 증발되도록 초래했을 때, 암석과 물질의 점진적인 부착이 원시 행성을 만들어냈다.

(C) 목성형 거대 가스 행성들의 분화는 우주 기술의 발전과 함께 더 잘 이해될 것이다.

(D) 분화는 행성이 엄청난 힘과 충돌될 때 발생되어, 암석이 녹고 물질이 분리되도록 초래한다.

(E) 행성이 거치는 분화의 수준은 태양 및 관련 원소들과의 근접성에 의해 영향을 받는다.
(F) 지구의 외핵은 내핵보다 산소 같이 더 농도가 높은 가스를 포함하고 있다.

[어휘]

planetary 행성의 **differentiation** 분화 **ignition** 발화, 점화 **formation** 형성 **Solar System** 태양계 **cause A to do** A가 ~하도록 초래하다 **volatile** 휘발성의 **evaporate** 증발하다 **trap** ~을 가두다, 붙잡아두다 **matter** 물질 **protoplanet** 원시 행성 **accretion** 부착 **process** 과정 **stick together** 서로 들러붙다 **grow in size** 규모가 커지다 **involve** ~와 관련되다, ~을 수반하다 **impact** 충돌 **surface** 표면 **in turn** 그 결과, 차례차례 **alloy** 합금 **partially** 부분적으로 **melt** ~을 녹이다 **chemical element** 화학 원소 **separate from** ~에서 분리되다 **initiate** ~을 시작하다, 개시하다 **sinking** 가라앉음 **rising** 떠오름 **form** 형성되다 **dense** 밀도가 높은 **material** 물질, 물체 **siderophile** 친철 원소(철과 쉽게 결합하는 원소) **bond to** ~와 결합하다 **lithophile** 친석 원소(원소 분류 중에서 주로 암석질 부분) **silicate** 규산염 **differentiated** 분화된 **pertain to** ~와 관련되다 **existence** 존재 **uniform** 획일적인 **nature** 성질, 특성 **consist of** ~을 구성하다 **composed of** ~로 구성된 **core** 핵 **crust** 지각 **break down** ~을 분류하다 **existence** 존재 **mineral** 광물 **specific to** ~ 고유의 **be separated into** ~로 나뉘다, 분리되다 **be made up of** ~로 구성되다 **primarily** 주로 **sulphur** 유황 **olivine** 감람석 **pyroxene** 휘석 **magnesium-bearing** 마그네슘을 함유하고 있는 **low-density** 저밀도의 **uppermost** 가장 위쪽의 **extensively** 광범위하게, 대규모로 **due in part to** ~가 일부 원인인 **basaltic** 현무암질의 **composition** 구성 **recycle back into** ~로 재순환되다 **enable A to do** A가 ~할 수 있게 해주다(= allow A to do) **continual** 지속적인 **influence** ~에 영향을 미치다 **gravitational** 중력의 **radioactivity** 방사능 **nebula** 성운 **varying** 다양한, 변하는 **in the vicinity of** ~ 근처의 **affect** ~에 영향을 미치다 **degree** 정도 **terrestrial planet** 지구형 행성 **compact** 밀집된, 조밀한 **Jovian planet** 목성형 행성 **relatively** 상대적으로, 비교적 **compared to** ~에 비해 **gaseous** 기체의, 가스의 **collectively** 전체적으로 **gas giant** 거대 가스 행성 **solid** 단단한 **exploration** 탐사, 탐험 **neighboring** 이웃한, 인근의 **fundamental** 핵심적인, 근본적인 **be categorized as** ~로 분류되다 **arranged** 배열된, 배치된 **density** 밀도 **separate** 분리되다 **undergo** ~을 거치다, 겪다 **proximity to** ~와의 근접함 **high concentrations of** 농도가 높은

▪ Fill in a Table

[정답 Freshwater lakes: B, E / Saltwater lakes: A, C]

이 문제는 호수의 두 종류, 즉 담수 호수와 해수 호수의 각 특징을 고르는 문제입니다. 담수 호수와 관련된 특징으로 알맞은 것은 B와 E입니다. B는 담수 호수에 관해 설명하는 1번째 단락 8~10번째 문장에서 굽어진 강이 침식에 의해 호수가 만들어지는 과정을 설명하는 내용을 통해 확인할 수 있습니다. E는 1번째 단락 2번째 문장에서 담수 호수의 물이 바다로 향한다는 내용을 통해 확인 가능합니다. 해수 호수와 관련된 특징으로 알맞은 것은 A와 C입니다. A는 해수 호수에 관해 설명하는 2번째 단락 5번째 문장에서 해수 호수가 건조한 환경에서 흔히 나타난다고 언급한 부분에서 확인할 수 있습니다. C는 8~9번째 문장에서 해수 호수가 기후 변화에 영향을 받는다는 내용과 함께 약간의 강수량 변동에도 해수 호수가 크게 줄어들 수 있다는 내용을 말하는 부분에서 확인 가능합니다. 나머지 D와 F는 모두 지문에서 확인할 수 없는 내용을 포함하고 있으므로 오답입니다.

[해석]

세계의 호수: 담수 호수와 해수 호수

전 세계 호수의 대다수는 담수 호수이며, 그 대부분은 북반구에 자리잡고 있다. 대부분의 담수 호수는 강 또는 시냇물의 형태로 된 자연 유출 통로를 최소 한 개는 지니고 있으며, 이것이 결국 바다, 즉 대양으로 물을 이동시킨다. 자연 유출 통로는 과도한 물의 배수를 용이하게 함으로써 호수의 평균 수위가 유지되도록 보장해준다. 더 높은 위도에 위치한 일부 담수 호수는 빙하의 얼음 덩어리가 묻혔다가 녹으면서 형성된다. 이 얼음이 녹는 데 수백 년이 걸릴 수도 있지만, 결국 움푹한 곳이 형성되어 물로 채워진다. 마찬가지로, 담수 호수는 산악 지역에서 빙하가 작은 규모의 움푹한 곳을 깎아내고 이곳에 물이 차면서 형성될 수도 있다. 높은 고도로 인해, 이 호수들은 오랜 시간 동안 얼어 있지만, 봄에는 녹은 물로 채워져 있게 된다. 많은 담수 호수들은 강이 굽이쳐 흐를 때 형성된다. 그곳의 토양은 굴곡 부분의 안쪽보다 바깥쪽에서 더 빠르게 침식된다. 그 후에 물이 굴곡의 목 부분을 가로질러 자르면서 흐르는 물의 나머지 부분과 분리시킨다. 퇴적된 침전물이 쌓이게 되고, 이 굽은 구역을 강의 나머지 부분과 완전히 분리시켜, 말발굽 모양의 호수를 만든다.

모든 호수가 담수 호수인 것은 아니다. 해수 호수는 자연 유출 통로가 존재하지 않고 건조한 열에 의해 높은 비율의 증발이 생길 때 생성된다. 일반적으로 바다로 물이 빠져나가는 담수 호수나 강과 달리, 해수 호수는 강의 흐름에 있어 종점 역할을 한다. 이 호수는 일반적으로 지형의 가장 낮은 지점에 위치한 지리적 분지에 자리잡기 때문에 형성된다. 이 호수는 건조한 환경, 즉 증발로 인해 시간이 지날수록 물 속의 소금과 다른 화학 물질이 농축되는 곳에서 가장 흔히 나타난다. 일부 해수 호수가 조류를 제외한 다른 어떤 생물체든 지탱하기에는= 너무 염분이 많기는 하지만, 유타 주의 그레이크 솔트 호수 같은 호수는 다양한 갑각류 종의 서식지이다. 또한, 이러한 호수의 물가 구역은 흔히 물새 같은 새들의 소중한 번식지로서 기능하기도 한다. 하지만, 이 호수들은 약간의 기후 변동에도 취약하다. 지속적인 비율의 증발에 대한 의존으로 인해, 심지어 적은 강수량 감소에도 규모가 상당히 줄어들 수 있다. 이는 결과적으로 염분의 농도가 상승하도록 초래해, 생물 다양성 감소로 이어질 수 있다.

문제 설명: 선택지에서 적절한 구문을 골라 관련된 특정 호수 유형과 일치시키시오. 일부 선택지는 사용되지 않는다.

담수 호수	해수 호수
B, E	A, C

Ⓐ 일반적으로 매우 건조한 생태계 내에 위치함
Ⓑ 강의 토양 침식에 의해 형성될 수 있음
Ⓒ 강우량의 변화에 따른 결과로 규모가 크게 변동될 수 있음
Ⓓ 지역 조류 개체 수에 해로운 영향을 미칠 수 있음
Ⓔ 일반적으로 큰 자연 수역으로 흘러 들어감
Ⓕ 겨울에 가장 깊은 지점에 도달함

[어휘]

the vast majority of 대다수의 be situated in ~에 자리잡고 있다, 위치해 있다 at least 최소한, 적어도 outflow 유출 in the form of ~의 형태로 eventually 결국, 마침내 ensure that ~하도록 보장하다, 반드시 ~하도록 하다 maintain ~을 유지하다 facilitate ~을 용이하게 하다 drainage 배수 excess 과도한 latitude 위도 glacier 빙하 melt 녹다 depression 움푹한 곳 mountainous region 산악 지역 carve out ~을 깎아내다 altitude 고도 be filled with ~로 채워지다 meander 굽이쳐 흐르다 winding 구불구불한 erode ~을 침식시키다 separate A from B A를 B에서 분리시키다 the rest of ~의 나머지 deposit 퇴적(물) sediment 침전물 completely 완전히 horseshoe-shaped 말발굽 모양의 occur 생겨나다, 발생되다 rate 비율, 속도 evaporation 증발 drain into (물이) ~로 빠져나가다 serve as ~의 역할을 하다 endpoint 종점 geographical 지리적인 basin 분지 landscape 지형, 풍경 arid 건조한 concentrate ~을 농축시키다 chemical 화학 물질 salty 염분이 많은, 짠 algae 조류(물 속에서 광합성에 의해 생육하는 체제가 간단한 식물) habitat 서식지 species (동물) 종 crustaceans 갑각류 shore 물가, 해안 function as ~로서 기능하다 invaluable 소중한 breeding ground 번식지 vulnerable to ~에 취약한 slight 약간의, 조금의 fluctuation 변동, 오르내림 reliance on ~에 대한 의존 steady 지속적인, 변함없는 significantly 상당히 shrink 줄어들다 as a result of ~에 따른 결과로 precipitation 강수 in turn 결과적으로 cause A to do A가 ~하도록 초래하다 salinity 염분 concentration 농도 lead to ~로 이어지다 reduced 감소한, 줄어든 biodiversity 생물 다양성 specific 특정한, 구체적인 typically 일반적으로(= usually) located in ~에 위치한 ecosystem 생태계 fluctuate 변동하다, 오르내리다 as a result of ~에 따른 결과로 have a detrimental impact on ~에 해로운 영향을 미치다 population 개체 수 flow into ~로 흘러 들어가다 body of water 수역 reach ~에 도달하다, 이르다

Reading 실전 모의고사

▪ 실전 모의고사 1

1. A	2. B	3. C	4. A	5. D
6. B	7. A	8. C	9. 2번째	10. A D E
11. A	12. C	13. C	14. D	15. A
16. C	17. C	18. A	19. 3번째	20. A B C

Question 1-10

지하수

우리가 마시는 물의 대부분은 지하 공동 및 암석의 길게 갈라진 틈에 저장되어 있는 지하수에서 비롯된다. 사실, 지하에 저장되어 있는 담수의 양은 지표면의 호수와 강에 포함되어 있는 양보다 약 50배 더 많다. 대략적으로 모든 지하수의 절반이 지표면에서 1,000미터도 채 되지 않는 아래쪽에서 발견되고 있다. 그 깊이를 넘어서면, 극도의 압력이 암석 사이의 공백과 틈을 막는 결과를 초래해, 물이 모일 공간이 더 적어지게 된다. 10킬로미터의 깊이에서는, [1(A)]사실상 지하수 저장에 이용될 수 있는 공간이 존재하지 않는다.

아주 다양한 암석 유형이 지하수를 저장할 수 있으며, 대수층이라고 불리는 천연 지하수 저장고가 흔히 형성된다. [2(B)]대수층의 투과성 및 다공성이 저장되어 있는 물이 추출될 수 있는 용이함과 수단을 결정한다. 투과성은 얼마나 용이하게 물이 암석 구멍을 통과해 흐를 수 있는가를 설명한다. 물은 입자들 주변과 사이를 선회하는 방식으로 흘러야 하는데, [5(D)]그 경로가 복잡하면 할수록, 유량 저항이 더 커진다. 암석의 전반적인 투과성은 물이 이러한 저항성을 극복해낼 수 있는 비율을 고려한다. 반면, 다공성은 암석 내의 침전물 입자들 사이의 잠재적인 물 저장 공간을 가리키며, 일반적으로 전체 암석 부피에 대한 비율로 표현된다.

투과성과 다공성 둘 모두 압축도 및 침전물 배열에 영향받는다. 단단히 압축되어 있거나 좋지 못하게 배열된 침전물로 구성된 암석은 훨씬 더 낮은 다공성과 투과성을 지니며, 투과할 수 없는 것은 난투수층이라고 알려져 있다. 지표면 근처에서 가장 흔한 암석 유형은 퇴적암이며, 그 안에 포함되어 있는 [3(C)]충분한 공간으로 인해 물 저장에 이상적으로 적합하다. [4(A)]특히, 사암은 매우 효과적인 대수층의 역할을 하지만, 더 미세한 침전물 입자로 구성되어 있는 이암은 일반적으로 투과할 수 없다. 비교적 조밀한 화성암과 변성암은 침전물 입자 사이에 거의 아무런 공간도 포함하고 있지 않지만, 이 암석들이 충분히 균열되면 드문 경우에 지하수를 저장할 수도 있다.

대부분의 암석 구멍과 균열 부분들이 지하수를 저장하고 있는 깊이가 시작되는 지점을 나타내는 지하 경계면은 지하수면이라고 불린다. [6(B)]지하수면이 일반적으로 지표면의 등고선에 따라 상승하고 내려가기 때문에 좀처럼 똑바른 경계선으로 나타나지 않는다는 점에 주목하는 것이 중요하다. 빗물은 지하수면보다 높이 위치한 불포화대 속으로 점차 스며들어, 결국 지하수면으로 떨어지며, [7(A)]그것은 내려가면서 무기물 입자를 물로 감싼다. 지표면 근처의 식물 뿌리는 성장을 위해 불포화대 내에 포함된 이 물과 무기물에 의존한다.

■ 지하수면이 지표 지형을 따른다는 사실로 인해, 중력이 지표수에 미치는 것과 마찬가지로 지하수의 움직임에도 영향을 미친다. [9]■ 지하수면과 지표면 사이의 교차 지점은 물이 샘 또는 강의 형태로 지상으로 드러나도록 초래한다. ■ 하지만, 대단히 건조한 지역에서는, 지하수가 좀처럼 지표면을 뚫고 나오지 못하며, 건조한 강바닥 표면 아래에 완전히 남아 있는 경향이 있다. ■ [8(C)]강하고 장기적인 비가 발생되면, 지하수면은 상승해 지표면과 교차하게 되고, 이는 일반적으로 건조한 강바닥이 흐르는 물로 일시적으로 다시 채워지는 구역들이 만들어지는 결과가 생길 수 있다.

[지문 어휘]

the vast majority of 대부분의, 대다수의 **be derived from** ~에서 비롯되다, 나오다 **store** ~을 저장하다 **underground cavity** 지하 공동(지하의 빈 공간) **fissure** 길게 갈라진 틈 **roughly** 약, 대략(= approximately) **result in** ~을 초래하다, ~라는 결과를 낳다 **closing** 막힘, 폐쇄 **gap** 공백, 틈, 격차 **crevice** 틈 **accumulate** 모이다, 축적되다 **virtually** 사실상 **storage** 저장, 보관 **a wide variety of** 아주 다

양한 **be capable of** ~할 수 있다 **reservoir** 저장고, 저수지 **aquifer** 대수층(지하수가 있는 지층) **permeability** 투과성, 투수성 **porosity** 다공성, 다공도 **ease** 용이함, 쉬움 **means** 수단 **extract** ~을 추출하다 **pore** 구멍 **grain** 입자, 알갱이 **in a circuitous manner** 선회하는 방식으로 **complicated** 복잡한 **resistance** 저항(성) **take A into account** A를 고려하다 **rate** 비율, 속도 **overcome** ~을 극복하다 **refer to** ~을 가리키다 **potential** 잠재적인 **sediment** 침전물, 퇴적물 **volume** 부피, 용량 **influence** ~에 영향을 미치다 **compaction** 압축(도) **arrangement** 배열, 배치 **comprised of** ~로 구성된 **tightly compacted** 단단히 압축된 **impermeable** 투과할 수 없는, 불투과성의 **aquiclude** 난투수층(지하수를 품고 있지만 투수성이 낮아 물을 공급하지 못하는 지층) **sedimentary rock** 퇴적암 **be suited for** ~에 적합하다 **ample** 충분한 **sandstone** 사암 **serve as** ~의 역할을 하다 **mudstone** 이암 **be made up of** ~로 구성되다 **fine** 미세한 **typically** 일반적으로 **relatively** 비교적, 상대적으로 **igneous rock** 화성암 **metamorphic** 변성암 **in rare instances** 드문 경우에 **sufficiently** 충분히 **fracture** ~을 균열시키다 **mark** ~을 나타내다, 표시하다 **crack** 균열 부분, 갈라진 금 **water table** 지하수면(땅속의 대수층 표면) **note that** ~임에 주목하다, 유의하다 **in accordance with** ~에 따라 **contours** 등고선 **rarely** 좀처럼 ~ 않다 **manifest** 나타나다, 분명해지다 **boundary line** 경계선 **gradually** 점차 **seep into** ~ 속으로 스며들다 **vadose zone** 불포화대(지표면과 지하수면 사이의 지대) **drip down to** 아래의 ~로 뚝뚝 떨어지다 **coat** ~을 감싸다, 덮다 **mineral** 무기물, 광물 **descend** 내려가다 **topography** 지형(학) **gravity** 중력 **intersection** 교차 지점 **cause A to do** A가 ~하도록 초래하다 **emerge** 드러나다, 생겨나다 **in the form of** ~의 형태로 **extremely** 대단히, 매우 **arid** 건조한 **region** 지역 **break through** 뚫고 나가다 **tend to do** ~하는 경향이 있다 **remain** 남아 있다 **entirely** 완전히, 전적으로 **riverbed** 강바닥 **prolonged** 장기적인 **occur** 발생되다 **intersect** ~와 교차하다 **temporarily** 일시적으로 **be refilled with** ~로 다시 채워지다

1. 지문 속 단어 "virtually"와 의미가 가장 가까운 것은 무엇인가?

A 사실상
B 상당히, 중요하게
C 특히, 구체적으로
D 정확히

해설 문제에 제시된 단어는 '사실상'이라는 뜻을 나타내며 같은 의미로 쓰이는 A가 정답입니다. B는 '상당히, 중요하게', C는 '특히, 구체적으로', D는 '정확히'를 의미하므로 오답입니다.

2. 2번째 단락의 내용에 따르면, 무엇이 저장된 물의 추출에 영향을 미치는가?

A 암석들 사이의 공간이 유지할 수 있는 물의 양
B 얼마나 용이하게 물이 흐를 수 있는가와 얼마나 암석이 다공성인가
C 물이 저장되어 있는 곳의 깊이
D 땅 속 입자들의 종류

해설 저장된 물의 추출에 영향을 주는 것이 무엇인지 묻는 문제입니다. 2번째 문장에 투과성과 다공성이 물의 추출과 관련된 용이함 및 수단을 결정한다는 말이 있으므로 이를 언급한 B가 정답입니다. A는 암석들 사이에 있을 수 있는 물의 양, C는 물이 저장된 곳의 깊이, D는 땅에 있는 입자들의 종류를 의미하므로 질문과 관계없는 오답입니다.

3. 지문 속 단어 "ample"과 의미가 가장 가까운 것은 무엇인가?

A 가장 기본적인
B 드문, 희귀한
C 풍부한
D 접근 가능한

해설 문제에 제시된 단어는 '충분한'이라는 뜻을 지니고 있으므로 유사한 의미로서 '풍부한'을 뜻하는 C가 정답입니다. A는 '가장 기본적인', B는 '드문, 희귀한', D는 '접근 가능한'이라는 뜻을 나타내므로 오답입니다.

4. 3번째 단락에서 지표면 근처의 암석에 관해 무엇을 유추할 수 있는가?

(A) 사암이 있는 구역에 가장 많은 지하수가 있다.

(B) 퇴적암은 물을 저장하기에 적합하지 않다.

(C) 사암은 지하수의 흐름을 막는다.

(D) 이암은 점성이 있을 가능성이 높다.

해설 지표면 근처의 암석에 관해 유추할 수 있는 것을 묻는 문제입니다. 4번째 문장에 사암이 매우 효과적인 대수층의 역할을 한다는 말이 있는데, 이는 그곳에 물이 많다는 뜻이므로 A가 정답입니다. B는 3번째 단락의 3번째 문장에서 퇴적암이 물 저장소에 이상적이라고 언급한 것과 반대되는 내용이므로 오답입니다. C와 D는 지문에 언급되지 않은 내용입니다.

5. 글쓴이는 왜 "그 경로가 더 복잡하면 할수록, 유량 저항이 더 커진다"를 언급하는가?

(A) 어떻게 지하수 유량 비율이 토양 영양분에 의해 영향 받는지 설명하기 위해

(B) 어떻게 전반적인 암석 투과성이 시간이 흐름에 따라 증가될 수 있는지 알려주기 위해

(C) 지속적인 지하수 유량 내에서 강우의 중요성을 강조하기 위해

(D) 지하수의 이동이 입자들의 위치에 의해 영향 받는다는 점을 설명하기 위해

해설 경로가 복잡할수록 유량 저항이 더 커진다고 언급한 이유는 D입니다. 음영 처리된 문장의 앞 부분과 이 단락의 주제가 정답의 근거입니다. 이 단락의 주제는 입자의 종류에 따라 지하수 저장에 영향을 준다는 내용이고, 이 내용을 더 구체적으로 설명하기 위해 하이라이트 표기된 문장의 앞 부분에서 표면의 돌 주변에 물이 돌아서 흐르는 모습을 묘사하고 있습니다. 따라서 D에서 말하는 '지하수의 이동이 입자들의 위치에 영향을 받는다는 점을 설명하기 위해서'가 정답입니다. A에 쓰여 있는 지하수의 유량 비율은 질문과 관계가 없고, B에서 말하는 시간의 흐름에 따라 암석 투과성이 증가한다는 내용도 관계가 없습니다. C에 언급된 비의 중요성 강조도 질문과 관계 없습니다.

6. 다음 중 어느 문장이 지문의 하이라이트 표기된 문장에 담긴 필수 정보를 가장 잘 표현하는가? 틀린 선택지는 중요한 방식으로 의미를 변화시키거나 필수 정보를 배제한다.

(A) 지하수면이 오르내린 후에, 지표면의 등고선이 바뀐다.

(B) 지하수면은 곧은 선으로 나타나는 것이 아니라 지표면 지형을 뚜렷이 따른다.

(C) 지하수 유량을 극대화하기 위해 지하수면이 요동치는 것이 중요하다.

(D) 지하수면은 지면이 오르내리는 지역에서 곧은 경계선으로 나타난다.

해설 하이라이트 표기된 문장의 핵심 정보를 가장 잘 전달하는 것을 선택하는 문제로, 핵심은 지하수면이 오르내리는 것이 지표면의 형태에 따른다는 것이고, 그렇기 때문에 직선으로 나타나는 경우는 드물다는 점입니다. 따라서 정답은 이러한 핵심 정보를 담고 있는 B입니다. A는 직선 모양 관련 내용이 빠져 있고, C는 지하수의 흐름이 극대화된다는 확인할 수 없는 정보를 담고 있으며, D에서 지하수면이 직선 모양으로 나타난다고 말한 것은 사실과 다릅니다.

7. 지문 속 단어 "it"이 가리키는 것은 무엇인가?

(A) 빗물

(B) 불포화대

(C) 지하수면

(D) 지표면

해설 하이라이트 표기된it이 해당 단락에서 가리키는 대상이 무엇인지 묻는 문제입니다. 해당 부분의 내용을 살펴보면, 빗물이 불포화대(vadose zone)로 스며들어 지하수면 방향으로 흘러내려 무기물 입자들을 덮는다고 쓰여 있습니다. 이 때, 그것(it)이 아래로 하강한다고 했는데, 내용 흐름상 빗물이 하강한다는 의미가 되어야 알맞으므로 정답은 A입니다.

8. 5번째 단락의 내용에 따르면, 강한 비가 장기간 생길 때 지하수면에 무슨 일이 발생되는가?

(A) 물이 증가된 속도로 흐름에 따라 메마르게 된다.

(B) 여러 개의 다른 영역으로 분리된다.

(C) 위쪽으로 이동해 지표면과 만나게 된다.

(D) 강바닥이 영구적으로 수분을 유지하게 해준다.

해설 많은 양의 비가 장시간 내릴 때 지하수면에 발생하는 일을 묻는 문제입니다. 4번째 문장을 보면, 지하수면이 지표면과 교차한다는 사실을 확인할 수 있으므로 이를 언급한 C가 정답입니다. 나머지 A와 B의 내용은 지문에 언급되지 않았고, D는 질문과 관련성 없는 내용이며 지문의 정보와도 다르므로 오답입니다.

9. 다음 문장이 지문 어느 곳에 추가될 수 있는지를 나타내는 네 개의 사각형[■] 표기를 확인하시오.

따라서, 그 힘은 지하수가 아래쪽으로 흐르도록 초래한다.

위 문장은 어디에 가장 적합한가? 사각형[■] 하나를 클릭해 지문에 이 문장을 추가하시오.

해설 삽입 문장이 글의 내용과 자연스럽게 연결되는 위치가 어디인지를 묻고 있습니다. 삽입 문장에 언급된 the force(그 힘)가 두 번째 사각형 표기의 앞 문장에 나오는 중력을 지칭하는 것이 되어야 지문상에서 흐름이 자연스럽다는 것을 알 수 있습니다. 다른 위치에서는 the force가 지칭하는 단어가 각 사각형의 앞 문장에 언급되지 않았습니다.

10.

문제 설명: 지문의 간략한 요약에 필요한 도입 문장이 아래에 제공된다. 지문에서 가장 중요한 사항들을 나타내는 선택지 세 개를 골라 요약 내용을 완료하시오. 일부 문장은 지문에 제시되지 않는 사항들을 나타내거나 지문에서 중요하지 않은 사항들이므로 요약 내용에 속하지 않는다. **이 질문은 2점에 해당된다.**

선택지들이 속하는 공간으로 끌어다 놓으시오. 선택지를 제거하려면, 해당 선택지를 클릭하시오.
지문을 다시 살펴보려면, **지문 보기**를 클릭하시오.

지하수의 저장과 유량은 특정 요인들에 의해 영향 받는다.

-
-
-

선택지

(A) 지표면 아래에 존재하는 암석의 종류가 한 지역의 물 저장 가능성을 좌우한다.

(B) 다공도는 대수층이 암석 내에 물을 저장하고 있을 잠재성을 가리킨다.

(C) 밀도 높게 압축된 침전물은 암석이 더욱 다공성이 되도록 해준다.

(D) 침전물의 배열 및 압축 정도가 암석의 다공도와 투과성에 영향을 미친다.

(E) 중력이 지하수의 움직임을 좌우한다.

(F) 빗물이 지하수면을 낮춰주고 그에 따라 암석의 물 저장 가능성도 낮아진다.

해설 이 문제는 지하수의 저장과 흐름이 어떤 요소들에 의해 영향을 받는지에 대한 지문 내용을 요약하는 데 필요한 문장을 고르는 문제입니다. 2번째 단락에서 확인할 수 있는 A와 3번째 단락에서 확인 가능한 D, 그리고 마지막인 다섯 번째 단락에서 확인할 수 있는 E가 정답입니다. B는 2번째 단락에서 그 내용을 확인할 수는 있지만, 그 자체만으로는 지하수의 저장 및 흐름과 관계가 없으므로 오답입니다. C는 3번째 단락의 내용과 다르다는 것을 확인할 수 있고, D는 지문에서 확인이 불가능한 내용이므로 오답입니다.

[문제 어휘]

influence ~에 영향을 미치다 **extraction** 추출 **hold** ~을 유지하다, 보유하다 **be suitable for** ~에 적합하다 **be highly likely to do** ~할 가능성이 높다 **sticky** 점성인, 끈적끈적한 **affect** ~에 영향을 미치다 **overall** 전반적인 **over time** 시간이 흐름에 따라 **emphasize** ~을 강조하다 **consistent** 지속적인, 한결 같은 **positioning** 위치 (선정) **dry out** 메마르다 **be separated into** ~로 나뉘다, 분리되다 **retain** ~을 유지하다 **downhill** 아래쪽으로 **factor** 요인 **present** a. 존재하는 **dictate** ~을 좌우하다, ~에 영향을 주다 **potential** 가능성, 잠재성 **refer to** ~을 가리키다 **densely** 밀도 높게, 밀집하여 **gravitational force** 중력 **lower** v. ~을 낮추다 **thus** 그에 따라서, 그러므로

Question 11-20

테오티우아칸의 성장

기원전 200년경에, 현재의 멕시코 시티에 해당되는 곳과 꽤 가깝게 위치해 있던 테오티우아칸 시가 흥하기 시작해 힘을 얻고 번영했다. 서기 150년에서 700년 사이로 추정되는 가장 성공적이었던 기간 중에, 이 도시는 20평방 킬로미터가 넘는 지역에 걸쳐 펼쳐진 곳이었으며, 최소 125,000명의 사람들이 사는 터전이었다. 기록에 따르면 이 도시는 격자 무늬의 거리와 건물들로 매우 체계적이었던 것으로 나타나 있기 때문에, 광범위한 도시 기획이 이 거대한 대도시의 발전 및 운영에 관련되어 있었던 것이 분명하다. 테오티우아칸은 아주 많은 산업용 작업장과 여러 웅장한 종교 기념물, 수천 개의 주거용 건물, [11(A)]북적대는 시장, 그리고 인상적인 행정 및 교육 단지들을 자랑했다. 무역과 배움의 중심지로서, 이 도시는 메소아메리카 문명권 전역의 여러 다른 문명 사회들과 강한 경제적, 종교적 유대 관계를 확립할 수 있었다.

테오티우아칸의 번영에 대한 주요 원인들 중 하나는 테오티우아칸 계곡을 따라 이어졌던 분주한 무역 경로상의 편리한 위치였다. 더욱이, [12(C)]테오티우아칸 계곡은 풍부한 흑요석과 광범위한 관개 시설에 대한 적합성으로 인해 숭배되었다. 여러 다른 요인들이 역사가들에 의해 제시되기도 했지만, 이 요인들은 확인하기 더욱 어렵다. 일부 학자들은 테오티우아칸이 흥성해 명성을 얻게 된 것에 대한 이유로 하나의 성지로서 지니는 종교적 중요성을 언급하고 있다. 또한 이 도시가 주로 통치 관료들의 지능과 실용주의로 인해 번영했다는 의견과, 당시의 몇몇 다른 도시들과 달리, 기원전 1000년 후반의 화산 분출 같은 자연 재해에 굴복하지 않으면서 도시의 지위가 더욱 강화되었다는 의견도 제시되어 왔다.

기원전 200년 전에는, 여러 중소 규모의 도시들이 멕시코 계곡 및 그 인근에 설립되었다. 이 시기 즈음에, 일련의 화산 분출이 이 도시들 중 가장 큰 곳이었던 퀴퀼코를 완전히 파괴하면서, 이곳의 농지를 화산니와 재만 남은 늪으로 만들어버렸다. [13(C)]이는 중앙 멕시코에서 앞서 가는 경제적, 정치적 강국으로서 기대됐던 퀴퀼코의 흥성을 근본적으로 막으면서, 이 계곡 지역의 다른 도시들 사이에서 세력 다툼을 촉발시켰다. 고고학적 발견에 따르면 서기 1세기 무렵에 이 지역에서 [14(D)]지배적인 세력으로 떠올랐던 곳이 테오티우아칸이었던 것으로 나타난다.

테오티우아칸의 지도자들은 지역 내 천연 자원의 잠재력을 빠르게 인식했으며, 이는 그들에게 경쟁 도시들을 넘어설 수 있게 해주었다. 그 시대에 가장 가치 있고 수요가 많았던 자원들 중의 하나가 [15(A)]흑요석이었는데, 이는 테오티우아칸 인근의 대규모 매장층에서 발견되었던 화산석이다. ■ 흑요석에 대한 수요는 기원전 1,200년에서 400년 사이에 번영했던 문명 사회인 올멕 문명에 의해 [16(C)]그것이 인기 있게 된 이후로 줄곧 지속적으로 높아졌다. ■ 테오티우아칸의 귀족과 상류층 주민들은 흑요석의 장거리 무역에 따른 결과로 아주 다양한 이국적인 상품을 즐겼을 가능성이 있다. [19]■ 더욱이, 테오티우아칸의 상인들은 자신들의 인력을 확대하고 잠재적인 신규 고객에게 접근하기 위해 이 도시로 새로운 거주자들을 끌어들이려 시도했을 수도 있다. ■ [17(C)]마찬가지로, 농부들도 관개 시설이 갖춰진 밭의 숫자와 규모가 빠르게 늘어남에 따라 이 도시로 새로운 일꾼들을 데려왔다. 종교적 중심이자 성지로서 테오티우아칸이 지닌 중요성 증가 또한 추가적으로 인구를 끌어들인 자석 같은 기능을 했을 수도 있다.

모든 고고학적 증거에 따르면 테오티우아칸이 여러 가지 요인으로 인해 번영하면서 지역에서 지배적인 위치에 오를 수 있었던 것으로 나타나는데, 귀중한 흑요석에 대한 집중적인 채굴 및 무역, 빠르게 증가했던 인구, 진보한 관개 시스템의 시행, 그리고 강력한 리더십이 그 요인들이다. 이러한 요인들은 선순환 구조를 형성했는데, 성공적인 흑요석 사업이 더 많은 광부들, 흑요석 도구를 만들 수 있었던 더 많은 장인들, 그리고 흑요석 제품을 새로운 시장으로 운송할 수 있었던 더 많은 상인들에 대한 필요성을 만들어냈다는 점에서 그러했으며, 이 도시가 손쉽게 그와 같은 일꾼들을 끌어들일 수 있었던 이유는 대부분 흑요석 무역을 통해 구축한 번영하는 이미지 때문이었다. 그 이후에, [18(A)]더 많은 인력 및 인구로 인해 추가적인 관개 시설의 건설이 필요하게 되었으며, 이는 간접적으로 이 도시의 지배 계층에게 더 큰 힘과 영향력을 제공해주었다.

[지문 어휘]

be situated close to ~와 가까이 위치해 있다 fairly 꽤, 아주 site 장소, 현장, 부지 rise 흥성, 상승, 향상, prosperity 번영, 번성 estimated to do ~하는 것으로 추정되는 be spread across ~ 전역에 펼쳐지다 at least 최소한, 적어도 organized 체계가 잡힌 grid pattern 격자 무늬 extensive 광범위한, 폭넓은 be involved in ~와 관련되다 operation 운영, 시행, 사업 metropolis 대도시 boast ~을 자랑하다 a large number of 아주 많은 (수의) industrial 산업의 religious 종교적인 monument 기념비 residential 주거의 bustling 북적대는 impressive 인상적인 administration 행정 complex (건물) 단지 establish ~을 확립하다 connection with ~와의 유대, 연관 civilization 문명 (사회) Mesoamerica 메소아메리카(멕시코 및 중앙 아메리카 북서부를 포함한 공통 문화를 지닌 구역) primary 주된 convenient 편리한 trade route 무역 경로 be revered for ~로 숭배되다 abundance 풍부함 obsidian 흑요석 suitability for ~에 대한 적합함 irrigation 관개 (시설) point to A as B A를 B로서 언급하다 significance 중요성 shrine 성지 prominence 명성, 두각, 중요성 prosper 번영하다, 번성하다 largely due to 주로 ~로 인해, 대부분 ~ 때문에(= due in large part to) intelligence 지능, 지성 practicality 실용주의 official 관료, 관계자 standing 지위 enhance ~을 강화하다 succumb to ~에 굴복하다 disaster 재해 volcanic eruption 화산 분출 millennium 천년 devastate ~을 완전히 파괴하다 reduce A to B A를 B의 상태로 빠뜨리다, 만들다 morass 늪 volcanic mud 화산니(화산재와 물의 혼합물) essentially 근본적으로 halt ~을 막다, 중단시키다 trigger ~을 촉발시키다 power struggle 세력 다툼 archaeological 고고학의 finding 발견, 결과(물) emerge as ~로 떠오르다 predominant 지배적인 recognize ~을 인식하다 potential n. 잠재성 a. 잠재적인 natural resources 천연 자원 allow A to do A에게 ~할 수 있게 해주다 competitor 경쟁자 sought-after 수요가 많은 era 시대 deposits 매장층 in the vicinity of ~ 인근에 steadily 지속적으로, 꾸준히 popularize ~을 널리 알리다 flourish 번성하다 noble 귀족 upper-class 상류층의 resident 주민 a wide variety of 아주 다양한 exotic 이국적인 goods 상품 as a result of ~에 따른 결과로 merchant 상인 attempt to do ~하려 시도하다 attract ~을 끌어들이다 inhabitant 거주민 expand ~을 확대하다, 확장하다 workforce 인력 gain access to ~에 접근할 수 있다 function as ~로서 기능하다 magnet 자석, 매력적인 곳 intensive 집중적인 mining 광업 implementation 시행 advanced 진보한, 발전된 positive feedback loop 선순환 구조 craftspeople 장인 transport ~을 운송하다 cultivate ~을 구축하다 subsequently 그 후에, 나중에 necessitate ~을 필요하게 만들다 facility 시설 indirectly 간접적으로 ruling elite 지배 계층

11. 지문 속 단어 "bustling"과 의미가 가장 가까운 것은 무엇인가?

(A) 바쁜
(B) 시골의
(C) 현대적인
(D) 개조된

해설 문제에 제시된 단어는 '북적거리는'이라는 뜻으로 '바쁜'을 의미하는 A가 정답입니다. B는 '시골의', C는 '현대적인', D는 '개조된'을 의미하므로 모두 오답입니다.

12. 테오티우아칸의 번영에 대한 이유로 유추할 수 있는 것은 무엇인가?

(A) 테오티우아칸 계곡이 침입에 대해 방어하기 위해 크게 강화되었다.
(B) 종교 지도자들이 테오티우아칸 사람들을 교육했다.
(C) 사람들이 탐내는 천연 자원과 아주 가까운 곳에 도시가 위치해 있다.
(D) 그 계곡이 주기적으로 재해에 노출되었다.

해설 테오티우아칸이 번성하게 된 이유로 유추할 수 있는 것이 무엇인지 묻는 문제입니다. 해당 단락에 테오티우아칸이 번성하게 된 여러 가지 이유가 나오는데, 풍부한 흑요석을 언급한 2번째 문장과 같은 의미에 해당되는 C가 정답입니다. 나머지 보기들은 지문에서 확인할 수 없는 내용이므로 모두 오답입니다.

13. 세 번째 단락의 내용에 따르면, 화산 분출이 퀴퀼코에 어떤 영향을 미쳤는가?

Ⓐ 농지가 영양분이 풍부한 화산니와 재로 혜택을 입었다.

Ⓑ 인구가 유독한 화산 분출물에 의해 몰살되었다.

Ⓒ 중앙 멕시코의 앞서 가는 도시로서 기대됐던 역할을 하지 못했다.

Ⓓ 인근의 도시들과 동맹 관계를 확립할 수 있었다.

해설 퀴퀼코에서 발생한 화산 폭발의 결과가 무엇이었는지 묻는 문제입니다. 3번째 문장에 화산 폭발이 중앙 멕시코가 경제와 정치를 주도하는 곳으로 떠오르는 것을 멈추게 했다고 언급한 부분에 해당되는 내용인 C가 정답입니다. A는 화산 분출에 따른 부산물들로 인해 이득을 얻었다는 의미인데, 지문에서 확인할 수 없으므로 오답입니다. 많은 인구가 죽게 되었다고 말한 B도 지문에서 확인할 수 없으므로 오답입니다. D 역시 지문에서 확인할 수 없는 주변 도시와의 동맹 관계를 이야기했으므로 오답입니다.

14. 지문 속 단어 "predominant"와 의미가 가장 가까운 것은 무엇인가?

Ⓐ 소수의, 사소한

Ⓑ 연이은

Ⓒ 예비의

Ⓓ 우세한

해설 문제에 제시된 단어는 '우세한', '지배적인'이라는 뜻이며, 동일한 의미로 쓰이는 D가 정답입니다. A는 '소수의, 사소한'을, B는 '연속적인'을, C는 '예비의'라는 뜻을 각각 나타내므로 모두 오답입니다.

15. 글쓴이는 왜 네 번째 단락에서 "obsidian"을 언급하는가?

Ⓐ 어떻게 테오티우아칸이 경쟁 도시들보다 앞서 있을 수 있었는지에 대한 예시를 제공하기 위해

Ⓑ 그 지역에서 천연 자원을 추출하는 일의 어려움을 설명해주기 위해

Ⓒ 그 특정 시대에 유일하게 존재했던 지역 자원을 설명하기 위해

Ⓓ 이국적인 상품에 대한 올멕 사람들의 욕망을 강조하기 위해

해설 글쓴이가 4번째 단락에서 왜 흑요석에 대해 언급했는지 그 이유를 묻는 문제입니다. 하이라이트 표기된 부분에서 흑요석이 언급되기 전까지의 내용을 살펴보면, 테오티우아칸의 리더들이 지역에 있는 자연 광물의 잠재성을 빠르게 파악한 점이 주변의 경쟁 도시보다 앞설 수 있게 했다는 내용을 확인할 수 있으므로 이를 언급한 A가 정답입니다. 천연 자원 채취의 어려움을 언급한 B는 지문에서 확인할 수 없으므로 오답이며, C는 그 시기에만 존재했던 자원과 관련된 근거를 지문에서 찾아볼 수 없으므로 오답입니다. D에서 언급하는 이국적인 상품에 대한 올멕 사람들의 욕망도 지문에서 확인할 수 없습니다.

16. 4번째 단락의 내용에 따르면, 지문 속 단어 "it"이 가리키는 것은 무엇인가?

Ⓐ 테오티우아칸

Ⓑ 문명 사회

Ⓒ 흑요석

Ⓓ 수요

해설 지문 속에서 이것 'it'이 가리키는 것이 무엇인지 묻는 문제입니다. 하이라이트 표기된 'it'의 앞 문장부터 읽어보면, 흑요석에 대한 수요가 꾸준하게 증가했고, 그 이유가 'it'이 올멕 사람들에게 인기 있게 된 이후부터라고 쓰여 있습니다. 따라서 내용 흐름상 'it'은 흑요석이 되어야 하므로 C가 정답입니다.

17. 다음 중 어느 문장이 지문 속 하이라이트 표기된 문장의 필수 정보를 가장 잘 표현하는가? 틀린 선택지는 중요한 방식으로 의미를 변화시키거나 필수 정보를 배제한다.

(A) 마찬가지로, 농부들도 새로운 일꾼들의 유입으로 인해 관개 시설이 갖춰진 밭의 숫자와 규모를 늘릴 수 있었다.
(B) 동시에, 관개 시설이 갖춰진 밭의 확대가 그 도시 거주민들에게 많은 일자리를 제공해주었다.
(C) 마찬가지로, 관개 시설이 갖춰진 밭이 확장되고 더욱 풍부해짐에 따라, 농부들이 그 도시로 추가 노동자들을 끌어들였다.
(D) 동시에, 농부들이 도시 바깥에 관개 시설을 갖춘 아주 많은 밭을 만들어내기 위해 새로운 일꾼들을 고용했다.

해설 하이라이트 표기된 문장의 핵심 정보를 가장 잘 전달한 문장을 묻는 문제입니다. 하이라이트 표기된 문장의 핵심은 관개 시설을 갖춘 밭의 숫자와 규모가 증가하면서 농부들이 새로운 일꾼들을 도시로 데리고 왔다는 것입니다. 따라서 관개 시설이 갖춰진 밭과 도시로 노동자들을 끌어들인 농부를 모두 언급한 C가 정답입니다. A는 새로운 일꾼들의 증가로 인해 농부들이 관개 시설이 갖춰진 밭의 숫자와 규모를 늘릴 수 있었다는 의미인데, 지문의 정보와 반대되는 오답입니다. B는 관개 시설이 갖춰진 밭이 많은 직업을 제공했다는 내용을 담고 있는데 하이라이트 표기된 문장의 내용과 다릅니다. D는 농부들이 새로운 일꾼들을 고용한 이유가 관개 시설이 갖춰진 많은 밭을 만들어내기 위한 것이라는 의미로 해당 문장의 내용과 다릅니다.

18. 다섯 번째 단락의 내용에 따르면, 숫자가 늘어나는 시민들을 수용하기 위해 테오티우아칸에서 어떤 변화가 이뤄졌는가?

(A) 도시 내의 관개 시스템 확장
(B) 개선된 교통망 시행
(C) 도시 내의 상업 지구 확대
(D) 가격이 알맞은 새 주택의 제공

해설 늘어난 시민들의 수를 수용하기 위해 테오티우아칸에 어떠한 변화가 있었는지 묻는 문제입니다. 3번째 문장에서 많은 노동력과 인구가 추가 관개 시설들을 필요로 했다는 내용을 찾아볼 수 있으므로 이에 해당되는 A가 정답입니다. B는 개선된 교통망, C는 상업 지구의 확대, D는 새 주택의 제공을 각각 의미하지만, 모두 질문에 대한 답변이 될 수 없으므로 오답입니다.

19. 다음 문장이 지문 어느 곳에 추가될 수 있는지를 나타내는 네 개의 사각형[■] 표기를 확인하시오.

그와 같은 주민들의 부와 번영을 이룬 삶이 테오티우아칸으로 이민자들을 끌어들여 인구를 상당히 증대시켰을 수도 있다.

위 문장은 어디에 가장 적합한가? 사각형[■] 하나를 클릭해 지문에 이 문장을 추가하시오.

해설 삽입 문장이 글의 내용과 자연스럽게 연결되는 위치가 어디인지 묻는 문제입니다. 삽입 문장에서 언급한 '그러한 주민들(such residents)'이 가리킬 수 있는 단어가 귀족들과 상류층 주민들(Nobles and upper-class residents)이므로 3번째 사각형이 정답입니다. 또한, 전체 내용이 어떠한 요소들로 인해 테오티우아칸의 인구가 증가했는지에 대한 것이므로 자연스럽게 연결됩니다. 1번째와 2번째 위치에서는 '그러한 주민들(such residents)'이 가리킬 단어가 앞 문장에 언급되어 있지 않고, 4번째의 경우, 상인들이 새로운 주민들을 유입한다는 내용이 있기 때문에 그 뒤로 다시 이주민들이 이동했다는 말이 이어지는 것은 흐름상 자연스럽지 않습니다.

20.

문제 설명: 지문의 간략한 요약에 필요한 도입 문장이 아래에 제공된다. 지문에서 가장 중요한 사항들을 나타내는 선택지 세 개를 골라 요약 내용을 완료하시오. 일부 문장은 지문에 제시되지 않는 사항들을 나타내거나 지문에서 중요하지 않은 사항들이므로 요약 내용에 속하지 않는다. **이 질문은 2점에 해당된다.**

선택지들이 속하는 공간으로 끌어다 놓으시오. 선택지를 제거하려면, 해당 선택지를 클릭하시오.
지문을 다시 살펴보려면, **지문 보기**를 클릭하시오.

여러 요인들이 한 고대 문명의 중심지였던 테오티우아칸의 성공과 번영에 기여했다.

•

•

•

선택지

(A) 테오티우아칸은 인기 있는 무역 경로의 중간에 위치해 있었다.

(B) 흑요석이 경제적 이점을 제공해 줄 수 있다는 점을 현명한 지도자들이 알고 있었다.

(C) 테오티우아칸 사람들은 진보한 관개 기술을 이용할 수 있었다.

(D) 활화산의 활동이 많은 숙련된 장인들은 퀴퀼코에서 테오티우아칸으로 이주하도록 만들었다.

(E) 테오티우아칸의 상류층은 근처의 여러 도시에 구입한 고급스럽고 이국적인 상품을 즐겼다.

(F) 흑요석이 올멕 사람들에 의해 널리 알려지면서, 지역 내 시장 가격을 급격히 증가시켰다.

해설 테오티우아칸에 성공과 번영을 가져다 준 원인들과 관련된 문장을 고르는 문제입니다. 2 번째 단락에서 확인할 수 있는 A, 네 번째 단락에서 확인할 수 있는 B, 그리고 5번째 단락에서 확인할 수 있는 C가 정답입니다. D는 지문에서 확인할 수 없는 내용입니다. E는 4번째 단락에서 확인할 수 있는 내용이지만, 이 문제의 주제인 테오티우아칸에 성공과 번영을 가져다 준 원인과는 관계가 없어 정답이 될 수 없습니다. F 역시 4번째 단락에서 흑요석이 올멕 사람들에게 인기가 있었다는 사실은 확인할 수 있지만, 그 가격이 올랐는지는 알 수 없기 때문에 정답이 될 수 없습니다.

[문제 어휘]

heavily fortified 크게 강화된 **defend against** ~에 대해 방어하다 **invasion** 침입 **in close proximity to** ~와 아주 가까운 곳에 **desirable** 탐나는, 바라는 **periodically** 주기적으로 **be exposed to** ~에 노출되다 **benefit from** ~로부터 혜택을 보다 **nutrient-rich** 영양분이 풍부한 **decimate** ~을 몰살시키다 **toxic** 유독성의 **emission** 분출(물) **fail to do** ~하지 못하다 **assume** (지위 등) ~을 맡다 **anticipated** 기대된 **alliance** 동맹, 연합 **neighboring** 인근의 **stay ahead of** ~보다 앞서 있다 **illustrate** ~을 설명하다 **particular** 특정한 **desire for** ~에 대한 욕망, 욕구 **thanks to** ~로 인해, ~덕분에 **influx** 유입 **enlarge** ~을 확대하다, 확장하다 **abundant** 풍부한 **entice** ~을 끌어들이다, 매혹하다 **expansion** 확대, 확장 **implementation** 시행 **improve** 개선된, 향상된 **transportation network** 교통망 **district** 구역, 지역 **provision** 제공 **affordable** 가격이 알맞은 **immigrant** 이민자 **significantly** 상당히 **boost** ~을 증대시키다, 신장시키다 **contribute to** ~에 기여하다, 도움이 되다 **have access to** ~을 이용할 수 있다, ~에 접근할 수 있다 **active volcanism** 활화산 활동 **drive A to do** A에게 ~하게 만들다 **skilled** 숙련된 **relocate from A to B** A에서 B로 이전하다 **drastically** 급격히 **raise** ~을 증가시키다, 인상하다

▪ 실전 모의고사 2

1. D	2. A	3. A C	4. D	5. D
6. A	7. A	8. B	9. 2번째	10. B C F
11. B	12. A	13. C	14. A	15. B
16. C	17. B	18. D	19. 3번째	20. A C E

Question 1-10

산업 혁명의 기원

16세기까지 거슬러 올라갈 정도로 오래 전에, 유럽의 해외 진출은 나중에 산업 혁명의 씨앗을 뿌리게 된 상업 혁명에 박차를 가했다. 이 기간 중에, 잉글랜드나 프랑스 같은 유럽 국가들은 상품의 수출입 모두에 있어 엄청난 성공을 경험했으며, 이러한 상업 활동 증가를 촉진시켰던 한 가지 큰 요인은 해외 식민지들과 새롭게 확립된 무역 관계였다. [1(D)]수입 음료와 향신료, 그리고 섬유에 대한 수요가 급등해, 유럽의 상인들에게 여러 수익성 좋은 기회를 제공해주었다. 유럽 국가들, 특히 영국은 자국 경제가 호황을 누리는 것을 경험했고, 이것이 그들에게 추가적인 투자를 위한 새로운 부를 안겨주었다. 그들이 필요로 했던 것은 오직 돈을 벌 수 있는 잠재성을 새로운 수준으로 끌어올리는 데 도움이 될 수 있는 기술적인 [2(A)]돌파구였다.

당시에, 영국은 새로운 기술 개발을 대해 자국을 완벽한 국가로 만들어준 여러 경제적 이점을 지니고 있었다. 예를 들어, [3(A)]대부분의 국제 무역 경로 중간에 편리하게 위치해 있었고, 영국의 자연 수로들은 항해하기 쉬웠다. 이 두 가지 요소가 영국이 전 세계와 무역을 하고 의사 소통하는 데 있어, 그리고 기술의 아주 다양한 새로운 발전 요소에 접근할 수 있도록 하는 데 있어 도움을 주었다. 18세기 말에, 영국은 국내에 광범위한 운하 항로들을 건설했는데, 이것이 전국의 도시들 사이에서 거래를 용이하게 해주었다. [3(C)]이 운하들은 시장으로 상품을 운송하는 데 가장 저렴한 경로였던 것으로 드러났으며, 이는 상품 가격이 저렴해질 수 있다는 점, 그리고 그 결과로 소비자 수요가 치솟을 수 있다는 점을 의미했다. 수요 급증으로 인해 새로운 제조 공장 건설이 필요해졌으며, [4(D)]영국은 자국의 풍부한 천연 석탄 매장량과 함께 그러한 시설들을 계속 가동할 여건을 잘 갖추고 있었다.

영국의 아주 많은 농업 인력 또한 유리했는데, 이 사람들은 몇몇 다른 국가의 전형적인 시골 임금 근로자들보다 더 융통성 있고 활동성이 있었기 때문이었다. 이들은 점차 도시 또는 광산촌으로 이주해갔고, 빠르게 성장하는 노동 인구에 합류해 결국 산업 혁명의 근간으로서 역할을 하게 된다. 영국은 또한 다행스럽게도 불안정한 정부가 오랫동안 기술 및 산업의 진전을 저해한 많은 다른 유럽 국가들보다 더 나은 정치 풍토를 지니고 있었다. [5(D)]프랑스와 이탈리아에서 부과되던 것과 같은 국내 관세의 부재가 영국을 유럽 내에서 가장 큰 자유 무역 지대로 만들어주었고, 결과적으로, 소비자의 국가를 만들어냈다.

영국 내 산업 발달의 가속화에 기여한 또 다른 요소 두 가지는 자국 내의 선진적인 금융 및 신용 제도와, 그곳에 거주하던 비교적 아주 많았던 사업가와 발명가들이었다. [6(D)]이 혁신가들 중 많은 이들이 그들의 관점에서 반항적으로 불순응주의자였고, [6(B)]호화롭고 물질주의적인 생활 방식보다 근면함과 검소함을 더 가치 있게 여겼다. 이에 따라, [6(C)]이들은 수익을 자신들의 회사와 노력에 다시 집중시키는 것을 선호하면서, 지속적으로 사업을 확장하고 수익성을 증가시켰다.

네덜란드에서 대대적으로 일어났던 농업 혁명 또한 산업 혁명으로 이끄는 데 [7(A)]일조한 것으로 여겨지고 있다. 17세기 중반 즈음에, 네덜란드의 소작농들은 [8(B)]윤작과 품종 다양화 같은 선진적인 농업 개념을 시행하기 시작했고, 이들의 혁신에 관한 소문은 유럽 전역에서 빠르게 확산되었다. 영국의 시장이 성장하고 제품에 대한 수요가 늘어남에 따라, 영국 농부들은 농업 관련 전문 지식을 구하기 위해 네덜란드 농부들에게 손을 내밀었다. 17세기 말쯤, 이 네덜란드 농부들은 자신들의 선진 전략을 활용해 영국 농부들이 더 높은 수확량을 위해 습지에서 물을 빼내고 작물을 재배하는 데 도움을 주었다. 1700년대 중반 즈음에, 영국 농부들은 선택적 가축 사육과 같이 그 어느 때보다 더 진보한 농업 방식을 활용하고 있었다.

영국 자체의 급속하게 팽창하던 인구는 상업 및 산업 활동이 늘어난 이 기간 중에 생산된 농산물과 상품의 가장 큰 부분을 소비했다. ■ 동시에, 대도시로 이주하는 사람들의 대규모 유입이 있었는데, 주로 엔클로저 운동이 그 이유였다. [9]■ 6백만 에이커가 넘는 영국 토지가 1710년대와 1820년대 사이에 울타리를 쳐서 사유지로 명시되었고, 독립적인 농부들은 이렇게 울타리로 사유화된 부지의 부유한 소유주들과 경쟁할 수 없었다. ■ 그 결과, 이 농부들은 자신들에게 소속된 수많은 일꾼들과 함께 제조 업계의 일자리를 찾기 위해 도시로 모여들기 시작했고, 나중에 산업 혁명이라고 알려지게 되는 운동을 더욱 촉진시켰다.■

[어휘]

origin 기원, 유래 Industrial Revolution 산업 혁명 as far back as ~만큼 오래 전에 overseas expansion 해외 진출 spur ~에 박차를 가하다 commercial 상업의 sow the seeds for ~을 위한 씨앗을 뿌리다 tremendous 엄청난, 굉장한 growth in ~의 성장, 증가 importing and exporting 수출입 goods 상품 factor 요인, 요소 drive ~을 촉진시키다, ~의 동력이 되다 newly-established 새롭게 확립된, 새롭게 설립된 trade 무역, 교역, 거래 relationship 관계 colony 식민지 demand for ~에 대한 수요 skyrocket 급증하다, 치솟다(= soar) lucrative 수익성 좋은 opportunity 기회 merchant 상인 see A do A가 ~하는 것을 경험하다, 보다 boom 호황을 누리다, 붐을 일으키다 wealth 부 further a. 추가적인, 한층 더 한 ad. 추가적으로, 한층 더 investment 투자 breakthrough 돌파구, 큰 발전, 중요한 발견 take A to new heights A를 새로운 수준으로 끌어올리다 potential 잠재성 advantage 이점, 장점 be conveniently situated in ~에 편리하게 위치해 있다 route 경로, 노선 waterway 수로 navigate ~을 항해하다 help A do A가 ~하는 데 도움을 주다 gain access to ~에 접근할 수 있다 a wide variety of 아주 다양한 advance 발전, 진보 extensive 광범위한, 폭넓은 domestic 국내의 canal 운하 facilitate ~을 용이하게 하다 prove to do ~하는 것으로 드러나다, 입증되다 lower v. ~을 낮추다 in turn 결과적으로 surge in ~의 급증, 급등 necessitate ~을 필요하게 만들다 manufacturing plant 제조 공장 deposits 매장층 coal 석탄 well-equipped 준비가 잘 되어 있는, 잘 갖추고 있는 facility 시설 run 가동되다, 운영되다 population 인구, 사람들 agricultural 농업의 individual n. 사람, 개인 flexible 융통성 있는, 탄력적인 mobile 활동성 있는, 이동식의 typical 전형적인 rural 시골의 wage earner 임금 근로자 gradually 점차 migrate 이주하다 mining community 광산촌 workforce 인력 eventually 결국, 마침내 serve as ~의 역할을 하다 backbone 근간 be fortunate to do 다행히 ~하다 political climate 정치 풍토 unstable 안정적이지 못한 hinder ~을 저해하다, 억제하다 progress 진전, 진척 lack 부재, 부족 internal tariff 국내 관세 impose ~을 부과하다 free-trade zone 자유 무역 지대 contribute to ~에 기여하다, 도움이 되다 acceleration 가속화 advanced 선진의, 진보한 credit system 신용 제도 relatively 비교적, 상대적으로 entrepreneur 사업가, 기업가 inventor 발명가 reside 거주하다 innovator 혁신가 defiantly 반항적으로 nonconformist 불순응주의자 value A over B B보다 A를 가치 있게 여기다, 소중하게 생각하다 industriousness 근면함 frugality 검소함 lavish 호화로운 materialistic 물질주의적인 prefer to do ~하는 것을 선호하다 funnel A into B A를 B에 집중시키다 earning 수익 endeavor 노력 continually 지속적으로 expand ~을 확장하다, 확대하다 profitability 수익성 take place (일, 사건 등이) 일어나다, 발생되다 be credited with -ing ~한 것으로 여겨지다, ~한 것에 대한 공을 인정 받다 usher 이끌다, 안내하다 peasant farmer 소작농 implement ~을 시행하다 crop rotation 윤작 diversification 다양화, 다각화 innovation 혁신 spread 확산되다, 퍼지다 reach out to ~에게 손을 내밀다, 다가가다 counterpart 동등한 입장에 있는 사람 expertise 전문 지식 strategy 전략 drain ~에서 물을 빼내다 marsh 습지 yield 수확량, 산출량 employ ~을 활용하다 method 방법 selective breeding 선택적인 사육 consume ~을 소비하다, 먹다 the lion's share 가장 큰 부분, 가장 큰 몫 produce n. 농산물 massive 대규모의, 거대한 influx 유입 largely due to 주로 ~가 원인인 enclosure movement 엔클로저 운동(공유지에 울타리나 담을 둘러쳐서 사유지임을 명시하던 일) enclose ~에 울타리를 쳐서 사유지로 명시하다 independent 독립적인 be unable to do ~할 수 없다 compete with ~와 경쟁하다 enclosure 울타리로 사유화된 부지 along with ~와 함께 flock to ~로 모여들다 be known as ~로 알려지다

1. 다음 중 어느 문장이 지문의 하이라이트 표기된 문장에 담긴 필수 정보를 가장 잘 표현하는가? 틀린 선택지는 중요한 방식으로 의미를 변화시키거나 필수 정보를 배제한다.

Ⓐ 특정 제품에 대한 수요가 유럽 전역에서 더 저렴한 상인 가격에 따른 결과로 급격히 올랐다.

Ⓑ 음료와, 향신료, 그리고 섬유를 수입할 많은 기회가 유럽 내 상인들의 더 높은 요구로 인해 급증했다.

Ⓒ 유럽의 상인들은 수입 음료와 향신료, 그리고 섬유를 요구하면서 많은 돈을 벌었다.

Ⓓ 수입 상품에 대한 갑작스런 수요 증가는 유럽의 상인들에게 수익을 남길 더 많은 기회를 제공해주었다.

해설 음영 처리된 문장의 핵심 정보를 가장 잘 전달한 문장을 찾는 문제입니다. 음영 처리된 문장의 핵심은 수입한 상품들(수입한 음료들, 향신료와 섬유들)의 수요가 치솟았고, 이는 유럽상인들에게 수익성을 가져다 주었다는 것입니다. 따라서 이 핵심 정보를 모두 포함하고 있는 D가 정답입니다. A는 해당 문장에 언급되지 않은 '더 저렴한 가격'이라는 내용을 포함한 오답입니다. B도 지문에 언급되지 않은 내용을 '유럽 상인들에 의한 높은 수요'라는 정보를 포함한 오답입니다. C는 마치 유럽 사람들이 수입 물품들에 대한 요구를 높여서 많은 수익을 얻은 것으로 표현한 오답입니다.

2. 지문 속 단어 "breakthrough"와 의미가 가장 가까운 것은 무엇인가?

Ⓐ 진보, 발전
Ⓑ 급증, 확신
Ⓒ 퇴보, 회귀
Ⓓ 결론

해설 문제에 제시된 단어는 '돌파구', '혁신'이라는 의미를 나타내는데, 이는 진보나 발전과 같은 범주에 해당되므로 A가 정답입니다. B는 '급증, 확산', C는 '퇴행, 회귀", D는 '결론'을 각각 의미하므로 오답입니다.

3. 2번째 단락에 언급된 두 가지 답변을 선택하시오. 영국에게 새로운 기술을 만들어내고 다른 국가들과 관계를 맺을 수 있게 해준 두 가지 주된 요인은 무엇인가? 점수를 얻기 위해, 반드시 2개의 답변을 선택하시오.

Ⓐ 무역가들에게 중요한 여러 무역로의 중심에 자리잡은 중요한 위치
Ⓑ 이웃 국가들과의 갈등 해결
Ⓒ 운하 네트워크를 통해 저렴하게 물품을 운송할 수 있는 능력
Ⓓ 수입된 외국 기술에 대한 높은 투자율

해설 영국이 새로운 기술을 만들고 다른 나라와 관계를 맺을 수 있었던 주요 원인을 묻는 문제입니다. 정답은 A와 C로, 단락 2번째 문장에서 무역 활로와 바닷길에 대해 언급한 부분을 통해 확인할 수 있습니다. B는 주변국과의 갈등 상황을 언급했고, D는 수입된 외국 기술에 대한 높은 투자율을 언급했지만 모두 질문과 관계없는 오답입니다.

4. 2번째 단락의 내용에 따르면, 영국은 어떻게 새로운 공장들을 계속 가동할 수 있었는가?

Ⓐ 더 긴 국내 운하를 건설했다.
Ⓑ 수입품의 가격을 낮췄다.
Ⓒ 제품에 대한 수요 증가를 제한하려 시도했다.
Ⓓ 자연적으로 생겨난 매장 연료를 이용했다.

해설 어떻게 영국이 새로운 공장들을 가동할 수 있었는지를 묻는 문제입니다. 정답은 D로, 단락의 마지막 6번째 문장에서 풍부한 석탄 매장량으로 인해 가능했다는 점이 언급되어 있기 때문입니다. 나머지 보기 A, B, C는 이 질문에 대한 대답이 아니므로 오답입니다.

5. 3번째 단락에서 영국의 성장과 관련해 다음 중 어느 것을 유추할 수 있는가?

Ⓐ 농업 인력이 이주 대신 각자의 토지를 고수하도록 촉구되었다.
Ⓑ 시골 지역에서 도시로 이사하는 이주자들이 처음 도착했을 때 일자리를 얻기 어려웠다.
Ⓒ 프랑스 및 이탈리아와의 무역 협정이 영국의 경제 성장률을 저해했다.
Ⓓ 국내 관세가 국내 경제의 성장을 둔화시켰다.

해설 단락 내에서 영국의 성장과 관련해 추론할 수 있는 부분을 묻는 문제입니다. 정답은 D로 이 단락 4번째 문장에서 프랑스와 이탈리아와 같이 국내 관세를 부과하는 나라들과 달리 영국은 부과하지 않아서 유럽 내 가장 큰 자유 무역 지대가 되었다는 내용을 확인할 수 있기 때문입니다. 지문 내용을 반대로 생각해보면, 국내 관세를 부여하는 것이 내수 경제 성장을 늦출 수 있다는 의미가 됩니다. A는 농업에 종사하는 일꾼들이 그들의 본거지를 지키려고 했다는 내용이 지문과 다르므로 오답입니다. B는 이주민들이 처음 도착했을 때 일자리를 얻기 어려웠다는 점이 지문에서 알 수 없는 내용이므로 정답일 수 없습니다. C는 프랑스와 이탈리아의 무역 협정이 영국의 경제 성장 속도를 둔화시켰다는 뜻인데, 지문에서 그 근거를 찾아보기 어려우므로 오답입니다.

6. 4번째 단락에서, 다음 중 어느 것이 영국의 사업가들에 관해 언급되지 않는가?

Ⓐ **금융 업계 내에서 일하는 것을 선호했다.**

Ⓑ 부의 과시보다 뛰어난 직업 의식에 더 많은 가치를 두었다.

Ⓒ 각자의 사업에 수익을 재투자하는 경향이 있었다.

Ⓓ 당시에 유지되던 특정 관점을 따르는 것을 거부했다.

해설 영국의 사업가들에 대한 설명으로 언급되지 않은 것을 묻는 문제입니다. 정답은 A로, 그 사업가들이 금융 업계에 종사하는 것을 선호했다는 내용을 지문에서 찾을 수 없기 때문입니다. B와 D는 지문 속 2번째 문장에서 그 내용을 찾아볼 수 있고, C는 3번째 문장에서 관련 내용을 확인할 수 있습니다.

7. 지문 속 단어 "credited"와 의미가 가장 가까운 것은 무엇인가?

Ⓐ **기인하는, 덕분인**

Ⓑ 취약한

Ⓒ 적응할 수 있는

Ⓓ 좋은, 쉽게 일어나게 하는

해설 문제에 제시된 단어는 '~의 탓으로 돌리다'라는 의미로 어떤 일의 원인에 해당되는 것이 with 뒤에 위치합니다. 따라서 '기인하는, 덕분인' 등의 의미로 원인을 밝힐 때 사용하는 A가 정답입니다. B는 '취약한,' C는 '적응할 수 있는,' D는 '좋은, 쉽게 일어나게 하는'을 각각 의미합니다.

8. 글쓴이는 왜 5번째 단락에서 "윤작과 품종 다양화"를 언급하는가?

Ⓐ 과거에 발생된 농업 혁명을 현재의 것과 대조하기 위해

Ⓑ **네덜란드의 농업 기술의 발달이 어떻게 산업 혁명에 기여했는지 설명하기 위해**

Ⓒ 네덜란드 사람들이 영국의 선진 기술을 활용했음을 보여주기 위해

Ⓓ 산업 혁명이 어떻게 네덜란드 소작농들에게 농업 방식을 개선하도록 도움을 주었는지 설명하기 위해

해설 글쓴이가 이 단락에서 윤작과 품종 다양화를 언급한 이유를 묻는 문제입니다. 정답은 B로, 이 단락의 주제가 네덜란드의 농업 혁명이 산업 혁명을 이끌었다는 내용이며 윤작과 품종 다양화가 17세기 중반에 소작농들이 실행한 발전된 농업 형태의 예로써 등장하고 있기 때문입니다. A는 과거와 현재의 농업 혁명이 지닌 차이에 대해 대조하기 위한 것이라고 했지만 지문에서 확인할 수 없는 오답입니다. C 역시 네덜란드가 영국의 발전된 기술을 활용했다는 의미이지만 지문에서 확인할 수 없습니다. D도 어떻게 산업 혁명이 네덜란드 소작농들에게 농업 방식을 개선하도록 도움을 주었는지를 설명하기 위해서라고 했지만 지문에서 찾을 수 없는 내용입니다.

9. 다음 문장이 지문 어느 곳에 추가될 수 있는지를 나타내는 네 개의 사각형[■] 표기를 확인하시오.

이러한 관행은 수확량과 수익을 극대화할 수 있는 사유 농지를 만들기 위해 밭과 목초지에 만든 울타리를 가리켰다.

위 문장은 어디에 가장 적합한가? 사각형[■] 하나를 클릭해 지문에 이 문장을 추가하시오.

해설 삽입 문장이 글의 내용과 자연스럽게 연결되는 위치가 어디인지 묻는 문제입니다. 정답은 2번째로, 삽입 문장에서 언급한 '이 관행(this practice)'이 2번째 사각형의 앞 문장에 나온 엔클로저 운동(enclosure movement)을 가리켜야 흐름이 자연스러워집니다. 삽입 문장은 이 관행에 대한 정의를 말하고 있기 때문에 엔클로저 운동의 구체적인 내용을 말하는 흐름이 되어 자연스럽습니다.

10.

문제 설명: 지문의 간략한 요약에 필요한 도입 문장이 아래에 제공된다. 지문에서 가장 중요한 사항들을 나타내는 선택지 세 개를 골라 요약 내용을 완료하시오. 일부 문장은 지문에 제시되지 않는 사항들을 나타내거나 지문에서 중요하지 않은 사항들이므로 요약 내용에 속하지 않는다. **이 질문은 2점에 해당된다.**

선택지들이 속하는 공간으로 끌어다 놓으시오. 선택지를 제거하려면, 해당 선택지를 클릭하시오.
지문을 다시 살펴보려면, **지문 보기**를 클릭하시오.

여러 요인들이 영국에게 산업 혁명에 상당한 기여를 할 수 있게 해주었다.

•

•

•

선택지

(A) 영국의 선구적인 금융 시스템이 유럽 전역의 여러 다른 국가에 의해 채택되었다.
(B) 네덜란드 농부들이 영국 농부들에게 작물 생산량을 증대하도록 도움을 준 선진 관개 기술 및 재배 방법을 가르쳐주었다.
(C) 도시로 떠난 농장 일꾼들의 대규모 이주가 영국의 빠르게 성장하는 산업 인력을 강화해주는 역할을 했다.
(D) 영국의 운하들은 산업 혁명 중에 무역 경로로서 철도보다 더 큰 중요성을 지녔다.
(E) 농업 근로자들이 영국 제품에 대한 높은 수요에 따른 결과로 상당한 임금을 받을 수 있었다.
(F) 영국의 비교적 안정적인 정치적 위상이 기술 및 경제 성장을 용이하게 했다.

해설 영국이 산업 혁명으로 가는 데 영향을 준 요인들에 대한 지문 내용을 요약하는 데 필요한 문장을 고르는 문제입니다. 1번째 정답은 B로, 5번째 단락에서 확인할 수 있고, 2번째 정답인 C는 3번째 단락에서 확인할 수 있으며, 3번째 정답인 F 마지막 3번째 단락에서 확인할 수 있습니다. A의 경우, 영국의 발전된 금융 시스템에 대해 4번째 단락에 언급되어 있지만 선구적이라고 표현할 수 없고, 유럽의 여러 나라들이 이를 채택했다는 내용도 지문에서 확인할 수 없으므로 오답입니다. D는 영국에서 운하가 철도보다 더 중요하다는 비교 내용이 지문에 나오지 않아 오답입니다. E 역시 영국 상품의 높아진 수요 때문에 농업 종사자들이 상당한 임금을 받을 수 있었다는 내용을 찾을 수 없으므로 오답입니다.

[문제 어휘]

specific 특정한, 구체적인 **sharply** 급격히 **as a result of** ~에 따른 결과로 **sudden** 갑작스런 **make a profit** 수익을 내다 **strategic** 전략적인 **position** 지위, 입장 **resolution** 해결(책) **conflict** 갈등 **neighboring** 이웃한, 인근의 **marine route** 해상 경로 **rate** 비율 **investment in** ~에 대한 투자 **attempt to do** ~하려 시도하다 **limit** ~을 제한하다 **take advantage of** ~을 이용하다 **naturally-occurring** 자연적으로 생기는 **fuel reserves** 매장 연료 **be urged to do** ~하도록 촉구되다 **stick to** ~을 고수하다, 지키다 **territory** 토지, 영토 **rather than** ~ 대신, ~가 아니라 **relocate** 이주하다 **trade agreement** 무역 협정 **hinder** ~을 저해하다, 방해하다 **place more value on** ~에 더 많은 가치를 두다 **tend to do** ~하는 경향이 있다 **reinvest** ~을 재투자하다 **refuse to do** ~하기를 거부하다, 거절하다 **conform to** ~을 따르다, 준수하다 **contrast A with B** A를 B와 대조하다 **utilize** ~을 활용하다 **refine** ~을 개선하다 **practice** 관행, 관습 **refer to** ~을 가리키다, 나타내다 **fencing** 울타리 **pasture** 목초지 **optimize** ~을 극대화하다 **pioneering** 선구적인 **adopt** ~을 채택하다 **boost** ~을 증대하다 **output** 생산량 **mass** 대규모의 **serve to do** ~하는 역할을 하다 **strengthen** ~을 강화하다 **substantial** 상당한 **standing** 위상, 지위 **facilitate** ~을 용이하게 하다

Question 11-20

서부 개척

미국을 가로질러 서쪽으로 옮겨간 정착민들의 이주에 관해 이야기할 때, 주로 이야기하는 것은 미국 내 농업의 확대이다. 서부 지역으로 여행을 떠난 사람들은 새로운 농장의 설립과 소비 및 거래를 위한 다양한 작물의 재배가 아니었다면 그렇게 할 수 없었을 것이다. 19세기 초에, [11(B)]운송 수단의 발전으로 인해 더욱 쉽게 농부들이 자급자족적인 삶의 방식을 뒤로 하고 전국적인 시장 경제에 관여하게 되었다. 거래되는 상품의 가격이 오를 때마다, 서부 지역으로의 이주 비율 또한 상당히 증가했다. 서부 개척은 1830년대에 최고조에 이르렀다. 1820년에, 미국 인구의 오직 약 15퍼센트만 애팔래치아 산맥 서쪽 지역에 거주하고 있었지만, 이 수치는 1840년쯤 약 35퍼센트로 늘었다.

정확히 무엇이 동부 지역의 잘 계획된 도시와 자연 그대로의 농지가 제공하는 상대적인 편안함으로부터 벗어나도록 수십만 명의 정착민들을 유혹했을까? 이 대규모 이주는 미국 사회의 특정 [13(C)]측면들을 고려해보는 것으로 일부분 설명될 수 있다. 많은 미국인들에게는 정치적, 군사적, 또는 경제적 위기로 인해 갑작스럽게 살던 곳에서 떠나 더 나은 삶을 찾아 미국으로 이동하도록 촉발시킬 때까지 수백 년 동안 같은 지역에서 살았던 유럽의 선조들이 있었다. 결과적으로, [12(C)]미국인들은 점차 단 한 곳의 장소에 얽매이는 감상주의를 잃게 되었고, 이곳 저곳으로 옮겨 다니는 습성이 더 많아졌다. 더욱이, 유럽 사회가 엄격하고 사람들이 일반적으로 사회적, 직업적 지위를 물려받은 반면에, [12(B)]미국 사회는 더욱 유연해서, [12(D)]사회적, 경제적 상황을 개선하기 위해 자유롭게 직업을 바꿀 기회가 사람들에게 주어졌다. 이러한 요소들은 새로운 집을 찾는 것이든 아니면 재정적 번영을 찾는 것이든 상관없이, 아주 많은 미국인들이 확고히 자리잡은 문명의 경계를 넘어 서부로 이동하는 데 있어 야심 차고 끊임 없었으며, 열정적이었음을 의미했다.

서부 지역의 땅은 여러 매력적인 특징을 지니고 있었다. 길게 뻗은 넓은 땅은 무성한 숲으로 덮여 있었고, 강마다 물고기가 [14(A)]풍부했으며, 토양은 비옥해 농업에 완벽했다. 이는 특히 동부 지역에서 농부로 살았던 사람들에게 매력적이었는데, 그곳의 땅은 흔히 척박하고 돌이 많거나, 토양 감소 및 부식으로 인해 거의 무용지물인 상태가 되었다. 1820년에 새롭게 도입된 토지법에 따르면 누구든 [15(B)]100달러에 농장을 매입할 수 있다고 나타나 있었다. 점점 더 많은 은행들이 전국에 걸쳐 설립되면서, 금전적으로 어려운 사람들이 부동산을 확보하기 위해 대출을 받는 것이 훨씬 더 수월해졌다. [16(C)]성장하는 경제가 농장 가격을 높은 수준으로 유지해 줄 것이라고 확신하며 기대했던, 서부의 농부들은 은행에서 돈을 빌리는 일에 대해 거리낌이 없었다.

■1815년 이전에는, 서부의 농부들이 시장으로의 상품 이동을 포함해 운송 방식에 있어 항해 가능한 수로 또는 산길에 의존했다. ■ 양과 소는 산을 가로질러 방향 안내를 받을 수 있었다. [19]■ 다행히도, 1815년에 시작된 유료 고속도로 건설이 서부 지역의 운송을 개선하고 시장으로 상품을 가져가는 것과 관련된 비용을 줄이는 데 도움을 주었다. ■ 유료 고속도로는 또한 도로들을 따라 위치해 있던 농장들에 대해 더 나은 접근성을 제공함으로써 농업 경제 성장도 자극했다.

그 장점에도 불구하고, 유료 고속도로는 사람들의 눈 밖에 났는데, 미국이 운송 혁명을 겪었기 때문이었다. [17(B)]가장 큰 돌파구는 화물과 승객 운송 둘 모두에 있어 점차적으로 킬보트를 대체했던 증기선의 도입이었다. 증기선으로 강 상류로 상품을 운송하는 비용이 킬보트로 같은 화물을 옮기는 비용의 약 10퍼센트였으며, 상품은 [18(D)]대략 절반 가량의 시간 만에 목적지에 도착했다. 또 다른 기념비적인 발전은 당시로서는 엄청난 사업이었던 에리 운하로서, 이 운하는 버팔로와 뉴욕 시 사이의 585킬로미터에 걸쳐 뻗어 있다. 이 운하는 전통적인 운송 경로에 비해 놀라울 정도인 95퍼센트나 운송비를 줄여주었으며, 서부의 농부들과 동부의 시장 사이에서 소중한 연결고리의 역할을 했다.

[지문 어휘]

westward expansion 서부 개척 **migration** 이주 **settler** 정착민 **primarily** 주로 **expansion** 확대, 확장 **journey** 여행하다 **without** ~가 아니었다면, ~가 없었다면 **establishment** 설립, 확립 **cultivation** 재배, 경작 **crops** 작물 **consumption** 소비 **advance** 진보, 발전 **transportation** 교통, 운송, 수송 **leave behind** ~을 뒤로 하고 떠나다 **self-sufficient** 자급자족적인 **engaged in** ~에 관여된 **commodity** 상품 **rate** 비율 **significantly** 상당히 **reach** ~에 이르다, 도달하다 **peak** 최고조, 정상 **reside** 거주하다 **roughly** 약, 대략(= approximately) **lure** ~을 유혹하다 **relative** 상대적인 **comfort** 편안한 **pristine** 자연 그대로의 **mass** 대규모의 **consider** ~을 고려하다 **facet** 측면, 양상 **ancestor** 선조, 조상 **uproot** (오래 살던 집 등에서) ~을 몰아내다 **political** 정치적인 **crisis** 위기 **prompt A to do** A에게 ~하도록 촉발시키다 **in search of** ~을 찾아서 **sentimentality** 감상주의 **be tied to** ~에 얽매이다 **be given to -ing** ~하는 습성이 있다 **rigid** 엄격한 **inherit** ~을 물려받다 **occupational** 직업적인 **status** 지위, 신분 **flexible** 유연한, 융통성 있는 **occupation** 직업 **improve** ~을 개선하다, 향상시키다 **ambitious** 야심 찬 **restless** 끊임없는, 부단히 활동하는 **keen to do** ~하는 데 열정적인 **push westward** 서쪽으로 이동하다 **boundary** 경계(선) **civilization** 문명 (사회) **whether A or B** A이든 B이든 상관없이 **prosperity** 번영, 번창 **quality** 특징 **swathe** (띠 모양의) 길게 뻗은 지역 **lush** 무성한 **teemed with** ~가 풍부한 **fertile** 비옥한 **appealing to** ~에

게 매력적인 **sterile** 척박한 **render A 형용사** A를 ~한 상태로 만들다 **depletion** 감소, 고갈 **erosion** 부식, 침식 **introduce** ~을 도입하다 **cash-strapped** 금전적으로 어려운 **loan** 대출, 융자 **secure** v. ~을 확보하다 **property** 부동산, 건물 **qualm** 거리낌 **borrow** ~을 빌리다 **rely on** ~에 의존하다 **navigable** 항해 가능한 **turnpike** 유료 고속도로 **involved with** ~와 관련된 **stimulate** ~을 자극하다 **access to** ~에 대한 접근, 이용 **despite** ~에도 불구하고 **fall out of favor** 눈 밖에 나다, 인기를 잃다 **undergo** ~을 겪다 **revolution** 혁명 **breakthrough** 돌파구, 큰 발전 **introduction** 도입 **gradually** 점차적으로 **supersede** ~을 대체하다 **keelboat** 킬보트(배 밑이 평탄한 구조인 재래식 배) **upriver** 강 상류로 **destination** 목적지, 도착지 **monumental** 기념비적인 **undertaking** 사업 **stretch** (구역 등이) 뻗어 있다, 펼쳐져 있다 **astonishing** 놀라운 **compared with** ~와 비교해 **traditional** 전통적인 **serve as** ~로서의 역할을 하다 **invaluable** 소중한 **connection** 연결, 관련(성)

11. 1번째 단락의 내용에 따르면, 다음 중 어느 것이 농부들이 서부로 이동한 이유였는가?

(A) 자신들의 농지를 서쪽으로 확장하고 싶어했다.
(B) 진보한 운송 기술이 쉽게 살던 곳에서 떠날 수 있게 해주었다.
(C) 동부 지역의 농산물에 대한 수요가 새롭게 최저 수준으로 하락했다.
(D) 동부의 기후에 대한 변화가 작물에 부정적으로 영향을 미치기 시작했다.

해설 농부들이 서부로 이동하게 된 이유를 묻는 문제입니다. 정답은 B로, 이 단락 3번째 문장에서 그 내용을 찾을 수 있습니다. 오답 A는 농부들이 농지 확장을 원했다는 의미이지만 지문에서 확인할 수 없는 내용입니다. C는 동부 지역에서 농산물에 대한 수요가 낮아졌다는 내용이 없으므로 오답입니다. D도 동부의 기후 변화가 작물에 부정적으로 영향을 주기 시작했다는 내용을 지문에서 찾을 수 없으므로 오답입니다.

12. 미국인들이 한 곳에서 다른 곳으로 기꺼이 이동한 이유로 제공되지 않은 것은 무엇인가?

(A) 미국에서 밝혀지고 있던 정치적, 경제적 문제들을 피하고 싶어했다.
(B) 상대적으로 자유로운 사회에서 살면서 해방된 느낌을 가졌다.
(C) 살았던 장소에 대해 강한 감정적 유대감을 느끼지 못했다.
(D) 자신들의 사회적, 경제적 지위를 더 나은 쪽으로 바꾸고 싶어했다.

해설 미국인들이 다른 곳으로 이동한 이유가 아닌 것을 묻는 문제입니다. 정답은 A로, 미국인들이 미국에서 발생한 정치 및 경제 문제들을 피하고 싶어했기 때문이라는 내용을 단락 내에서 찾아볼 수 없습니다. B는 5번째 문장에서 상대적으로 자유로운 사회에서 자유로움을 느꼈다라는 내용을 찾을 수 있습니다. C는 4번째 문장에서 한 곳에 매여있는 것에 크게 감성적이지 않았다는 내용을 통해 알 수 있습니다. D는 5번째 문장에서 사회적, 경제적 지위를 높이려 했다는 내용을 확인할 수 있습니다.

13. 지문 속 단어 "facets"와 의미가 가장 가까운 것은 무엇인가?

(A) 사건
(B) 사고
(C) 측면
(D) 장소

해설 문제에 제시된 단어는 '측면'이라는 의미이므로 동일한 의미로 쓰이는 또 다른 명사 C가 정답입니다. A는 '사건', B는 '사고', D는 '장소'를 각각 의미하므로 오답입니다.

14. 지문 속 구 "teemed with"와 의미가 가장 가까운 것은 무엇인가

(A) ~이 풍부한

Ⓑ ~에 관심 있는
Ⓒ ~가 부족했다
Ⓓ ~와 융합된

해설 문제에 제시된 표현은 '~이 풍부한'이라는 의미이므로 동일한 의미로 쓰이는 A가 정답입니다. B는 '~에 관심이 있는', C는 '~가 부족한, 모자란', D는 '~와 융합된'을 각각 의미하므로 오답입니다.

15. 글쓴이는 왜 3번째 단락에서 100달러의 요금을 언급하는가?
Ⓐ 1820년에 이주자 농부들이 직면한 재정적 어려움을 강조하기 위해
Ⓑ 농업 근로자들에게 서부로 이동하도록 동기를 부여한 특정 보상책을 설명하기 위해
Ⓒ 농부들이 저렴한 가격 때문에 농지를 포기한 상황을 설명하기 위해
Ⓓ 서부의 땅이 동부의 땅보다 더 저렴했다는 점을 알려주기 위해

해설 글쓴이가 이 단락에서 100달러의 요금을 언급한 이유를 묻는 문제입니다. 정답은 B로, 농부들이 서부로 이동하게 된 특정한 계기가 무엇인지 설명하기 위해서입니다. 이 단락의 주된 내용이 농부들에게 서부가 특히 매력적인 이유를 말하고 있고, 100달러의 요금 역시 이 이유에 포함되기 때문입니다. A는 경제적 어려움을 이야기했지만 지문에 나오지 않은 내용이기 때문에 오답입니다. C 역시 지문에서 가격이 너무 저렴해 농부들이 농지를 포기한 상황을 언급했지만 지문에서 확인할 수 없는 내용입니다. D는 서부와 동부 사이의 가격 비교에 대한 내용이지만 지문에서 찾아볼 수 없으므로 정답이 될 수 없습니다.

16. 3번째 단락에서, 당시 미국의 경제적 상황에 관해 무엇을 유추할 수 있는가?
Ⓐ 농부들이 은행 대출 승인을 받는 데 어려움을 겪었다.
Ⓑ 많은 은행들이 재정적 문제로 인해 어쩔 수 없이 문을 닫아야 했다.
Ⓒ 농지의 부동산 가치가 매우 안정적인 위치에 있었다.
Ⓓ 대출자들이 은행 대출에 대해 어쩔 수 없이 대단히 높은 이자를 지불해야 했다.

해설 당시 미국의 경제 상황에 관해 유추할 수 있는 부분을 묻는 문제입니다. 정답은 C로, 이 단락의 6번째 문장에서 경제 성장이 농장 가격을 계속 상승시킬 것이라는 자신한다는 부분을 통해 확인할 수 있습니다. A는 농부들이 은행에서 대출을 받기 어려웠다는 내용이지만 지문에서 그 근거를 찾아보기 힘들기 때문에 오답입니다. B는 많은 은행들이 재정적 문제로 인해 어쩔 수 없이 문을 닫아야 했다는 내용이지만 이 역시 지문에 나오지 않습니다. D는 대출 받은 사람들이 은행 대출에 아주 높은 이자를 지불해야 한다는 뜻인데 이 내용을 추론할 근거가 없습니다.

17. 다음 중 어느 문장이 지문의 하이라이트 표기된 문장에 담긴 필수 정보를 가장 잘 표현하는가? 틀린 선택지는 중요한 방식으로 의미를 변화시키거나 필수 정보를 배제한다.
Ⓐ 증기선의 도입 이후, 운송 분야에서 가장 큰 돌파구는 킬보트의 형태로 나타났다.
Ⓑ 가장 영향력 있는 혁신이 증기선이었는데, 이것이 상품과 사람을 운송하는 데 있어 킬보트를 대체했다.
Ⓒ 증기선뿐만 아니라, 킬보트도 점점 더 많은 화물과 승객을 운송하는 일을 책임졌다.
Ⓓ 상당한 발전이 생겨난 것은 증기선이 화물 운송 수단으로 도입되었을 때였다.

해설 음영 처리된 문장의 핵심 정보를 가장 잘 전달한 문장을 묻는 문제입니다. 음영 처리된 문장의 핵심은 가장 큰 도약이 증기선이었으며, 이는 점차 킬보트를 물자와 승객 수송에 있어서 모두 대체했다는 것입니다. 따라서 이러한 핵심 정보를 모두 포함하고 있는 B가 정답입니다. 오답A는 증기선 이후에 킬보트의 형태로 도약이 있었다는 의미인데, 해당 문장의 정보를 잘못 표현한 것이므로 오답입니다. C는 증기선에 이어 킬보트가 더 많은 물자와 승객 수송을 책임졌다는 의미로 해당 문장의 정보를 잘못 표현한 오답입니다. D는 증기선이 물자 운송의 방법으로써 도입되었을 때 엄청난 발전이 있었다라는 의미로 핵심 내용이 포함되지 않은 오답입니다.

18. 지문 속 단어 "roughly"와 의미가 가장 가까운 것은 무엇인가?

Ⓐ 엄격하게
Ⓑ 순조롭게
Ⓒ 심각하게
Ⓓ 약, 대략

해설 문제에 제시된 단어는 '대략'이라는 의미이므로 같은 의미로 쓰이는 또 다른 부사 D가 정답입니다. A는 '엄격하게,' B는 '순조롭게, 부드럽게,' C는 '심각하게, 대단히'를 각각 의미하므로 오답입니다.

19. 다음 문장이 지문 어느 곳에 추가될 수 있는지를 나타내는 네 개의 사각형[■] 표기를 확인하시오.

하지만, 이 운송 수단은 곡물 포대 또는 동물 가죽 같은 상품과 관련해 비효율적이고 비용이 많이 들었는데, 이는 결과적으로 동부 지역의 시장에서 그 가치에 비해 가격을 끌어올리게 되었다.

위 문장은 어디에 가장 적합한가? 사각형[■] 하나를 클릭해 지문에 이 문장을 추가하시오.

해설 삽입 문장이 글의 내용과 자연스럽게 연결되는 위치가 어디인지 묻는 문제입니다. 정답은 3번째로, 삽입 문장에서 언급한 '이 운송 방식(this means of transportation)'이라고 지칭할 수 있는 sheep과 cattle이 앞에 있으며, 삽입 문장에서 이러한 방식이 비효율적이고 비용이 많이 든다는 내용을 담고 있어 흐름이 자연스럽습니다. 또한 3번째 사각형 뒤로 이어지는 문장에서 유료 고속도로의 건설이 서부로의 운송을 도왔고, 비용 절감에 도움을 주었다는 내용이 있어 자연스럽게 연결됩니다.

20.

문제 설명: 지문의 간략한 요약에 필요한 도입 문장이 아래에 제공된다. 지문에서 가장 중요한 사항들을 나타내는 선택지 세 개를 골라 요약 내용을 완료하시오. 일부 문장은 지문에 제시되지 않는 사항들을 나타내거나 지문에서 중요하지 않은 사항들이므로 요약 내용에 속하지 않는다. **이 질문은 2점에 해당된다.**

선택지들이 속하는 공간으로 끌어다 놓으시오. 선택지를 제거하려면, 해당 선택지를 클릭하시오.
지문을 다시 살펴보려면, **지문 보기**를 클릭하시오.

여러 요인들이 영국에게 산업 혁명에 상당한 기여를 할 수 있게 해주었다.

•
•
•

선택지

Ⓐ 많은 미국인들이 이주를 통해 삶을 개선하려는 욕망을 지니고 있었다.
Ⓑ 유럽의 이민자들은 동부보다 서부의 환경을 선호했다.
Ⓒ 서부 지역은 풍부한 자연 환경 및 농업에 적합한 비옥한 땅의 본고장이었다.
Ⓓ 동부 지역의 농부들은 소유한 농지의 경계를 서쪽으로 더욱 확대하기 위해 은행으로부터 돈을 대출 받았다.
Ⓔ 육지 및 수상 운송 수단의 발전이 서부 지역으로의 이주를 훨씬 더 쉽게 만들어주었다.
Ⓕ 가축 및 작물 같은 상품에 대한 수요가 서부 지역 시장에서 급증했다.

해설 미국에서 사람들의 서부 이동에 영향을 준 요소들에 대한 지문 내용을 요약하는 데 필요한 문장을 고르는 문제입니다. 1번째 정답인 A는 2번째 단락에서 내용을 확인할 수 있고, 2번째 정답인 C는 3번째 단락에서 내용을 확인할 수 있으며, 3번째 정답인 E와 관련된 내용은 5번째 단락에서 확인할 수 있습니다. B는 유럽 이민자들이 동부보다 서부를 더 선호한다는 의미인데, 지문에서 단서를 찾을 수 없으므로 오답입니다. D는 동부의 농부들이 서부로 토지를 넓히기 위해 은행에서 돈을 빌렸다는 의미인데, 마찬가지로 지문에서 확인할 수 없는 내용입니다. F는 서부 시장에서 가축이나 농작물들에 대한 수요가 증가했다는 의미로, 이에 대한 내용도 지문에서 확인할 수 없으므로 오답입니다.

[문제 어휘]

advanced 진보한, 발전된 **enable A to do** A에게 ~할 수 있게 해주다 **with ease** 쉽게, 수월하게 **to a new low** 새롭게 최저 수준으로 **negatively** 부정적으로 **impact** ~에 영향을 미치다 **crops** 작물 **avoid** ~을 피하다 **unfold** 밝혀지다 **unshackled** 해방된, 속박되지 않은 **relatively** 비교적, 상대적으로 **status** 지위, 신분 **for the better** 더 나은 쪽으로 **face** ~와 직면하다 **specific** 특정한, 구체적인 **incentive** 보상책, 장려책 **motivate** ~에게 동기를 부여하다 **approve** ~을 승인하다 **be forced to do** 어쩔 수 없이 ~하다 **issue** 문제, 사안 **real estate** 부동산 **stable** 안정적인 **extremely** 대단히, 매우 **interest** 이자 **in the form of** ~의 형태로 **influential** 영향력 있는 **replace** ~을 대체하다 **be responsible for** ~에 대한 책임을 지다 **significant** 상당한, 중요한 **as a means of** ~의 수단으로 **inefficient** 비효율적인 **costly** 비용이 많이 드는 **grain** 곡물 **hide** (짐승의) 가죽 **in turn** 결과적으로 **drive up** (가격 등) ~을 끌어올리다 **compared with** ~와 비교해 **desire** 욕구, 욕망 **improve** ~을 개선하다, 향상시키다 **relocate** 이주하다 **prefer** ~을 선호하다 **surroundings** 환경 **suitable for** ~에 적합한 **be loaned money by** ~을 통해 돈을 대출 받다 **extend** ~을 확대하다, 연장하다 **livestock** 가축 **surge** 급증하다, 급등하다

Listening 문제 유형 공략

LISTENING

▪ Topic & Purpose 주제와 목적

❶ Practice 1

[정답 D]

본문의 단어(looking for ~ a required reading)가 보기(buy a book she needs for one of her courses)에 paraphrasing 되어 있는 것에 주의합니다.

(오답 A) 시기(when)와 본 대화 주제와는 관련이 없습니다.

(오답 B) professor에 대한 언급은 없습니다.

(오답 C) reserve, 즉 예약을 하기 위해서라는 정보는 언급되지 않았습니다.

(정답 D) looking for a required reading에서 학생이 책을 찾고 있는 상황임을 알 수 있습니다.

[스크립트]

Bookstore employee: Do you need help finding anything in particular?	서점 직원: 특별히 찾으시는 게 있으면 도와 드릴까요?
Student: Well, yes. I'm looking for *Tristram Shandy* for my English class, English 311. It's required reading for the course. It should be right here... Is it sold out?	학생: 음, 네. 제 영어 수업인 영어 311에 필요한 <트리스트럼 섄디>를 찾고 있습니다. 이 과목의 필수 독서 자료라서요. 여기쯤 있어야 하는데… 품절되었나요?
Bookstore employee: Hmm... I don't think so. We just got a new order of books in this morning. Maybe it's still in the back.	서점 직원: 흠… 그런 것 같지 않습니다. 저희가 오늘 아침에 막 새로 주문한 도서들을 받았습니다. 아마 여전히 뒤쪽에 있을 거예요.
Student: Well, my professor did add it to the syllabus at the last minute.	학생: 저, 저희 교수님께서 분명 마지막 순간에 그 책을 강의 계획서에 추가하셨어요.
Bookstore employee: If that's the case, then her order might not be in yet.	서점 직원: 그런 경우라면, 그분의 주문품이 아직 들어와 있지 않을 수도 있습니다.
Student: It's the last novel we'll read this semester, so it isn't urgent. I'll check again next week.	학생: 그 책은 저희가 이번 학기에 읽을 마지막 소설이기 때문에, 급하진 않습니다. 다음 주에 다시 확인할게요.

학생은 왜 서점에 갔는가?

Ⓐ 책 한 권이 언제 구입 가능한지에 관한 정보를 얻기 위해

Ⓑ 자신이 가져갈 수 있도록 교수가 책 한 권을 갖다 놓았는지 확인하기 위해

Ⓒ 다른 서점에서 품절된 책 한 권을 예약하기 위해

Ⓓ 자신의 과목 중 하나에 필요한 책 한 권을 구입하기 위해

[어휘]

need help -ing ~하는 데 도움이 필요하다 **in particular** 특별히, 특히 **required** 필수의 **sold out** 품절된, 매진된 **order** 주문(품) **add A to B** A를 B에 추가하다 **syllabus** 강의 계획서 **at the last minute** 마지막 순간에 **semester** 학기 **urgent** 긴급한 **available** 구입 가능한, 이용 가능한 **drop off** ~을 갖다 놓다 **pick up** 가져가다, 가져오다 **reserve** ~을 예약하다

❷ Practice 2

[정답 C]

목적이 한 문장으로 정확하게 언급되지 않기에 흐름을 잘 따라가며 정답을 찾습니다.

(오답 A) 제출 방법이 대화의 주제는 아닙니다.

(오답 B) assignment가 대화에서 등장하지만, 과제 수준(quality)은 언급되지 않았습니다.

(정답 C) 학생의 노트북 컴퓨터 문제에 대해 교수가 기한 연장과 관련해서 엄격한 방침이 있다는 답변을 합니다. 이것을 근거로 학생이 나중에 제출하는 것을 요청을 하기위해 왔다는 것을 알 수 있습니다.

(오답 D) 대화 내용과 관련이 없는 단어들로 구성된 오답입니다.

[스크립트]

Student: Hello, professor. Can I talk to you for a few minutes? Professor: Yes, sure. Student: I'm sorry, I usually don't make these kinds of requests. But, my laptop died, and I didn't back up my paper anywhere online. Professor: You know, I have a very strict policy regarding extensions on assignments. But, I understand that this situation is out of your hands. Let's see... are you getting your laptop repaired? Student: Yes. I should have it back from the shop by Thursday. And, I was nearly finished with my paper when it happened. Professor: OK. Then... you can submit the assignment on Friday morning. Umm... keep in mind, I expect it to be exceptionally good, Douglas.	학생: 안녕하세요, 교수님. 잠깐 이야기 나누실 수 있으세요? 교수: 네, 좋아요. 학생: 죄송합니다, 제가 보통 이런 종류의 요청은 드리지 않는데요. 하지만, 제 노트북 컴퓨터가 멈춰버렸는데, 온라인상의 어느 곳에도 제 과제물을 백업해 놓지 않았어요. 교수: 그게, 저는 과제물 기한 연장과 관련해서 매우 엄격한 방침을 지니고 있어요. 하지만, 이런 상황이 어떻게 할 수 없는 일이라는 걸 이해해요. 어디 보자… 그 노트북 컴퓨터를 수리 받고 있나요? 학생: 네. 매장으로부터 목요일까지 돌려받을 겁니다. 그리고, 그 일이 발생됐을 때 과제물을 거의 끝낸 상태였습니다. 교수: 좋아요. 그럼… 금요일 아침까지 과제물을 제출해도 됩니다. 음… 명심해야 할 것은, 그 과제물이 대단히 뛰어날 것으로 예상하고 있다는 점이에요, 더글러스.

화자들은 주로 무엇을 이야기하고 있는가?

Ⓐ 학생이 온라인으로 과제물을 제출할 수 있는지

Ⓑ 학생의 과제물이 지닌 수준

Ⓒ 나중에 제출하는 것에 대한 요청

Ⓓ 학생의 수리 매장 방문

[어휘]

make a request 요청하다 **strict** 엄격한 **policy** 방침, 정책 **extension** 기한 연장 **assignment** 과제물 **out of one's hands** ~가 어떻게 할 수 없는, ~의 능력을 벗어난 **get A p.p.** A가 ~되게 하다 **repair** ~을 수리하다 **be finished with** ~을 끝내다 **nearly** 거의 **submit** ~을 제출하다 **keep in mind** 명심하다 **expect A to do** A가 ~하기를 예상하다, 기대하다 **exceptionally** 대단히, 유난히, 특별히 **submission** 제출(물)

❸ Practice 3

[정답 A]

주제를 알려주는 표현에 집중합니다.
(정답 A) fresco painting이라는 주제어가 직접적으로 나와있지는 않지만, 이를 알려주는 표현으로 대체되어 있습니다.
(오답 B) 강의에 등장한 구체적인 단어(Michelangelo, Rafael)를 사용한 오답입니다.
(오답 C) fresco는 언급되었지만, 구체적으로 color가 주제는 아닙니다.
(오답 D) fresco는 언급되었지만, 구체적으로 process가 등장하지는 않습니다.

LISTENING

[스크립트]

Professor: Today, we will be discussing fresco painting, a painting method that visually defined the artistic style of the Italian Renaissance through the works of such masters as Michelangelo and Rafael. **The method applies water-based pigments on fresh plaster, typically on walls or ceilings. The colors dry along with the plaster, so the artwork becomes a permanent part of the wall, making it much longer lasting than, say, oil paintings, or mural paintings on top of a wall. Fresco paintings test a painter's technical skills, as they must work not only quickly, before the plaster sets, but also perfectly, since mistakes cannot simply be painted over.**	교수: 오늘, 우리는 미켈란젤로나 라파엘 같은 거장들의 작품을 통해 이탈리아 르네상스의 미술 양식을 시각적으로 정의한 그림 기법인 프레스코화를 이야기해 보겠습니다. 이 기법은 특히 벽이나 천장에 바른 석고 반죽에 수성 물감을 칠하는 것입니다. 그 색이 석고 반죽과 함께 건조되기 때문에, 이 미술 작품은 그 벽의 영구적인 일부분이 되어, 그러니까, 유화나 벽에 그린 벽화보다 훨씬 더 오래 지속되도록 만들어줍니다. 프레스코화는 화가의 기교를 시험하는데, 반드시 석고 반죽이 굳기 전에 빠르게 작업해야 할 뿐만 아니라 완벽하게 해야 하기 때문이며, 실수한 부분에 단순히 덧칠할 수 없어서 그렇습니다.

강의는 주로 무엇에 관한 것인가?

Ⓐ 르네상스 미술에 활용된 그림 기법
Ⓑ 미켈란젤로와 라파엘의 미술 양식
Ⓒ 프레스코화에 일반적으로 쓰인 색
Ⓓ 프레스코화를 만드는 과정

[어휘]

painting method 그림 기법 **visually** 시각적으로 **define** ~을 정의하다 **artistic style** 미술 양식 **work** 작품, 작업(물) **apply A on B** A를 B에 칠하다, 바르다, 적용하다 **water-based** 수성의 **pigment** 물감, 색소 **plaster** 석고 반죽 **ceiling** 천장 **along with** ~와 함께 **permanent** 영구적인 **long lasting** 오래 지속되는 **mural painting** 벽화 **technical skill** 기교 **not only A but also B** A뿐만 아니라 B도 **paint over** ~에 덧칠하다

❹ Practice 4

[정답 C]

지난 강의 설명 후 이어서 언급되는 주제에 집중합니다.

(오답 A) 환경(Environment)이 동물(animals)을 숨기는 내용은 아닙니다.

(오답 B) 포식자(predators)가 위장을 하는 내용은 아닙니다.

(정답 C) 지문에서 언급되었던 오늘의 주제, types of camouflage가 패러프레이징된 정답입니다. disguise(~을 변장하다) 단어를 잘 숙지합니다.

(오답 D) 지난 강의에 대한 주제로 오답입니다.

[스크립트]

Professor: Previously, we discussed an interesting concept, background matching. Just to review quickly, background matching is a type of camouflage that enables animals to blend in with the environment around them. However, there are actually many other types of camouflage. Today, we will cover a couple of them. For example, mimicry. Mimicry is when an organism evolves to resemble another organism or even object. This mechanism can help conceal a creature or confuse its predators. The walking leaf is an insect native to southeast Asia that excels at mimicry. As its name implies, the walking leaf looks like... well, a leaf. But its mimicry extends to even the finest details: patterns along its body look like bite marks from a caterpillar, and it even sways when it walks to recreate the motion of a leaf in a breeze.	교수: 이전 시간에, 우리는 흥미로운 개념인 배경 맞추기를 이야기 했습니다. 간단히 되짚어보자면, 배경 맞추기는 일종의 위장술로서, 동물에게 주변의 환경과 조화를 이룰 수 있게 해주는 것입니다. 하지만, 실제로 다른 여러 종류의 위장술이 존재합니다. 오늘, 우리는 그들 중 몇 가지를 다뤄볼 것입니다. 예를 들어, 흉내내기가 있습니다. 흉내내기는 한 생물체가 진화해 다른 생물체 또는 심지어 물체를 닮게 되는 것입니다. 이러한 방식은 생물체를 숨기거나 포식자를 혼란스럽게 하는 데 도움이 될 수 있습니다. 잎벌레는 동남아시아 토착 곤충으로서, 흉내내기에 탁월합니다. 그 이름이 암시하듯, 잎벌레가 닮아 보이는 것은… 음, 나뭇잎입니다. 하지만 그 흉내내기의 범위는 가장 미세한 세부 요소까지 확대되는데, 신체를 따라 생긴 패턴이 애벌레가 깨문 자국처럼 보이기도 하며, 심지어 산들바람에 흔들리는 나뭇잎의 움직임을 재현하기 위해 걸을 때 흔들리기까지 합니다.

강의는 주로 무엇에 관한 것인가?

Ⓐ 환경이 동물을 숨겨주는 방식

Ⓑ 포식자가 어떻게 다른 동물을 흉내 내는가

Ⓒ 스스로 변장하기 위해 동물이 활용하는 방법

Ⓓ 배경 맞추기의 특징

[어휘]

previously 이전에 **review** ~을 되짚어보다, 검토하다 **camouflage** 위장(술) **enable A to do** A에게 ~할 수 있게 해주다 **blend in with** ~와 조화를 이루다 **cover** (주제 등) ~을 다루다 **mimicry** 흉내내기 **organism** 생물(체), 유기체 **evolve** 진화하다 **resemble** ~을 닮다 **mechanism** 방식, 구조, 기제 **conceal** ~을 숨기다 **creature** 생물체 **confuse** ~을 혼란스럽게 만들다 **predator** 포식자 **insect** 곤충 **native to** ~ 토종인, ~가 원산지인 **excel at** ~에 탁월하다 **imply** 암시하다 **extend** 확대되다, 확장되다 **details** 세부 요소 **bite marks** 깨문 자국 **caterpillar** 애벌레 **sway** 흔들리다 **recreate** ~을 재현하다 **breeze** 산들바람 **mimic** ~을 흉내 내다 **method** 방법 **disguise** ~을 변장하다 **characteristic** 특징

▪ Detail 세부 사항

❶ Practice 1

[정답 B]

주제와 관련된 주요 정보에 집중합니다.
(오답 A) 경험을 요구한다고 직접적으로 언급된 적이 없습니다.
(정답 B) 본문에서는 summer job은 competitive하다라고 언급합니다. 즉, 많은 학생들이 신청한다는 것을 알 수 있습니다.
(오답 C) 일자리를 찾는 방식에 대해 직접적으로 언급된 정보는 없습니다.
(오답 D) students don't return home이라고 대화에서 나오지만, only라는 단어 추가로 인해 오답이 됩니다.

[스크립트]

Career advisor: Hello, and welcome to the Career Services Center. How can I help you today? Student: Summer break will start soon, and I'm planning to stay on campus to work on my thesis. I'd like to work at a part-time job, too, if possible. Career advisor: There are a variety of positions that are reserved for students who don't return home over summer break. But, they can be rather competitive. Student: I'd at least like to try before I start applying for jobs at local businesses. Career advisor: Let me see what we still have available then. Oh, and do you have any experience with groundskeeping?	취업 상담가: 안녕하세요, 그리고 취업 지원 센터에 오신 것을 환영합니다. 오늘 무엇을 도와 드릴까요? 학생: 여름 방학이 곧 시작되는데, 제가 캠퍼스 내에 머물면서 논문 작업을 할 계획입니다. 가능하다면, 시간제 근무도 하고 싶습니다. 취업 상담가: 여름 방학 기간 중에 집으로 돌아가지 않는 학생들을 위해 마련된 다양한 일자리가 있습니다. 하지만, 다소 경쟁적일 수 있습니다. 학생: 지역 업체의 일자리에 지원하는 일을 시작하기 전에 적어도 시도는 해보고 싶습니다. 취업 상담가: 그럼 저희에게 여전히 지원 가능한 것으로 무엇이 있는지 확인해 보겠습니다. 아, 그리고 공원 관리 업무에 어떤 경험이든 지니고 있으신가요?

상담가는 여름 일자리에 관해 무슨 말을 하는가?
Ⓐ 학생들에게 특정 분야에 경험을 지니고 있도록 요구한다.
Ⓑ 많은 학생들이 여름 일자리에 지원한다.
Ⓒ 학생들이 스스로 일자리를 찾을 수 없다.
Ⓓ 오직 집으로 돌아가지 않는 학생들만 지원할 수 있다.

[어휘]

plan to do ~할 계획이다 **thesis** 논문 **if possible** 가능하다면 **a variety of** 다양한 **position** 일자리, 직책 **reserve** ~을 따로 마련해두다 **rather** 다소, 좀 **competitive** 경쟁적인 **at least** 적어도, 최소한 **apply for** ~에 지원하다 **available** 이용 가능한 **groundskeeping** 공원 관리 **require A to do** A에게 ~하도록 요구하다 **certain** 특정한, 일정한 **field** 분야 **on one's own** 스스로, 혼자

❷ Practice 2

[정답 A, C]

너무 사소한 정보에 몰두하지 말고, 핵심 이유 2가지가 나열된 부분만 집중합니다.
(정답 A) already half way through the semester라는 이유를 언급합니다. 즉, 시기가 늦었다는 표현으로 정답입니다.
(오답 B) 언급이 된 정보지만, 질문과의 인과 관계가 성립하지 않습니다.
(정답 C) website가 online system으로 패러프레이징되어 있음을 확인합니다.
(오답 D) 이 보기가 언급은 되지만 질문의 원인은 아니기에 오답입니다.

[스크립트]

Student: I moved off-campus last week, and now I'm only on campus two days a week. So, I was hoping that I could change my meal plan. Employee: Oh, the meal plan? Let's see... Unfortunately, I don't see any options you can change to without an additional charge. Student: Why? I'll have too many meals leftover then. Employee: First of all, since we're already half-way through the semester, if you decide to change to another option, you will have to pay an extra fee. So, that would be wasteful too. Student: Oh, I see. Employee: And, also, there used to be a website where students could trade their meal plans with other students. But, the site has been closed down by the university. This is because all the meal plans were bought and sold only through this website. And you know, that wasn't the proper way to do it.	학생: 제가 지난 주에 캠퍼스 밖으로 이사를 했기 때문에, 현재 일주일에 이틀만 캠퍼스 내에서 생활하고 있습니다. 그래서, 제 식사 계획을 변경할 수 있기를 바라고 있었어요. 직원: 아, 식사 계획이요? 어디 보자… 아쉽지만, 추가 요금 없이 변경할 수 있는 어떤 선택권도 보이지 않습니다. 학생: 왜 그렇죠? 그럼 남는 식사가 너무 많아지게 되는데요. 직원: 우선, 이미 학기가 중반을 지나는 시점에 있기 때문에, 다른 선택권으로 변경하기로 결정하시는 경우, 별도의 요금을 지불하셔야 할 겁니다. 따라서, 그 방법도 낭비가 될 겁니다. 학생: 아, 그렇군요. 직원: 그리고, 또 한 가지는, 전에는 학생들이 다른 학생들과 식사 계획을 맞바꿀 수 있는 웹사이트가 있었습니다. 하지만, 그 사이트는 대학 측에 의해 폐쇄되었습니다. 이는 모든 식사 계획이 오직 이 웹사이트를 통해서만 구매되고 판매되었기 때문입니다. 그리고 아시다시피, 그건 적절한 방식이 아니었습니다.

학생이 요금 없이 자신의 식사 계획을 변경할 수 없는 이유는 무엇인가? 2개의 답변에 클릭하시오.

A 학기 중에 하기엔 너무 늦었기 때문에
B 오직 일주일에 이틀만 캠퍼스에 머무르고 있기 때문에
C 해당 온라인 시스템이 폐쇄되었기 때문에
D 식사 계획이 오직 웹사이트를 통해서만 맞바꿀 수 있기 때문에

[어휘]

move off-campus 캠퍼스 밖으로 이사하다 **unfortunately** 아쉽게도, 안타깝게도 **additional** 추가의 **charge** 청구 요금, 부과 요금 **leftover** 남은 것 **half-way through** ~의 중반을 지나고 있는 **semester** 학기 **decide to do** ~하기로 결정하다 **extra** 별도의, 추가의 **wasteful** 낭비적인 **trade** ~을 맞바꾸다, 교환하다 **close down** ~을 폐쇄하다(= shut down) **proper** 적절한, 제대로 된 **way to do** ~하는 방식, 방법

❸ Practice 3

[정답 B]

핵심 내용임을 알려주는 강조 표현에 집중합니다.
(오답 A) 지문에서 전혀 언급이 되지 않았던 정보로 오답입니다.
(정답 B) 패러프레이징되어 있는 표현(Set the tone however they want = manipulate)으로 정답입니다.
(오답 C) 지문에서 언급이 되었지만, 정확한 사실정보가 아니기에 오답입니다.
(오답 C) film makers라는 단어가 등장하지만, 지문에서 전혀 언급이 되지 않았던 정보로 오답입니다.

LISTENING

[스크립트]

Professor: Most films use what is called an establishing shot to mark a transition in time or location in their narrative. These tend to be a long shot that indicates the setting at the start of a new scene. But that's not all they do. Any ideas? Students: Umm... well, depending on how they're shot... how the camera is moving, and the type of lens... they can also set the tone for the scene. Professor: Right. If the camera is zooming toward an imposing, snow-covered mountain, the scene feels epic and exciting. Or, if a static camera shows a colorful, carefully choreographed scene, then the shot will feel light-hearted and fun. So, the important role of this type of shot is that it allows film makers to set the scene however they want by controlling its tone.	교수: 대부분의 영화는 이야기 내에서 시간 또는 장소의 전환을 나타내기 위해 설정 샷이라고 불리는 것을 활용합니다. 이는 새로운 장면의 시작점에서 배경을 나타내는 롱 샷이 되는 경향이 있습니다. 하지만 그게 설정 샷의 전부는 아닙니다. 아는 사람 있나요? 학생: 음… 저, 어떻게 촬영되는지에 따라… 카메라가 어떻게 움직이고, 렌즈의 종류에 따라… 해당 장면의 분위기를 만들어낼 수 있습니다. 교수: 맞습니다. 만일 카메라가 눈으로 덮인 인상적인 산을 향해 확대되고 있다면, 그 장면은 장대하고 흥미로운 느낌이 듭니다. 또는, 정지 상태의 카메라가 다채롭고 신중히 연출된 장면을 보여준다면, 그 샷은 마음이 가벼워지고 즐거운 느낌이 들 겁니다. 따라서, 이러한 종류의 샷이 하는 중요한 역할은 영화 제작자들이 분위기를 제어함으로써 어떤 식으로든 원하는 대로 장면을 만들 수 있게 해준다는 점입니다.

교수의 말에 따르면, 설정 샷이 왜 영화 제작자들에게 중요한가?
(A) 각 장면의 마지막 부분에 마무리로서 포함된다.
(B) 한 장면의 분위기를 솜씨 있게 처리할 수 있다.
(C) 흥미로운 장면을 만드는 데 대단히 뛰어나다.
(D) 영화 제작자들이 빠르게 장면들을 만드는 데 도움이 될 수 있다.

[어휘]

establishing shot 설정 샷(영화 등에서 사건의 공간에 대한 기본적인 인식을 제공해주기 위해 보여주는 장면) **mark** ~을 나타내다 **transition** 전환, 변천 **narrative** n. 이야기 **tend to do** ~하는 경향이 있다 **long shot** 롱 샷(먼 거리에서 넓게 잡는 촬영 방식) **indicate** ~을 나타내다, 가리키다 **setting** 배경 **depending on** ~에 따라, ~에 달려 있는 **tone** 분위기 **zoom** 확대되다 **imposing** 인상적인 **epic** 장대한 **static** 정지 상태의 **choreographed** 연출된 **light-hearted** 마음이 가벼운 **allow A to do** A에게 ~할 수 있게 해주다 **crucial** 중대한 **feature** v. ~을 포함하다, ~을 특징으로 하다 **conclusion** 마무리, 결말 **manipulate** ~을 솜씨 있게 다루다, 조작하다 **exceptional** 대단히 뛰어난, 매우 우수한

❹ Practice 4

[정답 A, B]

처음 시작에서 등장하는 단어 several을 통해 여러 개의 주요 정보가 나열될 것을 파악합니다.

(정답 A) 'both land and water' 두 곳에서 도움을 준다고 본문에서 언급된 정보가 more than one environment에서 도움을 준다고 패러프레이징되어 있음을 확인합니다.

(정답 B) store fat 이 amass fat으로 패러프레이징되어 있음을 확인합니다.

(오답 C) aids the beaver라는 표현이 보이지만, fill their dams with mud라는 정보는 잘못된 정보입니다.

(오답 D) 지문 속에서는 blood vessel system을 통해 체온 유지에 도움을 준다고 언급되기에, 잘못된 정보입니다.

[스크립트]

Professor:	교수:
The peculiar tail of the North American beaver serves several purposes. It greatly aids the beaver both on land and in water. **Umm... on land, the beaver can prop itself up on its tail when it's chewing down a tree, and in the water, the tail acts like a rudder and improves the beaver's aquatic maneuverability.** Aside from these functions, it also stores fat and helps maintain body temperature through its countercurrent blood vessel system. And this is for their winter survival. **Umm... and before you ask, no. Maybe you've seen cartoons where beavers use their tails to pack mud into their dams, but they don't actually do this.**	북아메리카 비버가 지니고 있는 특이한 꼬리는 여러 가지 목적에 적합합니다. 이것은 육지에서 그리고 물 속에서 모두 비버에서 크게 도움이 됩니다. **음… 육지에서, 비버는 나무를 갉아 넘어뜨릴 때 꼬리를 버팀목으로 삼아 자신을 지탱하며, 물 속에서는, 꼬리가 방향타와 같은 역할을 해서 비버의 수중 기동성을 향상시킵니다.** 이러한 기능들 외에도, 지방을 저장해 역류하는 혈관계를 통해 체온을 유지하는 데 도움을 줍니다. 그리고 이는 겨울철 생존을 위한 것입니다. **음… 그리고 여러분이 질문하기 전에, 아닙니다. 아마 비버가 꼬리를 활용해 자신의 댐 속에 진흙을 가득 집어넣는 만화를 봤을 수도 있겠지만, 실제로 이런 행위는 하지 않습니다.**

교수의 말에 따르면, 비버 꼬리의 목적은 무엇인가? 2개의 답변에 클릭하시오.

[A] 한 가지가 넘는 환경 속에서 비버가 효과적으로 움직이도록 돕는다.

[B] 비버가 겨울철에 대비해 지방을 축적할 수 있게 해준다.

[C] 비버가 진흙으로 자신의 댐을 채우는 데 있어 도움을 준다.

[D] 좋은 혈관계를 유지하도록 비버에게 도움을 준다.

[어휘]

peculiar 특이한 **serve a purpose** 목적에 적합하다 **aid** ~을 돕다 **prop A up** A를 지탱하다 **chew down** ~을 갉아 넘어뜨리다 **act like** ~와 같은 역할을 하다 **rudder** 방향타 **improve** ~을 개선하다 **aquatic** 수중의, 물과 관련된 **maneuverability** 기동성 **aside from** ~ 외에도 **function** 기능 **store** v. ~을 저장하다 **fat** 지방 **help do** ~하도록 돕다 **maintain** ~을 유지하다 **countercurrent** 역류하는 **blood vessel system** 혈관계 **pack A into B** B에 A를 가득 집어넣다 **effectively** 효과적으로 **allow A to do** A에게 ~할 수 있게 해주다 **amass** ~을 축적하다 **fill** ~을 채우다

▪ Function 의도

❶ Practice 1

[정답 A]

앞 문장과의 연결관계를 생각하며 풀어야 합니다.

(정답 A) midterm 관련 자료를 자세히 읽으라는 교수님의 말에 대한 답변입니다. 그럼으로 커피가 많이 필요할 것이다는 말의 숨은 의도는 공부할 양이 많다는 것입니다.

(오답 B) 들리는 문장을 그대로 해석한 것으로 오답입니다.

(오답 C) 공부양에 관련된 내용은 맞지만, 견딜 수 있는(manageable) 양은 잘못된 정보로 오답입니다.

(오답 D) 언급되지 않은 already 라는 표현에서 오답임을 알 수 있습니다.

[스크립트]

Student: Good morning, Professor Singh. I missed yesterday's lecture because of an emergency in my dorm room. I already got the notes from my friend, but were there any handouts? Professor: Oh, I hope everything is all right. Let's see... yes. There's a reading... a first-hand account of Hernan Cortés's arrival in America. Student: Another reading? Will it... umm... be covered on next week's midterm, too? Professor: Of course! It complements our other material perfectly. So, make sure to read it carefully. Student: OK. I think I'm going to need a lot of coffee...	학생: 안녕하세요, 싱 교수님. 제 기숙사 방에서 생긴 긴급 상황 때문에 어제 있었던 강의를 놓쳤어요. 이미 친구에게서 필기 내용은 얻었는데, 어떤 유인물이라도 있었나요? 교수: 오, 모든 게 괜찮기를 바라요. 어디 보자… 네. 읽기 자료가 있어요… 에르난 코르테스의 아메리카 도착에 관한 실제 경험담이에요. 학생: 또 다른 읽기 자료요? 그게… 음… 다음 주에 있을 중간고사에서도 다뤄지는 건가요? 교수: 물론이에요! 그것이 우리의 다른 자료를 완벽히 보완해줍니다. 그러니까, 꼭 신중히 읽도록 하세요. 학생: 알겠습니다. 커피가 많이 필요할 것 같네요…

대화의 일부를 다시 들은 다음, 질문에 답하시오.

"학생: 또 다른 읽기 자료요? 그게… 음… 다음 주에 있을 중간고사에서도 다뤄지는 건가요?

교수: 물론이에요! 그것이 우리의 다른 자료를 완벽히 보완해줍니다. 그러니까, 꼭 신중히 읽도록 하세요.

학생: 알겠습니다. 커피가 많이 필요할 것 같네요…"

학생은 왜 다음과 같이 말하는가? "커피가 많이 필요할 것 같네요…"

Ⓐ **중간고사를 위해 공부할 것이 많이 있음을 나타내기 위해**

Ⓑ 자신이 매일 얼마나 많은 커피를 마시는지 짚어주기 위해

Ⓒ 학습량이 꽤 감당할 수 있다는 점을 나타내기 위해

Ⓓ 자신이 이미 모든 자료를 신중히 읽어봤음을 언급하기 위해

[어휘]

emergency 긴급 상황, 비상 상황 **dorm** 기숙사 **handout** 유인물 **first-hand account** 직접 경험한 이야기 **arrival** 도착 **cover** (주제 등) ~을 다루다 **midterm** 중간(고사) **complement** ~을 보완하다 **material** 자료, 내용 **make sure to do** 반드시 ~하도록 하다 **indicate that** ~임을 나타내다, 가리키다 **point out** ~을 짚어주다, 지적하다 **study load** 학습량 **quite** 꽤, 상당히 **manageable** 감당할 수 있는

❷ Practice 2

[정답 B]

화자의 어조에 집중합니다.
(오답 A) 뒷부분 내용과 반대되는 정보이기 때문에 오답입니다.
(정답 B) 다시 들려준 문장 뒤 내용에 집중하여 단서를 찾을 수 있습니다.
(오답 C) shock라는 표현에서 의도가 잘못 표현된 것을 확인할 수 있기에 오답입니다.
(오답 D) a lot of spots와 관련된 정보는 언급된 적이 없기에 오답입니다.

[스크립트]

Dorm manager: I'm sorry to hear you've been having issues with your roommate. Umm... there's no chance of resolving them on your own? Student: I've tried everything... so I think it's best for me to just move out. Dorm manager: I understand. Well, there aren't any openings in this dormitory right now. You know, it's a popular location. Student: Oh, so I'll have to move into another building? All my classes are nearby... Dorm manager: Washington Hall next door might have some openings, and... Oh, hold on! A spot just opened here yesterday, on the second floor. Another student transferred out of the school. Student: That's great!	기숙사 관리자: 룸메이트와 계속 문제가 있었다는 얘기를 듣게 되어 유감입니다. 음··· 그 문제들을 직접 해결할 기회는 없었나요? 학생: 모든 것을 시도해봤어요··· 그래서 제가 그냥 나가는 게 최선일 것 같아요. 기숙사 관리자: 이해합니다. 저, 지금은 이 기숙사에 남아 있는 빈 방이 하나도 없습니다. 아시겠지만, 인기 있는 곳입니다. 학생: 오, 그럼 다른 건물로 옮겨야 한다는 건가요? 제 수업이 모두 근처에 있어요··· 기숙사 관리자: 옆에 위치한 워싱턴 홀에 아마 빈 방이 좀 있을 수도 있어요, 그리고··· 오, 잠시만요! 이곳에 2층에 있는 방 하나가 어제 막 비었어요. 다른 학생 한 명이 학교 밖으로 옮겼네요. 학생: 잘됐네요!

대화의 일부를 다시 들은 다음, 질문에 답하시오.
"기숙사 관리자: 옆에 위치한 워싱턴 홀에 아마 빈 방이 좀 있을 수도 있어요, 그리고··· 오, 잠시만요! 이곳에 2층에 있는 방 하나가 어제 막 비었어요. 다른 학생 한 명이 학교 밖으로 옮겼네요.
학생: 잘됐네요!"

관리자가 다음과 같이 말할 때 무엇을 의미하는가? "오, 잠시만요!"
Ⓐ 학생이 워싱턴 홀의 이용 가능한 빈 방을 찾으려면 며칠 대기해야 한다.
Ⓑ 학생이 들어갈 수 있는 한 곳을 막 기억해냈다.
Ⓒ 워싱턴 홀의 2층에 빈 방이 없다는 사실에 충격을 받았다.
Ⓓ 학생들이 옮겨서 나갔기 때문에 자리가 많이 있다는 사실을 알고 있다.

[어휘]

issue 문제, 사안 **resolve** ~을 해결하다 **on one's own** 직접, 스스로 **opening** 빈 방, 빈 자리 **dormitory** 기숙사 **nearby** 근처에 있는 **spot** 자리 **transfer** 옮기다, 이전하다 **available** 이용 가능한

❸ Practice 3

[정답 B]

다시 들려준 문장 속 표현에 집중합니다.
(오답 A) common sense로 해석할 내용이 제공되지는 않았기에 오답입니다.
(정답 B) "그런데, 여러분 이에 대해 모두 알고 있죠?"라는 말은 앞에 언급되었던 정보가 이미 배운 내용임을 알려줌으로 정답입니다.
(오답 C) 다시 들려준 문장은 학생들이 아는지 확인만을 하고 있습니다. 그러므로 강조하다는 표현은 오답입니다.
(오답 D) 다시 들려준 문장의 핵심 의도는 오늘 주제와는 관련이 없기에 오답입니다.

[스크립트]

Professor: So... picking up from where we ended yesterday – the forces of flight. Umm... these are lift, weight, drag, and thrust... four different vector quantities. But, you all know this, right? So today, we will be moving onto something that's more intriguing: how pilots keep these forces balanced while flying an airplane. Think about it... the weight of an airplane actually changes considerably throughout the flight, because of the fuel it uses. As it continues its journey, the weight changes, which shifts the plane's center of gravity... which alters its balance... So, the pilot constantly adjusts the controls to keep the plane balanced, or trimmed. And that's just one force that's umm... in constant flux.	교수: 자… 우리가 어제 끝냈던 항공기가 지닌 여러 가지 힘에서부터 이어서 계속해보겠습니다. 음… 이것들은 양력, 중력, 항력, 그리고 추진력이며… 네 가지 다른 벡터량입니다. 그런데, 여러분 이에 대해 모두 알고 있죠? 그래서 오늘은, 더욱 흥미로운 것, 즉 조종사가 어떻게 비행기를 조종하면서 이 힘들의 균형을 유지하는지로 넘어가겠습니다. 한 번 생각해보세요… 사실 비행기의 무게는 소비하는 연료 때문에 비행 중에 걸쳐 상당히 많이 변화됩니다. 비행을 지속함에 따라, 무게가 변화하게 되고, 이는 비행기의 무게 중심을 변화시켜서… 균형을 달라지게 합니다… 따라서, 조종사는 비행기를 균형 잡힌 상태로, 즉 바로잡힌 상태로 유지하기 위해 지속적으로 제어 능력을 조절합니다. 그리고 그것은 단지 한 가지 힘으로서, 음… 지속된 흐름 속에 나타나는 것입니다.

강의의 일부를 다시 들은 다음, 질문에 답하시오.
"자… 우리가 어제 끝냈던 항공기가 지닌 여러 가지 힘에서부터 이어서 계속해보겠습니다. 음… 이것들은 양력, 중력, 항력, 그리고 추진력이며… 네 가지 다른 벡터량입니다. 그런데, 여러분 모두 알고 있죠? 그래서 오늘은, 더욱 흥미로운 것으로 넘어가겠습니다."

교수는 왜 다음과 같이 말하는가? "그런데, 여러분 모두 알고 있죠?"
(A) 학생들에게 이 개념이 일반 상식임을 짚어주기 위해
(B) 이 정보가 이전 수업 시간에 다뤄졌음을 나타내기 위해
(C) 항공기가 지닌 여러 힘을 아는 것의 중요성을 강조하기 위해
(D) 이 개념이 오늘의 주제와 연관되어 있지 않음을 나타내기 위해

[어휘]

pick up from ~에서부터 이야기를 이어가다 **force** 힘, 물리력 **lift** 양력 **weight** 중력, 무게 **drag** 항력 **thrust** 추진력 **vector quantity** 벡터량(힘이나 속도와 같이 크기와 방향을 갖는 양) **intriguing** 아주 흥미로운 **keep A 형용사** A를 ~한 상태로 유지하다 **balanced** 균형 잡힌 **considerably** 상당히 (많이) **shift** ~을 변경시키다 **center of gravity** 무게 중심 **alter** ~을 달라지게 하다, 바꾸다 **constantly** 지속적으로 **adjust** ~을 조절하다 **control** 제어(력) **trim** 비행기의 자세를 바로잡다 **flux** 흐름 **point out to A that** A에게 ~임을 짚어주다, 지적하다 **indicate that** ~임을 나타내다, 가리키다 **cover** (주제 등) ~을 다루다 **previous** 이전의 **emphasize** ~을 강조하다 **be associate with** ~와 연관되어 있다

❹ Practice 4

[정답 A]

다시 들려주는 문장을 중심으로 앞 뒤 내용의 흐름에도 집중합니다.

(정답 A) 학생의 질문은 surrealism이 Dadaist movement에서 기원되었냐는 질문입니다. 교수의 답변은 그것 외에 다른 부분도 있다는 것을 명시함으로 정답입니다.

(오답 B) 학생의 질문에 대한 잘못된 정보가 언급되어 있기에(surrealism was not influenced by Dadaism at all) 오답입니다.

(오답 C) 학생의 질문에 대한 잘못된 정보가 언급되어 있기에(the Dadaist movement was not a crucial factor for surrealism) 오답입니다.

(오답 D) 학생의 질문이 전혀 고려되지 않은 보기로 오답입니다.

[스크립트]

Professor: It's important to understand that Surrealism, unlike, say... cubism, was a cultural movement as well as an artistic one, umm... that was closely tied to the zeitgeist of its time. It was meant to challenge the way people think, since the practitioners of surrealism saw strict adherence to rationalism as the main factor behind the First World War. Student: And, surrealism grew out of the Dadaist movement, right? Professor: Well, to a degree. It was largely influenced by Dadaism, but Dadaism was a flat-out rejection of rationalism – it was anti-art... anarchic. Surrealism was more positive in its goal. It instead wanted to... umm... evolve rationalism... to combine it with the power of the unconscious and irrational, as understood through dreams and Freudian psychology	교수: 중요하게 이해해야 하는 부분은 초현실주의가, 그러니까… 입체주의와 달리, 문화 운동이자 예술 운동이었다는 점과, 음… 당시의 시대정신과 밀접하게 연관되어 있었다는 점입니다. 이는 사람들이 생각하는 방식에 도전하기 위한 것이었는데, 초현실주의 실행자들이 1차 세계 대전 이면의 주요 요인을 이성주의에 대한 엄격한 고수라고 여겼기 때문이었습니다. 학생: 그리고, 초현실주의는 다다이즘 운동에서 나와 발전한 것이 맞죠? 교수: 어느 정도는 그렇습니다. 다다이즘에서 크게 영향을 받기는 했지만, 다다이즘은 이성주의에 대한 완전한 거부였기 때문에, 반예술적이었고… 무정부주의적이었습니다. 초현실주의는 그 목적에 있어 더욱 긍정적이었습니다. 이것이 그 대신 원했던 것은… 음… 이성주의를 발전시켜서… 무의식과 비이성이 지닌 힘과 결합하는 것이었는데, 꿈과 프로이드 심리학을 통해 이해할 수 있는 것과 마찬가지로 말이죠.

강의의 일부를 다시 들은 다음, 질문에 답하시오.

"학생: 그리고, 초현실주의는 다다이즘 운동에서 나와 발전한 것이 맞죠?

교수: 음, 어느 정도는 그렇습니다. 다다이즘에서 크게 영향을 받기는 했지만, 다다이즘은 이성주의에 대한 완전한 거부였기 때문에, 반예술적이었고… 무정부주의적이었습니다. 초현실주의는 그 목적에 있어 더욱 긍정적이었습니다."

교수가 다음과 같이 말할 때 무엇을 의미하는가? "어느 정도는 그렇습니다."

(A) **학생의 말이 일부는 맞지만, 초현실주의는 다다이즘을 넘어선 발상을 포함했다.**

(B) 학생의 말이 일부는 맞지만, 초현실주의는 다다이즘에 의해 전혀 영향 받지 않았다.

(C) 학생의 말이 일부는 맞지만, 다다이즘 운동은 초현실주의에 중대한 요소가 아니었다.

(D) 학생의 말이 일부는 맞지만, 초현실주의는 예술 운동이 아니었다.

[어휘]

surrealism 초현실주의(프로이드 정신 분석의 영향을 받아 꿈 또는 무의식 세계의 표현을 지향) **cubism** 입체주의(형태의 본질을 객관적으로 파악하고자 대상을 여러 시점과 입체적으로 표현) **be closely tied to** ~와 밀접하게 연관되어 있다 **zeitgeist** 시대정신 **practitioner** 실행하는 사람 **strict** 엄격한 **adherence to** ~에 대한 고수, 준수 **rationalism** 이성주의 **grow out of** ~에서 자라나 발전하다 **to a degree** 어느 정도는 그렇다 **largely** 크게, 대체로 **influence** ~에 영향을 미치다 **Dadaism** 다다이즘(허무주의에 뿌리를 두고 전통을 부정한 예술 운동) **flat-out** 완전한, 순전한 **rejection** 거부 **anti-art** 반예술의 **anarchic** 무정부주의의 **evolve** ~을 발전시키다 **combine A with B** A를 B와 결합하다 **unconscious** 무의식의 **irrational** 비이성적인 **psychology** 심리학 **crucial** 중대한

▪ Attitude(태도)

❶ Practice 1

[정답 D]

질문을 하고 있는 문제의 키워드를 확하게 확인합니다.
(오답 A) beyond internship programs라는 표현은 인턴 외 옵션을 찾기를 바란다는 의미이므로 오답입니다.
(오답 B) 교수의 의견이 반대로 표현되어 있기에 오답입니다.
(오답 C) 교수가 누군가와 연락을 해야 한다고는 언급하지 않기에 오답입니다.
(정답 D) 지문에서 처음 언급했던 elsewhere라는 것은 artistic ambitions와 관련 있음을 확인할 수 있기에 정답입니다.

[스크립트]

Professor: And how's your search for an internship coming along? One at a notable gallery or museum would cap off your studies wonderfully. Student: I just accepted an internship at an advertising agency for the summer. I'm looking forward to it. Professor: An advertising agency? Don't you think your talents would be... umm... better spent elsewhere? Student: Well, I want to get some more business experience, too. Umm...if the whole art thing doesn't work out, I hope I can get by as a freelance graphic designer. So, this internship will be helpful for that. Professor: Well, as long as you aren't abandoning your artistic ambitions already.	교수: 그리고 인턴 자리를 찾는 일은 어떻게 되어 가고 있나요? 주목할 만한 미술관이나 박물관의 인턴 자리면 학업을 멋지게 끝마칠 수 있을 텐데요. 학생: 여름 동안 일하는 광고 대행사 인턴 자리를 막 수락했습니다. 저는 이 일을 고대하고 있습니다. 교수: 광고 대행사요? 갖고 있는 재능이…음… 다른 곳에서 더 잘 쓰일 수 있다고 생각하지 않나요? 학생: 저, 저는 비즈니스적인 경험도 좀 더 얻고 싶습니다. 음… 예술과 관련된 전체적인 면이 잘 풀리지 않는다면, 프리랜서 그래픽 디자이너로서 살아갈 수 있기를 바라고 있습니다. 그래서, 이 인턴 자리가 그 부분에 있어 유익할 겁니다. 교수: 하긴, 지니고 있는 예술적인 야망을 벌써 포기하지만 않는다면야.

학생의 인턴 자리에 대한 교수의 태도는 어떤가?
(A) 인턴 프로그램 이상의 선택권을 찾아봐야 한다.
(B) 예술적 야망에 얽매이지 않는 일을 찾아봐야 한다.
(C) 정규직을 얻기 위한 연결고리를 만들어야 한다.
(D) 예술적인 능력을 더 잘 활용해야 한다.

[어휘]

how's A coming along? A는 어떻게 되어 가고 있나요? **notable** 주목할 만한, 놀라운, 유명한 **cap off** ~을 끝마치다, 완료하다 **accept** ~을 받아들이다 **advertising agency** 광고 대행사 **look forward to** ~을 고대하다 **elsewhere** 다른 곳에서 **whole** 전체적인 **work out** 잘 풀리다, 좋게 진행되다 **get by as** ~로서 살아가다 **as long as** ~하기만 하면, ~하는 한 **abandon** ~을 포기하다, 버리다 **ambition** 야망, 포부 **beyond** ~ 이상의, ~을 뛰어넘는 **confined** 얽매인, 국한된 **acquire** ~을 얻다 **permanent position** 정규직 **put A to a better use** A를 더 잘 활용하다

❷ Practice 2

[정답 C]

정답 근거가 되는 표현을 잘 숙지합니다.
(오답 A) 지문에서 표현을 정확하게 이해하지 못했다면 헷갈렸을 수도 있겠지만, 정답과 반대되는 정보로 오답입니다.
(오답 B) 지문 속에서 언급된 적이 없는 정보로 오답입니다.
(정답 C) limit one's career options는 lock in to one plan과 동일한 표현으로 정답입니다.
(오답 D) 보기 속 단어들이 익숙해 보이지만, 지문 속에서 언급된 적이 없는 정보로 오답입니다.

[스크립트]

Student: I just figure that, if my end goal is to become a pharmacist, it makes the most sense for me to change my major to pharmaceutical science. Career advisor: But, you're already a biology major, and that works just as well. You'll still have all the prerequisites for pharmacy school. Student: But I'll be better prepared, won't I? Career advisor: Not necessarily... you'll take a series of biochemistry courses either way. And what if you change your mind later about your career path? A pharmaceutical science major locks you in to one post-graduation plan.	학생: 제 최종 목표가 약사가 되는 것이라면, 전공을 제약학으로 변경해야 가장 적합하다는 생각이 듭니다. 취업 상담가: 하지만, 이미 생물학 전공자이신데다, 그 전공도 마찬가지로 작용합니다. 약학대학에 필요한 모든 선수 과목을 여전히 듣게 됩니다. 학생: 하지만 제가 더 잘 준비되지 않을까요? 취업 상담가: 꼭 그렇지는 않은 것이… 어느 쪽이든 일련의 생화학 과목들을 들으실 겁니다. 그리고 취업 진로와 관련해서 나중에 마음을 바꿔보시면 어떨까요? 제약학 전공은 졸업 후에 한 가지 계획으로만 가둬놓게 하거든요.

제약학을 전공하는 것에 대한 상담가의 태도는 어떤가?

(A) 학생의 삶에 있어 더 많은 여러 가능성으로 이어지는 문을 열어줄 것이다.
(B) 해당 과정이 이번 학기에 수강할 수 없을 가능성이 있다.
(C) 졸업 후에 학생의 취업 선택권을 제한할 수 있다.
(D) 약사가 되고 싶어하는 학생들 사이에서 인기 있는 전공이 아니다.

[어휘]

figure that ~라고 생각하다 **end goal** 최종 목표 **pharmacist** 약사 **it makes the most sense for A to do** A가 ~하는 것이 가장 적합하다, A가 ~하는 것이 앞뒤가 가장 잘 맞다 **major** 전공(자) **pharmaceutical science** 제약학 **biology** 생물학 **just as well** 마찬가지로, 못지 않게 **prerequisite** 선수 과목 **pharmacy school** 약학대학 **prepared** 준비된 **not necessarily** 꼭 그렇지는 않다 **a series of** 일련의 **biochemistry** 생화학 **either way** (둘 중) 어느 쪽이든 **what if 주어 동사?** ~하면 어떨까요? **career path** 취업 진로 **lock A in to B** A를 B로 가둬놓다, A를 B로 한정시키다 **post-graduation** 졸업 후의 **possibility** 가능성 **It is likely that** ~일 가능성이 있다 **available** 이용 가능한 **semester** 학기 **limit** ~을 제한하다

❸ Practice 3

[정답 D]

주관적인 내용에 집중하며 정답을 찾습니다.
(오답 A) current research가 부정확하다고는 언급되지 않기에 오답입니다.
(오답 B) 지문에서 unclear what triggers라고 언급했기에 이유를 알 수 없습니다.
(오답 C) rivalry가 심각하다고 확신할 수 없기에 오답입니다.
(정답 D) 지문 속 unless라는 표현을 잘 해석합니다. 더 많은 evidence, 즉 research가 필요하다는 내용으로 정답입니다.

LISTENING

[스크립트]

Professor:	교수:
For a long time, it was assumed that chimpanzees were vegetarians and survived on a diet of fruits and, umm... mainly, figs. But, then Jane Goodall made her series of amazing observations in the 1960s that, alongside other discoveries, revealed how varied the chimpanzee's diet is. Umm... for one thing, Goodall famously observed chimps using tools to retrieve various foods. Umm... they used sticks to dig insects out of their nests, or collect honey... or used rocks to crack open tough seeds. Now we know they even use leaves like cups to gather and drink palm wine! On top of that, some researchers have observed that chimpanzees also eat meat... they hunt... and, well, cannibalism has also been observed among them. It's unclear exactly what triggers chimpanzees to resort to cannibalism. Is it because of rivalry between males? We will never know for sure unless researchers support it with thorough evidence.	오랫동안, 침팬지가 채식주의자인데다 과일, 그리고 음… 주로 무화과로 된 식사를 하면서 생존한 것으로 추정되었습니다. 하지만, 그 후 제인 구달이 1960년대에 일련의 놀라운 관찰을 했고, 다른 발견들과 함께, 침팬지의 식사가 얼마나 다양한지를 밝혀냈습니다. 음… 우선 한 가지는, 유명한 것으로서 구달은 침팬지가 도구를 사용해 다양한 음식을 가져오는 것을 관찰했습니다. 음… 이들은 막대기를 사용해 보금자리 밖으로 곤충을 파내거나 꿀을 모았고… 또는 돌멩이를 사용해 단단한 씨앗을 쪼개서 열었습니다. 지금 우리는 이들이 심지어 야자주를 모아 마시기 위해 마치 컵처럼 나뭇잎을 사용한다는 사실도 알고 있습니다! 그 외에도, 일부 연구가들은 침팬지가 고기도 먹고… 사냥도 한다는 것을 관찰했으며, 그리고, 음, 그들 사이에서 동족을 잡아먹는 행위도 관찰되었습니다. 정확히 무엇이 침팬지로 하여금 동족을 잡아먹는 행위에 기대도록 촉발시켰는지 분명하지는 않습니다. 수컷들 사이에서 일어나는 경쟁 때문일까요? 우리는 연구가들이 철저한 증거와 함께 그것을 뒷받침해주지 않는다면 절대로 확실히 알지 못할 겁니다.

침팬지들 사이에서 일어나는 동족을 잡아먹는 행위에 대한 교수의 의견은 무엇인가?

Ⓐ 침팬지에 관한 현재의 연구가 부정확하다고 생각한다.
Ⓑ 침팬지가 고기를 먹는 주된 이유를 알고 있다.
Ⓒ 수컷들 사이의 경쟁이 너무 심각하다고 생각한다.
Ⓓ 해당 관찰 내용을 더 잘 설명하려면 추가 연구가 필요하다고 생각한다.

[어휘]

it is assumed that ~라고 추정되다 **vegetarian** 채식주의자 **survive on** ~을 먹고 생존하다 **mainly** 주로 **fig** 무화과 **make an observation** 관찰하다 **one's series of** 일련의 **alongside** ~와 함께 **discovery** 발견 **reveal** ~을 밝혀내다 **varied** 다양한 **observe** ~을 관찰하다 **tool** 도구 **retrieve** ~을 가져오다, 되찾아오다 **dig** ~을 파내다 **insect** 곤충 **nest** 보금자리 **collect** ~을 모으다(= gather) **crack open** ~을 쪼개서 열다 **seed** 씨앗 **palm wine** 야자주 **on top of** ~ 외에도 **cannibalism** 동족을 잡아먹는 행위 **trigger A to do** A가 ~하도록 촉발시키다 **resort to** ~에 기대다, 의존하다 **rivalry** 경쟁 **thorough** 철저한 **evidence** 증거 **current** 현재의 **in accurate** 부정확한 **be aware of** ~을 알고 있다, 인식하다 **primary** 주된 **severe** 심각한, 극심한 **further** 추가의, 한층 더 한 **explain** ~을 설명하다

❹ Practice 4

[정답 B]

Personally 라는 표현에 집중하여 교수의 의견을 찾습니다.
(오답 A) 지문에서는 현재까지의 inventions에 대해 말하고 있기에 오답입니다.
(정답 B) exceptional의 의미는 "대단히 뛰어난"이라는 뜻으로, 긍정적인 의미이기에 정답입니다.
(오답 C) 지문 속 내용은 관련성에 대해서는 이야기하지 않기에 오답입니다.
(오답 D) shocked라는 표현은 지문의 exceptional과 어울리지 않기에 오답입니다.

[스크립트]

Professor: Since our ancestors were migratory... the tools we find – not ruins, or other structures – are the clearest indicators of where and when early humans lived. Stone tools, to be specific... since bone tools have long deteriorated. Umm... the earliest stone tools were developed at least 2.6 million years ago. These were... of course... very basic. Hammerstones... sharpened flakes of stone. Hand axes didn't come into use until... about 1.75 million years ago. And greater innovation didn't speed up until 200,000 years ago... when we began to see points – which were hafted to shafts to make spears. Simple spears... invented only 200,000 years ago... and now we have space stations and nuclear weapons! Personally, I find this advancement exceptional.	교수: 우리 조상들은 이주 생활을 했기 때문에… 폐허 또는 다른 구조물이 아닌 우리가 찾는 도구들은 언제 어디에서 초기 인류가 생활했는지에 대한 가장 명확한 지표입니다. 구체적으로 석기가 있는데… 뼈로 만든 도구는 오랫동안 그 질이 떨어졌기 때문입니다. 음… 가장 초기의 석기는 적어도 260만년 전에 개발되었습니다. 이 도구들은… 당연히… 매우 기본적이었습니다. 돌망치는… 날카롭게 깎인 돌 조각이었습니다. 주먹도끼는 약 175만년 전이나 되어서야 사용되었습니다. 그리고 20만년 전이나 되어서야 보다 뛰어난 혁신이 가속화되었는데… 우리가 뾰족한 도구들을 경험하기 시작한 때였으며, 여기에 자루로 손잡이를 붙이는 작업을 해서 창을 만들었습니다. 불과 20만년 전에 발명된… 단순한 창이었는데… 현재 우리에겐 우주 정거장과 핵무기가 있죠! 개인적으로, 저는 이러한 발전이 대단히 뛰어나다고 생각합니다.

창의 발명에 대한 교수의 태도는 어떤가?
(A) 더 많은 결과물이 새로운 발명으로 이어질 것이라고 확신하고 있다.
(B) 기술이 얼마나 빨리 발전해왔는지에 대해 깊은 인상을 받고 있다.
(C) 현대의 발명품들과 비교할 때 관련 없다고 생각하고 있다.
(D) 우주 정거장이 유사한 기술을 활용하고 있다는 점에 충격을 받았다.

[어휘]

ancestor 조상, 선조 **migratory** 이주하는 **ruins** 폐허 **structure** 구조(물) **indicator** 지표 **specific** 구체적인 **tool** 도구 **deteriorate** (질, 가치 등이) 나빠지다, 악화되다 **develop** ~을 개발하다 **at least** 적어도, 최소한 **sharpen** ~을 날카롭게 하다 **flake of stone** 돌 조각 **axe** 도끼 **not A until B** B나 되어야 A하다 **come into use** 사용되다 **innovation** 혁신 **speed up** 가속화되다 **point** 뾰족한 것 **haft** v. ~에 손잡이를 달다 **shaft** 자루, 손잡이 **spear** 창 **invent** ~을 발명하다 **space station** 우주 정거장 **find A 형용사** A를 ~하다고 생각하다 **advancement** 발전, 진보 **exceptional** 대단히 뛰어난, 매우 우수한 **be confident (that)** ~임을 확신하다 **findings** 결과물 **lead to** ~로 이어지다 **be impressed by** ~에 깊은 인상을 받다 **irrelevant** 관련 없는 **compared to** ~와 비교해 **similar** 유사한

▪ Organization 구조

❶ Practice 1

[정답 C]

학생이 앞에서 언급한 내용에 대한 답변 흐름을 따라 가며 답을 찾습니다.
(오답 A) 앞뒤 흐름과 맞지 않기에 오답입니다.
(오답 B) 앞뒤 흐름을 고려하지 않고 paper라는 단어에만 집중한 오답입니다.
(정답 C) 학생이 아직 주제를 정하지 못하여 어떻게 할지 모르겠다는 말에 대한 답변으로, 교수는 midterm paper 주제가 좋았다고 언급합니다. 즉 학생의 문제를 해결해주고 있기 때문에 정답입니다.
(오답 D) 전혀 언급되지 않은 내용으로 오답입니다.

[스크립트]

Professor: How are your preparations for your final paper going? Have you started your research yet? Student: Well… I haven't landed on a topic yet. I'm not sure what to do. I'm a little worried, actually. Professor: Your midterm paper was on sociolinguistic identity in refugee communities, wasn't it? That was a fantastic paper. Student: Yeah, it turned out well, but now I wish I had saved that topic for my final paper. Professor: Well, I think there's still plenty to be said on that topic. You could develop some of the ideas from your midterm further. Student: Oh, I didn't know I could do that.	교수: 기말 과제물 준비는 어떻게 되어 가고 있나요? 혹시 조사는 시작했나요? 학생: 저… 아직 주제도 정하지 못했어요. 무엇을 해야 할지 잘 모르겠어요. 사실, 조금 걱정스럽습니다. 교수: 제출한 중간 과제물이 난민 사회 내의 사회 언어학적 정체성에 관한 것 아니었나요? 그 과제물은 환상적인 것이었어요. 학생: 네, 그 과제물이 잘 되긴 했지만, 지금은 기말 과제를 위해 그 주제를 남겨 두었으면 좋았을 것 같아요. 교수: 음, 여전히 그 주제로 얘기할 것이 많다고 생각해요. 중간 과제물에서 몇몇 아이디어를 한층 더 발전시켜 볼 수 있을 거예요. 학생: 오, 그렇게 할 수 있을 줄은 몰랐어요.

교수는 왜 학생의 중간 과제물을 이야기하는가?
Ⓐ 과제물 작성에 있어 대단히 뛰어난 학생의 능력을 확인해주기 위해
Ⓑ 학생이 작성한 성공적인 과제물을 예시로 제공해주기 위해
Ⓒ 학생의 우려에 대해 가능성 있는 해결책을 제안해주기 위해
Ⓓ 학생이 글쓰기 능력을 개선해야 한다는 점을 알려주기 위해

[어휘]

preparation 준비 **final paper** 기말 과제 **land on** ~에 성공하다 **sociolinguistic** 사회 언어학의 **identity** 정체성 **refugee** 난민 **turn out** ~한 것으로 드러나다, 판명되다 **plenty** 많음, 충분함 **develop** ~을 발전시키다 **further** 한층 더, 더 깊이 **identify** ~을 확인해주다 **exceptional** 대단히 뛰어난, 매우 우수한 **capability** 능력 **solution** 해결책 **concern** 우려, 걱정 **improve** ~을 개선하다, 향상시키다

❷ Practice 2

[정답 B]

앞뒤 내용 흐름을 확인 후 정답을 찾습니다.
(오답 A) 학생이 학문적 도움이 필요하다고 언급한 적이 없기에 오답입니다.
(정답 B) 교수가 extra credit assignment를 포함시키기로 했지만 실제로는 안 되어있다는 말을 하고 있기에 정답입니다.
(오답 C) extra credit assignment와는 관련이 없는 정보로 오답입니다.
(오답 D) 대화 뒷부분에서 언급되었지만, 흐름상 직접적인 정답은 될 수 없습니다.

[스크립트]

Student: I looked over my test after you returned it in class, and... well, I'm not very happy about the score. Professor: I understand. But, did you look over my comments? I try to make it clear why I take points off. Student: Oh, I did, and I get it. I can see the mistakes I made. But, that's not it. Umm... there was the extra credit assignment from last week... and you said it would be added to the midterm score. But I don't see it anywhere. Professor: Oh... did you do it? Student: Yeah, I turned it in to you, on time... Professor: I'm sorry, I must've overlooked that. Here, let me check on it now.	학생: 수업 시간에 제 시험지를 돌려주신 후에 그것을 살펴봤는데요…저, 점수에 대해 그렇게 만족하지 않아요. 교수: 이해합니다. 하지만, 제가 써 놓은 의견도 살펴봤나요? 왜 점수를 깎는지 분명히 해두려고 합니다. 학생: 오, 봤는데요, 이해합니다. 제가 했던 실수를 확인할 수 있어요. 하지만, 그게 아니고요. 음… 지난 주에 내주신 추가 점수용 과제물이 있었어요… 그리고 그게 중간고사 점수에 합산될 거라고 말씀하셨어요. 하지만 어디에도 보이지 않습니다. 교수: 오… 그걸 한 건가요? 학생: 네, 제출해 드렸습니다, 제때 맞춰서요… 교수: 미안해요, 그걸 보지 못하고 지나친 게 분명해요. 여기, 지금 확인해보죠.

학생은 왜 추가 점수용 과제물을 언급하는가?
Ⓐ 교수로부터 학문적 도움을 받을 필요가 있음을 강조하기 위해
Ⓑ 수업 활동과 관련해 교수가 한 실수를 확인해주기 위해
Ⓒ 왜 예상보다 더 높은 점수를 받았는지 문의하기 위해
Ⓓ 제때 과제물을 제출했음을 나타내기 위해

[어휘]

look over ~을 살펴보다, 검토하다 **comment** 의견 **take points off** 점수를 깎다, 감점하다 **make a mistake** 실수하다 **extra** 추가의, 별도의 **assignment** 과제물 **add** ~을 추가하다 **anywhere** 어디에서도 **turn A in** A를 제출하다(= hand A in) **on time** 제때, 제시간에 **must have p.p.** ~한 것이 분명하다, 틀림없다 **overlook** ~을 보지 못하고 지나치다, 간과하다 **emphasize that** ~임을 강조하다 **identify** ~을 확인해주다 **inquire why** 왜 ~인지 문의하다 **indicate** ~임을 나타내다, 가리키다

❸ Practice 3

[정답 C]

내용 흐름을 따라 언급된 순서를 파악하여 정답을 찾습니다.
(오답 A) 질문의 목적인 지구 온난화 언급 이유의 내용은 아닙니다.
(오답 B) 정보량에 집중하는 예시가 아니기에 오답입니다.
(정답 C) 앞에서 언급한 Confirmation bias의 예시를 주기 위해 언급된 것으로 정답입니다.
(오답 D) 심각성에 대해서 강조된 적은 없기에 오답입니다.

LISTENING

[스크립트]

Student: I just don't understand how people can go on believing something, even after it's been proven false. Professor: That just shows you how powerful confirmation bias can be. Umm... you might as well take notes on this... Confirmation bias is a psychological tendency to only use information that supports what you already believe. And the deeper the belief, the stronger this tendency will be. So... global warming. It's been proven... and it's supported by the entire scientific community. Yet, it's a contentious issue, and as long as people don't want to believe it... they will find information, or interpret information in such a way, to back up their position.	학생: 저는 어떻게 사람들이 심지어 사실이 아닌 것으로 증명된 후에도 뭔가를 계속해서 믿을 수 있는 건지 그저 이해가 되지 않아요. 교수: 그것이 바로 확증 편향이 얼마나 강력할 수 있는지를 보여주는 거예요. 음··· 이것에 관해 필기해두는 편이 좋을 겁니다··· 확증 편향은 이미 믿고 있는 것을 지지하는 정보만 활용하는 심리적 경향입니다. 그리고 그 믿음이 깊으면 깊을수록, 이러한 경향은 더 강해집니다. 그러니까··· 지구 온난화가, 입증되었고··· 과학계 전체에 의해 지지를 받고 있죠. 하지만, 이것은 논쟁이 되는 문제이며, 사람들이 그것을 믿고 싶어하지 않는 한··· 정보를 찾거나, 그런 식으로 정보를 해석할 겁니다, 자신의 입장을 뒷받침하기 위해서 말이죠.

교수는 왜 지구 온난화를 언급하는가?
Ⓐ 과학 전문가들에 의해 증명되어온 개념의 예시를 제공하기 위해
Ⓑ 논란이 많은 생각을 뒷받침하는 데 얼마나 많은 정보가 이용 가능한지 설명하기 위해
Ⓒ 사람들이 어떻게 자신만의 생각을 뒷받침하기 위해 오직 특정 정보만을 활용하는지 설명하기 위해
Ⓓ 환경 문제와 관련해 흔히 갖고 있는 잘못된 생각이 얼마나 심각한지 강조하기 위해

[어휘]

go on -ing 계속 ~하다 **be proven 형용사** ~한 것으로 증명되다, 입증되다 **confirmation bias** 확증 편향(자신의 가치관이나 판단 등과 부합하는 정보만 받아들이고 그 외의 정보는 무시하는 경향) **might as well do** ~하는 편이 좋다 **psychological** 심리적인 **tendency** 경향 **global warming** 지구 온난화 **support** ~을 지지하다, 뒷받침하다(= back up) **entire** 전체의 **community** 분야, ~계 **contentious** 논란이 되는 **as long as** ~하는 한, ~하기만 하면 **interpret** ~을 해석하다 **in such a way** 그런 방식으로 **expert** 전문가 **describe** ~을 설명하다 **controversial** 논란이 많은 **explain** ~을 설명하다 **certain** 특정한, 일정한 **thought** n. 생각 **emphasize** ~을 강조하다 **common misbelief** 흔히 갖고 있는 잘못된 생각

❹ Practice 4

[정답 D]

such as 표현에 집중하여 앞뒤 관계를 파악합니다.
(오답 A) bread라는 단어가 보이지만 pest-prevention measures와 직접적인 관계는 없기에 오답입니다.
(오답 B) healthy diet 관련 내용은 언급되지 않았기에 오답입니다.
(오답 C) pest-prevention measures와 직접적인 관계가 없는 정보로 오답입니다.
(정답 D) such as 앞 부분 내용에 대한 예시를 보여줌으로 정답입니다.

[스크립트]

Professor: If something were to happen to the food supply – if the crops were to be stricken with disease, or perhaps bad weather – then people would starve to death. So, keeping food supplies safe was of the utmost importance. And this of course makes sense – a stable food supply was the backbone of a healthy society. So, ancient civilizations... the Egyptians... Romans... all had their version of granaries... since grain was the main source of food, used to make both bread and beer. The important part was that these granaries had to be carefully operated with strict guidelines such as pest-prevention measures.	교수: 만일 식량 공급에 무슨 일이라도 일어나게 된다면, 즉 작물이 질병에 걸리거나 아마 악천후의 영향을 받게 된다면, 사람들은 굶어 죽게 될 겁니다. 따라서, 식량 공급은 안전하게 유지하는 것이 가장 중요했습니다. 그리고 이는 당연한 말이겠지만, 안정적인 식량 공급이 건강한 사회의 근간이었습니다. 따라서, 고대 문명 사회들… 이집트인들이나… 로마인들은… 모두 자신들만의 곡물 저장고가 있었는데… 곡물이 빵과 맥주를 모두 만드는 데 쓰인 주요 식량 공급원이었기 때문이었습니다. 중요한 부분은 이러한 곡물 저장고가 해충 예방 조치 같은 엄격한 가이드라인을 통해 신중하게 운영되어야 했다는 점입니다.

교수는 왜 해충 예방 조치를 이야기하는가?
Ⓐ 로마인들이 빵을 만드는 데 있어 대단히 뛰어났음을 강조하기 위해
Ⓑ 고대 문명 사회에서 건강에 좋은 식사를 유지한 방법을 설명하기 위해
Ⓒ 식량 공급이 왜 고대 문명 사회에서 필수적이었는지 설명하기 위해
Ⓓ 곡물 저장고가 유지되고 보호되었던 한 가지 방법을 알려주기 위해

[어휘]

be to do ~하게 되다, ~할 예정이다 **supply** 공급 **crops** 작물 **be stricken with** (질병 등) ~에 걸리다 **disease** 질병 **starve to death** 굶어 죽다 **keep A 형용사** A를 ~한 상태로 유지하다 **of the utmost importance** 가장 중요한 **make sense** 말이 되다, 앞뒤가 맞다 **stable** 안정적인 **backbone** 근간, 중추, 척추 **ancient** 고대의 **civilization** 문명 (사회) **granary** 곡물 저장고 **operate** ~을 운영하다 **strict** 엄격한 **pest-prevention** 해충 예방 **measures** 조치 **emphasize that** ~임을 강조하다 **exceptional** 대단히 뛰어난, 매우 우수한 **describe** ~을 설명하다 **method** 방법 **maintain** ~을 유지하다 **essential** 필수적인 **storage** 저장(고), 보관(소)

▪ Connecting Content 내용 연결

❶ Practice 1

[정답: 표 해석 참고]

application에 포함해야 할 중요 정보들을 나열한다는 것을 파악하여 2개의 정보를 다 적습니다. 지문 속 단어(transcript)가 academic records로 패러프레이징 되어 있습니다. What else 라는 표현에서 정보의 나열을 파악할 수 있는데, 다음 내용인 letter of recommendation가 등장합니다. 참고로, volunteer 활동 내용이 언급이 되지만, 구체적으로 list of duties를 적어내라는 얘기는 없으므로 이는 오답입니다.

[스크립트]

Student: Excuse me, professor… do you have a minute to help me with something? It's umm… not related to class, though.	학생: 실례합니다, 교수님… 잠깐 저 좀 도와주실 시간이 있으신가요? 하지만 이게, 음… 수업과 관련된 것은 아닙니다.
Professor: Oh, that's fine. What is it?	교수: 오, 괜찮아요. 무슨 일이죠?
Student: I've been preparing my application for a graduate program in environmental science, but… I don't think I look very good on paper. My GPA isn't great…	학생: 제가 환경 과학 대학원 과정에 필요한 지원서를 계속 준비해오고 있었는데… 서류상으로 제가 그렇게 좋아 보이지 않는 것 같아서요. 제 평점이 아주 뛰어나지 않습니다…
Professor: Well, GPA is important…but it isn't everything. Did you include your transcripts? They would be helpful to illustrate your background in the field.	교수: 음, 평점이 중요하긴 하지만… 그게 전부는 아니예요. 성적 증명서를 포함했나요? 전공 분야에 대해 지니고 있는 배경을 분명히 보여주는 데 유용할 거예요.
Student: OK. What else can make a difference?	학생: 알겠습니다. 다른 어떤 것이 또 차이를 만들 수 있을까요?
Professor: A solid letter of recommendation from a professor who knows you well can work wonders. Umm… don't you also volunteer at Wayne National Forest? That kind of experience could be valuable.	교수: 학생을 잘 알고 있는 교수에게서 받은 내용이 알찬 추천서가 엄청난 효과를 낼 수 있죠. 음… 웨인 국립 산림 공원에서 자원봉사도 하고 있지 않나요? 그런 종류의 경험이 소중할 수 있어요.

교수는 학생의 지원서에 포함될 수 있는 사항들을 나타내고 있다. 다음 중 각각의 내용이 포함되어야 하는지 표기하시오.

	네	아니오
학생의 배경에 관한 에세이		√
학생의 학업 성적표	√	
교수에게서 받은 추천서	√	
자원 봉사 업무 목록		√

[어휘]

help A with B B에 대해 A를 돕다 **be related to** ~와 관련되다 **application** 지원(서) **graduate program** 대학원 과정 **environmental science** 환경 과학 **on paper** 서류상에 **GPA** 평점 **transcript** 성적 증명서 **illustrate** ~을 분명히 보여주다 **field** 분야 **make a difference** 차이를 만들다 **work wonders** 엄청난 효과를 내다 **volunteer** 자원봉사를 하다 **valuable** 소중한, 가치 있는 **indicate** ~을 나타내다, 표기하다

❷ Practice 2

[정답: 표 해석 참고]

과정을 나열하는 표현에 집중하여 관련 정보를 노트테이킹 합니다. 순차적으로(first of all, then, once) 진행되는 정보 세 가지가 정답으로 패러프레이징(choose → nominate, gather idea → brainstorm, assign → delegate) 되어 있습니다.

[스크립트]

Professor: And how's your group presentation coming along, Hayley? Student: Well, we actually haven't started yet. Professor: Really? I know it isn't scheduled until the end of the semester... but it will require a lot of work. Student: We don't even know how to begin, though. Professor: It sounds like someone needs to start making decisions... so first of all, choose a project leader. Maybe you should take the initiative. Student: OK. And then what? Professor: Then you'll need to meet to brainstorm how you want to present your material. You might need to dedicate several days to come up with a thorough plan. Once you have that figured out, delegate the topics, so everyone knows what they're responsible for.	교수: 그리고 조별 발표는 어떻게 되어 가고 있나요, 헤일리? 학생: 저, 실은 아직 시작도 하지 않았습니다. 교수: 그래요? 학기말이나 되어야 일정이 잡혀 있다는 건 알아요… 하지만 많은 작업을 필요로 할 거예요. 학생: 하지만, 저희는 심지어 시작하는 방법조차 알지 못하고 있어요. 교수: 누군가 결정을 내리기 시작해야 할 것 같아 보이네요… 그럼 우선, 프로젝트 리더를 선정하세요. 아마 직접 솔선수범해서 해보실 수 있을 거예요. 학생: 알겠습니다. 그리고 그 다음엔 뭘 해야 하죠? 교수: 그 다음엔 자료를 어떻게 발표하기를 원하는지에 대한 아이디어를 낼 수 있도록 모여야 할 겁니다. 철저한 계획을 짜내기 위해서 며칠의 시간을 들여야 할지도 몰라요. 그 부분을 알아내고 나면, 모든 사람이 무엇에 대해 책임을 지는지 알 수 있도록 주제들을 맡기세요.

대화에서, 교수는 조별 발표를 준비하는 단계를 추천해주고 있다. 아래에 기재된 단계를 올바른 순서로 배치하시오.

선택지들 중 하나는 사용되지 않음.

1단계	한 가지 역할을 맡을 구성원을 지명한다
2단계	자료를 구성하는 것에 대한 아이디어를 모은다
3단계	주제들을 각 구성원에게 할당한다

· 자료를 구성하는 것에 대한 아이디어를 모은다 (2단계)
· 한 가지 역할을 맡을 구성원을 지명한다 (1단계)
· 주제들에 대한 논의를 시작한다 (X)
· 주제들을 각 구성원에게 할당한다 (3단계)

[어휘]

how's A coming along? A는 어떻게 되어 가고 있나요? **not A until B** B나 되어야 A하다 **semester** 학기 **how to do** ~하는 법 **though** (문장 끝이나 중간에서) 하지만 **take the initiative** 솔선수범하다 **brainstorm** ~에 대한 아이디어를 짜내다 **present** ~을 발표하다, 제시하다 **material** 자료, 내용 **dedicate** (시간, 노력 등) ~을 들이다, 바치다 **come up with** (아이디어 등) ~을 생각해내다 **thorough** 철저한 **have A p.p.** A가 ~되게 하다 **figure out** ~을 알아내다 **delegate** (권한 등) ~을 맡기다, 위임하다 **be responsible for** ~을 책임지고 있다 **put A in the correct order** A를 올바른 순서로 배치하다 **listed below** 아래에 기재된 **gather** ~을 모으다 **organize** ~을 구성하다, 조직하다 **nominate** ~을 지명하다 **take on** ~을 맡다 **initiate** ~을 시작하다, 개시하다 **assign** ~을 할당하다, 부여하다

❸ Practice 3

[정답: 표 해석 참고]

First 와 And에서 키워드에 대한 정보의 나열임을 확인합니다. 지문 속에서 나열된 두 정보(discovery of linear perspective, oil paints)를 잘 잡았다면 어려움 없이 보기에서도 정답을 확인할 수 있습니다. 참고로 고대 그리스 미술품에도 명암법이 있었지만, 명암법에 기여했다는 내용은 고대 그리스가 아닌 르네상스라고 나옵니다.

[스크립트]

Professor: Another way artists learned to add realistic proportion to their work was through the use of chiaroscuro. Umm... this technique incorporates the contrast between light and dark to make images on a flat surface appear three-dimensional. There's umm... a rough idea of chiaroscuro in some Ancient Greek artwork, but major advancements in the Renaissance contributed to the umm... perfection, so to say, of chiaroscuro. First, the discovery of linear perspective in architecture paved the way for artists to introduce depth in paintings. And, of course, oil paints, which dried much slower than tempera paint, also allowed artists to layer and blend their colors to create more striking contrasts of light and dark.	교수: 미술가들이 작품에 현실적인 비례를 추가하는 법을 배우게 된 또 다른 방식은 명암법의 활용을 통해서였습니다. 음… 이 기법은 평평한 표면상의 이미지를 3차원적으로 보이도록 만들기 위해 명암 사이의 대비를 포함하는 것입니다. 음… 일부 고대 그리스 미술품에도 명암법에 대한 대략적인 아이디어가 존재하기는 했지만, 르네상스 시대에 있었던 큰 발전이, 음… 말하자면, 명암법의 완성에 기여했습니다. 우선, 건축학의 직선 원근법 발견은 미술가들이 그림에 깊이를 더하는 데 있어 토대가 되었습니다. 그리고, 당연히, 템페라 물감보다 훨씬 더 느리게 건조되었던 유화 물감도 미술가들이 색을 섞고 층을 만들어 더욱 놀라운 명암 대비를 만들어낼 수 있게 해주었습니다.

강의에서, 교수는 명암법에 기여한 요소들을 설명하고 있다. 다음 중 각각의 내용이 명암법 기여 요소인지 표기하시오.

	네	아니오
고대 그리스 미술가들의 작품		√
직선 원근법의 발견	√	
유화 물감의 활용	√	

[어휘]

realistic 현실적인 **proportion** 비례, 비율, 부분 **chiaroscuro** 명암법 **incorporate** ~을 포함하다, 통합하다 **contrast** 대비, 대조 **flat** 평평한 **surface** 표현 **three-dimensional** 3차원적인 **rough** 대략적인 **ancient** 고대의 **advancement** 발전, 진보 **contribute to ~** 에 기여하다, 도움이 되다 **perfection** 완성 **so to say** 말하자면 **discovery** 발견 **linear perspective** 직선 원근법 **architecture** 건축학 **pave the way** 토대가 되다 **introduce** ~을 도입하다, 소개하다 **tempera paint** 템페라 물감(그림 물감으로 사용되는 무기적인 건조 색소) **allow A to do** A에게 ~할 수 있게 해주다 **layer** ~의 층을 만들다 **blend** ~을 섞다 **striking** 놀라운, 두드러진 **contributor** 기여하는 것, 도움이 되는 것

❹ Practice 4

[정답: 표 해석 참고]

two types라는 표현에서 카테고리별 질문이 나온다는 것을 확인할 수 있습니다. 각각의 카테고리별 특징을 나눠서 노트테이킹 해야 문제를 풀 때 어려움 없이 정답을 고를 수 있습니다.

[스크립트]

Professor: Yesterday we discussed metamorphic and sedimentary rocks. So today, we'll cover the third type, igneous rock, or... umm... magmatic rock. As with the other types, it's classified by how it forms, and all igneous rocks are formed by the cooling and hardening of magma or lava. Student: Magma or lava? So... basically, the same thing? Professor: Well, no, not at all. We can divide igneous rocks into two basic types: intrusive and extrusive. So, intrusive rocks form beneath the Earth's surface – so, hardened magma. This slower cooling allows the formation of large crystals. These crystals are visible even without a microscope. Extrusive rocks, on the other hand, form on the Earth's surface. They cool quickly, and therefore have smaller crystals, or even a glass-like sheen.	교수: 어제, 우리는 변성암과 퇴적암을 이야기했습니다. 따라서 오늘은, 세 번째 종류인 화성암, 즉… 음… 마그마로 만들어진 암석을 다뤄보겠습니다. 나머지 다른 종류들과 마찬가지로, 이 암석은 그 형성 방법에 의해 분류되며, 모든 화성암은 마그마 또는 용암의 냉각 및 경화에 의해 형성됩니다. 학생: 마그마 또는 용암이라고요? 그러니까… 기본적으로, 같은 것 아닌가요? 교수: 음, 아뇨, 전혀 그렇지 않아요. 우리는 화성암을 두 가지 기본적인 종류로 나눌 수 있는데, 관입암과 분출암입니다. 자, 관입암은 지표면 아래에서 경화된 마그마로 형성됩니다. 이렇게 더 느린 냉각 과정은 큰 결정체의 형성을 가능하게 합니다. 이 결정체들은 심지어 현미경 없이도 눈에 보입니다. 반면, 분출암은 지표면에서 형성됩니다. 이 암석은 빠르게 냉각되므로, 더 작은 결정체 또는 심지어 유리 같은 광택을 지니고 있습니다.

강의에서, 교수는 두 종류의 화성암이 지닌 특징을 설명하고 있다. 각 종류의 특징에 표기하시오.

각 특징에 대해 올바른 칸에 클릭하시오.

	관입 화성암	분출 화성암
서서히 냉각된다	√	
유리 같은 표면		√
작은 결정체		√
큰 결정체	√	

[어휘]

metamorphic rock 변성암 **sedimentary rock** 퇴적암 **cover** (주제 등) ~을 다루다 **igneous rock** 화성암 **magmatic** 마그마의 **as with** ~와 마찬가지로 **classify** ~을 분류하다 **form** 형성되다 **cooling** 냉각 **hardening** 경화 **lava** 용암 **not at all** 전혀 그렇지 않다 **divide A into B** A를 B로 나누다 **intrusive** 관입의, 침입의 **extrusive** 분출된 **allow** ~을 가능하게 하다 **visible** 눈에 보이는 **microscope** 현미경 **sheen** 광택, 윤 **covering** 표면, 겉면, 외피

▪ Inference 추론

❶ Practice 1

[정답 B]

학생이 금요일에 시험을 보는지가 중요한 정보로, 이와 관련된 내용을 이해하여 정답을 찾습니다.

(오답 A) 일전에(the other day) 할아버지께 다녀왔다고 언급한 내용은 없으므로 오답입니다.

(정답 B) 학생이 할아버지께 가봐야 한다는 말에 교수가 허락을 하였기에, 학생은 금요일에 시험을 보지 않을 것으로 해석이 가능합니다. 그러므로 정답입니다.

(오답 C) first day는 언급이 되었지만 학생의 수업 참여여부는 알 수 없으므로 오답입니다.

(오답 D) 학생이 다른 그 무엇보다 가족과의 시간을 중요시한다고 일반화할 수 없으므로 오답입니다.

[스크립트]

Professor: Well, I did make it clear on the first day of our class that the date of the final exam was set in stone... and I'm not one to make exceptions. So without special permission, you are required to take the exam this Friday. Student: I appreciate that. I know I'm asking a lot. I mean, the date was printed in our syllabus. It's just that something really important has come up. Professor: More important than a final exam? Student: Umm... well, my grandfather is having a major surgery that day, and his health has taken a turn for the worse. I just think I should be there with my family. Professor: Oh, I had no idea. Of course, that's more important.	교수: 자, 제가 수업 첫 날에 기말고사 날짜가 고정불변으로 정해져 있다고 분명히 말씀 드렸어요… 그리고 저는 예외를 적용하지 않는 사람입니다. 따라서 특별히 허락되지 않는 한, 이번 주 금요일에 시험을 치러야 합니다. 학생: 저도 그 점은 인식하고 있습니다. 제가 많은 것을 요구한다는 점도 알고 있고요. 그러니까, 그 날짜는 저희 강의 계획서에도 인쇄되어 있었습니다. 그저 정말로 중요한 일이 생겨서 그런 것 뿐입니다. 교수: 기말고사보다 더 중요한가요? 학생: 음… 저, 저희 할아버지께서 그날 중요한 수술을 받으시는데, 건강이 많이 악화되셨어요. 가족과 함께 그곳에 가 있어야 할 것 같아서요. 교수: 오, 그런 줄 몰랐네요. 당연히, 그게 더 중요한 일이죠.

학생에 관해 무엇을 유추할 수 있는가?

Ⓐ 일전에 가족과 함께 할아버지를 방문했다.

Ⓑ 아마 금요일에 시험을 치르지 않을 것이다.

Ⓒ 이 교수의 수업 첫 날에 빠졌다.

Ⓓ 다른 어떤 것보다 가족과 함께 시간을 보내는 것을 우선시한다.

[어휘]

make it clear that ~임을 분명히 해두다 **be set in stone** 고정불변으로 정해져 있다 **make an exception** 예외를 적용하다 **permission** 허락 **be required to do** ~해야 하다 **appreciate** (제대로) ~을 인식하다 **syllabus** 강의 계획서 **come up** 생겨나다, 나타나다 **surgery** 수술 **take a turn for the worse** 악화되다, 나빠지다 **the other day** 일전에, 지난번에 **prioritize A over B** B보다 A를 우선시하다

LISTENING

❷ Practice 2

[정답 A]

교수가 학생 과제와 관련된 organization issue라고 언급했을 때 이에 따른 세부사항에 집중합니다.

(정답 A) 학생이 얘기할 것이 너무 많아 두서없이 과제를 하고 있다고 언급하는데, 이는 과제가 너무 많은 정보를 담고 있다고 추론할 수 있기에 정답입니다.

(오답 B) 과제에 객관적인 내용이 없다고 언급한 적은 없으므로 오답입니다.

(오답 C) previous assignment와 비교한 내용이 없으므로 오답입니다.

(오답 D) thesis statement가 언급되지만 너무 구체적이다는 내용은 없으므로 오답입니다.

[스크립트]

Professor: Just by taking a quick glance, I can tell that your paper has a bit of an organization issue. **Student:** I know... I'm all over the place. There's just so much to say about *The Dubliners*. **Professor:** Well, remember: the smaller the scope of your essay, the easier it is to write. And you can start by revising your thesis sentence. It seems simple... but writing an effective thesis statement is a difficult skill to hone. **Student:** How should I change it? **Professor:** Well, first of all... think of your essay as an argument you're trying to prove. So, what's your argument?	교수: 잠깐 힐끗 들여다보니까, 과제물에 약간의 내용 구성 문제가 있다고 얘기해 줄 수 있겠네요. 학생: 저도 알고 있습니다… 제가 두서없이 하고 있죠. <더블리너스>에 관해 얘기할 것이 그저 너무 많습니다. 교수: 음, 기억해야 하는 점은, 에세이의 범위가 더 작으면 작을수록, 실제로 더 쉽게 작성할 수 있다는 점이에요. 그리고 논제 문장을 수정하는 일부터 시작하시면 됩니다. 이게 단순해 보이기는 하지만... 효과적인 논제 서술문을 작성하는 일은 연마하기 어려운 능력입니다. 학생: 제가 어떻게 바꿔야 할까요? 교수: 음, 우선… 작성하는 에세이를 자신이 증명하려 노력하는 하나의 주장이라고 생각하세요. 그래서, 주장하려는 것이 무엇인가요?

교수는 학생의 과제물과 관련해 무엇을 암시하는가?

(A) 너무 많은 내용을 다루고 있다.

(B) 객관적인 관점을 서술하고 있지 않다.

(C) 이전의 과제보다 덜 체계적이다.

(D) 논제 서술문이 너무 구체적이다.

[어휘]

take a quick glance 잠깐 힐끗 보다 **paper** 과제물(= assignment) **a bit of** 약간의 **organization** 구성, 조직, 체계화 **all over the place** 두서없이, 엉망인 **scope** 범위 **revise** ~을 수정하다, 변경하다 **thesis sentence** 논제 문장(= thesis statement) **effective** 효과적인 **hone** (기량 등) ~을 연마하다, 갈고 닦다 **argument** 주장, 논거 **prove** ~을 증명하다 **cover** (주제 등) ~을 다루다 **material** 내용, 자료 **depict** ~을 서술하다, 묘사하다 **objective** 객관적인 **point of view** 관점, 시각 **organized** 체계적인

❸ Practice 3

[정답 D]

앞 뒤 내용의 정확한 해석이 중요합니다.

(오답 A) black dwarf가 식어서 white dwarf가 되는 것이 아니라, white dwarf가 식은 후 black dwarf가 됩니다.

(오답 B) 우주에서 관측하기가 힘들다고 유추 가능한 정보는 없습니다.

(오답 C) planetary nebula는 white dwarf와 관련이 있습니다.

(정답 D) black dwarf는 tens or even hundreds of billions of years에 걸쳐 만들어 진다고 언급합니다. 하지만 가장 오래된 별도 10 billion years old밖에 되지 않는다는 표현에서 아직 존재하지 않을 가능성을 확인할 수 있습니다. 그러므로 정답입니다.

[스크립트]

Professor: Once a red giant burns off the helium in its core, fusion ends, and the star's outer layers expand to form a gaseous shell called a planetary nebula. And in the middle of this nebula, the still-hot core of the star remains. This relatively small but extremely dense core is known as a white dwarf. It will cool over tens or even hundreds of billions of years... umm... at which point it would become a black dwarf. But the oldest stars are only 10 billion years old, and the universe itself is only around 14 billion years old.	교수: 일단 적색 거성이 핵 속에서 헬륨을 연소시키면, 융합은 끝나고, 그 별의 외층이 팽창해 기체로 된 가장자리를 형성하게 되며, 이는 행성상성운이라고 불립니다. 이 성운의 중간 부분에는, 별의 여전히 뜨거운 핵이 남아 있습니다. 이렇게 비교적 작지만 대단히 밀집된 핵은 백색 왜성으로 알려져 있습니다. 이는 수백억 년 또는 수천억 년에 걸쳐 식게 되며… 음… 그 시점에 흑색 왜성이 됩니다. 하지만 가장 오래된 별들조차 불과 100억년 밖에 되지 않았으며, 우주 자체는 오직 약 140억년 밖에 되지 않았습니다.

교수는 흑색 왜성들에 관해 무엇을 암시하는가?

(A) 식은 후에 백색 왜성이 된다.

(B) 우주에서 관측하기 어렵다.

(C) 행성상성운과 함께 만들어진다.

(D) 아직 존재하지 않을 가능성이 가장 크다.

[어휘]

red giant 적색 거성 **burn off** ~을 연소시키다 **core** 핵 **fusion** 융합 **outer layer** 외층 **expand** 팽창하다, 확장하다 **form** ~을 형성하다 **planetary nebula** 행성상성운(백색 왜성 또는 백색 왜성으로 진화하는 작은 별 주변에 형성되어 팽창하는 고리 모양의 방출 성운) **remain** 남아 있다 **relatively** 비교적, 상대적으로 **extremely** 대단히, 매우 **dense** 밀집된 **be known as** ~로서 알려져 있다 **white dwarf** 백색 왜성 **black dwarf** 흑색 왜성 **observe** ~을 관측하다, 관찰하다 **alongside** ~와 함께 **more likely** ~할 가능성이 가장 큰

❹ Practice 4

[정답 C]

각 시대에 핵심 특징들을 이해하며 노트테이킹 합니다.

(오답 A) 피아노가 대단히 큰 특징이 되었다는 내용은 강의에서 유추할 수 없습니다.

(오답 B) Romantic Era에 영향을 미쳤는지는 강의에서 유추할 수 없습니다.

(정답 C) Classical Era에 Western music의 norm(=standard)이 도입되었으므로, 이전까지는 표준화되지 않았다는 추론이 가능합니다. 그러므로 정답입니다.

(오답 D) Mozart와 Beethoven이 언급되었지만 가장 영향력 있었다는 정보는 강의에서 추론할 수 없으므로 오답입니다.

[스크립트]

Professor: When we talk about Classical music, we're most likely thinking about music from the common practice period, which spanned roughly two-and-half-centuries. This period is divided into three eras, starting with Baroque music, which was more tonally complex as it utilized counterpoint extensively… the… umm… combination of two independent lines of harmony. And then there was the Classical Era. Here we have Mozart, Beethoven… and most of the norms of Western music were introduced – the compositions, song styles, and the instruments, with the piano becoming the main keyboard instrument, and the violin leading orchestras. Finally, the Romantic era was more expressive – like Romanticism in other art forms – and focused on longer melodies.	교수: 우리가 고전 음악에 관해 이야기할 때, 대략적으로 2.5세기에 이르는 통례적인 기간에 만들어진 음악에 대해 생각할 가능성이 가장 큽니다. 이 기간은 세 가지 시대로 나뉘는데, 바로크 음악으로 시작되며, 이 음악은 대위법… 그러니까… 음… 두 가지 독립적인 라인의 화음 조합을 폭넓게 활용했기 때문에 음조가 더욱 복잡했습니다. 그리고 그 후에 고전주의 시대가 있었습니다. 이 시대에는 모차르트와 베토벤이 있죠… 그리고 서양 음악의 규범 대부분이 도입되었는데, 즉 작곡 방식, 곡 스타일, 그리고 악기 면에서 그러했으며, 피아노가 주요 건반 악기가 되었고, 바이올린이 오케스트라를 이끌게 되었습니다. 마지막으로, 낭만주의 시대는 다른 예술 형태의 낭만주의와 마찬가지로 더욱 표현적이었으며, 더 긴 멜로디에 초점을 맞췄습니다.

고전주의 시대에 관해 무엇을 유추할 수 있는가?

(A) 피아노가 오케스트라에서 대단히 큰 특징이 되었다.

(B) 낭만주의 시대에 중대한 영향을 미쳤다.

(C) 서양 음악의 구조가 이 시대 이전에는 표준화되지 않았다.

(D) 모차르트와 베토벤이 이 시대에 가장 영향력 있는 작곡가였다.

[어휘]

more likely ~할 가능성이 가장 큰 **common practice** 통례, 일반적인 관행 **span** (기간이) ~이 이르다, 걸쳐 이어지다 **roughly** 대략적으로, 약 **be divided into** ~로 나뉘다 **era** 시대 **tonally complex** 음조가 복잡한 **utilize** ~을 활용하다 **counterpoint** 대위법(독립성이 강한 두 가지 이상의 멜로디를 결합하는 작곡 기법) **extensively** 폭넓게 **combination** 조합, 결합 **independent** 독립적인 **norm** 규범 **introduce** ~을 도입하다, 소개하다 **composition** 작곡 **instrument** 악기 **with A -ing** A가 ~하면서 **lead** ~을 이끌다 **expressive** 표현적인 **focus on** ~에 초점을 맞추다 **heavily** 대단히 크게, 아주 많이 **feature** ~을 특징을 이루다, ~을 포함하다 **influence** 영향(력) **structure** 구조 **standard** 표준화된 **prior to** ~ 전에, ~에 앞서 **influential** 영향력 있는 **composer** 작곡가

Listening 실전 모의고사

■ 실전 모의고사 1

1. (C)	2. (A)	3. [B] [C]	4. (D)	5. (A)	
6. (A)	7. (C)	8. (B)	9. (C)	10. (B)	11. (A)
1. (B)	2. (C)	3. (D)	4. (C)	5. (A)	
6. (D)	7. (C)	8. (B)	9. (B)	10. (A)	11. 해설 참조
12. (B)	13. (A)	14. (C)	15. (A)	16. (A)	17. (D)

PART 1 (Q1-11)

Question 1-5

Narrator: Listen to a conversation between a student and a cafeteria manager.	내레이터: 한 학생과 구내식당 관리 책임자 사이의 대화를 들어보시오.
Woman: Oh, hello. You're Ryan, right?	여자: 아, 안녕하세요. 라이언 맞죠?
Man: That's right.	남자: 맞습니다.
Woman: It's been a while since you've stopped by. It's good to see you again.	여자: 오랜만에 들르셨네요. 다시 뵙게 되어 반가워요.
Man: You're right. I used to eat every meal here.	남자: 맞아요. 이곳에서 끼니마다 식사를 하곤 했죠.
Woman: Did you change your meal plan?	여자: 식사 계획을 바꾸신 건가요?
Man: No, no. But there have been [2(A)]a couple of other changes. Mostly, I have a class that doesn't end until halfway through the serving period for lunch. So there isn't much food left by the time I get here.	남자: 아녀, 그렇지 않아요. 하지만 몇 가지 다른 변화들이 있었어요. 대체로, 점심 식사 제공 시간의 중간쯤이나 되어야 끝나는 강의가 하나 있습니다. 그래서 제가 이곳에 올 때쯤이면 남은 음식이 많지 않아요.
Woman: Oh, that's too bad.	여자: 아, 유감이네요.
Man: And on top of that, I have a biology lab in the evening. It lasts for three hours every Monday and Wednesday. The biology building is on the other side of campus, so I've just been having something light in my dorm after the lab. If I try to come here after the lab, well… it's already going on 8 o'clock, and the cafeteria is getting ready to close.	남자: 그리고 그 외에도, 저녁에 생물학 실험 시간이 있어요. 매주 월요일과 수요일에 3시간 동안 진행됩니다. 이 생물학 수업 건물이 캠퍼스 반대편에 있기 때문에, 실험 후에 제 기숙사에서 그냥 가볍게 식사해왔어요. 실험 후에 이곳으로 오려고 하면… 이미 8시가 되어가기 때문에, 구내식당이 문 닫을 준비를 하거든요.
Woman: That's quite a demanding schedule. Well, you know we have a take-out option, too, right? You could grab something and eat it in class.	여자: 상당히 까다로운 일정이네요. 저, 저희 식당에 포장 판매 옵션이 있다는 것도 알고 계시죠? 음식을 갖고 가셔서 수업 중에 드실 수도 있어요.
Man: Well, the policy is really strict about taking food into the laboratories, which makes sense. [1(C)]So I just wish dinner could be served a bit later.	남자: 그게, 실험실로 음식을 갖고 들어가는 것과 관련해서 방침이 정말 엄격한데, 이해가 되는 부분입니다. 그래서 저는 저녁 식사가 조금 더 늦게까지 제공될 수 있었으면 좋겠어요.
Woman: Sure, I can see why. Hmm… you could always submit a formal complaint. There's the suggestion box by the entrance, or you can do it by email.	여자: 그렇죠, 무슨 이유인지 알 것 같아요. 흠… 언제든지 정식 불만 신고서를 제출하실 수 있습니다. 입구 옆에 건의함도 있고, 아니면 이메일로 하셔도 됩니다.

Man: Actually, I did. I filled out a card and suggested extending the serving times, but… that was a couple of weeks ago, and I haven't heard anything about it.

Woman: That might be because we've been going through a slight staffing transition. Actually, I was just promoted to cafeteria manager. And, I really want to address students' concerns. Your situation is quite common, so I'd like to improve it.

Man: Yeah, a lot of my friends have run into similar problems. [5(A)]But we've all agreed that nothing will be done.

Woman: Let me see what I can do. We're trying to run things based on student input. For instance, we'll be taking student suggestions for new menu items. Is there anything you'd like to see added?

Man: [1(C)]Well, I would like a better variety of fresh fruit in the morning. And some healthier entrée options at lunchtime. It's always a burger or pizza, [3(B)]but I'd love to see more options for salads. Most of all, [3(C)]there has to be enough food to feed everyone during each meal.

Woman: Of course… that shouldn't even be a problem. Umm… you know, the university just implemented a cafeteria advisory board. I'm on it now, as the manager, along with a school chef, a nutritionist, and an accountant who's in charge of the cafeteria budget.

Man: Oh… do you think I should talk to the board?

Woman: Actually, maybe you could serve on it. We are looking for a student representative.

Man: [4(D)]Oh, I'm busy enough already. I don't have the time for that.

Woman: That's understandable. But, how about coming to our next meeting so we can address your concerns formally? I'll add it to the agenda. Just send me an email with your main points, and I'll let you know when and where the meeting will be. Then I think real changes can finally be made.

Man: Sure, I can do that. I appreciate it. Thanks.

남자: 실은, 이미 했습니다. 카드를 작성해서 음식 제공 시간을 연장하도록 건의했어요, 하지만… 그렇게 한 게 몇 주 전이었는데, 그것과 관련해서 어떤 얘기도 듣지 못했어요.

여자: 그건 저희가 약간의 직원 이동 과정을 거치는 중이기 때문에 그럴 수도 있습니다. 사실은, 제가 막 구내식당 관리 책임자로 승진되었습니다. 그리고, 정말로 학생들의 우려 사항을 처리해 드리고 싶어요. 말씀해주신 상황이 꽤 흔하기 때문에, 개선해 드리고 싶습니다.

남자: 네, 많은 제 친구들도 유사한 문제에 부딪혀왔어요. 하지만 아무 것도 되지 않을 거라는 점에 저희 모두 동의했어요.

여자: 제가 뭘 할 수 있을지 두고 보세요. 저희가 학생들의 의견을 바탕으로 운영하려고 노력 중입니다. 예를 들어서, 새로운 메뉴 항목들에 대해 학생들의 제안을 받을 예정입니다. 추가되는 것을 보고 싶은 항목이라도 있으신가요?

남자: 저, 아침에는 더 좋은 종류의 신선한 채소가 있었으면 좋겠어요. 그리고 점심 시간에는 건강에 더 좋은 몇몇 주 요리도 있었으면 합니다. 항상 햄버거 아니면 피자인데, 더 많은 샐러드 선택권이 꼭 있었으면 좋겠어요. 무엇보다도, 각 식사 시간 중에 모든 사람이 먹을 만큼 음식이 충분해야 합니다.

여자: 물론이죠… 그건 심지어 문제도 되지 않을 겁니다. 음… 아시겠지만, 대학 측에서 막 구내식당 자문 위원회를 시행했습니다. 저도 관리 책임자로서 현재 포함되어 있고, 교내 요리사와 영양사, 그리고 구내식당 예산을 책임지고 있는 회계사도 함께 하고 있습니다.

남자: 아… 제가 그 위원회에 얘기해야 한다고 생각하세요?

여자: 실은, 어쩌면 그곳에서 일해보실 수도 있을 것 같아서요. 저희가 학생 대표자를 찾고 있거든요.

남자: 아, 저는 이미 충분히 바쁩니다. 그 일을 할 만한 시간이 없어요.

여자: 이해합니다. 하지만, 말씀해주신 우려 사항을 정식으로 처리할 수 있도록 다음 회의 시간에 와보시는 건 어떠세요? 제가 그 문제를 안건에 추가할게요. 요점들을 담은 이메일만 보내주시면 언제 어디에서 회의가 있을지 알려드릴게요. 그러면 마침내 진정한 변화가 이뤄질 수 있을 거라고 생각해요.

남자: 좋아요, 그렇게 할 수 있습니다. 감사드려요. 고맙습니다.

[스크립트 어휘]

stop by 들르다 **used to do** (전에) ~하곤 했다 **not A until B** B나 되어야 A하다 **halfway through** ~하는 중간쯤 **serving** (음식 등의) 제공 **by the time** ~할 때쯤 **on top of** ~ 외에도 **biology** 생물학 **lab** 실험실(= laboratory) **last** v. 지속되다 **dorm** 기숙사 **demanding** 까다로운 **policy** 방침, 정책 **strict** 엄격한 **make sense** 이해가 되다, 말이 되다 **suggestion box** 건의함 **fill out** ~을 작성하다 **extend** ~을 연장하다 **go through** ~을 거치다 **staffing transition** 직원 이동 **promote** ~을 승진시키다 **address** v. (문제 등) ~을 처리하다, 다루다 **concern** 우려, 걱정 **improve** ~을 개선하다, 향상시키다 **run into** ~와 부딪히다, 맞닥뜨리다 **run** ~을 운영하다, 진행

하다 **input** 의견 (제공), 조언 **see A p.p.** A가 ~되는 것을 보다 **add** ~을 추가하다 **variety** 종류, 품종, 여러 가지 **entrée** 주 요리 **feed** ~을 먹이다 **implement** ~을 시행하다 **advisory board** 자문 위원회 **along with** ~와 함께 **accountant** 회계사 **in charge of** ~을 책임지는 **budget** 예산 **serve** 일하다, 봉사하다, 복무하다 **representative** n. 대표자 **agenda** 안건

1. 화자들은 주로 무엇을 이야기하고 있는가?
   (A) 구내식당 메뉴에 필요한 조정 사항들
   (B) 왜 학생이 구내식당에서 식사할 수 없는지
   (C) 구내식당 서비스가 개선될 수 있는 방법들
   (D) 학생 대표자들에게 가능한 일자리들

해설 (오답 A) cafeteria를 찾아간 것은 맞지만 menu 조정을 위해서 간 것은 아닙니다.
(오답 B) 식사를 할 수 없는 이유가 주요 내용은 아닙니다.
(정답 C) 제공 시간과 메뉴 개선에 대해 건의하고 있기에 정답입니다.
(오답 D) 지문 끝부분에서 언급되었던 내용이지만 주제는 아니므로 오답입니다.

2. 남자가 매일 구내식당으로 가는 것을 중단한 이유는 무엇인가?
   (A) 자신의 일정에 변화가 있었기 때문에
   (B) 현재 캠퍼스에서 너무 멀리 떨어진 곳에 살고 있기 때문에
   (C) 구내식당이 최근에 계속 일찍 문을 닫고 있기 때문에
   (D) 구내식당 메뉴의 변화가 자신의 입맛에 맞지 않기 때문에

해설 (정답 A) 변화가 있었다고 언급하며 class와 biology lab에 대해서 언급하기 때문에 정답입니다.
(오답 B) 현재 수업을 듣는 건물의 위치는 언급이 되었지만 학생이 사는 곳이 멀다는 내용은 언급되지 않았습니다.
(오답 C) 구내식당이 닫는다는 정보는 언급이 되었지만, 구내식당이 일찍 닫아서 문제가 되는 것이 아니라 학생 스케줄 상의 문제입니다.
(오답 D) 구내식당 메뉴를 언급하며 추천은 했지만, 메뉴 때문에 중단했다는 내용은 언급되지 않았습니다.

3. 남자가 구내식당과 관련해 불만을 제기하고 있는 두 가지 사항은 무엇인가? 2개의 답변에 클릭하시오.
   [A] 학생들에게 오직 차가운 음식만 제공한다.
   [B] 오직 제한된 선택 사항만 있다.
   [C] 학생들에게 제공되는 음식의 양이 불충분하다.
   [D] 아침과 점심 시간 메뉴가 다르다.

해설 (오답 A) 지문 속 언급된 적 없는 정보입니다.
(정답 B) 메뉴 추천을 하면서 항상 햄버거나 피자의 선택권만 있다고 언급하기에 limited selection은 정답입니다.
(정답 C) 'most of all'이라는 강조 표현 뒤 enough food가 필요하다고 언급하여, 음식의 양이 불충분함을 뜻합니다.
(오답 D) morning과 lunchtime이라는 단어가 언급되지만 메뉴가 달라서 불만이라는 내용은 없습니다.

4. 학생 대표자가 되는 것에 대한 남자의 태도는 어떤가?

Ⓐ 다른 구성원들과 잘 지내지 못할까 우려하고 있다.

Ⓑ 경험 부족으로 인해 자신감이 없다.

Ⓒ 참여할 기회가 주어지는 것에 대해 으쓱해 하고 있다.

Ⓓ 책임져야 할 다른 일이 많아 걱정하고 있다.

해설 (오답 A) 지문 속 전혀 언급되지 않은 정보입니다.
(오답 B) 지문 속 전혀 언급되지 않은 정보입니다.
(오답 C) flattered(으쓱해 하는) 내용은 전혀 언급되지 않았습니다.
(정답 D) busy enough라는 표현이 a lot of other commitments로 패러프래이징 되어있음을 확인할 수 있습니다.

5. 대화의 일부를 다시 들어보시오. 그런 다음, 질문에 답하시오.

"여자: 그건 저희가 약간의 직원 이동 과정을 거치는 중이기 때문에 그럴 수도 있습니다. 사실은, 제가 막 구내식당 관리 책임자로 승진되었습니다. 그리고, 정말로 학생들의 우려 사항을 처리해 드리고 싶어요. 말씀해주신 상황이 꽤 흔하기 때문에, 개선해 드리고 싶습니다.

남자: 네, 많은 제 친구들도 유사한 문제에 부딪혀왔어요. 하지만 아무 것도 되지 않을 거라는 점에 저희 모두 동의했어요."

남자가 다음과 같이 말할 때 무엇을 암시하는가? "아무 것도 되지 않을 거라는 점에 저희 모두 동의했어요."

Ⓐ 이전의 관리 책임자들은 학생의 우려를 처리하는 데 적극적이지 않았다.

Ⓑ 대부분의 학생들이 직원 이동이 있었다는 것을 알고 있다.

Ⓒ 학생들이 캠퍼스에 관해 제기하는 불만 사항이 너무 많다.

Ⓓ 앞으로 구내식당에 어떤 개선도 이뤄지지 않을 것이다.

해설 (정답 A) 직원은 최근에 관리 책임자로 승진이 되었기 때문에 학생이 언급하는 부분은 전 책임자의 이야기인 것을 알 수 있습니다. 아무 것도 되지 않을 것이다, 즉, 문제 해결이 되지 않았음을 암시하므로 정답입니다.
(오답 B) staffing transition은 맞지만 학생들이 알고 있다는 정보는 언급되지 않았습니다.
(오답 C) far too many에 집중합니다. 불만 사항이 있음은 유추할 수 있지만, 너무 많다고는 유추할 수 없습니다.
(오답 D) 앞으로의 이야기는 다루지 않았기에 오답입니다.

[문제 어휘]

adjustment 조정, 조절 **required for** ~에 필요한 **dine** 식사하다 **position** 일자리, 직책 **available** 이용 가능한 **suit** ~에 알맞다, 적합하다 **complain about** ~에 대해 불만을 제기하다 **limited** 제한된 **selection** 선택 (가능한 것) **insufficient** 불충분한 **attitude** 태도 **be concerned that** ~할까 우려하다 **get along with** ~와 잘 지내다 **confident** 자신감 있는 **lack** 부족, 결핍 **flattered** 으쓱해 하는, 우쭐하는 **take part** 참여하다 **commitment** 책무, 약속, 전념 **previous** 이전의 **active** 적극적인 **improvement** 개선, 향상

Question 6-11

<table>
<tr>
<td>

Narrator: Listen to part of a lecture in an art class.

Professor:
For our next assignment, [6(A)]we'll be branching into new territory: still life paintings. It will be helpful to have some idea of what they are before we get started. We've mostly focused on portraits so far, and as we transition to still life paintings, you might feel it's a… well, a downgrade, to go from drawing people with so much precision to focusing all that attention on objects. [6(A)]But, you'll see that objects hold just as much detail and intricate beauty as any face.

And, you know, painting a still life can give you more artistic freedom than you might expect. You can use subtle cues to imbue your still life with special meaning, or to tell a story. [7(C)]If you think about it, a lot of famous portraits include elements of still life paintings, too. The objects included in the portrait, umm… they add detail about the subject. [7(C)]Maybe there's a map spread out on a table, or books lined up on a shelf. So, seeing these, you can infer that the subject of the portrait was well educated. So, still life paintings include these kinds of symbols to impart meaning, or convey a message. Let's umm… look at an example, so you can see what I'm talking about.

This one is by James Peale, an early 19th century American painter who was a true master of the still life genre. It's called *Still Life: Balsam Apples and Vegetables*. It's a fantastic example of what one is looking for in a still life, which you'll be trying to replicate in your own work. In Peale's time, scientific rationality was, well… in fashion, let's say, and painters approached their still life paintings with it in mind. Let's take a closer look to see how this worked. The accuracy is one quality, how realistic each item is. The tomatoes in the foreground leap from the painting in vibrant red, and one can trace every crinkled leaf of the cabbage in the background. [8(B)]These natural qualities of the objects were captured by Peale in the still life, and these careful details were a way that the artist could explore and understand the natural world and the complexity of nature.

</td>
<td>

내레이터: 다음 미술 수업의 강의 일부를 들어보시오.

교수:
다음 과제로, 새로운 영역인 정물화로 들어가보겠습니다. 시작하기에 앞서 정물화가 무엇인지에 관해 대략 알고 있으면 유익할 겁니다. 우리는 지금까지 주로 인물화에 초점을 맞춰 왔기 때문에, 정물화로 넘어감에 따라, 여러분은… 그러니까, 아주 많은 정확성으로 사람을 그리는 것에서 그 모든 주의를 사물에 초점을 맞추는 것으로 전환하는 난이도 하락을 느낄지도 모릅니다. 하지만, 사물도 모든 얼굴만큼 많은 세부 요소와 복잡한 아름다움을 지니고 있다는 사실을 알게 될 것입니다.

그리고, 아시겠지만, 정물을 그리는 일은 예상할 수 있는 것보다 더 많은 미술적 자유를 제공해줄 수 있습니다. 여러분은 미묘한 단서를 활용해 여러분이 그리는 정물에 특별한 의미를 불어넣거나, 이야기를 만들어낼 수 있습니다. 한 번 생각해 보시면, 많은 유명 인물화들도 정물화의 요소들을 포함하고 있습니다. 인물화에 포함된 사물들은, 음… 대상자와 관련된 세부 요소를 더해줍니다. 아마 탁자 위에 펼쳐져 있는 지도가 있을 수도 있고, 책꽂이에 늘어선 책들이 있을 수도 있습니다. 따라서, 이것들을 보면서, 여러분은 인물화의 대상이 교육을 잘 받았다는 점을 유추할 수 있습니다. 그래서, 정물화는 의미를 전하거나 메시지를 전달해주는 이와 같은 종류의 상징들을 포함합니다. 함께, 음… 예시를 살펴보면, 제가 무슨 이야기를 하는지 알 수 있을 것입니다.

이것은 정물화 장르의 진정한 대가였던 19세기 초 미국의 화가였던 제임스 필의 작품입니다. 작품명은 <여주와 채소가 있는 정물>입니다. 이 작품은 정물화에서 찾고자 하는 것의 환상적인 예시이며, 여러분 각자의 작품 속에서 복제해보도록 해야 할 것입니다. 필이 살던 시대에는, 과학적 합리성이, 음… 유행이었습니다, 말하자면 말이죠, 그리고 화가들은 그 점을 염두에 두고 각자의 정물화에 접근했습니다. 이것이 어떤 효과를 냈는지 알아보기 위해 더 자세히 살펴보겠습니다. 정확성은 한 가지 특징으로서, 각 사물이 얼마나 현실적인지에 해당됩니다. 앞쪽의 토마토들은 생동감 있는 붉은 색으로 그려져 그림에서 튀어나올 듯하고, 뒤쪽에 위치한 양배추의 모든 쪼글쪼글한 잎도 찾아볼 수 있습니다. 이와 같은 사물의 자연적 특징들이 필에 의해 정물화 속에 담겼으며, 이러한 세심한 세부 요소들은 미술가가 자연계와 자연의 복잡함을 탐구하고 이해할 수 있었던 방식이었습니다.

</td>
</tr>
</table>

LISTENING

Now that we've had a good look at what we'll be aiming for, let's talk more about the process of creating a still life. So, obviously, a lot of the real work starts before you ever put brush to canvas. [9(C)]You have to plan the composition of your painting – how your objects are arranged, how they're set up... even what objects to paint, before that. I remember, back when I was in university, I was working on a still life with fruit. I started by sketching how I wanted them arranged – the oranges, bananas, I forget what else... But anyways, I was finalizing my sketch when I realized that the arrangement, the fruit in the basket, was just a little... off. So, I moved everything around, and started over. Take that as a lesson...make sure you're content with the arrangement of the objects before you start.	이제 우리가 목표로 해야 하는 것으로 잘 살펴봤으니, 정물화를 만들어내는 과정에 관해 더 이야기해 보겠습니다. 자, 분명히, 많은 실제 작업은 여러분이 한번이라도 캔버스에 붓을 대기 전에 시작됩니다. 그 전에 여러분은 그림의 구성을 계획해야 하는데, 즉 어떻게 사물을 배치할 것인지, 어떻게 설치할지… 심지어 어떤 사물을 그릴 것인지 등입니다. 제가 과거에 대학생이었을 때, 과일 정물화 작업을 하던 것이 기억나네요. 저는 제가 배치되기를 원했던 방식으로 오렌지와 바나나, 그리고 생각나지 않는 다른 것들을 스케치하는 것으로 시작했는데… 어쨌든, 스케치를 마무리 짓던 중에 그 배치가, 그러니까 바구니 속의 과일이 조금… 이상하다는 점을 깨달았습니다. 그래서, 모든 것을 이리저리 옮기고 나서, 다시 시작했습니다. 이 일을 교훈으로 삼아서… 여러분은 시작하기 전에 반드시 사물의 배치에 만족할 수 있도록 하십시오.
And, it's important to leave enough negative space – you don't want to fill your still life with too much stuff. [11(A)]Don't just throw anything in there – let each individual object have the space to tell its own story. So, exercise some restraint in your selection process. Let's refer back to Peale – there's a nice sense of balance between the vegetables and the empty spots on the table. Really, the emptiness makes its own contribution to the painting. Along these same lines, [10(B)]make your still life seem natural. If the arrangement is too obvious... forced... then the overall impact of the painting will be cheapened. It will lose the pleasure of its simplicity... So, it seems counter-intuitive, perhaps, but the best still life paintings don't look like they were arranged at all. It's as if the objects were casually spilled on the table, and then captured forever in this beautiful accident of a painting.	그리고, 충분한 여백을 남겨 놓는 것이 중요한데, 여러분의 정물화를 너무 많은 물건으로 채우지 않는 게 좋습니다. 그저 그 안에 아무 것이나 내동댕이쳐놓지 마시고, 각각의 개별 사물이 고유의 이야기를 할 공간을 갖도록 하십시오. 따라서, 선별 과정에서 자제력을 발휘해 보시기 바랍니다. 필을 다시 언급해 보자면, 탁자 위에 놓은 채소와 빈 공간들 사이에 훌륭한 균형감이 존재합니다. 정말로, 텅 빈 곳이 그 자체로 그림에 기여하고 있습니다. 이와 동일한 방식으로, 여러분의 정물화를 자연스러워 보이도록 만드십시오. 배치가 너무 뻔하고… 억지스럽다면… 그림의 전반적인 효과가 떨어지게 될 것입니다. 그 소박함의 즐거움을 잃게 되므로… 아마도, 직관에 반대되는 것 같아 보이겠지만, 가장 좋은 정물화는 사물들이 전혀 배치되어 있는 것처럼 보이지 않아 보이는 작품일 겁니다. 이는 마치 사물들이 탁자 위에 자연스럽게 펼쳐져 놓인 후에, 이 그림이라는 아름다운 우연 속에 영원히 담아 두는 것과 같습니다.

[스크립트 어휘]

assignment 과제 branch into ~로 세분화해 들어가다 territory 영역 still life painting 정물화 have some idea of ~을 대략 알다 get started 시작하다 portrait 인물화, 초상화 so far 지금까지 transition to ~로 넘어가다, 전환하다 downgrade 등급 하락, 격하, 하향 precision 정확함 attention 주의, 관심 hold ~을 유지하다, 담고 있다 detail 세부 요소 intricate 복잡한 expect ~을 예상하다 subtle 미묘한 cue 단서 imbue A with B A에 B를 불어넣다 include ~을 포함하다 element 요소 object 사물, 물체 subject 대상(자) spread out on ~에 펼쳐져 있는 lined up on ~에 줄지어 있는 infer that ~임을 유추하다 convey ~을 전달하다 replicate ~을 복제하다 rationality 합리성 in fashion 유행하는 approach ~에 접근하다, 다가가다 with A in mind A를 염두에 둔 채로, A를 명심한 채로 take a closer look ~을 더 자세히 살펴보다 accuracy 정확함 quality 특징 foreground (그림, 사진 등의) 앞쪽, 전경 leap 튀어 오르다 vibrant 생생한 trace ~을 찾아내다 crinkled 쪼글쪼글한 capture (그림, 사진 등에) ~을 담다, 포착하다 explore ~을 탐구하다 complexity 복잡성 now that (이제) ~이므로 aim for ~을 목표로 하다 process 과정 create ~을 만들어내다 obviously 분명히 composition 구성 (요소) arrange ~을 배치하다, 배열하다 set up ~을 설치하다 want A p.p. A가 ~되기를 원하다 finalize ~을 마무리 짓다 move A around A를 이리저리 옮기다 start over 다시 시작하다 take A as a lesson A를 교훈으로 삼다 make sure (that) 반드시 ~하도록 하다 be content with ~에 만족하다 negative space 여백 fill A with B A를 B로 채우다 exercise restraint 자제력을 발휘하다 selection 선별, 선정 refer to ~을 언급하다, 참고하다 contribution 기여, 공헌 along the same lines 동일한 방식으로 obvious 뻔한, 분명한 forced 억지스러운, 부자연스러운 overall 전반적인 impact 효과, 영향 cheapen (가치, 격 등) ~을 떨어뜨리다, 낮추다 simplicity 소박함, 간단함 counter-intuitive 직관에 반대되는 casually 자연스럽게, 평소대로 spill ~을 흩트려놓다 accident 우연(한 일)

6. 강의는 주로 무엇에 관한 것인가?

Ⓐ **사물의 아름다움에 초점을 맞춘 그림 종류**

Ⓑ 정물화의 발전

Ⓒ 정확한 사람 묘사를 만들어내는 그림 기법

Ⓓ 유명 화가들이 19세기 정물화에 미친 영향

해설 (정답 A) 도입부에서 새로운 영역인 still life paintings로 들어간다고 언급합니다. 그리고 still life painting은 사물의 아름다움에 집중하는 것임을 언급하므로 정답입니다.

(오답 B) development와 관련된 내용은 언급되지 않기에 오답입니다.

(오답 C) 사람에 집중하는 기법은 오늘 주제인 still life painting과 관련이 없기에 오답입니다.

(오답 D) artist와 관련된 정보는 너무 사소한 정보로 주제가 될 수 없습니다.

7. 교수는 왜 탁자 위의 지도를 언급하는가?

Ⓐ 정물화에서 중요한 특별한 사물을 예로 들기 위해

Ⓑ 인물화와 정물화 사이의 차이점을 설명하기 위해

Ⓒ **정물화의 요소가 다른 그림에서 어떻게 보여질 수 있는지에 대한 예를 제공하기 위해**

Ⓓ 교육을 잘 받는 것이 왜 중요한지를 강조하기 위해

해설 (오답 A) unique object라는 말은 언급된 적이 없습니다.

(오답 B) portrait과 still life painting의 차이가 있다고 언급된 적이 없습니다.

(정답 C) map이 나오기 전 내용을 확인하면 famous portrait도 still life painting요소를 담고 있다고 언급합니다. 그 후 map이 예시로 등장하므로 정답입니다.

(오답 D) well educated라는 표현이 언급되었지만 그 정보가 중요하다는 내용은 없습니다.

8. 교수의 말에 따르면, 왜 제임스 필은 과학적 합리성을 정물화에 적용했는가?

Ⓐ 비율이 과학 원리와 밀접하게 연관되어 있다는 것을 알았다.

Ⓑ **자연계를 탐구하는 일에 대해 열정적이었다.**

Ⓒ 자신이 지식이 없었던 분야를 배우는 데 관심이 있었다.

Ⓓ 과학적인 접근법을 통해 정물화를 그리려 했다.

해설 (오답 A) James Peale 내용 부분에서 ratio는 언급되지 않았습니다.

(정답 B) scientific rationality를 어떻게 활용했는지 설명하는 부분에서 explore natural world라는 내용이 나오므로 정답입니다.

(오답 C) 지문 속 언급되지 않은 정보입니다.

(오답 D) scientific이라는 단어가 나오지만 틀린 정보입니다.

9. 왜 교수는 학생들에게 자신이 대학생이었을 때에 관한 이야기를 말하는가?

Ⓐ 정물화가 오직 붓으로만 만들어질 수 있음을 학생들에게 확신시키기 위해

Ⓑ 학생들에게 제때 과제물을 완료하는 일의 필요성에 관해 상기시키기 위해

Ⓒ **정물화를 그리기에 앞서 준비 과정의 중요성을 짚어주기 위해**

Ⓓ 채소와 같은 다양한 요소를 활용하는 것이 정물화에서 중요하다는 점을 강조하기 위해

해설 (오답 A) brush라는 단어가 언급되지만 틀린 정보입니다.
(오답 B) 지문 속 언급되지 않은 정보입니다.
(정답 C) 교수의 대학생 시절 이야기의 앞뒤로 언급되는 주요 포인트로 정답입니다.
(오답 D) 지문 속 언급되지 않은 정보입니다.

10. 너무 신중하게 배치된 정물화에 관해 무엇을 유추할 수 있는가?

Ⓐ 여백을 특징으로 한다.
Ⓑ 인공적으로 보인다.
Ⓒ 미리 스케치되지 않았다.
Ⓓ 인물화와 더 유사해진다.

해설 (오답 A) negative space는 emptiness, simplicity를 나타내며 이러한 여백은 너무 배치가 되면 사라지기에(if the arrangement is too obvious...It will lose the pleasure of its simplicity…), 특징이 된다는 설명은 오히려 반대의 내용입니다.
(정답 B) 인공적, 인위적(artificial)으로 보인다는 내용이 본문에는 각각의 개별 사물이 고유의 이야기를 할 공간을 갖도록 하라는 표현으로(let each individual object have the space to tell its own story), 그리고 정물화를 자연스러워 보이도록 만들어야 한다고 나오므로(make your still life seem natural), 정답입니다.
(오답 C) 지문에 스케치 전에 배치를 한다는 내용은 언급되지만, 보기 내용은 잘못된 정보입니다.
(오답 D) 질문과는 전혀 관계없는 지문 초반 내용입니다.

11. 강의의 일부를 다시 들어보시오. 그런 다음, 질문에 답하시오.

"그리고, 충분한 여백을 남겨 놓는 것이 중요한데, 여러분의 정물화를 너무 많은 물건으로 채우지 않는 게 좋습니다. 그저 그 안에 아무 것이나 내동댕이쳐 놓지 마시고, 각각의 개별 사물이 고유의 이야기를 할 공간을 갖도록 하십시오."

교수는 왜 다음과 같이 말하는가? "그저 그 안에 아무 것이나 내동댕이쳐 놓지 마십시오"

Ⓐ 그림 속에 충분한 공간을 남겨두는 것의 역할을 강조하기 위해
Ⓑ 학생들이 자신의 요점을 이해했는지 확인하기 위해
Ⓒ 항상 사물을 정확한 순서로 놓아두도록 학생들에게 주의시키기 위해
Ⓓ 반드시 이야기가 그림 속에 포함되어야 한다는 점을 설명하기 위해

해설 (정답 A) enough negative space가 중요하니 아무 것이나 그림 속에 넣지 말라는 내용으로 정답입니다.
(오답 B) 다시 들려준 부분에서 학생들에 대한 언급은 없으므로 오답입니다.
(오답 C) correct order(올바른 순서) 이야기가 아니므로 오답입니다.
(오답 D) 다시 들려준 내용에서 story가 주요 내용은 아니므로 오답입니다.

[문제 어휘]

figure out that ~임을 알게 되다 **be associated with** ~와 연관되어 있다 **principle** 원리, 원칙 **passionate** 열정적인 **field** 분야 **approach** n. 접근법 **assure A that** A에게 ~라고 확신시키다, 장담하다 **remind A about B** A에게 B에 관해 상기시키다 **necessity** 필요(성) **complete** ~을 완료하다 **on time** 제때 **feature** ~을 특징으로 하다 **artificial** 인공적인 **beforehand** 미리, 사전에 **place** ~을 놓아두다 **incorporate** ~을 통합하다, 포함하다

PART 2 (Q1-17)

Question 1-5

Narrator: Listen to a conversation between a student and her creative writing professor.

Professor: Lisa, how do you feel about your workload? I'm slightly concerned that you aren't further along with this assignment.

Student: I had a lot on my plate this past week, but don't worry. I fully intend to finish my response paper this weekend.

Professor: Oh, fantastic. I'm glad you're keeping up with everything. [2(C)]It's important for creative writing students to have enough time to focus on their own work. But, as you know, that can be difficult.

Student: I find time for myself when I can. And really, assignments like this one don't feel like work to me. I really enjoy them.

Professor: [3(D)]That's music to my ears (haha). Let's see… you're writing about Robert Frost's poetry, so that should be quite enjoyable! Which poem have you chosen to analyze for your paper?

Student: [4(C)]"Stopping by Woods on a Snowy Evening." I know it's an obvious choice… but I really love it, the sense of serenity it conveys to the reader.

Professor: Serenity? That's an interesting way to read it. I get a sense of exhaustion from the narrator… But anyways, you're right. There's a simple but immediate beauty to it, as there is in a lot of Frost's work.

Student: I grew up in the countryside, and the imagery in the poem is so familiar. I've stood watching snow fall over a dark woods, just like the narrator. I couldn't explain that strange mix of emotion I felt then…but now, after reading the poem…

Professor: Well, that's what poetry is all about. Expressing the inexpressible, right?

Student: Yeah, that's the goal, I suppose.

Professor: [1(B)]Remember, analyzing the poem is only one part of the assignment. And now you won't have as much time to do the next part.

Student: Actually, I'm almost done with it.

Professor: Oh… I guess you were feeling inspired!

Student: Well, like I said, I really connect to this poem on a personal level, so it felt natural writing my own poem in a style similar to Frost's.

내레이터: 한 학생과 문예 창작 담당 교수 사이의 대화를 들어보시오.

교수: 리사, 과제량에 대해서 어떻게 생각해요? 이 과제에 진전이 없는 것이 조금 걱정스럽네요.

학생: 이번 일주일 동안 해야 할 일이 산더미 같이 있었지만, 걱정하지 마세요. 이번 주말에 제 비판적 평가 과제물을 전적으로 마무리 지을 생각입니다.

교수: 오, 아주 좋아요. 모든 것을 따라잡을 수 있어서 기쁘네요. 문예 창작 학생들은 각자의 작업물에 집중할 충분한 시간을 갖는 것이 중요합니다. 하지만, 알다시피, 그게 어려운 일일 수 있죠.

학생: 저는 가능하면 스스로 시간을 내봐요. 그리고 정말로, 이러한 과제는 저에게 작업처럼 느껴지지 않아요. 정말로 즐겁거든요.

교수: 듣기 좋은 말이네요 (하하). 어디 보자… 로버트 프로스트의 시에 관한 글을 쓰고 있으니까, 꽤 즐겁겠네요! 과제물을 위해 어느 시를 분석하기로 결정했나요?

학생: <눈 내리는 저녁 숲가에 서서>입니다. 뻔한 선택이라는 걸 알고는 있지만… 제가 정말 좋아하거든요, 독자들에게 전하는 평온감을요.

교수: 평온함이요? 그건 그 시를 읽는 흥미로운 방법이네요. 저는 서술자로부터 피로감을 느껴요… 하지만 어쨌든, 맞는 말이에요. 그 작품에 대한 단순하지만 직접적인 아름다움이 있죠, 프로스트의 많은 작품에 존재하듯 말이에요.

학생: 저는 시골에서 자랐기 때문에, 이 시 속의 이미지가 너무 익숙해요. 바로 그 서술자처럼 어두운 숲 위로 눈이 내리는 것을 지켜보며 서 있었죠. 당시에 제가 느꼈던 그 이상하게 교차했던 감정을 설명해 드릴 순 없지만… 지금, 그 시를 읽고 나서는…

교수: 저, 시란 바로 그런 것이죠. 표현할 수 없는 것을 표현하는 것, 그렇죠?

학생: 네, 그게 목표인 것 같아요.

교수: 기억해야 할 것은, 시를 분석하는 일은 그저 이 과제물의 한 부분에 불과하다는 거예요. 그리고 지금은 다음 부분을 작업하는 데 그만큼 시간이 많지 않을 겁니다.

학생: 실은, 거의 끝나갑니다.

교수: 오… 영감을 얻고 있었던 것 같네요!

학생: 저, 말씀 드렸다시피, 저는 정말로 개인적인 차원에서 이 시와 연결되고 있기 때문에, 프로스트와 유사한 스타일로 제 자신만의 시를 쓰는 것이 자연스러운 느낌이었어요.

Professor: Ah... the content should be similar... 5(A)but you are using a different rhyme scheme, right?	교수: 아… 내용은 비슷해야 하지만… 다른 압운 형식을 활용하는 것이 맞죠?
Student: Oh, of course. His stanzas followed an AABA pattern, except the repetition in the final one. So, I used free verse instead.	학생: 오, 물론입니다. 그의 연들은 AABA 패턴을 따랐어요, 마지막 연에 나타나는 반복 부분을 제외하고요. 그래서, 저는 대신 자유시를 활용했습니다.
Professor: Hmm... that's interesting... and challenging. Frost's rhyme scheme lends the poem a certain hypnotic effect. Recreating that in free verse – without the aid of rhyming – would be difficult.	교수: 흠… 흥미로우면서… 도전적이네요. 프로스트의 압운 형식은 최면을 거는 듯한 특정한 효과를 그 시에 제공하고 있어요. 압운의 도움 없이 자유시에서 그것을 재현하는 것은 어려울 수 있어요.
Student: Well, it complements my analysis quite well, because I suggest the imagery contributes just as much to the poem as the rhyme scheme. I'm more comfortable with free verse, too. Honestly, I think this assignment is making me a better poet. I understand now how each distinct aspect works together to create the overall impact, or feeling, of the poem.	학생: 저, 그것이 제 분석을 상당히 잘 보완해주는데, 저는 그 시의 이미지가 압운 형식만큼 많이 시에 기여하고 있다고 제안하고 있기 때문입니다. 제가 자유시를 더 편하게 생각하기도 하고요. 솔직히, 저는 이 과제물이 저를 더 나은 시인으로 만들어주고 있는 것 같아요. 저는 각각의 뚜렷이 다른 측면이 어떻게 시의 전반적인 효과, 즉 느낌을 만들어내는 데 있어 함께 작용하는지 이제 이해됩니다.
Professor: Right. Like Aristotle said, "The whole is greater than the sum of its parts." And, I must say, I'm eager to read what you've written.	교수: 맞아요. 아리스토텔레스가 "전체는 부분의 합보다 더 크다"라고 말한 것처럼 말이죠. 그리고, 꼭 해주고 싶은 말은, 써놓은 것을 제가 꼭 읽어보고 싶다는 거예요.

[스크립트 어휘]

how do you feel about ~? ~에 대해서 어떻게 생각해요? **workload** 작업량, 업무량 **slightly** 조금, 약간 **further along with** ~에 진전이 있는 **have a lot on one's plate** 할 일이 산더미처럼 있다 **intend to do** ~할 생각이다, 작정이다 **response paper** 비판적 평가 과제(논문 등을 미리 읽고 각자의 견해를 더해 정리하는 과제) **keep up with** (진행 등) ~을 따라잡다 **creative writing** 문예 창작, 창의적 글쓰기 **music to one's ears** ~에게 듣기 좋은 소리 **obvious** 뻔한, 분명한 **serenity** 평온, 고요 **exhaustion** 피로, 탈진, 소진 **immediate** 직접적인, 즉각적인 **imagery** 이미지, 심상 **familiar** 익숙한 **inexpressible** 말로 표현할 수 없는 **be done with** ~을 끝내다 **inspired** 영감을 얻은 **content** 내용(물) **rhyme scheme** 압운 형식 **stanza** (시의) 연 **repetition** 반복 **free verse** 자유시 **lend A B** A에게 B를 제공해주다 **hypnotic** 최면을 거는 듯한 **recreate** ~을 재현하다 **aid** 도움 **complement** ~을 보완하다 **contribute to** ~에 기여하다, 도움이 되다 **distinct** 뚜렷이 다른 **aspect** 측면, 양상 **create** ~을 만들어내다 **be eager to do** 꼭 ~하고 싶다, ~하기를 간절히 바라다

1. 화자들은 주로 무엇을 이야기하고 있는가?

Ⓐ 한 유명 시인의 시가 지닌 핵심적인 측면들
Ⓑ 작문 수업에서 주어진 한 과제물의 두 가지 주요 측면들
Ⓒ 학생이 마감 날짜까지 과제를 제출할 수 있을지
Ⓓ 학생이 왜 자신의 과제를 쓰는 데 어려움을 겪고 있는지

해설 (오답 A) 대화의 주제가 되기에는 너무 구체적인 내용입니다.
(정답 B) 도입부가 아닌 전반적인 내용을 고려하여 골라야 하는 문제입니다. 전반적으로 학생이 작업 중인 작문 과제에 대해 이야기하고 있고 그 중 두 가지를 다루고 있다고 교수가 중반부에 언급하므로 정답입니다.
(오답 C) 마감일에 관련된 내용은 나오지 않았습니다.
(오답 D) 학생이 어려움을 겪고 있다는 내용은 없습니다.

2. 교수가 문예 창작 학생들에 관해 무슨 말을 하는가?

Ⓐ 주어진 마감 기한까지 절대로 과제를 완료하지 않는다.
Ⓑ 아주 다양한 시인들로부터 얻는 자료를 좀처럼 활용하지 않는다.
Ⓒ 각자의 작업물을 순조롭게 진행하는 데 충분한 시간을 필요로 한다.
Ⓓ 음악과 함께 할 때 더 생산적으로 과제를 작업한다.

해설 (오답 A) 마감일 관련 내용은 언급되지 않았습니다.
(오답 B) 지문 속 언급되지 않은 정보로 오답입니다.
(정답 C) creative writing students는 enough time이 필요하다고 지문 속 언급된 사실로 정답입니다.
(오답 D) 지문 속 언급되지 않은 정보로 오답입니다.

3. 대화의 일부를 다시 들어보시오. 그런 다음 질문에 답하시오.

"학생: 저는 가능하면 스스로 시간을 내봐요. 그리고 정말로, 이러한 과제는 저에게 작업처럼 느껴지지 않아요. 정말로 즐겁거든요.
교수: 듣기 좋은 말이네요 (하하). 어디 보자… 로버트 프로스트의 시에 관한 글을 쓰고 있으니까, 꽤 즐겁겠네요!"

교수가 다음과 같이 말할 때 무엇을 의미하는가? "듣기 좋은 말이네요."

Ⓐ 학생이 자신의 과제에 대해 더욱 흥미로운 주제를 찾기를 바라고 있다.
Ⓑ 학생들이 각자의 수업 활동에 대해 작업할 시간이 더 많기를 바라고 있다.
Ⓒ 음악을 즐기는 것의 중요성을 강조하고 싶어한다.
Ⓓ 학생이 과제물에 대해 힘겨워하지 않는 것을 기뻐하고 있다.

해설 (오답 A) 다시 들려준 문장은 학생의 과제 주제와 관련 없는 내용으로 오답입니다.
(오답 B) 다시 들려준 문장은 긍정적인 내용이기 때문에 이 보기는 오답입니다.
(오답 C) music은 대화 내용과 관련이 없기에 오답입니다.
(정답 D) 학생이 앞에서 언급한 과제의 즐거움에 대한 반응으로 정답입니다.

4. 학생은 로버트 프로스트의 시 "눈 내리는 저녁 숲가에 서서"와 관련해 무엇을 마음에 들어 하는가?

Ⓐ 시의 배경이 학생의 배경과 정확히 동일하다는 점
Ⓑ 다양한 스타일로 재생산되어왔다는 점
Ⓒ 독자들에게 평온한 느낌을 드러내고자 한다는 점
Ⓓ 단어들 속에서 단순한 아름다움을 전달한다는 점

해설 (오답 A) setting이 익숙하다고는 했지만 exactly the same이라고 언급한 적은 없습니다.
(오답 B) 지문 속 언급되지 않은 정보로 오답입니다.
(정답 C) 학생이 지문 속에서 sense of serenity를 좋아하는 이유로 언급했기에 정답입니다.
(오답 D) convey와 beauty라는 단어가 언급되었지만 단어들 속에서 라는 내용은 언급되지 않았습니다.

5. 학생은 왜 AABA 패턴을 언급하는가?

Ⓐ 자신의 시가 프로스트의 압운 형식을 따르지 않고 있음을 교수에게 확신시키기 위해
Ⓑ 자연스러운 문체를 활용하는 것의 중요성을 강조하기 위해
Ⓒ 프로스트의 시를 다른 시인의 시와 구별 짓기 위해
Ⓓ 최면 효과가 있는 시를 완성하는 것이 얼마나 어려웠는지 설명하기 위해

해설 (정답 A) 교수님이 질문한 다른 형식을 쓰는지에 대한 답으로 AABA 패턴이 언급되었기에 정답입니다.
(오답 B) 지문 속 언급되지 않은 정보로 오답입니다.
(오답 C) 이 부분에서 Frost의 시를 다른 시인의 시와 비교하지 않았습니다.
(오답 D) AABA 패턴 내용 바로 다음에 언급 된 단어들이지만 AABA 패턴을 언급한 목적은 아닙니다.

[문제 어휘]

turn in ~을 제출하다 **due date** 마감 날짜 **have difficulties in -ing** ~하는 데 어려움을 겪다 **complete** ~을 완료하다, 완성하다 **deadline** 마감 기한 **seldom** 좀처럼 ~ 않는 **source** 자료, 출처 **a wide selection of** 아주 다양한 **keep on track with** ~을 순조롭게 진행하다 **productively** 생산적으로 **intriguing** 흥미로운 **emphasize** ~을 강조하다 **take pleasure in** ~을 즐기다 **struggle with** ~을 힘겨워하다, ~로 몸부림치다 **setting** 배경, 환경 **reproduce** ~을 재생산하다 **disclose** ~을 드러내다 **calmness** 평온, 고요 **convey** ~을 전달하다 **assure A that** A에게 ~임을 확신시키다, 장담하다 **differentiate A from B** A를 B와 구별 짓다

Question 6-11

Narrator: Listen to part of a lecture in a world history class.	내레이터: 다음 세계사 수업의 강의 일부를 들어보시오.
Professor: There is an ancient Chinese legend that tells of the first person who drank tea, a Chinese emperor who ruled more than 5,000 years ago. He umm… dabbled in science, let's say, and he recognized the hygienic benefits of boiling drinking water. He spread this knowledge around as he traveled through his empire, and once, when he was in some remote part of the country, he saw that some leaves had landed in his pot of boiling water, having been blown there haphazardly by the wind. And, the water became a brownish color, and it picked up a slight, pleasant aroma. I know most people wouldn't want to drink it, they would likely pour it out… but, being scientifically-minded, the emperor tried it. [6(D)]And that was the first ever sip of tea.	교수: 처음으로 차를 마셨던 사람으로서 5천 년도 더 이전에 통치했던 중국의 한 황제에 관한 이야기를 들려주는 고대 중국의 전설이 있습니다. 그는 음… 이를테면, 과학에 손을 댔으며, 마시는 물을 끓이는 것의 위생상 이점을 알아차렸습니다. 그는 자신의 제국 전역을 돌아다니면서 이 지식을 곳곳에 전파했고, 한번은, 어떤 외딴 지역에 가 있을 때, 바람에 의해 우연히 날아온 잎들이 물을 끓이는 단지 안으로 내려앉을 것을 보았습니다. 그리고, 그 물은 갈색을 띠게 되었고, 약간의 기분 좋은 향도 지니게 되었습니다. 제가 아는 바로는 대부분의 사람들이 그것을 마시고 싶어하지 않을 것이며… 따라버릴 가능성이 있겠지만… 과학적인 마음가짐을 지니고 있던, 그 황제는 그것을 한번 마셔보았습니다. 그리고 그것은 역사상 처음으로 차를 마신 한 모금이었습니다.
Of course, this is just a story. [7(C)]We can't know for sure who invented tea, though it was being used by the Chinese around the time of that legend, 5,000 years ago. And, ever since then, the demand for tea has continued to grow, eventually playing a key role in China's trade. It was even used as a common type of currency – people would trade bricks of tea for other goods. [9(B)]It had a significant impact on the culture as well. Drinking tea became an increasingly popular pastime, and numerous scholarly works were written about the cultivation and preparation of tea, which really highlighted its importance among the noble or educated classes. It was revered in these texts, even referred to as 'the sweetest dew of heaven'. Quite a slogan, right? Umm… and from China, it spread through the rest of Asia. [9(B)]It greatly influenced Japanese culture, etiquette, and aesthetics, as we still see today in the intricate tea ceremonies commonly performed in Japan.	물론, 이것은 하나의 이야기에 불과합니다. 우리는 누가 차를 발명했는지 확실히 알 수는 없지만, 이 전설이 생겨난 5천 년 전 당시 즈음에 중국인들에 의해 이용되고 있었습니다. 그리고, 그 이후로 줄곧, 차에 대한 수요는 지속적으로 증가해왔으며, 결국 중국의 무역에 있어 중요한 역할을 하게 되었습니다. 심지어 일반적인 통화의 한 종류로 쓰이기도 했는데, 사람들이 벽돌 모양의 찻잎 덩어리를 다른 상품과 교환하기도 했습니다. 문화에도 상당한 영향을 미쳤습니다. 차를 마시는 일은 점차적으로 인기 있는 여가 활동이 되었으며, 찻잎 재배와 차 준비에 관한 수많은 학술적 저작물이 쓰였는데, 귀족 또는 지식 계급 사이에서 존재했던 차의 중요성이 확실히 강조되었습니다. 이 저작물에 그 경외심이 담겨 있었는데, 심지어 '가장 달콤한 천상의 이슬'이라고 일컬어지기도 했습니다. 상당히 훌륭한 문구이지 않은가요? 음… 그리고 중국에서 나머지 아시아 전역으로 전파되었습니다. 우리가 오늘날 여전히 일본에서 흔히 행해지고 있는 복잡한 다도에서 보듯이, 일본의 문화와 예절, 그리고 미학에 크게 영향을 미쳤습니다.

Then, through Japan's trade relationships with the Dutch and other countries, [8(B)]tea made its way to Western Europe. However, nobody knew what to do with it there, and, as happens with the unknown, people developed baseless but fervent opinions about it. Some doctors warned that it was poisonous, while others proclaimed it was a miracle cure for all ailments. So, it didn't exist as the comforting hot drink we know and love today for quite a while in central Europe. However, England had a different story. Why did it have such an impact there, compared to other countries? Well, at the turn of the eighteenth century, tea was virtually nonexistent in England. By the end of the century, though, [9(B)]it was enmeshed in English cultural identity. Records show that tea imports skyrocketed [10(A)] through the 1700s, and it became a lucrative trade for smugglers who wanted to avoid taxes. Its popularity only rose higher once it was taken up by the nobility, notably after the king of England married a [11]Portuguese princess who favored the drink. As with celebrities today, the people began copying her and her tea habits.	그 후, 일본이 네덜란드를 비롯한 여러 다른 국가들과 지닌 무역 관계를 통해, 차는 서부 유럽으로 퍼져나갔습니다. 하지만, 그곳에서는 아무도 그것으로 무엇을 해야 하는지 알지 못했는데, 무지한 사람들 사이에서 흔히 발생하듯, 사람들은 차와 관련해 근거는 없지만 열화와 같은 의견을 만들어냈습니다. 일부 의사들은 그것에 독성이 있다고 경고한 반면, 어떤 이들은 모든 질병에 대한 기적 같은 치료제라고 선언했습니다. 따라서, 중앙 유럽에서는 꽤 한참이나 지나서야 오늘날 우리가 알고 있고 사랑하는 마음 편하게 만들어주는 따뜻한 음료로서 존재하게 되었습니다. 하지만, 잉글랜드의 경우에는 이야기가 달랐습니다. 다른 국가들에 비해 그곳에서는 왜 그렇게 큰 영향을 미쳤을까요? 자, 18세기로 넘어가던 무렵에, 차는 영국에서 사실상 존재하지 않았습니다. 하지만, 18세기 말쯤, 영국의 문화적 정체성과 얽히게 되었습니다. 기록에 따르면 차 수입이 1700년대 전반에 걸쳐 치솟은 것으로 나타나 있으며, 세금을 피하고 싶어했던 밀수업자들에게 수익성이 좋은 무역이 되었습니다. 그 인기는 오직 차가 귀족들의 차지가 되자마자 더 높아졌으며, 특히 잉글랜드의 왕이 차를 좋아했던 포르투갈 공주와 혼인한 후에 그러했습니다. 오늘날 유명인들의 경우와 마찬가지로, 당시 사람들은 그 공주와 공주의 차 마시는 습관을 모방하기 시작했습니다.
[11]Once a secure trade route was established, even more tea flooded into England from China. And it had a great social impact. You see, drinking coffee, at a café or tavern, was regarded as something only men did. Tea shops, in contrast, welcomed women. Families, too, could come together to enjoy tea. So, you had the advent of the classic tea party, and with it everything we associate with tea culture nowadays – refined etiquette, charming gardens, gorgeous parks – quiet places where people could socialize, enjoy musical performances, and discuss new ideas. [11]And it was an activity every class partook in, from the king and queen to everyday workers. Tea, in effect, became a part of what it meant to be English.	안전한 무역 경로가 확립되자마자, 훨씬 더 많은 차가 중국에서 잉글랜드로 유입되었습니다. 그리고 이는 엄청난 사회적 영향을 미쳤습니다. 그러니까, 카페나 선술집에서 커피를 마시는 것은 오직 남성들만 하는 일로 여겨졌습니다. 그와 대조적으로 찻집은 여성들을 환영했습니다. 가족들도 함께 가서 차를 즐길 수 있었습니다. 그에 따라, 전형적인 차 파티를 비롯해, 사람들이 어울리고 음악 공연을 즐기고 새로운 생각을 이야기하는 세련된 예절과 매력적인 뜰, 아름다운 공원 같은 조용한 장소 등 오늘날 우리가 차 문화와 연관 짓는 모든 것이 출현하게 되었습니다. 그리고 이는 왕과 왕비에서부터 일반 노동자에 이르기까지 모든 계급이 참여하는 활동이었습니다. 차는 사실상 잉글랜드 사람이 된다는 것이 의미하는 바의 일부분이 되었습니다.

[스크립트 어휘]

dabble in ~에 손을 대다 hygienic 위생의 spread ~을 전파하다, 확산시키다 remote 외딴, 멀리 떨어진 land 내려앉다 haphazardly 우연히 pick up ~을 얻다, 획득하다 aroma 향, 향기 pour out ~을 따라버리다, 쏟아버리다 scientifically-minded 과학적인 마음을 지닌 sip 한 모금 invent ~을 발명하다 demand for ~에 대한 수요, 요구 continue to do 지속적으로 ~하다 play a key role in ~에 있어 핵심적인 역할을 하다 currency (화폐) 통화 goods 상품 have a significant impact on ~에 상당한 영향을 미치다 pastime 여가 활동 numerous 수많은, 다수의 scholarly 학문적인, 학구적인 work 저작(물) cultivation 재배 preparation 준비 highlight ~을 강조하다 the noble 귀족들 educated class 지식 계급 revere ~을 경외하다, 찬양하다 referred to as ~라고 일컬어진 influence ~에 영향을 미치다 aesthetics 미학, 심미학 intricate 복잡한 tea ceremony 다도 relationship 관계 make one's way to ~로 나아가다 the unknown 무지한 사람들 baseless 근거 없는 fervent 열화와 같은, 열렬한 proclaim that ~라고 선언하다 ailment 질병 not A for B B나 지나서야 A하다 exist 존재하다 comforting 마음 편하게 하는 compared to ~에 비해 virtually 사실상 nonexistent 존재하지 않는 be enmeshed in ~와 얽히게 되다 identity 정체성 import 수출(품) skyrocket 치솟다, 급증하다 lucrative 수익성이 좋은 smuggler 밀수업자 avoid ~을 피하다 be taken up by ~의 차지가 되다 notably 특히 favor ~을 좋아하다 celebrity 유명인 secure

안전한 **establish** ~을 확립하다 **flood into** ~로 유입되다 **be regarded as** ~로 여겨지다 **in contrast** 대조적으로 **advent** 도래, 출현 **associate A with B** A를 B와 연관 짓다 **refined** 세련된 **charming** 매력적인 **gorgeous** 아름다운 **socialize** 어울리다 **partake in ~** 에 참여하다 **in effect** 사실상

6. 강의는 주로 무엇에 관한 것인가?
   Ⓐ 차를 마시는 것이 영국에서 왜 그렇게 유행했는지
   Ⓑ 사교적 행사로 발전한 차 마시기
   Ⓒ 아시아와 유럽에서 차를 마시는 관습에 대한 대조적인 관점
   Ⓓ 전 세계적으로 차를 마시는 관습의 역사적인 확산

해설 (오답 A) 중국, 일본 등 다른 나라 내용도 비중 있게 설명되기에 영국으로만 한정하기 어렵습니다.
(오답 B) social event는 너무 구체적인 정보입니다.
(오답 C) 아시아와 유럽을 비교하는 내용은 아닙니다.
(정답 D) 도입부에서 강의 주제가 정확하게 언급되지 않기에 전반적인 내용을 듣고 풀어야 합니다. 먼저 Tea drinking에 대해서 이야기하는 데 전반적인 내용은 차가 확산(spread)되는 내용이기에 정답입니다.

7. 차 마시기의 발견에 관한 교수의 의견은 무엇인가?
   Ⓐ 중국의 한 황제가 처음으로 차를 마신 사람이었음을 확신하고 있다.
   Ⓑ 이 주제에 대해 아무도 추가적인 조사를 전혀 하지 않아 충격을 받은 상태이다.
   Ⓒ 차 마시기의 진정한 기원을 알아내는 것이 불가능하다고 생각하고 있다.
   Ⓓ 중국이 처음으로 차 마시기를 발견했다는 것에 의구심을 갖고 있다.

해설 (오답 A) 교수는 그저 하나의 이야기뿐이라고 말하므로(Of course, this is just a story), 확신을 하지 않습니다.
(오답 B) 강의에서 교수가 충격받는(shocked) 내용은 없습니다.
(정답 C) we can't know for sure 라는 표현 이후 누가 tea를 invent 했는지 알 수 없다고 언급하기에 정답입니다.
(오답 D) 교수는 누가 처음 발견을 했는지 알 수 없다고 언급했지만 중국이 처음이라는 사실에 의구심(doubt)을 갖고 있지는 않습니다.

8. 교수의 말에 따르면, 차가 유럽으로 수출되었을 때 왜 처음에 호감을 얻지 못했는가?
   Ⓐ 끔찍한 맛을 지니고 있었다.
   Ⓑ 사람들이 차로 무엇을 해야 하는지 알지 못했다.
   Ⓒ 사람들은 차가 위험하다고 생각했다.
   Ⓓ 유럽인들에게는 너무 뜨거웠다.

해설 (오답 A) 차 맛이 끔찍하다는 내용은 언급된 적 없는 정보입니다.
(정답 B) 차가 유럽으로 가면서 nobody knew what to do라는 내용이 나오므로 정답입니다.
(오답 C) 강의에서 언급된 적 없는 정보로 오답입니다.
(오답 D) 강의에서 언급된 적 없는 정보로 오답입니다.

9. 교수는 중국과 일본, 그리고 잉글랜드에서 차가 하는 역할을 설명하고 있다. 이 국가들에서 무엇이 차의 중요한 역할이라고 말하는가?
   Ⓐ 차 마시기는 하층 계급 사람들이 상류층 사람들과 함께 사교 행사를 즐길 수 있게 해주었다.
   Ⓑ 차 마시기는 현재 그 국가들이 지닌 문화적 정체성의 일부이다.
   Ⓒ 차 무역은 세 국가 모두의 경제 상태를 발전시켰다.
   Ⓓ 사람들은 차 마시기가 일상적인 음료 소비 관습이 되면서 더 건강한 삶을 이어갈 수 있었다.

해설 (오답 A) 세 나라 모두 하층 계급 사람들과 상류층 사람들이 함께 차 마시며 사교 행사를 했다는 내용은 없습니다.
(정답 B) 중국(significant impact on culture), 일본(greatly influence Japanese culture), 영국(English cultural identity) 문화 모두에 영향을 미쳤습니다.
(오답 C) 차가 세 나라에 공통적으로 미친 영향은 아닙니다.
(오답 D) 건강한 삶은 지문 속 언급된 정보가 아닙니다.

10. 기록에 따르면, 18세기에 잉글랜드로 수출된 차의 양과 관련해 무엇을 유추할 수 있는가?

(A) 불법적인 수입이 있었기 때문에 부정확할 수 있다.
(B) 차 무역이 잉글랜드의 경제 부흥에 얼마나 영향력이 있었는지 보여준다.
(C) 잉글랜드 사람들이 다른 여러 문화의 아름다움에 감탄했음을 보여준다.
(D) 오직 18세기 후반까지만 안정적이었다.

해설 (정답 A) 밀수업자(smuggler)들이 차 수입을 통해 돈을 많이 벌었다고 언급됩니다. 즉 불법적인 수입이 많았음으로 정확하지 않을 수 있음을 유추할 수 있습니다.
(오답 B) 영국 경제 부흥의 영향력을 유추하기는 어렵습니다.
(오답 C) 다른 문화의 아름다움에 감탄함을 유추하기는 어렵습니다.
(오답 D) 오직 18세기 후반가지만 안정적이었다는 내용은 유추하기 어렵습니다.

11. 다음 각 항목이 잉글랜드 내에서 차의 수요 증가에 대한 이유로 교수가 언급하는 이유인지 표기하시오. 해당 칸에 클릭하시오.

	이유이다	이유가 아니다
현재 모든 사람이 차 마시기와 함께 사교 행사를 즐길 수 있다	√	
중국에서 이어지는 안전한 무역 경로가 만들어졌다	√	
많은 곳에서 차를 판매하기 시작했다		√
잉글랜드 왕이 사람들에게 차 마시기에 찬성하도록 요구했다		√
사람들이 영국의 왕족을 모방하기를 원했다	√	

해설 (정답) 모든 계층(every class)이 참여할 수 있어서 차는 영국의 일부분이 되었기에 정답입니다.
(정답) 중국에서 영국까지의 안전한 무역 경로(secure trade route)가 만들어져서 더 많은 차가 흘러 넘쳤기에(more tea flooded) 정답입니다.
(오답) 수요 증가와 많은 곳에서 차를 판매하는 것과의 인과 관계가 명시되지 않아 교수가 언급하는 이유로 보기 어렵습니다.
(오답) King of England를 언급하였지만 사람들에게 차 마시기를 요구한 내용은 언급하지 않았기에 오답입니다.
(정답) Princess를 따라하기 원하여 많은 사람들이 차를 마시기 시작했다는 내용이 있기에 정답입니다.

[문제 어휘]

fashionable 유행하는 **development** 발전 **contrasting** 대조적인 **view** 관점, 시각 **practice** 관습, 관행 **be certain that** ~임을 확신하다 **origin** 기원, 유래 **doubt that** ~라는 점에 의구심을 갖다 **horrible** 끔찍한 **be aware of** ~을 알고 있다 **crucial** 중요한 **allow A to do** A에게 ~할 수 있게 해주다 **advance** ~을 발전시키다 **state** 상태 **with A -ing** A가 ~하면서 **imprecise** 부정확한 **illegal** 불법적인 **influential** 영향력 있는 **economic boost** 경제 부흥 **admire** ~에 감탄하다 **stable** 안정적인 **trade route** 무역 경로 **favor** ~에 찬성하다, ~을 좋아하다 **royalty** 왕족

Question 12-17

Narrator: Listen to part of a lecture in an astronomy class. Professor: [12(B)] I think it's safe to assume that, when you think of Saturn, the ghostly, luminous rings that encompass the planet immediately come to mind. They are, after all, a striking feature that makes Saturn unique among the other planets. The rings have also long puzzled astronomers… where exactly did they come from? Until recently… 30 years ago or so… we believed the rings were simply made of the ice and rock remaining from when Saturn first formed. Material that never pulled together to make a new moon was left in orbit, and eventually drifted into place around the planet. But… we discovered that this wasn't the case. We know that the solar system – its planets, the sun – formed out of a superheated cloud of cosmic gas. This happened approximately 4.8 billion years ago, meaning the rings also formed at that time, if they coalesced right around the time of Saturn's, umm… birth, if you will. [13(A)] But, here's the problem – that's a long time to gather space dust, so Saturn's rings should be dark now. We all know that they aren't – they're brilliant and pristine, like umm… a new pair of white sneakers, right? They must've formed only a few hundred million years ago – practically yesterday on the cosmic timescale. Now we also know that the particles that make the rings – well, some of those 'particles' are the size of semi-trucks – but we know that they don't remain in the rings forever. It's likely that they get pulled out of orbit by Saturn's gravity, or by its magnetic field. So, these particles drift down into the planet's atmosphere, which poses another issue we have to figure out: if the particles are falling out of the rings, and they aren't replaced, then the rings should be thinning out, disappearing. This isn't happening. The rings, then, are being replenished, or fed, from some source, but what could it be? To recap, they aren't old, nor are they recently made. In fact, they're…	내레이터: 다음 천문학 수업의 강의 일부를 들어보시오. 교수: 저는 여러분이 토성을 생각할 때 이 행성을 에워싸고 있는 유령 같으면서 빛을 발하는 고리들이 즉시 떠오른다고 봐도 무방할 것 같습니다. 이 고리들은, 어쨌든, 다른 행성들 사이에서 토성을 특별하게 만들어주는 두드러진 특징입니다. 이 고리들은 또한 오랫동안 천문학자들을 어리둥절하게 만들어왔는데… 정확히 어디에서 나온 걸까요? 최근까지… 30년 정도 전까지만 해도… 우리는 이 고리들이 단순히 토성이 처음 형성되었을 때 남은 얼음과 암석으로 만들어졌다고 생각했습니다. 한 번도 새로운 달을 만들기 위해 뭉친 적이 없었던 물체가 궤도에 남아 있었고, 결국 이 행성 주변에 자리잡고 떠있게 되었다는 것이죠. 하지만… 우리는 이것이 실제로 그렇지 않다는 사실을 발견했습니다. 우리는 태양계, 즉 태양과 주변 행성들이 과열된 우주 가스 구름으로부터 형성되었다는 점을 알고 있습니다. 이 일은 약 48억년 전에 발생되었으며, 이는 그 고리들도 그 당시에 형성되었음을 의미하는데, 그 고리들이 토성의, 음… 말하자면, 탄생 시점 즈음에 바로 합쳐졌다면 말이죠. 하지만, 여기엔 문제가 있는데, 이 기간은 우주 먼지를 모으기에 긴 시간이기 때문에, 토성의 고리들이 지금은 어두워야 합니다. 우리 모두는 그렇지 않다는 것을 알고 있으며, 이 고리들은 밝고 원래 그대로인 상태여서, 마치, 음… 새로 나온 하얀 스니커즈 한 켤레처럼 말입니다, 그렇죠? 이 고리들은 불과 몇 억년 전에 형성된 것이 틀림없으며, 사실상 우주의 시간 척도로는 어제와 같습니다. 현재 우리가 또한 알고 있는 사실은 그 고리들을 구성하는 입자들이, 음, 그 '입자들' 중의 일부는 세미 트럭 크기이지만, 우리는 이것들이 그 고리 속에 영원히 남아 있지 않는다는 점을 알고 있습니다. 이 입자들은 토성의 중력 또는 자기장에 의해 궤도 밖으로 벗어날 가능성이 있습니다. 따라서, 이 입자들은 이 행성의 대기 속으로 빠져 들어가게 되는데, 이는 우리가 알아내야 하는 또 다른 문제를 제기합니다. 즉 이 입자들이 고리에서 떨어져 나와 다른 것으로 대체되지 않는다면, 그 고리들은 옅어져 사라지게 된다는 점입니다. 이런 일은 벌어지지 않고 있습니다. 그 후에 이 고리들은 어떤 원천으로부터 계속 보충되거나 공급받고 있는데, 그게 무엇일 수 있을까요? 요약하자면, 이 고리들은 오래된 것도 아니고, 최근에 만들어진 것도 아닙니다. 실제로, 이들은…

Student: They're still forming. Or, rather, always forming.

Professor: Precisely. New material is still being added to the rings, somehow. So, I'll give you one explanation to consider. Saturn has around, it's expected, 80 moons. They haven't all been confirmed yet… but that's a lot of moons. Now, with so many moons in orbit, it's possible that they provide the material for the rings. And, Saturn and its moons have a complex organization, with each moon being pulled by the planet's gravity, as well as the gravity of any nearby moon.

Student: So the moons are being pulled in multiple directions all the time?

Professor: Yes – [15(A)]their orbits are constantly being altered. So, similar to when erratic drivers share a crowded roundabout, collisions happen. [14(C)]The debris from these collisions would then settle in the rings. And, beyond collisions, the complex pull of gravity – the raw power of tidal forces – could tear the moons apart.

Student: Tides? Like in the ocean?

Professor: Well, it's the same force – but Earth's situation is quite different. [16(A)]Umm… to understand, we can briefly mention Edward Roche, a 19th century French astronomer who studied how a planet's tidal forces affect its moons. He predicted that one celestial body can be, well, torn apart if it passes too close to another, larger entity, and he showed this mathematically. You see, the gravitational power – the tidal force – of the larger body overwhelms the forces that hold the small body together once it reaches a certain distance. And we call this distance the Roche limit of a planet. This comes in to play on Saturn. If one of Saturn's moons were to come too close to the planet and reach its Roche limit, it would collapse, and all that material would end up in the rings. Umm… finally, there's the possibility of asteroids hitting the moons, too, which is a theory that is supported by the reddish tint of several of the rings. [17(D)]Did I lose you, Patrick?

학생: 여전히 형성되고 있죠. 아니면, 더 정확히는, 항상 형성되는 거겠죠.

교수: 바로 그렇습니다. 새로운 물체가 어떻게든 이 고리들마다 여전히 추가되고 있습니다. 따라서, 고려해봐야 하는 한 가지 설명을 제공해 드리겠습니다. 토성에는, 예상되는 것으로, 약 80개의 달이 있습니다. 이것들은 아직 모두 확인되지는 않았습니다… 하지만 달의 개수가 많습니다. 자, 궤도에 이렇게 달이 많기 때문에, 그 고리들에게 필요한 물체를 제공하는 것이 가능합니다. 그리고, 토성과 주변의 달들은 복잡한 체계를 지니고 있는데, 각각의 달은 이 행성의 중력뿐만 아니라 근처의 모든 달이 지닌 중력에 의해서도 끌어당겨지고 있습니다.

학생: 그럼 그 달들이 항상 여러 방향으로 끌어당겨지고 있다는 건가요?

교수: 맞습니다, 그들의 궤도는 끊임없이 바뀌고 있습니다. 따라서, 능력이 일정하지 못한 운전자들이 붐비는 로터리를 공유할 때 충돌이 발생되는 경우와 유사합니다. 이 충돌에서 나오는 잔해가 그 후에 그 고리들 속에 자리잡게 되는 것이죠. 그리고, 충돌을 넘어서, 중력의 복잡한 끌림, 즉 조석력의 원초적인 힘이 그 달들을 찢어 놓을 수 있습니다.

학생: 조석력이요? 바다에서처럼요?

교수: 그게, 같은 힘이기는 하지만, 지구의 상황은 상당히 다릅니다. 음… 이해를 위해, 한 행성의 조석력이 어떻게 주변의 달에 영향을 미치는지를 연구한 19세기 프랑스 천문학자 에드워드 로슈를 간단히 언급할 수 있습니다. 그는 하나의 천체가 또 다른 더 큰 개체를 너무 가까이에서 지나간다면, 음, 찢겨질 수 있음을 예상했으며, 이를 수학적으로 보여주었습니다. 알다시피, 더 큰 천체의 중력, 즉 조석력은 일단 특정 거리에 이르게 되면 작은 천체를 함께 유지하고 있는 힘들을 압도하게 됩니다. 그리고 우리는 이 거리를 행성의 로슈 한계라고 부릅니다. 이것이 도입되어 토성의 경우에 적용되고 있습니다. 토성의 달 중 하나가 이 행성에 너무 가까이 오게 되어 그 로슈 한계에 이르면, 충돌하게 되고, 그 모든 물체가 결국 고리에 속하게 되는 것입니다. 음… 마지막으로, 소행성들이 그 달들과 부딪혔을 가능성도 존재하는데, 이는 그 고리들 중 몇몇이 지닌 불그스름한 색조에 의해 뒷받침되는 이론입니다. 제 말을 놓쳤나요, 패트릭?

LISTENING

Student: I'm sorry... what does the color red have to do with anything?	학생: 죄송하지만… 그 붉은색이 어떤 것과 관련이라도 있는 건가요?
Professor: Well, colors are a good indication of a celestial body's... umm... molecular make-up. So, this red hue reveals the presence of complex organic molecules – which aren't present on Saturn. Most of the planet, remember, is just water ice. Same for the rings, and same for the moons – all made from the same stuff. But asteroids do have carbon molecules. Therefore, the red tint in the rings gives us a hint as to the origin of those particles – asteroids.	교수: 그러니까, 색은 한 천체의… 음… 분자 구성을 나타내는 좋은 지표입니다. 따라서, 이 붉은 색조는 복잡한 유기 분자들의 존재를 나타내는데, 토성에는 존재하지 않습니다. 이 행성의 대부분은, 기억해두세요, 단지 얼음입니다. 그 고리들도 마찬가지고, 주변의 달들도 마찬가지로 모두 같은 물질로 만들어져 있습니다. 하지만 소행성은 분명히 탄소 분자를 지니고 있습니다. 그러므로, 고리의 붉은 색조는 그 입자들의 기원, 즉 소행성에 관한 힌트를 우리에게 제공해줍니다.

[스크립트 어휘]

it's safe to assume that ~라고 봐도 무방하다 **luminous** 빛을 발하는 **encompass** ~을 에워싸다 **immediately** 즉시, 즉각적으로 **come to mind** 떠오르다 **after all** 어쨌든, 결국 **striking** 두드러진, 놀라운 **feature** 특징 **puzzle** ~을 어리둥절하게 만들다 **astronomer** 천문학자 **be made of** ~로 만들어지다 **remain** 남아 있다 **material** 물체, 물질 **pull together** 뭉치다, 합쳐지다 **orbit** 궤도 **drift** 표류하다, 떠있다 **solar system** 태양계 **superheated** 과열된 **cosmic gas** 우주 가스 **approximately** 약, 대략 **coalesce** 합쳐지다 **brilliant** 밝은, 빛나는 **pristine** 원래 그대로의 **must have p.p.** ~한 것이 틀림없다 **practically** 사실상, 현실적으로 **timescale** 시간 척도 **particle** 입자 **It's likely that** ~일 가능성이 있다 **get pulled out of** ~에서 벗어나다 **gravity** 중력 **magnetic field** 자기장 **atmosphere** 대기 **pose an issue** 문제를 제기하다 **figure out** ~을 알아내다 **replace** ~을 대체하다 **thin out** 옅어지다 **replenish** ~을 보충하다 **source** 원천, 공급원 **to recap** 요약하자면 **complex** 복잡한 **organization** 체계, 구조, 구성 **in multiple directions** 여러 방향으로 **constantly** 끊임없이 **alter** ~을 바꾸다, 변경하다 **erratic** 일정치 않은 **roundabout** (도로의) 로터리 **collision** 충돌 **debris** 잔해 **settle** 자리잡다 **raw power** 원초적인 힘 **tidal forces** 조석력 **tear A apart** A를 찢어놓다 **briefly** 간단히 **astronomer** 천문학자 **affect** ~에 영향을 미치다 **predict that** ~라고 예측하다 **celestial body** 천체 **entity** 개체 **mathematically** 수학적으로 **gravitational** 중력의 **overwhelm** ~을 압도하다 **reach** ~에 이르다, 도달하다 **Roche limit** 로슈 한계(위성이 부서지지 않고 접근할 수 있는 한계 거리) **come in** 도입되다 **play on** ~에 적용되다 **end up in** 결국 ~로 끝나다 **asteroid** 소행성 **theory** 이론 **reddish** 불그스름한 **tint** 색조 **lose** (사람의 말이) 이해되지 못하다 **have to do with** ~와 관련이 있다 **indication** 지표 **molecular** 분자의 **make-up** 구성 **hue** 색조 **reveal** ~을 나타내다 **presence** 존재(감) **organic molecules** 유기 분자 **carbon molecules** 탄소 분사

12. 강의의 주제는 무엇인가?

Ⓐ 지구와 토성 사이의 비교
Ⓑ 토성의 고리 형성 방식에 관한 가설들
Ⓒ 토성의 움직임에 있어 주변의 달들이 하는 역할들
Ⓓ 토성의 고리 구성

해설 (오답 A) 너무 구체적인 내용으로 주제가 될 수 없습니다.
(정답 B) 도입부에서 토성의 고리가 독특한 특징임을 언급합니다. 추가적으로 교수는 이 rings들이 어디에서 왔는지 질문하는 방식으로 오늘의 주제를 설명합니다.
(오답 C) 도입부에서 달의 이야기는 언급된 적이 없습니다.
(오답 D) 토성의 고리(Saturn's rings)는 맞지만 구성(composition)이 주제라고 언급되지는 않았습니다.

13. 토성의 고리들이 희고 밝은 것이 왜 중요한가?

(A) 그 고리들이 비교적 젊을 수 있음을 나타낸다.
(B) 토성이 계속 먼지를 모으고 있지 않았음을 증명한다.
(C) 토성이 주변의 달들보다 훨씬 더 작다는 것을 나타낸다.
(D) 고리들이 과열된 우주 가스로 만들어졌음을 암시한다.

해설 (정답 A) 교수는 pristine like white sneakers라는 표현을 사용하여 white and bright을 나타냅니다. 그런 후 최근에 만들어졌다고 언급하기에 정답입니다.

(오답 B) 먼지가 모이면 오히려 검게 되기에(that's a long time to gather space dust, so Saturn's rings should be dark now.) 오답입니다.

(오답 C) 언급되지 않은 정보로 오답입니다.

(오답 D) 언급된 단어지만 질문과 관련 없는 정보로 오답입니다.

14. 교수의 말에 따르면, 토성 주변의 달들에 추가되고 있는 새로운 물체에 대해 무엇이 한 가지 가능성 있는 원인인가?

(A) 토성은 다른 행성들에 비해 수많은 달을 지니고 있다.
(B) 조석력이 그 고리들 속으로 새로운 물체를 끌어들이고 있다.
(C) 달들의 충돌이 그 고리에 필요한 물체를 만들 수 있다.
(D) 토성의 중력이 그 고리들을 옅어지도록 초래하고 있다.

해설 (오답 A) 달의 수가 많다고는 언급했지만 다른 행성과 비교한 적이 없고 질문과도 관련이 없는 정보로 오답입니다.

(오답 B) 질문과 관련 없는 정보로 오답입니다.

(정답 C) 교수는 충돌로 인한 잔해들이 고리에 자리잡는다고(The debris from these collisions would then settle in the rings) 언급하기에 정답입니다.

(오답 D) 이 부분에서 gravity에 대한 언급은 있었지만 사실인 정보가 아니기에 오답입니다.

15. 교수는 왜 붐비는 로터리를 공유하는 능력이 일정하지 못한 운전자들을 언급하는가?

(A) 어떻게 궤도들이 항상 변화하는지 예를 들어 설명하기 위해
(B) 토성과 주변의 달들 사이에서 충돌이 빈번하다는 것을 설명하기 위해
(C) 태양계가 복잡한 체계를 지니고 있다는 것을 강조하기 위해
(D) 어떻게 중력이 달을 찢어놓을 수 있는지 학생들을 이해시키는 데 도움을 주기 위해

해설 (정답 A) 능력이 일정하지 못한 운전자들(erratic drivers내용) 앞 문장인 달들의 궤도는 끊임없이 바뀌고 있음(their orbits are constantly being altered)을 추가 설명하는 내용으로 정답입니다.

(오답 B) 토성과 달들이 아닌 달들 사이에 충돌이 빈번하다는 내용이기에 오답입니다.

(오답 C) 질문과는 관련 없는 정보로 오답입니다.

(오답 D) 교수가 로터리 예시 이후 한참 후에 언급하는 정보로 오답입니다.

16. 교수는 왜 에드워드 로슈를 언급하는가?

(A) 어떻게 조석력이 토성의 고리에 물체를 추가하는 데 역할을 할 수 있는지 설명하기 위해
(B) 어떻게 토성이 자신을 보호하기 위해 주변의 달들을 밀어 보내는지 설명하기 위해
(C) 19세기의 한 유명 천문학자에 대한 예를 제공하기 위해
(D) 토성과 비교해 지구가 왜 다른 구성을 지니고 있는지 증명하기 위해

해설 (정답 A) 앞 내용에서 조석력(tidal force)을 언급하며, 뒷부분에서는 충돌이후 물질들이 고리에 귀속된다(end up in the rings)고 하기에 정답입니다.

(오답 B) 전혀 언급되지 않은 정보입니다.

(오답 C) 언급된 목적이 잘못되었습니다.

(오답 D) 구성에 대한 증명을 언급하기 위함은 아니기에 오답입니다.

17. 강의의 일부를 다시 들어보시오. 그런 다음 질문에 답하시오.

"교수: 마지막으로, 소행성들이 그 달들과 부딪혔을 가능성도 존재하는데, 이는 그 고리들 중 몇몇이 지닌 불그스름한 색조에 의해 뒷받침되는 이론입니다. 제 말을 놓쳤나요, 패트릭?

학생: 죄송하지만… 그 붉은색이 어떤 것과 관련이라도 있는 건가요?"

교수는 왜 다음과 같이 말하는가? "제 말을 놓쳤나요, 패트릭?"

Ⓐ 학생에게 자신의 의견을 뒷받침하도록 권하기 위해

Ⓑ 학생에게 주의를 기울이도록 촉구하기 위해

Ⓒ 말이 오해의 소지가 있지 않았는지 확인해주기 위해

Ⓓ 주제에 대한 학생의 이해를 확인하기 위해

해설 (오답 A) 학생 자신의 의견은 나오지 않았기에 이를 뒷받침할 수도 없습니다.

(오답 B) 학생의 답변에서 학생이 주의를 잃었다고 보기 어렵습니다.

(오답 C) 오해에 관한 내용은 아닙니다.

(정답 D) 자신이 설명하고 있던 문장에 대한 학생의 이해도를 확인하는 문장으로 정답입니다.

[문제 어휘]

comparison between A and B A와 B 사이의 비교 **hypothesis** 가설(hypotheses는 복수) **composition** 구성 (요소) **relatively** 비교적, 상대적으로 **prove that** ~임을 증명하다 **reveal that** ~임을 나타내다 **suggest that** ~임을 암시하다 **cause A to do** A에게 ~하도록 초래하다, ~하게 만들다 **demonstrate** ~을 설명하다 **emphasize that** ~임을 강조하다 **help A do** A가 ~하도록 돕다 **illustrate** ~을 설명하다 **encourage A to do** A에게 ~하도록 권하다, 장려하다 **urge A to do** A에게 ~하도록 촉구하다 **statement** 말, 진술, 성명 **misleading** 오해의 소지가 있는 **comprehension** 이해(력)

▪ 실전 모의고사 2

1. B	2. C	3. C	4. B C	5. D	
6. B	7. A	8. C	9. A	10. D	11. B
12. D	13. 해설 참조	14. A	15. B	16. C	17. C
1. D	2. B	3. B	4. B	5. D	
6. A	7. B D	8. D	9. C	10. C	11. A

LISTENING

PART 1 (Q1-17)

Question 1-5

Narrator: Listen to a conversation between a student and a professor.	내레이터: 학생과 교수 사이의 대화를 들어보시오.
Professor: Come on in, Lucas. How are you?	교수: 어서 들어와요, 루카스. 어떻게 지내고 있나요?
Student: I'm fine, thanks. I was wondering, do you have some time to talk about the upcoming paper for our sociology class?	학생: 저는 잘 지냅니다, 감사합니다. 궁금한 것이 있었는데, 곧 있을 저희 사회학 수업 과제물에 관해 이야기하실 시간이 좀 있으신가요?
Professor: Let's see... my next class starts at 3 o'clock, so that gives us about half an hour. Will that work?	교수: 어디 보자… 제 다음 수업이 3시에 시작하니까, 30분 정도 시간이 있네요. 그럼 될까요?
Student: That should be plenty, thanks! So, I decided to write my paper on the history of punk rock in Chicago.	학생: 충분할 거예요, 감사합니다! 그러니까, 제가 시카고 펑크 록의 역사에 관한 과제물을 작성하기로 결정했습니다.
Professor: Good choice... a lot was happening there... [5(D)]but, be careful. You might need to limit your topic to something more specific.	교수: 좋은 선택이네요… 그곳에서 많은 일이 있었죠… 하지만, 신중하세요. 더 구체적인 것으로 주제를 한정해야 할 지도 몰라요.
Student: Oh, right. I'm focusing on the 70s, so just one decade. And I'm only looking at a few important bands.	학생: 아, 맞아요. 제가 70년대에 초점을 맞추고 있기 때문에, 불과 10년의 기간뿐이죠. 그리고 단지 몇몇 중요한 밴드들만 살펴보고 있어요.
Professor: OK. That's still enough to easily meet the 12-page requirement.	교수: 좋아요. 그렇게 해도 여전히 12페이지 분량의 요건을 쉽게 충족하기에 충분할 거예요.
Student: [2(C)]I have more than enough to write about, and I'm really enjoying it. I might even return to the topic for my final paper. But, anyways... [1(B)]I actually wanted to ask if I could have more time on the assignment. It's due this Friday, right?	학생: 쓰려는 내용이 충분하고도 남는데다, 정말로 즐겁게 하고 있어요. 심지어 제 기말 과제 주제까지 다시 살펴봐야 할지도 몰라요. 하지만, 어쨌든… 실은 과제물에 대해 좀 더 시간을 가질 수 있을지 여쭤보고 싶었습니다. 이번 주 금요일이 기한인 것이 맞죠?
Professor: Hmm... right. But, if it's going so well for you, why do you need an extension?	교수: 흠… 맞아요. 하지만, 그렇게 잘 되어가고 있다면, 왜 기한 연장이 필요한 거죠?
Student: Well, I could have it done by then, no problem, but something else came up.	학생: 저, 그때까지 문제없이 끝낼 수도 있겠지만, 다른 일이 좀 생겼어요.
Professor: What is it?	교수: 무슨 일인가요?
Student: It's really cool, actually. [3(C)]I was telling my roommate about my paper, and he said that his uncle lived in Chicago at the time, and he even played in some of the punk bands. Not the ones	학생: 실은, 아주 멋진 일이에요. 제가 룸메이트에게 제 과제물에 관해 이야기하고 있었는데, 자기 삼촌이 당시에 시카고에 살았고 심지어 몇몇 펑크 밴드에서 연주까지

some of the punk bands. Not the ones I'm writing about, but he knew the musicians personally! They even played shows together.	했었다고 말하더라고요. 제가 쓰려는 밴드들은 아니었지만, 그 음악가들을 개인적으로 알았다고 하더라고요! 심지어 함께 공연까지 했었대요.
Professor: Wow, that's quite a discovery.	교수: 와우, 정말 놀라운 발견이네요.
Student: Well, I got the idea to include him in my paper by interviewing him. His personal experiences would make my paper a lot more interesting.	학생: 그래서, 그 분을 인터뷰해서 제 과제물에 포함시켜보자는 아이디어가 떠올랐어요. 그분의 개인적인 경험이 제 과제물을 훨씬 더 흥미롭게 만들어줄 수 있을 것 같아서요.
Professor: I agree… but have you asked him if he would be willing to help you yet?	교수: 동의해요… 하지만 혹시 그분이 도와줄 의향이 있을지 여쭤봤나요?
Student: My roommate called him, and he said it was OK if I sent an e-mail introducing myself. But, I haven't heard back from him yet. It sounds like he'll be happy to help though.	학생: 제 룸메이트가 전화 드렸는데, 제가 제 자신을 소개하는 이메일을 보낸다면 좋을 거라고 말씀해주셨어요. 하지만 아직 아무런 답변도 듣지는 못했습니다. 하지만, 그분께서 기꺼이 도와주실 것 같아요.
Professor: Sure… but I suppose he would still need time to answer your questions. You'll send them to him through e-mail, right? You aren't meeting in person?	교수: 좋아요… 하지만 그분은 여전히 질문에 답변할 시간이 필요할 거라고 생각해요. 이메일을 통해서 그분께 질문을 보내 드리는 것이 맞나요? 개인적으로 만나는 건 아니죠?
Student: Right. And I wouldn't want to rush him.	학생: 맞습니다. 그리고 그분을 재촉하고 싶지는 않을 거예요.
Professor: Hmm… honestly, I'm intrigued now, too. And you did well to come by and ask me. So, how about you give me the paper on the 15th, so… next Wednesday?	교수: 흠… 솔직히, 저도 지금 호기심이 생기네요. 그리고 이렇게 들러서 저에게 물어본 것은 잘 한 일이에요. 그럼, 과제물을 15일, 그러니까… 다음 주 수요일에 제출하는 건 어때요?
Student: That will be perfect!	학생: 그러면 완벽할 거예요!
Professor: 4(C)I think you should still turn something in on Friday, though, so give me an outline of your paper.	교수: 하지만 제 생각엔 여전히 금요일에 뭔가 제출해야 하는 것 같으니까, 과제물 개요를 전달해주세요.
Student: Sure, I can do that.	학생: 물론, 그렇게 할 수 있습니다.
Professor: 4(B)Go ahead and have your questions ready by then, too, and submit those to me with your outline.	교수: 어서 진행해서 질문도 그때까지 준비한 다음, 개요와 함께 저에게 제출해주세요.
Student: No problem.	학생: 좋습니다.
Professor: And then, yes, the final draft on next Wednesday. OK?	교수: 그리고 그 후에, 네, 수요일에 최종안을 전해주세요. 괜찮나요?
Student: Fantastic. Thank you so much.	학생: 아주 좋습니다. 정말 감사합니다.
Professor: Of course. I'm excited to see what you'll come up with.	교수: 물론이죠. 무엇을 제시하게 될지 보는 게 기대되네요.

[스크립트 어휘]

upcoming 곧 있을, 다가오는 **sociology** 사회학 **work** 잘 되다, 작용하다 **decide to do** ~하기로 결정하다 **limit A to B** A를 B로 제한하다 **specific** 구체적인 **focus on** ~에 초점을 맞추다 **decade** 10년 **meet** (조건 등) ~을 충족하다 **requirement** 요건, 필요 조건 **return to** ~로 되돌아가다 **assignment** 과제 **due** ~가 기한인 **extension** (기한) 연장 **have A p.p.** A가 ~되게 하다 **by then** 그때까지 **come up** 발생하다, 생겨나다 **discovery** 발견(물) **include** ~을 포함하다 **be willing to do** ~할 의향이 있다 **introduce** ~을 소개하다 **though** (문장 끝이나 중간에서) 하지만 **in person** 직접 가서 **rush** ~을 재촉하다 **intrigued** 호기심이 생긴, 흥미를 느낀 **come by** 들르다 **how about ~?** ~하는 게 어때요? **turn A in** A를 제출하다 **outline** 개요 **submit** ~을 제출하다 **final draft** 최종안 **come up with** (아이디어 등) ~을 제시하다, 제안하다

LISTENING

1. 학생은 왜 교수를 만나러 갔는가?

Ⓐ 과제 주제에 관해 문의하기 위해

Ⓑ 마감기한 연장을 요청하기 위해

Ⓒ 과제 마감일을 확인하기 위해

Ⓓ 과제 단어 수를 늘릴 수 있는지 묻기 위해

해설 (오답 A) 앞 쪽에서 언급되었던 정보라 혼동될 수 있지만 주된 내용이 아니기에 오답입니다.
(정답 B) assignment에 대해 have more time을 원한다고 언급하며 마감기한 연장을 요청하기에 정답입니다.
(오답 C) 마감일을 확인하러 간 것은 아닙니다.
(오답 D) extend라는 단어가 나오겠지만 word limit은 찾아간 목적과 관련이 없습니다.

2. 학생의 과제 진도에 관해 무엇을 유추할 수 있는가?

Ⓐ 과제에 포함할 소재를 찾는 데 힘겨워하고 있다.

Ⓑ 아직 12페이지의 길이 요건을 충족하지 못했다.

Ⓒ 과제를 끝내는 데 충분한 정보를 갖고 있다.

Ⓓ 교수가 제시하는 몇몇 가이드라인이 필요하다.

해설 (오답 A) 잘못된 정보로 오답입니다.
(오답 B) 잘못된 정보로 오답입니다.
(정답 C) I have more than enough to write about이라고 언급하며 정보의 양은 충분하다고 말하므로 정답입니다.
(오답 D) 언급된 적이 없는 정보로 오답입니다.

3. 학생이 친구의 삼촌을 인터뷰하는 주된 이유는 무엇인가?

Ⓐ 잘 알려진 펑크 록 밴드에 속한 가장 영향력 있는 음악가였기 때문에

Ⓑ 유사한 주제로 조사를 실시했기 때문에

Ⓒ 주제와 관련된 아티스트들과 개인적인 인맥이 있기 때문에

Ⓓ 이미 그 사람을 여러 차례 인터뷰했기 때문에

해설 (오답 A) most influential이라고 언급된 적은 없습니다.
(오답 B) 삼촌이 조사를 했다는 내용은 없습니다.
(정답 C) 친구의 삼촌이 아티스트들을 개인적으로 알고 있기(knew the musicians personally) 때문에 정답입니다.
(오답 D) 언급된 적이 없는 정보로 오답입니다.

4. 교수는 학생에게 원래의 과제 마감일까지 무엇을 하라고 말하는가? 2개의 답변에 클릭하시오.

[A] 과제의 최종 버전을 제출하는 일

[B] 인터뷰에 필요한 질문을 준비하는 일

[C] 과제의 개요를 제출하는 일

[D] 인터뷰용 질문과 답변을 요약하는 일

해설 (오답 A) 언급되었던 정보지만 original due date까지가 아닌 다른 날짜까지 제출하라고 하였기에 오답입니다.
(정답 B) questions도 제출해달라고 했기 때문에 정답입니다.
(정답 C) outline을 달라고 했기 때문에 정답입니다.
(오답 D) questions를 언급하긴 했지만 요약하라고 한 적은 없습니다.

5. 대화의 일부를 다시 들어보시오. 그런 다음, 질문에 답하시오.

"학생: 그러니까, 제가 시카고 펑크 록의 역사에 관한 과제물을 작성하기로 결정했습니다.
교수: 좋은 선택이네요… 그곳에서 많은 일이 있었죠… 하지만, 신중하세요. 더 구체적인 것으로 주제를 한정해야 할 지도 몰라요."

교수는 왜 다음과 같이 말하는가? "하지만, 신중하세요."

Ⓐ 학생에게 제때 과제를 끝마치도록 주의를 주기 위해
Ⓑ 적절한 주제를 선정한 것에 대해 학생을 칭찬하기 위해
Ⓒ 학생의 작업물이 지닌 타당성에 대해 우려를 표명하기 위해
Ⓓ 학생의 주제에 대해 걱정을 나타내기 위해

해설 (오답 A) 과제 마감 시기에 대한 내용이 아닙니다.
(오답 B) 칭찬하는 표현은 아닙니다.
(오답 C) 학생의 과제에 대한 validity(타당성)때문에 한 말은 아닙니다.
(정답 D) 학생이 자신의 과제 주제를 언급하였고 그에 대한 교수의 반응으로 정답입니다.

[문제 어휘]

inquire about ~에 관해 문의하다 **deadline** 마감기한 **confirm** ~을 확인해주다 **due date** 마감일 **extend** ~을 연장하다, 늘리다 **struggle to do** ~하는 데 힘겨워하다, ~하느라 발버둥치다 **material** 소재, 자료, 내용 **sufficient** 충분한 **influential** 영향력 있는 **well-known** 잘 알려진 **conduct** ~을 실시하다, 시행하다 **similar** 유사한 **connection** 인맥, 연줄 **related to** ~와 관련된 **prepare** ~을 준비하다 **hand in** ~을 제출하다 **summarize** ~을 요약하다 **warn A that** A에게 ~라고 주의를 주다, 경고하다 **on time** 제때 **praise A on B** B에 대해 A를 칭찬하다 **select** ~을 선정하다 **appropriate** 적절한 **express one's concern** 우려를 표명하다, 걱정을 나타내다(= show one's worry) **validity** 타당성, 유효성

Question 6-11

Narrator: Listen to part of a lecture in a biology class.	내레이터: 생물학 수업의 강의 일부를 들어보시오.
Professor: So, we've already discussed at length the numerous ways the Arctic fox has adapted to survive in its extreme environment. [6(B)]Let's move on to another mammal, the reindeer, which you read about in last night's assignment. It's also an inhabitant of frigid regions, like Siberia and northern Canada. [6(B)]So, what helps them survive the cold?	교수: 자, 우리는 이미 북극여우가 극한의 환경 속에서 생존하기 위해 적응해온 다수의 방법을 상세히 이야기했습니다. 이제 또 다른 포유류이자, 여러분이 어젯밤 과제에서 읽어본 순록으로 넘어가 보겠습니다. 이 동물도 시베리아나 캐나다 북부 같이 몹시 추운 지역에 서식하는 동물입니다. 그럼, 무엇이 이들이 추위에서 살아남는 데 도움을 주는 걸까요?
Female student: It's interesting that they have thick fur on every inch of their bodies – even on their noses.	여학생: 그들의 신체 구석구석에, 심지어 코에까지 두터운 털을 지니고 있는 게 흥미로워요.
Professor: Right. Their abundance of thick fur keeps them well insulated from the freezing temperatures. And, remember, the thickness and color of the fur depends on the season, so they can be cooler in the warmer months. What else?	교수: 맞습니다. 풍부하게 자란 두터운 털이 혹한의 기온에 대해 잘 단열된 상태를 유지해 줍니다. 그리고, 기억해야 할 것은, 그 털의 두터움과 색은 계절에 따라 다르기 때문에, 기온이 더 따뜻한 기간에는 더 시원할 수 있습니다. 또 무엇이 있을까요?
Male student: Don't newborn reindeer mature surprisingly fast? They can stand right after being born and run as fast as we can just a day later.	남학생: 갓 태어난 순록은 놀라울 정도로 빠르게 성숙하지 않나요? 태어난 직후에 똑바로 서 있을 수 있고 불과 하루 만에 우리만큼 빠르게 달릴 수 있잖아요.
Professor: A critically important characteristic for any animal that moves frequently for food. Viable food sources are few and far between in the north, [7(A)]so reindeer have to travel great distances. They'll cross vast tracts of land between seasons, so newborns have to be able to keep up, right off the bat. Any other adaptations?	교수: 먹을 것을 찾기 위해 빈번히 움직이는 모든 동물에게 있어 대단히 중요한 특징이죠. 생존 가능한 먹이 공급원이 북쪽 지역에서는 더 적고 멀리 떨어져 있기 때문에, 순록은 장거리를 이동해야 합니다. 이들은 계절들 사이에 광대한 면적의 땅을 가로지르기 때문에, 갓 태어난 새끼들도 곧바로 발맞춰 움직일 수 있어야 합니다. 또 다른 적응 방식으로 무엇이 있을까요?
Female student: Well, when we're cold, we spend a lot of energy keeping our extremities warm… our hands and feet. But, reindeer don't have to do that, right? They just have to keep their core body warm.	여학생: 저, 우리는 추울 때, 우리의 사지, 그러니까… 손과 발을 따뜻하게 유지하는 데 많은 에너지를 소비합니다. 하지만, 순록은 그럴 필요가 없지 않나요? 그들은 그저 신체 중심부만 따뜻하게 유지하면 되니까요.
Professor: Yes, so they can allocate more energy toward keeping the temperature around their vital organs stable. And, there's another adaptation that goes along with that that isn't mentioned in the book. The reindeer's legs are specially suited for cold weather. [8(C)]The fat in the legs, especially toward the hooves where it gets coldest, is uniquely structured to resist freezing – it has a different chemical structure from the fat	교수: 그렇습니다, 그래야 필수 장기들 주변의 온도를 안정적으로 유지하는 데 더 많은 에너지를 배분할 수 있습니다. 그리고, 그것과 동반되는 것으로 책에는 언급되어 있지 않은 또 다른 적응 방식이 있습니다. 순록의 다리는 추운 날씨에 특히 적합합니다. 다리의 지방이, 특히 가장 차가워지는 발굽 쪽으로, 추위를 견딜 수 있는 독특한 구조로 되어 있는데, 순록의 몸 다른 어떤 곳의 지방과는 다른 화학적 구조를 지니고 있습니다. 이 지방은 경화를 견디며, 일종의 기름 같은, 점성을 지닌 젤의 형태

elsewhere on the reindeer. It resists hardening and exists as a sort of oily, viscous gel. OK…so that covers its body… how about the reindeer's diet?

Female student: For starters, they aren't picky eaters.

Professor: [9(A)]And what do you mean by that?

Female student: Umm… they eat all different kinds of plants, so, no matter what they come across, they'll most likely eat it. The reading mentioned that one herd had consumed over, I think… 30 different types of plants.

Professor: Great. You obviously read the assignment closely... Umm... [10(D)]it's also key that this variety of plants that reindeers eat…it includes a lot that other animals don't touch. So, that means…

Male student: There's less competition for food.

Professor: Got it. And maybe, from your reading, you remember lichens? These are plants that grow on rocks in the far north. They're even sometimes referred to as reindeer moss. And a patch of lichen does look like moss…it would be easy to confuse it for moss. But, lichens are actually multiple organisms…a kind of mix of fungi and algae that exists symbiotically. So, the reindeer… [10(D)]well, just one more quick fact about lichens…They produce a lot of different, pungent chemicals, and this is probably the reason why most animals don't eat them – they don't taste particularly good. Umm... but back to reading. What else was said about lichens?

Female student: Like you just said… other animals don't like their taste. But it's also because they don't extract many nutrients from lichens. So, if a horse or goat eats a lichen, it only gets maybe… half the nutrients from it that a reindeer would draw out of it.

로 존재합니다. 좋습니다… 이제 신체에 관한 내용은 다루었으니까… 순록의 식습관은 어떤가요?

여학생: 우선, 순록은 식사에 까다로운 동물이 아닙니다.

교수: 그럼 그 말이 무슨 뜻이죠?

여학생: 음… 순록은 모든 종류의 식물을 먹기 때문에, 어떤 것과 마주치든 상관없이, 먹을 가능성이 큽니다. 읽기 자료를 보면 한 무리가, 제 생각에… 30가지가 넘는 다른 종류의 식물을 소비한 것으로 언급되어 있었어요.

교수: 아주 좋아요. 과제물을 면밀히 읽어본 게 분명하군요… 음… 또한 중요한 점으로 순록이 먹는 종류의 식물이… 다른 동물들이 손대지 않는 많은 것이 포함된다는 것입니다. 그래서, 이것이 의미하는 것은…

남학생: 먹이 경쟁이 덜 하죠.

교수: 맞습니다. 그리고 아마, 읽기 자료에 나온 내용으로, 지의류를 기억하나요? 이 식물은 최북단의 바위에서 자랍니다. 심지어 때때로 순록 이끼로 일컬어지기도 합니다. 그리고 지의류 한 무더기는 분명 이끼 같아 보여서… 이끼로 혼동하기 쉬울 겁니다. 하지만, 지의류는 사실 다양한 유기체로서… 일종의 공생으로 존재하는 균류와 조류의 혼합체입니다. 따라서, 순록은… 저, 지의류에 관한 한 가지 사실만 더 간단히 말하자면… 여러 가지 다른 자극성 있는 화학 물질을 분비하기 때문에, 이것이 아마 대부분의 동물들이 먹지 않는 이유일 텐데, 특히 맛이 좋지 않습니다. 음… 하지만 다시 읽기 자료 내용으로 돌아가 보겠습니다. 지의류에 관해 어떤 다른 것이 또 쓰여 있었죠?

여학생: 말씀하신 것처럼… 다른 동물들은 그 맛을 좋아하지 않습니다. 하지만 그 동물들은 지의류에서 많은 영양분을 추출해내지 못하기 때문이기도 합니다. 그래서, 만일 말이나 염소가 지의류를 먹는다면, 그들이 고작 얻는 것은 아마… 순록이 얻게 되는 것의 절반 밖에 되지 않는 영양분일 겁니다.

Professor: Exactly. That makes it even clearer why lichens are also called reindeer moss... they have a very special relationship. But, nonetheless, they still lack all the nutrients – most importantly proteins and minerals – that a reindeer requires. So, by the end of winter, reindeer become undernourished. It's crucial for them to change their diet in the spring to get more minerals. So, and this is quite impressive, [11(B)]reindeer actually adjust the microbes in their digestive system to better consume different plants. Umm... and just so you know, microbes are microorganisms... bacteria... that help break down food. [11(B)]And reindeer can change how these microbes interact...how many there are, which ones need to be more prevalent. For instance, one microbe is particularly good at aiding in the digestion of lichens, so it's present in the winter. Then, in the spring, another type of microbe takes center stage to aid in the digestion of the summer variety of plants. By doing this, the reindeer can maximize the nutrients it gets from its diet in different seasons.	교수: 바로 그렇습니다. 그 사실로 인해 왜 지의류가 순록 이끼라고도 불리는지 훨씬 더 명확해지며… 매우 특별한 관계를 지니고 있습니다. 하지만, 그럼에도 불구하고, 여전히 순록이 필요로 하는 모든 영양소, 가장 중요하게는 단백질과 무기질이 부족합니다. 따라서, 겨울이 끝날 때쯤, 순록은 영양 부족 상태가 됩니다. 그들에게는 봄철에 식습관을 바꿔 더 많은 무기질을 얻는 것이 중요합니다. 자, 그리고 이는 상당히 인상적인 부분인데, 순록은 실제로 소화기 내의 미생물을 조절해 다른 식물들을 더 잘 소비합니다. 음… 그리고 여러분도 알다시피, 미생물은 음식물을 분해하는 세균… 박테리아입니다. 그리고 순록은 이 미생물이 상호 작용하는 방식과… 얼마나 많이 존재하는지, 어느 것이 더 일반적이어야 하는지를 변경할 수 있습니다. 예를 들어, 한 가지 미생물은 지의류 소화에 있어 도움을 주는 데 특히 좋기 때문에, 겨울에 존재합니다. 그런 다음, 봄이 되면, 또 다른 종류의 미생물이 여름철 식물 종류의 소화에 도움을 주기 위해 중점적인 역할을 합니다. 이렇게 함으로써, 순록은 다른 계절마다 식사를 통해 얻는 영양분을 최대한 활용할 수 있습니다.

[스크립트 어휘]

at length 상세히, 길게 **numerous** 다수의, 수많은 **adapt** 적응하다 **survive** 생존하다 **extreme environment** 극한의 환경 **mammal** 포유류 **assignment** 과제 **inhabitant** 서식 동물 **frigid** 몹시 추운 **thick** 두터운 **fur** 털 **every inch of** ~의 구석구석에 **abundance** 풍부함 **insulated** 단열된 **mature** v. 성숙하다 **characteristic** n. 특징 **viable** 독자 생존 가능한 **cross** ~을 가로지르다 **vast tracts of** 광대한 면적의 **keep up** (속도, 진행 등) 발맞춰 가다, 뒤처지지 않다 **right off the bat** 곧바로, 즉시 **adaptation** 적응 (방식) **extremities** (신체의) 사지 **allocate** ~을 배분하다, 할당하다 **vital** 필수적인 **organ** (신체) 장기 **stable** 안정적인 **go along with** ~을 동반하다 **be suited for** ~에 적합하다 **fat** 지방 **hoof** 발굽(hooves는 복수형) **uniquely** 독특하게, 특별하게 **structure** v. ~을 구조화하다, 조직화하다 n. 구조, 조직 **resist** ~을 견디다 **chemical** a. 화학적인 n. 화학 물질 **hardening** 경화, 굳음 **viscous** 점성이 있는 **picky** 까다로운 **no matter what** ~하든 상관없이, ~한다 하더라도 **come across** ~와 마주치다 **consume** ~을 소비하다, 먹다 **obviously** 분명히 **closely** 면밀히 **variety** 종류 **include** ~을 포함하다 **competition** 경쟁 **lichen** 지의류 **be referred to as** ~로 일컬어지다 **patch** 작은 땅, 구역, 부분 **confuse A for B** A를 B로 혼동하다 **multiple** 다양한 **organism** 유기체 **fungi** 균류 **algae** 조류(물 속에 사는 모든 광합성 식물) **symbiotically** 공생하여 **pungent** (냄새 등이) 자극적인, 톡 쏘는 **particularly** 특히 **extract A from B** B에서 A를 추출하다, 얻다 (= draw A out of B) **nutrient** 영양분 **protein** 단백질 **mineral** 무기질 **undernourished** 영양 부족인 **impressive** 인상적인 **adjust** ~을 조절하다 **microbe** 미생물 **digestive system** 소화기 **microorganism** 미생물, 세균 **help do** ~하는 데 도움이 되다 **break down** ~을 분해하다 **interact** 상호 작용하다 **prevalent** 보편적인, 널리 퍼진 **be good at -ing** ~하는 것을 잘 하다 **aid** 돕다 **digestion** 소화 **present** 존재하는, 있는 **take center stage** 중점적인 역할을 하다 **maximize** ~을 최대한 활용하다, 극대화하다

6. 강의는 주로 무엇에 관한 것인가?

Ⓐ 순록의 신체가 지닌 특징이 어떻게 사냥하는 데 도움을 주는지
Ⓑ 순록이 몹시 추운 기온을 견디기 위해 어떻게 적응해왔는지
Ⓒ 추운 날씨가 순록의 식습관에 미치는 영향
Ⓓ 갓 태어난 순록의 독특한 특징

해설 (오답 A) 사냥이 오늘 강의의 주제라고 언급되지 않았기에 오답입니다.
(정답 B) Let's move on이라는 표현이 나오며, 오늘의 주제는 reindeer라고 언급하였고, 무엇이 그들이 추위에서 살아남는 데 도움을 주는 걸까라는 질문을 했기에 정답입니다.
(오답 C) 식습관 관련 내용은 주제가 되기에 너무 구체적인 단어이기에 오답입니다.
(오답 D) 갓 태어난 순록에 대해서만 다룬 강의가 아니기에 오답입니다.

7. 교수의 말에 따르면, 갓 태어난 순록이 거의 즉시 걷고 달리는 것이 왜 중요한가?
(A) 다른 순록과 함께 장거리를 이동해야 한다.
(B) 다리에 따뜻한 온도를 유지할 수 있다.
(C) 순록 떼가 달림으로써 포식자로부터 스스로 보호한다.
(D) 먹이를 찾을 때 순록 사이에서 경쟁이 심하다.

해설 (정답 A) 학생이 newborn reindeer의 특징에 대해 질문하고, 교수님은 어린 순록들이 장거리를 이동해야 하기 때문에 최대한 빠르게 뛰어야 한다고 언급하므로 정답입니다.
(오답 B) 갓 태어난 순록은 다리의 온도의 특징을 가지고 있다고 언급한 적이 없기에 오답입니다.
(오답 C) 갓 태어난 순록과는 관련없는 내용이기에 오답입니다.
(오답 D) 언급된 적 없는 정보이기에 오답입니다.

8. 교수는 순록 다리의 아래쪽 부분에 관해 무슨 말을 하는가?
(A) 추운 날씨를 견디기 위해 빠르게 경화된다.
(B) 장거리를 달리기 위해 화학 성분을 지니고 있다.
(C) 신체의 다른 부분에 비해 다른 구조로 된 지방을 포함하고 있다.
(D) 장기를 안전하게 유지하기 위해 따뜻한 온도를 유지할 수 있다.

해설 (오답 A) hardening이라는 단어가 언급되었지만 잘못된 정보이기에 오답입니다.
(오답 B) 화학 성분은 다리와 관련 없는 정보이기에 오답입니다.
(정답 C) The fat in the legs, especially toward the hooves where it gets coldest, is uniquely structured to resist freezing – it has a different chemical structure from the fat elsewhere라고 말하면서 다리 아래의 특징인 지방(fat)을 설명하기에 정답입니다.
(오답 D) 언급된 적 없는 정보이기에 오답입니다.

9. 강의 일부를 다시 들어보시오. 그런 다음, 질문에 답하시오.

"여학생: 우선, 순록은 식사에 까다로운 동물이 아닙니다.
교수: 그럼 그 말이 무슨 뜻이죠?
여학생: 음… 순록은 모든 종류의 식물을 먹기 때문에, 어떤 것과 마주치든 상관없이, 먹을 가능성이 큽니다. 읽기 자료를 보면 한 무리가, 제 생각에… 30가지가 넘는 다른 종류의 식물을 소비한 것으로 언급되어 있었어요."

교수는 왜 다음과 같이 말하는가? "그럼 그 말이 무슨 뜻이죠?"
(A) 학생에게 추가 설명을 제공하도록 권하고 있다.
(B) 학생에게 자기 자신의 주장을 평가하도록 요청하고 있다.
(C) 학생의 말을 정확하게 들었는지 확인하고 싶어한다.
(D) 학생이 음식에 까다로운 사람이라는 점에 대해 의구심을 갖고 있다.

해설 (정답 A) 학생의 설명이 있었고 교수님의 질문 후 학생은 추가 설명을 진행하기에 정답입니다.
(오답 B) 내용 속 학생의 주장은 없었으므로 오답입니다.
(오답 C) 정확성을 확인하는 상황은 아니기에 오답입니다.
(오답 D) 학생의 식성을 이야기 하는 것은 아니기에 오답입니다.

LISTENING

10. 교수의 말에 따르면, 지의류에 관해 무엇을 유추할 수 있는가?
A 다른 종류의 북극 식물보다 영양분이 더 많다.
B 순록에게 있어 항상 가장 선호하는 먹이 공급원이다.
C 오직 북극 지역에서만 얻을 수 있다.
D 겨울에 다른 식물에 비해 풍부하다.

해설 (오답 A) 잘못된 정보이기에 오답입니다.
(오답 B) 가장 선호한다고 언급한 적은 없습니다.
(오답 C) 언급된 적이 없는 정보이기에 오답입니다.
(정답 D) reindeer는 다른 동물들이 먹지 않는 음식을 먹는다고 언급하며 특히 지의류(lichens)들을 먹는다고 언급하기 때문에 정답입니다.

11. 교수의 말에 따르면, 순록의 소화기 내에 있는 미생물과 관련해 무엇이 그렇게 인상적인가?
A 어느 음식 성분이든 소화시키는 것을 돕는 한 가지 뛰어난 종류를 지니고 있다.
B 미생물의 비율이 순록의 식사에 따라 바뀔 수 있다.
C 갓 태어난 순록이 먹을 수 있는 먹이 양을 극대화할 수 있다.
D 다양한 미생물의 존재가 순록을 해로운 박테리아로부터 보호해준다.

해설 (오답 A) 언급된 적이 없는 정보이기에 오답입니다.
(정답 B) 순록이 다른 식물들을 섭취하기 위하여 microbes을 adjust한다고 언급하기 때문에 정답입니다.
(오답 C) 언급된 적이 없는 정보이기에 오답입니다.
(오답 D) 언급된 적이 없는 정보이기에 오답입니다.

[문제 어휘]

feature 특징 **impact of A on B** A가 B에 미치는 영향 **maintain** ~을 유지하다 **herd** 무리, 떼 **predator** 포식자 **harden** 경화되다 **chemical composition** 화학 성분 **contain** ~을 포함하다, 담고 있다 **compared to** ~에 비해 **encourage A to do** A에게 ~하도록 권하다, 장려하다 **further** 추가의, 한층 더 한 **explanation** 설명 **evaluate** ~을 평가하다 **argument** 주장, 논거 **confirm** ~을 확인해주다 **correctly** 정확히 **doubt (that)** ~라는 점에 대해 의구심을 갖다 **preferred** 선호하는 **source** 공급원 **obtain** ~을 얻다, 획득하다 **plentiful** 풍부한 **exceptional** 뛰어난, 우수한 **proportion** 비율 **alter** ~을 바꾸다, 변경하다 **according to** ~에 따라 **presence** 존재 **harmful** 해로운

Question 12-17

Narrator: Listen to a lecture in an education class.	내레이터: 교육학 수업의 강의를 들어보시오.
Professor: In last night's reading, you learned about an alternative method to traditional education. [12(D)]Developed in the early 20th century, the Montessori method, pioneered by Italian educator Dr. Maria Montessori, reimagined educational philosophy and how teachers and classrooms function. So in today's class, we will get into some more details. So, who can tell me? What makes the Montessori classroom different from a typical classroom?	교수: 어젯밤 읽기 자료에서, 여러분은 전통적인 교육에 대한 대체 방법론에 관해 배웠습니다. 20세기 초반에 개발된 몬테소리 교육법은, 이탈리아의 교육가 마리아 몬테소리 박사가 개척한 것으로서, 교육 철학 및 교사와 교실이 어떻게 기능하는지를 재해석했습니다. 따라서 오늘 강의에서는, 좀 더 세부적인 내용으로 들어가 보겠습니다. 자, 누가 얘기해 볼 수 있나요? 몬테소리의 교실을 전형적인 교실과 다르게 만드는 것이 무엇인가요?
Female student: Well... it focuses more so on how kids learn, not what they learn, right?	여학생: 저… 아이들이 무엇을 배우는지가 아니라 어떻게 배우는지에 더 초점을 맞추고 있지 않나요?
Professor: Fundamentally, yes. Whereas the typical classroom has the teacher lead the lessons and guide the students, here, the children take charge of their own learning. And this shift in agency was suggested in a few significant ways. For instance, [13]the furniture in a Montessori classroom was child sized. I know this isn't surprising nowadays, but well... it was an evolution influenced by this method. [13]The furniture was also lightweight, and children were encouraged to arrange it themselves, however they liked. This control over their environment immediately promoted independence in the child, which was the main goal of the Montessori method – children guiding their own learning.	교수: 근본적으로는, 그렇습니다. 전형적인 교실은 교사가 수업을 이끌고 학생들을 지도하지만, 여기서는, 아이들이 각자의 학습을 책임집니다. 그리고 이러한 작용의 변화는 몇 가지 중요한 방식으로 제시되었습니다. 예를 들어, 몬테소리 교실의 가구는 아이들에게 맞는 크기였습니다. 이것이 요즘은 놀라운 일이 아니라는 것을 알고 있지만, 그러니까… 이는 이러한 방식에 영향을 받은 하나의 발전이었습니다. 그 가구는 또한 가벼웠으며, 아이들에게 어떤 식으로든 마음에 드는 방식으로 직접 그것을 배치하도록 권장했습니다. 환경에 대한 이러한 통제는 즉각적으로 아이들의 자립심을 촉진했으며, 이는 아이들이 각자의 학습을 이끌어간다는 몬테소리 교육법의 주된 목표였습니다.
Female Student: So, children scooting desks and chairs all around a classroom. Isn't that... chaotic?	여학생: 그럼, 아이들이 교실 모든 곳에 걸쳐 책상과 의자를 막 움직일 텐데. 그렇게 하면… 혼란스러워지지 않나요?
Professor: That's how critics felt, but... let's not assume that greater liberty automatically equates to less discipline. [14(A)]The teacher still plays an important role. They monitor the classroom with general but fundamental rules... mostly respecting others, doing what's right... basic social expectations. By doing so, the teacher can gently suggest to the children correct behavior, while, at the same time, allowing the children the freedom to figure it out on their own. Along those same lines, children select their own learning activities, instead of following the teacher's pre-planned lessons. Again, this might sound wild... but it's still a controlled atmosphere.	교수: 그게 바로 비판론자들이 생각한 점이었죠, 하지만… 더 많은 자유가 자동적으로 더 적은 규율과 동일하다고 여기지 마세요. 교사는 여전히 중요한 역할을 합니다. 이들은 일반적이면서 기본적인 규칙으로 교실을 지켜보는데… 주로 다른 이들을 존중하고, 옳은 일을 하는… 기본적인 사회적 기대 요소들입니다. 이렇게 함으로써, 교사는 아이들에게 부드럽게 옳은 행동을 제시하면서, 동시에, 아이들에게 스스로 알아낼 수 있는 자유를 허용하는 겁니다. 이와 동일한 방식으로, 아이들은 교사가 미리 계획한 수업을 따르는 것이 아니라 각자의 학습 활동을 선택합니다. 다시 한 번 말하지만, 이 방식이 제멋대로인 것처럼 들릴지 모르겠지만, 여전히 통제된 환경입니다.

The, well, toys, I suppose, in the Montessori classroom are carefully designed to teach the children through play. They're referred to as manipulative equipment.

Male Student: So, the children are playing by themselves... what does the teacher do? Just watch?

Professor: [15(B)]I guess you can put it that way. To start, the teacher will give some guidance as to how each activity works and provide a sort of introduction before a student can start. And then, observing the children at play is key for the teacher. The teacher needs to make sure the children are acquiring the skills they'll need for more advanced concepts... that they're making progress, right? This hands-off approach was radical... especially if you imagine the strict classroom settings of the time. And, this method can be extremely difficult for some teachers who want more control. Dr. Montessori even referred to teachers as directors, instead. The Montessori methodology, after all, completely hinges on the autonomy of the learners.

Male Student: That wouldn't be easy... it would require a lot of focus and patience.

Professor: True, having less control is quite challenging. But, this is another reason why the equipment in a Montessori classroom is critically important. It can be categorized depending on its subject, whether it promotes practical life learning, or mathematics, or sensorial lessons. Sensorial equipment, as the name implies, encourages children to explore through their senses – touch or sound. Plus, it aids the development of fine motor skills. The idea is to initiate a learning style that will help the child later learn more advanced math and language skills.

[16(C)]So, as an example, we can look at an item called the pink tower, umm... an item which is so popular that it's known as 'the symbol of Montessori'. But, anyways, the pink tower comprises ten pink wooden cubes, ranging in size from one centimeter to ten centimeters. This simple toy imparts multiple lessons at once. First, it teaches a child the concept of size in three dimensions, through visual and tactile sensation.

그, 저, 제 생각에, 몬테소리 교실의 장난감들은 놀이를 통해 아이들을 가르치도록 신중히 고안된 것입니다. 이 장난감들은 조작 장치라고 일컬어집니다.

남학생: 그럼, 아이들이 스스로 놀게 되는데… 교사는 무엇을 하나요? 그냥 지켜보나요?

교수: 그렇게 볼 수 있을 것 같습니다. 처음에, 교사가 각 활동이 어떻게 진행되는지에 관해 지도하면서 일종의 소개를 하고 난 후에 학생이 시작할 수 있습니다. 그리고 그 후에, 놀이를 하는 아이들을 관찰하는 것이 교사에게 있어 핵심적인 일입니다. 교사는 반드시 아이들이 더욱 발전된 개념들에 대해 필요로 하는 능력을 습득하도록 해야 합니다… 그러니까 아이들이 진전을 보이는지를 말이죠? 이러한 불간섭 접근법은 파격적이었는데… 특히 당시의 엄격한 교실 환경을 생각해보면 그렇습니다. 그리고, 이 방식은 더 많은 통제를 원하는 일부 교사들에게는 대단히 어려울 수 있습니다. 몬테소리 박사는 심지어 교사를 감독관이라고 대신 일컫기도 했습니다. 몬테소리 방법론은, 결국, 전적으로 학습자의 자율성에 달려 있습니다.

남학생: 그렇다면 쉽지 않겠어요… 많은 집중력과 인내심이 필요할 것 같아요.

교수: 사실입니다, 덜 통제한다는 것은 상당히 어렵죠. 하지만, 이것이 바로 몬테소리 교실의 장치가 대단히 중요한 또 다른 이유입니다. 그것이 실생활 관련 학습을 촉진하는지, 또는 수학이나 감각 기관 수업을 촉진하는지 등의 주제에 따라 분류될 수 있습니다. 감각 기관 장치는, 그 이름이 암시하듯, 아이들에게 접촉이나 소리 등의 감각을 통해 탐구하도록 장려합니다. 게다가, 소근육 운동 기능 발달에도 도움이 됩니다. 그 아이디어는 아이가 나중에 더 고급 단계의 수학과 언어 능력을 배우는 데 도움이 될 학습 양식을 시작하는 것입니다.

따라서, 예를 들자면, 핑크 타워라고 불리는 물품을 살펴볼 수 있는데, 음… 그러니까 이 물품은 너무 인기가 많아서 '몬테소리의 상징'이라고 알려져 있습니다. 하지만, 어쨌든, 이 핑크 타워는 10개의 핑크색 나무 정육면체로 구성되어 있고, 그 크기는 1센티미터에서 10센티미터에 이릅니다. 이 간단한 장난감은 한 번에 다양한 가르침을 전해줍니다. 첫째, 아이에게 시각과 촉각을 통해 3차원 입체로 된 크기의 개념을 가르쳐줍니다.

Second, it aids in muscular coordination, as the child carefully stacks and arranges the different sized blocks. Finally, the pink tower subtly introduces children to abstract mathematical concepts, namely spatial volume and cube root.	둘째, 아이가 조심스럽게 다른 크기를 지닌 블록을 쌓고 배치하는 동안 근육 조정 능력에 도움을 줍니다. 마지막으로, 핑크 타워는 아이에게 추상적인 수학 개념, 즉 공간 용적과 세제곱근을 미묘하게 소개해줍니다.
Female Student: That's quite a toy. But, what role does creativity play in the classroom?	여학생: 대단한 장난감이네요. 하지만, 교실 내에서 어떤 역할이 창의성 발휘 작용을 하나요?
Professor: [17(C)]Well, the intended goal is that creativity becomes a sort of by-product, indirectly, similar to how playing with cubes leads to mathematical skills. Umm... so maybe creativity isn't harnessed through, say, coloring activities. But, instead, when a child is ready to pick up a real brush and paint on canvas, their Montessori education will have prepared them to do so skillfully.	교수: 음, 의도하는 목표는 창의성이 일종의 부산물이 되도록 하는 것인데, 간접적으로 말이죠, 정육면체를 갖고 노는 것이 수학적 능력으로 이어지는 방식과 유사합니다. 음… 그래서 아마 창의성은, 말하자면, 색칠 활동을 통해서는 활용되지 않을 겁니다. 하지만, 대신, 아이가 실제 붓을 집어 들어 캔버스에 칠할 준비가 되어 있을 때는, 그들의 몬테소리 교육이 능숙하게 그렇게 하도록 준비시켜줄 것입니다.

[스크립트 어휘]

alternative 대체하는 method 방법 traditional 전통적인 pioneer ~을 개척하다 reimagine ~을 재해석하다 philosophy 철학 function 기능하다 get into details 세부 내용으로 들어가다 fundamentally 근본적으로, 본질적으로 take charge of ~을 책임지다 shift in ~의 변화 agency 작용, 힘 significant 중요한, 의미 있는 evolution 발전, 진화 influence ~에 영향을 미치다 be encouraged to do ~하도록 권장되다, 장려되다 control over ~에 대한 통제, 제어 immediately 즉각적으로, 즉시 promote ~을 촉진하다 independence 자립(심) scoot ~을 휙 움직이다 chaotic 혼란 상태인 critic 비판론자 assume that ~라고 생각하다, 가정하다 equate to ~와 동일하다 discipline 규율, 훈육 play an important role 중요한 역할을 하다 expectation 기대, 예상 correct behavior 옳은 행동 at the same time 동시에 allow A B A에게 B를 허용하다 figure A out A를 알아내다 along the same lines 동일한 방식으로 select ~을 선택하다 pre-planned 미리 계획된 wild 제멋대로인 atmosphere 환경, 분위기 be designed to do ~하도록 고안되다 be referred to as ~라고 일컬어지다 manipulative 조작하는, 조종하는 put it that way (앞서 언급된 것에 대해) 그렇게 말하다 introduction 소개, 도입 observe ~을 관찰하다 make sure (that) 반드시 ~하도록 하다, ~하는 것을 확실히 해두다 acquire ~을 얻다, 획득하다 advanced 발전된, 고급의 make progress 진전이 있다, 진척되다 hands-off 불간섭의 approach 접근법 radical 파격적인, 급진적인 strict 엄격한 setting 환경 extremely 대단히, 매우 refer to A as B A를 B라고 일컫다 methodology 방법론 after all 결국 completely 완전히, 전적으로 hinge on ~에 달려 있다 autonomy 자율성 patience 인내(심) categorize ~을 분류하다 depending on ~에 따라, ~에 달려 있는 subject 주제, 과목, 대상 practical life 실생활 sensorial 감각의 imply 암시하다 explore ~을 탐구하다 aid ~을 돕다 fine motor skills 소근육 운동 기능 initiate ~을 시작하다, 개시하다 be known as ~로 알려지다 comprise ~로 구성되다 range from A to B (범위 등이) A에서 B에 이르다 impart ~을 전하다, 주다 three dimensions 3차원 입체 tactile 촉각의 muscular 근육의 coordination 조정(력), 조화 stack ~을 쌓다 arrange ~을 배치하다 subtly 미묘하게 abstract 추상적인 namely 즉, 다시 말해서 spatial 공간의 volume 용적, 용량 cube root 세제곱 creativity 창의성 intended 의도된 by-product 부산물 indirectly 간접적으로 harness ~을 활용하다 coloring 색칠하기 skillfully 능숙하게

12. 강의는 주로 무엇에 관한 것인가?

- (A) 교실 내에서 교사와 학생이 하는 다양한 역할
- (B) 전통적인 교육 접근법과 대체 교육 접근법 사이의 비교
- (C) 몬테소리 교실에서 찾아볼 수 있는 장치의 종류
- **(D) 20세기에 발전한 한 교육 철학이 지닌 여러 측면들**

해설 (오답 A) 너무 구체적인 내용이기에 오답입니다.
(오답 B) 언급되었던 단어지만 주제는 아닙니다.
(오답 C) 너무 구체적인 내용이기에 오답입니다.
(정답 D) 오늘도 Montessori(educational philosophy)에 대해 볼 것이라고 언급하며 전반적으로 이 철학의 여러 특징들을 보고 있기에 정답입니다.

13. 강의에서, 교수는 몬테소리 방법론이 아이들 교실 내의 가구에 이뤄진 다양한 변화를 설명하고 있다. 다음 중 각각이 이 변화들 중 하나인지 표기하시오.

	네	아니오
가구가 작은 크기였다	√	
아이들에 의해 조립되었다		√
아이들에게 꽤 가벼웠다	√	
교실 내에 무작위로 놓였다		√

해설 (정답) furniture는 child sized라고 언급하기에 정답입니다.
(오답) 언급된 적 없는 정보이기에 오답입니다.
(정답) 가벼워서(lightweight) 아이들이 arrange했다고 언급하기에 정답입니다.
(오답) 언급된 적 없는 정보이기에 오답입니다.

14. 교수의 말에 따르면, 몬테소리 교실 내에서 교사의 역할과 관련해 무엇을 유추할 수 있는가?

Ⓐ 학생들을 자기 주도적인 학습으로 신중하게 이끈다.
Ⓑ 학생들에게 수업 중에 적절하게 행동하도록 강요한다.
Ⓒ 학생들에게 사회적 기대 요소에 대한 엄격한 가이드라인을 알린다.
Ⓓ 통제된 환경을 유지하기 위해 미리 수업을 계획한다.

해설 (정답 A) 교사는 guidance를 주고 학생들이 알아서 하는 것을 지켜보는 것이 역할이라고 언급하기에 정답입니다.
(오답 B) 강요한다는 내용은 반대되는 정보이기에 오답입니다.
(오답 C) 엄격한 가이드라인은 언급되지 않았기에 오답입니다.
(오답 D) 언급된 정보가 아니므로 오답입니다.

15. 강의의 일부를 다시 들어보시오. 그런 다음, 질문에 답하시오.

"남학생: 그럼, 아이들이 스스로 놀게 되는데… 교사는 무엇을 하나요? 그냥 지켜보나요?
교수: 그렇게 볼 수 있을 것 같습니다. 처음에, 교사가 각 활동이 어떻게 진행되는지에 관해 지도하면서 일종의 소개를 하고 난 후에 학생이 시작할 수 있습니다."

교수는 왜 다음과 같이 말하는가? "그렇게 볼 수 있을 것 같습니다."

Ⓐ 학생의 말을 바로잡아주기 위해
Ⓑ 추가 설명을 막 제공하려는 참이라는 것을 암시하기 위해
Ⓒ 교사에 대한 학생의 의견에 반대하기 위해
Ⓓ 교사의 역할에 대해 확신하지 못하고 있음을 나타내기 위해

해설 (오답 A) 학생의 말은 틀리지 않았기에 오답입니다.
(정답 B) 해당 문장 앞뒤 흐름으로 보았을 때 교수는 학생의 질문에 대한 추가 설명을 제공하기에 정답입니다.
(오답 C) 반대하는 내용이 없기에 오답입니다.
(오답 D) 확신을 못하는 내용이 아니기에 오답입니다.

16. 교수가 핑크 타워에 관해 말할 때 어떤 점이 강조되는가?
(A) 감각 기관 수업이 가장 중요한 학습 양식이다.
(B) 해당 장치를 갖고 노는 것과 관련된 세 가지 의무적인 단계가 있다.
(C) 해당 장치의 한 조각이 여러 가지를 가르치는 데 활용될 수 있다.
(D) 수학적 개념이 전통적인 접근법과 몬테소리 접근법 둘 모두에 있어 중요한 것으로 여겨진다.

해설 (오답 A) 가장 중요한 학습 양식이라는 언급은 없습니다.
(오답 B) 놀이 단계가 세 가지가 있다는 내용은 없습니다.
(정답 C) multiple lessons at once라고 언급하기에 정답입니다.
(오답 D) 전통적인(traditional) 접근법과 Montessori에 대한 정보는 해당 키워드와 관련하여 언급된 적이 없습니다.

17. 교수는 왜 정육면체를 갖고 노는 것을 언급하는가?
(A) 수업 중에 아이들을 집중된 상태로 유지시키는 한 가지 방법을 보여주기 위해
(B) 몬테소리 방법론이 이론보다 창의성과 더 관련되어 있음을 알려주기 위해
(C) 몬테소리 방법론이 어떻게 창의성을 가르치도록 의도하는지 설명하기 위해
(D) 수학적 능력을 습득하는 것의 중요성을 강조하기 위해

해설 (오답 A) cube와 관련하여 언급된 정보는 아닙니다.
(오답 B) 이론과 창의성을 비교한 적은 없습니다.
(정답 C) cubes를 언급하는 문장에서 창의성(creativity)이 따라온다고 언급했기에 정답입니다.
(오답 D) 수학적 능력을 습득하는 것의 중요성에 대한 언급은 없습니다.

[문제 어휘]

comparison 비교 **aspect** 측면, 양상 **assemble** ~을 조립하다 **fairly** 꽤, 상당히 **place** v. ~을 놓다 **randomly** 무작위로 **self-directed** 자기 주도적인 **force A to do** A에게 ~하도록 강요하다 **appropriately** 적절히 **inform A of B** A에게 B를 알리다 **correct** v. ~을 바로잡다 **be about to do** 막 ~하려는 참이다 **oppose** ~에 반대하다 **compulsory** 의무적인, 강제적인 **involved in** ~에 관련된 **be considered 형용사** ~한 것으로 여겨지다 **illustrate** ~을 분명히 보여주다 **theory** 이론 **describe** ~을 설명하다 **intend to do** ~할 의도이다, 작정이다 **emphasize** ~을 강조하다

PART 2 (Q1-11)

Question 1-5

Narrator: Listen to a conversation between a student and an employee in the student housing office.	내레이터: 학생과 학생 기숙사 사무실 직원 사이의 대화를 들어보시오.
Student: Hello. I'm a freshman here. I'm currently living in Jefferson Hall, and it's been great. I've loved living in the dorms. [1(D)]But, I think I'd like to try something different for next year.	학생: 안녕하세요. 저는 올해 1학년입니다. 제가 현재 제퍼슨 홀에 살고 있는데, 지금까지 아주 좋았어요. 기숙사에서 생활하는 게 아주 마음에 들었어요. 하지만, 제 생각에 내년엔 뭔가 다른 것을 시도해보고 싶습니다.
Employee: Hmm... you have some options... since you'll be a sophomore, though, you'll still need to live on campus.	직원: 흠… 몇 가지 선택권이 있어요… 하지만 2학년이 되기 때문에, 여전히 캠퍼스 내에서 생활해야 할 겁니다.
Student: Oh, I know. I just want to be sure to apply early, if possible. Umm... one of my classmates mentioned houses for students who share a common interest.	학생: 아, 알고 있어요. 저는 그저 꼭 일찍 지원하고 싶은 것 뿐이에요, 가능하다면요. 음… 제 동급생 중의 한 명이 공통된 관심사를 지니고 있는 학생들을 위한 기숙사를 언급해주었거든요.
Employee: That's right. It's a relatively new program, but we have a music house, a fitness house, a science house...	직원: 맞아요. 비교적 새로운 프로그램인데, 음악 기숙사와 피트니스 기숙사, 그리고 과학 기숙사가 있습니다.
Student: [1(D)]I heard there's a theater house? That caught my attention. I mean, I'm not a theater major, but I'd still like to be involved with plays and acting.	학생: 제가 듣기로는 연극 기숙사가 있다고 하던데요? 그게 제 관심을 끌었습니다. 제 말은, 제가 연극 전공 학생은 아니지만, 그래도 연극과 연기에 관련되어 있고 싶어서요.
Employee: Oh, your major isn't taken into consideration. You just have to be interested in the topic.	직원: 아, 전공은 고려 대상이 아닙니다. 그저 해당 주제에 관심이 있어야 합니다.
Student: That seems a bit broad...	학생: 그건 좀 폭넓은 것 같네요…
Employee: Perhaps. But, the thing is, the requirement is actually perfect. Umm... [2(B)]because people who aren't into theater probably wouldn't want to live there. Students are always rehearsing together, practicing lines... putting on their own performances, or working on costumes and sets. It would probably be annoying if you aren't really into theater.	직원: 아마도요. 하지만 중요한 건, 자격 요건이 사실 완벽합니다. 음… 연극에 관심이 없는 사람들은 아마 그곳에 살고 싶어하지 않을 테니까요. 학생들이 항상 함께 리허설을 하고, 대사도 연습하고… 자신들만의 공연을 올리거나, 의상과 무대 작업을 합니다. 아마 연극에 정말로 관심이 있지 않다면 짜증스러울 수도 있죠.
Student: Wow... that sounds fantastic to me! I've always wanted to live in that kind of energetic and creative atmosphere.	학생: 와우… 저에겐 환상적일 것 같아요! 저는 항상 그런 종류의 활기 넘치고 창의적인 환경에서 생활해보고 싶었거든요.
Employee: Then you meet the requirements! It sounds like you'd fit in perfectly, especially since the houses also act as social clubs.	직원: 그러시면, 자격 요건을 충족합니다! 완벽하게 어울리실 것 같아 보이는데, 특히 그 기숙사가 사교 클럽과 같은 역할도 하거든요.
Student: [3(B)]So they have their own scheduled events, too?	학생: 그럼 그곳 학생들은 각자 예정된 행사도 있나요?
Employee: Yep, and these are open to the wider school community. Let me think... right! Last spring, the theater house organized a 10-minute play festival in Emerson Park. And they do smaller events more frequently.	직원: 네, 그리고 그 행사는 더 폭넓은 학교 공동체에 개방되어 있습니다. 어디 보자… 맞아요! 지난 봄에, 연극 기숙사가 에머슨 공원에서 10분짜리 연극 축제를 주최했어요. 그리고 더 작은 행사들은 더 자주 열어요.

Student: I wish I could've seen it! That's right up my alley. Employee: And, as you can imagine, a lot of social events are tied to the house, too. Going to restaurants, weekend trips, even watching movies in the common area. You'll meet so many new people. Student: What should I do to start my application process? Employee: [4(B)]Hmm... maybe I got your hopes up too high. You have to keep in mind that these rooms are competitive. Upper classmen even stay on campus just to live in them... so only about 20% of the applications are accepted. Student: Oh...that's not very promising... But I still want to try. Employee: [5(D)]Sure. Then, for the application, you can submit a form to the house director through the housing department website. The personal statement is probably the most important part, so really emphasize why you'd make a good addition to the house.	학생: 저도 볼 수 있었으면 좋았을 거에요! 완전히 제 취향이에요. 직원: 그리고, 상상이 되시겠지만, 많은 사교 행사들도 그 기숙사와 관련되어 있습니다. 레스토랑에 가거나, 주말 여행도 하고, 심지어 공공 장소에서 영화도 봐요. 새로운 사람들을 아주 많이 만나실 거예요. 학생: 지원 과정을 시작하려면 뭘 해야 하죠? 직원: 흠… 아마 제가 너무 기대하시게 만들었을지도 모르겠네요. 이 방들은 경쟁이 심하다는 점을 명심하셔야 합니다. 상급생들도 단지 그곳에서 생활하기 위해 캠퍼스 내에 머물기도 하기 때문에… 오직 지원서의 약 20퍼센트만 받아들여집니다. 학생: 아… 전망이 그렇게 좋진 않네요… 하지만 여전히 시도해보고 싶어요. 직원: 좋습니다. 그럼, 지원을 위해, 기숙사 관리 웹사이트를 통해 기숙사 관리 책임자에게 양식을 제출하시면 됩니다. 개인적인 지원 사유서가 아마 가장 중요한 부분일 것이기 때문에, 왜 그 기숙사에 좋은 추가 입주자가 되실 수 있는지를 확실히 강조하세요.

[스크립트 어휘]

currently 현재 **dorm** 기숙사 **sophomore** 2학년 **though** (문장 중간이나 끝에서) 하지만 **be sure to do** 꼭 ~하다 **apply** 지원하다, 신청하다 **if possible** 가능하다면 **share a common interest** 공통된 관심사를 지니고 있다 **relatively** 비교적, 상대적으로 **attention** 관심, 주의, 주목 **major** 전공자 **be involved with** ~에 관련되다 **take A into consideration** A를 고려하다 **broad** 폭넓은, 개략적인 **requirement** 자격 요건 **into** ~에 관심 있는 **rehearse** 리허설을 하다, 예행연습하다 **practice** ~을 연습하다 **line** 대사 **put on** ~을 무대에 올리다, 상연하다 **costume** 의상 **annoying** 짜증나게 하는 **creative** 창의적인 **atmosphere** 환경, 분위기 **fit in** 잘 어울리다, 적합하다 **act as** ~의 역할을 하다 **community** 공동체 **organize** ~을 주최하다, 조직하다 **play** n. 연극 **right up one's alley** ~의 취향인 **be tied to** ~와 관련되다 **application** 지원(서), 신청(서) **process** 과정 **get one's hopes up too high** ~의 기대를 높이다 **keep in mind that** ~임을 명심하다 **competitive** 경쟁이 심한, 경쟁적인 **upper classman** 상급생 **accept** ~을 받아들이다, 수락하다 **promising** 전망이 좋은, 유망한 **submit** ~을 제출하다 **form** 양식 **emphasize** ~을 강조하다 **addition** 추가(되는 사람)

1. 학생은 왜 학생 기숙사 사무실을 방문했는가?

Ⓐ 기숙사 관리 책임자가 되기 위한 지원 과정을 명확하게 해두기 위해
Ⓑ 캠퍼스 밖의 거주 시설로 옮기는 것이 여전히 가능한지 확인하기 위해
Ⓒ 공통된 관심사를 지닌 동급생과 함께 생활할 수 있는지 알아보기 위해
Ⓓ 캠퍼스 내의 새 기숙사로 옮길 자격이 있는지 알아내기 위해

해설 (오답 A) 책임자가 되는 내용과는 관련이 없습니다.
(오답 B) off campus는 잘못된 정보로 오답입니다.
(오답 C) classmate와 함께 살고 싶다고 언급한 적은 없습니다.
(정답 D) 새로운 기숙사로 가보고 싶다고 말하며 특히 theater house를 언급하기 때문에 정답입니다.

2. 연극 기숙사에 생활하는 사람들에 관해 여자가 암시하는 것은 무엇인가?
Ⓐ 악기를 연주할 때 다소 경쟁적일 수 있다.
Ⓑ 대부분은 연기와 연극에 대해 열정적이다.
Ⓒ 대다수가 연극을 전공하고 있지 않다.
Ⓓ 보통 자선 단체를 위한 소규모 행사만 개최한다.

해설 (오답 A) 사람들이 연주할 때 경쟁적이라고 언급한 적은 없습니다.
(정답 B) theater를 좋아하지 않는 학생들은 싫어할 것이라고 언급하며, 학생들이 항상 연습을 한다고 말하기 때문에 정답입니다.
(오답 C) 대다수가 연극을 전공하는지는 알 수 없는 정보로 오답입니다.
(오답 D) 소규모 행사만 한다고 한 적은 없기에 오답입니다.

3. 여자는 왜 에머슨 공원에서 열리는 10분 길이의 연극 축제를 언급하는가?
Ⓐ 학생에게 캠퍼스 내의 행사에 더욱 적극적으로 참여하도록 권하기 위해
Ⓑ 학생에게 연극 기숙사가 자체 행사를 개최하고 있음을 확실히 말해주기 위해
Ⓒ 학생에게 연극 기숙사에서 곧 주최하는 행사에 참석하도록 상기시키기 위해
Ⓓ 학생에게 오직 짧은 공연에서 참여할 수 있음을 알려주기 위해

해설 (오답 A) 학생에게 적극 참여를 권하는 내용은 아닙니다.
(정답 B) 학생이 own scheduled event도 있냐고 질문한 것에 대한 대답으로 10-minute play festival을 언급했기에 정답입니다.
(오답 C) 상기(remind)시키는 상황이 아니기에 오답입니다.
(오답 D) only short performance만 가능하다고 한 적이 없기에 오답입니다.

4. 대화의 일부를 다시 들어보시오. 그런 다음, 질문에 답하시오.

"학생: 지원 과정을 시작하려면 뭘 해야 하죠?
직원: 흠… 아마 제가 너무 기대하시게 만들었을지도 모르겠네요. 이 방들은 경쟁이 심하다는 점을 명심하셔야 합니다. 상급생들도 단지 그곳에서 생활하기 위해 캠퍼스 내에 머물기도 합니다."

여자는 왜 다음과 같이 말하는가? "흠… 아마 제가 너무 기대하시게 만들었을지도 모르겠네요"
Ⓐ 학생에게 지원할 시간이 충분하고도 남는다는 점을 확인해주기 위해
Ⓑ 학생에게 이사해 들어가지 못할 지도 모른다고 주의를 주기 위해
Ⓒ 학생에게 지원서가 받아들여질 것이라고 장담하기 위해
Ⓓ 학생에게 1년 더 캠퍼스 내에 머물도록 권하기 위해

해설 (오답 A) 지원 시간에 대한 내용과는 관련이 없습니다.
(정답 B) 해당 문장 언급 후, 이 방들은 경쟁이 심하다고 말하는 것을 통해 들어가기 힘들 수도 있다는 말을 전달하고 있어 정답입니다.
(오답 C) 경쟁이 심하다(competitive)는 말과 반대되는 내용으로 오답입니다.
(오답 D) 1년 더 머물도록 권하는 내용은 언급된 적이 없기에 오답입니다.

5. 여자는 학생에게 무엇을 제출하도록 권하는가?
Ⓐ 왜 새로운 사람들을 만나고 싶은지를 명시한 개인 사유서
Ⓑ 참여한 적이 있었던 연극 행사 목록
Ⓒ 캠퍼스 기숙사에서 생활했던 이전의 기록
Ⓓ 연극 기숙사에 유익한 존재가 될 수 있는 방법

해설 (오답 A) personal이라는 단어가 혼동될 수 있지만 내용이 잘못되었기에 오답입니다.
(오답 B) 언급된 적 없는 정보로 오답입니다.
(오답 C) 제출하라고 언급한 적 없는 정보로 오답입니다.
(정답 D) personal statement에 어떤 방식으로 도움을 줄 수 있는지 작성하여 제출하라고 했기에 정답입니다.

[문제 어휘]

clarify ~을 명확히 하다 **residence** 거주 시설 **determine** ~을 알아내다, 결정하다 **be eligible to do** ~할 자격이 있다 **rather** 다소, 오히려, 좀 **instrument** 악기 **be passionate about** ~에 대해 열정적이다 **the majority of** 대다수의 **major in** ~을 전공하다 **hold** ~을 개최하다 **charity** 자선 단체 **encourage A to do** A에게 ~하도록 권하다 **participate in** ~에 참여하다(= take part in) **assure A that** A에게 ~라고 확실히 말하다, 장담하다 **remind A to do** A에게 ~하도록 상기시키다 **upcoming** 곧 있을, 다가오는 **host** ~을 주최하다 **inform A that** A에게 ~라고 알리다 **confirm that** ~임을 확인해주다 **warn A that** A에게 ~라고 주의를 주다 **benefit** 유익한 사람, 혜택, 이득

Question 6-11

Narrator: Listen to part of a lecture in an art history class. The professor has been discussing illustrated books.	내레이터: 미술사 수업의 강의 일부를 들어보시오. 교수가 일러스트 북을 이야기하고 있습니다.
Professor: [6(A)]Today, we'll be looking at one of the most well-known illustrated books of the 19th century: The Birds of America by American artist and ornithologist John James Audubon. It comprised four volumes that contain highly detailed illustrations of every bird native to the United States. So, you can imagine the scope of Audubon's project: that's over 400 birds painted by hand... oh, and they were life-sized too, so larger birds even had to be printed on the largest printing paper available. [6(A)]Audubon's dedication to his work is still astounding, as are his contributions to both art and science.	교수: 오늘, 우리는 가장 잘 알려진 19세기 일러스트 북 중의 하나로서, 미국의 미술가이자 조류학자인 존 제임스 오듀본이 만든 <미국의 새들>을 살펴보겠습니다. 이 책은 모든 미국 토종 새에 대한 대단히 상세한 일러스트를 담고 있는 네 권의 책으로 구성되어 있습니다. 따라서, 오듀본의 프로젝트 규모가 상상이 되실 텐데, 손으로 400마리가 넘는 새들을 그린 것이죠… 아, 그리고 실물 크기이기도 했기 때문에, 더 큰 새들은 심지어 이용 가능한 가장 큰 인쇄 용지에 인쇄되어야 했습니다. 자신의 작업물에 대한 오듀본의 헌신은 여전히 대단히 놀라우며, 미술과 과학 둘 모두에 대한 그의 공헌도 마찬가지입니다.
Let's start by learning more about Audubon himself. It's important to note that he was not a traditional painter...or, more specifically, he didn't work in oils. Instead, he chose to use watercolor, and therefore used paper and not canvas, another unique choice. Umm... these decisions were most likely linked to Audubon's belief that the illustrations in his book, not the watercolors he painted, were the actual final version of the piece. To him, the watercolors served as the initial sketch. [7(B)]What he did was that he made most of them while in the field, observing birds in their natural habitats. His printer would then take these watercolors and turn them into the prints that appeared in the book. So, Audubon saw his... by all standards,	오듀본이라는 사람에 관해 더 알아보는 것으로 시작해 보겠습니다. 그가 전통적인 미술가가 아니었다는 점에 주목하는 것이 중요하며… 즉, 더 구체적으로 말하자면, 그는 유화 물감으로 작업하지 않았습니다. 대신, 수채화를 활용하기로 결정했으며, 그에 따라 캔버스가 아닌 종이를 사용했는데, 이는 또 다른 독특한 선택이었습니다. 음… 이러한 결정은 자신이 그린 수채화가 아니라 책 속의 일러스트가 작업물의 실제 최종 버전이 되어야 한다는 오듀본의 믿음과 연관되어 있을 가능성이 컸습니다. 그에게, 수채화는 첫 단계의 스케치와 같은 역할을 했습니다. 그가 한 일은 현장에 나가 있는 동안 자연 서식지에서 새들을 관찰하면서 대부분의 수채화를 그린 것이었습니다. 그 후 인쇄업체가 이 수채화를 가져다가 그 책에 보이는 인쇄물로 탈바꿈시키곤 했습니다. 따라서, 오듀본은 자신의… 누가 봐도, 아름답고 예술적인…

beautiful and artistic... watercolors as, umm... rough drafts, of sorts. [7(D)]He would even scribble notes for the printer around the edges of the paintings. It makes one wonder if Audubon even intended for his paintings to be considered art.

Student: Did Audubon think of himself as a scientist rather than an artist, then?

Professor: Well, nowadays, we consider the two to be quite different. Polar opposites, in some cases. However, in the 1800s, I don't believe there was much of a difference – a person invested in science would also be well versed in art. Umm ... regardless, it is believed that the impetus for Audubon for his work was to gain, umm... scientific knowledge. [8(D)]And this is most likely the reason why critics during his time didn't pay much attention to his artwork. But honestly, I am pretty shocked that they didn't notice anything about his works. I mean look at his illustrations! Anyway... back to where I was. [9(C)]Audubon studied birds in other ways that weren't artistic. He practiced bird banding to, umm, experiment with his theories about bird migration. You see, he thought that the birds that returned in the spring were the same that he saw in the previous year, before they migrated. So, he put bands around the feet of some of the Eastern Phoebes nesting around his home. When they returned in the spring still wearing the same band, he proved his hypothesis. [9(C)]Bird banding was a common technique for marking birds, but Audubon was one of the first to use it for scientific purposes.

It's also impressive just how accurate his illustrations were. When we compare his works to the actual birds today, they still capture even the finest details. For those we can still check, at least. [10(C)]But there are some called 'Audubon's mystery birds'. Can you guess what they are? Umm... This is the term used to refer to some of the birds included in his book that have actually never been seen, since, as far as we know, they only exist within the pages of The Birds of America. So, how could a thorough and

수채화를, 음… 대강 만든 초안처럼 여겼습니다. 그는 심지어 그림들 가장자리 주변에 인쇄업체를 위해 메모를 갈겨쓰기도 했습니다. 이는 오듀본이 심지어 자신의 그림이 예술로 여겨지도록 의도한 것이 맞는지 궁금하게 만드는 점입니다.

학생: 그럼, 오듀본은 자신을 미술가가 아니라 과학자로 생각했던 걸까요?

교수: 음, 오늘날, 우리는 두 부류를 상당히 다르게 여기고 있습니다. 어떤 경우에 있어서는, 극과 극이죠. 하지만, 1800년대에는, 큰 차이점이 있었다고 생각하지 않는데, 과학에 전념한 사람이 미술에 정통하기도 했죠. 음… 그와 상관없이, 작업물에 대한 오듀본의 원동력은, 음… 과학적 지식을 얻는 것이었다고 여겨지고 있습니다. 그리고 이것이 바로 당시의 비평가들이 그의 미술 작품에 크게 관심 갖지 않았던 이유였을 가능성이 큽니다. 하지만 솔직히, 저는 그 비평가들이 그의 작품과 관련해 어떤 것에도 주목하지 않았다는 점이 꽤 충격적입니다. 제 말은 그 일러스트를 한 번 확인해보세요! 어쨌든… 얘기하던 부분으로 돌아가겠습니다. 오듀본은 예술적이지 않았던 다른 방식으로 새들을 연구했습니다. 그는 새의 이주에 관한 자신의 이론을, 음, 실험하기 위해 조류 표지법을 실행했습니다. 그러니까, 그는 봄에 다시 돌아온 새들이 이전 해에 이주하기 전에 자신이 보았던 동일한 새였다고 생각했습니다. 그래서, 그는 자신의 집 주변에 둥지를 튼 몇몇 '이스턴 피비'의 다리에 빙 둘러 표식을 붙였습니다. 그 새들이 봄에 여전히 동일한 표식이 붙어 있는 채로 돌아왔을 때, 그는 자신의 가설을 증명했습니다. 조류 표지법은 새들을 표시하는 흔한 기법이었지만, 오듀본은 그것을 과학적인 목적으로 활용한 첫 번째 사람들 중 한 명이었습니다.

또한 단지 그의 일러스트가 얼마나 정확했는가 하는 사실만으로도 인상적입니다. 그의 작업물을 오늘날 실제 새들과 비교해보면, 여전히 가장 미세한 세부 요소들까지도 담고 있습니다. 적어도, 우리가 여전히 확인할 수 있는 것들에 대해서 말이죠. 하지만 '오듀본의 미스터리 새들'이라고 불리는 것이 있습니다. 그게 무엇인지 짐작이 되시나요? 음… 이는 그의 책에 포함되어 있지만 실제로 관찰된 적이 한 번도 없는 몇몇 새들을 일컬을 때 사용하는 용어인데, 우리가 아는 한, 이 새들은 오직 <미국의 새들> 페이지 내에만 존재하기 때문입니다. 따라서, 어떻게 철저하고 높이 평가 받는 동물 연구가가

respected naturalist make such a mistake? In the book is a type of warbler, a small, common bird. But this one has white rings around its eyes, and white stripes along its wings. [11(A)]Nobody has ever seen a warbler with these features. So what are the possibilities? Did Audubon make a mistake when he was painting it? Some have suggested that he might have copied another artist's work, so the error was just passed along. But, again, considering how meticulous he was, there's likely another explanation. It could be an example of hybridization, which is well-documented among birds, the mixing together of two different species. [11(A)]So, Audubon's peculiar warbler could've been a one-off hybrid, a truly unique bird. The same situation appears to have happened with an odd duck also illustrated in the book. At the time, Audubon even suggested that this duck was from an unknown species, or even a hybrid. Later on, this same hybrid duck was discovered both in the wild and in captivity. Audubon's assumption was correct, so some of his other 'mystery birds' might be explained in the same way.

그런 실수를 할 수 있었을까요? 이 책 속에는 일종의 휘파람새, 즉 작고 흔한 새가 한 마리 있습니다. 하지만 이 새는 눈 주변에는 하얀 고리 모양이, 그리고 날개를 따라 하얀 줄무늬가 있습니다. 누구도 이러한 특징을 지닌 휘파람새를 본 적이 없습니다. 그럼 어떤 가능성이 존재하는 것일까요? 오듀본이 그것을 그릴 때 실수한 것일까요? 일부 사람들은 그가 다른 미술가의 작품을 복제했을지도 모르기 때문에, 그 실수도 그저 그대로 남아 있게 되었다고 주장했습니다. 하지만, 다시 한 번 말하지만, 그가 얼마나 세심했는지를 감안하면, 다른 이유가 존재할 가능성이 있습니다. 이는 교배종의 한 예시일 수 있는데, 이는 새들 사이에서 기록으로 잘 입증되는 것으로서, 두 가지 다른 종이 함께 교배된 것입니다. 따라서, 오듀본이 그린 특이한 휘파람새는 유일한 잡종으로서, 정말로 독특한 새였을 수 있습니다. 비슷한 상황이 그 책에 마찬가지로 일러스트로 들어간 이상한 오리에게서도 나타난 것으로 보입니다. 당시에, 오듀본은 이 오리가 알려지지 않은 종, 즉 심지어 잡종이었다는 생각을 내비치기까지 했습니다. 나중에, 이것과 동일한 잡종 오리가 야생에서, 그리고 사육장에서 모두 발견되었습니다. 오듀본의 추정이 옳았기 때문에, 그가 그린 몇몇 다른 '미스터리 새들'도 같은 방식으로 설명될 수 있을지도 모릅니다.

[스크립트 어휘]

well-known 잘 알려진 **illustrated** 일러스트가 들어간, 삽화가 있는 **ornithologist** 조류학자 **comprise** ~으로 구성되다 **contain** ~을 담고 있다, 포함하다 **highly detailed** 대단히 상세한 **native to** ~ 토종인, ~가 원산지인 **scope** 규모, 범위 **life-sized** 실제 크기인 **available** 이용 가능한 **dedication** 헌신 **astounding** 대단히 놀라운 **contribution** 공헌, 기여 **watercolor** 수채화 물감, (복수형으로) 수채화 **serve as** ~의 역할을 하다 **initial** 처음의, 초기의 **observe** ~을 관찰하다 **habitat** 서식지 **turn A into B** A를 B로 탈바꿈시키다, 변모시키다 **see A as B** A를 B로 여기다 **by all standards** 누가 봐도, 어떤 기준에서도 **rough draft** 초안 **of sorts** (명사 뒤에서) 대충, 보잘것없는 **scribble** ~을 갈겨쓰다 **polar opposites** 극과 극인 것들 **invested in** ~에 전념한, 바친 **well versed in** ~에 정통한 **regardless** 상관없이 **impetus** 원동력, 추진력 **gain** ~을 얻다 **critic** 비평가, 비판론자 **pay attention to** ~에 관심을 갖다, 주목하다 **notice** ~을 인식하다, 알아차리다 **practice** ~을 실행하다 **bird banding** 조류 표지법(새의 이동 경로나 생태 등을 조사하기 위해 다리나 날개에 표식을 붙이는 것) **previous** 이전의 **migrate** 이주하다 **nest** v. 둥지를 틀다 **hypothesis** 가설 **capture** (그림, 사진 등으로) ~을 담다, 포착하다 **term** 용어 **refer to** ~을 일컫다, 가리키다 **as far as A know** A가 아는 한 **exist** 존재하다 **thorough** 철저한 **respected** 높이 평가 받는 **naturalist** 동식물 연구가 **feature** 특징 **suggest that** ~라고 주장하다, ~라는 생각을 내비치다 **might have p.p.** ~했을지도 모르다 **pass A along** A를 다음으로 넘기다, 전달하다 **considering** ~을 감안하면, 고려하면 **meticulous** 세심한 **explanation** 이유, 해명 **hybridization** 교배(종) **well-documented** 기록으로 잘 입증된, 잘 기록된 **species** (동물) 종 **peculiar** 특이한, 이상한(= odd) **one-off** 유일한, 일회성의 **in captivity** 사육되는, 가두어 기르는 **assumption** 추정

6. 강의의 주제는 무엇인가?

- **(A) 한 유명 일러스트레이터의 예술적이면서 과학적인 작품**
- (B) 일러스트 작업 스타일이 미술가들 사이에서 달라질 수 있는 방식
- (C) 일러스트 작업의 가장 흔한 주제
- (D) 새의 이주가 존 제임스 오듀본의 책들에 미친 영향

해설 (정답 A) 도입부에서 오늘은 well-known illustrated book 하나를 보겠다고 언급합니다. 그리고 이 책의 특징이 예술적이며 과학적인 것이기에 정답입니다.
(오답 B) artists마다 다르다고 언급된 적은 없으므로 주제가 될 수 없습니다.
(오답 C) 강의에서 언급된 적이 없는 정보입니다.
(오답 D) 너무 구체적인 내용이므로 주제가 될 수 없습니다.

7. 교수의 말에 따르면, 어떤 과정이 오듀본의 일러스트 제작과 관련되어 있었는가? 2개의 답변에 클릭하시오.
A 그림의 가장자리를 따라 스케치를 그렸다.
B 현장에서 새들을 관찰했다.
C 자신의 일러스트를 위해 오직 캔버스만 사용했다.
D 작업 설명과 함께 인쇄소에 자신의 그림을 주었다.

해설 (오답 A) 언급된 적 없는 정보이기에 오답입니다.
(정답 B) observe birds in natural habitats하며 sketch했다고 언급하기에 정답입니다.
(오답 C) 언급된 적 없는 정보이기에 오답입니다.
(정답 D) scribble notes for the printer라고 언급하기에 정답입니다.

8. 오듀본의 작업물을 바라보는 비평가들의 관점에 대한 교수의 태도는 어떠한가?
Ⓐ 오듀본의 작업물이 비평가들로부터 충분한 주목을 받을 수 있어서 흥분해 있다.
Ⓑ 그 작업물에 대해 강력한 의견을 지니고 있을까 우려하고 있다.
Ⓒ 오듀본의 미술 작품이 지닌 과학적 가치를 제대로 인식하고 있어서 감사하고 있다.
Ⓓ 오듀본의 작업물이 지닌 아름다움이 인정 받지 못해 놀라워하고 있다.

해설 (오답 A) 비평가들에게 주목 받았다는 말은 오히려 반대되는 내용이기에 오답입니다.
(오답 B) 교수는 오히려 비평가들의 무관심에 놀라기에 오답입니다.
(오답 C) 감사하고 있다는 반대되는 의견이기에 오답입니다.
(정답 D) 교수는 비평가들의 의견에 대해 놀라워(shocked)하고 있다고 언급하며 오듀본의 작업물을 칭찬하기에 정답입니다.

9. 교수는 왜 오듀본의 조류 표지법 실험을 언급하는가?
Ⓐ 오듀본이 자신의 예술적 시각을 온전히 발휘했던 증거를 제공하기 위해
Ⓑ 오듀본이 보통 수채화 물감으로 일러스트를 그렸던 환경을 설명하기 위해
Ⓒ 오듀본의 과학적 접근법을 보여주는 예시를 제공하기 위해
Ⓓ 왜 많은 새들이 겨울에 이주하는지 그 이유를 설명하기 위해

해설 (오답 A) 예술적이 아닌 과학적 시각의 예시입니다.
(오답 B) banding birds와는 관련 없는 정보로 오답입니다.
(정답 C) 오듀본이 이 실험을 하는데 처음으로 과학적인 접근을 했다고 언급하기에 정답입니다.
(오답 D) 언급한 목적과는 관련이 없는 정보로 오답입니다.

10. 교수의 말에 따르면, "오듀본의 미스터리 새들"은 무엇인가?

Ⓐ 일러스트에 정확하게 묘사되어 있는 새들
Ⓑ 오듀본이 일러스트로 그리지 않은 새들
Ⓒ 오직 오듀본의 작업물에서만 보여지는 새들
Ⓓ 미국이 아닌 다른 나라에 사는 새들

해설 (오답 A) 정확하게 묘사된다고 언급된 적이 없기에 오답입니다.
(오답 B) 오듀본이 직접 책에 그린 새들이기에 오답입니다.
(정답 C) 오듀본의 책에만 있는 새들을 부르는 명칭이라고 언급하기에 정답입니다.
(오답 D) 언급된 적 없는 정보로 오답입니다.

11. 오듀본의 일러스트에 있는 휘파람새에 관해 무엇을 유추할 수 있는가?

Ⓐ 미래에 다시 보지 못할 수도 있다.
Ⓑ 그 새가 전혀 존재하지 않았다는 점이 입증되었다.
Ⓒ 오리 종과 밀접하게 관련되어 있다.
Ⓓ 당시에 만들어진 미술 작품에 자주 묘사되었다.

해설 (정답 A) one-off hybrid, unique bird라고 언급하기 때문에 정답입니다.
(오답 B) 지문 속 입증된 정보가 아니기에 오답입니다.
(오답 C) 오리(duck)와 휘파람새(warbler)가 밀접한 종이라는 내용은 없습니다.
(오답 D) 언급된 적 없는 정보로 오답입니다.

[문제 어휘]

differ 다르다 **subject** 주제 **impact of A on B** A가 B에 미치는 영향 **migration** 이주 **be involved with** ~와 관련되다 **instructions** 설명, 안내, 지시 **attitude** 태도 **view** 관점, 시각 **be concerned that** ~일까 우려하다 **be grateful that** ~해서 감사하다 **appreciate** ~을 제대로 인식하다, ~의 진가를 알아보다 **value** 가치 **recognize** ~을 인정하다 **exercise** ~을 발휘하다 **describe** ~을 설명하다, 묘사하다 **demonstrate** (실례를 들어) ~을 보여주다 **approach** 접근법 **depict** ~을 묘사하다 **accurately** 정확히 **other than** ~가 아니라, ~와 달리 **be closely related to** ~와 밀접하게 관련되다

Speaking 문제 유형 공략

▪ Question 1: Independent(독립형)

❶ 문제 연습 1

[80+ 모범답안]

의견	Yes, I agree that internships should be compulsory for senior students. There are some reasons. 네, 저는 인턴십이 4학년 학생들에게 필수적이어야 한다는데 동의합니다. 몇 가지 이유가 있습니다.
이유1	First, building up experience is always important because it will be beneficial to one's life regardless. 첫 번째로, 경험을 쌓는 것은 항상 중요한데 왜냐하면 그것은 인생에 어쨌든 유익할 것이기 때문입니다.
구체화	What I mean is that it will help them to gain hands-on experience and better understand the industry. 제가 의미하는 것은 그것이 학생들이 실무 경험을 얻는 것과 그 산업에 대해 더 잘 이해하는데 도움을 줄 거라는 것입니다.
이유2	Second, it will motivate students to actively search for jobs after graduating. 두 번째로, 이는 학생들이 졸업 후에 직업을 적극적으로 찾도록 동기부여를 줄 것입니다.
예시	In my case, after my internship, I had a better idea of the kind of job I wanted, and was more motivated to seek it out. 제 경우에는, 인턴십 이후에 제가 갖고 싶은 직업에 대해 더 잘 알 수 있게 됐고, 그 직업을 찾는데 더 많은 동기 부여를 얻었습니다.
마무리	For these reasons, I agree that internships should be compulsory for senior students. 이러한 이유들로, 저는 인턴십이 4학년 학생들에게 필수적이어야 한다는데 동의합니다.

[고득점 모범답안]

의견	Yes, I agree that internships should be compulsory for senior students. There are some reasons. 네, 저는 인턴십이 4학년 학생들에게 필수적이어야 한다는데 동의합니다. 몇 가지 이유가 있습니다.
이유1	The first reason is that building up experience is always important because it will be beneficial to one's life regardless. 첫 번째 이유는 경험을 쌓는 것은 항상 중요한데 왜냐하면 그것은 인생에 어쨌든 유익할 것이기 때문입니다.
구체화	This is because students face a lot of difficulties when they find out that what they learned in college is different from their actual field. 왜냐하면 학생들은 그들이 대학에서 배운 것이 실무 현장과 다르다는 것을 알았을 때 많은 어려움에 직면하기 때문입니다.

이유2	The second reason is that having the internship experience will motivate students to actively search for jobs. 두 번째 이유는 인턴십 경험을 해보는 것은 학생들이 졸업 후에 직업을 적극적으로 찾도록 동기부여를 줄 거라는 것입니다.
예시	In my case, after my internship, I became more interested in the technology industry and had a better idea of what kind of job I wanted to seek out. Therefore, I made a greater effort to prepare myself for my future job. 제 경우에는, 인턴십 이후에, 기술 산업에 더 흥미를 갖게 됐고, 제가 어떤 직업을 찾고 싶은지에 대해 더 잘 알게 됐습니다. 그에 따라, 저는 저 자신을 미래의 직업에 준비시키기 위해 많은 노력을 하게 됐습니다.
마무리	For these reasons, I agree that internships should be compulsory for senior students. 이러한 이유들로 저는 인턴십이 4학년 학생들에게 필수적이어야 한다는데 동의합니다.

❷ 문제 연습 2

[80+ 모범답안]

의견	I think it's better for students to participate in extracurricular activities. There are some reasons. 제 생각에는 학생들이 교외 활동에 참여하는 것이 더 낫다고 생각합니다. 몇 가지 이유가 있습니다.
이유1	First, I personally believe that interacting with other people is essential for college life. 첫 번째로, 저는 개인적으로 다른 사람들과 교류하는 것이 대학 생활에 필수적이라고 생각합니다.
구체화	What I mean is that extracurricular activities offer good chances to meet many people and interact with them. 제가 의미하는 것은 교외 활동은 많은 사람들을 만나고 그들과 교류할 수 있는 좋은 기회를 제공한다는 것입니다. So, I'm sure these activities will help students enhance their college experience. 그래서 저는 이러한 활동들이 학생들이 대학 경험을 향상시키는데 도움이 된다고 확신합니다.
이유2	Second, building up experience is always important because it will be beneficial to one's life regardless. 두 번째로, 경험을 쌓는 것은 항상 중요한데 왜냐하면 그것은 인생에 어쨌든 유익할 것이기 때문입니다.
예시	In my case, I've learned a lot of skills through my volunteering club such as cooperation and leadership. 제 경우에는, 봉사 활동 동아리를 통해 협동심이나 리더십 같은 많은 능력들을 배웠습니다.
마무리	For these reasons, participating in extracurricular activities is better. 이러한 이유들로, 교외 활동에 참여하는 것이 더 낫습니다.

[고득점 모범답안]

의견	I think it's better for students to participate in extracurricular activities. There are some reasons. 저는 학생들이 교외 활동에 참여하는 것이 더 낫다고 생각합니다. 몇 가지 이유가 있습니다.
이유1	The first reason is that interacting with other people is essential for college life. 첫 번째 이유는 다른 사람들과 교류하는 것이 대학 생활에 필수적이기 때문입니다.
구체화	What I mean is that extracurricular activities offer good chances to meet many people and interact with them. 제가 의미하는 것은 교외 활동은 많은 사람들을 만나고 그들과 교류할 수 있는 좋은 기회를 제공한다는 것입니다. So, I'm sure these activities will help students enhance and diversify their college experience. 그래서 저는 이러한 활동들이 학생들이 대학 경험을 향상시키고 다양화 하는데 도움이 된다고 확신합니다.
이유2	The second reason is that building up experience is always important because it will be beneficial for one's life regardless. 두 번째 이유는 경험을 쌓는 것이 항상 중요하다는 것인데 왜냐하면 그것은 인생에 어쨌든 유익할 것이기 때문입니다.
예시	In my case, participating in a volunteering club gave me experiences that I wouldn't have been able to have in a classroom. 제 경우에는, 봉사 활동 동아리에 참여하는 것이 저에게 제가 교실에서는 해볼 수 없었던 경험들을 주었습니다.
마무리	For these reasons, participating in extracurricular activities is better. 이러한 이유들로, 교외 활동에 참여하는 것이 더 낫습니다.

▪ Question 2: Integrated(통합형)

❶ 문제 연습 1

[80+ 모범답안]

리딩 지문 요약	From the announcement, we know the university will shorten the operating hours of the campus gym. 공지문을 통해서 우리는 대학이 교내 체육관의 운영 시간을 단축할 것을 알 수 있습니다.
주인공 화자 입장	However, the man does not believe that it's a good idea for two reasons. 하지만, 남자는 두 가지 이유에서 그것이 좋지 않은 아이디어라고 생각합니다.
첫 번째 이유	First, he thinks that evening is the best time to work out for students. 첫 번째로, 그는 저녁시간이 학생들이 운동하기에 가장 적합한 시간이라고 생각합니다.
상세 설명	This is because most students have classes during the day. Also, there are still a lot of people during lunchtime. 왜냐하면 대부분의 학생들이 낮에 수업이 있기 때문입니다. 또한, 점심시간에 훨씬 많은 사람들이 있습니다.

SPEAKING

두 번째 이유	Second, he mentions that the announcement is not convincing enough. 두 번째로, 그는 공지문이 충분히 설득력 있지 않다고 언급합니다.
상세 설명	This is because there is only one employee at the gym who is just sitting at the front desk. 왜냐하면 체육관에 단순히 안내 데스크에 앉아있는 직원 단 한 명 밖에 없기 때문입니다.
마무리	These are the reasons why he is displeased with the announcement. 이것들이 그가 공지문에 대해 못마땅한 이유입니다.

[고득점 모범답안]

리딩 지문 요약	From the announcement, we know the university will shorten the operating hours of the campus gym. 공지문을 통해서 우리는 대학이 교내 체육관의 운영 시간을 단축할 것을 알 수 있습니다.
주인공 화자 입장	However, the man does not believe that it's a good idea for two reasons. 하지만, 남자는 두 가지 이유에서 그것이 좋지 않은 아이디어라고 생각합니다.
첫 번째 이유	The first reason why he opposes this idea is that evening is the best time to work out for students, as students are all busy with their classes during the day. 그가 이 아이디어에 반대하는 첫 번째 이유는 저녁이 학생들이 운동하기에 가장 적합한 시간인데 왜냐하면 학생들은 낮에 수업으로 모두 바쁘기 때문입니다.
상세 설명	Plus, he can find a lot of people working out during lunchtime. 게다가, 그는 점심시간 동안 운동하는 많은 사람들을 찾을 수 있습니다.
두 번째 이유	The second reason why he opposes this idea is that the announcement is not convincing that this change is made because of the budget cuts. 그가 이 아이디어에 반대하는 두 번째 이유는 예산 삭감 때문에 이 변화가 만들어졌다는 이 공지문이 설득력 있지 않기 때문입니다.
상세 설명	This is because there is only one employee at the gym who is just sitting at the front desk. Therefore, the budget cuts seem more like an excuse to make the change. 왜냐하면 체육관에 단순히 안내 데스크에 앉아있는 직원 단 한 명 밖에 없기 때문입니다. 그러므로, 예산 삭감은 변화를 만들기 위한 변명에 가까운 것처럼 보입니다.
마무리	These are the reasons why he is displeased with the announcement. 이것들이 그가 공지문에 대해 못마땅한 이유입니다.

❷ 문제 연습 2

[80+ 모범답안]

리딩 지문 요약	From the announcement, we know exercise classes will be made compulsory for all students. 공지문을 통해서 우리는 운동 수업들이 모든 학생들에게 필수가 될 것이라는 사실을 알 수 있습니다.
주인공 화자 입장	The woman believes that it's a good idea for two reasons. 여자는 두 가지 이유에서 그것이 좋은 아이디어라고 생각합니다.

첫 번째 이유	**First, she thinks that** it's a great opportunity to learn how to play sports activities. 첫 번째로, 그녀는 스포츠 활동을 하는 법을 배울 수 있는 것이 좋은 기회라고 생각합니다.
상세 설명	**To be specific,** students don't really have chances to learn about sports in college because they only focus on academic courses. 구체적으로 말하자면, 학생들은 대학에서 스포츠를 배울 기회가 그렇게 많지 않은데 왜냐하면 그들은 오직 학과목에만 집중하기 때문입니다.
두 번째 이유	**Second, she thinks** it's good that students will use athletic facilities more. 두 번째로, 그녀는 학생들이 운동 시설들을 더 많이 이용할 것이라는 게 좋다고 생각합니다.
상세 설명	**This is because** the college invested a lot in the facilities, but they are not really used by students. 왜냐하면 대학이 많은 돈을 시설에 투자했지만, 이 시설들이 학생들에 의해 많이 이용되지 않기 때문입니다.
마무리	**These are the reasons why the woman is pleased with the announcement.** 이것들이 그녀가 그 공지문에 대해 기뻐하는 이유입니다.

[고득점 모범답안]

리딩 지문 요약	**From the announcement, we know** exercise classes will be made compulsory for all students. 공지문을 통해서 우리는 운동 수업들이 모든 학생들에게 필수가 될 것이라는 사실을 알 수 있습니다.
주인공 화자 입장	**The woman believes that it's a good idea for two reasons.** 여자는 두 가지 이유에서 그것이 좋은 아이디어라고 생각합니다.
첫 번째 이유	**The first reason why she supports this idea is that** it's a good opportunity to learn how to play sports activities in college. 그녀가 이 아이디어에 찬성하는 첫 번째 이유는 스포츠 활동을 하는 법을 대학에서 배울 수 있는 것이 좋은 기회이기 때문입니다.
상세 설명	**To be specific,** students rarely get the opportunity to engage in sports activities in college because they focus all their attention on academic courses. 구체적으로 말하자면, 학생들은 스포츠 활동에 참여할 수 있는 기회를 대학에서 거의 갖지 못하는데 왜냐하면 그들은 모든 관심을 학과목에 집중시키고 있기 때문입니다.
두 번째 이유	**The second reason why she supports this idea is that** it's good that students will utilize athletic facilities more frequently. 그녀가 이 아이디어에 찬성하는 두 번째 이유는 학생들이 더 자주 운동 시설들을 이용할 것이라는 게 좋기 때문입니다.
상세 설명	**This is because** the college invested a lot in the facilities on the campus, such as the stadium and the swimming pool. **However,** they are not really used by students that much. 왜냐하면 대학이 많은 돈을 교내에 있는 경기장과 수영장 같은 시설에 투자했기 때문입니다. 하지만, 이 시설들은 학생들에 의해 그렇게 많이 이용되지 않습니다.
마무리	**These are the reasons why the woman is pleased with the announcement.** 이것들이 그녀가 그 공지문에 대해 기뻐하는 이유입니다.

▪ Question 3: Integrated (통합형)

❶ 문제 연습 1

[80+ 모범답안]

리딩 지문 요약	**The reading passage gives an overview of** the sunk cost fallacy, **which is** a series of decisions in which people do not change their actions **because past investments were too large.** 리딩 지문은 매몰 비용 오류에 대한 개요를 제공합니다. 그리고 그것은 사람들이 과거에 한 투자가 너무 크기 때문에 행동을 바꾸지 않을 때 발생하는 일련의 결정들입니다.
강의 내용 언급	**The professor illustrates this concept in his lecture by using an example of** his friend. 교수는 강의에서 이 개념을 그의 친구에 관한 하나의 예시를 제시함으로써 설명합니다.
(예시) 소개	**The professor first says** his friend purchased an expensive ticket for a famous play. 교수는 처음에 그의 친구가 유명한 연극을 위해 비싼 티켓을 구매했다고 말합니다.
전개	**However, he soon noticed that** it was boring and realized he wasn't interested in theater either. 그러나, 그는 곧 그 연극이 지루하다는 것을 알아차렸고, 그가 연극에 관심도 없다는 것을 깨닫게 됐습니다.
결과1	**What happened next was** he decided to stay there for the whole show. 그 다음에 일어난 일은 그가 전체 공연 동안 그곳에 머무르기로 결정했다는 것입니다.
결과2	**This is because** he didn't want to waste the money he paid for the tickets. 왜냐하면 그는 티켓을 위해 지불했던 돈을 낭비하고 싶지 않았기 때문입니다. **In the end, he fell asleep and** wasted 3 hours of his evening. 결국, 그는 잠이 들었고 그의 저녁 시간 중 세 시간을 낭비하게 됐습니다. **It would have been better for him** to leave the show earlier and do something fun. 그가 그 공연을 더 일찍 떠나 재밌는 무언가를 했다면 그에게 훨씬 좋았을 것입니다.

[고득점 모범답안]

리딩 지문 요약	**The reading passage gives an overview of** the sunk cost fallacy, **which is** a series of decisions in which people do not change their actions because past investments were too large. 리딩 지문은 매몰 비용 오류에 대한 개요를 제공합니다. 그리고 그것은 사람들이 과거에 한 투자가 너무 크기 때문에 행동을 바꾸지 않을 때 발생하는 일련의 결정들입니다.
강의 내용 언급	**The professor illustrates this concept in his lecture by using an example of** his friend. 교수는 강의에서 이 개념을 그의 친구에 관한 하나의 예시를 제시함으로써 설명합니다.

(예시) 소개	The professor begins the lecture by saying his friend spent a lot of money on a ticket for a famous play. 교수는 그의 친구가 유명한 연극을 위해 비싼 티켓에 많은 돈을 지불했다고 이야기함으로써 강의를 시작합니다.
전개	However, he realized that it was boring soon after it started and he wasn't even that interested in theater either. 그러나, 그는 그 연극이 시작한 직후 그것이 지루하다는 것과 심지어는 그가 연극에 관심도 없다는 것을 깨닫게 됐습니다.
결과1	The professor continues by saying that despite this, his friend decided to remain in the audience for the entire show. 교수는 그럼에도 불구하고 그의 친구가 전체 공연 동안 관중 속에 남아있기로 결정했다는 것을 이야기 함으로써 강의를 이어갑니다.
결과2	This is because he didn't want to feel like he was wasting the money he had already spent. 왜냐하면 그는 이미 지불했던 돈을 낭비한다고 생각하고 싶지 않았기 때문입니다. In the end, he ended up falling asleep during the show and wasting 3 valuable hours of his evening. 결국, 그는 공연 동안 잠이 들고 말았고 그의 저녁 시간 중 귀중한 세 시간을 낭비하게 됐습니다. It would have been better for him to leave the show earlier and do something fun. 그가 그 공연을 더 일찍 떠나 재밌는 무언가를 했다면 그에게 훨씬 좋았을 것입니다.

❷ 문제 연습 2

[80+ 모범답안]

리딩 지문 요약	The reading passage gives an overview of social proof theory. According to this theory, when people are in an unfamiliar situation, they tend to follow others' decisions. 리딩 지문은 사회적 검증 이론에 대한 개요를 제공합니다. 이 이론에 다르면, 사람들은 익숙하지 않은 상황에 처할 때, 다른 사람들의 결정을 따르는 경향이 있습니다.
강의 내용 언급	The professor illustrates this concept in her lecture by using two examples. 교수는 강의에서 이 개념을 두 가지 예시를 제시함으로써 설명합니다.
첫 번째 예시	First, the professor introduces comedy programs that employ the social proof theory. 첫 번째로, 교수는 사회적 검증 이론을 이용하는 코미디 프로그램을 소개합니다.
상세 설명	To be specific, comedy shows use a laugh track to make the shows funnier. 구체적으로 말하면, 코미디 쇼들은 그 쇼들을 더 재밌게 만들기 위해 웃음 소리 녹음 테이프를 사용합니다. This is because when people hear laughter, they will recognize that something is funny. 왜냐하면 사람들은 웃음 소리를 들을 때, 어떤 것이 재미있다고 인식할 것이기 때문입니다.

두 번째 예시	Second, the professor talks about business marketing. 두 번째로, 교수는 비즈니스 마케팅에 대해 말합니다.
상세 설명	To be specific, if there are various products, people will be more interested in products that are popular. 구체적으로 말하면, 만약 다양한 제품들이 있다면, 사람들은 인기 있는 제품들에 더 흥미를 느낄 것입니다.
마무리	These are the examples of social proof theory. 이것들이 사회적 검증 이론의 예시입니다.

[고득점 모범답안]

리딩 지문 요약	The reading passage gives an overview of social proof theory. According to this theory, when people are in an unfamiliar situation, they tend to follow others' decisions. 리딩 지문은 사회적 검증 이론에 대한 개요를 제공합니다. 이 이론에 다르면, 사람들은 익숙하지 않은 상황에 처할 때, 다른 사람들의 결정을 따르는 경향이 있습니다.
강의 내용 언급	The professor illustrates this concept in her lecture by using two examples. 교수는 강의에서 이 개념을 두 가지 예시를 제시함으로써 설명합니다.
첫 번째 예시	The first example the professor introduces in the lecture is comedy programs that employ the social proof theory. 교수가 강의에서 소개하는 첫 번째 예시는 사회적 검증 이론을 사용하는 코미디 프로그램들입니다.
상세 설명	To be specific, some comedy shows use a laugh track to accent humorous scenes and make the shows funnier. 구체적으로 말하면, 어떤 코미디 쇼들은 유머러스한 장면을 강조하고 그 쇼들을 더 재미있게 만들기 위해 웃음 소리 녹음 테이프를 사용합니다. This is because when people hear laughter, they are more likely to recognize that the content they are watching is funny. 왜냐하면 사람들은 웃음 소리를 들을 때, 그들이 보고 있는 내용이 재미있다고 인식할 가능성이 크기 때문입니다.
두 번째 예시	The second example the professor mentions in the lecture is business marketing. 교수가 강의에서 언급하는 두 번째 예시는 비즈니스 마케팅입니다.
상세 설명	To be specific, if you want to buy hair products and there are various options on the shelves, you will be more interested in products that contain phrases like "Best Seller." 구체적으로 말하면, 만약 당신이 모발용 제품을 구매하고 싶은데, 선반 위에 다양한 선택지가 있다면, 당신은 "베스트셀러"와 같은 문구를 포함한 제품들에 더 흥미를 느낄 것입니다.
마무리	These are the examples of social proof theory. 이것들이 사회적 검증 이론의 예시입니다.

▪ Question 4: Integrated (통합형)

❶ 문제 연습 1

[80+ 모범답안]

강의 주제	**The professor talks about** the honey badger's survival strategies. 교수는 벌꿀오소리의 생존 전략에 대해서 이야기합니다.
첫 번째 포인트 소개	**First, the professor introduces** the honey badger's tough skin. 첫 번째로, 교수는 벌꿀오소리의 튼튼한 가죽을 소개합니다.
정의 문장	**They have** extremely thick skin, but at the same time it's very loose. 그들은 굉장히 두꺼운 가죽을 갖고 있지만, 동시에 그것은 아주 느슨합니다.
심화 및 예시	**For example, if** a predator bites a honey badger**, the honey badger will twist its body and** attack it back. 예를 들면, 포식자가 벌꿀오소리를 물었을 때, 벌꿀오소리는 그들의 몸을 틀어 반격할 수 있습니다.
두 번째 포인트 소개	**Second, the professor describes** the honey badger's diet. 두 번째로, 교수는 벌꿀오소리의 식습관을 설명합니다.
정의 문장	**Basically, they are omnivorous, so** they have a broad diet. 기본적으로, 그들은 잡식성이어서, 다양한 음식을 먹습니다.
심화 및 예시	**For instance,** they eat honey and bee larvae, and this is the reason why they're called "honey badgers." 예를 들면, 그들은 벌꿀과 꿀벌의 애벌레를 먹으며, 이것이 그들이 "벌꿀오소리" 라고 불리는 이유입니다. **Also, they eat a varied menu,** from insects to even big animals like buffalo. 또한, 그들은 곤충부터 심지어는 물소처럼 큰 동물들까지 다양한 메뉴를 먹습니다.
마무리	**These are two strategies that honey badgers use to survive in the wild.** 이것들이 벌꿀오소리가 야생에서 생존하기 위해 사용하는 두 가지 전략입니다.

[고득점 모범답안]

강의 주제	**The professor talks about** the honey badger's survival strategies. 교수는 벌꿀오소리의 생존 전략에 대해서 이야기합니다.
첫 번째 포인트 소개	**The first strategy the professor introduces in the lecture is** the honey badger's tough skin. 교수가 강의에서 소개하는 첫 번째 전략은 벌꿀오소리의 튼튼한 가죽입니다.
정의 문장	They have extremely thick skin, but at the same time it's very loose. 그들은 굉장히 두꺼운 가죽을 갖고 있지만, 동시에 그것은 아주 느슨합니다.
심화 및 예시	**For example,** if a predator attempts to attack a honey badger by biting it, the honey badger will twist its body and counterattack it. 예를 들면, 포식자가 벌꿀오소리를 물음으로써 공격을 시도할 때, 벌꿀오소리는 그들의 몸을 틀어 반격할 수 있습니다.

두 번째 포인트 소개	The second strategy the professor describes in the lecture is the honey badger's diet. 교수가 강의에서 설명하는 두 번째 전략은 벌꿀오소리의 식습관입니다.
정의 문장	Basically, they are omnivorous, which means that they eat a broad range of foods. 기본적으로, 그들은 잡식성이며, 이는 그들이 다양한 종류의 음식을 먹는다는 것을 의미합니다.
심화 및 예시	For instance, they eat honey and bee larvae, and this is the reason why they're called "honey badgers." 예를 들면, 그들은 벌꿀과 꿀벌의 애벌레를 먹으며, 이것이 그들이 "벌꿀오소리" 라고 불리는 이유입니다. Also, they eat a varied menu, from insects to even big animals like buffalo, and they devour all parts of prey. 또한, 그들은 곤충부터 심지어는 물소처럼 큰 동물들까지 다양한 메뉴를 먹으며, 먹이의 모든 부분들을 집어삼킵니다.
마무리	These are two strategies that honey badgers use to survive in the wild. 이것들이 벌꿀오소리가 야생에서 생존하기 위해 사용하는 두 가지 전략입니다.

❷ 문제 연습 2

[80+ 모범답안]

강의 주제	The professor talks about defense mechanisms. 교수는 방어 기제에 대해서 이야기합니다.
첫 번째 포인트 소개	First, the professor introduces rationalization. 첫 번째로, 교수는 합리화를 소개합니다.
정의 문장	Basically, it is having a convenient excuse for a bad situation or for something going wrong. 기본적으로, 이는 안 좋은 상황이나 무슨 일이 잘못 되어갈 때 편리한 변명을 갖는 것입니다.
심화 및 예시	For example, a student who cheats on a test says it's the tester's fault for not preventing it. 예를 들면, 시험에서 부정행위를 한 학생이 이것을 방지하지 못한 시험관의 잘못이라고 말하는 것입니다.
두 번째 포인트 소개	Second, the professor describes displacement. 두 번째로, 교수는 전치를 설명합니다.
정의 문장	People express their feelings to a safe and familiar target, not a dangerous one. A specific feeling is transferred from the intended source to an easier one. 사람들은 그들의 감정을 위험한 대상이 아닌 안전하고 익숙한 대상에게 표출합니다. 하나의 특정한 감정이 원래 의도된 근원에서 더 쉬운 대상으로 옮겨지는 것입니다.
심화 및 예시	For instance, there is a man who is stressed from his work but he takes out his stress on his family. 예를 들면, 직장에서 스트레스를 받았지만 그의 가족에게 스트레스를 푸는 남자가 있습니다.
마무리	These are two types of defense mechanism that the professor introduced in the lecture. 이것들이 교수가 강의에서 소개한 방어 기제의 두 가지 유형입니다.

[고득점 모범답안]

강의 주제	The professor talks about defense mechanisms. 교수는 방어 기제에 대해서 이야기합니다.
첫 번째 포인트 소개	The first type the professor introduces in the lecture is rationalization. 교수가 강의에서 소개하는 첫 번째 유형은 합리화입니다.
정의 문장	Basically, people justify a bad situation, like poor performance, with a seemingly logical reason. 기본적으로, 사람들은 낮은 성과와 같은 좋지 못한 상황을 겉보기에는 논리적인 이유로 정당화합니다. Through rationalization, we can avoid anxiety and reframe the situation. 합리화를 통해, 우리는 불안감을 피하고 그 상황을 재구성할 수 있습니다.
심화 및 예시	For example, a student who cheats on a test might blame it on the testers for failing to prevent it. 예를 들면, 시험에서 부정행위를 한 학생이 이것을 방지하지 못한 시험관의 탓으로 돌릴지도 모릅니다.
두 번째 포인트 소개	The second type the professor describes in the lecture is displacement. 교수가 강의에서 설명하는 두 번째 전략은 전치입니다.
정의 문장	People would often prefer to express their feelings to a safe target rather than a dangerous target. 사람들은 종종 그들의 감정을 위험한 대상보다 안전한 대상에게 표출하는 것을 선호할 것입니다. A specific feeling is transferred from the intended source to an easier one. 하나의 구체적인 감정이 원래 의도된 근원에서 더 쉬운 대상으로 옮겨지는 것입니다.
심화 및 예시	For instance, a man who is stressed from his work chooses to displace his stress onto his wife and children. 예를 들면, 직장에서 스트레스를 받은 한 남자가 그의 스트레스를 부인과 아이들에게 옮기는 것으로 선택하는 것입니다.
마무리	These are two types of defense mechanism that the professor introduced in the lecture. 이것들이 교수가 강의에서 소개한 방어 기제의 두 가지 유형입니다.

SPEAKING

Speaking 실전 모의고사

▪ 실전 모의고사 1

Question 1

[문제 해석]

당신은 아래 진술에 동의하는가, 동의하지 않는가?

기술의 발전은 사람들을 더 가깝게 만들었다.

구체적인 근거와 예시를 사용하여 자신의 답변을 뒷받침하시오.

답변카드 - 경험

Thanks to the development of technology, we're now able to ________.

기술의 발전 덕분에, 우리는 ________ 를 할 수 있게 되었습니다.

The development of technology has made our lives more convenient. It not only helps us save time but also our energy.

기술의 발전은 우리의 인생을 더욱 편리하게 만들었습니다. 우리의 시간 뿐만 아니라 에너지도 절약하게 도와줍니다.

[80+ Answer]

의견	Yes, I agree with the statement. There are some reasons. 네, 저는 아래 진술에 동의합니다. 몇 가지 이유가 있습니다.
이유1	First, thanks to the development of technology, we're now able to talk to each other through the Internet without meeting up in person. 첫 번째로, 기술의 발전 덕분에, 우리는 이제 직접 만나지 않고도 인터넷을 통해 서로 대화할 수 있습니다.
구체화	What I mean is that socializing has become more convenient and frequent. 제가 의미하는 것은 사람들과 어울리는 것이 점점 더 편리하고 빈번해지고 있다는 것입니다.
이유2	Second, it gives us more chances to learn about new cultures easily and quickly. 두 번째로, 우리에게 쉽고 빠르게 새로운 문화를 배울 수 있는 더 많은 기회를 줍니다.
예시	In my case, I've learned a lot about South America by watching YouTube videos and meeting people through social media. This wouldn't have been possible just a few decades ago. 제 경우에는, 유튜브 영상을 보고 소셜 미디어를 통해 사람들을 만남으로써, 남아메리카에 대해 많이 배웠습니다. 이것은 불과 몇 십년 전만 하더라도 가능하지 않았던 일입니다.
마무리	For these reasons, I agree with the statement. 이러한 이유들로 저는 그 진술에 동의합니다.

[고득점 Answer]

의견	Yes, I agree with the statement. There are some reasons. 네, 저는 아래 진술에 동의합니다. 몇 가지 이유가 있습니다.
이유1	The first reason is that thanks to the development of technology, we're now able to talk to each other through the Internet instead of meeting up in person. 첫 번째로, 기술의 발전 덕분에, 우리는 이제 직접 만나는 것 대신 인터넷을 통해 서로 대화할 수 있습니다.
구체화	What I mean is that socializing has become more convenient and frequent without the need to meet up in person. 제가 의미하는 것은 사람들과 어울리는 것이 직접 만날 필요 없이 점점 더 편리하고 빈번해지고 있다는 것입니다. This is because we can chat with friends whenever and wherever, which means that we are not as constrained by time and space. 왜냐하면 우리는 언제든 어디서든 친구들과 대화할 수 있기 때문입니다. 그리고 이것은 우리가 시간과 공간에 제한받지 않는다는 것을 의미합니다.
이유2	The second reason is that technology provides us with more chances to learn about new cultures easily and quickly. 두 번째로, 기술은 우리에게 새로운 문화를 쉽고 빠르게 배울 수 있는 더 많은 기회를 제공합니다.
예시	In my case, I've learned a lot about South America through various methods such as watching YouTube videos and meeting people through social media. 제 경우에는, 유튜브 영상을 보거나 소셜 미디어를 통해 사람들 만나는 것과 같은 다양한 방법들을 통해 남아메리카에 대해 많이 배웠습니다.
마무리	For these reasons, I agree with the statement. 이러한 이유들로 저는 그 진술에 동의합니다.

[어휘]

development 발전 meet up 만나다 in person 직접 socialize 사람들과 어울리다 frequent 빈번한 decade 10년 constrain ~을 제한하다 method 방법

Question 2

[문제 해석]

New Parking Lot to be Added	새로 추가될 주차장
The university has announced that an additional parking lot will be constructed to reduce illegal parking on campus. Over the summer semester, the lawn by Wilson Hall will be converted into a new lot with over 150 parking spaces. Since a valid parking permit will be required to use one of the parking spaces, students who drive on campus should visit the registration office to renew their permits. Please note that parking with an expired permit sticker will result in a fine.	대학 측은 교내 불법 주차를 줄이기 위해 추가적인 주차장이 건설될 것이라고 발표했습니다. 여름학기 동안, 윌슨 홀 옆 잔디밭이 150개의 주차 공간을 가진 새로운 부지로 개조될 것입니다. 이 주차 공간을 사용하기 위해서는 유효한 허가증이 요구될 것이므로, 교내에서 운전하는 학생들은 등록 사무소를 방문하여 허가증을 새로 교체해야 합니다. 기간이 만료된 허가 스티커를 갖고 주차할 경우 벌금을 초래할 수 있다는 점 주의하기 바랍니다.

Woman: Did you read this? I guess we'll have to find a new place to hang out on sunny days next year. Man: Huh? What do you mean? Woman: The university is turning the lawn outside of Wilson Hall into another parking lot. That nice, open green space is going to be turned into another patch of asphalt. What a waste! I mean, so many students use that lawn for recreation, like playing frisbee or soccer, or just having a nice picnic. Remember all the times we've hung out with our friends there? Man: Yeah, we used to catch up with each other there, and I always run into someone I know when I walk across that lawn on a nice day. Woman: Right? The change just seems unreasonable. Man: But, did you read this part? The university is doing it to reduce illegal parking on campus, and that really is a big problem. Woman: Sure, but if illegal parking is the problem, then there are other ways to handle it instead of taking a great recreation area away from the students. They should impose stricter fines on anyone who parks illegally, or even tow their vehicle. If there were a harsher punishment, then people would be less likely to do it. Man: Hmm... I guess you are right. They better find alternatives.	여자: 너 이거 읽어 봤어? 내 생각에 우리 내년부터는 날씨 좋은 날 놀 새로운 곳을 찾아야 할 것 같아. 남자: 뭐? 무슨 소리야? 여자: 우리 학교가 윌슨 홀 밖에 있는 잔디밭을 주차장으로 바꾼대. 그 멋지고 개방된 녹지가 또 다른 아스팔트 부지로 바뀔 건가 봐. 이게 무슨 낭비람! 내 말은, 많은 학생들이 그 잔디밭을 취미 공간으로 사용하잖아, 프리스비나 축구를 하거나, 아니면 소풍을 즐기거나 하면서 말이야. 우리가 친구들이랑 그 곳에서 놀았던 시간들을 생각해봐. 남자: 그러게, 우리 거기서 만나곤 했잖아. 그리고 날씨 좋은 날 그 잔디밭을 걸을 땐 항상 내가 아는 사람들과 마주쳤었는데. 여자: 그치? 이 변화는 정말 불합리해 보여. 남자: 근데, 너 그 부분도 읽었어? 학교가 교내 불법 주차를 줄이기 위해서 이걸 한다고 하잖아, 그리고 불법 주차가 심한 문제긴 해. 여자: 물론이야, 하지만 만약 불법 주차가 문제라면, 학생들에게 이 훌륭한 취미 공간을 빼앗아 가는 것 대신 그 문제를 다룰 다른 방법들이 있을 거야. 학교는 불법으로 주차하는 사람들에게 더 엄격한 벌금을 부과하거나, 그 자동차들을 견인해 가야 해. 만약에 더 가혹한 처벌이 있다면, 사람들은 불법 주차를 하려고 하지 않을 거야. 남자: 음... 네 말이 맞는 것 같아. 학교는 더 나은 대안을 찾아야 해.

The woman expresses her opinion about the announcement. State her opinion and explain the reasons why she feels that way.

여자는 공지문에 대한 자신의 의견을 전달하고 있다. 그녀의 의견을 서술하고 그녀가 그렇게 느끼는 이유를 설명하시오.

[80+ Answer]

리딩 지문 요약	From the announcement, we know the university announced that an additional parking lot will be constructed on campus. 공지문을 통해서, 우리는 대학이 교내에 추가적인 주차장이 건설될 것이라고 발표했다는 것을 알 수 있습니다.
주인공 화자 입장	However, the woman does not believe that it's a good idea for two reasons. 하지만, 여자는 두 가지 이유에서 그것이 좋지 않은 아이디어라고 생각합니다.
첫 번째 이유	First, she thinks that it's such a waste that the school will change the lawn into a parking lot. 첫 번째로, 그녀는 학교가 잔디밭을 주차장으로 바꾸는 것이 엄청난 낭비라고 생각합니다.
상세 설명	This is because so many students use that place for many purposes. 왜냐하면 많은 학생들이 그 공간을 여러 가지 용도로 사용하기 때문입니다.

두 번째 이유	Second, she mentions that if the problem is illegal parking, there are other solutions. 두 번째로, 그녀는 만약 문제가 불법 주차라면, 다른 해결책이 있을 것이라고 언급합니다.
상세 설명	For example, they should impose penalties or tow vehicles instead of adding a new parking lot. 예를 들면, 그들은 새로운 주차장을 추가하는 것 대신 벌금을 부과하거나 자동차를 견인해야 합니다. Then, people would be more cautious about this issue. 그러면, 사람들은 이 문제에 대해 더 조심할 것입니다.
마무리	These are the reasons why she is displeased with the announcement. 이것들이 그녀가 그 공지문에 대해 못마땅한 이유입니다.

SPEAKING

[고득점 Answer]

리딩 지문 요약	From the announcement, we know the university announced that an additional parking lot will be constructed on campus. 공지문을 통해서, 우리는 대학이 교내에 추가적인 주차장이 건설될 것이라고 발표했다는 것을 알 수 있습니다.
주인공 화자 입장	However, the woman does not believe that it's a good idea for two reasons. 하지만, 여자는 두 가지 이유에서 그것이 좋지 않은 아이디어라고 생각합니다.
첫 번째 이유	The first reason why she is against this idea is that she considers it a waste that the school will convert the lawn into a parking lot. 그녀가 이 아이디어에 반대하는 첫 번째 이유는 학교가 잔디밭을 주차장으로 개조하는 것이 낭비라고 생각하기 때문입니다.
상세 설명	This is because so many students use that place for many purposes such as playing sports or having a picnic. 왜냐하면 정말 많은 학생들이 스포츠를 하거나 소풍을 즐기는 것과 같은 여러 가지 용도로 그 장소를 사용하기 때문입니다.
두 번째 이유	The second reason why she is against this idea is that there are other ways for the school to handle the issue of illegal parking. 그녀가 이 아이디어에 반대하는 두 번째 이유는 학교가 불법 주차 문제를 다루기 위한 다른 방법들이 있다는 것입니다.
상세 설명	For example, they should impose penalties or tow vehicles instead of adding a new parking lot. 예를 들면, 그들은 새로운 주차장을 추가하는 것 대신 벌금을 부과하거나 자동차를 견인해야 합니다. Then, people would be more cautious about this issue and make an effort to follow the rules. 그러면, 사람들은 이 문제에 대해 더 조심하고, 규칙을 지키기 위해 노력할 것입니다.
마무리	These are the reasons why she is displeased with the announcement. 이것들이 그녀가 그 공지문에 대해 못마땅한 이유입니다.

[어휘]

announce ~을 발표하다 additional 추가적인 parking lot 주차장 construct ~을 건설하다 reduce ~을 줄이다 illegal 불법적인 on campus 교내 semester 학기 lawn 잔디밭 convert ~을 개조하다 valid 유효한 permit 허가증 registration 등록 renew ~을 새로 교체하다 note ~을 주의하다 expired 기간이 만료된 result in ~을 초래하다 fine 벌금 hang out 어울려 놀다 turn into ~로 바뀌다 patch 부지 asphalt 아스팔트 waste 낭비 frisbee 프리스비(원반 던지기 놀이) catch up with ~을 만나다 unreasonable 불합리한 impose ~을 부과하다 tow ~을 견인하다 vehicle 자동차, 탈 것 harsh 가혹한 punishment 처벌 cautious 조심스러운 handle ~을 다루다

Question 3

[문제 해석]

Climatic Adaptation Climatic adaptation refers to the adaptations of an organism in response to specific features and factors of its climate. These adaptations can be behavioral, structural, or internal changes brought on by climate properties. Climatic adaptations are limited to changes that lead to genetic variability within a species in response to unique climatic characteristics. Related species members living in distinct environments are likely to possess unique climatic adaptations. It is different from climate change adaptations, which refer to a species' ability to adapt to the incremental changes being brought about by artificial climate change.	기후 적응 기후 적응은 어떤 기후의 특정한 특징이나 요소에 대한 유기체의 적응을 가리킵니다. 이러한 적응은 기후의 속성에 의해 야기된 행동에 관련된 변화, 구조상의 변화 혹은 내적인 변화일 수 있습니다. 기후 적응은 독특한 기후의 특징에 대한 한 가지 종 내의 유전적 변이성을 초래하는 변화들에 제한 되어 있습니다. 다른 환경에 사는 동족 종 구성원들은 독특한 기후 적응을 지닐 가능성이 높습니다. 이는 기후 변화 적응과는 다른데, 기후 변화 적응은 인공적인 기후 변화에 의해 초래된 점진적 변화에 적응하는 한 종의 능력을 가리킵니다.

As we have already discussed, animals can survive in some of the most severe environments on Earth, places where humans simply could not, or at least not without the aid of various technologies. Today we will look at one thing that helps animals to survive where people cannot: climatic adaptation. The first example of climatic adaptation is the polar bear. The polar bear lives in the Arctic, a frozen and empty landscape, one of the most inhospitable on the planet. How can polar bears survive the tremendous cold? The key is their physical adaptation, which is a thick layer of fat that keeps them insulated from the freezing temperatures. This physical adaptation is unique to the polar bear and not found with other bear species because it was triggered specifically by the climatic conditions of the polar bear's habitat, the Arctic. The second example is an animal that lives in the desert, the kangaroo rat. This animal looks like a mouse-sized kangaroo. The kangaroo rat has several adaptive behavioral traits that help it survive in its hot and dry desert habitat. For example, they dig burrows and live in them to avoid the heat. This is a very clever way to avoid heat as the temperature underground is lower. This provides them with a relatively cooler environment. Additionally, the kangaroo rat is nocturnal and sleeps during the hot daylight hours to reduce water loss and prevent dehydration.	우리가 이미 논의했듯이 동물들은 사람들이 적어도 다양한 기술들의 도움 없이는 생존할 수 없는 지구의 가장 극심한 환경에서 생존할 수 있습니다. 오늘 우리는 사람들이 살 수 없는 곳에서 동물들이 생존할 수 있도록 도운 한가지 요소를 살펴볼 것입니다: 기후 적응입니다. 기후 적응에 대한 첫 번째 예시는 북극곰입니다. 북극곰은 지구에서 사람이 살기 가장 척박한 꽁꽁 얼어붙은 빈 풍경인 북극에 삽니다. 북극곰들은 어떻게 이 엄청난 추위에서 살아남을 수 있었을까요? 그 핵심은 혹독한 추위로부터 그들이 단열될 수 있도록 해주는 두꺼운 지방층인 그들의 신체적 적응입니다. 이 신체적 적응은 특별히 북극곰의 서식지인 북극의 기상 조건에 의해 촉발된 것이기 때문에 북극곰에게서만 독특하게 나타나며, 다른 곰 종에서는 발견되지 않았습니다. 두 번째 예시는 사막에 사는 동물인 캥거루쥐입니다. 이 동물은 쥐 크기의 캥거루입니다. 이 캥거루쥐는 그들이 덥고 건조한 사막 서식지에서 생존할 수 있도록 돕는 적응을 나타내는 몇 가지 행동적 특성들을 지니고 있습니다. 예를 들면, 그들은 열기를 피하기 위해 굴을 파 그곳에 삽니다. 지하의 기온이 낮기 때문에 이는 열기를 피하기 위한 굉장히 영리한 방법입니다. 이는 그들에게 비교적 시원한 환경을 제공합니다. 추가적으로, 캥거루쥐는 야행성이며, 수분 손실을 줄이고 탈수를 예방하기 위해 더운 일광 시간에 잠을 잡니다.

Explain how the examples of the polar bear and the kangaroo rat demonstrate the concept of climatic adaptation.
북극곰과 캥거루쥐의 예시가 어떻게 기후 적응 개념을 증명하는지 설명하시오.

[80+ Answer]

리딩 지문 요약	The reading passage gives an overview of climatic adaptation, which is the adaptations of an organism in response to specific features and factors of its climate. 리딩 지문은 기후 적응에 대한 개요를 제공합니다. 그리고 그것은 어떤 기후의 특정한 특징이나 요소에 대한 유기체의 적응입니다.
강의 내용 언급	The professor illustrates this concept in his lecture by using two examples. 교수는 강의에서 이 개념을 두 가지 예시를 제시함으로써 설명합니다.
첫 번째 예시	First, the professor introduces the polar bear, which can survive in the Arctic. 첫 번째로, 교수는 북극곰을 소개하는데, 이것은 북극에서 생존할 수 있습니다.
상세 설명	To be specific, polar bears have a thick layer of fat that insulates them from the cold. 구체적으로 말하면, 북극곰은 그들을 추위로부터 단열시켜주는 두꺼운 지방층을 갖고 있습니다. This is a special physical adaptation that other bears don't have. 이는 다른 곰들이 갖지 않는 특별한 신체적 적응입니다.
두 번째 예시	Second, the professor talks about the kangaroo rat, which can survive in the desert. 두 번째로, 교수는 캥거루쥐에 대해 말하는데, 이것은 사막에서 생존할 수 있습니다.
상세 설명	To be specific, they have behavioral traits to survive in the desert and avoid heat. 구체적으로 말하면, 그들은 사막에서 생존하며 열기를 피할 수 있는 행동적 특성을 지닙니다. They live in burrows to avoid the heat and sleep during the day to reduce water loss. 그들은 열기를 피하기 위해 굴에 살고, 수분 손실을 줄이기 위해 낮에 잠을 잡니다.
마무리	These are the examples of climatic adaptation. 이것들이 기후 적응의 예시입니다.

[고득점 Answer]

리딩 지문 요약	The reading passage gives an overview of climatic adaptation, which is the adaptations of an organism in response to specific features and factors of its climate. 리딩 지문은 기후 적응에 대한 개요를 제공합니다. 그리고 그것은 어떤 기후의 특정한 특징이나 요소에 대한 유기체의 적응입니다.
강의 내용 언급	The professor illustrates this concept in his lecture by using two examples. 교수는 강의에서 이 개념을 두 가지 예시를 제시함으로써 설명합니다.
첫 번째 예시	The first animal the professor introduces in the lecture is the polar bear, which can survive in the Arctic. 교수가 강의에서 소개하는 첫 번째 예시는 북극곰인데, 이것은 북극에서 생존할 수 있습니다.

상세 설명	To be specific, its key to surviving in the cold weather is their physical adaptation, which is a thick layer of fat that insulates them from freezing temperatures. 구체적으로 말하면, 그들이 추운 날씨에서 생존할 수 있는 핵심은 그들을 혹독한 추위로부터 단열시켜주는 두꺼운 지방층인 그들의 신체 적응입니다. This is a unique adaptation not possessed by other bears. 이는 다른 곰들은 지니지 않은 독특한 적응입니다.
두 번째 예시	The second animal the professor mentions in the lecture is the kangaroo rat, which can survive in the desert. 교수가 강의에서 언급하는 두 번째 예시는 캥거루쥐인데, 이것은 사막에서 생존할 수 있습니다.
상세 설명	To be specific, they have behavioral traits that help them survive in their hot and dry habitat. 구체적으로 말하면, 그들은 그들이 덥고 건조한 서식지에서 생존할 수 있도록 돕는 행동적 특성을 지닙니다. They dig burrows in order to avoid the heat, and they are also nocturnal, which allows them to avoid dehydration. 그들은 열기를 피하기 위해 굴을 파며, 또한 야행성기도 한데, 이는 그들이 탈수를 피하도록 도와줍니다.
마무리	These are the examples of climatic adaptation. 이것들이 기후 적응의 예시입니다.

[어휘]

polar bear 북극곰 kangaroo rat 캥거루쥐 climatic 기후의 adaptation 적응 organism 유기체 property 속성, 특성 bring on ~을 야기하다 lead to ~를 초래하다 genetic variability 유전적 변이성 related species 동족 종, 친척 종 distinct (뚜렷이) 다른 possess (특징을) 지니다 incremental (점진적으로) 증가하는 bring about 초래하다 artificial 인공적인 severe 극심한 Arctic 북극 frozen 얼어 붙은 inhospitable 사람이 살기 힘든 tremendous 엄청난 key 핵심 physical 신체적인 thick 두꺼운 layer 층 fat 지방 insulated 단열 처리가 된 freezing 혹독하게 추운 temperature 기온 trigger ~을 촉발시키다 specifically 특별히 habitat 서식지 desert 사막 mouse-sized 생쥐 크기의 adaptive 적응할 수 있는 behavioral traits 행동적 특성 dig ~을 파다 burrow 굴 nocturnal 야행성인 daylight hour 일광 시간 dehydration 탈수

Question 4

[문제 해석]

Do you remember the concept of supply and demand that you learned earlier? Today, we will look at the elasticity of demand as an extension of that fundamental concept of economics. The elasticity of demand is an indicator of the degree to which the quantity demanded changes when prices change. Based on this idea, demand for goods can be divided into two types: elastic and inelastic. The first is elastic demand. Demand, as we learned, is affected by both price and economic conditions. Among these, the biggest factor tends to be price. When price heavily affects demand, those goods or services are said	여러분, 이전에 배웠던 공급과 수요의 개념에 대해 기억하나요? 오늘, 우리는 경제학 기본 개념의 연장선으로 수요의 탄력성에 대해 살펴보려고 합니다. 수요의 탄력성은 가격이 변동될 때 수요량이 얼마나 변하는지에 대한 지표입니다. 이 개념에 근거하여, 상품에 대한 수요는 두 가지 유형으로 나뉠 수 있습니다: 탄력적 수요와 비탄력적 수요입니다. 첫 번째는 탄력적 수요입니다. 우리가 배웠듯이 수요는 가격과 경제 여건에 영향을 받습니다. 이들 중에서, 가장 큰 요소는 가격인 경향이 있습니다. 가격이 수요에 아주 많이 영향을 미칠 때, 그러한 상품이나 서비스는 "탄력적 수요"를 갖는다고 일컬어지죠. 예시를 하나 드리겠습니다. 고가의 가방이나

to have "elastic demand." Let me give you an example. Luxury goods, such as high-end bags and watches, are more likely to experience elastic demand. There are numerous options for consumers when they shop for luxury goods, a variety of styles and brands… but there is also always the option to just not buy anything at all. An expensive handbag isn't exactly a necessary purchase, one needed for survival, right? So, if luxury goods cost too much, consumers probably won't buy them. The other concept is inelastic demand, which, as you can imagine, is the opposite of elastic demand. In this case, demand is not affected by price or economic conditions. So, products with inelastic demand include goods and services that need to be constantly purchased, regardless of whether their price goes up or down. Your basic goods, like everyday food items, are inelastic, of course, but let's think about another item. Let's look at gasoline. There is no substitute for gasoline, and not having fuel for the vehicle you use to get to work and take your children to school is not an option. Therefore, even if the price of gasoline skyrockets, people have no choice but to buy it, and they'll have to make other sacrifices in order to afford it.	시계와 같은 사치품은 탄력적 수요를 갖을 가능성이 높습니다. 소비자들이 사치품을 살 때, 다양한 스타일과 브랜드 같은 아주 많은 선택권이 있습니다. 하지만 아무것도 사지 않을 선택지 역시 항상 존재합니다. 아주 비싼 핸드백이 사람이 생존하기 위해 꼭 필요한 구매는 아니잖아요? 그래서, 사치품이 너무 값비싸지면, 소비자들은 아마 그것을 사지 않을 것입니다. 또 다른 유형은 비탄력적 수요인데, 이는 여러분이 상상하듯, 탄력적 수요의 반대 개념입니다. 이 경우에, 수요는 가격이나 경제 여건에 영향을 받지 않습니다. 그래서, 비탄력적 수요를 가진 제품은 가격이 오르거나 내리거나에 관계없이 지속적으로 구매되어야 하는 상품이나 서비스를 포함합니다. 당연히 당신이 매일 먹는 음식과 같은 기본 상품들은 비탄력적이지만, 또 다른 상품에 대해서도 생각해봅시다. 휘발유를 한번 살펴봅시다. 휘발유에 대한 대체품은 없지만, 당신이 직장에 가고 아이들을 학교에 데려다 주는 데 사용하는 당신의 자동차에 넣을 연료를 구매하지 않는 것은 선택지가 아닙니다. 그러므로, 휘발유의 가격이 급등하더라도, 사람들은 그것을 살 수 밖에 없고, 그 가격을 감당하기 위해 다른 희생을 치러야 할 것입니다.

Using points and examples from the lecture, discuss two different types of elasticity of demand.

강의의 핵심 내용과 예시를 사용하여, 수요의 탄력성의 두 가지 유형에 대해에 대해 논하시오.

[80+ Answer]

강의 주제	The professor talks about elasticity of demand. 교수는 수요의 탄력성에 대해서 이야기합니다.
첫 번째 포인트 소개	First, the professor introduces elastic demand. 첫 번째로, 교수는 탄력적 수요를 소개합니다.
정의 문장	Elastic demand is affected by both price and economic conditions. 탄력적 수요는 가격과 경제 여건 모두에 영향을 받습니다.
심화 및 예시	For example, there are luxury goods such as high-end bags and watches. 예를 들면, 고가의 가방이나 시계와 같은 사치품들이 있습니다. These are not necessary purchases, so consumers won't buy them if they're too expensive. 이것들은 꼭 필요한 구매는 아니어서, 만약 가격이 너무 비싸다면 소비자들은 그것들을 사지 않을 것입니다.
두 번째 포인트 소개	Second, the professor describes inelastic demand. 두 번째로, 교수는 비탄력적 수요를 설명합니다.
정의 문장	Inelastic demand is not affected by either price or economic conditions. 비탄력적 수요는 가격이나 경제 여건에 영향을 받지 않습니다. These products need to be consistently purchased regardless of the price. 이러한 제품들은 가격에 관계 없이 지속적으로 구매 되어야 합니다.

심화 및 예시	For instance, there is no alternative for gasoline. So, even if the price of gasoline goes up, people will still continue to pay for it. 예를 들면, 휘발유에 대한 대안은 없습니다. 그래서, 휘발유의 가격이 오를지라도, 사람들은 여전히 계속해서 그것을 구매할 것입니다.
마무리	These are two types of elasticity of demand that the professor introduced in the lecture. 이것들이 교수가 강의에서 소개했던 수요의 탄력성의 두 가지 유형입니다.

[고득점 Answer]

강의 주제	The professor talks about elasticity of demand. 교수는 수요의 탄력성에 대해서 이야기합니다.
첫 번째 포인트 소개	The first type the professor introduces in the lecture is elastic demand. 교수가 강의에서 소개하는 첫 번째 유형은 탄력적 수요입니다.
정의 문장	There are two factors that affect elastic demand: price and economic conditions. 탄력적 수요에 영향을 미치는 두 가지 요소가 있습니다: 가격과 경제 여건입니다.
심화 및 예시	For example, in the case of luxury goods such as high-end bags and watches, these are not necessary purchases, so consumers may choose not to buy them if they're too expensive. 예를 들면, 고가의 가방이나 시계와 같은 사치품들의 경우, 꼭 필요한 구매가 아니어서, 소비자들은 만약 그것들이 너무 비싸다면 사지 않기로 결정할 수 있습니다.
두 번째 포인트 소개	The second type the professor describes in the lecture is inelastic demand. 교수가 강의에서 설명하는 두 번째 유형은 비탄력적 수요입니다.
정의 문장	It is unaffected by both price and economic conditions, which means products with inelastic demand need to be constantly purchased. 이는 가격과 경제 여건에 영향을 받지 않습니다. 그리고 이는 비탄력적 수요를 가지는 제품들이 지속적으로 구매되어야 한다는 것을 의미합니다.
심화 및 예시	For instance, there is no alternative for gasoline. So, if the price of gasoline increases, consumers will still purchase it even if they have to sacrifice something in exchange. 예를 들면, 휘발유에 대한 대안은 없습니다. 그래서, 휘발유의 가격이 오를 때, 비록 소비자들이 그 대가로 무언가를 희생해야 할지라도 그들은 계속해서 휘발유를 구매할 것입니다.
마무리	These are two types of elasticity of demand that the professor introduced in the lecture. 이것들이 교수가 강의에서 소개했던 수요의 탄력성의 두 가지 유형입니다.

[어휘]

supply 공급 **demand** 수요 **elasticity** 탄력성 **extension** 연장선 **fundamental** 기본적인, 근본적인 **economics** 경제학 **indicator** 지표 **degree** 정도 **quantity** 양 **elastic** 탄력적인 **inelastic** 비탄력적인 **affect** ~에 영향을 미치다 **luxury goods** 사치품 **high-end** 고가의, 고급의 **cost** 비용이 들다 **constantly** 지속적으로 **substitute** 대체품 **fuel** 연료 **skyrocket** 급등하다 **sacrifice** 희생하다 **afford** ~를 살 여유가 되다, ~를 감당하다 **alternative** 대안

▪ 실전 모의고사 2

Question 1

[문제 해석]

여행은 가장 인기 있는 여가 활동 중 하나이다. 어떤 사람들은 투어에 참여하는 것을 좋아한다. 다른 사람들은 혼자 여행하는 것을 선호한다. 당신은 어떤 것을 선호하는가? 구체적인 근거와 예시를 들어 자신의 선택을 뒷받침하시오.

답변카드 - 교류

It's more entertaining and memorable to be with other people rather than being alone.
혼자일 때 보다 다른 사람들과 함께 있을 때 더 재미있고 기억에 남습니다.

If I get to ________ with other people, we'll be able to come up with more information and ideas with each other.
다른 사람들과 ________ 을/를 할 수 있을 때, 우리는 서로 더 많은 정보와 아이디어를 떠올릴 수 있습니다.

[80+ Answer]

의견	I prefer going on organized tours to traveling alone. There are some reasons. 저는 투어에 참여하는 것을 혼자서 여행하는 것보다 선호합니다. 몇 가지 이유가 있습니다.
이유1	First, it's more entertaining and memorable to be with other people rather than being alone. 첫 번째로, 혼자일 때보다 다른 사람들과 함께하는 것이 더 즐겁고 기억에 남습니다.
예시	In my case, when I visited Paris last summer, I joined a tour with a bunch of people from various countries. 제 경우에는, 작년 여름 파리에 방문했을 때, 저는 다양한 국가에서 온 많은 사람들과 함께하는 투어에 참여했습니다. During the tour, we took each other's pictures and we made a lot of memories. 투어 동안, 우리는 서로의 사진을 찍어주고 많은 추억들을 만들었습니다.
이유2	Second, organized tours make traveling more convenient and simple. 두 번째로, 투어는 여행을 더 편리하고 간단하게 만들어줍니다.
구체화	What I mean is that everything is set for you, so it helps us save time and energy. 제가 의미하는 것은 모든 것이 다 결정되어 있어서, 투어는 우리가 시간과 에너지를 아낄 수 있도록 도와준다는 것입니다.
예시	For example, I don't need to search for tourist attractions or restaurants. 예를 들면, 저는 관광 명소나 식당들을 찾을 필요가 없습니다.
마무리	For these reasons, I prefer going on organized tours. 이러한 이유들로, 저는 투어에 참여하는 것을 선호합니다.

[고득점 Answer]

의견	I prefer going on organized tours to traveling alone. There are some reasons. 저는 투어에 참여하는 것을 혼자서 여행하는 것보다 선호합니다. 몇 가지 이유가 있습니다.
이유1	The first reason is that it's more entertaining and memorable to be with other people rather than being alone. 첫 번째로, 혼자일 때보다 다른 사람들과 함께하는 것이 더 즐겁고 기억에 남습니다.
예시	In my case, when I visited Paris last summer, I made the decision to join a tour with other people, and it made the entire trip much more enjoyable. 제 경우에는, 작년 여름 파리에 방문했을 때, 다른 사람들과 함께하는 투어에 참여하기로 결정했는데, 이 결정은 제 여행 전체를 훨씬 더 즐겁게 만들어 주었습니다.
이유2	The second reason is that tours make traveling more convenient, so you don't need to invest your time and energy to plan anything. 두 번째로, 투어는 여행을 더 편리하게 만들어줘서, 시간과 에너지를 계획을 세우는 데 투자하지 않아도 된다는 것입니다.
구체화	What I mean is that the people who organize the tours plan everything for you ahead of time, so you can simply focus on having fun and enjoying your trip. 제가 의미하는 것은 이 투어를 준비하는 사람들이 모든 것을 미리 계획해 놓기 때문에, 당신은 재미있게 놀고 여행을 즐기는데 집중하기만 하면 된다는 것입니다. So, you don't have to worry about setting your own itinerary or buying your own plane tickets. 그래서, 당신은 여행 일정을 짜거나 비행기 표를 사는 것에 대한 걱정은 하지 않아도 됩니다.
마무리	For these reasons, I prefer going on organized tours. 이러한 이유들로, 저는 투어에 참여하는 것을 선호합니다.

[어휘]

organized tour (주로 여행사를 통한) 투어 **entertaining** 즐거운 **memorable** 기억에 남는 **join** ~에 참여하다 **a bunch of** 많은 **save** ~을 아끼다 **tourist attraction** 관광 명소 **itinerary** 여행 일정

Question 2

[문제 해석]

Dorm Guest Restrictions Announced	**기숙사 방문자 제한 발표**
The university has received a variety of complaints from our dormitory residents concerning safety issues. Among them, complaints about outside guests and overnight visitors are the most frequent. Accordingly, we will restrict guests who are not students of the university from accessing any of the dormitories. Furthermore, any special request for an overnight guest must be submitted to and approved by the registrar's office in advance. To ensure non-students cannot enter the buildings, students entering the dormitory will be required to scan their student ID cards to enter. By enforcing this policy, we will be able to reduce the numerous concerns about safety issues in the dormitories.	우리 학교는 기숙사에 거주하는 학생들로부터 보안 문제에 대한 많은 불편사항들을 받아왔습니다. 그 중에서도 외부 방문객과 하룻밤을 묵는 방문객들에 대한 불편사항이 가장 빈번합니다. 따라서, 우리는 우리 학교 학생이 아닌 방문객들이 기숙사에 들어오는 것을 제한할 것입니다. 추가적으로, 하룻밤을 묵는 방문객들에 대한 특별 요청사항은 반드시 사무소에 미리 제출되어 승인을 받아야 합니다. 학생이 아닌 방문자들이 건물에 들어오지 못하도록 확실히 하기 위해, 학생들은 기숙사에 들어올 때 학생증을 스캔하도록 요구받을 것입니다. 이 정책을 시행함으로써, 우리는 기숙사 보안 문제에 대한 많은 염려를 줄일 수 있을 것입니다.

Woman: Hey David, what do you think about this new policy?	여자: 데이빗 안녕, 너 이 새로운 정책에 대해서 어떻게 생각해?
Man: Well, I'm so glad the university is changing its rules about outside guests coming into the dormitories.	남자: 음, 나는 대학이 외부 방문객들이 기숙사에 오는 것에 대해 규칙을 바꿔서 정말 좋아.
Woman: Really? Don't you think the rules are too strict? I mean, my dorm is pretty much my home, so I should be able to invite anyone I want.	여자: 정말? 너는 이 규칙이 너무 엄격한 것 같지 않아? 내 말은, 내 기숙사는 거의 내 집 같은 곳인데, 그러면 나는 내가 원하는 누구든 초대할 수 있어야 하잖아.
Man: You might have a point, but really, I was always more concerned about strangers being able to enter our dormitories. Anyone could have just walked right into our dormitory building and done anything they wanted to. This total lack of security exposed us to a lot of potential crime, and I really don't want to worry about that in my own dorm.	남자: 네 말도 일리가 있을 수 있지만, 정말로, 나는 항상 낯선 사람들이 우리 기숙사로 들어올 수 있을지도 모른다는 것에 대해서 걱정했어. 누구든 우리 기숙사에 그냥 걸어 들어와서 그들이 원하는 어떤 일이든 다 할 수 있었잖아. 이런 완전한 보안 결핍이 많은 잠재적 범죄에 우리를 노출시켰고, 나는 내 기숙사에서 이런 문제에 대해 전혀 걱정하고 싶지 않아.
Woman: Oh yeah. That's a much-needed change. I'll feel much safer with the new entry system. But, still... what about when my friends want to stay the night?	여자: 아 맞아. 그건 정말로 필요한 변화야. 나는 이 새로운 출입 제도로 훨씬 안전하다고 느낄 거야. 그래도… 그럼 내 친구들이 하룻밤을 자고 가고 싶어할 때는?
Man: Well, you can always submit a request. You just have to plan ahead, which is fair. Personally, I'll be happy to see fewer overnight guests around the dormitory. They're always so rude. They talk loudly even late at night without thinking about other people trying to sleep, and they use the student lounge as their personal hangout spot. But those lounge areas are for the residents, not visitors.	여자: 음, 넌 언제든 요청서를 제출할 수 있어. 그냥 계획만 미리 해야 하는 거지, 그리고 그건 꽤 공평한 것 같아. 개인적으로, 나는 기숙사에서 하룻밤 묵는 방문객들을 덜 보는게 좋을 것 같아. 그 사람들은 항상 정말 무례해. 그 사람들은 자려고 하는 다른 사람들은 생각하지 않고 밤 늦게 큰 소리로 대화하고, 학생 휴게실을 개인 집합 장소처럼 사용하잖아. 그런데 그 휴게실 공간들은 방문객들이 아니라 기숙사에 거주하는 학생들을 위한 거야.
Woman: That makes sense. If there are fewer overnight guests, there will be fewer complaints.	여자: 맞아. 하룻밤을 묵는 방문객들이 더 적어지면, 불편사항도 더 적어지겠다.

SPEAKING

The man expresses his opinion about the announcement. State his opinion and explain the reasons why he feels this way.

남자는 이 공지문에 대한 그의 의견을 전달하고 있다. 그의 의견을 서술하고 그가 그렇게 느끼는 이유를 설명하시오.

[80+ Answer]

리딩 지문 요약	From the announcement, we know the university will restrict guests from accessing any of the dormitories. Also, overnight guests need an approval. 공지문을 통해서, 우리는 학교가 방문객이 기숙사에 들어오는 것을 제한할 것임을 알 수 있습니다. 또한, 하룻밤을 묵는 방문객들은 승인을 필요로 할 것입니다.
주인공 화자 입장	The man believes that it's a good idea for two reasons. 남자는 두 가지 이유에서 그것이 좋은 아이디어라고 생각합니다.
첫 번째 이유	First, he is concerned about strangers entering student dormitories. 첫 번째로, 그는 낯선 사람들이 학생 기숙사에 들어오는 것에 대해 걱정합니다.
상세 설명	This is because anyone can access the dormitory building and students are exposed to a lot of potential crimes. 왜냐하면 누구나 기숙사 건물에 들어올 수 있고, 학생들은 많은 잠재적 범죄에 노출되기 때문입니다.
두 번째 이유	Second, he's glad that there will be fewer overnight guests in the dormitories. 두 번째로, 그는 기숙사에서 하룻밤을 묵는 방문객들이 더 적어질 것이라는 사실에 기뻐합니다.
상세 설명	This is because they talk loudly even at night and use student lounges as their hangout spot. 왜냐하면 그들은 심지어 저녁에도 크게 대화하고 학생 휴게실을 그들의 집합 장소처럼 사용하기 때문입니다.
마무리	These are the reasons why he is pleased with the announcement. 이것들이 그가 그 공지문에 대해 기뻐하는 이유입니다.

[고득점 Answer]

리딩 지문 요약	From the announcement, we know the university will restrict guests from accessing any of the dormitories. Also, overnight guests need an approval. 공지문을 통해서, 우리는 학교가 방문객이 기숙사에 들어오는 것을 제한할 것임을 알 수 있습니다. 또한, 하룻밤을 묵는 방문객들은 승인을 필요로 할 것입니다.
주인공 화자 입장	The man believes that it's a good idea for two reasons. 남자는 두 가지 이유에서 그것이 좋은 아이디어라고 생각합니다.
첫 번째 이유	The first reason why he supports this idea is that he has always been concerned about strangers accessing student dormitories. 그가 이 아이디어에 찬성하는 첫 번째 이유는 그가 낯선 사람들이 학생 기숙사에 들어오는 것에 대해 항상 걱정해 왔기 때문입니다.

상세 설명	This is because anyone can access the dormitory building, therefore exposing students to a lot of potential crimes, which is an issue that he doesn't want to worry about. 왜냐하면 누구나 기숙사 건물에 들어올 수 있고, 그렇기 때문에 학생들을 많은 잠재적인 범죄에 노출시키게 됐기 때문입니다. 그리고 그것은 그가 걱정하고 싶어하지 않는 문제입니다.
두 번째 이유	The second reason why he supports this idea is that he is relieved that there will be fewer overnight guests. 그가 이 아이디어에 찬성하는 두 번째 이유는 그가 하룻밤을 묵는 방문객들이 적어질 것이라는 사실에 안도하기 때문입니다.
상세 설명	This is because they chat loudly even at night when it's time to sleep and use student lounges for personal use. 왜냐하면 그들은 심지어 잠 잘 시간인 저녁에도 크게 대화하고 학생 휴게실을 개인적인 용도로 사용하기 때문입니다.
마무리	These are the reasons why he is pleased with the announcement. 이것들이 그가 그 공지문에 대해 기뻐하는 이유입니다.

[어휘]

dorm(=dormitory) 기숙사 **guest** 방문객 **restriction** 제한 **resident** 거주자 **concerning** ~에 대한 **safety issue** 보안 문제 **request** 요청사항, 요청서 **overnight** 하룻밤을 묵는 **registrar's office** 등록 사무소 **ensure** ~을 확실히 하다 **enforce** ~을 시행하다 **concern** 염려 **expose** 노출하다 **potential** 잠재적인 **crime** 범죄 **much-needed** 많이 필요한 **entry** 출입, 입장 **ahead** 미리 **student lounge** 학생 휴게실 **personal** 개인적인 **hangout spot** 집합 장소 **approval** 승인 **chat** 대화하다

Question 3

[문제 해석]

Overchoice	과잉 선택권
All it takes is one trip to a supermarket or one look at an online shopping site to realize that we are living in an age of excessive options. Overchoice refers to having too many choices to make decisions or to address problems. As the choices consumers have to make overflow and competition in already crowded markets intensifies, new or lesser-known products struggle to stand out to customers. In response, companies have to make a constant effort to develop products that can attract the already exhausted attention of their customers.	우리가 과도한 선택권이 주어진 시대에 살고 있다는 것을 깨닫기 위해서는 슈퍼마켓에 한번 시장을 보러 가거나 온라인 쇼핑 사이트를 한번 훑어보는 것이면 충분합니다. 과잉 선택권은 결정하기에 혹은 문제를 다루는데 너무 많은 선택권을 갖는 것을 가리킵니다. 소비자가 해야 하는 결정이 넘쳐 흐르거나 이미 포화된 시장에서의 경쟁이 심해질 때, 새롭거나 덜 알려진 제품들은 소비자 눈에 띄기 위해 고군분투합니다. 이에 대응하여, 회사들은 이미 다 소진된 고객들의 주의를 끌기 위한 제품들을 개발하기 위해 끊임없는 노력을 해야 합니다.

Is having so many options always good? Companies and advertisers would lead you to believe that, as a consumer, you can never have enough options concerning how you spend your money. However, sometimes, having too many choices makes it difficult to make even simple decisions.	많은 선택권을 갖는 것이 항상 좋은 일인가요? 회사와 광고주들은 당신이 그렇게 생각하도록 유도할 것이며, 소비자로서, 어떻게 당신의 돈을 소비할 것인지에 대한 선택권들은 결코 충분하지 않습니다. 하지만, 가끔, 너무 많은 선택권을 갖는 것은 간단한 결정을 하는 것조차 어렵게 만듭니다.

SPEAKING

For example, I recently decided to buy a watch for my son's graduation. I let him choose the watch he wanted, so he started searching the Internet for ones that he liked. Keep in mind, there is a shopping mall near my house, but it only has a few stores that carry watches, so we thought shopping online would be a better way to see all the options. But... guess what? There were so many different brands of watches on the Internet – brands that had all multiple styles, too – that it became impossible to check out all of them. My son spent days browsing countless web sites trying to find his favorite watch, and he constantly compared them. After a lot of time and stress, he finally chose one and placed his order. But, even after it arrived, he kept second-guessing himself and wondering if he made the right choice. I bet he still thinks about his choice, even when he's wearing it! So, the overabundance of options he had while shopping still bothers him.	예를 들면, 저는 최근 제 아들의 졸업 선물로 시계를 사주기로 결정했습니다. 저는 아들에게 그가 원하는 시계를 고르도록 했고, 아들은 마음에 드는 것을 인터넷에서 찾기 시작했습니다. 명심해 두실 건, 제 집 근처에는 쇼핑몰이 있었지만, 시계를 취급하는 곳이 몇 군데 없어서, 우리는 모든 선택지들을 보기 위해 온라인에서 쇼핑하는 것이 더 나은 방법이라고 생각했습니다. 그런데 무슨 일이 벌어졌는지 아세요? 인터넷에는 정말 많은 다양한 시계 브랜드들이 있었고, 그 브랜드는 또 모든 다양한 스타일의 시계들을 취급해서, 그 모든 시계들을 확인하는 것은 불가능했습니다. 제 아들은 가장 마음에 드는 시계를 찾기 위해 무수한 사이트들을 돌아다니느라 며칠을 소비했고, 끊임없이 시계들을 비교했습니다. 많은 시간을 들이고 스트레스를 받은 후에, 아들은 마침내 시계 하나를 골랐고, 주문을 했습니다. 하지만, 심지어 시계가 도착한 이후에도, 그는 스스로에게 되물으며 그가 올바른 선택을 한 것인지에 대해 의문을 가졌습니다. 저는 그가 여전히 그의 선택에 대해 생각하고 있을 것이라고 장담합니다, 심지어 그 시계를 차고 있을 때조차 말이죠! 쇼핑을 할 때 있었던 선택권의 과잉이 여전히 그를 괴롭히고 있는 겁니다.

Using points and examples from the lecture, explain the example of overchoice discussed by the professor.
강의의 핵심 내용과 예시를 사용하여, 교수가 논하는 과잉 선택권의 예시에 대해 설명하시오.

[80+ Answer]

리딩 지문 요약	The reading passage gives an overview of overchoice, which is having too many choices to make decisions or to address problems. 리딩 지문은 과잉 선택권에 대한 개요를 제공합니다. 그리고 그것은 결정을 하거나 문제를 다루는데 너무 많은 선택권을 갖는 것입니다.
강의 내용 언급	The professor illustrates this concept in his lecture by using an example of his son. 교수는 강의에서 이 개념을 그의 아들에 대한 하나의 예시를 제시함으로써 설명합니다.
소개	The professor first says that he decided to buy a watch for his son. 교수는 처음에 그가 그의 아들을 위해 시계를 사주기로 결정했다고 말합니다.
전개	Then, his son started searching for one on the Internet. 그 다음에 그의 아들은 시계를 인터넷에서 찾기 시작했습니다. Although there was a shopping mall nearby, it only had a few options. 비록 쇼핑몰이 근처에 있었지만, 그곳에는 몇 가지 선택권 밖에 없었습니다. So, they thought online shopping would be better than a shopping mall. 그래서, 그들은 온라인 쇼핑이 쇼핑몰에 가는 것보다 훨씬 나을 것이라고 생각했습니다.

결과	What happened next was there were too many brands on the Internet, so it was impossible to check out all of them and make a decision. 그 다음에 일어난 일은 인터넷에 브랜드가 너무 많아서, 모든 시계들을 다 확인하고 결정하는 것이 불가능했다는 것입니다.
결과2	In the end, he chose one but wondered if it was the right choice. 결국, 그는 하나를 선택했지만, 그것이 올바른 선택이었는지 의문을 가졌습니다.

[고득점 Answer]

리딩 지문 요약	The reading passage gives an overview of overchoice, which is having too many choices to make decisions or to address problems. 리딩 지문은 과잉 선택권에 대한 개요를 제공합니다. 그리고 그것은 결정을 하거나 문제를 다루는데 너무 많은 선택권을 갖는 것입니다.
강의 내용 언급	The professor illustrates this concept in his lecture by using an example of his son. 교수는 강의에서 이 개념을 그의 아들에 대한 하나의 예시를 제시함으로써 설명합니다.
소개	The professor begins the lecture by saying he decided to buy a watch for his son. 교수는 그가 그의 아들을 위해 시계를 사주기로 결정했다고 이야기함으로써 강의를 시작합니다.
전개	Then, his son decided to search for one on the Internet instead of going to a shopping mall. 그 다음에, 그의 아들은 쇼핑몰에 가는 것 대신 인터넷에서 시계를 찾기로 결정했습니다. Although there was a shopping mall nearby, it only had a few options. 비록 쇼핑몰이 근처에 있었지만, 그곳에는 몇 가지 선택권 밖에 없었습니다. So, they assumed that online shopping would be a better choice over going to a shopping mall. 그래서, 그들은 온라인 쇼핑이 쇼핑몰에 가는 것보다 더 나은 선택일 것이라고 생각했습니다.
결과	The professor continues by saying there were too many brands and styles on the Internet. 교수는 인터넷에는 너무 많은 브랜드와 스타일이 있다고 이야기함으로써 강의를 이어갑니다. As a result, it was impossible to check out all of them and made it difficult for him to narrow them down to a single choice. 그 결과, 모든 시계를 확인하는 것은 불가능했고, 그가 하나의 선택지로 좁히는 것을 어렵게 만들었습니다.
결과2	In the end, he chose one but wondered if it was the right choice. 결국, 그는 하나를 선택했지만, 그것이 올바른 선택이었는지 의문을 가졌습니다.

[어휘]

an age of ~의 시대 **excessive** 과도한 **option** 선택권 **choice** 선택권, 선택지 **address** ~을 다루다 **consumer** 소비자 **overflow** 넘쳐 흐르다 **competition** 경쟁 **crowded** 붐비는, 포화된 **intensify** 심해지다, 격렬해지다 **lesser-known** 덜 알려진 **stand out** 두드러지다, 눈에 띄다 **in response** 이에 대응하여 **constant** 끊임없는 **exhausted** 소진된 **advertiser** 광고주 **carry** (물건을) 취급하다 **check out** 확인하다 **browse** (인터넷을) 돌아다니다 **compare** ~을 비교하다 **wonder if** ~인지 궁금해하다, 의문을 가지다 **overabundance** 과잉 **narrow down** ~을 좁히다

Question 4

[문제 해석]

Last time, we covered how animals adopt various survival methods in order to adapt to a world where the strong prey on the weak. We've mostly focused on special adaptations that have allowed animals to better conceal or protect themselves. Today, we'll be discussing a different kind of strategy. We are going to look at symbiosis as a way to survive. Symbiosis refers to two different species that exist together through a special relationship. There are several different types of symbiosis, but today, we'll only introduce two of them.	지난 시간에, 우리는 동물들이 강자가 약자를 먹이로 하는 세계에 적응하기 위해서 어떻게 다양한 생존 방법을 채택하는지를 다뤘습니다. 우리는 주로 동물들이 잘 숨고 그들 스스로를 더 잘 보호할 수 있게 도와주는 특별한 적응에 초점을 맞춰왔습니다. 오늘, 우리는 다른 종류의 전략에 대해 논의해보려고 합니다. 우리는 생존하는 방식으로의 공생에 대해 살펴볼 것입니다. 공생은 특별한 관계를 통해 함께 살아가는 두 가지 다른 종을 가리키는 말입니다. 여러 가지 다른 종류의 공생이 있지만, 오늘 우리는 두 가지만 접해볼 것입니다.
The first is mutualism, which is a symbiotic relationship that benefits both participants in the relationship. For example, in the sea, there is the relationship between sharks and remora fish. Remora are smaller fish that attach themselves to the shark's body, to which they cling on for both transportation and protection. In exchange, the remora also greatly benefit the shark as they eat the parasites that hide around and infest the shark's fins. These parasites can pose a great problem for sharks. Therefore, just by going about its normal routine, the shark can feed the remora without any special effort, and the remora can stay attached to the shark and avoid danger.	첫 번째는 관계에서 양쪽 당사자 모두에게 이득을 주는 공생하는 관계인 상리 공생입니다. 예를 들면, 바다에는 상어와 빨판상어 사이의 관계가 있습니다. 빨판상어는 이동과 보호를 위해 상어의 몸에 그들 스스로를 붙이는 더 작은 물고기입니다. 그 대신에, 빨판상어 역시 상어의 지느러미에 숨어서 들끓는 기생충들을 먹어 치우며, 상어에게 엄청난 이득을 줍니다. 이러한 기생충들은 상어에게 큰 문제를 제기할 수 있습니다. 그러므로, 상어는 단순히 일상생활을 시작하는 것만으로도 빨판상어를 어떤 특별한 노력없이 먹여 살릴 수 있고, 빨판상어는 상어에게 붙어 있으면서 위험을 피할 수 있습니다.
The second type of symbiosis is commensalism, where only one species gains benefit. An example is the porcelain anemone crab. The porcelain anemone crab is a very fragile creature – hence its name – and will shed its limbs to escape predators. So, for some extra protection, it lives in a sea anemone. The sea anemone is known as a poisonous, predatory animal that most animals keep a distance from, so few predators approach it. Similar to the remora's symbiosis, the porcelain anemone crab gains a safe shelter and extra protection from the sea anemone. However, unlike the relationship between remora and sharks, the anemone gets nothing in return from the porcelain anemone crab.	두 번째 공생의 유형은 한 종만 이득을 얻는 편리 공생입니다. 하나의 예시는 도자기 아네모네 게입니다. 도자기 아네모네 게는 아주 허약한 생명체입니다 – 따라서 그 이름도 도자기인 것이며 – 포식자로부터 도망치기 위해 그들 스스로 팔과 다리를 제거합니다. 그래서, 추가적인 보호를 받기 위해, 바다 말미잘에 사는 것입니다. 바다 말미잘은 대부분의 동물들이 거리를 두는 독성이 있는 포식성 동물로 알려져, 포식자들이 거의 접근하지 않습니다. 빨판상어의 공생 관계와 유사하게, 도자기 아네모네 게는 안전한 피신처와 추가적인 보호를 바다 말미잘로부터 얻는 것입니다. 하지만, 빨판상어와 상어와의 관계와는 달리, 말미잘은 도자기 아네모네 게로부터 아무것도 보답으로 얻지 못합니다.

Using points and examples from the lecture, explain two types of symbiosis described by the professor.
강의의 핵심 내용과 예시를 사용하여, 교수가 설명하는 공생의 두 가지 유형에 대해 설명하시오.

[80+ Answer]

강의 주제	The professor talks about two types of symbiosis. 교수는 두 가지 종류의 공생에 대해 이야기합니다.
첫 번째 포인트 소개	First, the professor introduces mutualism. 첫 번째로, 교수는 상리 공생을 소개합니다.
정의 문장	Mutualism refers to a relationship that benefits both participants. 상리 공생은 양쪽 당사자 모두에게 이득을 주는 관계를 가리킵니다.
심화 및 예시	For example, there is a relationship between sharks and remora fish. 예를 들면, 상어와 빨판상어 사이의 관계가 있습니다. The shark's body protects and transports remora fish and, in exchange, the remora fish eat the shark's parasites. 상어의 몸은 빨판상어를 보호해주고 이동시켜주며, 그 보답으로, 빨판상어는 상어의 기생충들을 먹어 치웁니다.
두 번째 포인트 소개	Second, the professor describes commensalism. 두 번째로, 교수는 편리 공생을 설명합니다.
정의 문장	In commensalism, only one species benefits, not both. 편리 공생에서는, 양쪽이 아닌, 오직 한 종만 이득을 얻습니다.
심화 및 예시	For instance, the porcelain anemone crab lives in sea anemones for extra protection. 예를 들면, 도자기 아네모네 게는 추가적인 보호를 얻기 위해 바다 말미잘에 삽니다. This is because sea anemones are poisonous, so few predators approach them. 왜냐하면 바다 말미잘은 독성이 있어서, 포식자들이 거의 접근하지 않기 때문입니다. However, the sea anemone receives no benefit in return. 하지만, 바다 말미잘은 보답으로 아무 이득도 받지 못합니다.
마무리	These are two types of symbiosis that the professor introduced in the lecture. 이것들이 교수가 강의에서 소개하는 공생에 대한 두 가지 유형입니다.

SPEAKING

[고득점 Answer]

강의 주제	The professor talks about two types of symbiosis. 교수는 두 가지 종류의 공생에 대해 이야기합니다.
첫 번째 포인트 소개	The first type the professor introduces in the lecture is mutualism. 교수가 강의에서 소개하는 첫 번째 전략은 상리 공생입니다.
정의 문장	Mutualism refers to a relationship that benefits both participants. 상리 공생은 양쪽 당사자 모두에게 이득을 주는 관계를 가리킵니다.
심화 및 예시	For example, there is a relationship between sharks and remora fish. 예를 들면, 상어와 빨판상어 사이의 관계가 있습니다. Remora fish attach to the shark's body for transportation and to receive protection. 빨판 상어는 이동하고 보호를 받기 위해 상어의 몸에 붙어 있습니다. In exchange, they benefit the shark by eating the parasites hiding in its fins. 그 보답으로, 상어의 지느러미에 숨어있는 기생충들을 먹어 치움으로써 상어에게 이득을 줍니다.
두 번째 포인트 소개	The second type the professor describes in the lecture is commensalism. 교수가 강의에서 설명하는 두 번째 유형은 편리 공생입니다.
정의 문장	In commensalism, only one species benefits, not both. 편리 공생에서는, 양쪽이 아닌, 오직 한 종만 이득을 얻습니다.
심화 및 예시	For instance, the porcelain anemone crab lives in sea anemones for extra protection. 예를 들면, 도자기 아네모네 게는 추가적인 보호를 받기 위해 바다 말미잘에 삽니다. This is because sea anemones are poisonous creatures, and predators therefore try to keep a distance from them. 왜냐하면 바다 말미잘은 독성이 있는 생명체여서, 포식자들이 거리를 두려고 하기 때문입니다. However, despite aiding the crab, the anemone receives no benefit in return for providing additional protection. 하지만, 이 게를 도와주는데도 불구하고, 말미잘은 추가적인 보호를 제공해준 것에 대한 보답으로 아무런 이득도 얻지 못합니다.
마무리	These are two types of symbiosis that the professor introduced in the lecture. 이것들이 교수가 강의에서 소개하는 공생에 대한 두 가지 유형입니다.

[어휘]

cover ~을 다루다 **adopt** ~을 채택하다 **adapt to** ~에 적응하다 **prey on** ~를 먹이로 삼다 **conceal** 숨다 **symbiosis** 공생 **exist** 살아가다, 존재하다 **mutualism** 상리 공생 **symbiotic** 공생하는 **benefit** 이득을 주다 **participant** 당사자, 참가자 **cling on to** ~에 매달리다 **transportation** 이동 **protection** 보호 **parasite** 기생충 **hide around** 숨다 **infest** 들끓다 **fin** 지느러미 **pose** (문제를) 제기하다 **go about** ~을 시작하다 **normal routine** 일상 생활 **feed** 먹이를 주다 **commensalism** 편리 공생 **fragile** 허약한 **shed** ~을 없애다 **limbs** 팔과 다리 **sea anemone** 바다 말미잘 **shelter** 피신처 **in return** 보답으로 **aid** 돕다

Writing 문제 유형 공략

▪ Question 1: Integrated(통합형)

문제 연습

리딩 지문

Native to the Mediterranean region, medusahead is an invasive species of grass that has overwhelmed North American grasslands. The plant quickly takes over fields that it has invaded and prevents the growth of native species. This can cause critical damage to regional ecosystems and scenic wildlands. Several methods to handle medusahead have been explored by ecologists. One solution is to burn the medusahead off the land with controlled fires. By doing so, vast amounts of medusahead can be eliminated quickly. Medusahead holds onto its seeds longer than other annual native plants, and the seeds are more likely to perish while still attached to the plant. Strategically timed fires could burn away the medusahead and its seeds while leaving the fallen seeds of native plants unharmed. Native plants could then reclaim the burnt areas and have space to grow. Another option is to allow cattle, like cows and sheep, to feed on medusahead. These livestock breeds are known as grazers because they graze, or eat, small portions of grass constantly throughout the day. If permitted into fields where medusahead is widespread, the cattle would graze on it and significantly reduce its presence. Native plants could then re-establish themselves on the land. This plan is particularly effective since medusahead is most common in the midwestern United States, where a lot of cattle and livestock are raised. The third possibility is to employ a fungal parasite that specifically targets medusahead. In the Mediterranean region, where medusahead originated, there is a species of fungus that inhibits the normal root development of medusahead. The parasite would prevent medusahead from growing while ignoring native plants. Introducing the fungus to North American grasslands would make it possible for native species to better compete against medusahead.	지중해 지역이 원산지인, 메두사헤드는 북미 초원을 뒤덮은 외래 유입종 풀의 하나이다. 이 식물은 침입한 들판을 빠르게 잠식하면서 토착 종의 성장을 막고 있다. 이 풀은 지역 생태계와 경치 좋은 야생 토지에 위태로운 피해를 초래할 수 있다. 메두사헤드를 처리하기 위해 생태학자들에 의해 여러 방법이 탐구되어 왔다. 한 가지 해결책은 제어된 불을 활용해 토지에서 메두사헤드를 태워 없애는 것이다. 이렇게 함으로써, 어마어마한 양의 메두사헤드가 빠르게 제거될 수 있다. 메두사헤드는 다른 토종 일년생 식물들보다 더 오래 씨앗을 유지하며, 이 씨앗은 여전히 이 식물에 매달려 있는 동안 소멸될 가능성이 더 크다. 전략적으로 때에 맞춘 불로 토종 식물의 떨어진 씨앗을 손상시키지 않은 채로 메두사헤드와 그 씨앗을 태워 없애버릴 수 있다. 토종 식물이 그 후에 태운 지역을 다시 차지해 성장할 공간을 얻을 수 있다. 또 다른 선택권은 젖소와 같은 소나 양에게 메두사헤드를 먹이로 먹게 하는 것이다. 이 가축 종들은 온종일 지속적으로 소량의 풀을 뜯어먹기 때문에 방목 가축으로 알려져 있다. 소들이 메두사헤드가 널리 퍼져 있는 들판에 들어서도록 허용되면, 그것을 뜯어먹어 그 존재가 상당히 감소할 것이다. 토종 식물은 그 후 그 토지에서 회복될 수 있다. 이러한 계획은 많은 소와 가축이 길러지는 미국 중서부 지역에 메두사헤드가 가장 흔하기 때문에 특히 효과적이다. 세 번째 가능성은 특히 메두사헤드를 목표로 하는 균류 기생 식물을 활용하는 것이다. 메두사헤드가 유래된 지중해 지역에는, 메두사헤드의 정상적인 뿌리 발달을 억제하는 균류 종이 하나 있다. 이 기생 식물은 토종 식물들은 무시하면서 메두사헤드가 자라지 못하도록 막아줄 것이다. 이 균류를 북미 지역 초원에 도입하면 토착 종이 메두사헤드를 상대로 더 잘 경쟁하는 것을 가능하게 만들어 줄 수 있다.

WRITING

[리딩 어휘]

native to ~가 원산지인 invasive species 침입종 overwhelm ~을 뒤덮다, 압도하다 take over ~을 차지하다 invade 침입하다 prevent (A from -ing) (A가 ~하지 못하게) 막다, 방지하다 cause ~을 초래하다, 야기하다 critical 위태로운, 중대한 ecosystem 생태계 method 방법 handle ~을 처리하다 explore ~을 탐구하다 ecologist 생태학자 solution 해결책 controlled 제어된, 통제된 eliminate ~을 제거하다 hold onto ~을 유지하다 seed 씨앗 annual plant 일년생 식물 be more likely to do ~할 가능성이 더 크다 perish 소멸되다, 죽다 attached to ~에 매달린 strategically timed 전략적으로 때에 맞춘 leave A p.p. A를 ~된 상태로 만들다 unharmed 손상되지 않은 reclaim ~을 되찾다 allow A to do A에게 ~할 수 있게 해주다 cattle 소 feed on ~을 먹이로 먹이다 be known as ~로 알려져 있다 grazer 방목 가축 graze 풀을 뜯다 constantly 지속적으로 permit ~을 허용하다 widespread 널리 퍼진 significantly 상당히 reduce ~을 감소시키다 presence 존재(감) re-establish ~을 회복시키다 particularly 특히 effective 효과적인 raise ~을 기르다 employ ~을 활용하다 fungal parasite 균류 기생 식물 specifically 특히 originate 유래되다 fungus 균류 inhibit ~을 억제하다 development 발달, 성장 ignore ~을 무시하다 introduce ~을 도입하다 compete against ~을 상대로 경쟁하다

리스닝 스크립트

The methods proposed in the reading are not likely to be effective for controlling medusahead. Let me explain why.	리딩 지문에 제안된 방법들은 메두사헤드를 제어하는 데 있어 효과적이지 못할 가능성이 있습니다. 왜 그런지 제가 설명해드리죠.
First, fire might destroy medusahead on the surface, and, if timed perfectly, its seeds, too. But medusahead will likely return anyways. The plant has deep, durable roots. They can even survive the intense heat of a controlled fire. If the roots are left intact, the plant will grow again in the next season. So, even if every plant and seed on the surface is destroyed in the fire, the fields will be full of medusahead again because of the toughness of its roots.	첫 번째, 불은 지표면의 메두사헤드를, 그리고 때를 완벽히 맞춘다면 그 씨앗까지도 파괴할 수 있을지도 모릅니다. 하지만 메두사헤드는 어쨌든 다시 생겨날 가능성이 있을 것입니다. 이 식물은 깊고 오래 지속되는 뿌리를 지니고 있습니다. 이 뿌리는 제어된 불의 뜨거운 열에서도 살아남을 수 있습니다. 만일 그 뿌리가 온전한 상태로 남아 있다면, 이 식물은 다음 계절에 다시 자라날 것입니다. 따라서, 설사 지표면의 모든 식물과 씨앗이 불 속에서 파괴된다 하더라도, 그 뿌리의 끈질김으로 인해 들판이 다시 메두사헤드로 가득하게 될 것입니다.
Second, medusahead is not attractive to grazers. This means that if grazers are released in a field full of medusahead, but there are still other kinds of grasses, the grazers will eat the other plants first. They will eventually eat some of the medusahead, but only when it is the last option available. They will eat the plants and grasses that ecologists are trying to protect first. It is a scenario where the proposed solution could end up making the problem worse. There would be fewer native grasses and more space for medusahead.	두 번째, 메두사헤드는 방목 가축에게 매력적이지 않습니다. 이는 방목 가축이 메두사헤드로 가득하면서 여전히 다른 종류의 풀도 존재하는 들판에 방목 가축이 풀어져 있을 경우, 그 방목 가축은 다른 식물을 먼저 먹는다는 것을 의미합니다. 이 가축이 결국 일부 메두사헤드를 먹게 되겠지만, 오직 먹을 수 있는 마지막 선택권일 경우에만 그렇습니다. 이 가축은 생태학자들이 먼저 보호하려 하는 식물과 풀을 먹을 것입니다. 이는 제안된 해결책이 결국 문제점을 더 악화된 상태로 만들 수 있음을 보여주는 시나리오입니다. 토종 풀은 더 적어지고 메두사헤드를 위한 공간이 더 많아지게 될 것입니다.
Finally, the fungal parasite is also a long shot. While it sounds like a logical solution, you have to understand that medusahead and its fungal parasites have coexisted in their native habitat for a very long time. Like all organisms, medusahead has been forced to adapt to its threats, so it has developed resistances against the fungus. As such, the fungal parasite will only damage medusahead that is already weak. The weak strains would be culled out, which ends up promoting the growth of even stronger medusahead that is resistant to the fungus. Bringing fungal parasites to North America would likely be inefficient for controlling the spread of medusahead.	마지막으로, 균류 기생 식물 또한 승산이 없는 시도입니다. 이것이 타당한 해결책인 것처럼 들리겠지만, 메두사헤드와 그 균류 기생 식물이 아주 오랫동안 자연 서식지에서 공존해왔다는 점을 이해해야 합니다. 모든 생물체들과 마찬가지로, 메두사헤드는 위협에 어쩔 수 없이 적응해왔기 때문에, 해당 균류에 대한 저항력을 길러 왔습니다. 따라서, 그 균류 기생 식물은 오직 이미 약해진 메두사헤드에게만 피해를 입힐 것입니다. 이 약한 종자는 추려지겠지만, 결국 해당 균류에 저항력이 있는 훨씬 더 강력한 메두사헤드의 성장을 촉진하게 됩니다. 북미 지역으로 균류 기생 식물을 들여오는 일은 메두사헤드의 확산을 제어하는 데 있어 비효율적일 가능성이 있을 것입니다.

[리스닝 어휘]

method 방법 be likely to do ~할 가능성이 있다 control ~을 제어하다, 통제하다 surface 지표면 if timed perfectly 완벽히 때에 맞춘다면 durable 오래 지속되는 survive ~에서 생존하다, ~을 견디다 intense heat 뜨거운 열 be left **형용사** ~한 상태로 남겨지다 intact 온전한 toughness 끈질김, 강인함 release ~을 풀어놓다 eventually 결국, 마침내 end up -ing 결국 ~하게 되다 parasite 기생(충) long shot 승산이 없는 것 logical 타당한, 논리적인 coexist 공존하다 organism 생물체 be forced to do 어쩔 수 없이 ~하게 되다 adapt to ~에 적응하다 threat 위협 strain 품종, 변종 cull out ~을 추려내다 promote ~을 촉진하다 inefficient 비효율적인 spread 확산, 퍼짐

문제 논점 정리

The reading passage	The lecturer
[1] Burning medusahead with controlled fires - medusahead holds onto its seed longer than other plants - strategically timed fires could burn away medusahead and its seeds - native plants could then reclaim the burnt areas	[1] medusahead can survive the heat of controlled fire - deep, durable roots - left intact, grow again - because of its roots - grow again
[2] Allowing cattle to feed on medusahead - the cattle would graze and reduce its presence - native plants could re-establish - the place full of medusahead is where cattle are raised	[2] not attractive to grazers - there are other kinds of grasses - grazers will eat them first - native grasses will be reduced and worsen problem
[3] employing a fungal parasite - inhibit the normal root development - make native species better compete against medusahead	[3] the fungal parasite is a long shot - medusahead has been forced to adapt to its threat - resistance against the fungus - weak strains culled out but promote stronger medusahead - inefficient

리딩 지문	강연자
[1] 제어된 불로 메두사헤드 태우기 - 메두사헤드는 다른 식물들보다 더 오래 씨앗을 유지한다 - 전략적으로 때에 맞춘 불로 메두사헤드와 그 씨앗을 태워 없앨 수 있다 - 그 후 토종 식물들이 태운 지역을 다시 차지할 수 있다	[1] 메두사헤드는 제어된 불의 열기에서 살아남을 수 있다 - 깊고 오래 지속되는 뿌리 - 온전한 상태로 남아, 다시 자란다 - 그 뿌리로 인해 다시 자란다
[2] 소에게 메두사헤드를 먹을 수 있도록 해주기 - 소가 풀을 뜯어 먹어 그 존재를 줄일 수 있다 - 토종 식물들이 회복될 수 있다 - 메두사헤드로 가득한 장소는 소가 길러지는 곳이다	[2] 방목 가축에게 매력적이지 않다 - 여러 다른 종류의 풀이 존재한다 - 방목 가축이 먼저 그것을 먹을 것이다 - 토종 풀이 감소되어 문제를 악화시킬 것이다
[3] 균류 기생 식물 활용하기 - 정상적인 뿌리 발육을 억제한다 - 토착종이 메두사헤드를 상대로 더 잘 경쟁하도록 만들어 준다	[3] 균류 기생 식물은 승산 없는 존재이다 - 메두사헤드는 그 위협에 어쩔 수 없이 적응해왔다 - 균류에 대한 저항 - 추려내진 약한 종자이지만, 더 강한 메두사헤드를 촉진함 - 비효율적

모범답안

[80+ 모범답안 - '정석' 템플릿 활용]

The passage introduces three methods to handle the spread of medusahead. However, the lecturer effectively challenges the points made in the passage by providing three reasons.	지문은 메두사헤드의 확산을 처리하기 위한 세 가지 방법을 소개하고 있습니다. 하지만, 강연자는 세 가지 이유를 제공해 지문 내에 제시된 주장에 대해 효과적으로 반박하고 있습니다.
First, the lecturer argues that medusahead would survive the heat of a controlled fire. It is because medusahead has durable roots. The plants and seeds on the surface are destroyed in the fire. But the medusahead would survive and grow again in the next season because of its strong roots. This challenges the idea that burning medusahead with controlled fires is the solution.	첫 번째, 강연자는 메두사헤드가 제어된 불의 열기에서 살아남을 것이라고 주장하고 있습니다. 이는 메두사헤드가 오래 유지되는 뿌리를 지니고 있기 때문입니다. 지면의 식물과 씨앗은 불 속에서 파괴됩니다. 하지만 메두사헤드는 강한 뿌리로 인해 살아남아 다음 계절에 다시 자랄 것입니다. 이는 제어된 불로 메두사헤드를 태우는 것이 해결책이라는 견해에 이의를 제기하는 것입니다.
Second, the lecturer contends that medusahead is not attractive to grazers. In fact, there are other kinds of grasses. Grazers are likely to eat them first. In other words, native grasses will be reduced, worsening the problem. This refutes the idea that allowing livestock to feed on medusahead would reduce its growth.	두 번째, 강연자는 메두사헤드가 방목 가축에게 매력적이지 않다고 주장합니다. 실제로, 여러 다른 종류의 풀이 존재합니다. 이는 가축에게 메두사헤드를 먹도록 하는 것이 그 성장을 감소시킬 것이라는 생각을 반박합니다.
Third, the lecturer maintains that using a fungal parasite is likely to be inefficient for controlling the spread of medusahead. To be specific, medusahead has adapted to its threat. This shows that medusahead developed resistances against fungus. This will lead to promoting the growth of stronger medusahead. Therefore, employing the fungal parasite is not likely to be a practical method to handle the problem.	세 번째, 강연자는 균류 기생 생물을 활용하는 것이 메두사헤드 확산 제어에 있어 비효율적일 가능성이 있다고 주장합니다. 구체적으로, 메두사헤드는 그 위협에 적응해왔습니다. 이는 메두사헤드가 균류에 대한 저항력을 발달시켰음을 보여주는 것입니다. 이는 더 강한 메두사헤드의 성장 촉진으로 이어지게 될 것입니다. 따라서, 균류 기생 식물을 활용하는 것은 이 문제점을 처리하는 현실적인 방법이 되지 못할 가능성이 있습니다.

[고득점 모범답안 - '약식' 템플릿 활용]

The lecturer discusses the points made in the reading passage that suggest methods to control the spread of medusahead, but reaches a different conclusion from each perspective.	강연자는 리딩 지문에서 메두사헤드의 확산을 제어할 방법을 제안하기 위해 제시된 주장들을 이야기하고 있지만, 각각의 관점에서 다른 결론에 이르고 있습니다.
Burning the medusahead off the land with controlled fires is not likely to hinder the growth of medusahead. It is true that the strategically timed fires might destroy medusahead on the surface and its seeds. However, medusahead has deep, durable roots. And they can survive the heat of a controlled fire. As a result, they are likely to grow next season again if they are left intact.	메두사헤드를 제어된 불로 땅에서 태워 없애는 것은 메두사헤드의 성장을 저해할 가능성이 없습니다. 전략적으로 때에 맞춘 불이 지면의 메두사헤드와 그 씨앗을 파괴할 수도 있다는 것은 사실입니다. 하지만, 메두사헤드를 깊고 오래 유지되는 뿌리를 지니고 있습니다. 그리고 제어된 불의 열기에서 살아남을 수 있습니다. 결과적으로, 뿌리가 온전한 상태로 남아 있다면 다음 계절에 다시 자랄 가능성이 있습니다.

The second option has been ruled out because of the eating habits of grazers. Allowing grazers such as cows to feed on medusahead is less likely to control the spread of the plant as well. In fact, there are other kinds of grasses in a field. Grazers will eat the plants and grasses that should be protected first. In other words, there would be fewer native grasses and more medusahead, worsening the problem.	두 번째 선택권은 방목 가축의 식습관으로 인해 배제되었습니다. 소 같은 방목 가축에게 메두사헤드를 먹도록 해주는 것도 그 식물의 확산을 제어할 가능성이 낮습니다. 실제로, 들판에는 여러 다른 종류의 풀이 존재합니다. 방목 가축은 먼저 보호되어야 하는 식물과 풀을 먹을 것입니다. 다시 말해서, 토착 풀은 더 적어지고 더 많은 메두사헤드가 생겨, 문제점을 악화시키게 될 것입니다.
Introducing a fungal parasite to prevent the growth of medusahead is not appropriate as well. For a very long time, medusahead has adapted to its threats. It has developed resistance against the fungus. As such, this method would cause the growth of even stronger medusahead.	메두사헤드의 성장을 막기 위해 균류 기생 식물을 도입하는 것도 적절하지 않습니다. 아주 오랫동안, 메두사헤드는 그 위협에 적응해왔습니다. 메두사헤드는 균류에 대한 저항력을 발달시켜왔습니다. 따라서, 이 방법은 훨씬 더 강력한 메두사헤드의 성장을 초래할 것입니다.

▪ Question 2: Discussion(토론형)

문제 연습

[문제 해석]

교수가 **사회학** 수업을 가르치고 있다. 교수의 질문에 응답하는 게시글을 작성하시오. 답변에는 반드시:

- 본인의 의견을 표현하고 뒷받침하시오
- 토론에 기여하시오

좋은 답안은 100단어 이상으로 작성된다. 여러분은 10분 동안 답안을 작성한다.

윌슨 교수:
여러 나라에서 평균 출산율이 감소하고 있는 상황에서 문제의 근본 원인을 살펴보는 것이 중요합니다. 어떤 사람들은 **오늘날 사회에서 아이를 키우는 것**이 매우 어려워졌기 때문에 많은 여성들이 아이를 갖기를 원하지 않는다고 말합니다. 다른 사람들은 그 반대를 주장합니다. 이 주제에 대한 여러분의 의견을 알고 싶습니다. 다음 수업 전에 다음 사항에 대해 토론해 주세요:

오늘날 부모가 과거보다 아이를 키우는 것이 더 쉽나요?

데이지:
나는 **요즘 부모가 자녀를 더 건강하게 키우는 것이 더 쉽다**고 말하고 싶습니다. 우리는 이전보다 영양에 대해 훨씬 더 잘 이해하고 있으며 아이들이 건강을 유지하는 데 필요한 것이 무엇인지 알고 있습니다. 그 결과, 이유식이나 영양 강화 시리얼과 같이, 어린이를 위해 특별히 개발된 식품이 많이 있습니다.

제이:
나는 동의하지 않습니다. 나는 **요즘 양육 비용이 많이 들기 때문에 육아하기가 훨씬 더 힘들다**고 생각합니다. 부모는 자녀의 교육비, 의복비, 식비 및 기타 비용을 지불해야 합니다. 지난 수십 년 동안 생활비가 급격히 상승했기 때문에 많은 가정에서 자녀를 부양하는 데 어려움을 겪고 있습니다.

[질문 핵심 파악]

사회학 수업에서, 오늘날 부모가 과거보다 아이를 키우는 것이 더 쉬운지

[타 학생 의견 파악]

데이지 - 긍정(영양 정보 및 식품)
제이 - 부정(양육 비용 상승)

[자신의 주장 선정]

오늘날 육아가 더 쉽다는 의견에 대해 긍정이면 데이지의 의견, 그렇지 않으면 제이의 의견과 접점을 찾고 답안 작성

[긍정의 경우 모범답안]

I agree with Daisy's point that raising children to be healthier is simpler now thanks to a much better understanding of nutrition. **Moreover,** the Internet allows parents to access nutritious recipes for their children. **However, I do not think this is the most important reason. I am of the opinion that** parenting has become much easier because there is more encouragement and support. **To explain,** blogs and other online support groups provide parents with practical tips and motivation for nurturing their children. In addition, there are now more opportunities for parents to work from home, and many workplaces today provide paternity leave for fathers as well. **Therefore,** raising children today is easier than in the past.	나는 영양에 대한 이해가 높아진 덕분에 자녀를 더 건강하게 키우는 것이 더 쉬워졌다는 데이지의 지적에 동의합니다. 또한 인터넷을 통해 부모는 자녀를 위한 영양가 있는 요리법을 이용할 수 있습니다. 하지만, 나는 이것이 가장 중요한 이유는 아니라고 생각합니다. 나는 더 많은 격려와 지원이 있기 때문에 육아가 훨씬 쉬워졌다고 생각합니다. 설명하자면, 블로그 및 기타 온라인 지원 그룹은 부모에게 자녀 양육에 대한 실용적인 팁과 동기를 부여합니다. 또한, 부모가 재택근무를 할 수 있는 기회가 많아졌고, 오늘날 많은 직장에서 아버지에게도 육아휴직을 제공하고 있습니다. 그러므로, 오늘날 자녀 양육은 과거보다 쉬워졌습니다.

[부정의 경우 모범답안]

Jay made a good point that providing for a child is very expensive. **In addition,** children might have medical emergencies that can be very costly. However, I do not think this is the most important reason. In my opinion, parents today struggle the most with lack of support when raising children. In the past, there were relatives who lived close by and trustworthy neighbors to help, such as in cases when a child is sick. Today, however, with the shift to a more individualistic society, people live farther away from family and do not know their neighbors. Oftentimes, there is nobody around to give a helping hand. Therefore, parenting is much more challenging today than in the past.	제이는 아이를 키우는 데 비용이 많이 든다는 점을 잘 지적했습니다. 게다가, 아이에게 응급 상황이 발생하면 큰 비용이 들 수 있습니다. 하지만, 나는 이것이 가장 중요한 이유는 아니라고 생각합니다. 내 생각에는, 오늘날 부모들은 자녀를 양육할 때 지원 부족으로 가장 큰 어려움을 겪고 있습니다. 과거에는 아이가 아플 때 가까운 곳에 사는 친척이나 믿을 수 있는 이웃이 도움을 줄 수 있었습니다. 그러나, 오늘날 개인주의 사회로 변화하면서 사람들은 가족과 멀리 떨어져 살며 이웃을 잘 모릅니다. 주변에 도움의 손길을 내밀어 줄 사람이 없는 경우가 많습니다. 그러므로, 오늘날 육아는 과거보다 훨씬 더 힘듭니다.

[어휘]

birth rate 출산율 decline 감소하다 root cause 근본 원인 nutrition 영양 enriched 영양이 강화된 expense 비용 dramatically 급격히 recipe 요리법 encouragement 격려 paternity leave 남자의 육아 휴직 parenting 육아 challenging 힘든

Writing 실전 모의고사

▪ 실전 모의고사 1

Question 1

리딩 지문

Parasaurolophus	파라사우롤로푸스
Like other members of its taxonomic family, the duck-billed Hadrosaurids, Parasaurolophus had a large, distinctive bony crest on its head that contained extended hollow passages. The unique crest of Parasaurolophus protruded from the rear of the skull, not from the front or top like those of other Hadrosaurids. While the exact purpose of its crest remains unknown, scientists have come up with some theories.	분류상 같은 과에 속하는 다른 구성원들과 마찬가지로, 오리 같은 주둥이를 가진 '하드로사우리즈 파라사우롤로푸스'는 머리에 길게 생긴 텅 빈 관이 들어 있는 크고 독특한 뼈 같은 볏을 지니고 있었다. '파라사우롤로푸스'의 독특한 볏은 다른 '하드로사우리즈'의 볏이 앞쪽 또는 위쪽에 있던 것과 달리 두개골 뒤쪽으로 돌출되어 있었다. 이 볏의 정확한 목적이 여전히 알려져 있지는 않지만, 과학자들은 몇몇 이론을 제시해왔다.
Sense of smell One theory holds that the main function of the crest was the enhancement of the dinosaur's sense of smell. Examination of the fossils reveals that the crest housed numerous blood vessels. The nose bones of modern animals with an acute sense of smell share a similar structure, one defined by a complex network of blood vessels. Therefore, it is likely that the crest of the Parasaurolophus granted the dinosaur improved olfactory abilities.	후각 한 가지 이론은 이 볏의 주요 기능이 해당 공룡의 후각 강화였다고 여기고 있다. 화석 조사에 따르면 이 볏에 수많은 혈관이 들어 있었던 것으로 나타나 있다. 예민한 후각을 지닌 현대 동물들의 코 뼈가 유사한 구조를 공유하고 있는데, 복잡한 혈관 망상 조직으로 정의되는 것이다. 따라서, '파라사우롤로푸스'의 볏은 이 공룡에게 개선된 후각 능력을 제공해주었을 가능성이 있다.
Cooling Another theory suggests that the crest helped to prevent the dinosaur from overheating by lowering its body temperature. The long crest increased the surface area of Parasaurolophus's body. The greater surface area allowed body heat to be released at a faster rate. This purpose was featured in other dinosaurs with bone-like protrusions, such as the stegosaurus, whose plates along its back similarly increased the overall surface area of its body. Scientists have long held that the plates were an adaptation that helped the stegosaurus stay cool. As such, the crest of Parasaurolophus most likely did the same.	냉각 기능 또 다른 이론은 이 볏이 이 공룡의 체온을 낮춰줌으로써 과열되지 못하도록 막는 데 도움을 주었다고 제시하고 있다. 길게 생긴 이 볏은 '파라사우롤로푸스' 신체의 표면적을 늘려주었다. 더 큰 표면적은 더 빠른 속도로 신체의 열이 방출되도록 해주었다. 이 목적은 스테고사우루스처럼 뼈 같은 돌출 부위를 지닌 다른 공룡들에게서도 특징적인 것이었는데, 등을 따라 존재했던 골판들이 신체의 전반적인 표면을 유사하게 늘려주었다. 과학자들은 이 골판들이 스테고사우루스를 차가운 상태로 유지하는 데 도움을 준 적응 방식이었다고 오랫동안 여겨왔다. 따라서, '파라사우롤로푸스'의 볏은 동일한 역할을 했을 가능성이 크다.
Sound A third explanation is that Parasaurolophus used its crest to make low frequency sounds and alert other members of its group. By forcing air through the crests, the dinosaur could have easily made deep, resonant sounds. This theory is further supported by the fact that Parasaurolophus had excellent hearing, which commonly indicates that an animal primarily communicates through sound.	음파 세 번째 설명은 '파라사우롤로푸스'가 볏을 활용해 저주파 음파를 만들어 무리 내의 다른 구성원들에게 정보를 알려주었다는 것이다. 볏을 통해 공기를 불어넣음으로써, 이 공룡은 쉽게 깊은 공명음을 만들어 낼 수 있었을 것이다. 이 이론은 '파라사우롤로푸스'가 뛰어난 청각을 지니고 있었다는 사실에 의해 한층 더 지지를 받았는데, 이는 흔히 동물이 주로 소리를 통해 의사소통한다는 점을 나타내는 것이다.

[리딩 어휘]

taxonomic 분류상의 distinctive 독특한 bony 뼈 같은, 뼈의 crest (조류 등의 머리 위에 생기는) 볏 contain ~을 담고 있다, 포함하다 hollow 비어 있는 passage 관, 통로 protrude 돌출되다 rear 뒤쪽의 skull 두개골 remain **형용사** ~인 상태로 남아 있다 come up with (의견 등) ~을 제시하다 hold that ~라고 여기다, 생각하다 enhancement 강화, 개선 fossil 화석 reveal that ~임을 나타내다 numerous 수많은 blood vessels 혈관 acute 예민한 similar 유사한 structure 구조 define ~을 정의하다 complex 복잡한 network 망상 구조 it is likely that ~일 가능성이 있다 grant ~을 주다, 수여하다 improved 개선된 olfactory 후각의 prevent A from -ing A가 ~하지 못하도록 막다 overheat 과열되다 lower ~을 낮추다 allow A to do A가 ~할 수 있게 해주다 release ~을 방출하다 rate 속도 feature ~을 특징으로 하다 protrusion 돌출부 plate 골판 overall 전반적인 adaptation 적응 help A do A가 ~하도록 돕다 low frequency 저주파 force (억지로) ~을 불어넣다 resonant sounds 공명음 indicate that ~임을 나타내다, 가리키다 primarily 주로

리스닝 스크립트

Scientists still have not reached a decisive conclusion concerning the actual function of Parasaurolophus's crest. Each of the theories presented in the reading has critical flaws.	과학자들은 여전히 '파라사우롤로푸스'가 지닌 볏의 실제 기능과 관련해 결정적인 결론에 이르지 못했습니다. 리딩 지문에 제시된 각 이론은 중대한 결점을 지니고 있습니다.
First, the theory that the crest benefited the dinosaur's sense of smell is disproven by the structure of its brain. Animals with a strong sense of smell have a well-developed region of brain around the olfactory organs. This is because the brain around such a powerful organ requires a lot of nerves to process the enhanced sensory data. However, it is evident from fossils of Parasaurolophus's skull that the brain cavity next to the crest was small and poorly developed. So, the crest most likely did not contribute to the creature's sense of smell.	첫 번째, 볏이 그 공룡의 후각에 이득이 되었다는 이론은 뇌 구조에 의해 틀렸음이 증명되었습니다. 뛰어난 후각을 지닌 동물은 후각 기관 주변으로 잘 발달된 뇌 영역을 지니고 있습니다. 이는 그렇게 강력한 기관 주변의 뇌가 향상된 감각 데이터를 처리하기 위해 많은 신경을 필요로 하기 때문입니다. 하지만, '파라사우롤로푸스' 두개골 화석을 보면 볏 옆에 위치한 뇌강이 작아서 좋지 못하게 발달된 것이 명백합니다. 따라서, 이 볏은 이 생물체의 후각에 도움이 되지 못했을 가능성이 가장 큽니다.
Second, the belief that the crest helped control body temperature is far-fetched. There are major differences between Parasaurolophus and stegosaurus. Namely, stegosaurus had numerous bony plates along its back. If you took all these plates and added them up, it would be a significant amount of body surface area. But, Parasaurolophus only had one crest on its head. This sole crest would not contribute much to the creature's overall body surface area, so it would not have provided much, if any, additional cooling.	두 번째, 볏이 체온을 조절하는 데 도움이 되었다는 생각은 설득력이 없습니다. '파라사우롤로푸스'와 스테고사우루스 사이에는 중대한 차이점이 존재합니다. 즉, 스테고사우루스는 등을 따라 수많은 골판을 지니고 있었습니다. 이 골판들을 모두 가져다가 합쳐보면, 신체 표면적의 상당 부분에 해당될 것입니다. 하지만 '파라사우롤로푸스'는 오직 머리에 한 개의 볏만 지니고 있었습니다. 이 유일한 볏은 이 생물체의 전반적인 신체 표면적에 크게 도움이 되지 못했을 것이므로, 만일 가능했다 하더라도 추가적인 냉각 기능을 많이 제공해주지 못했을 것입니다.
Finally, there is the third idea, that the crests were used to make sounds. Well, remember, Parasaurolophus was not the only dinosaur with a crest. So, if it had a good sense of hearing, you could assume that related dinosaurs would also share that same trait. But, that isn't the case. Fossils from other dinosaurs in the same family as Parasaurolophus have shown zero evidence of good hearing. So, until more evidence is found, this theory is too poorly supported to be a possible explanation.	마지막으로, 음파를 만드는 데 볏이 활용되었다는 세 번째 생각이 있습니다. 음, 기억해야 할 것은, '파라사우롤로푸스'가 볏을 지닌 유일한 공룡이 아니었다는 점입니다. 따라서, 좋은 청각을 지니고 있었다면, 관련된 공룡들도 동일한 특성을 공유하고 있었다고 추정할 수 있을 것입니다. 하지만, 그렇지 않습니다. '파라사우롤로푸스'와 같은 과에 속한 다른 공룡들의 화석에 따르면 좋은 청각에 대한 증거가 전혀 나타나지 않았습니다. 따라서, 더 많은 증거가 발견될 때까지는, 이 이론은 가능성 있는 설명이 되기엔 너무 좋지 못하게 뒷받침되고 있습니다.

[리스닝 어휘]

reach ~에 이르다, 도달하다 **decisive** 결정적인 **conclusion** 결론 **critical** 중대한 **flaw** 결점, 흠 **benefit** v. ~에 이득이 되다, 유익하다 **disprove** ~이 틀렸음을 증명하다 **well-developed** 잘 발달된 **region** 영역 **organ** (신체) 기관 **nerves** 신경 **process** ~을 처리하다 **enhanced** 향상된, 강화된 **sensory** 감각의 **brain cavity** 뇌강(두개골 내에 뇌가 들어있는 넓은 공간) **contribute to** ~에 도움이 되다, 기여하다 **creature** 생물체 **help do** ~하는 데 도움이 되다 **far-fetched** 설득력이 없는 **add A up** A를 모두 합치다, 더하다 **significant** 상당한 **would have p.p.** ~했을 것이다 **if any** 가능했다 하더라도, 조금이라도 있다 하더라도 **assume that** ~라고 추정하다, 생각하다 **related** 관련된

문제 논점 정리

The reading passage	The lecturer
[1] sense of smell - fossils show the crest housed blood vessels - similar to modern animals' nose bones - granted olfactory abilities	[1] disproven by the structure of its brain - well-developed region of brain - requires a lot of nerves to process sensory data - brain cavity was small and poorly developed
[2] cooling - prevent the dino from overheating - increased the body surface area - allowed heat to be released faster - similar dinosaurs' adaptation	[2] did not help control body temperature - ST had numerous bony plates - the plates would be significant amount of body area - PARA only had one, not enough to provide additional cooling
[3] make low frequency sound and alert other members - forcing air through the crest, made sound - had excellent hearing, communicate through sound	[3] poorly supported - there were other dinosaurs with crest - fossils from others have zero evidence of good hearing - need more evidence

리딩 지문	강연자
[1] 후각 - 화석에 혈관이 들어 있는 볏이 보인다 - 현대 동물의 코뼈와 유사함 - 후각 능력을 제공해줌	[1] 뇌 구조에 의해 틀렸음이 입증됨 - 잘 발달된 뇌 영역 - 감각 관련 데이터를 처리하는 많은 신경을 필요로 함 - 뇌강은 작았으며 좋지 못하게 발달됨
[2] 냉각 기능 - 공룡이 과열되는 것을 방지함 - 늘어난 신체 표면적 - 열이 더 빠르게 방출될 수 있게 해줌 - 유사 공룡들의 적응	[2] 체온을 조절하는 데 도움이 되지 못함 - ST는 수많은 골판을 지니고 있었다 - 그 판들은 신체의 상당 부분에 해당될 것이다 - PARA는 오직 하나만 갖고 있었으며, 추가적인 냉각 기능을 제공하기에 충분치 못했다
[3] 저주파 음파를 만들어 다른 구성원들에게 알림 - 볏을 통해 억지로 공기를 불어 넣어 음파를 만듦 - 뛰어난 청각을 지니고 있었고, 음파를 통해 의사소통함	[3] 잘 뒷받침되지 못함 - 볏을 지닌 다른 공룡들도 존재했다 - 다른 공룡 화석들은 좋은 청각에 대한 증거가 전혀 없다 - 추가 증거가 필요함

모범답안

[80+ 모범답안 – '정석' 템플릿 활용]

The passage introduces three theories of the purpose of the crest of Parasaurolophus. However, the lecturer effectively challenges the points made in the passage by providing three reasons.	지문은 파라사우롤로푸스의 볏이 지닌 목적에 대한 세 가지 이론을 소개하고 있습니다. 하지만, 강연자는 세 가지 이유를 제공해 지문 내에 제시된 주장에 대해 효과적으로 이의를 제기하고 있습니다.
First, the lecturer argues that the main function of the crest is not the enhancement of the dinosaur's sense of smell. She emphasizes the structure of the brain. It requires a lot of nerves which demand a well-developed part of the brain. But the fossil of Parasaurolophus shows that the brain was small and poorly developed. This challenges the idea that the crest of Parasaurolophus improved olfactory abilities.	첫 번째, 강연자는 볏이 지닌 주요 기능이 공룡의 후각 능력 향상이 아니라고 주장하고 있습니다. 강연자는 뇌의 구조를 강조하고 있습니다. 그것은 뇌의 잘 발달된 일부를 필요로 하는 많은 신경을 필요로 합니다. 하지만 파라사우롤로푸스 화석은 뇌가 너무 작고 좋지 못하게 발달되었음을 보여주고 있습니다. 이는 파라사우롤로푸스의 볏이 후각 능력을 개선해 주었다는 견해에 이의를 제기하는 것입니다.
Second, the lecturer insists that the crest would not help to prevent the dinosaur from overheating by controlling its body temperature. In fact, there were other kinds of dinosaurs such as Stegosaurus with similar plates that helped it to stay cool. However, there is a major difference. Unlike Stegosaurus, Parasaurolophus only had one crest on its head. So, this crest would not provide additional cooling. This refutes the idea that the crest helped to control the body temperature of Parasaurolophus.	두 번째, 강연자는 볏이 체온을 조절함으로써 공룡이 과열 상태가 되지 못하도록 방지하는 데 도움을 주지는 않았을 것이라고 주장하고 있습니다. 실제로, 차가운 상태로 유지하는 데 도움이 되었던 유사한 골판을 지닌 스테고사우루스 같은 다른 종류의 공룡들이 존재했습니다. 하지만, 중요한 차이점이 존재합니다. 스테고사우루스와 달리, 파라사우롤로푸스는 머리에 오직 한 개의 볏만 지니고 있었습니다. 따라서, 이 볏은 충분한 냉각 기능을 제공해주지 못했을 것입니다. 이는 볏이 파라사우롤로푸스의 체온을 조절하는 데 도움이 되었다는 생각에 대해 반박하는 것입니다.
Third, the lecturer maintains that the crest is less likely to be used to make sounds to alert other members of its group. To be specific, there were other related dinosaurs with the same trait. However, other dinosaurs had no evidence of good hearing. Therefore, more evidence is necessary to prove that Parasaurolophus made sounds through the crest to communicate with others.	세 번째, 강연자는 볏이 무리 내의 다른 구성원들에게 알리기 위해 음파를 만드는 데 활용되었을 가능성이 낮다고 주장하고 있습니다. 구체적으로, 동일한 특성을 지닌 다른 관련 공룡들이 존재합니다. 하지만, 다른 공룡들에게는 좋은 청각 능력에 대한 증거가 없습니다. 따라서, 파라사우롤로푸스가 다른 공룡들과 의사 소통하기 위해 볏을 통해 음파를 만들었음을 증명하려면 더 많은 증거가 필요합니다.

[고득점 모범답안 – '약식' 템플릿 활용]

The lecturer discusses the points made in the reading passage that suggest the purposes of the crest of Parasaurolophus, but reaches a different conclusion from each perspective.	강연자는 리딩 지문에서 파라사우롤로푸스의 볏이 지닌 목적을 제안하기 위해 제시된 주장들을 이야기하고 있지만, 각각의 관점에서 다른 결론에 이르고 있습니다.
First of all, the idea that the crest of Parasaurolophus benefits the dinosaur's sense of smell has been ruled out. To be specific, animals with an acute sense of smell have a well-developed region of the brain. It is because a lot of nerves are required to process sensory data. However, the skull of Parasaurolophus has shown that the brain cavity was small and poorly developed, meaning that the crest did not contribute to the sense of smell.	우선, 파라사우롤로푸스의 볏이 공룡의 후각에 이득이 된다는 아이디어는 배제되었습니다. 구체적으로, 예민한 후각을 지닌 동물은 잘 발달된 뇌 영역이 있습니다. 이는 감각 데이터를 처리하는 데 많은 신경이 필요하기 때문입니다. 하지만, 파라사우롤로푸스의 두개골은 뇌강이 작고 좋지 못하게 발달되었음을 보여주었으며, 이는 볏이 후각에 기여하지 못했음을 나타내는 것입니다.

The second theory that the crest helped control body temperature does not seem to be convincing as well. It is true that there were other dinosaurs such as Stegosaurus, whose plates increased the overall surface area and released body heat. However, unlike Stegosaurus with its numerous plates, Parasaurolophus had only one crest. As a result, this sole crest would not have provided additional cooling.	볏이 체온을 조절하는 데 도움이 되었다는 두 번째 이론도 설득력이 있는 것 같지 않습니다. 스테고사우루스 같이 골판이 전반적인 표면적을 증가시키고 신체의 열을 방출시킨 다른 공룡들이 존재했다는 것은 사실입니다. 하지만, 수많은 골판이 있었던 스테고사우루스와 달리, 파라사우롤로푸스는 오직 한 개의 볏만 지니고 있었습니다. 결과적으로, 이 단 하나의 볏은 추가적인 냉각 기능을 제공하지 못했을 것입니다.
The third idea that Parasaurolophus used its crest to make sounds and interact with other members again is not appropriate. There were other dinosaurs with a crest. In other words, they should have also had a good sense of hearing. However, the fossils from other dinosaurs do not show any evidence of good hearing. So, more evidence is required to prove that Parasaurolophus communicated through resonant sounds made from its crest.	파라사우롤로푸스가 볏을 활용해 음파를 만들고 다른 구성원들과 다시 교류했다는 내용의 세 번째 아이디어는 적절하지 않습니다. 볏이 있는 다른 공룡들이 존재했습니다. 다시 말해서, 그들도 좋은 청각을 지니고 있었을 것입니다. 하지만, 다른 공룡들의 화석에는 좋은 청각에 대한 증거가 전혀 보이지 않고 있습니다. 따라서, 파라사우롤로푸스가 볏에서 만들어진 공명음을 통해 의사 소통했다는 것을 증명하기 위해 더 많은 증거가 필요합니다.

Question 2

[문제 해석]

교수가 **경영학** 수업을 가르치고 있다. 교수의 질문에 응답하는 게시글을 작성하시오. 답변에는 반드시:

- 본인의 의견을 표현하고 뒷받침하시오
- 토론에 기여하시오

좋은 답안은 100단어 이상으로 작성된다. 여러분은 10분 동안 답안을 작성한다.

바너 교수:

기업은 회사의 가치에 맞는 직원을 채용하고자 하지만, 그 반대의 경우도 마찬가지입니다. 직장을 구할 때 어떤 사람들은 회사 입사 지원을 고려할 때 다른 요소를 찾습니다. 다음 수업을 준비하기 위해 다음 주제에 대해 생각해보고 작성하기 바랍니다:

새로운 직업을 찾을 때 가장 중요한 요소는 무엇이라고 생각하나요? 왜 중요하다고 생각하나요?

에멋:

나는 새로운 직장을 구할 때 **회사의 가치와 자신의 가치가 맞는지**를 생각하는 것이 가장 중요하다고 생각합니다. 예를 들어 환경 보호를 중요하게 생각하는 사람이라면 친환경 정책을 시행 중인 회사에서 일하는 것이 매우 중요할 수 있습니다.

로즈:

나는 대부분의 사람들이 **급여**를 가장 중요한 요소로 꼽을 것 같습니다. 사람들은 기본적인 필요를 충당하고 원하는 것에 소비하기 위해 돈을 벌기 위해 직장을 구합니다. 수입이 많을수록 휴가나 취미 생활 등에 더 많은 돈을 쓸 수 있습니다.

[질문 핵심 파악]

새로운 직업을 구할 때 가장 중요한 요소

[타 학생 의견 파악]

에멋 – 가치
로즈 – 급여

[자신의 주장 선정]

가치와 급여 외에 다른 아이디어(근무 환경 문화, 워라벨, 출퇴근 거리, 장래 목표 등) 중 하나를 선택하여 작성

[근무 환경 문화의 경우 모범답안]

Emmet and Rose gave great points regarding priorities for job seekers. **Certainly,** company values and salary are essential factors to consider. **However, they did not mention another important factor. I am of the opinion that** the culture of the new working environment is the most influential factor. **This is because** workplace satisfaction is significantly impacted by the company culture. **For example,** I read several online posts about how the workers of a certain company were satisfied with their jobs and the way the company treated them. After reading these testimonies, I decided to apply for an internship there and I am happy with my job. **Therefore,** the culture of the workplace is crucial when looking for a new job.	에멋과 로즈는 구직자의 우선 고려 사항 관련하여 훌륭한 점들을 지적해주었습니다. 물론 회사의 가치와 급여는 고려해야 할 필수 요소입니다. 하지만, 그들은 또 다른 중요한 요소에 대해서는 언급하지 않았습니다. 저는 새로운 근무 환경의 문화가 가장 영향력 있는 요소라고 생각합니다. 직장 만족도는 기업 문화에 크게 영향을 받기 때문입니다. 예를 들어, 특정 회사의 근로자들이 자신의 업무와 회사에서 그들을 대하는 방식에 대해 어떻게 만족하는지에 대한 여러 온라인 게시물을 읽었습니다. 이러한 증언을 읽은 후, 나는 그 회사에 인턴십을 지원하기로 결정했고 현재 제 일에 만족하고 있습니다. 그러므로, 새로운 직장을 찾을 때 직장 문화는 매우 중요합니다.

[워라벨의 경우 모범답안]

Emmet and Rose gave great examples of factors that should be prioritized when looking for a job. **Certainly,** company values and salary should be seriously considered. **However, they did not mention another important factor. In my opinion,** the ability to have a good work-life balance is the most important factor to reduce stress. **To explain,** stress causes many health problems in workers, ranging from indigestion to depression. With a satisfactory work-life balance, however, employees can maintain their physical and mental health. Moreover, employers can also benefit from this, since healthy workers mean there are fewer sick leaves and higher productivity. **Therefore,** work-life balance is essential when searching for a new job.	에멋과 로즈는 일자리를 찾을 때 우선적으로 고려해야 할 요소들에 대한 훌륭한 예들을 제시했습니다. 물론 회사의 가치와 급여는 진지하게 고려해야 합니다. 그러나 그들은 또 다른 중요한 요소에 대해서는 언급하지 않았습니다. 내 생각에는, 워라벨이 스트레스를 줄이는 가장 중요한 요소라고 생각합니다. 설명하자면, 스트레스는 소화불량에서 우울증에 이르기까지 근로자에게 많은 건강 문제를 일으킵니다. 하지만 워라벨이 만족스러우면 직원들은 신체적, 정신적 건강을 유지할 수 있습니다. 또한 건강한 직원은 병가가 적고 생산성이 높아지므로 고용주에게도 이득이 됩니다. 그러므로, 워라벨은 새로운 직장을 찾을 때 필수적입니다.

[어휘]

align with ~에 맞다 **environment-friendly** 친환경의 **in place** 시행 중인 **regarding** ~에 관하여 **priority** 우선 사항 **testimony** 증언 **work-life balance** 워라벨(일과 삶의 균형을 잘 잡는 것) **ranging** 범위에 이르다 **indigestion** 소화불량 **depression** 우울증 **sick leave** 병가 **productivity** 생산성

▪ 실전 모의고사 2

Question 1

리딩 지문

Considering the various problems connected to the overuse of personal vehicles, more and more countries these days are looking toward high-speed trains to improve their infrastructure. A well-implemented high-speed train system allows a great number of passengers to move around a country or between major cities quickly and efficiently. High-speed trains can completely revolutionize a country's transportation system because of the numerous advantages they provide.	과도한 개인 차량 이용과 연관된 다양한 문제점을 감안해, 요즘 점점 더 많은 국가들이 사회기반시설을 개선하기 위해 고속 열차로 눈을 돌리고 있다. 잘 시행된 고속 열차 시스템은 엄청나게 많은 승객들이 전국 곳곳으로 또는 주요 도시들 사이를 빠르고 효율적으로 이동할 수 있게 해준다. 고속 열차가 제공하는 수많은 장점으로 인해 고속 열차는 한 국가의 교통 시스템에 완전히 대변혁을 일으킬 수 있다.
First, high-speed trains are cost-efficient for governments. Once constructed, a high-speed rail can run for decades without the need for major alterations, and maintenance costs are relatively low when compared to the costs of maintaining a vast network of highways, bridges, and roads. On top of that, governments can maintain the high-speed trains through the profits raised from their operation. Through these funds, a high-speed train system quickly pays for itself and provides for its own repairs and upgrades.	첫 번째, 고속 열차는 정부에게 있어 비용 효율적이다. 일단 건설되고 나면, 고속 열차는 큰 개선에 대한 필요성 없이 수십 년 동안 운행될 수 있으며, 유지 비용은 고속도로와 다리, 그리고 도로들로 구성된 광범위한 교통망을 유지하는 데 드는 비용에 비해 상대적으로 낮다. 그에 더해, 정부는 그 운행으로 거둬들이는 수익을 통해 고속 열차를 유지할 수 있다. 이 자금을 통해, 고속 열차 시스템은 빠르게 본전을 뽑고 자체 수리 및 업그레이드에 대비하게 된다.
Second, high-speed trains are a clear solution to the increasingly severe problem of traffic congestion in large cities. High-speed trains remove a high number of vehicles from the streets and provide an easy and convenient transportation option between frequently traveled destinations. This is especially true during rush hours in the mornings and evenings, when commuters are traveling to work. During these timeframes, traffic can slow to a complete stop. However, high-speed trains, unaffected by traffic, can adhere to a consistent schedule.	두 번째, 고속 열차는 여러 대도시에서 점점 더 심각해지고 있는 교통 혼잡 문제에 대한 명확한 해결책이다. 고속 열차는 거리에서 아주 많은 차량들을 없애주며, 사람들이 자주 이동하는 목적지들 사이에서 쉽고 편리한 교통 선택권을 제공해준다. 이는 특히 통근자들이 직장으로 이동하는 아침과 저녁 혼잡 시간대에 해당된다. 이 시간대 중에, 교통량은 속도가 느려져 완전한 정지 상태가 될 수 있다. 하지만, 교통량에 영향받지 않는 고속 열차는 일관된 운행 일정을 준수할 수 있다.
Third, high-speed trains are environmentally friendly. By enticing people out of their cars, they remove fuel-consuming vehicles from the road, which lowers overall greenhouse gas emissions. This reduction in vehicle use also leads to decreased air pollution, improving both the environment and quality of life in urban areas. Therefore, by introducing a high-speed train system, a country can drastically cut its carbon emissions and improve its atmosphere.	세 번째, 고속 열차는 환경 친화적이다. 자동차를 이용하지 않도록 사람들을 유도함으로써, 도로에서 연료를 소비하는 차량이 없어지게 되며, 이는 전반적인 온실 가스 배출량을 낮추게 된다. 이러한 차량 이용량 감소는 또한 대기 오염 감소로 이어져, 도시 지역 내 환경 및 삶의 질을 개선해준다. 따라서, 고속 열차 시스템을 도입함으로써, 국가는 탄소 배출량을 급격이 줄이고 대기를 개선할 수 있다.

[리딩 어휘]

considering ~을 감안해, 고려해 **connected to** ~와 연관된 **overuse** 과도한 이용, 남용 **look toward** ~로 눈을 돌리다 **improve** ~을

개선하다, 향상시키다 infrastructure 사회기반시설 well-implemented 잘 시행된 allow A to do A가 ~할 수 있게 해주다 efficiently 효율적으로 completely 완전히, 전적으로 revolutionize ~에 대변혁을 일으키다 cost-efficient 비용 효율적인 run 운행되다 decade 10년 alteration 개조, 변경 maintenance 유지 관리 relatively 상대적으로, 비교적 compared to ~에 비해 raise profits 수익을 거두다 operation 운행, 운영 pay for itself 본전을 뽑다 provide for ~에 대비하다 traffic congestion 교통 혼잡 destination 목적지 commuter 통근자 unaffected 영향 받지 않은 adhere to ~을 준수하다 consistent 일관된, 한결 같은 entice ~을 유도하다, 유인하다 fuel-consuming 연료를 소비하는 lower ~을 낮추다 overall 전반적인 greenhouse gas emission 온실 가스 배출(물) reduction in ~의 감소 lead to ~로 이어지다 decreased 감소된, 줄어든 urban 도시의 introduce ~을 도입하다 drastically 급격하게 carbon emission 탄소 배출(물) atmosphere 대기, 공기

리스닝 스크립트

Countries around the world are investing in high-speed train systems to improve their infrastructure. However, the supposed benefits from high-speed trains are not as easily gained as one might expect. Here are some common issues with the ideas presented in the reading.

First, high-speed trains are not cost-efficient at all, especially when you look at the larger picture. Governments have to borrow a huge amount of money to initialize a project of this scale, and this loan will hang over the government even after the trains begin to run. So, the profits from operating the train do not pay for the continued upkeep of the trains. Instead, they are used to slowly pay off that enormous initial loan. And, of course, tax revenue will be used to pay it off, too, and that comes straight from the pockets of the citizens.

Second, the belief that high-speed trains will lead to a significant reduction in traffic congestion is misguided. A high-speed train may be convenient for long-distance travel, but it will not benefit local travel, such as people commuting to work or moving around the city. This would require convenient public transportation and frequent stations. If these services are not available, then people will continue to drive their own cars. Therefore, high-speed trains will have no effect on the severity of traffic congestion in cities.

Third, perhaps some fuel-consuming cars would be removed from the roads, but high-speed trains still damage the environment in their own ways. They take a great amount of power to reach their full speed, and since it is likely that they will still share rails with slower trains, they will constantly be slowing down and accelerating. This uses a great amount of energy. Additionally, the construction of new tracks would destroy more of the environment, especially if they run through pristine wilderness between major cities.

전 세계의 국가들이 사회기반시설을 개선하기 위해 고속 열차 시스템에 투자하고 있습니다. 하지만, 고속 열차로부터 얻을 수 있다고 제안된 혜택들은 예상할 수 있는 것만큼이나 쉽게 얻어지는 것이 아닙니다. 리딩 지문에 제시된 아이디어와 관련된 몇몇 흔한 문제들이 여기 있습니다.

첫 번째, 고속 열차는 전혀 비용 효율적이지 않은데, 특히 더 큰 그림을 생각해보면 그렇습니다. 정부가 이 정도 규모를 지닌 프로젝트의 첫 단계를 시작하려면 엄청난 액수의 돈을 빌려야 하며, 이 융자금은 심지어 열차가 운행을 시작한 후에도 정부를 피곤하게 만들 것입니다. 따라서, 열차 운행에서 나오는 수익은 그 열차에 대한 지속적인 유지 비용을 지불하지 못합니다. 대신, 그렇게 엄청난 초기 융자금을 서서히 상환하는 데 쓰입니다. 그리고, 당연히, 세입도 그 비용을 상환하는 데 활용될 것이며, 이는 시민들의 주머니에서 곧장 나오게 됩니다.

두 번째, 고속 열차가 교통 혼잡의 상당한 감소로 이어질 것이라는 생각은 잘못된 판단입니다. 고속 열차가 장거리 이동에 편리할 수는 있겠지만, 직장으로 통근하거나 도시 곳곳으로 이동하는 사람들과 같이 지역 교통에는 도움이 되지 않을 것입니다. 이는 편리한 대중 교통과 자주 정차하는 역을 필요로 하게 될 것입니다. 만일 이러한 서비스가 이용 가능하지 않다면, 사람들은 계속 각자의 자동차를 운전할 것입니다. 따라서, 고속 열차는 도시마다 교통 혼잡 문제의 심각성에 대해 전혀 영향을 미치지 못할 것입니다.

세 번째, 아마 도로에서 연료를 소비하는 일부 자동차들이 없어질 수도 있겠지만, 고속 열차는 여전히 자체적인 방식으로 환경에 피해를 끼칩니다. 고속 열차는 최고 속도에 도달하는 데 엄청난 양의 전력이 들어가며, 여전히 더 느린 열차들과 철로를 공유할 가능성이 있기 때문에, 지속적으로 속도를 늦추고 가속하게 됩니다. 이는 아주 많은 에너지를 사용하는 일입니다. 추가로, 새로운 철로 건설은 환경을 더 파괴할 수 있는데, 특히 주요 도시들 사이에 위치한 자연 그대로의 야생 지역을 통과해 운행할 경우에 그렇습니다.

[리스닝 어휘]

invest in ~에 투자하다 supposed 제안된 benefit n. 혜택, 이득 v. ~에 도움이 되다, 유익하다 initialize ~의 첫 단계를 시작하다, ~을 초기화하다 scale 규모 loan 융자(금), 대출 hang over (어떤 일이 발생되고) ~을 피곤하게 만들다 profit 수익 operate ~을 운행하다, 운영하다 continued 지속되는 upkeep 유지(비) pay off ~을 상환하다 enormous 엄청난 initial 초기의 tax revenue 세입 lead to ~로 이어지다 significant 상당한 reduction in ~의 감소 misguided 잘못 판단한 commute to ~로 통근하다 public transportation 대중 교통 severity 심각성, 극심함 constantly 지속적으로 slow down 속도를 늦추다 accelerate 가속하다 destroy ~을 파괴하다 pristine 자연 그대로의 wilderness 야생 지역

문제 논점 정리

The reading passage	The lecturer
[1] cost efficient - run for decades with no alteration - maintenance cost low compared to other infra - profits pay for itself	[1] not cost efficient - borrowing huge money - profits do not pay for the upkeep of the trains - tax revenue will be used - citizens
[2] solve traffic congestion - remove vehicles and provide easy transportation - adhere to consistent schedule	[2] would not lead to significant reduction of congestion - not benefit local travel - require frequent stations - people will drive their own cars
[3] environmentally friendly - remove fuel-consuming vehicles - decreased air pollution, cut carbon emission	[3] still damage environment - take a great amount of power - share rails with slower trains, use a lot of energy - new track construction destroy more environment

리딩 지문	강연자
[1] 비용 효율적임 - 개조하지 않고 수십 년 동안 운행됨 - 다른 사회기반시설에 비해 유지 관리 비용이 낮음 - 수익으로 본전을 뽑음	[1] 비용 효율적이지 않음 - 엄청난 돈을 빌림 - 수익으로 열차의 유지비를 지불하지 못함 - 세입은 사용될 것 - 시민들
[2] 교통 혼잡을 해결함 - 차량을 없애고 편리한 교통을 제공함 - 일관된 일정을 준수함	[2] 상당한 교통 혼잡 감소로 이어지지 않을 것임 - 지역 교통에 이득이 되지 않음 - 자주 정차하는 역을 필요로 함 - 사람들의 각자의 자동차를 운전할 것이다
[3] 환경 친화적임 - 연료를 소비하는 차량을 없애줌 - 대기 오염을 감소시킴, 탄소 배출량을 줄여줌	[3] 여전히 환경에 피해를 입힘 - 엄청난 양의 전력을 소모함 - 더 느린 열차들과 철로를 공유함, 많은 에너지를 사용함 - 새로운 철로 건설은 더 많은 환경을 파괴한다

[80+ 모범답안 – '정석' 템플릿 활용]

The passage introduces three benefits of high-speed trains. However, the lecturer effectively challenges the points made in the passage by providing three reasons.	지문은 고속 열차가 지닌 세 가지 이점을 소개하고 있습니다. 하지만, 강연자는 세 가지 이유를 제공해 지문 내에 제시된 주장에 대해 효과적으로 이의를 제기하고 있습니다.
First, the lecturer argues that high-speed trains are not cost-efficient. To illustrate his point, he talks about the enormous loan. Governments have to borrow a lot of money for the project. In other words, they should slowly pay off the loan. And tax revenue will be used to pay off the loan. This challenges the idea that high-speed trains can save money and quickly pay for themselves with the profits.	첫 번째, 강연자는 고속 열차가 비용 효율적이지 못하다고 주장합니다. 자신의 주장을 분명히 나타내기 위해, 막대한 융자금에 관해 이야기합니다. 정부는 이 프로젝트를 위해 많은 돈을 빌려야 합니다. 다시 말해서, 융자금을 천천히 상환해야 합니다. 그리고 세입은 이 융자금을 상환하는 데 쓰일 것입니다. 이는 고속 열차가 돈을 절약하고 빠르게 그 수익으로 본전을 뽑을 수 있다는 견해에 이의를 제기하는 것입니다.
Second, the lecturer contends that high-speed trains would not solve traffic congestion. In fact, high-speed trains may be convenient for long distance travel. However, they will not benefit local travel. If there are no services such as frequent stations, people will drive their own cars. This refutes the idea that high-speed trains will lead to a reduction in traffic congestion.	두 번째, 강연자는 고속 열차가 교통 혼잡을 해결하지 못할 것이라고 주장합니다. 실제로, 고속 열차는 장거리 이동에 편리할 수도 있습니다. 하지만, 지역 교통에는 이득이 되지 못할 것입니다. 자주 정차하는 역과 같은 서비스가 존재하지 않는다면, 사람들은 각자의 자동차를 운전할 것입니다. 이는 고속 열차가 교통 혼잡의 감소로 이어질 것이라는 생각에 대해 반박하는 것입니다.
Third, the lecturer insists that high-speed trains are not environmentally friendly. To be specific, high-speed trains require a lot of energy to reach their top speed. They also should share rails with slower trains. In addition, the new tracks for high-speed trains would destroy the environment. Therefore, it is doubtful that high-speed trains can improve the environment and quality of life in an urban area.	세 번째, 강연자는 고속 열차가 환경 친화적이지 못하다고 주장합니다. 구체적으로, 고속 열차는 최고 속도에 이르는 데 많은 에너지를 필요로 합니다. 또한 속도가 더 느린 열차들과 철로를 공유해야 합니다. 추가로, 고속 열차에 필요한 새로운 철로는 환경을 파괴할 것입니다. 따라서, 고속 열차가 환경 및 도시 지역 내 삶의 질을 개선할 수 있을지는 의문입니다.

[고득점 모범답안 – '약식' 템플릿 활용]

The lecturer discusses the points made in the reading passage that introduce benefits of high-speed trains, but reaches a different conclusion from each perspective.	강연자는 독해 지문에서 고속 열차의 혜택을 소개하기 위해 제시된 주장들을 이야기하고 있지만, 각각의 관점에서 다른 결론에 이르고 있습니다.
First of all, high-speed trains are not cost-efficient. It is because of the huge loan that governments should borrow. Governments should slowly pay off the enormous loan while operating the train. And there will be tax revenue spent to pay the money back.	우선, 고속 열차는 비용 효율적이지 않습니다. 이는 정부가 빌려야 했던 엄청난 융자금 때문입니다. 정부는 열차를 운행하는 동안 천천히 이 엄청난 융자금을 상환해야 합니다. 그리고 그 돈을 되갚는 데 소비되는 세입이 존재할 것입니다.
The idea that high-speed trains will lead to a significant reduction in traffic congestion is not convincing as well. It is true that high-speed trains can be one of the most convenient transportation options. However, this is limited to long-distance travel. People would prefer using their own cars for their local travel such as commuting to work unless more convenience is provided.	고속 열차가 교통 혼잡의 상당한 감소로 이어질 것이라는 아이디어도 설득력이 있지 않습니다. 고속 열차가 가장 편리한 교통 선택권 중의 하나일 수 있다는 점은 사실입니다. 하지만, 이는 장거리 이동에 제한되는 것입니다. 사람들은 더 많은 편리함이 제공되지 않는다면 직장으로의 통근 같은 지역 이동에 대해 각자의 자동차를 이용하는 것을 선호할 것입니다.
The third idea that high-speed trains are environmentally friendly casts a lot of doubt. To be specific, high-speed trains require a great amount of power to reach their full speed. Sharing the rails with regular trains would frequently slow high-speed trains down as well. Additionally, the construction of new tracks would destroy the environment, causing more problems when running between major cities.	고속 열차가 환경 친화적이라는 세 번째 아이디어는 많은 의구심을 제기합니다. 구체적으로, 고속 열차는 최고 속도에 도달하기 위해 엄청난 양의 전력을 필요로 합니다. 일반 열차와 철로를 공유하는 것 또한 빈번히 고속 열차의 속도를 둔화시킬 것입니다. 추가로, 새로운 철로 건설은 환경을 파괴해, 주요 도시들 사이를 운행할 때 더 많은 문제점을 야기할 것입니다.

Question 2

[문제 해석]

교수가 **교육학** 수업을 가르치고 있다. 교수의 질문에 응답하는 게시글을 작성하시오. 답변에는 반드시:
- 본인의 의견을 표현하고 뒷받침하시오
- 토론에 기여하시오

좋은 답안은 100단어 이상으로 작성된다. 여러분은 10분 동안 답안을 작성한다.

서키스 교수:
앞으로 몇 주에 걸쳐 교육 분야의 최신 트렌드를 살펴볼 예정입니다. 구체적으로, **인터넷이 학생 교육에 미치는 영향**에 대해 논의할 것입니다. 수업에 오기 전에 여러분의 생각을 알고 싶습니다. 다음은 토론 게시판에서 답변할 질문입니다:

인터넷이 학생들에게 더 유용하나요, 아니면 더 해롭나요?

코너:
나는 **학생들이 인터넷에 너무 많은 시간을 보내는 것** 같다고 생각합니다. 끊임없이 소셜 미디어 계정을 확인하고 동영상을 스크롤하는 데 몇 시간을 소비합니다. 일부 학생들은 온라인 비디오 게임도 많이 합니다. 이러한 것들은 중독성이 강하기 때문에 학생들은 공부에 집중하는 대신 인터넷에 너무 많은 시간을 소비할 수 있습니다.

오드리:
나는 코너에 동의하지 않습니다. 나는 인터넷이 **거대한 도서관으로 활용**될 수 있다고 생각합니다. 학교 도서관은 제한적일 수 있지만, 온라인에는 방대한 양의 정보가 무료로 제공됩니다. 신뢰할 수 있는 자료가 많기 때문에 학생들은 온라인에서 조사할 수 있습니다. 몇 가지 예로 온라인 백과사전과 연구 논문을 들 수 있습니다.

[질문 핵심 파악]

교육학 수업에서 인터넷이 학생 교육에 유용한지 해로운지

[타 학생 의견 파악]

코너 – 부정(인터넷에 많은 시간 소비)
오드리 – 긍정(인터넷으로 정보 조사)

[자신의 주장 선정]

인터넷 사용에 대해 긍정이면 오드리의 의견, 그렇지 않으면 코너의 의견과 접점을 찾고 답안 작성

[긍정의 경우 모범답안]

I agree with Audrey's point that the Internet can be used for research. **Moreover,** there are plenty of news articles available for reference. **However, I do not think this is the most important reason. I am of the opinion that** students can benefit from online classes through the Internet. **To explain,** students can listen to online lectures at a place that is convenient to them. Those who take online classes can do so at their homes, saving them transportation costs by not having to commute to campus. Furthermore, because tuition for online classes is generally lower, students who are financially struggling can still choose to receive higher education. **Therefore,** I think the Internet is beneficial for students.	나는 인터넷이 리서치에 사용될 수 있다는 오드리의 지적에 동의합니다. 또한, 참고할 수 있는 뉴스 기사가 많이 있습니다. 하지만, 나는 이것이 가장 중요한 이유는 아니라고 생각합니다. 나는 학생들이 인터넷을 통해 온라인 수업의 혜택을 누릴 수 있다고 생각합니다. 설명하자면, 학생들은 자신이 편리한 장소에서 온라인 강의를 들을 수 있습니다. 온라인 수업을 듣는 학생들은 집에서 수업을 들을 수 있기 때문에 캠퍼스로 통학할 필요가 없어 교통비를 절약할 수 있습니다. 또한 온라인 수업의 수업료가 일반적으로 저렴하기 때문에 경제적으로 어려운 학생들도 고등 교육을 받을 수 있습니다. 그러므로, 나는 인터넷이 학생들에게 유익하다고 생각합니다.

[부정의 경우 모범답안]

Connor made a good point that students are online far too much. **In addition,** students might waste hours on online shopping malls. **However, I do not think that this is the most important reason. In my opinion,** the Internet contains large amounts of misinformation that can hinder students' learning. Many students find it difficult to differentiate which articles contain facts and which have false information. **For example,** I was doing research online for a world history homework in high school. I found an interesting historical figure to write about, but halfway through my essay, I discovered that this person had actually never existed. **Therefore,** I believe that the Internet is harmful to students.	코너는 학생들이 온라인에 너무 많이 접속하고 있다는 좋은 지적을 했습니다. 또한, 학생들은 온라인 쇼핑몰에서 시간을 낭비할 수도 있습니다. 하지만, 나는 이것이 가장 중요한 이유라고 생각하지 않습니다. 내 생각에는, 인터넷에는 학생들의 학습을 방해할 수 있는 많은 양의 잘못된 정보가 포함되어 있습니다. 많은 학생들이 어떤 글이 사실이고 어떤 글이 허위 정보인지 구별하기 어렵다고 생각합니다. 예를 들어, 나는 고등학교 때 세계사 숙제를 위해 온라인으로 자료를 조사하고 있었습니다. 흥미로운 역사적 인물을 찾았는데, 에세이를 쓰는 도중에 그 인물이 실제로 존재하지 않았다는 사실을 알게 되었습니다. 그러므로, 나는 인터넷이 학생들에게 해롭다고 생각합니다.

[어휘]

constantly 끊임없이 addictive 중독의 encyclopedia 백과사전 transportation 교통 commute 통근(통학)하다 tuition 수업, 수업료 struggle 애쓰다 misinformation 잘못된 정보 hinder 방해하다 differentiate 구별하다 article 글, 논문, 기사

시원스쿨 LAB